運營之路

1950–2016

浙江运发文化发展有限公司发展志

浙江运发文化发展有限公司　编

方志出版社
Publishing House of Local Records

图书在版编目(CIP)数据

运发之路:浙江运发文化发展有限公司发展志:1950—2016 / 浙江运发文化发展有限公司编. — 北京:方志出版社,2017.12
ISBN 978-7-5144-2918-3

Ⅰ. ①运… Ⅱ. ①浙… Ⅲ. ①文化产业—企业发展—概况—杭州—1950-2016 Ⅳ. ①G124

中国版本图书馆CIP数据核字(2018)第016341号

运发之路:浙江运发文化发展有限公司发展志(1950—2016)

编　　者: 浙江运发文化发展有限公司
责任编辑: 李志瑜

出 版 人: 冀祥德
出 版 者: 方志出版社
地址　北京市朝阳区潘家园9号(国家方志馆4层)
邮编　100021
网址　http://www.fzph.org
发　　行: 方志出版社图书经销中心
电话(010) 67110500
经　　销: 各地新华书店
印　　刷: 杭州富春电子印务有限公司

开　　本: 889×1194　1/16
印　　张: 27.25
字　　数: 722千字
版　　次: 2017年12月第1版　2017年12月第1次印刷
印　　数: 0001～1000册

ISBN 978-7-5144-2918-3　**定价:** 218.00元

《浙江运发文化发展有限公司发展志》

编辑委员会

●虞舜故里——上虞城区新貌 刘育平 摄

●浙江远发文化发展有限公司全景图

公司前身上世纪六十年代坐落于古镇东关米市街搬运站

公司前身20世纪50年代搬运站时期在东关镇米市街的情貌图（何仁山绘）

●公司董事长俞支援工作照

●公司经理俞支援20世纪80年代工作照（1986年）

●公司总经理俞辉工作照

2009 年 12 月，浙江省原副省长龙安定考察公司

2012 年 5 月，中国人民银行原副行长殷介炎考察公司并题词“古瓷新辉”以勉励

2011年7月，浙江省军区副司令员施中苏少将考察公司

2012年10月，中国官窑研究会会长叶宏明考察公司生产的青瓷

2012 年 9 月，中共上虞市委书记孙云耀考察公司

2016 年 10 月，中共绍兴市上虞区区委副书记、区长陶关锋考察公司

公司设计制造的贵金属产品（纯银工艺品、12 公斤大银章）

2008 年在北京举行的第二十九届奥运会奖牌

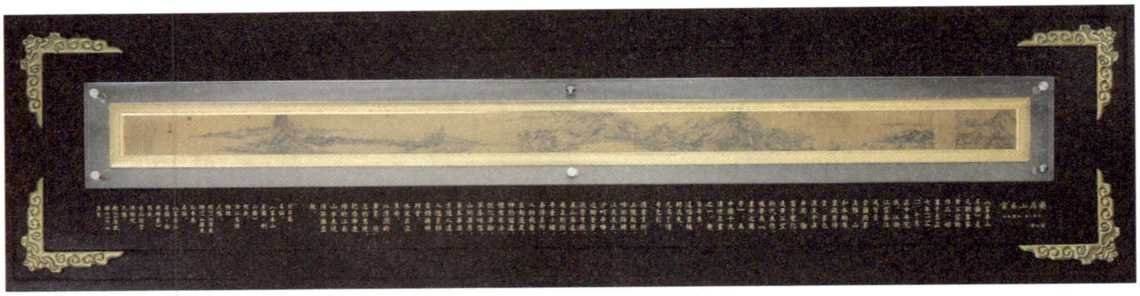

●公司设计制作的金银饰品

俞辉总经理设计制作的青瓷作品（大龙盘）

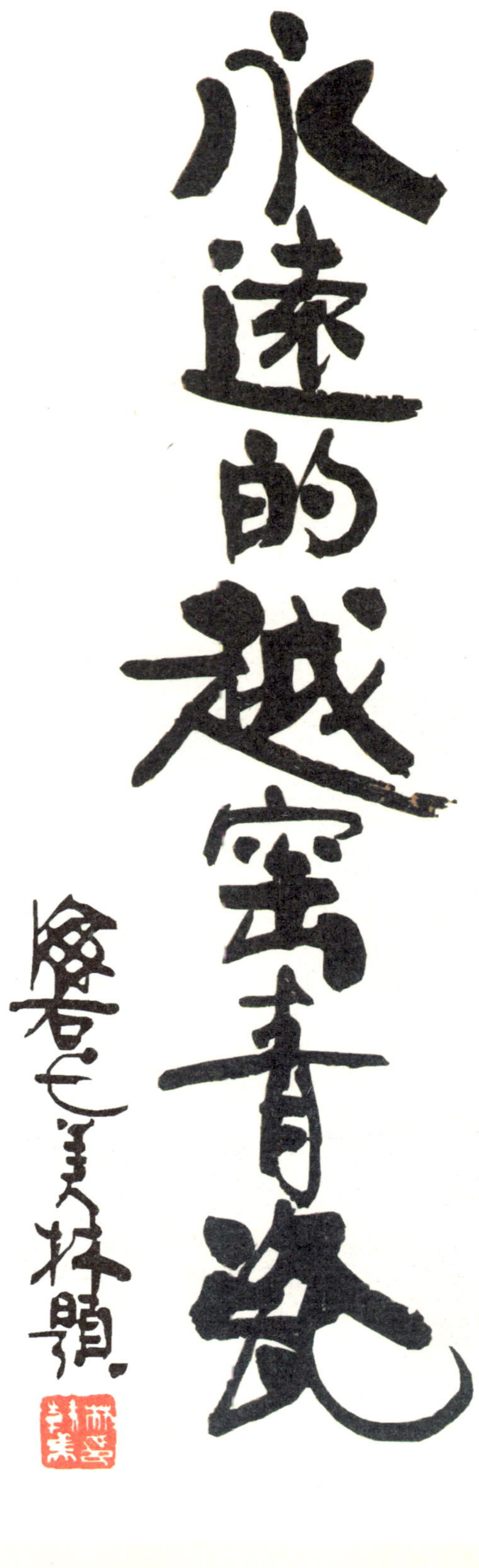

中国现代美术大师韩美林题词：永远的越窑青瓷

序

浙江运发文化发展有限公司的前身，是一个28人组成的乡镇搬运工会，公司和共和国基本同龄，回首运发66年来的发展，可谓一路激情一路歌。

运发的发展首先是一部改革创新史。20世纪80年代中期，在上级主管部门支持下，年轻有为的俞支援作为企业的经理，大胆改革，企业打破“大锅饭”，实施“超奖负赔”经济责任制考核方法，这个办法极大地调动了职工的生产积极性，被交通部编入全国汽车运输企业深化改革的实例向全国介绍推广。20世纪90年代初，本着“一业为主、多业发展”和“副业补主业”的理念，企业毅然迈出转型步伐，进军珠宝行业，首开了运输企业跨行转型的先河。进入新世纪，公司又咬定“百年强企”目标，不断强化品牌建设，全面拓展经营领域，实现了企业发展的华丽转身，铸就了运发今天的辉煌。

运发的发展也是一部文化传承史。公司的每一步发展，都始终把职工放在突出位置，无论是“为员工谋福利、为企业求发展、为社会做贡献”的公司使命，还是“真、善、美”的企业核心价值，无不彰显了“以人为本，共享共赢”的企业文化。今天，运发更是把弘扬和传承“青瓷文化”作为自己的使命担当。从2006年开启越窑青瓷制造的新征程，到2013年组建绍兴小仙坛越窑青瓷有限公司，为挖掘传承上虞“青瓷文化”做出了积极贡献。公司负责人俞支援先生还潜心钻研青瓷烧制技艺，被确定为省第三批“非遗”项目“越窑青瓷烧制技艺”代表性传承人。做企业家先做好人，经营企业必先经营好文化。运发企业的发展之路，就是俞支援先生把做企业、做产品与做人、做文化有机融合的一次成功实践。

运发的发展还是一部团队奋斗史。运发的发展离不开掌舵人俞支援先生的能力、素养和胆识，离不开共谋发展的运发人才团队。俞支援先生创新管理、拓展经营的诸多举措，是支撑运发一路发展的力量源泉，是运发当之无愧的“功臣”。进入新的发展时期，我们欣喜地看到，公司发展后继有人，“团队协作、求精求实、共享共赢”的文化意识已深深植根于每一个运发人的内心，公司多年来实施的人才战略、品牌战略已经成效凸显，展现出广阔的发展前景。

运发公司的成长发展之路，与我们整个国家的命运紧密相连；运发的企业发展史，从一个侧面反映了我国经济不断改革开放发展的轨迹；运发公司的成功，更是佐证了我国实行改革开放路线的伟大和正确。实现中华民族伟大复兴的中国梦，就需要有像运发公司这样一大批企业的发展和奉献，需要有像俞支援这样一大批企业家的奋斗和实干，需要有像俞辉这样年轻企业家的接力与创造性传承。

雄关漫道真如铁，而今迈步从头越。我对运发的发展寄予厚望。

是为序。

徐建峰

2016年冬

凡　例

一、本志编写以马克思列宁主义、毛泽东思想、邓小平理论、“三个代表”重要思想、科学发展观、习近平新时代中国特色社会主义思想为指导，坚持辩证唯物主义和历史唯物主义的立场、观点和方法。记述浙江运发文化发展有限公司艰苦创业、矢志发展的历程，求真存实，存史鉴证，激励今人，启迪后人。

二、本志所记为浙江运发文化发展有限公司，自1950年创立至2016年度共66周年的发展历程，以年述事，纵记发展，横写史实，凡涉及2016年度的尽量列入。

三、本志所指“解放初”，是指中国共产党领导中国人民于1949年10月1日建立中华人民共和国后的初期。

四、本志所述史实，均据公司档案资料与可查或有佐证材料，仅凭记忆口述的一概不列。

五、本志所采用的各个时期的照片，基本都是公司员工在工作时拍摄，除特殊需要署名的外，其余均不再一一标明拍摄者姓名。

六、因公司三次搬迁，有些资料因故散落，故在记述中挂一漏万在所难免，对有些于公司发展做出贡献、提供帮助的人及事无法列入，编委会谨表歉意，更存遗憾。

七、本志纪年统用公元，所采用的“元”“吨”“公里”“车公里”等，均按国家法定名称与标准。

八、本志人物为“简历”介绍，非个人传记。

目录

二、综合资料选辑

三、文章选录

大 事 记

1950年5月(一说8月),东关搬运工会诞生,共28位工人。负责人:朱月来。

1954年,东关镇由绍兴县划归上虞县管辖,搬运工会仍由东关镇政府管理。

1955年,东关搬运工会更名为“东关镇搬运站”。负责人仍为朱月来,王长仁同志任工会主席。

1956年6月,搬运站更名为“上虞县航管所东关快运组”,组长:徐阿寿。同时,组建起党组织,名称为上虞县航管所东关快运组党支部,党支部书记徐阿寿。

1958年11月,上虞县航管所东关快运组归口由上虞县运输公司管理。名称变更为上虞县运输公司东关站。党支书、站长:徐阿寿。

1962年5月,更名为上虞县东关搬运站。由上虞县工业交通局和搬运管理站领导。有职工30人。党支书、站长:徐阿寿。

1972年10月15日,县劳动局分配入17名新职工。他们是俞支援、章国强、潘梅珍、余兴良、章关水、吕源泉、叶建荣、朱其根、高幼美、韩爱云、邵建华、陈云泉、章仕林、解光明、郑炳法、李苗泉、陈金余。

1976年10月,上虞县东关搬运站第一次搬入自建的办公楼。位置在东关镇东北路10号,历史上称该地为荸荠弄或无情弄的地方。

1978年10月,朱月来退休。是公司第一位退休职工。

1979年,搬运站首次荣获上虞县人民政府授予的“重合同、守信用”大奖。

1979年,搬运站民兵连荣获上虞县“民兵工作三落实”先进单位称号。

1980年,搬运站党支部被中共上虞县委评为先进党支部。

1980年9月,东关搬运站工会委员会第一届职工代表大会召开,成立了第一届东关搬运站工会委员会。搬运站组建起独立工会组织。

1981年,搬运站首次自办一家五金加工厂。后该厂发展成“上虞县东关五金汽配厂”,独立营业。

1981年,搬运站党支部第二次被中共上虞县委评为先进党支部。

1982年,搬运站党支部第三次被中共上虞县委评为先进党支部。

1984年1月,搬运站主要领导调整。徐阿寿退出站长岗位,俞支援被县交通局任命为东关搬运站站长。

1984年7月，东关搬运站升格并更名为上虞县东关运输公司，俞支援任公司经理。

1984年9月，东关运输公司召开第二届职工代表大会：上虞县东关运输公司工会委员会职代会，选出职工代表29名。

1984年12月，党支部名称变更为上虞县东关运输公司党支部。

1984年，公司被上虞县人民政府评为先进集体。

1984年年底，公司被中共上虞县委、县政府命名为“文明单位”。

1985年，公司第一次在东关镇为职工集资建房，建成了一幢总面积1279平方米，30套，每套40多平方米的家属宿舍楼，当年就有28户职工住进了新房。

1985年，公司党支部分别被中共上虞县委评为先进党支部，被中共上虞县委、上虞县政府再次确认为“文明单位”。

1986年1月，公司召开了第二届第三次职代会，决定分配上实施工资全额浮动，核定利润指标，规定各核算单位的包交基数，实行超利分成和基本工资加奖励的方式。

1986年，公司车队开展的“超奖负赔”经济责任制实施方法，被交通部编入全国汽车运输企业深化改革实例。这在全国仅几例。

1987年4月，经理俞支援当选为东关镇第九届人民代表，并出席镇第九届人民代表大会。

1987年6月，公司建办汽配商店，后发展成上虞县一运公司综合经销部。

1987年7月，公司“提高车辆完好率”的改革成果，在绍兴市交通系统全面质量管理工作TQC成果发表会上进行专门介绍。

1987年7月，上虞县民政局专程到公司拍摄军地两地人才使用电视片。公司经理俞支援以《大胆使用两用人才，发挥企业更高效益》为题，在绍兴市“烈军属荣复退军人代表会议”介绍。

1988年1月，公司《简史》编入由上虞县交通局编写的《上虞县交通志》中，永远载入上虞地方发展史册。（注：公司简史载于《上虞县交通志》第三章《搬运装卸》第四节《运输企业》193—194页）

1988年2月，公司召开第三届一次职代会和第三届工会代表大会。

1988年4月，公司升格更名为上虞县第一运输公司，交通局任命俞支援为公司经理。

1988年4月，公司党支部更名为上虞县第一运输公司党支部。

1988年5月，公司承包了处于长年亏损状态的章镇运输公司，承包期限为三年，目标是全面扭亏转盈。

1988年9月，公司办公室开始每月编发“交通安全简报”。

1988年11月，经理俞支援参加由经济管理干部国家考试指导委员会组织的全国企业经理、厂（矿）长国家统考，成绩合格顺利结业。

1989年5月20日，经理俞支援入选“浙江交通精英”榜。《浙江交通报》第四版“浙江交通精英”专栏介绍了他的先进事迹。随后俞支援的先进事迹又被浙江省交通厅、浙江交通报编入8月出版的《浙江交通精英》一书。

1989年6月，公司取得“企业档案管理省级先进企业”称号。

1989年7月，公司创办“一运月讯”，对每月的工作情况进行通报。

1989年8月，经理俞支援参加浙江省质量管理协会组织的《全面质量管理基本知识》学习，并在全省的统考中成绩合格并结业。

1989年11月，公司节能TQC小组参加绍兴市交通系统第三届TQC成果发布会，节能成果获得三等奖。

1989年年底，公司在省交通企业管理协会、省交通运输协会、省交通运输企业经理（厂长）联络会、省交通报社联合评选的交通文明企业活动中，评选为“文明企业”。

1989年年底，公司被绍兴市人民政府评为绍兴市“市级先进企业”。

1989年年底，公司被绍兴市交通局评为“双文明”先进单位。

1989年年底，经理俞支援被浙江省企业管理协会、浙江省交通运输协会、浙江省交通运输企业经理（厂长）联络会、浙江交通报社评为交通运输文明经理（厂长）。

1990年，公司在东关镇第二次集资建房，在停车场南边建造了五层20套的职工住宅，每套70多平方米。

1990年3月，经理俞支援当选上虞县东关镇第十届人民代表并出席大会。

1990年5月，公司在城区百官成立上虞县第一运输公司小客车出租站。这是公司拓展的第三家经济实体。后更名为上虞县小客车出租公司。

1990年年底，公司获省经理联络会、运输协会、浙江交通报授予的“文明企业”称号。

1990年年底，公司再次被绍兴市人民政府评为绍兴市“市级先进企业”。

1991年5月，交通局党委对公司党支部书记进行了调整，俞支援同志任党支部书记。调整使公司党政一体。

1991年9月，第四届上虞县第一运输公司工会委员会和职工代表大会召开。根据县总工会意见，工会委成立了公司企业管理委员会。又据1990年国务院发布的《女职工委员会——女职工劳动保护暂行规定》要求，成立了女职工委员会。

1991年9月20日，公司投资40万元，在东关镇104国道马家桥村东首，征地2560平方米，易地新建的上虞县第一运输公司汽车修理厂落成开业。

1991年12月，公司据县政府统筹协调，接收兼并长年亏损的“大众饭店”，在更名“一揽胜饭店”后，正式对外营业。这是公司开拓的第五个经营实体。

1992年年初，公司购置了一辆19座面包车，专门用于接送百官、东关两地职工的上下班。

1992年8月，公司出资80万元，创办“上虞县珠宝饰品厂”并成功投产。这是公司开拓的第六个经营实体。交通局党委任命俞支援担任上虞县珠宝饰品厂厂长。

1992年9月，经理俞支援被上虞县劳动人事局评定为助理经济师。

1992年12月，公司投资20万元，创办属于福利性质的上虞市电动门制造厂，这是公司建立的第七个经营实体。

1993年2月，经理俞支援光荣当选中共上虞市第十次代表大会代表并出席大会。

1993年3月，经理俞支援当选东关镇第十一届人民代表大会代表并参加大会。

1993年5月，公司车队职工章关泉路遇翻车，勇救伤员，被推荐为第二季度市交通局表彰的局“十佳”先进。

1993年11月5日—6日，经理俞支援在绍兴市全市交通企业工作会议上，作企业改革专题介绍，获得与会领导和参会企业的一致好评。

1993年11月6日，公司试产黄金饰品一举成功，为珠宝饰品厂转型升级打实了基础。

1993年年底，公司荣获浙江省民政厅、浙江省军区政治部“省级开发使用退伍军人两用人才”工作先进集体。

1994年，公司于1993年开始组建的经济民警队，得到省公安厅的批准同意。

1994年3月，公司与上海瑞祥金银饰品生产经理部合作，成立“上海瑞祥金银饰品生产经理部上虞金银饰品厂”，并正式投入运作。

1994年3月，投资25万元，开发出第八家经营实体，成立上虞市交通汽车配件厂。

1994年4月2日—13日，经理俞支援为开辟珠宝饰品厂业务，在上虞市政府组织下，专程赴香港进行了招商考察活动。

1994年5月28日，公司在一揽胜饭店召开上虞市珠宝饰品厂股份制成立暨首届股东代表大会。上虞市委书记王润生等领导亲临祝贺。珠宝饰品厂总股本为450万元，企业内部105人入股，社会人士105人入股。

1994年5月，公司四位业务员前去山东招远市采购黄金，被山东招远市公安局，以违反国家专控政策、倒卖黄金受扣押，后以罚款结案。

1994年8月，在交通局召开的交通系统职工思想工作讨论会上，经理俞支援作了《正确把握、处理改革、发展、稳定三者关系》的介绍，得到积极评价。

1994年8月，经理俞支援顺利完成在湖南长沙交通学院《交通运输管理工程》专业大专专修班全部课程的学习并毕业。毕业论文《试论运输企业增强活力的途径》，获得学院考评组老师的积极肯定。

1994年11月，经理俞支援当选绍兴市工会第三次代表大会代表，并出席于12月14日至17日召开的绍兴市工会第三次代表大会。

1995年7月5日，经绍兴市职称改革领导小组评审考评评审，经理俞支援被评为经济师。

1995年8月，经技改和提升，汽修厂晋升为二类一级资质，并更名为上虞市一运公司汽车大修厂。

1995年9月，公司召开第五届上虞市第一运输公司工会委员会职工代表大会。233名会员，选出职工代表42名。会议选举了第五届工会委员会。

1996年1月，经理俞支援当选东关镇第十二届人民代表大会代表并出席大会。

1996年4月28日，公司投资200多万元，在百官城区易地新建的新大楼工程完成，公司并与珠宝厂搬迁至百官街道舜江东路一运大厦新地址。

1996年5月，公司投资创立的第九个经营体：上虞市一运综合商店对外营业。

1996年5月，公司搬迁后，为方便百官、东关两地职工按时上下班，公司又增添一辆接送车接送职工上下班。

1996年. 公司第三次集资建房，在百官镇舜江东路建成16套104～116平方米的家居套房，16户职工家庭高高兴兴地住进新房。

1996年年底，公司被工商银行浙江省分行评为A级信用企业。

1997年2月，公司与上海珍宝金银饰品厂合作，建立上海珍宝金银饰品厂上虞分厂。

1997年4月，公司珠宝饰品厂为省和绍兴市邮电局，制作的金银纪念品《蔡元培诞生一百二十周年》和《竺可桢镶嵌封》，被当时的浙江大学校长潘云鹤称赞为“小厂撑起大市面”，《绍兴晚报》《上虞日报》均作报道。

1997年7月16日，经理俞支援在浙江省外商投资企业协会的组织下，赴美国、加拿大进行为期18天的商贸促销考察活动。

1997年8月，公司顺利实现为珠宝厂增资扩股100万元的目标。除原有的内部职工105位、社会投资人士105位股东外，又增加了职工84位、社会投资人士21位新股东。

1997年11月，公司成立第十二家经营体：上虞市礼仪工艺品厂。主营仿古葬具等系列产品。

1997年，公司再次被浙江省工商银行评定为A级信用企业。

1998年3月，经理俞支援光荣当选中共上虞市第十一次代表大会代表并出席大会。

1998年4月25日，经理俞支援在去绍兴民政局开会途中，遭受车祸受伤，经法医鉴定为轻伤，确定为伤残十级。

1998年5月，公司在城区百官镇，正式设立汽车大修分厂。

1998年5月，公司为患病发生治疗经费困难的职工杨金华，共捐款8344元。使杨金华的疾病得到了及时有效治疗。

1998年8月，公司为长江洪灾灾区捐款

2293 元。

1998 年 8 月，珠宝饰品厂青年工人陈丽枫，被绍兴文理学院美术工艺系录取，成为公司职工通过全国统考考入大专的第一人。

1998 年，公司据国家有关政策，挂靠企业必须脱离工会自行经营，电动门厂于该年停止经营后注销。

1998 年，公司高质量制作 1200 套周恩来总理 100 周年诞辰金银邮票、5000 套虎年金银邮票，受到绍兴市邮政局及集邮爱好者的积极好评。

1998 年终，公司名列上虞市政府确认的“全市百强企业”榜。

1999 年 9 月，经理俞支援被上虞市跨世纪人才工程联席会议办公室，确认为优秀企业经营管理者。

1999 年 12 月，为盘活资产与资金，公司对建成于 1976 年的东关镇东北路 10 号的原办公大楼与袁家台门的原食堂，予以整体出让。

1999 年年底，公司再次被中共上虞市委、市人民政府确认为上虞市工业综合实力百强企业（列上虞第 96 位）。

2000 年，据上虞市企业转制文件，公司被市交通局列为交通运输企业 8 家转制企业之一。公司成立以经理俞支援为组长的企业转制领导小组。

2000 年 8 月 24 日，市交通局发文：市一运公司与珠宝饰品厂的资产评估基准日为 6 月 30 日。经上虞同济资产评估有限公司全面清理核算，公司顺利完成对全部资产的评估核定。

2000 年 12 月，公司职工顺利完成身份的“双置换”，为 2001 年 4 月顺利转制创造了条件。

2001 年 4 月 7 日，公司召开第五届工会委员会第八次、也是该届职代会最后一次会议。讨论审议并一致同意公司转型改制方案。

2001 年 4 月，公司经市体改办发文同意，正式由集体所有制企业转制为有限责任公司。上虞市第一运输公司注销，建立上虞市运发珠宝实业有限公司。经营由原来汽车运输主业，转型为以珠宝生产、批发、零售为主业。

2001 年 4 月 28 日，上虞市运发珠宝实业有限公司正式对外公布各股东名单与出资情况，公司总股本仍为 450 万元。因转制，大量职工离开公司和社会人士退股，股东减少至 17 位。

2001 年 4 月 28 日，17 位董事一致选举俞支援为公司董事长并兼总经理。

2001 年 4 月 28 日，公司注册了上虞市运发珠宝实业有限公司客货运输分公司（企业非法人）。

2001 年 4 月，公司新成立上虞市运发珠宝实业有限公司珠宝商行（企业非法人）。

2001 年 5 月，公司注册上虞市运发珠宝实业有限公司百官汽车修理厂、上虞市运发珠宝实业有限公司东关汽车修理厂。公司更名快餐店为上虞市运发珠宝实业有限公司快餐店（企业非法人）。公司更名工艺品厂为上虞市运发珠宝实业有限公司礼仪工艺品厂（企业非法人）。

2001 年 6 月 25 日，公司向国家工商总局商标局提出“運發”图案商标的申请。图案标志是一只钻石型“宝戒”。商标后于 2002 年 9 月 28 日正式批复。

2001 年 8 月 3 日，已随同公司更名为中共上虞市运发珠宝实业有限公司支部，13 名党员一致选举俞支援为党支部书记。

2001 年 8 月，公司与上海造币厂的跨地区合资合作成功，上海造币厂在上虞设立在浙江境内唯一特约经销点——运发珠宝商行。成立当天，上海造币厂厂长孙宝根亲临祝贺。

2001 年 9 月，公司召开工会委员会筹备会议，选出 20 名代表。决定成立首届私营企业工会委员会：上虞市运发珠宝实业有限公司工会委员会。根据属地管理的原则，公司工会从该届起，隶属也转由上虞区曹娥街道工会委员会领导管理。

2001 年年底，公司被杭州资信评估公司认定为2001年度企业信用等级AAA级企业。

2002年4月，董事长俞支援参加由市招商局组织的赴日本、韩国经济考察团，进行考察交流活动。

2002年8月，董事会决定，对运发珠宝实业公司实行减股措施。减股后总股本由450万元减至360万元，17位股东不变。

2002年年底，公司被上虞市工商行政管理局授予“百佳私营企业”称号。

2003年3月，董事长俞支援参加清华大学职业经济训练中心举办的高级职业经理训练班学习。

2003年年底，公司被省工商局授予2003年度省工商企业信用A级“守合同、重信用”单位。

2004年5月，公司编发《制度汇编》，供大家学习遵守。

2004年9月，公司召开上虞市运发珠宝实业有限公司工会委员会第二届职工代表大会。选举了新一届工会委员会。

2004年，公司在全省开展的“重质量，守承诺，创品牌”活动中，被绍兴市质量技术监督局授予诚信企业首批“三满意”单位。

2004年，公司被绍兴市委宣传部、市经信委、市工商局、市文明办授予绍兴市“诚信企业”称号。

2005年4月，董事会决定增股，公司总股本金由360万元增至500万元；股东不变，仍为17位。

2005年8月，公司更名为上虞市运发实业有限公司，俞支援仍任公司董事长兼总经理。

2005年9月2日—11日，董事长俞支援赴德国科隆参加SPOGA展览会。

2005年12月，公司制作选送的《八景盘一套》《舜耕群雕一套》《银生肖钥匙一套》等三件制品，参展浙江省旅游交易会旅游纪念品展览，荣获评比展优秀奖。

2005年年底，省工商局授予公司2005年度省工商企业信用AA级“守合同、重信用”单位。

2005年年底，公司荣获浙江省首批行业“质量服务诚信领先示范企业”称号。

2006年，董事长俞支援发出呼吁：作为中国青瓷的发源地，希望上虞青瓷重新崛起。

2006年5月10日—21日，董事长俞支援参加赴台湾的经贸考察活动。

2006年5月28日，《浙东新闻杂志》发表《发现龙窑：“见证”母亲瓷鼻祖》《展现青瓷：复原失落的越窑》两个整版的关于上虞青瓷的介绍，并配发了董事长俞支援在上虞区上浦镇古代越窑窑址考察的照片。

2006年9月14日，上虞越瓷陶业有限公司，申请注册中文字样文字“小仙壇”商标，正式获得国家商标局批准。

2006年12月，公司通过旗下上虞市舜辉贸易有限公司受让上虞越瓷陶业有限公司60%股权控股该公司。

2007年4月28日，公司总部与各生产车间，由百官街道搬迁至上虞经济开发区曹娥街道越秀中路399号新址。

2007年8月，公司被浙江省浙商研究会吸收为团体会员。

2007年9月17日—27日，董事长俞支援参加赴英国、挪威的经贸考察活动。

2007年10月7日，上虞越瓷陶业有限公司为文字“小仙壇”配上虞青瓷代表性产品“鸡首壶”图的青瓷商标注册申请，正式获得国家商标局批准。

2007年年底，公司被绍兴市工商局评为“重合同，守信用”AAA级企业。

2008年5月9日，中共中央原总书记、国家原主席、中央军委原主席江泽民，使用上虞越瓷陶业有限公司生产的青瓷文具，为上虞青瓷博物馆题词。

2008 年 5 月 12 日，公司职工为四川省汶川大地震捐款 5115 元，董事长俞支援捐款 1000 元。

2008 年夏，公司被第 29 届夏季奥林匹克运动会北京奥运会组委会选中，为奥运制作金牌挂钩。挂钩 200 公斤外力拉不动，引发广泛关注。

2008 年 8 月 20 日，《上虞日报》以整版《为北京奥运加油》，介绍公司为奥运会生产制作 6000 枚、残奥会 3000 枚及 120 枚武术奖牌挂钩的消息。

2008 年 8 月 26 日，《上虞日报》以图文“精雕细琢”形式，报道公司控股的上虞越瓷陶业有限公司，生产制作青瓷产品的情况。

2008 年年底，公司被绍兴市总工会授予绍兴市级劳动关系和谐企业。

2008 年年底，省工商局授予公司 2008 年度省工商企业信用 AA 级“守合同、重信用”单位。

2008 年年底，公司被中国质量诚信企业协会、中国品牌价值评估中心、《浙江日报》广告中心联合评定为“重质量、守承诺、创品牌”“三满意”单位。

2009 年 9 月，董事长俞支援被浙江省文化厅评定确认为第三批浙江省非物质文化遗产“越窑青瓷烧制技艺”代表性传承人。

2009 年 9 月，董事长俞支援入选“上虞市第二批浙江省‘优秀民间文艺人才’推荐名单”。

2009 年 9 月，绍兴市工艺美术行业协会第一届理事会，推选董事长俞支援为协会理事。

2009 年 11 月，董事长俞支援被绍兴市文化广电新闻出版局确认为浙江省非物质文化遗产“越窑青瓷烧制技艺”代表性传承人。

2009 年 12 月 23 日，浙江省原副省长龙安定，专程考察上虞越瓷陶业有限公司。

2009 年，公司被中国质量诚信企业协会、中国品牌价值评估中心、浙江日报社确认为“浙江省公众满意质量诚信”双优单位。

2009 年，上虞越瓷陶业有限公司被浙江省文化厅确定为浙江省非物质文化遗产传承单位。

2009 年，浙江省浙商研究会评定董事长俞支援为 2009 年度先进会员。

2009 年，中央电视台《探索 · 发现》栏目、上海东方卫视《迎世博 · 走进上虞》栏目，到公司拍摄青瓷的生产制作场景。我国著名设计大师、美术大师韩美林专门为公司题词：“永远的越窑青瓷。”

2010 年 1 月 17 日，《上虞日报》以整版《永远的越窑青瓷——访上虞越瓷陶业有限公司总经理俞辉》，介绍公司总经理俞辉所做的努力和探索。

2010 年 4 月 28 日，上虞市运发实业有限公司经营期限到期，股权重组，成立新董事会。新董事会决定：俞支援任董事长，董事俞辉任总经理。

2010 年 5 月 18 日，由公司帮助建成的上浦镇中学青瓷文化教育传承基地师生，前来上虞越瓷陶业有限公司参观青瓷制造流程并体验制作技艺。

2010 年 5 月 27 日，公司总经理俞辉，现场以 5000 元拍得上虞口足书画家陈伟强《道无家》书法作品。

2010 年 7 月，上虞越瓷陶业有限公司在杭州设立青瓷销售专柜。

2010 年 7 月，公司选送的《青瓷镂空熏炉》《舜耕群雕一套》荣获中国旅游商品大赛浙江参赛商品选拔赛优胜奖。

2010 年 7 月 7 日，公司为图案商标所增添的中文繁体字样“運發” 文字商标，被国家商标局批准。

2010 年 7 月，绍兴市民间工艺美术家协会第一届一次会议，总经理俞辉当选为该协会理事，并被推选为副主席。

2010 年夏，公司为亚洲第十六届运动会（又称广州亚运会），制作各类奖牌。2010 年 9 月

9日，《上虞日报》头版报道上虞运发实业有限公司“亚运奖牌，上虞加工”的消息。

2010年，公司被中国质量诚信企业协会、浙江日报社确认为浙江省“重质量、守诚信”行业领先单位。

2011年3月，公司总经理俞辉加入中国民主同盟组织。

2011年5月18日，公司注册组建浙江盛世国金工艺品有限公司。

2011年7月20日，浙江省军区副司令员施中苏少将到公司考察越窑青瓷。

2011年11月10日，董事长俞支援设计制作的《牡丹瓶》，参加第十四届（2011）西湖艺术博览会展览，获得了由浙江省文化厅颁发的“非遗薪传——浙江青瓷精品展”银奖。总经理俞辉设计制作的《镂空香熏》，获得了由浙江省文化厅颁发的“非遗薪传——浙江青瓷精品展”铜奖。

2011年12月，公司生产制造出12公斤重的龙年银章，引起了外界关注。《上虞日报》以图文形式《全国最重的龙年银章上虞造》加以报道。

2011年年底，公司获中共上虞市委、市人民政府授予的“谢晋文化奖”文化贡献奖。

2011年年底，总经理俞辉被上虞市第八届政协委员会确定为上虞市第九届政协委员，并参加于2012年初召开的上虞市第九届政协第一次会议。

2012年1月5日，上虞市市长王慧琳等领导，到公司考察调研。

2012年4月，公司增资扩股。经增股后，公司升格并更名为浙江运发文化发展有限公司。

2012年3月8日，浙江省原副省长龙安定等再次到公司考察参观。

2012年4月，董事长俞支援设计制作的高仿《牡丹瓶》荣获第七届中国义乌文化产品交易博览会工艺美术品优秀奖。

2012年5月8日，中国人民银行原副行长殷介炎携夫人等专程到公司考察，并题词“古瓷新辉”留念。

2012年5月30日，绍兴市委常委、宣传部长尹永杰等到公司考察调研。

2012年6月21日，上海造币厂党委书记张健建等专程到公司考察。

2012年7月15日，公司获批进入上虞市级“211”培育工程企业。

2012年9月6日，中共上虞市委书记孙云耀等领导到公司考察。

2012年10月，公司成立浙江运发越窑青瓷研究院（非企业单位）。

2012年10月18日，中国古陶瓷研究会、中国官窑研究会会长、国家级青瓷大师叶宏明等到公司考察调研。

2012年10月29日，省委宣传部副部长雷尹杰等一行，考察并指导纪录片《越窑青瓷》在公司的拍摄。

2012年10月，绍兴市文广局授予上虞越瓷陶业公司“绍兴市非物质文化遗产生产性传承基地（越窑青瓷烧制技艺）”匾牌。

2012年12月20日，绍兴市委组织部部长吴晓东等领导，到公司考察。

2012年12月，公司青瓷技师李道凤，被上虞市委人才工作领导小组办公室、市人力资源和社会保障局，授予“越窑青瓷工艺李道凤技能大师工作室”称号。

2012年12月，公司被浙江省委统战部、省经信委、省工商联等授予“浙江省中小微企业创新发展先进单位”荣誉称号。

2012年12月28日，公司总经理俞辉被评选为“文化新浙商”全省30强之一。

2012年，公司承制了第22届中国金鸡百花奖颁奖礼品。

2012年，公司销售总额近2亿元，全年交纳税收总额超400万元。

2012年年底，董事长俞支援被浙江省文化厅确认为浙江省第二批“优秀民间文艺人才”；被浙江省经营管理大师评审委员会评选为新一届浙江省经营管理大师。

2012年，董事长俞支援被绍兴市工商行政管理局聘请为绍兴市工商行政管理局行风监督员。

2013年1月19日至22日，公司总经理俞辉参加上虞市政协第九届委员会第二次全体会议。

2013年4月份，浙江运发文化发展有限公司受让上虞市舜辉贸易有限公司在上虞越瓷陶业有限公司的股份，直接控股上虞越瓷陶业有限公司。

2013年5月2日，公司总经理俞辉被绍兴市青年企业家协会授予“十大新锐越商”称号，并誉为“文化创业大师”。

2013年5月8日，公司党支部由上虞市交通局党委转归属地上虞经济开发区（曹娥街道）党工委领导管理，公司党支部进行换届选举，据选举结果，街道党工委任命俞支援同志为党支部书记。

2013年5月13日，上虞电视台到公司拍摄非遗项目——青瓷产品制造场景。

2013年5月14日、6月18日、6月29日，总经理俞辉率团队，参加由深圳市启迪智慧企业管理咨询有限公司启迪智慧团队，荣获个人最具影响力奖，演讲比赛荣获第二名。

2013年5月28日，公司工会举行第三届工会委员会代表会议。

2013年5月，上虞越瓷陶业有限公司被绍兴市非遗领导小组、绍兴市文广局确认为绍兴市非物质文化遗产优秀传承基地。

2013年7月6日，上虞越瓷陶业有限公司将3222件价值99.9万余元的越窑青瓷成品砸成碎片。

2013年8月28日，绍兴市委人才工作领导小组、绍兴市人力资源和社会保障局授予公司技工李道凤“上虞越瓷陶业有限公司越窑青瓷技能大师李道凤工作室”称号。

2013年8月，公司被上虞市消费者权益保护协会确定为“2011—2012年度上虞市消费者信得过单位”。

2013年10月，公司青瓷工艺品参加绍兴市工艺美术行业协会举办的“绍兴市工艺美术民间艺人精品展”，绍兴市市长钱建民、政协主席陈长兴、副市长杨文孝等领导，参观并予高度评价。

2013年10月，董事长俞支援荣获绍兴市工艺美术行业协会授予的“最具影响力的绍兴市工艺美术民间艺人”荣誉称号。

2013年11月，上虞越瓷陶业有限公司经工商部门同意，改为人民币注册，香港股东曾瑞明退出所占40%股份，俞辉、王潇懿成为新股东。

2013年11月，董事长俞支援被绍兴市人社局评为越窑青瓷——工艺美术师。

2013年11月22日，我国著名旅行家雷殿生到公司参观，并参加第二天的征服上虞最高峰——攀登覆卮山的行动。

2013年12月，公司的《运发及图形商标》被绍兴市工商行政管理局确定为绍兴市著名商标。

2013年12月，上虞越瓷陶业有限公司更名为绍兴小仙坛越窑青瓷有限公司。

2013年12月，绍兴小仙坛越窑青瓷有限公司选送的青瓷创意作品，荣获文化部、浙江省人民政府主办的第八届中国文化产品交易博览会工艺美术奖——银奖。

2014年年初，公司租借浙江五洲泓泰医药有限公司办公楼及场地内附属设施。

2014年1月，公司被中共上虞区委、区人民政府确定为上虞区2013年度工业综合实力百强企业。

2014年2月24日至27日，公司总经理俞辉参加上虞区政协第九届委员会第三次全体会议。

2014年4月，公司获得“ISO质量、环境、职业健康管理体系认证（三体系）证书”。

2014年4月，董事长俞支援设计制作参展的《青瓷观音瓷板》《深雕宝贵赏瓶》两件作品，分别获得第四届浙江工艺美术精品博览会金奖、银奖。

2014 年 9 月，绍兴小仙坛越窑青瓷有限公司所注册的青瓷“小仙壇”商标，被绍兴市商务局确认为绍兴“老字号”商标。

2014 年 10 月，公司被省第 15 届运动组委会评为浙江省第 15 届运动会热心支持单位。

2014 年 11 月，绍兴小仙坛越窑青瓷有限公司选送的《仿制秘色瓷》，获得上虞区首届越窑青瓷秘色瓷产品三等奖。

2014 年 12 月，公司的“運發”牌贵金属工艺品，获得浙江省质量技术监督局确定的贵金属工艺品“浙江名牌产品”称号。

2014 年 12 月，公司被中共上虞区委宣传部、区文广新局评为 2014 年度十佳文化企业。

2014 年 12 月，公司获得上虞区科技局“上虞区专利示范企业”“上虞区级科技开发中心”的认定。

2015 年 1 月 26 日至 29 日，公司总经理俞辉参加上虞区第九届政协第四次全体会议。

2015 年 2 月，公司被中共上虞区委、区人民政府确定为 2014 年度工业综合实力五十强企业（位居 33 位）。

2015 年 3 月—5 月，公司投资 800 余万元对贵金属工厂内部进行技术改造。

2015 年 4 月，上虞区经信局经考核确定，公司为“三个一批”品牌型培育企业。

2015 年 5 月，公司发明的《一种金属与青瓷烧制的工艺》，获得国家知识产权局授予的发明专利证书。

2015 年 6 月，公司被浙江省经信委认定为“时尚产业第一批重点培育企业、培育品牌”。

2015 年 6 月，公司青瓷制作技能大师李道凤获绍兴市工艺美术五星级民间人才称号。

2015 年 8 月，公司发明的《银棱平脱秘色瓷器的制作方法及制得的平脱秘色瓷器》，获得国家知识产权局授予的发明专利证书。

2015 年 10 月，董事长俞支援获得由省文化厅上报文化部的“第五批国家级非遗代表性传承人”提名。

2015 年 10 月，公司获得区政府 2014 年度“创新成长型”企业财政奖励。

2015 年 12 月，公司党支部获上虞区委组织部基层党组织“五星级”称号。

2016 年 1 月 17 日至 20 日，公司总经理俞辉参加上虞区第九届政协第五次全体会议。

2016 年年初，公司被中国黄金协会确定为“理事单位”。

2016 年 2 月，公司被绍兴市非遗领导小组、绍兴市文广局评为绍兴非遗文化遗产优秀传承基地。

2016 年 2 月，公司在上虞区政府公布的全区工业综合实力百强企业中，名列第 83 位。

2016 年 3 月，董事长俞支援被上虞区乡贤研究会曹娥分会聘请为顾问。

2016 年 3 月，《虞舜企业家》杂志第一期封一、封二、封三、封底及插页刊登了公司特色照片，并以《传承与创新的完美结合——记浙江运发文化发展有限公司》一文介绍公司。

2016 年 4 月 15 日，中国工程院院士、天文仪器与方法专家、中国科学院上海天文台研究员、总工程师朱能鸿，到公司考察并商讨青瓷开发、建“院士工作站”等事宜。

2016 年 5 月 14 日，公司向国家商标局申报的“戒指”图案商标与“运发文化（運發文化）”相连的新商标，正式获得批准。

2016 年 6 月 21 日，公司党支部邀请全国劳动模范、原上海西部企业集团物业总监徐虎，就“学习党章党规、学习系列讲话、做合格党员”进行专题报告会。

2016 年 7 月 1 日，公司编发的首期《运发报》正式出刊。

2016年9月7日，公司邀请有关领导与专家，就《运发之路——浙江运发文化发展有限公司志》的编写事宜，进行讨论共商。

2016 年 9 月 9 日，公司董事长俞支援专程看望公司第一代老职工、99 岁的高龄的高阿鹏，为老人祝寿贺岁。

2016年10月13日，《上虞日报·文化周刊·艺苑》版，整版刊载了介绍浙江运发文化发展有限公司董事长俞支援《九秋风露越窑开 夺得千峰翠色来——记“做文化的企业家”俞支援》事迹的长篇新闻报道。

2016年10月25日，绍兴市上虞区区委副书记、区长陶关锋到公司考察，对公司在贵金属和青瓷产品开发上，着重于文化创意，目标创意发展的理念表示肯定。

2016年11月13日，中国工程院院士、天文仪器与方法专家、中国科学院上海天文台研究员、总工程师朱能鸿，在公司建立“院士专家工作站”的申请，获得了绍兴市人力资源和社会保障局、绍兴市科协的联合发文批准并授牌，朱能鸿院士正式在公司建工作站，进行青瓷与天文仪器组合的研究与开发。

2016年11月8日，公司董事长、党支部书记俞支援，被选举为中共绍兴市上虞区经济开发区（曹娥街道）党员代表大会代表，并出席于12月8日举行的党员代表大会。

2016年11月12日，根据《上虞区政府质量奖评审管理办法》《上虞区政府质量奖评审实施细则》的规定，经区政府质量奖评委会审查表决，浙江运发文化发展有限公司荣获2016年上虞区“区长质量奖”。

2016年12月中旬，在浙江省文化厅公布的第二批“浙江省非物质文化遗产生产性保护基地”的公示名单中，浙江运发文化发展有限公司名列其中。

2016年12月，公司在获得浙江省“时尚产业”品牌建设示范企业的基础上，公司的“運發”贵金属饰品、工艺品商标，被浙江省工商行政管理局确认为“浙江省著名商标”。

2016年度，公司全年度各项综合业绩又进入上虞区全区工业综合实力百强企业名单，列第80位，获得中共绍兴市上虞区委、区人民政府的表彰。

2016年度，公司被绍兴市上虞区文化发展领导小组评为绍兴市上虞区“十佳文化企业”。

运
发
上虞市运发实业有限公司

概　述

浙江运发文化发展有限公司，发端于20世纪50年代在上虞县东关镇组建的“东关搬运工会”。

根据公司艰苦创业、负重奋进、不断跨越的发展轨迹，在发展中呈现出阶段性的特点，公司发展分为五个时期：即艰苦创业期、日益壮大期、创新拓展期、转制共赢期、传承提升期。

从公司所记载的历史中，可清晰地看到：1950年—1957年是公司的艰苦创业时期；1958年—1984年是公司的日益壮大时期；1985年—2000年是公司的全面创新拓展时期；2001年—2009年是公司的转制共赢时期。随着2010年公司第三代传人入驻企业舞台中央，公司进入继往开来、熔铸卓越的传承提升时期：传承艰苦创业的优良传统，传承开拓创新的进取精神，传承诚实守信的服务理念，传承精益求精的工匠技艺。以不断的跨越，创造公司新的卓越与辉煌。

回顾公司走过的66年不平凡的历程，其不断成长发展壮大进而做实做强，可以说与共和国走向繁荣昌盛相伴随，更与上虞经济腾飞和不断跨越紧密相连。

纵观浙江运发文化发展有限公司富于进取、勇于进取、善于进取的历程，可以看到公司董事长俞支援，从一位好学上进的青年，成长为一位善于开拓进取、长于寻找商机、精于经营管理、敏于驾驭全局的不同凡响和远见卓识的企业家。一部浙江运发文化发展有限公司的发展史，就是董事长俞支援展示管理智慧和经营才能的历程，就是将我国传统文化溶于现代发展之中的历程，一部把产品、经营、服务做成文化创意、同创共赢、由成功迈向卓越的历史。

上虞，是华夏文明历史长河中最早被开发的热土。历史悠久，物华天宝，钟灵毓秀，人杰地灵。据史籍记载和出土文物证明，上虞是我国历史上在浙江设置行政区域最早的县份之一。远在4000多年前的新石器时代，就有人类在这片土地上繁衍生息。相传父系氏族社会后期，虞舜避丹朱之乱来此。《晋太康三年地记》载：“舜避丹朱于此，故以名县。百官从之，故县北有百官桥。”又云：“舜与诸侯会事讫，因相娱乐，故曰上虞（娱与虞通用）。”据考，上虞至今留有舜的遗址多处。史载，上虞是虞舜后代的封地，最早地名为“虞宾”。夏代帝少康以后属越国，战国时期楚灭越后属楚。秦王嬴政二十五年（公元前222年）置上虞县，属会稽郡。永建四年（公元129年），分上虞南乡入始宁县，同属会稽郡。隋开皇九年（公元589年），废上虞、始宁入会稽县，先后属吴州、越州、会稽郡。唐初，今上虞境仍为会稽县的一部分，属越州。贞元元年（公元785年）分会稽复置上虞。南宋绍兴元年（1131），宋高宗赵构，升越州为绍兴府，上虞皆为其属县。元、明、清代，一以贯之。民国初年改府制为道制，上虞属会稽道。民国16年（公元1927年）废道制，直属于省。民国21年，属浙江省第七行政督察区。民国24年，属第三行政督察区。民国37年，属第二行政督察区。

中华人民共和国建立后，解放初，上虞属绍兴专区。1952年2月起属宁波专区，1964

年9月复属绍兴专区。1968年6月起属绍兴地区。1983年8月起属绍兴市管辖（绍兴撤地建市）。

行政归属的沿革中，上虞的地域区划也不断调整。1954年秋，绍兴县东关区及汤浦区的四峰、渔浦、汤霞、四村、胜江等5乡和富盛区的长东、保山、长塘、会胡等4乡划入上虞。（东关：原属绍兴县管辖，处于其县治的最东边，是进入绍兴县的重要枢纽地带，故名）

上虞县行政驻地也几有变动。秦王嬴政二十五年（公元前222年）建县时，上虞的县治设百官镇。唐长庆二年（公元822年），县治迁丰惠镇。1954年9月，上虞县人民政府迁至百官镇。

解放后，上虞行政建制也几经调整。解放初至1992年10月，上虞行政仍以县称，为上虞县。1992年10月18日，上虞撤县设市，为上虞市。2013年11月8日，上虞撤市设区，其行政建制为绍兴市上虞区。

上虞深厚的历史文化沃土，加之曹娥江横贯两岸，四季分明，雨量充沛，江两岸土地肥沃，植被丰厚，物产种类丰富，更造就了商业繁荣，经济发达，民间殷实富裕。绿水青山亦孕育了人才辈出，成了一方的人才胜地。历史上，曾形成“舜会百官”“东山雅聚”“白马春晖”等三次名人大聚会。涌现出了被誉为“中国古代唯物主义者和启蒙思想家”的王充、“东山再起”典故的谢安、中国山水诗开创者谢灵运、国学大师马一浮、气象学家竺可桢、“茶圣”吴觉农、电影名导谢晋等等著名乡贤。

历史上，上虞又是制造业的高地，成熟的中国越窑青瓷就诞生在上虞。据记载：舜避丹朱至此时，作陶灶以制陶。至东汉已能烧制成熟瓷器。位于上浦镇石浦村四峰山东北坡的小仙坛东汉青瓷窑址，据中国科学院上海硅酸盐研究所对小仙坛出土的东汉青瓷瓷片测定，其烧成温度已高达1310℃。抗折强度每平方厘米355公斤。这些数据，无可争辩地被我国陶瓷界公认为“成熟瓷器”的发源地。三国西晋时，上虞境内窑场数量多达140余处，烧造的产品种类繁多，纹样丰富。除继续生产碗、罐、盘、洗、罂、唾壶等日用器外，还出现了鸡首壶、狮形器、羊形器、槅等新品种，同时，大量烧制猪圈、狗圈、鸡舍、畚箕、砻等明器。压印的网格带纹、戳印的联珠纹与范印的铺首等，往往成组装饰在瓷器上。这一时期的产品，曾大量销往南京、苏州、镇江等当时的大都市，极大地丰富和改善了人们的物质生活。时光转换，历史变迁，富饶的土地与勤劳智慧的人民，代代相承的进取精神和创新创业求发展的传统，也就成为进入社会主义经济建设时期，涌现出一大批大有作为、勇闯世界的企业家的深厚根基。

1950年5月，“东关搬运工会”就诞生在这片经济发达、市场繁荣、人民勤劳智慧的沃土中，经不断改革创新，走向了发展壮大。

我国是一个多民族又物产丰富的大国，南北货物交流、各地余缺调剂及各类物资的运输，特别是大运河开通后，物资交流非常活跃，搬运、装卸自然就成了一个庞大的行业。浙东古运河，自杭州延伸至宁波，上虞正好在这条航运线的中心点上。发源于金华市磐安县尚湖镇王村大盘山脉尖公岭的曹娥江，自南而北流经新昌县、嵊州市并贯穿上虞南北全境，与古运河形成了南北与东西的纵横交错。（注：曹娥江干流发源于磐安县尚湖镇王村海拔870米尖公岭的岙来山与高余山之间的山谷中，二水汇合处，2001年2月磐安县人民政府专门竖立“曹娥江源”碑，同时配有朱颂阳撰的《曹娥江源记》碑文。二小溪以岙来山之水稍大，而高余山之水因有“曹源庙”在，故以汇合处作为曹娥江的源头）故自隋、唐、宋、元、明、清以来，上虞被称之为“九县通衢”，成为南北及各地物资运输的重要转运地。由此，自古代至近代，就有很多无地少地的贫民，以帮人搬运抬挑为业。而自清道光年间始，在上虞，百官、曹娥、丰惠、章镇等地，就出现了搬运人员自行组成的“袋头班”“老酒班”等装卸“脚班”，以有组织的形式承接业务，实现相互的协力和帮助。

因贫困而加入搬运的人多了，搬运业务少，还发生“脚班”间为争夺业务的明争暗斗，有时还表现得很激烈。为解决相互纷争，后来脚班们相互商定，以分地界进行搬运作业。发展到后来，搬运业务多了，又出现了专门承揽搬运业务的组织。清代后期，江浙一带，出现了由被称作为“过塘行”的中介组织，专门为脚班行帮们承揽业务。

过塘行（又称转运行）就是专门为货主代办货物中转、装卸、驳运等运输业务的行帮。通过承揽业务，向货物托运单位或个人收取运费总额的10%至15%的服务费，作为报酬收益。上虞最早的一家过塘行，是清道光年间，在曹娥开设的“陈正和行”。后因业务兴隆，至清光绪年间，成曹娥31家过塘行的“总行”。民国初期，过塘行陆续增多。民国25年（1936年），全县向国民政府的工商、税务部门登记领取营业执照的过塘行有63家，不登记的“半边行”不计其数。抗战期间，因经济萧条，货运减少，过塘行关闭甚多。抗战胜利后，据考查，复业和新设的有82家。据1946年6月4日《上虞报》登载：“6月2日，成立上虞县运输商同业公会，县党部和县政府派员出席，运输商同业公会附设于县商会内。”同年，又分别成立“绍兴县曹娥镇脚伕业理事会筹备委员会”（曹娥于1950年行政区划划归上虞县）、“上虞县梁湖坝挑挽业理事会”、“上虞县章镇挑挽业理事会”等组织，其正副理事长和理事，均由过塘行老板或“脚班”班长兼任。“脚班”人员入会后，每人每月缴纳30个铜板作会费。据统计，当时上虞全县有14个“脚班”，有2264名搬运工人。由于这些理事会均被过塘行老板和“脚班”班长（封建把头）所控制与操纵，搬运工人被提取的苦力费达挑力费的5%至15%。当年搬运工，全靠卖力气吃饭，辛苦不说，交了会费后，还会遭受到各种盘剥。至老弱病残，生活没有保障。有民谣：“一世挑脚挑到老，到头不值一根草”“小来无行无业，大来挑脚抬轿，老来倒庵落庙”。所以，社会地位非常低，是穷苦人的事业。全国解放后，随着社会主义建设的全面兴起，百业勃发，搬运业务亦即大增，公路、铁路、内河等车站、码头，都需要有组织的搬运队伍。于此，各地政府以“搬运工会”的名义，纷纷组织建立起新型的集体所有制搬运队伍。东关搬运工会，就是其中之一。

东关镇，地理位置得天独厚。杭甬运河和104国道横贯其间，是萧甬线上的一个重要交通枢纽和中转站，既有码头，又有公路、铁路车站与转运仓库，装卸搬运业务常年都十分繁忙。作为居民集聚重镇和物流要地，解放前后时期的东关镇，与绍兴县的柯桥镇齐名，称“金东关，银柯桥”。当时的地位和名声盖过柯桥（后因改革开放后，柯桥轻纺市场的崛起，转说成“金柯桥，银东关”）。这座千年古镇，交通便利带来了工商业发达。自建镇来，水网交叉，物产丰富，市场繁荣，各地到东关“赶市头”的人很多，交易活跃，流转量大，这为装卸搬运提供了大量的货源。

20世纪50年代，东关镇上，又是很多生活用品的制造生产基地。镇上有绍兴“东路酒”的东关酒厂，即现在的“女儿红”酒厂的前身；有享誉江浙地区的“乌金纸厂”，即现在的电力电容器有限公司；有东关“恒昌”酱园，即现在的东关酿造厂；有在老百姓心中信誉度较高的米行、钱庄，更有负责老百姓日常生产、生活用品供应的供销社；还有曾在大文豪鲁迅笔下出现过的大庙前“五猖会”等的商业性集市。街上最为热闹的，要算是大庙前和鱼市桥地段，人来车往，川流不息。在这样的市场情景下，国有、集体单位和各类个体作坊，生产的物资搬运装卸，商业物资的内外流通，货进货出，各方都十分需要有组织的搬运组织，为他们做好流通转运服务。

1950年5月（一说8月），“东关搬运工会”应运而生。据考查，当年初有会员34人。后正式确定装卸工人是28位，来自马家桥大队（村）的朱月来同志（1908.2—1988.1）担任负责人。

1950年到1958年间，是浙江运发文化发展有限公司前身——东关搬运工会的艰苦创业时期。搬运工会最初立足点，系租用东关房管会的一处公房（坐落于杭甬运河东关米市街大桥的大木桥和建设桥的中间地段，九大弄与朱家弄中间坐北朝南的两层楼的街面房内），建筑面积约200平方米的一幢老式二层楼。1976年，搬运站建成自己的办公楼后，遂搬离此地。

搬运站建立后，在50年代，当年的主要作业点，主要是为东关火车站将嵊县三界等地的优质建材黄沙，通过火车运往上海等地。当年，这些黄沙，先由汽车及水上轮拖运至火车站背后的张家溇底，再用人工挑上火车货车车厢。人工装卸货物，劳动强度极大，且不分昼夜。一旦接到车站调度室装卸货物的通知，无论白天黑夜，刮风下雨，严寒冰冻，都要第一时间，赶到作业点。所以，当年做搬运工，不只是要吃苦耐劳，还要如军人一样随时等待召唤，拉得出，打得响。进入到70年代，采用机械的吊机和辅送机传送带送到车厢内，不仅降低了劳动强度，且速度与效率也大大提高。东关火车站的这一装卸作业点，直至2001年企业改制时，才停止营业。

随着社会发展和集体经济制度的建立、巩固和提升，1955年，东关搬运工会更名为“东关镇搬运站”。1956年6月，东关镇搬运站更名为“上虞县航管所东关快运组”， 领导管理层也进行了调整，组长由徐阿寿同志（1930年6月—2010年8月）担任。同时，搬运站组建了党组织，名称为上虞县航管所东关快运组党支部，首任党支部书记也由徐阿寿同志担任。

当年28位职工的努力与坚持，才有了今天浙江运发文化发展有限公司的成长壮大；当年开创者们筚路蓝缕、艰辛奋斗，是公司永远的物质与精神财富。

1958年至1984年，为公司的日益壮大时期。1958年11月，上虞县航管所东关快运组归口由上虞县运输公司管理，搬运站名称随即变更为：上虞县运输公司东关站。为适应业务的增长，搬运装卸作业任务，开始实行分配制。统一物资调派，统一工人派遣，搬运工人哪里业务忙就往哪里调。1962年5月，搬运站领导管理体制又一次转换调整，上虞县运输公司东关站名称更名为：上虞县东关搬运站。隶属关系转由上虞县工业交通局和搬运管理站领导。当时职工已增加到30人，手拉车18辆。到1969年，搬运站开始自己组装三轮机动车，业务由短途搬运开始进入短途运输。

1972年10月15日，上虞县交通局给搬运站分配了17名具有初中文化的青年新职工，职工队伍进一步扩大。俞支援、潜梅珍、章国强就是这个时间进入公司的。这批年轻职工的加入，改变了搬运站一直来正式职工是男性一统天下的局面，也改变了搬运站职工的文化结构。在这些充满朝气、富有文化的新职工中，有几位经锻炼成长，后来成为公司发展的支柱与中坚力量。俞支援，就是这批青年中的佼佼者，为搬运站后来的不断发展壮大，他是扛大旗、定方向的首功之臣。随后，搬运站开始购入手扶拖拉机，用于跑短途运输的业务。1978年，则购入了小货轮、货运汽车等，开始向汽车运输的长途业务发展。搬运、装卸、运输一步到位，一条龙服务，由此，搬运站客户不断增加，运量也是不断上升，开始呈现业务的快速增长发展期。

时间流逝，自1978年始，搬运站亦进入了新老交替时期。初创时期进入的老一代职工，开始陆续步入老年，搬运站进入了一个老职工退休期。这些先后退休的老员工，基本都由其子女顶替进入搬运站工作。存在的问题与不足是，顶替进来的子女，大多文化水平较低，有的是连小学都没有毕业。

在业务不断扩大、人员不断增多的情况下，1976年10月，搬运站第一次搬入了自建的办公楼。位置在东关镇东北路10号（现名镇东路），历史上称该地为荸荠弄或无情弄的地方。

1980年9月，根据上虞县总工会文件，搬运站开始建立独立的工会组织。站召开了工会委员会第一届职工代表大会，并成立了第一届上虞县东关搬运站工会委员会。该届工会委员会任期至1984年8月换届。

1981年，鉴于当时社会上对五金加工有一定需求，搬运站在站内创办了第一家五金加工厂，主要经营小五金、汽配零部件加工等业务。拓展经营于此萌芽。这个五金汽配厂后营业至1996年5月，因业务量小而注销。1983年起，在县交通局的领导和支持下，搬运站开始进入分配制度的改革时期，制订新的分配方式，改变前几年“奖封顶、罚保底”的做法。考核管理制度的改变，立竿见影地带来了劳动热情的增长和智慧的激发，公司上下全体职工积极性得到整体提升。据1983年统计，至该年，搬运站固定资产为48.7万元，营运车辆16辆，计47个车吨位，年营业收入为65.8万元。该年，其中搬运装卸组实现营收7.2443万元，完成年度计划的143%。车队实现营收38、2010万元，完成年度计划的116%等。车队司机最高月收入为180元左右。这收入水平，已远远超过了当年政府机关的干部和学校、医院等事业单位的人员。

进入1984年，市交通局响应邓小平同志的干部要年轻化、知识化、革命化的号召，进行了整顿调整，把富有创新精神、年富力强的同志调整到领导岗位。该年1月，搬运站主要领导调整。徐阿寿从站长岗位上退了下来。俞支援同志经民主推荐和主管部门考察，挑起了重担，被县交通局任命为搬运站站长。俞支援上任后，敢创敢干劲头迅速显露，上任初，即为公司制订了明确的发展方针：整顿、改革、调整、效益，展示出成竹在胸的经营发展战略目标和有针对性的改革举措：整顿基层组织，挖掘有用人才，只要肯干，会干，不论年龄大小、是司机还是农民工，都可以提拔为班组长、车队长；改革经营方式，改变服务态度，变被动为主动，多方出击，全面转变坐等客户上门的做法；调整经营方向，更有力度、有目标地发展运输主业；利用有限的资金，添置运输车辆，增加吨位与运力；能出效益的就坚决实施，影响与损害效益的就深入整顿，只要不违反国家当时的法规，一切都围绕效益转。

1984年7月，经过俞支援经理的多方努力和企业的装卸运输能力，经县计委同意，县交通局批准，上虞县东关搬运站升格并更名为：上虞县东关运输公司。9月，更名后的上虞县东关运输公司，组织召开了第二届职工代表大会：上虞县东关运输公司工会委员会职代会，制订公司近期的发展方针与政策。企业名称的调整，业务领域的拓展，范围的扩大，经济效益越来越显著。1984年，职工月人均收入，提高到了93元以上。公司队伍更加壮大，截至1984年底统计，已拥有正式职工118名，临时工35名。公司资产更是从零到有，拥有固定资产已达52万元，流动资金9.98万元。拥有大小汽车19辆，拖斗5只，计86个车吨位。自制钢材架一个，有5吨汽车吊1台，固定吊车5台，输送机22台，再加一家附属五金加工厂。升格为公司后，荣誉也是纷至沓来，该年创造出年荣获7项先进荣誉的历史新纪录。特别是被上虞县人民政府评为先进集体。更令人可喜的是，在当年，创建文明单位，这还是一个既新鲜又陌生的事情的背景下，被中共上虞县委、县政府命名为“文明单位”，为公司下一步的发展和改革，夯实了基础，赢得了健康发展的先机。

1984年，是公司发展的重要转折之年，也是继往开来的关键一年。俞支援一上任的锋芒初露，管理才能的展示，发展蓝图的擘画，良好的开端，使公司迅速进入了一个新的快速发展时期：即1985年至2000年的全面创新拓展时期。这一期间，在俞支援经理的带领下，大胆地选择负债经营，先后引进国产东风、解放、跃进等品牌汽车，调整车辆结构，扩大生产规模，形成了一定的规模经济效益，彻底改变了公司以前设备落后，小打小闹的局面，走上了以货物运输为主，进入运输大市场的发展之路。根据公司的快速提升的经营业绩，1988年4月，公司再上新台阶，由上虞县东关运输公司，升格为上虞县第一运输公司。1992年10月，上虞撤县设市后又更名为“上虞市第一运输公司”。公司又在俞支援经理多元发展理念的指导下，开辟了异常广阔的发展前景。俞支援经理当年对公司确定的思路是创新求变，“一业为主、多业并重”“以副业补主业”的方针；主动出击，通过不断拉大经营盘子，拓展产业领域，延伸产业链，做大做强公司实业。由此，公司一方面加大了对运输主业的改革力度。通过对前期承包政策的全面评估，根据公司当时的现状，在1986年提出并开始实施“超奖负赔”经济责任制等一整套的考核改革。这一做法，引起了绍兴市、浙江省运输主管部门的高度重视和关注，后又得到了国家交通部的肯定并向全国推广。对一个县属基层企业来说，这是一件值得自豪的大事件。此外，更能体现公司优良业绩的是1988年5月，由县交通局牵头的以先进帮落后，承包处于长年亏损状态的章镇运输公司，当时要求三年内全面扭亏转盈。在俞支援的大胆改革和整顿下，输血与造血并举。三年后，章镇运输公司顺利实现扭亏为盈，且进入了营收逐年递增、职工收入不断增加的良性发展态势。上虞县第一运输公司以“当自己的企业来经营”的劲头，帮助章镇运输公司，创造出了优良的成绩，向交通局交出了一份满意的答卷。

实施“超奖负赔”后，公司深化改革没有停步。1988年4月，俞支援又通过总结完善，对运输主业全面实施了分配制度的重大改革——单车承包责任制。这一措施的落实，职工“个个搞经营，人人做老板”，使公司内部形成了每个人都是辐射广泛的经营主体，各条经营之路都被开通，各种赢利手段都被激活，公司上下心往一处想，劲往一处使，在交通系统属下的各运输公司的生产业绩中，总是拔得头筹，成了县交通局所属各运输公司中名副其实的“领头羊”。

在抓好主业发展的同时，积极寻求多元发展。公司不断寻找副产业发展的方向，寻找适合自己的发展亮点，旗下延伸拓展的经营实体，包括前面创办的五金加工厂，最多时发展到12家。1987年6月，公司成立上虞县东关运输公司汽配厂商店。1990年5月，公司在城区百官镇，成立上虞第一运输公司小客车出租站，开始由货运向客运业拓展。1991年9月，公司设立的上虞市第一运输公司汽车修理厂落成开业。同年9月，公司又承担起了由政府部门协调的、兼并处于经营亏损状态的县综合商店所属大众饭店的重任。饭店后经装修改造，于12月更名为“一揽胜饭店”开张营业。1992年12月，公司成立属公司工会所办的福利型企业——上虞市电动门制造厂。1994年3月，公司成立了上虞市交通汽车配件厂。同年3月，公司与上海瑞祥金银饰品生产经理部合作，组建上海瑞祥金银饰品生产经理部上虞金银饰品厂。1996年5月，公司经市交通局批准，成立上虞市一运综合商店。1997年2月，公司与上海珍宝金银饰品厂合作，建立了上海珍宝金银饰品厂上虞分厂。1997年11月，公司又成立了上虞市礼仪工艺品厂等等。

在所有这些经营拓展的企业中，公司于1992年毅然出资80万元，创办的“上虞县珠宝饰品厂”，被公认是俞支援经理所下的一步高棋、好棋、妙棋，为公司进入21世纪后转型，创造了强劲的产业发展基础。当年，创办珠宝饰品厂，是俞支援经理深于对运输业发展现况的分析，和我国经济快速发展、人民群众生活水平不断提升的实际，所作出的大胆决定。随着汽车运输业改革的不断深化，社会运力参与竞争，市场细分，运输业的赢利空间越来越小。为增加职工收入，除深耕运输业相关的产业链外，俞支援从人们大众对物质生活追求的日益提升中，前瞻性地意识到珠宝业必定是今后发展的一大方向，追求生活的时尚与高档，必须要有珠宝的“加入”。故此，在当时还不被同行所理解的情况，机遇则为俞支援这有准备的头脑，敞开了走向成功的大门。

随着珠宝厂的生产与经营，据社会发展形势和大众生活需求，俞支援经理又作出了新决断，向生产加工贵金属饰品方向发展。于此，珠宝厂又于1993年11月，通过新的投入，进行黄金饰品试生产并一举成功，这就更加坚实和稳固了长期发展的根基，是一件具有里程碑意义的大事。

之后，1994年，公司对珠宝饰品厂实行股份制改革，得到了广大职工和相关社会人士的积极响应和支持。5月28日，公司在百官一揽胜饭店召开股份制成立暨首届股东代表大会。股东大会向社会公告：珠宝饰品厂总股本为450万元，企业内部和社会人士各有105人共210人入股。为支持这一当时还属于是“吃螃蟹”的企业体制改革，上虞市委书记王润生亲临大会表示祝贺。市委、市政府及市体改办、交通局等领导和兄弟单位同行，亦都前来参加庆贺。

珠宝饰品厂的这一改革，亦使珠宝饰品厂能更有底气参与市场竞争，为企业发展创造了更有利的条件。同时，珠宝饰品厂抓拓展不停步。1993年11月6日，珠宝厂试产加工黄金饰品获得成功后，就开始向生产加工贵金属饰品方向大踏步发展。在赢得上海造币厂、上海珍宝金银饰品厂、上海瑞祥金银饰品生产经理部等贵金属生产企业的支持后，通过聘请专家和专业技术人员到厂指导，搞好职工技术培训等，在生产、加工贵金属产品上，尤其是由生产饰品向生产设计制作要求更高、精细度更严的贵金属工艺品转型上，取得了重大突破和成功。1997年4月份，珠宝饰品厂为浙江省和绍兴市邮电局，制作《蔡元培诞生一百三十周年》邮票和《竺可桢镶嵌封》，因设计文化品位高，制作技术精密，深得委托方的好评。一家小公司，制作出高质量的金银纪念品，被时任浙江大学校长的潘云鹤称赞为“小厂撑起大市面”。随后，1998年，珠宝饰品厂又一次承接了高要求的1200套周恩来总理诞辰100周年金银邮票、5000套虎年金银邮票的任务，均以高质量的制作予以完成。由此，大大打响了珠宝饰品厂生产、制造能力的品牌，珠宝厂由此不断走向了兴旺。

与发展相伴随，1996年4月28日，公司与珠宝饰品厂搬迁至百官镇舜江东路一运大厦新址。这为公司向更高层次发展，赢得了更有利的发展平台与更大的发展空间。天时、地理、人和，俞支援在公司经营发展的关键时刻，凭借其过人的智慧和胆略，作出果敢的努力和决断。

同心合力必出喜人成果。1998年，公司的产销业绩，已被上虞市政府确认为上虞“全市百强企业”之一。1999年，中共上虞市委、市人民政府确认公司为上虞市工业综合实力百强企业（列上虞第96位）。在这16年中，最能反映公司成果的，仅举两个数字：1984年年底，公司职工人均月收入93元，年收入已高达1116元，已远超国家公务员和事业单位工作人员收入。到1997年，公司职工人均年收入，达到8000元以上。13年时间，职工收入上涨7倍多。扣除物价上涨因素，上涨纯收入至少也应在5倍以上。公司固定资产也大幅增加，1984年虽已增至52万元。到1997年，公司全年仅技改投入就有37.3万元，当年的固定资产投入是146.2万元，且固定资产净增值在8%以上。由此可见，这一时期，在俞支援强有力的领导下，公司通过不断地生产扩张和经营领域拓展，发展势头强劲，职工收入和信心大增，呈现出欣欣向荣的局面。

坚持两手抓。在抓经济、抓发展的同时，不忘抓好思想教育，抓好职工综合素质的提高。这一时期，公司努力抓好政治思想教育，继续抓“文明单位建设”提升，抓“百日”安全竞赛，没有丝毫放松。思想政治工作是搞好改革发展的基础，在俞支援看来，思想上统一了，看问题更全面了，大家更协调配合了，工作才能出成绩、多收获。为加强思想政治工作，自1988年9月始，由办公室每月编制“交通安全简报”；1989年7月，公司又创办“一运月讯”，黑板报、宣传窗、会议交流等。继1985年公司获得县“文明单位”后，1988年，公司驻酒厂的装卸班组也被绍兴市交通局评为了“双文明”先进班组。黄酒装卸不仅是体力活，更是一个细活，一个手滑，酒坛就会摔破；酒坛一破，文明考核就过不了关，说明职工的素质，是脚踏实地得到了提升。之后，1989年，公司被绍兴市交通局评为“双文明”先进单位。1990年，公司又荣获省经理联络会、省运输协会、浙江交通报授予的“文明企业”称号等等。正是公司生产、经营、服务上良好的文明素质，使公司在社会上树立了良好的形象。由此，1992年，公司被上虞市人民政府命名为“重合同、守信用”单位。此后，公司就成了上虞市人民政府授予“重合同、守信用”的“老客户”。在这16年中，公司年获得各种先进荣誉在六七项及以上，最多的1988年、1989年、1991年，荣誉竟有十二三项之多，足见公司的各项工作均走在了同行前列。

这一时期，公司在军地两用人才的引进和使用上，也成为上虞全县的样板。1987年年底，上虞县民政局专程组织新闻宣传部门，到公司拍摄军地两用人才使用电视片，向县内外播放介绍公司使用军地两用人才的做法和取得的成绩。随后，公司使用军地两用人才的经验，以《大胆使用两用人才，发挥企业更高效益》为题，由俞支援经理在绍兴市“烈军属荣复退军人代表会议”上进行了介绍，获得了与会领导积极的肯定和好评。1991年，公司被上虞县人民政府授予军地两用人才“优抚安置工作”先进单位。随后，又被浙江省民政厅、浙江省军区政治部评选为“省级开发使用退伍军人两用人才”工作先进集体。

更为难得的是，俞支援经理常常想方设法为职工群众办实事、解难事，尤其是对改善职工的居住条件，改变房屋狭小、仅能遮风挡雨的简陋现状，作出极大的努力。安居才能乐业，公司在1985年、1990年、1996年先后三次为职工搞集资建房，共建成64套职工家属宿舍，基本解决了全公司缺房户、无房户的居住困难，使职工对公司的依靠感和信心得到全面提升。鉴于公司创造出多方面的优良业绩，1988年，上虞县交通局组织编写的《上虞县交通志》中，公司简史被名列于“上虞县运输公司”之后，可见公司在全县各运输公司的地位。

在此期间，善于学习、勤于思考、巧于借鉴、勇于实践的俞支援，不断总结自己工作中的得失，研究探讨运输市场发展的现状和趋势，努力寻求公司发展的走向和实现跨越的措施和办法。为克服自己知识上的欠缺，提高理论水平，俞支援经理除坚持日常的学习外，1994年，考取了湖南长沙交通学院“交通运输管理工程”专业大专专修班，获得大专毕业证书。边学习，边实践，边探索，边总结，成为俞支援经理的常态。多年来，他撰写了大量的理论探索文章。早在1982年，他就撰写了对公司发展进行探索的《立志改革、开创新局面》一文。此后，1986年的《注重两个效益、完善车队经济责任制》、1987年的《大胆使用两用人才、发挥企业更高效益》、1988年的《深化企业改革、完善经营承包责任制》《推行单车承包、促进生产力的发展》《搞好三个结合、提高竞赛效益》《推行群体经营工作法、提高企业潜在活力》、1989年的《论企业面临困境、出路何在》、1990年的《完善经营机制、抓好基础管理、提高企业经济效益》、1993年的《热情接收、妥善安置、积极培养、大胆使用、让退伍军人有用武之地》等文章，特别是1994年他递交给长沙交通学院的毕业论文《试论运输企业增强活力的途径》，引起了学院领导和同学们的重视和讨论。充分体现了他“文化型企业家”的特质。1991年9月，俞支援被上虞县劳动人事局评定为助理经济师。1995年7月，经绍兴市职称改革领导小组的评审考核，被评定为经济师。在创造了公司良好经营业绩的同时，社会也给俞支援经理带来了众多的荣誉。自1987年当选东关镇第九届人民代表大会代表始，至1996年东关镇第十二届人代会，俞支援先后四次被所在选区选民选举为镇人民代表；1993年2月、1998年3月又光荣地当选为中共上虞市第十次、第十一次代表大会的代表；1994年12月当选绍兴市总工会第三次代表大会代表。特别是在1989年，被浙江省企业管理协会、浙江省交通运输协会、浙江省交通运输企业经理（厂长）联络会、浙江交通报社评为浙江省交通运输文明经理（厂长）；并入选浙江省交通厅所评选的“浙江交通精英”；在《浙江交通报》“浙江交通精英”专栏上作专题介绍；先进事迹又被浙江省交通厅、浙江交通报编入《浙江交通精英》一书。

创新，可以说是俞支援勇立潮头的一个重要支撑。管理创新、制度创新、经营创新，不断拓展新领域、寻找新亮点。1984年至2000年的16年中，在俞支援的领导下，公司始终保持着旺盛的经营活力。诚如秦代大法家韩非所言：“事在四方，要在中央；圣人执要，四方来效。”俞支援经理决策的正确与公司上下的合力同心，保障了公司在激烈的市场竞争中不断劈波斩浪，连创佳绩。

随着21世纪的到来，世界经济格局的改变，国内经济体制的改革深化，2000年后，上虞市第一运输公司进入了一个企业转制调整的新时期。2000年，根据上虞市企业转制文件，上虞市第一运输公司被市交通局列为交通运输企业8家转制企业之一。为顺利完成转制，公司对全部资产进行了评估核定。2001年3月28日，上虞市财政局、上虞市地方税务局、上虞市国有资产管理局联合发布了《虞国资〔2001〕第10号〈关于上虞市第一运输公司资产评估确认、资产损失核销、提留、剥离及界定的批复〉》的文件，对一运公司上报的《资产评估确认、损失核销、产权界定的报告》与上虞同济资产评估有限公司[虞同评字]〔2001〕第261号《上虞市第一运输公司、上虞珠宝饰品厂资产评估报告书》及《资产损失核销审批表》等上报情况，批复同意企业转制。

2001年4月7日，上虞市第一运输公司工会，召开了第五届工会委员会第八次、也是本届职代会最后一次会议，着重讨论审议了公司转型改制的方案。自此，上虞市第一运输公司全面改制重组，公司由各股东出资重新组建。按国家“股份制公司组建法”，建立董事会，制订公司章程，成立股份制公司，由董事会领导和决策公司事务。

改制重组后，上虞市第一运输公司从此注销，建立上虞市运发珠宝实业有限公司。经营由原来的汽车运输主业，转型为以金银珠宝饰品、工艺品的生产、批发、零售为主业。4月28日，上虞市运发珠宝实业有限公司组建成功，各股东出资情况正式对外公布。经新组建，公司总股本仍为450万元。出资股东，因企业转制，职工股东和社会投资人士股东大批退股，股东减少至17位。17位股东选举了董事会。董事会全体成员一致选举俞支援为公司董事长并兼任总经理。体制转换，实行股份式有限公司体制，创业者合作共赢，由国有、集体、个人的不同利益分配，转化成个人股东股份合作的利益共享，这是公司性质和管理经营机制的又一次转型，即转制共赢期。

新成立的上虞市运发珠宝实业有限公司，为快速由运输主业转入以贵金属饰品与工艺品的生产制造加工和营销为主业的目标，首先与我国权威金融企业——上海造币厂加强了互惠合作。经双方协商，上海造币厂在上虞设立了在浙江境内唯一的特约经销点——运发珠宝商行。6月25日，公司又向国家工商总局商标局为贵金属饰品与工艺品，提出了注册“運發”图案商标的申请。商标的申请和注册，表明了上虞市运发珠宝实业公司不仅对自己的生产制作要求更高、更严了；也传递公司不再以加工为主，是进入了加工与自主品牌营销的新发展期。

同时，公司对旗下各经济实体进行了重新调整整合，上虞市第一运输公司注册为上虞市运发珠宝实业有限公司客货运输分公司(企业非法人)。汽车修理一块也作了调整，分别注册了上虞市运发珠宝实业有限公司百官汽车修理厂、上虞市运发珠宝实业有限公司东关汽车修理厂。快餐店则更名为上虞市运发珠宝实业有限公司快餐店（企业非法人）。上虞市礼仪工艺品厂更名为上虞市运发珠宝实业有限公司礼仪工艺品厂（企业非法人）。4月份，为拓展自主销售，公司新成立上虞市运发珠宝实业有限公司珠宝商行（企业非法人）。转制后的开局之年，公司不仅取得了良好的生产销售业绩，更在当年，被杭州资信评估公司认定为2001年度企业信用等级AAA级企业，被上虞市质量技术监督局认定为2001年度购物放心店。良好的开端，对公司的发展，带来的是满怀的信心和奋进的希望。

随着因企业发展的需要，2005年8月，经工商管理部门同意，上虞市运发珠宝实业有限公司更名为：上虞市运发实业有限公司，使公司的生产、经营内涵得到了拓宽和扩大。

2007年4月28日，上虞市运发实业有限公司迁入新地址，公司总部与各生产车间，均由百官街道迁至上虞经济开发区（曹娥街道）越秀中路399号。这是公司总部，从东关镇迁址百官镇后，第三次重大易址行动，为公司再一次大踏步的跨越，赢得更高发展平台奠定了基础。

这一时期，公司在提升产品质量、提高品牌声誉上，精益求精，以工匠精神制作贵金属饰品与工艺品，业绩非凡，成果喜人。2005年12月，公司制作选送的《八景盘一套》《舜耕群雕一套》《银生肖钥匙一套》等三件制品，参加浙江省旅游交易会旅游纪念品展览，分别荣获浙江省旅游局颁发的浙江省旅游交易会旅游纪念品、工艺品评比展优秀奖。2008年，公司更引来顶尖客户的业务订制：为第29届夏季北京奥运会制作金牌挂钩。北京奥运会组委会在众多的竞争单位中，选中了上虞运发实业有限公司。对于金牌挂钩的生产，说似简单，制作技术却要求非常高，须花20多道工序，要攻克不变形、不变色等多道难题，并保证200公斤外力拉不动。最后，奥运组委会经严格检验，十分满意。这使公司在贵金属生产、加工领域的地位和影响力进一步提升。自确定贵金属饰品与工艺品为生产经营主业后，为使公司的产品在市场竞争中，争创出属于自己的天地，公司强化了“人人都是工匠”的制度和操作规范。过硬的质量，良好的声誉，使公司生产销售总值，一直呈跃进式强劲增长的态势。2001年公司生产、销售总额为842万元，至2009年，生产、销售总额已达到2789万元，增长了近4倍。

在贵金属产销两旺的同时，公司开始涉足并研发上虞越窑青瓷，进行恢复、制作、推广的工作，为重振上虞青瓷进行努力和探索。在广泛调查研究的基础上，2006年，运发公司通过旗下公司，掌控了上虞越瓷陶业有限公司60%的股权，直接开展了青瓷的研发、生产制作、仿制古青瓷名品等项目，开局良好。9月14日，上虞越瓷陶业有限公司根据企业发展的需要，向国家商标局申请注册的中文文字“小仙壇”商标，获得批准。随后，2007年10月7日，上虞越瓷陶业有限公司为中文“小仙壇”配以上虞青瓷代表性产品“鸡首壶”图案的青瓷商标注册申请，又获得了国家商标局的批准。这一新领域的开辟，也使董事长兼总经理的俞支援，作为“文化型”企业家的形象，变得更加具体与充满内涵。

公司的努力与取得优良生产、销售业绩，也赢得众多的荣誉。2005年底，上虞市运发实业有限公司被浙江省工商局授予2005年度省工商企业信用AA级“守合同、重信用”单位。上虞市运发实业有限公司并荣获浙江省首批行业“质量服务诚信领先示范企业”称号。2008年底，浙江省工商局授予上虞市运发实业有限公司2008年度省工商企业信用AA级“守合同、重信用”单位。被中国质量诚信企业协会、中国品牌价值评估中心、《浙江日报》广告中心联合评定为“重质量、守承诺、创品牌”“三满意”单位。2009年，上虞市运发实业有限公司被中国质量诚信企业协会、中国品牌价值评估中心、浙江日报社确认为“浙江省公众满意质量诚信”双优单位。上虞越瓷陶业有限公司被浙江省文化厅确定为浙江省非物质文化遗产传承单位等等。

这一时期，身担董事长与总经理重任的俞支援，在娴熟又游刃有余地展露其经营理念和管理能力中，仍不断“充电”，以适应社会形势的变化和发展。2003年至2004年期间，他挤出时间，参加了清华大学职业经济训练中心举办的高级职业经理训练班，获得了结业证书；又经论文答辩等，获取了“清华高级职业经理资格证书”。与此同时，董事长俞支援先后四次去国（境）外参观考察，扩大视野，吸取国（境）外先进管理经验和营销方法措施等。2002年，参加了由市招商局组织的赴日本、韩国经济考察团，进行了考察交流活动。2005年9月，专程赴德国科隆参加SPOGA展览会。2005年5月，参加了赴台湾的经贸考察活动。2007年9月，参加了由上虞市人民政府组织的赴英国、挪威的经贸考察活动。参观考察，对于丰富和完善管理方法和技巧，起到了潜移默化和心灵内化的作用。

爱好青瓷的俞支援，不仅为重振上虞青瓷身体力行，而且自2006年始，不断向社会发出疾呼：作为中国青瓷的发源地，希望上虞青瓷重新崛起。如果我们上虞人再不重视并努力做好这一工作，上虞作为我国成熟青瓷诞生地的“金字招牌”，从此会永远失去。俞支援董事长等的呼吁引起了主流媒体的关注和重视。《上虞日报》于2006年4月18日，以整版发表了《上虞青瓷：期待沉默千年后的翠色》；《浙东新闻杂志》也积极地参与了这一呼吁，并配发了董事长俞支援在我区上浦镇古越窑址考察的照片。至2014年，上虞区政府把“青瓷文化”列为上虞重点传承的三大地方特色文化之一。

鉴于俞支援董事长对青瓷的深入研究广泛实践和不懈探索，2009 年，先后被浙江省文化厅、绍兴市文化广电新闻出版局评定并确认为第三批浙江省非物质文化遗产“越窑青瓷烧制技艺”代表性传承人。

时间对创业者总是匆匆，随着 2010 年上虞市运发实业有限公司经营期限的到期，公司又进入了一个新时期——2010 年至 2016 年及未来的继往开来、传承提升新时期。

这一时期，是公司走向精致高档、生产流传千年精品、做百年强企的一个新开端。2010 年，随着企业内部机制的进一步调整，第三代传承人俞辉总经理进入公司的核心领导岗位。2010 年 4 月 28 日，上虞市运发实业有限公司经营期限到期，根据公司章程，进行股权重组，成立了新董事会。重组后，公司股东由俞支援和朱百灿组成，总股本金 500 万元仍不变。随后，5 月 17 日，经董事会研究，决定采取增股措施，引入新股东俞辉，公司股东增至 3 人，总股本由原 500 万元增至 955 万元。增股后，新董事会经讨论决定：俞支援任董事长；董事俞辉任总经理。7 月，上虞市运发实业有限公司为自己的贵金属图案商标，增添中文繁体字样“運發”文字内容，得到国家商标局批准，形成了图案与文字相结合的完整性商标。2011 年 5 月，为进一步增强生产、加工、销售能力，公司又注册组建了浙江盛世国金工艺品有限公司。2012 年 4 月，为提升企业品位的需要，经董事会研究，公司决定增资扩股，总股本由 955 万元增至 1080 万元。随即，公司亦由上虞市运发实业有限公司升格并更名为浙江运发文化发展有限公司，由此，进入规模化、高端化发展的新时代。2013 年 4 月，经公司董事会研究，决定由浙江运发文化发展有限公司受让由旗下上虞市舜辉贸易有限公司在上虞越瓷陶业有限公司占总股本 60% 的股权，直接控股上虞越瓷陶业有限公司。

进入传承提升时期的这几年，公司在贵金属饰品、工艺品，特别是在上虞青瓷的研发、传承、弘扬、推广上，捷报频传，创造了一个出精品、出人才、出效益的新时期。

2010 年，亚洲第十六届运动会在广州举行，公司继为奥运会加工金牌挂钩后，又迎来了高端生产的制作业务——为亚运会制作技术高、精的各类奖牌。这次不仅包括了金、银、铜牌的所有种类。能成为世界重大赛事的奖牌制造单位，如果没有公司在生产制造上高技术、产品质量上的好声誉，那确实是近乎异想天开。所以，这样高要求的产品落户公司荣誉制造，不仅是生产企业高兴的一件大事，也为社会各界异常关注。2010 年年底，公司被中国质量诚信企业协会、浙江日报社确认为浙江省“重质量守诚信”行业领先单位。2011 年 10 月，公司被绍兴市工商局确定为“浙江省工商企业信用 AA 级守合同重信用”单位。年底，公司获得了中共上虞市委、市府授予的“谢晋文化奖”文化贡献奖。更被浙江省工商局确定为有效期三年的“浙江省工商企业信用 AA 级守合同重信用”单位。2011 年 12 月，公司又通过研发，生产制造出了全国最重的 12 公斤龙年银章，标志着公司金银制造技术水平的又一重大突破。2012 年 7 月，公司技术中心成功成为上虞市级企业技术中心，步入上虞市先进行列。同时还成为上虞市市级“211”培育工程企业。12 月，公司被浙江省委统战部、省经信委、省工商联等授予“浙江省中小微企业创新发展先进单位”荣誉称号。该年，公司全年销售总额近 2 亿元，全年缴纳税收总额超 400 万元，创造出历史最好成绩。同时，被中共上虞市委宣传部、上虞市文化广电新闻出版局评为 2012 年度十佳文化企业。2013 年 8 月，公司被上虞市消费者权益保护协会确定为“2011—2012 年度上虞市消费者信得过单位”。同年 12 月，公司的《運發及图形商标》，经绍兴市工商行政管理局综合分析审定，被确定为绍兴市著名商标。2014 年 12 月，公司的“運發”牌贵金属饰品、工艺品，获得浙江省质量技术监督局确定的贵金属饰品、工艺品“浙江名牌产品”称号。2015 年 2 月，浙江运发文化发展有限公司被中共上虞区委、区人民政府确定为 2014 年度工业综合实力五十强企业（位居 33 位）。同年 12 月，公司党支部在参与基层党组织“星级创建”中成绩突出，获得上虞区委组织部基层党组织“五星级”称号。更为可喜的是，公司通过不断的研发，共获得实用新型专利授权17项，外观设计专利42项，这是公司有史以来，取得发明专利最多的一年。

2016年年初，公司开年就迎来了喜讯：接到中国黄金协会的正式通知，浙江运发文化发展有限公司被中国黄金协会确定为“理事单位”。公司生产、制造的所有贵金属产品，可以进入到黄金协会的所有成员单位进行陈列、展示和营销，使公司销售的产品更具品牌地位和社会公信力，市场更加拓展与广阔。同年2月，浙江运发文化发展有限公司在上虞区政府公布的全区工业综合实力百强企业中，名列第83位。值得一提的是，4月15日，中国工程院院士、天文仪器与方法专家、中国科学院上海天文台研究员、总工程师朱能鸿，专程到公司考察，商议青瓷在天文仪器中的应用开发事宜，并计划在公司建立“院士工作站”。11月初，朱能鸿院士在公司建立“院士专家工作站”的申请，获得了绍兴市人力资源和社会保障局、绍兴市科协的批复同意并正式授牌。12月，公司的“運發”贵金属饰品、工艺品商标，又被浙江省工商行政管理局确认为“浙江省著名商标”。同时，鉴于在青瓷传承、开发上的显著成果，公司又被浙江省文化厅确定为第二批“浙江省非物质文化遗产生产性保护基地”。公司全年度的各项综合业绩又进入上虞区全区工业综合实力百强企业名单，列第80位，获得中共绍兴市上虞区委、区人民政府的表彰。

同时，重视青瓷的研发和产品开发，重视人才的引进、培养等，上虞越瓷陶业有限公司在这一时期同样成果不断。2010年7月，公司选送的仿品《青瓷镂空熏炉》、创意作品《舜耕群雕一套》参展中国旅游商品大赛浙江赛区商品选拔赛，荣获优胜奖。2012年4月，公司创意制作的再现诞生于我们上虞的我国经典爱情故事——“梁祝”主题青瓷工艺品，因设计的高创意和制作的精美，引起了社会广泛关注。该年10月，在绍兴市召开的非遗传承工作会议上，公司被绍兴市文广局授予“绍兴市非物质文化遗产生产性传承基地（越窑青瓷烧制技艺）”匾牌。2013年4月，上虞越瓷陶业有限公司选送的青瓷创意制品，参展国家文化部、浙江省人民政府在义乌市联合主办的第八届中国文化产品交易博览会，经专家评选，荣获工艺美术奖——银奖。5月，公司又被绍兴市非遗领导小组、绍兴市文广局确认为绍兴市非物质文化遗产优秀传承基地。2014年9月，据青瓷传承的优异业绩，已更名为绍兴小仙坛越窑青瓷有限公司的所注册的青瓷“小仙壇”商标，被绍兴市商务局确认为绍兴“老字号”商标。2015年8月，公司发明的《银棱平脱秘色瓷器的制作方法及制得的平脱秘色瓷器》，获得国家知识产权局授予的发明专利证书。这期间，公司青瓷制作高级技师李道凤，2012年被上虞市委人才工作领导小组办公室、市人力资源和社会保障局授予李道凤上虞市首批技能大师工作室——越窑青瓷工艺李道凤技能大师工作室。后2013年8月，绍兴市委人才工作领导小组、绍兴市人力资源和社会保障局，在绍兴市第三届技能节暨2013职业技能大赛开幕式上，又命名并授予李道凤“上虞越瓷陶业有限公司越窑青瓷技能大师李道凤工作室”匾牌。他又于2015年6月，荣获绍兴市经济和信息化委员会等授予的绍兴市工艺美术五星级民间人才（雕刻）称号等。

2010年以来，董事长俞支援在引领运发公司不断迈上新台阶中，通过自己的不断学习、研究、实践、探索，亦使其“文化型”企业家变得更加丰满并富有魅力，其在社会的影响力和地位进一步提升。2011年10月，绍兴市文化广电新闻出版局授予他绍兴市优秀“非遗”代表性传承人称号。2012年，被浙江省文化厅确认为：浙江省第二批“优秀民间文艺人才”。被浙江省经营管理大师评审委员会评选为浙江省经营管理大师。被绍兴市工商行政管理局聘请为绍兴市工商行政管理局行风监督员。被绍兴市工艺美术行业协会评为2012年度市工艺美术行业协会积极分子。2013年10月，荣获绍兴市工艺美术行业协会授予的“最具影响力的绍兴市工艺美术民间艺人”荣誉称号。11月，被绍兴市人力资源和社会保障局评为越窑青瓷——工艺美术师等。

长江后浪超前浪，传承接力有来人。于2010年走上执掌运发公司大船前台的第三代传人——俞辉，其身上不仅全面继承了其父亲俞支援为人热情诚恳，做事务实认真的基因。而且，依靠其在浙江大学深造所学和不断的探索实践，勇于开拓创新，把企业的经营管理搞得有声有色、亮点纷呈。并在做实做强企业的同时，更为上虞的发展积极奉献智慧和力量。

2011年3月，俞辉加入了中国民主同盟组织，成为民盟盟员。2012年2月，俞辉担任了上虞市第九届政协委员后，积极建言献策，在这几年中，先后提交了《关于加强越窑青瓷文化产业政策扶持的建议》的提案；《关于做好上虞经济开发区越秀中路、鸿雁路防洪排涝工作的建议》的提案；《关于大力发展文化产业，推进文化与旅游深度融合的建议》的提案等等。以企业家的眼光和视角，参政议政，为上虞经济发展，积极献计献策。2011年11月，他在杭州举行的第十四届（2011）西湖艺术博览会、浙江青瓷精品展暨十大中青年名师评选活动上，设计制作的《镂空香熏》，获得了由浙江省文化厅颁发的“非遗薪传——浙江青瓷精品展”铜奖。面对成绩和荣誉，俞辉始终保持头脑清醒，强化质量意识。2013年7月6日，上虞越瓷陶业有限公司作出了一个超乎寻常的重大行动：将3222件价值100万元的经专业检验有瑕疵的越窑青瓷成品，砸成了碎片。身为总经理的俞辉说：“我们不能给自己有退路，作为越窑青瓷的传承者，我们只能出流传百年甚至千年的精品。”功夫不负有心人。2013年5月，俞辉被绍兴市青年企业家协会授予“十大新锐越商”之一，并誉之为“文化创业大师”。2016年11月，绍兴《浙江城市广播电视报·生活周报》，以整版的篇幅，《诚信服务、精品发展——记浙江运发文化发展有限公司总经理俞辉》，专题介绍俞辉以“高端、专业、贴心”的经营理念和国际化视野，带领公司创新发展，着重于产品的文化创意，走精品之路，以工匠精神铸就新的辉煌的成功业绩。

回眸昨天，浙江运发文化发展有限公司以不断开拓进取的努力，改革创新的理念，诚信周到的服务，令人信服的质量，在俞支援的带领下，劈波斩浪，一步步由小到大，由弱而强，由强而专，由专而精，创出了自己的成功和辉煌。

审视今天，先进的制造设备，规范而有序的操作流程，严格锱铢必较的管理制度措施，生产千年精品的信誉追求，紧张而忙碌的生产场景，为社会创造更多的财富，为消费品提供更丰富的产品，为国家上交更多的税收，公司的每一位职工，都正在满怀信心地工作着、努力着、创造着、奋斗着。

展望明天，未来的浙江运发文化发展有限公司，将一如既往坚持“高端、专业、贴心”的服务理念，以“運發”牌贵金属工艺品为“浙江名牌产品”“浙江省著名商标”“小仙壇”青瓷产品为“绍兴老字号”商标等为基点，以“院士专家工作站”为依托，追求并实现公司品牌的世界化。并与中国金币总公司、上海造币有限公司、南京造币有限公司、中国集邮总公司、中国建设银行、中国工商银行、浙江省邮政局（公司）等，组成更加巩固的利益共同体，战略合作，共创共享，敢于进取，不断跨越，以挥写出更为灿烂和卓越的篇章。

一 发展篇

FAZHANPIAN

梅花香自苦寒来

浙江运发文化发展有限公司发展志

题记：

浙江运发文化发展有限公司发展壮大的历史，就是俞支援董事长展示管理智慧和经营才能的历程，就是不断把我国传统文化溶于现代发展中，“长征接力有来人” 的由成功走向卓越的历史。

成长篇：艰苦创业　脚踏实地

一、艰苦创业时期（1950年至1957年）

东关镇，杭甬运河和公路104国道横贯其间，是萧甬线上的一个重要交通枢纽和中转站，既有码头，又有公路、铁路车站与转运仓库，装卸搬运业务常年都十分繁忙。

作为物流要地，解放前后时期的东关镇，与绍兴县的柯桥镇齐名，称“金东关，银柯桥”。当时的地位和名声盖过柯桥（后因改革开放后，柯桥轻纺市场的崛起，转说成“金柯桥，银东关”）。这座千年古镇，交通便利带来了工商业发达。自建镇来，水网交错，物产丰富，市场繁荣，各地到东关“赶市头”的人很多，交易活跃，流转量大，这为搬运提供了大量的货源。

20世纪50年代，东关镇上，又是很多生活用品的制造生产基地。镇上有绍兴“东路酒”的东关酒厂，即现在的“女儿红”酒厂的前身；有享誉江浙地区的“乌金纸厂”，即现在的电力电容器有限公司；有东关“恒昌”酱园，即现在的东关酿造厂；有在老百姓心中信誉度较高的米行、钱庄，更有负责老百姓日常生产、生活用品供应的供销社，还有曾在大文豪鲁迅笔下出现过的大庙前“五猖会”等的商业性集市，是繁华之地。街上最为热闹的，要算是大庙前和鱼市桥地段，人来车往，川流不息。

公司最早的工人来源地——现东关镇马家桥村

在这样的市场情景下，国有、集体单位和各类个体作坊，生产的物资搬运装卸，商业物资的内外流通，货进货出，各方都十分需要有组织的搬运组织，为他们做好流通转运服务。

1950 年 5 月（一说 8 月），“东关搬运工会”，由东关镇政府组织，在镇上诞生。建立初，人员以东关镇马家桥大队的村民为主，汇聚县内梁湖、百官、小越、丰惠、沥海等地方的搬运工人。工会下面是搬运小组或小小班。经济核算采取的是日记账制，报酬是即赚即分，月结月清，不留积累。这是一种多劳多得的净分配式的松散性集体组织形式。据考查，当年初时有会员 34 人。后正式确定装卸工人是 28 位，由来自马家桥大队（村）的朱月来同志担任负责人。朱月来同志（1908.2—1988.1）是中共党员，那时在农村，党员很少，因为搬运工会中党员少，没建立独立的党组织。

搬运工会集合办公的最初立足点，经东关镇镇政府同意并协调，是东关房管会的一处公房，坐落于杭甬运河东关米市街大桥的大木桥和建设桥的中间地段，九大弄与朱家弄中间坐北朝南的两层楼的街面房内，建筑面积为 200 平方米左右，是一幢老式的二层楼。一楼设办公室一间，其余的作为存放搬运装卸的用具，如酒络索、篷布、麻绳、跳板之类的杂件。二楼则是供远地的如小越、丰惠、梁湖、沥海等地工人的住所。那时人们对吃住很简单，只要能有一张床位就可基本解决问题了。此地办公直到 1976 年搬运站建成自己的办公楼后才搬迁。

同时，搬运工会（站）在东关马家桥有四间供修理、装配用的简便房，用于维修手拉车壳、车胎及以后逐年发展后购入的手扶拖拉机及自己装配的三轮卡车等，内有简单的农机搬运与修理机具类设备，如钳工桌，电焊机，台钻等。

搬运站建立后，当年的主要作业点，在五六七十年代，是为东关火车站将嵊县的三界等地区的优质建材黄沙，通过火车运往上海等地的中转点。当年，这些黄沙，先由汽车及水上轮拖运至火车站背后的张家溇底，再用人工挑上火车货车车厢。这种人工装卸货物，劳动强度很大，也很辛苦。

等发展到 70 年代，采用机械的吊机和辅送机传送带送到车厢内，那不仅劳动强度低了，且速度与效率也提高上去了。

而东关火车站火车物资的装卸，除了黄沙，其他各种生产、生活物资货量也很大。而这种货物的搬运，其中最让大家辛苦的是货车到站卸货的时间不固定，随时会有上货与卸货的任务。而搬运工人一旦接到车站调度室装卸货物的通知，无论白天夜间，刮风下雨，严寒冰冻，都要第一时间，赶到作业点完成任务。所以，当年做搬运工，不只是要吃苦耐劳，还要如军人一样随时等待召唤，拉得出，打得响，号令一出，必须迅速赶到作业点，快速完成任务。

东关火车站的装卸作业点，直至 2001 年企业改制，才停止营业。

随着发展和集体经济制度的建立、巩固和提升，1955 年，东关搬运工会更名为“东关镇搬运站”。业务情况基本不变，负责人仍是朱月来同志。站成立了工会组织，王长仁同志（1950 年 10 月参加工作）任工会主席。

1956 年 6 月，因管理机制的变动，东关镇搬运站更名为“上虞县航管所东关快运组”。领导管理层也进行了调整，组长由徐阿寿同志（1930 年 6 月—2010 年 8 月）担任。同时，搬运站组建起了独立的党组织，名称为上虞县航管所东关快运组党支部，党支部书记一职，也由徐阿寿同志担任。

这由初期的搬运工会、又搬运站、后快运组的名称更迭，反映是东关搬运站水上、陆地业务范围的逐渐扩大，业务量的逐渐增多，经营管理的不断迈向正规，党的领导不断加强的历程。也是由一个较松散型的劳动实体，转变成一个企业经营实体的过程，后又由集体经济组织提升为地方国营企业的过程。从此，搬运站走上了健康、稳步发展的轨道。搬运站的第一代正式员工，虽来自上虞全县各地，然大家团结协作，不仅为服务上虞的经济做出了贡献，也为自己的未来与家庭的幸福，赢得了更好的生存发展空间与依托。

因为那个年代装卸应用机械很少，纯粹是个强体力活，运输肩扛扁担挑外，主要是手拉三轮车。故初创时期，搬运站里没有一位女性。而当年的 28 位职工，作为今天发展成长壮大成为浙江运发文化发展有限公司的前辈来说，他们筚路蓝缕，汗流浃背，负重前行，是社会主义大厦的建设者，亦是为生存的劳动者，更是公司的开创者、创始人，我们应当记住他们。通过资料查询和情况了解，现把他们的简要情况辑录如下：

表 1　　**初创者简历**

姓名	参加工作时间	退休时间	所在乡镇、村	姓名	参加工作时间	退休时间	所在乡镇、村
朱月来	1950.05	1978.10	东关镇马家桥村	张永芳	1950.08	1986.04	梁湖公社外梁湖村
徐阿寿	1950.05	1986.08	绍兴县陶堰镇	朱昌顺	1956.12	1988.02	东关镇马家桥村
罗长炎	1957.08	1993.02	东关横江村	高阿鹏	1950.05	1979.10	沥海镇西大街
王百庆	1950.11	1980.10	梁湖镇外梁湖江坎头	徐阿志	1950.11	1980.10	驿亭镇驿亭村
朱阿二	1950.11	1982	东关镇马家桥村	朱文庆	1950.11	1980.08	东关镇上
高荣泰	1950.05	1979	沥海镇西大街	赵丁尧	1950.11	1980.10	百官镇赵家村
陆泉忠	1950.11	1980.11	小越镇新宅村	赵和根	1950.11	1980.11	小越镇新宅村
蒋林炎	1950.11	1968	梁湖公社梁湖村	张玉炎	1950.08	1979.10	梁湖公社
包友泗	1950.11	1980.11	丰惠镇通明村	陈金夫	1950.11	1980.11	曹娥街道老坝底
赵柏林	1950.10	1979.10	百官镇赵家村	罗绍兔	1950.11	身体原因儿子顶职	小越镇坝头
袁荣根	1950.10	1979.04	小越镇新联大队	朱长明	1950.10	1979.10	东关镇马家桥村
陈长寿	1950.05	身体原因儿子顶职	东关镇马家桥村	杜友祥	1950.11	1979.10	百官镇中利村
王长仁	1950.10	1979.11	东关镇马家桥村	陈荣堂	1950.08	1978.11	东关镇马家桥村
朱高法	1950.05	1979.10	东关镇马家桥村	吴祥占	1950.11	1978.11	小越镇

二、日益壮大时期（1958 年至 1984 年）

这第二阶段的二十六年，是由“三面红旗”“大跃进”而走向全面改革开放的时期，是我国政治经济发展的重要转换期。

在计划经济时代，全国一盘棋，定量生产、定点供应。人们生产和生活需要的各种物资，都严格按计划组织实施，粮棉油都按量以发票证的方式，定量供应。只要能进入国有、集体企业工作，就捧上了“铁饭碗”。因为搬运站也是地方国有企业，所以即便从事搬运工作十分辛苦，但收入高出农民很多又稳定，还不受农村农业旱涝灾害的影响，也是大家十分向往而想进入的单位。

1978 年年底，中共十一届三中全会确定“改革开放”的重大方针。

给公司发展带来了重大转机。在三中全会后，虽开始几年进程较缓慢，但变化在时刻发生着。自 1983 年始，则逐渐向打破“条条框框”发起挑战，改变了“奖封顶、罚包底”的做法，职工的劳动积极

公司搬运站时期现东关镇镇东路的原站址

性开始被全面激发，劳动热情被积极释放。

而重大转折，则在俞支援同志担任经理后。1984年，市交通局响应邓小平同志的干部要年轻化、知识化、革命化的号召，对公司领导层进行了调整，把富有创新精神、年富力强的同志调整到领导岗位。而俞支援一上任经理岗位，马上就显现出他的成竹在胸的战略经营才华，并实施有针对性的改革举措：他的第一步行动，就是改搬运站为运输公司，全面明确了公司下一步向更广阔的运输市场发展的方向。同时，整顿基层组织，挖掘有用人才，只要肯干，会干，不论年龄大小、是司机还是农民工，都可以提拔为班组长、车队长；改革经营方式，改变服务态度，变被动为主动，多方出击，全面转变坐等客户上门的做法；调整经营方向，更有力度、有目标地发展运输主业；利用有限的资金，添置运输车辆，增加吨位与运力；能出效益的就坚决实施，影响与损害效益的就深入整顿，只要不违反国家当时的法规，一切都围绕效益转。而深化经济责任制改革的“基础工程”，就是进行“文明单位”创建，提高职工队伍的政治思想和优良服务素质等。着眼于长远与未来，预见到今后企业生产经营的竞争，是单位间人才素质的竞争。公司后来的成功转产、转型，俞支援经理一上任就抓住了关键，走对了路子。这也是企业家之所以成为企业家，办企业之所以能成功的关键所在。

所以，1984年，既是一个历史时期良好的收官之年，也是未来一个新时期的奠基之年。

自1958年始，搬运站的经营管理进入更加规范的时期。

1958年11月，上虞县航管所东关快运组归口由上虞县运输公司管理，搬运站名称随即变更为上虞县运输公司东关站。党支书、站长均由徐阿寿同志担任。这一变革，使搬运站的性质也发生了转变，站由集体经济组织转变成地方国营企业，其管理也更加严格正规，实行按地方国营企业的上班与休息制度，平时家里有事请假，都要先征得领导同意。

随着搬运业务的不断扩大，搬运装卸作业任务开始实行分配制。统一物资调派，统一工人派遣，搬运工人哪里业务忙就往哪里调，是集中安排下的灵活作业。而对在搬运装卸中造成破损等情况，也都有了制度规范。

这一时期，农村农民也实行了以队为所有的集体生产管理制度，天天要下田下地劳作，日晒雨淋，寒暑不休。故搞搬运做装卸虽十分辛苦，然相比在农村田间劳作，搬运工每年的收入远比农民高且稳定。所以，能到搬运站当一名搬运工，也是许多人的向往。

发展到1962年5月，搬运站领导管理机制又一次转换调整，上虞县运输公司东关站名称更名为上虞县东关搬运站。隶属关系转由上虞县工业交通局和搬运管理站领导。当时有职工30人，手拉车18辆，仍以较单一的货物搬运、装卸为主要经营业务。

党支部书记与站长岗位仍由徐阿寿同志担任。

至1969年，站开始组装三轮机动车，短途搬运开始进入短途运输领域。

秋去冬来，货进货出，搬运站的业务量随着国家经济的不断发展，是稳步增长着。1972年，交通局从搬运站的长远发展计，10月15日，由县劳动局给搬运站分配了 17 名具有初中文化学历的青年新职工。他们分别是俞支援、潜梅珍、余兴良、章国强、章关水、吕源泉、叶建荣、朱其根、高幼美、韩爱云、邵建华、陈云泉、章仕林、解光明、郑炳法、李苗泉、陈金余等。

这批有文化青年新职工的进入，改变了站一直来正式职工是男性一统天下的局面，也改变了搬运站职工的文化组成结构。那年代，流行一句话，叫“妇女能顶半边天”，女性的能量被全面释放，即男同志能做的，女同志照样能去做。由此，女性进入搬运站从事装卸机械操作岗位，也从无到有，成顺理成章的事；后来更是逐年增多。据记载，第一位进入搬运岗位的女职工是韩爱云。而站第一位负责做财务工作的则是赵凤珍。

新职工都是有知识的青年人，他们大多具有初中及初中以上文化，这就给站的发展与提升带来了基础和条件，装卸机械也得到了更广泛的使用。

在这些新职工中，大部分一进站，就表现出具有好学上进、勤奋钻研、吃苦耐劳的精神；有几位经锻炼成长，后来成为企业发展的支柱与中坚力量。

他们中，俞支援（1957 年 1 月出生）、章国强（1956 年 1 月出生），与 1971 年进入站做临时工，后转为正式职工的朱百灿（1950 年 11 月出生）、邓洪（1955 年 2 月出生）等，是这批青年中的冒尖者，为搬运站的不断发展壮大作出了贡献。冒尖中的佼佼者则是俞支援，他是最为大家推崇和信赖的一位青年职工。

当年，俞支援进站时，年仅 16 岁，还是个准小伙子。然只初中文化的他，被分配去搬运机械的修理车间工作，因勤奋、肯钻研业务，工作不久，就显现与众不同的特长和领导管理能力。在三年学徒期满后的 1979 年，就脱颖而出被搬运站任命为机修车间主任。

随后，搬运站又购入手扶拖拉机。1978 年，则购入了小货轮、货运汽车等，开始向汽车运输业务发展。并且随着货运汽车的不断增加，吨位增多，运力不断提升，业务方式也由过去的纯装卸，转而是装卸与运输相连。这一来，也给业务单位与客户带来了便利。往常一些业务单位的货物，到了火车站或轮船码头，货也就仅卸入仓库了事；从仓库到自己单位，业务单位或客户还要自己想办法运回去。自搬运站增加了运输服务后，搬运、装卸、运输一步到位，一条龙服务，由此，客户不断增加，运量也是不断上升，搬运站开始呈现业务的快速增长发展期。

新生力量不断进入和成长的同时，时间流逝，天增岁月人增寿，初创时期进入的老一代职工，则开始陆续步入了老年，搬运进入了一个新老交替的老职工退休期。第一位退休的是搬运站第一位负责人朱月来同志，1978 年 10 月退休。接着到该年 11 月，陈荣堂、吴祥占等退休。1979 年 10 月，高阿鹏、杜友祥、朱高法、朱长明等退休。

该年 11 月，第一位工会负责人王长仁也退休了，由包友泗接替负责工会工作。而那个时期的基层工会组织，主要也就收一些会费，夏季时发一点夏令防暑用品，如人丹、十滴水、花露水、毛巾、肥皂等一类。冬季则发一些防肤品，如百雀羚、防裂膏、手套等一类。

新、老更替，事业延续。当年，这些先后退休的老员工，基本都由其子女顶替进入搬运站工作，成为企业的正式职工。但存在的问题与不足是，顶替进来的子女，大多文化水平较低，有的是连小学都没有毕业。

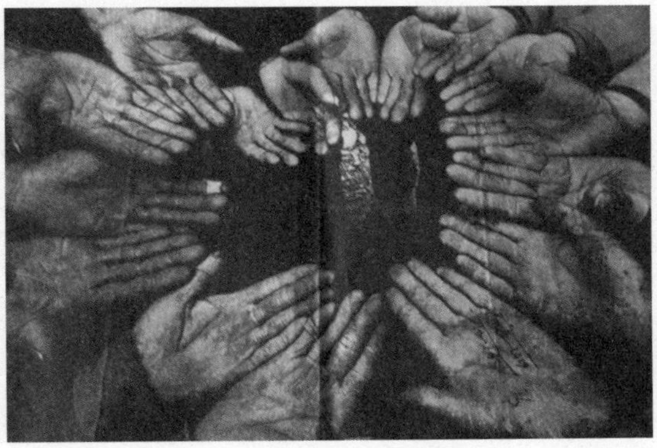

搬运站装卸工人的手

搬运站在业务不断扩大、人员不断增多的情况下，原用房已经跟不上发展的需要。经多方努力和筹建，1976年10月，搬运站第一次搬入了自建的办公楼。位置在东关镇东北路10号（现名镇东路），历史上称该地为荸荠弄或无情弄的地方。该办公楼为三层楼房，产权属搬运站所有。占地面积779.13平方米，建筑面积1156.79平方米。

后于1989年10月，经有关部门同意，办公楼还进行了加层，由三层加层至四层，增加建筑面积208平方米，并进行整幢办公楼的翻新改造，完善了食堂、浴室等设施。

1980年，根据上虞县总工会文件，搬运站开始进行组建独立工会的工作，经筹备，9月，召开了东关镇运站工会委员会第一届职工代表大会，并成立了第一届东关搬运站工会委员会。

经选举，工会委由7人组成，具体分工为主席：罗东法；副主席：朱百灿；委员：罗长炎、朱继堂、沈维康、韩水夫、童少锋。

该届工会委员会任期至1984年8月换届，任职期间，共召开过五次职工代表会会议。自建立搬运站工会委员会以后，搬运站内的所有重大事务，都须由职代会讨论通过或征得工会委的同意。（注：至1984年年底，搬运站共有正式职工118名，临时工35名，退休工人19名。）

1981年，鉴于当时社会上对五金加工有一定需求，根据搬运站自有用房有可以利用的空间，在站内创办了一家五金加工厂。主要经营小五金、汽配零部件加工等业务。生产设备以仪表车床为主，另有一台旧式620型车床。这是企业第一家具有工业性质的加工、制造型小作坊。后该五金加工厂于1987年12月，由搬运站与上海车配五厂签订协议，进行了工商登记，承接五金、汽配件加工等业务订单。至1991年3月，则以“上虞县东关五金汽配厂”的名称，正式领取了独立的营业执照，厂长是胡绍虞。

东关五金汽配厂后营业至1996年5月，因业务量小而注销。

自1983年起，在县交通局的领导和支持下，搬运站制订新的分配方式，开始改变前几年“奖封顶、罚保底”的做法。其具体做法：

首先对装卸工实行拆账分成，即按装卸全部收入的46%作为分配额度，并把出勤、纪律、质量、安全及手车等的损耗情况，都纳入奖罚之中，使调动职工生产积极性不致成为蛮干、只顾赚钱不顾安全及其他的无序生产行动，以切实体现“干好干坏不一样”。

其次是对其他各工种，即车队司机、吊车操作工、汽车修理工、五金厂、行政后勤人员等实行利润分成和浮动工资制。车队司机以人定车，单车核算，定额利润分成。考核依据，是按交通局下达的指标和上一年完成的实绩来确定的。吊车据营收扣除成本，以所得利润的7.5%作为分成奖励。汽车修理工采取每辆车的车公里和核定的修理材料费，作为奖励的考核指标。行政后勤人员则分别以全公司和所在班组的实际利润，进行分成奖励。

考核管理制度的改变，很快产生了效果，劳动热情和劳动智慧被激发，公司上下全体职工积极性的整体提升，据1983年全年统计，当年，装卸组实现营收7.2443万元，完成年度计划的143%。车队实现营收38.2010万元，完成年度计划的116%。吊车组实现营收13.7129万元，完成年度计划的118%。五金厂在提高产品质量上下功夫，实现产值5.5万元，利润1.1万元。全年全站共实现营收64.6582万元，完成年度计划的146.4 %。比1982年全站的52.23万元增加了23.9%。全年没有发生致人死亡的安全事故。而职工人均月收入则达到了90元以上，车队司机最高月收入达180元左右。收入水平远远超过了当年政府机关的干部和学校、医院等事业单位的人员，当时政府机关干部、学校教师、医院医生等，月工资基本都在33元～50元间，改革的效果由此可见一斑。

进入1984年，该年1月，搬运站主要领导再调整。因为年龄关系，徐阿寿从站长岗位上退了下来（两年后，徐阿寿退休）。选贤任能，企业在挑选掌舵人时，非常慎重和认真。经过上级领导部门的深入考察和广泛听取职工意见，俞支援同志脱颖而出，挑起了重担，被县交通局任命为搬运站站长。祝兴中被任命为副站长。同时任命董百鹤、韩水夫、沈云夫为搬运站管理委员会成员。

新班子上任后，公司制订了更加明确的发展方针：整顿、改革、调整、效益。

按俞支援经理的设想和思路，即在总结1983年各项措施实行情况的基础上，进一步完善指标责任制考核措施：

整顿基层组织，挖掘有用人才。公司（站）的用人原则是只要你有才，肯干，会干，不论年龄大小、是司机还是农民工，都可以提拔为班组长、车队长。

改革经营方式，改变服务态度。变被动为主动，多方出击，全面转变坐等客户上门的做法：即在原来县烟糖公司、上虞酒厂、上虞水泥厂、嵊州矿业公司、上虞风机厂等客户的基础上，积极向新发展起来的乡镇企业寻找合作单位。

在提高服务质量上下功夫，定期不定期地走访客户，开座谈会，听取意见，解决客户的实际问题，以赢得客户的充分信任，达到实现更有力的支持和更紧密的配合的目的。

落实班组、车辆的经济责任制，比照1983年情况，工资、奖金完全与效益、安全、服务挂钩，分配方案公开，多劳多得，不搞特殊。

调整经营方向，更有力度有目标地向运输主业发展。利用有限的资金，添置运输车辆，增加吨位与运力。

效益是落脚点，也是整顿与改革的检验点。能出效益的就坚决改，影响与损害效益的就深入整顿。如此连环，并发动广大职工提出各种合理意见、建议，在全公司上下，形成了以出效益、当先锋的你追我赶的勤奋工作氛围。

通过上述措施，政策明，人心定。1984年，经公司上下齐心努力，各线、各点、各班组，全年产值、利润、税收等都创新高。尤其是职工月人均收入，提高到了93元以上，全公司（站）搞好生产、抓好管理是搞得热火朝天。

在齐心合力提升经营当中，1984年7月，通过经理俞支援的努力与一系列行动，经县计委同意，县交通局批准，上虞县东关搬运站升格并更名为上虞县东关运输公司，俞支援同志被县交通局任命为公司经理，祝兴中同志为副经理。

该年9月，更名后的上虞县东关运输公司，工会委员会组织召开了第二届职工代表大会：上虞县东关运输公司工会委员会职代会。拥有124名会员的工会委，选举出徐阿寿、俞支援、祝兴中、罗东法、韩水夫等第二届职代会职工代表29名。经代表们选举，选出并组建新一届工会委员会领导班子。第二届工会委员会组成人员为6名，主席：罗东法；委员：朱百灿，韩水夫，潜梅珍，沈维康，朱继堂。

该届工会委任期自1984年9月—1988年2月。任期内，第二届工会委员会共召开六次职代会会议。（注至1988年年底，公司已共有正式职工124名，临时工58人，退休21名。）

该年12月，经东关镇党委批准，搬运站党支部也变更为上虞县东关运输公司党支部。党支部领导也进行了调整，徐阿寿同志不再担任党支部书记，由祝兴中同志担任；支委由韩水夫、罗东法两同志担任。

这次企业名称的调整，不是简单的名称变换，随着这前后几年中，社会对运输需求的不断上升，运输业务已经远远超过了短程搬运、装卸等业务。当时公司除火车站、东关码头的货物装卸外，更主要是给包括女儿红酒厂、上虞水泥厂、东关供销社等企业和商品流通部门跑物资运输。并且随着企业生产的发展，业务范围的扩大，运输半径不断延长，运输量不断上升，经济效益越来越显著。

同时，自1978年“文化大革命”的结束、中共十一届三中全会召开后，国内的政治和工农业生产出现了崭新的气象，党的改革开放的春风，是弥漫整个中国大地。在党的各项改革政策的逐年推进下，各单位、部门、企业等的内部改革也逐渐深化，搬运站业务更大量拓展。据发展需要，搬运站也实施了有力度的改革措施。当时，按劳计酬，用“奖勤罚懒”的新计酬方法，改变传统的“大锅饭”弊端，搬运站运用经济收入杠杆，也开始进入了改革分配制度的新时期。

据统计，经这六七年的迅速发展，至1984年年底，公司队伍也壮大了，已拥有正式职工118名，临时工35名，退休职工则增加到了19名。

公司资产更是从零到有，由少增多，至1984年，已拥有固定资产达52万元，流动资金9.98万元。拥有大小汽车19辆，拖斗5只，计86个车吨位。自制钢材架一个，有5吨汽车吊1台，固定吊车5台，输送机22台，还有一家附属五金加工厂。公司全年利润17万元，人均创利税1627万元。

搬运站不断走向成功的同时，政府重视抓经济，也从考核、奖励、先进评比、荣誉授予等方方面面，更强烈地予以体现。搬运站业务不断上升，经济效益、上缴国家利税不断增加，也越来越受到了上虞县政府、县交通局、东关镇政府等各级领导的关注和重视。

在党和政府的关心支持下，公司（站）党政一班人和全体员工，是工作更有信心，公司（站）内的党支部工作、安全生产、经营信誉、治安保卫、民兵工作等各方面，都做得有声有色，走在了全县、东关镇等的前列。由此，奖励、荣誉是纷至沓来。据不完整统计，自1979年来至1984年度这六年中，公司（站）获得的各种集体先进荣誉称号和奖励，共有24个。

1979年，搬运站首次荣获重奖：被上虞县人民政府授予“重合同、守信用”单位。同时，搬运站，在“计划安全生产”成绩显著，荣获东关镇政府奖励。搬运站二号吊车组，荣获东关镇政府“安全生产班组”荣誉称号。搬运站民兵连又荣获上虞县“民兵工作三落实”先进单位称号。

1980年，搬运站党支部，又获重奖，被中共上虞县委评为先进党支部。一个普通搬运站，荣获县委先进奖励，在当时确实是一项很不容易的荣誉。这一年，搬运站工会参加了县总工会职工业余文艺调演，获调演纪念奖。

1981年，搬运站党支部第二次被中共上虞县委评为先进党支部。搬运站还被上虞县人民政府评为调解工作先进单位。搬运站工会荣获上虞县总工会“工会工作优胜单位”称号。搬运站党支部同时被中共东关镇委评为先进党支部。搬运站还荣获东关镇镇级治保工作先进奖状，搬运站基干民兵连荣获东关镇民兵工作“三落实”先进单位等。

1982年，搬运站党支部第三次被中共上虞县委评为先进党支部；搬运站，被上虞县人民政府、东关镇人民政府分别评为调解工作先进单位。

1983年，搬运站被中共东关镇委评为先进党支部。搬运站又被中共东关区委评为治保工作先进单位。

1984年，搬运站升格为公司后，该年荣获7项先进荣誉，更是创造了这一时期获得荣誉之多的历史记录。公司被上虞县人民政府评为先进集体、被东关区公所评为治安保卫先进单位、荣获交通系统先进集体称号。公司党支部被中共东关镇委评为先进党支部。公司团支部被东关镇团委评为先进团支部。公司更在企业全面整顿工作中，通过县企业整顿领导小组的考核，验收合格。

更令人可喜的是，1984年，公司被中共上虞县委、县政府命名为“文明单位”。当年，创建文明单位，还是一个既新鲜又陌生的事情，要求很高，验收很严，许多条件优越的单位、部门、学校、国有企业都不敢或不愿搞文明创建，除了资金，要花费的物力、精力都很大；且下了力气，也不一定能通过验收创建成功。

搞“文明单位”创建，年初，公司决定时，

领导层也有畏难情绪，担心创建不成功。但新任的俞支援经理不这样想。他认为：深入企业改革，必须从抓提高职工的政治思想素质和优良服务理念入手，职工们收入上去了，物质文明与精神文明必须要配套，提升职工的思想文化道德等个人素质，规范言行举止、日常交往行为等等，公司是服务单位，对未来发展有重要意义。因为说到底，一个人、一个企业，多赚钱不是终极目的；最重要的是，赚钱以后，人的思想文化品位要上去。思想品位上去了，胸怀开阔了，眼光放远了，企业长久健康发展才有了坚实底蕴。如果没有良好的思想文化作为发展的基础，企业就是一时上去了，最后还会出现波折甚至倒退的。所以，搞文明创建，就不只是成功不成功的问题，而是对全体职工的一次文明思想教育和品德行为培训，对他们提高自身素质、紧跟发展需要很有帮助。

结果，在俞支援经理带领公司一班人和全体职工的共同努力下，创建一举成功。这次创建的成功，不仅使公司在上虞的同类运输公司中出类拔萃，更增进了客户单位对公司的信赖，为公司下一步的发展和改革，夯实了基础，赢得了健康发展的先机。

发展篇：多元发展　前景广阔

一、创新拓展时期（1985年至2000年）

这是公司快速发展、不断拓展扩张的十六年，是公司发展中走向多元的快速兴盛时期。源头就来自于重要转折之年的1984年。所以，这1984年可说是对后来继往开来的发展，是具有奠基意义的关键之年。俞支援经理一上任的锋芒初露，管理才能的展示，发展蓝图的擘画，良好的开端，在党的好政策的支持和引领下，终使公司迅速进入了一个全新的快速发展时期。

面对激烈的运输市场竞争，公司广大职工继承老一辈艰苦创业的优良传统，不怕苦和累，在经理俞支援的正确领导和带领下，不断探索改革路径，特别根据整个国家经济不断发展的新情况新趋势，按经理俞支援确定的思路，创新求变，实施了一系列具有开创性的改革举措，使公司走向了跨越式的成功。在这当中，特别是1985年始，公司大胆地选择负债经营，先后引进国产东风、解放、跃进品牌汽车，调整车辆结构，扩大生产规模，形成了一定的规模经济效益，彻底改变了公司以前设备落后，小打小闹的局面，走上了以货物运输为主，进入运输大市场的发展之路。

又实施“一业为主、多业并重”与“以副业补主业”的经营策略；积极筹划，主动出击的行动与做法，通过不断拉大经营盘子，拓展产业领域，延伸产业链，开辟新领域，旗下延伸拓展的经营实体，最多时发展到12家。这不只是扩大了就业，为更多的人创造了就业机会，且实现了企业增效、国家增税、职工增收的目标，是对党和政府提出的建设全面小康社会的富有积极成果的措施、行动和成果。

在一系列改革中，公司1986年实施的“超奖负赔”经济责任制实施方法等一整套的改革做法，还获得交通部的肯定和推广。

爱职工，想职工所想，解决职工最切身的住房问题，公司在这一时期，在经理俞支援的努力下，于1985年、1990年、1996年先后三次为职工进行集资建房，这在上虞是创先例的。

实施集资建房，作为第一步，落实和解决土地就是一件非常困难的事。在土地以划拨为使用方式的年代里，国家对土地指标控制很严，卡得很死，审批很复杂。经理俞支援就是凭着一定要让职工安居乐业的决心和服务职工的一腔热情，三次卓有成效的努力，次次以圆满为结果，使职工享受到了真正的“大实惠”。

而在众多开发拓展中，最具市场开发潜力和远见的，是公司1992年毅然出资80万元，创办了“上虞县珠宝饰品厂”。办珠宝饰品厂，是俞支援经理面对运输市场竞争激烈、赢利空间全面压缩，经过市场考察调研和对社会经济发展趋势，做出正确判断后，一次有前瞻性的突围行动。后来，被各界公认是俞支援经理富有发展眼光，所下的一步高棋、好棋、妙棋。珠宝饰品厂在经一年多经营运作后，又于1993年11月，试制黄金饰品加工并一举成功，更为在激烈的市场竞争中的可持续发展，赢得了扎实的根基和先机。机遇总是垂青有准备的头脑，“该出手就出手”，在着眼抓长期发展，并让自己处于竞争最有利位置的努力中，经理俞支援迈出作为企业家富远见卓识并敢于下决断的一步。

在这十六年中，公司更注重思想文化建设与创新发展一起抓，巩固文明单位成果，强化职工学习进修，建立企业文化，使企业的内涵不断丰富，职工的素质不断提升，团队凝聚力不断增强，保障了企业的健康发展，并在变革中，实现了成功转型。这些努力，也呈现着俞支援是一位“文化型”企业家的特质。

在公司总产值、利润不断递增的十六年中，1998年，公司成功进入上虞市综合实力“百强企业”。在进入新世纪前，公司走到了有史以来的一个新顶端。

总括这十六年，遗漏的不计，仅有据可查的获得浙江省、绍兴市、上虞县（市）、东关镇、交通局、总工会等各级党政部门奖励的各类荣誉，就有121个。多的年度，1987年至1991等年度间，每年都在10项以上，1988年、1989年则有14项先进，这是公司上下，在经理俞支援的带领下，深化改革，锐意进取，共闯难关，不断开拓所创造的骄人业绩和喜人成果。

而经理俞支援的既远虑又近谋，则是公司能顺利闯关夺隘的关键。因为自1988年始，运力过剩，运输市场变成了买方市场，一些运输企业亏损甚至于倒闭。俞经理在困难面前不断学习思考、借鉴展望，采取积极突围的做法措施，使公司的产值、利润、税收和职工收入年年保持着良好的增长态势。这也充分显现出经理俞支援，作为企业管理者的那种经营才华和善于开拓进取精神。

秦代大法家韩非有如此名言：“事在四方，要在中央；圣人执要，四方来效。”确实，我国改革开放后许多企业的成功，实际上是由管理企业的掌舵人的成功所创造的。“执要”者有做成事业的胆略、气魄、才华和能让众人折服的魅力，才有了其所管理企业的成功。纵观万向集团的鲁冠球、青春宝集团的冯根生、娃哈哈集团的宗庆后等等，经理具有战略眼光和运筹帷幄的能力，企业才经受住了大风大浪。所以，上虞县东关运输公司发展成上虞市第一运输公司的这一时期的十六年，也就凭着经理俞支援紧跟时代步伐，不断改革创新，团结、关爱、处事公正、激发调动每位职工的积极性等等，弯道超车，才给企业带来了发展、成功的十六年。

这十六年，也是经理俞支援从一个爱学习、重思考、求上进的青年，走上领导岗位后，由经营管理者逐渐成为一位成熟的“文化型”企业家的十六年。

公司自1983年8月起进行了企业整顿。至1984年年底，全面整顿基本结束。整顿期间，公司（站）在1983年、1984年又先后召开了工会一届四次、五次两次职代会和工会代表会。处在转变时期的重要关口，两次会议，为公司（站）的改革创新确定了重大方针。而俞支援同志执掌上虞县东关运输公司经理岗位后，着眼于发展与未来，运用改革手段，通过寻求多方努力，把东关搬运站升格为上虞县运输公司，又成功创建县级“文明单位”，公司面貌大为改变；公司发展深厚的基础，即由此奠定。

至1985年年底，公司已有固定职工123 人，临时工49人，其中有汽车驾驶员20名，修理工14名。同时公司固定资产增长到111万元。有货运汽车17辆，72.5个车吨位；货挂车6辆，33个车吨位；三轮机动车一辆，1.5个车吨位；汽车吊、爪吊等机械装卸设备6台。

1985 年这一年公司的做法：

加强了领导班子的团结和办事效率。定期召开经理办公、党支部工作等会议，重大问题大家研究，具体问题当场解决。

整顿基层组织，进一步发掘和培养人才。据德才兼备原则，能者上，庸者下，调整了 7 名中层干部，把忠于职守、工作领先、任劳任怨的青年职工提拔到领导岗位，加强了新生有朝气的力量。

加强经营管理，抓好设备更新。公司对各项规章制度进行了完善与调整，一切做到有章可循。特别是拉大了分配的距离，职工干得出色的，月收入有的达到了 295.2 元，低的则只有 76.41 元，他们的劳动智慧和生产积极性被进一步激发。同时，淘汰 20 世纪 60 年代自己拼装的、修理成本又高的老旧机动车 6 辆，计 6.5 吨位。通过向银行借贷，负债经营，新增国产定型东风、解放等汽车 7 辆，6 吨挂车一台，计 35 吨位；购买了煤场输送机 4 台，总投资达 26 万元。加快了运输生产向现代化发展。

认准社会发展方向，积极开辟多种经营渠道。经济快速发展，社会车辆拥有率上升，然维修出现了“空档” 。由此，公司给汽修车间添置了轮胎拆装机、车辆电路故障测试机等维修设备，并扩大了维修工场。维修车间自这一年始，全面对外维修服务。在保障公司车辆及时维修的基础上，做好为社会车辆的维修服务工作。同时，为保障车辆停放，通过多方努力，新征了 0.27 公顷土地。

全面实行质量管理，强化安全防范措施。公司成立了一个由 7 人组成的全面质量管理小组，下面分设三个 TQC 小组，2 个管理型，1 个现场型，对节能、安全、车辆维修质量等，列出攻关项目。对班组长以上干部，进行短期培训，以提高他们的质量管理能力。通过抓典型事例，如质量差错事故，就召开现场分析会，查问题，找原因，并举一反三，以提升安全质量保障。这样，职工的质量把关能力，得到了真正提高。另外，组织百日安全质量竞赛、安全红旗循环车，进行司机交通规则、机械常识的智力竞赛等，使全公司上下形成人人求质量、个个重安全的氛围。

搞好工会等工作，抓好精神文明建设。支持职工参加电大、中专及企业管理等的学习进修，办好职工之家，电视室、图书阅览室、乒乓球室一应俱全。还为解决职工子女入托难，自办托儿所。

安居乐业，启动实施集资建房。为解决公司部分职工的住房困难，贯于替职工着想，为职工办实事的俞支援经理，更通过寻求多方支持，聚资 16 万元，在东关镇第一次集资建房，建成了一幢总面积 1279 平方米，30 套每套 40 多平方米的家属宿舍楼，当年就有 28 户职工高高兴兴住进了新房。公司当年为职工建集资房，这在上虞是极少的，所以此事后来轰动效应极大，大量其他公司的职工，都想调到东关运输公司来。办公室、车间、仓库、休息室全部装了吊扇。多次派员探望患病退休职工，多次派专车送患病职工或退休工人去外地医院求医等。同时，抓好县级“文明单位”的复查复验工作，进一步巩固公司的文明成果。

1985 年度县交通局下达给公司的产值指标是 70 万元，利润 16 万元。

公司实际完成营收 118 万元，创利润 25 万元，全年超计划为 59% 和 67%，比 1984 年又分别增长 49% 和 46%。五金厂营收 5.565 万元，利润 0.3733 万元；汽车修理车间对外修理创收 1.5107 万元。公司全年无一起重大伤亡安全事故。这一年职工的人均月收入达到了 123 元，比 1984 年增长了 32%。公司实现了年初提出的“产值上百万元，利润创 20 万元，职工月收入人均超 100 元”的目标。

该年，东关运输公司党支部分别被中共上虞县委、中共东关镇委评为先进党支部，被中共上虞县委、县政府再次确认为“文明单位”，被上虞县人民政府评为交通工作先进集体，被中共东关镇委、镇府评为治保先进集体。公司工会的“职工之家”，经县总工会验收合格。公司医务室被评为上虞县级先进医务室。成果使广大职工都为公司感到自豪。

1985年，在俞支援经理的领导下，是赢得跨越式发展的重要一年。

怀揣满满的信心，公司在大家对未来的激情和期盼中，进入了1986年。

1986年，公司完成运输量4.6万吨、装卸量37万吨，分别比1985年增长23%和18.7%；实现产值148万元，创利25.93万元，比1985年增长18%和13%，占年度计划的109%和114%；人均创利税2118元，全员劳动生产率1177元。职工年平均收入1444元，月平均收入120.32元，最高装卸班组水泥组人均月收入147元；职工最高者为03号车司机邵建华，月均收入256元。最低五金厂职工，也达月人均92元。

公司新增汽车5辆，包括2辆旧车，增加了26个车吨位。添置拉达轿车一辆，运输吨位大幅度增加，“运输主业”的地位进一步显现。

同时，汽修车间部分设备再更新，提升了对外服务的能力。固定资产投资总额达25万元。

上述成果的取得，更是俞支援经理领导有方、遇事清醒、坏事变好事的努力所致。在年初，公司就发生了一起重大交通事故，给开局造成了极大压力。警钟长鸣，经教育转化，大家用齐心协力，终使因果转变成为积极。

该年初，1月19日至20日，东关运输公司召开了二届三次职代会，大会确定了俞经理提出的“同心同德、快中求稳”的发展方针，给1986年的全年工作定了基调。确定当年公司的产值是132万元，利润22.5万元。决定分配上实施工资全额浮动，核定利润指标，规定各核算单位的包交基数，实行超利分成和基本工资加奖励的方式。

可由于公司司机陈新文，于1月初在黄岩县境内，发生的一起因行人横穿马路而致人死亡的交通事故。开门不利，给公司新年度工作带来了阴影与严峻挑战。为此，公司自3月份起，就抓“百日”安全竞赛，至9月份，评出先进安全驾驶员17名；年终又评出县级安全驾驶员13名。同时，实施并加快了第一线职工技术培训、培养的步伐，在生产班级中，挑选了3名工作积极、群众影响好的班组长和3名青年职工，学习汽车驾驶技术，补充司机队伍的不足。选送2名表现好的修理工，去杭州交通学校，进行为期4个月的技术学习培训。招收军地两用人才中素质较好的退伍军人，进入公司工作。公司又组织篮球队，参加交通系统和东关区工矿企业的篮球赛。篮球队真也出手不凡，竟一举夺得了冠军。同时，公司千方百计丰富员工的文体生活，经常组织开展适合员工兴趣的如乒乓球、象棋等比赛，促进大家交流互信，增强公司凝聚力。又再次接受县“五四三委员会”的文明单位复验，让职工更多得到文明的培育和熏陶。还召开了由56家业务单位参加的业务工作座谈会，大家开门磋商，问诊把脉，公司虚心接受批评建议，以努力把运输装卸工作做得更到位。

一系列的切合实际的做法，到年底终于换来了丰硕的成果。

该年度，不仅消去了年初的不利因素，且超额完成了年初的目标任务，东关运输公司的改革经验，由俞支援总结撰写的《注重两个效益，完善车队经济责任制》，还在省运输企业经营管理经验交流会作了介绍。公司又获得了多项先进，被上虞县劳动竞赛委员会评为劳动竞赛先进集体，被上虞县人民政府评为计经委系统先进集体，被东关镇人民政府评为先进集体。公司党支部被中共东关镇委评为先进党支部等。

公司车队开展的“超奖负赔”经济责任制实施方法，交通部编入全国汽车运输企业深化改革实例。这在整个上虞交通系统，是绝无仅有的，在全国也仅几例。

1986年这一年，因改革上积极创新探索，且获得了良好的成果，俞支援经理个人，也获得多项先进：被县委、县府表彰为先进生产（工作）者；被东关镇党委表彰为优秀共产党员；被评为县安全行车先进驾驶员等。

1987 年 2 月 14 日，公司副经理韩水夫、统计沈维康参加了绍兴市交通局召开的“企业上等级”工作会议，加强和提升全面质量管理，公司又面临新的目标任务。3 月份，公司在宁波新设立业务点，运输向港口城市发展。为方便和加强与各地的业务联系，公司在 4 月份又出 1 万元资金，安装了一门自动电话。

为进一步拓展业务领域，6 月份又筹办起汽配商店，为公司开创新的收入源。商店为公司附属性质，由阮顺荣同志任负责人，经营地址设在东关镇东北路（现镇东路）11 号，停车场边 7 间营业房内，约 175 平方米。商店后到 1990 年 8 月 20 日，进行工商登记，名称为上虞县一运公司综合经销部。这是继五金厂后，公司建立的第二个内部经济实体。撤县设市后，更名为上虞市一运公司综合经销部，负责人为王绍明。1991 年 9 月，汽修厂厂房落成并营业，经销部迁址到马家桥 104 国道边汽修厂内经营。

鉴于公司业务快速发展，驾驶员“缺口”日益增大的情况，除吸收有驾驶技术的退伍军人进入公司外，又选派了 8 位职工学习驾驶技术，7 名职工考试合格拿到驾驶资格证书后，即进行运输岗位。

这一年公司加强了一线生产技术力量，充实合同制工人 28 名。全公司职工增至 152 名，其他性质用工 34 名。经深化改革，加强内部质量管理。

7 月份，公司“提高车辆完好率”的改革成果，在绍兴市交通系统全面质量管理工作 TQC 成果发表会上进行了专门介绍。

该月，上虞县民政局专程到公司拍摄军地两地人才使用电视片，并向县内外播放。随后，使用好军地两用人才的经验，俞支援经理以《大胆使用两用人才，发挥企业更高效益》为题，在绍兴市“烈军属荣复退军人代表会议”上进行了介绍，获得了与会领导的积极肯定和好评。

12 月份，公司全体员工进行普法考试，95% 以上的员工参加考试，全部合格，平均分达 97.5 分。

全年公司全年实现营收 169.2 万元，占局年初下达指标的 111%，比 1986 年增长 8%；完成利润 26.6 万元，占计划指标 101%，比 1986 年增长 3%；全员劳动生产率 0.9086 万元，人均创利 0.1774 万元；加快了设备更新和固定资产投入，拥有大小载货汽车 32 辆，176.5 个车吨位，吊车 6 台，输送机 25 台，固定资产增至 159 万元。

省交通联络会绍兴分会 1987 年成立大会会员合影（俞支援前排左四）

●俞支援与公司统一着装的部分职工合影

车站吊车组增长业务最多，完成装卸量 20.4 万吨，完成营收 19.2 万元，占计划的 94%，利润占营收的 48%。车队完成货运量 5.8 万吨，占计划的 138%，比 1986 年增 26%；完成运输周转量 518.9 万吨公里，占计划的 114%，比 1986 年增 22%；营收 129.2 万元，利润 14.5 万元，利润占营收率为 11%。职工人均收入达 1600 元。

公司在全年获得多项荣誉奖励，较上年又上一个台阶。东关运输公司被上虞县工商局命名为"重合同，守信用"单位，被中共上虞县委、县人民政府评为计经委系统先进集体。荣获上虞县"优抚安置工作"先进集体，公司发表的"提高车辆完好率"成果获绍兴市交通系统 TQC 成果荣誉奖，公司驻酒厂装卸班组被上虞县交通局评为"双文明建设"先进班组，公司被上虞县总工会评为劳动竞赛先进单位。公司党支部被中共东关镇委评为先进党支部，公司被中共东关镇委、镇政府评为"支持城镇建设先进单位"。而公司篮球队在东关区工矿企业球赛中再次荣获冠军。

4 月份，俞支援经理被选举为东关镇第九届人民代表大会代表，并出席镇第九届人民代表大会。年终被中共上虞县委、上虞县人民政府评为先进生产（工作）者，被上虞县交通局评为双文明建设先进职工，被中共东关镇委员会评为优秀共产党员。

1988 年 2 月，公司召开上虞县东关运输公司三届一次职代会和三届工会代表大会，拥有会员 124 名职工的公司，选出职代会代表 36 名。大会换届选出第三届公司工会委员会。新一届工会委有 7 人组成。韩水夫被大家推选担任新一届工会主席；副主席朱百灿；委员：沈维康（财务）、阮顺荣（宣传）、王绍明（组织）、徐华灿（生活）、潜梅珍（女工）。该届任期为 1988 年 3 月—1991 年 8 月。大会确定了公司新年工作重点和未来几年的发展目标。

3 月份，俞支援经理和统计沈维康同赴杭州，参加"企业上等级"研讨班学习。

接着，该年 4 月，经俞支援经理筹划，公司再一次迎来了企业升格，公司更名为上虞县第一运输公司。交通局任命俞支援担任总经理；韩水夫、朱百灿任副总经理。同月，公司党组织也更名为上虞县第一运

输公司党支部，党支部书记由祝兴中担任；支委为俞支援、韩水夫。并于 10 月进行了换届选举。这是公司发展史上，不断发展壮大的又一标志性成果。

5 月 31 日，由县交通局牵头并商议确定，以先进帮落后，公司正式承包了处于长年亏损状态的章镇运输公司，承包期限为 3 年，目标是全面扭亏转盈。公司经认真商议，派遣祝兴中、阮胜华等 6 人，前去接管章镇公司的所有经营管理事务。后经派遣人员与章镇公司职工的共同努力，在六七月后即成功实现扭亏为盈、管理全面正规的目标。当时，年初的 1—5 月，该公司已经亏损 1.6 万元；六七两个月后，不仅营收抵销了亏损，还有了盈余。到年底核算，6—12 月扭亏转盈 1.4 万。全年利润合计 3 万余元，不仅使在职职工和退休员工的工资都有了保障，且在职职工在年底还能发放到不少于 20 元的奖金。亏损企业的转变，交通局领导感到十分欣慰。在年底召开的交通工作会议上，局领导在总结中，充分肯定“一运公司”在兄弟单位遇到困难时，勇于担当，敢冒风险，敢撑逆风船行动，称赞是真正值得赞扬的“老大”。3 年后，章镇运输公司进入了营收逐年递增，员工收入不断增加的良性发展情势，上虞县第一运输公司以卓有成绩的结果，向交通局交出了一份满意的答卷。

7 月，为进一步深化经济责任制改革，上虞县第一运输公司又实施一项重大改革措施——单车承包责任制全面实施。

单车承包，即据本地区的运量、运力与车辆的吨位、型号、新旧等情况，本着职工、企业、国家三者利益兼顾的原则，分别测定每辆车的承包基数，包括折旧基金、大修理提成、税金、上缴利润、企管费、福利费等六个项目的基数，每车独立核算，自负盈亏，一包三年。基数核定后，每辆车的方案，都向全体职工公示，承包者在保障权力与应尽义务均等的前提下，不受领导意见的影响与限制，有选择车辆、车型、新旧、大小等的自主权。

1988 年俞支援经理在绍兴市交通工作会议上作典型发言

这样做，也是不断深化的改革，必然要实施的一步。如果说部门承包是改革经营机制的第一步，那划小经营体，就是改革的第二步，且是必需的一步。因为部门承包，在一定程度上还是有“小锅饭”的味道，还有潜力可挖。使承包深化、彻底，最大限度地调动每一位职工的积极性，单车承包是必然趋势。

公司先通过两个月时间，对两辆三吨老旧柴油车进行试点。通过实践，效果是好的，不仅车辆所在部门“卸了包袱”，且试点承包者还增加了收入。

经过充分的酝酿与研究，于 7 月正式推出。在确定全线承包当天，公司职工吴宝根第一个确定了自己承包的车辆。随后大家陆续跟进。至 8 月底，应包尽包，除特殊外，90% 的营运车辆都落实了单车承包责任制。俞经理的思路和设想，就是让人人当老板，个个会经营。单车承包后，承包者充分发挥各自特长和优势，广交运输朋友，托亲挽友开辟业务渠道和阵地，自我激励，各显神通，人和车都发挥出了前所未有的潜力。据统计，承包后，车队每月可向公司上交近 2 万元的利润，个人收入也比原来提高了 10 倍左右，企业与职工的向心力、凝聚力进一步增强。88 年度，车队完成了产值 144.8 万元，创利 11.5 万元，利润率达 8%。

同时，修理厂、装卸队、五金厂、汽配商店等，通过公开招标，干部职工公平竞争，以有责、有权、有实惠、有风险的合同制原则，全部落实了承包责任制。其中五金厂与商店，虽指标不高，但经营的好坏，直接关乎职工切身利益，促使经营者加强管理，搞好经营。如汽配商店，在保证车辆维修配件随时“叫得应”的情况下，还主动与上虞汽车站、粮食局修理厂等单位挂钩，实行定点销售，必要时还送货上门，以良好的服务巩固并扩大合作关系。修理厂承包后，则采取了“一分为二”的做法，对内、对外做分工。而对内修理，因单车承包，承包车辆对修理质量、时间、价格都有新的要求。新问题带来的困难与危机，迫使修理职工提高技术水平，改善服务态度。由此，同样的“兵马”，包前包后明显变化：一是在完成公司车辆维修的同时，尽量多地吸引外来车辆前来维修。二是奖勤罚懒，职工间收益明显拉开距离，奖金最高的职工王坚定，奖金每月均在170元以上；而挑肥拣瘦者，日子则不好过。该年度，修理厂内修收入9.9万元，外修收入6.5万元，创利6.3万元，利润率达38%。承包真正是既出效益，又增收入。

在搞好承包同时，公司又全面开展“双增双节劳动竞赛”。发挥每位员工的聪明智慧和才能，公司上下呈现“百舸争流”的火热势头。特别在抓安全促效益上，除开展好“百日劳动安全竞赛”外，据单车承包带来的新情况，集中学习已不适应工作实际，公司及时进行研究，采取了相应的对策措施。由此，从9月开始，公司办公室每月编制“交通安全简报”，发到每位司机手中，进行安全宣传，提供有关交通事故的案例分析，警钟长鸣。经过宣传教育和交通规则的学习、考试等，百日安全活动期间，评出了21位不同等级的安全驾驶员。承包，表明事故责任共担，这使每百万公里交通事故频率，比1984年减少58次。公司有序并创造出积极成果的改革，引起了上级领导部门的高度重视。公司的改革经验和做法，俞支援经理分别以《搞好三个结合，提高竞赛效益》和《推行群体经营工作法，提高企业潜在活力》为题，先后在8月召开的“县双增双节劳动竞赛经验交流会”和于10月召开的“公路运输企业深化改革经验交流会”上进行了介绍，赢得与会人员的赞扬和肯定。

为适应全面改革，在这一年中，公司加强了职工技术队伍的培养和建设，为提升一线员工素质，公司派遣罗长炎、梁柏林、赵新龙、罗沛吉等四位班组长，参加交通局举办的第一期班组长培训班，派蒋龙华参加第二期培训班。派修理工王洪明，参加交通局举办的为期二个月的修理初级技术培训班。同时，公司全面鼓励与支持员工们自学进修，凡员工在学习上提出要求，公司是尽可能提供帮助，并在经济上给予一定补贴。这也给承包责任制带来了更多的技术支撑，相互间切磋学习，使公司的整体变得更加奋发向上。

该年11月，俞支援总经理参加由经济管理干部国家考试指导委员会组织的全国企业经理、厂（矿）长国家统考，成绩合格顺利结业，给广大员工树立了良好的榜样。

由于公司职工整体素质良好，年底12月，公司在县标准计量所的考核中，验收合格，为公司赢得企业上等级，创造了良好的基础。

职工苦干，后勤要努力保障，为改善职工洗澡等生活条件，公司为此专门安装一只生活锅炉，购买电冰箱一台。同时还让工作优秀的罗沛吉去绍兴，祝兴中、王绍明去苏州等地疗养。

1988年年终核算，公司完成产值218.2万元，实现利润28.6万元，分别比1987年增长28.9%和7.6%；人均创利税2011.55元，自1984年来，以每年5.4%的比例递增；全员劳动生产率1.12万元，又比1987年提高了22.8%；公司30辆营运车辆、189.5个车吨位，完成运量5.5万吨，周转量537万吨公里。全年无发生交通死亡事故。除吊车装卸组由于各种主客观因素，年完成装卸量和营收略有下降外，车队、修理厂、商店、五金厂都较好地完成年初计划的指标任务。其中五金厂实现产值5.7万元，经销部30.87万元。

由于公司全年度业绩喜人，这一年公司获得了创历史的14个奖项。被中共上虞县委、县人民政府命名为“1988年度工业先进集体”；又一次被上虞县人民政府命名为“重合同 守信用”单位；被上虞县计划经济委员会评为“节约能源先进集体”和安全生产先进集体；公司工会被上虞县总工会评为财务工作先进单位；工会被上虞县总工会评为先进“职工之家”。公司党支部被中共上虞县交通局党委评为党支部工作责任制先进集体。公司驻酒厂装卸班组更被绍兴市交通局评为“双文明”先进班组。公司在社会主义劳动竞赛中，又一次被上虞县劳动竞赛委员会授予“双增双节劳动竞赛” 先进集体。公司的三级计量工作，经上虞县标准计量局验收并合格。在东关镇，公司党支部被中共东关镇委评为先进党支部；被东关镇镇府授予“治保调解先进集体”等。

经理俞支援分别被县交通局评为县局级先进工作者，被中共东关镇委评为优秀共产党员等。

该年初 1 月，公司简史被收集入由县交通局组织编写的《上虞县交通志》中，作为上虞县交通事业发展做出贡献的重要一员，永远载入上虞地方发展史册。（注：公司简史载于《上虞县交通志》第三章《搬运装卸》第四节《运输企业》193—194 页）

1989 年，公司运输车队、装卸队外，已经拥有汽修厂、五金厂、汽车配件经销部等“副业”机构。全公司有正式职工 149 名，临时工 29 名，退休职工 18 人。其中合同制职工和女职工分别占到 18% 和 17.4%。拥有固定资产原值 161.2 万元；各类运输车辆 34 辆，计 205 个车吨位。码头装卸吊机 7 台，输送机 27 台。运输范围已经延伸至全国各地，重点以江苏、安徽、福建、广东等省市为主，运输种类则以粮食、化肥、轻纺原料、日用工业品等为主。

1989 年，交通局下达给公司的主要指标任务是：车队完成货运 5.3 万吨，周转量 525 万吨公里，运输与修理营收 174 万元，工业产值 3.3 万元，所得税包交 9.2 万元，主责死亡事故千万公里 2.5 人，商务事故赔偿率 7‰，利润 22.4 万元。

而属于多种经营的生产部门，公司确定的目标则是：汽配商店销售 35 万元，利润 2 万元；五金厂产值 10 万元，利润 0.8 万元；四个装卸片组产值 17.5 万元，利润 6.9 万元；吊车组产值 22.8 万元，利润 7 万元；修理厂完成利润 4 万元。

公司全年的目标产值是 260 万元，利润 35 万元，力争比 88 年增长 13.1 %。

在明确的目标下，作为主业的车队，因为交通运输业的整体扩张，竞争是变得更加激烈，成本在提升，服务要求在提高，然利润空间却在压缩。同时，1989 年发生在北京的政治风波，亦给公司的经营带来了较大的冲击和影响。为此，公司着重开展好了如下工作：

积极发挥每位员工的主观能动性。特别是让每位司机掌握和运用好营销的技巧，主动出击承揽业务，并提升服务质量。特别是当获知上虞航运公司为慈溪热电厂，从外地运输煤炭到中塘龙王塘码头后，尚有从陆路运到慈溪的“最后一公里”，就通过县交通局等多方联系，把从中塘码头运到慈溪电厂的业务全部承揽了下来，有效地解决了公司运输业务严重不足的问题。这一年，为电厂运载燃煤共 10242 吨，创营收 16.8993 万元。

改变运输车辆结构。公司在 1988 年就已经觉察到了国家基本建设在压缩，乡镇企业的生产能量在下降，经理俞支援马上就觉察到：这必然会波及运输企业的情况。所以，公司鉴于小吨位车辆已不适应当时的运输市场，就迅速进行了调整。减少小吨位车辆，又从嘉善购入两辆“东风”半挂车。同时抓住客运市场有发展空间，就购入几辆小客车，开辟了两条客运线路，进入招手车客运业务。

开源提效。运输上除加强与各业务点的联系外，并经努力，开设了驻百官、绍兴两个新业务点，积极组织货运业务与回程货源，以提高实载率。装卸上，据各作业点货物进出的情况变化，对装卸人员重新进行调整布局。修理厂与商店，也为他们在公路的合适路段，增开了修理点与经销部。

抓基础管理提升素质。提质降耗，向管理

●公司《一运月讯》（1989年7月创刊）

●公司1989年接受绍兴市级先进企业考评验收

要效益。而为提高管理水平与能力，俞支援经理是带头学习。8月份，俞经理参加了由浙江省质量管理协会组织的《全面质量管理基本知识》学习，并在全省的统考中成绩合格并结业。随后于该年10月，在繁忙的工作之中，想方设法安排好工作，前去改革开放的前沿阵地深圳蛇口，参加《现代企业管理》培训班学习。领导抓学习提高，全公司抓学习规范。着重抓了以下七个主要环节：

1. 设备管理。对所有设备，包括名称、型号、规格、制造厂、使用时间、设备原值、净值等等，全部做好登记，一物一卡，卡物相符，记好台账；并为车辆做好历史和修理档案。以确保设备的质量完好，既降低能耗，又保障安全。

2. 档案管理。于4月份专设档案室，配备专职档案管理员，组建了档案管理网络，并据档案规范要求，对全公司档案进行了分类、组卷和编目，使档案充分发挥出人尽其才、为公司经营决策提供依据等的作用。由于公司档案齐全、规范，在6月份上级部门的考评验收中，取得了"企业档案管理省级先进企业"称号。

3. 标准化工作。年初，组建了标准化组织机构，通过努力，在俞支援经理的亲自参与下，制订了十分完备的公司工作标准、管理标准、技术标准等一整套的企业标准，并于4月25日汇编成册，正式发布实施。这套标准，工作标准有党支书工作标准、经理工作标准，直至车队长工作标准、驾驶员工作标准、电工安全操作规程等涵盖公司所有岗位的47个标准。管理标准分组织管理、生产管理、安全质量管理、财务统计管理、物资管理、设备管理、全面质量管理、计量管理、标准化管理至科技管理、生活管理、劳动工资管理计15大块共76个标准。技术标准分汽车和挂车例行保养作业范围和作业技术标准、车辆运输技术标准、机械装卸技术标准、人力装卸技术标准、笨重危险物资装卸运输技术标准等共9个标准。这一整套的标准并与实际实施相配套，有力地加强公司的内部管理。至11月，公司在县标准化工作评审中验收合格，顺利取得荣誉证书。

4. 全面质量管理。据国家经委和质量管理协会的要求，对公司初中或相当于初中文化的84位干部与职工，分两期进行了培训，并经考试全部合格获得了合格证书。由此，公司的TQC小组成员的质量水平也得到了新的提高。11月份，节能TQC小组参加绍兴市交通系统第三届TQC成果发布会，节能成果获得了三等奖。

5. 专业技术培训。这一年有3位职工取得了财务、统计、医疗卫生专业技术职称；2位获得助理经济师职称；5位职工参加县局举办的"中级汽车培训班"，经学习培训，考试成绩良好；电工赵新华、锅炉工章德海等都参加了专业培训。员工整体技术素质又有新提高，保障了各项工作的质量。

6. 安全生产管理。一直作为头等大事抓的这项工作，年初，对安全生产领导小组进行了调整，由副经理韩水夫任组长，重建三级网络。对承包后个别司机忽视安全生产的情况，规定每月一号、十五号对所有车辆进行检查，发现车况不好，就强制检修。于12月份，又组建了“安全质量领导小组”，每天对出车前和回场后的车辆进行检查，及时掌握每辆车的车况。有力地保障了全年车辆运营的安全。

7. 节能与定额管理。降成本，重在降低消耗，年初，公司制定了节能管理制度和燃油节奖亏赔办法，根据不同车型车况，确定指标；修理上，对耗材、收费等严格审批审查，堵塞漏洞。由于执行严格，公司的油耗达到了“省级先进”的标准。

重抓精神文明建设。忽视精神文明，必然会变得唯利是图，这对企业来说，极易失去凝聚力，且团队精神一丢，企业会一盘散沙。这方面，公司做好：

1. 创办了“一运月讯”。这是公司加强管理的新措施。自7月始，创办起“一运月讯”，对每月的工作情况进行通报，树正气，表扬好人好事，批评、打击歪风邪气，并配合宣传国家政策法规。组织参加全国普法教育知识竞赛，要求每一位员工都参与并争取良好成绩。

2. 丰富职工的文化生活。由工会牵头，组织员工参加各种文体活动，参加全县交通系统篮球赛、登山比赛、象棋赛、钓鱼比赛、联谊活动等等。加强员工间的感情联系和交流，增进团结与协作。经努力，这一年，公司在省交通企业管理协会、省交通运输协会、省交通运输企业经理（厂长）联络会、省交通报社联合评选的交通文明企业活动中，被高分评选为“文明企业”。

努力提高职工福利待遇。公司为改善职工住宿、用膳环境，经批准，耗资4万元，在办公楼上进行加层建筑，改原三楼会议室为职工宿舍，为食堂安装锅炉等。节假日采办各种副食品和节日礼品，为职工专门订制品牌生活服装。组织6位工作业绩优秀的职工，去江西庐山、浙江温州等地疗养，按期走访慰问退休工人等，以让职工对公司时时有“家”一样的感觉。

经努力，至年终，在其他运输企业业务滑坡、营收减少的情况下，上虞第一运输公司是超额完成了年度指标任务。完成产值270万元，实现利润35.2万元，分别比1988年增长23%和23.4%。年完成运量6.9万吨，周转量721万吨。超额县局指标的30%和37%。行车肇事频率100万车公里12次，无发生致人死亡事故，商务事故赔偿率仅为0.7%。

良好的成绩也赢得丰硕的收获。这一年，上虞第一运输公司获得的各种荣誉有12项之多，又创新高。除获浙江省级先进企业档案管理合格证、浙江省标准化整顿验收合格证、在11月绍兴市交通系统第三届“节能TQC成果”发表会上，获三等奖、单车燃油消耗达到“省级先进”指标，获得县府“平价油”奖励等。公司工会荣获上虞县总工会“先进职工之家”称号；尤其是公司在省交通企业管理协会、省交通运输协会、省交通运输企业经理（厂长）联络会、省交通报社联合评选的交通文明企业活动中，评选为“文明企业”；被绍兴市人民政府评为绍兴市级先进企业；被绍兴市交通局评为“双文明”先进单位；被上虞县计经委评为节能工作先进集体；被上虞县人民政府命名为“重合同 守信用”单位；被上虞县人民政府评为“双增双节”先进集体等。

经理俞支援由于在深化改革、推进企业内在素质提升、激发职工生产积极性、努力改善职工生活等等方面，为公司发展成绩斐然，同样获得了多项先进。被浙江省企业管理协会、浙江省交通运输协会、浙江省交通运输企业经理（厂长）联络会、浙江交通报社评为交通运输文明经理（厂长）；被绍兴市社会主义劳动竞赛委员会评为劳动竞赛优秀组织者。更令人鼓舞的是，俞经理首次成为新闻人物，在1989年5月20日的《浙江交通报》第四版“浙江交通精英”专栏上，专题介绍了他的先进事迹，8月，他的先进事迹又被浙江省交通厅、浙江交通报编入《浙江交通精英》一书。对俞经理的事迹，是这样介绍的：“俞支援性格直爽、坦率，办事精明、果断。他上任后，进行企业经济体制改革，完善各种经济考核责任制；增加固定资产投入，加快了车辆更新步伐，舍得智力投资，提高了职工文化技术素质；广开业务门路，扩大了运输市场占有面；知人善任，充分发挥广大干部、职工的积极性。从而，使企业步步登高，经济效益以每年13.8%的幅度递增。1988年创产值218万元，实现利润28.6万元，人均创利1919元，分别比1983年增长269%、110%、72%。1988年6月，以他为主承包了亏损严重的上虞章镇运输公司，一举扭亏转盈，探索出一条交通系统优势企业承包劣势企业的新路子。”承包亏损企业，在上虞以至绍兴市内，在运输企业，是开先河的。

表2 **附：上虞县第一运输公司三年来主要经济指标完成情况表**

年度 / 完成情况 / 指标内容	1987年	1988年	1989年	1990年计划目标
行车死亡事故频率（主责及主责以上）	0人	0人	1人 440万公里	
货运商务事故赔偿率（元‰）	3.7	1.3	0.5	0.5
货车汽油单耗（百吨公里/升）	7.23	5.68	5.52	5.5
货车柴油单耗（百吨公里/升）	5.85	4.27	4.14	4.1
人均创利税（元）	1980	2018	2338	2500
资金利税率（%）	33.2	34	36.6	38
全员劳动生产率（元/人）	9647	12120	14135	16500
轮胎平均行驶里程（万公里/条）	—	—	10.2	10.5

1990年，交通运输业由于运力过剩，各运输企业面临运量不足的情况，比上一年更严重。同时由于物价上涨，燃料、汽车配件的价格都上升了。营收却减少，成本支出增大，给了企业空前的压力。

这一年，改被动为主动，打破业务受压缩的困境，公司励精图治，多管齐下，采取了一系列积极举措：

加强企业内部管理，以寻求经济效益。主要是从下面几方面具体抓：

1. 进一步完善责任制，努力提高工作质量。特别是对单车承包后出现的情况及存在的问题，及时了解，慎重调整。同时，结合每个部门的工作，落实经济指标和技术指标。公司与下属的8个科室和部门签订了“经济承包责任制协议书”，各部门又据自己情况，落实到每个岗位进行考核，实行奖赔措施。这一来，每个人的主动性被激发。如汽配经销部，全年就完成销售61万元，实现利润3.5万元，较1989年增25%与30%，上缴国家税收2万多元，比1989年多交0.4万元。汽修厂进一步明确赏罚制度，从厂长、修理工到检验员，都强化责任制，努力取得客户信赖，内外修理都实现突破，共完成产值22.8万元，超额完成公司指标12万元的22.5%，创利3.7万元。

2. 加强基础管理，实现企业上新台阶。计量标准化、档案规范化等工作提升强化，为全面质量管理夯实基础。在5月份由上级部门专门组织进行的“绍兴市级先进企业”评审中，因规范，得到高分通过，取得了荣誉证书，公司又上了一个更高台阶。同时，通过“一运月讯”，强化宣传，深化日常管理，保证了公司各项目标的实现。

3. 强化安全管理，切实减少经济损失。除日常加强对车辆的安检与对司机的提醒告诫外，安全小组每月两次抽检，每月刊印“交通安全简报”，分析各种事故的案例，为司机们提供警示与参照。对发现违章作业的司机和修理员及时进行教育和经济处罚。通过管理强化，汽运事故频率比1989年减少24.5%，经济赔偿减少了34.6%，伤人事故减少了57.2%。且全公司全年都无发生重大伤亡、火灾、货损货差事故。

4. *开展增收节支活动，挖掘内部潜力*。每个部门、班级，都制订开源节流计划，并落实到各个岗位。如车站机修组，在石子吊车组的协助下，为降低耗电，改装中减少一台7瓦电动机。把三号吊车上22瓦电动机换成16瓦电动机。汽配商店是尽量减少外勤采购人员的开支，当年营收与利润比上年增加，费用开支却比上年减少0.145万元，成果不小。诸如此类，包括旧物利用等，各单位都动脑筋想办法，节约了不少开支。同时开展“合理化建议”征集活动。集思广益，征集不到一周时间，收到31位员工提出的55条建议，全部是围绕公司实际提出。经过综合，一些建议被应用到实际工作中，达到了降耗减支的目的。

5. *提供优质服务，争取经营主动*。如汽配商店，主动与省、市汽配公司联系，淘汰老旧车型的配件，开发6105Q型柴油机、CA141型汽油车的新配件；并据市场需要，大量增加轮胎、电瓶、进口机油、齿轮油的销售供应，取得较好效益。搞好优质服务，如县内一家修理厂急需一台131发动机，汽配商店获悉后，就千方百计想办法，在2天内帮助搞到，后该厂成为长期业务单位。同时，他们与税务部门主动联系，从9月起，开展了汽配件的批发业务。至12月底，批发销售额达到3.5万元。这一来，不仅获得了经济效益，还提升了知名度。

坚持职工教育，以提高总体素质来应对挑战。练好内功，内功强大，就使公司对变化的应对能力加强。

1. *改善知识结构，提高职工的技术素质*。为使职工教育有计划、有目标、有重点、有步骤地进行，公司制订了“七五”期间职工培训规划和分年实施计划，对各技术岗位，实施有计划培训。又选派5位同志去参加了压力容器、电焊、财会等的专业培训。公司更继续鼓励自学与函授进修。到年终，30位职工获得了各类专业技术等级证书和合格证书，另有5位职工获得汽修中级培训结业证书。

2. *加强基础教育，提高企业管理水平*。为使全体职工都懂得和掌握全面质量管理的思想与方法，采取请师授课的方法，在公司设立课堂，定时为职工上课讲授，并参加全国统考。在1989年64位员工取得合格证书的基础上，1990年又有30位员工考试合格，平均分98.29分。至此，全公司有94位职工取得了合格证书，占到了公司职工的82%，远远领先当地同行企业。职工们是学以致用。如汽配经销部，针对库存积压商品，运用TQC方法，结合责任制攻关，处理了40%以上的积压商品，使死货变成了活钱，加快了资金周转。这一成果，在绍兴市交通系统第四届TQC成果发布会上，荣获了二等奖。

抓精神文明建设，提升形象以增凝聚力。

1. *加强班组建设*。班组是企业实现工作目标的实战队伍，处最前沿阵地。为此，公司对14个班组的32位班组长，早在1988年，就制订了1988—1990年培训规划，至1990年，32位班组长，通过培训，均取得全面质量管理统考合格证书。有8个班组在当年被评为先进班组。班组精神面貌、工作效率、安全与服务质量全面提高，为公司的生存发展奠定了更坚实的基础。

2. *开展好两个文明一起抓工作*。公司坚持社会主义经营方向，注重思想教育和团结合作，常年运用黑板报、宣传窗、一运月讯、交通安全简报等，对职工进行爱国爱党、文明经营、礼貌待人、遵纪守法等的宣传教育，并通过开辟阅览室、球室、棋室、电视室、录像放映室等，丰富业余生活，通过文体活动，增进员工交流，增添公司朝气。

改善居住条件和工作环境，以提振职工对公司的信心。

为进一步改善职工居住条件，在俞支援经

●运输企业联络会1990年会在嵊州召开（俞支援前排右二）

理的谋划下，公司在东关镇第二次集资建房，在停车场南边建造起五层20套的职工住宅，每套70多平方米。到年底已主体结顶，计划于1991年5月，各种配套安装完毕交付居住。又为修理厂和经销部向马家桥村征用土地0.2公顷，并与该村协议，将继续征用该村交管站后面的土地，以为汽修厂和经销部的发展，作营业场地和库房。现实的改善和远景的务实，既为公司发展多种经营创造了有利条件，又极大地增添了职工们对公司和未来的信心。

成立小客车出租站等，进一步向客运延伸拓展，以增大经营效果。

公司在1989年进入客运业务的情况下，1990年5月，在城区百官，成立上虞第一运输公司小客车出租站。这是公司拓展的第三家经济实体。当时的经营地址，是租用教委校办企业公司一楼用房，百官镇凤山路42号，老火车站即现文化广场对面。投入营运的车辆有天鹅牌面包车（13座）、红星牌面包车（13座）、天津大发面包车、微型面包车和拉达轿车各一辆，共五辆。由于经营对路，也取得较好收益。后1992年9月15日，经县计委同意并下发（虞计基〔1992〕字440号）文件，将县一运公司小客车出租站更名为上虞县小客车出租公司，并由工商部门颁发营业执照（分支机构）。撤县设市后，更名为上虞市小客车出租公司。2001年4月公司转制后，小客车出租公司溶入上虞市运发珠宝实业有限公司客货运输分公司（企业非法人），并随客货运输分公司于2013年终止经营而注销退出。

同时，为利于汽配商店更好地搞好经销，1990年8月20日，公司为商店进行了工商登记，商店以“上虞县一运公司综合经销部”的名称，对外开展各种汽配件的经销活动，扩大了经营范围与种类，使其经营能力进一步增强。

总之，逆境奋进，在困难面前不慌不忙，找准突破口，有效应对。这一年，公司在境遇不利的情况下，全年完成产值231万元，实现利润28.3万元，超额完成上级下达指标的26.4%和18%。完成运量7.7万吨，周转量737万吨公里，超额完成上级下达指标的28.3%和22.8%。完成装卸量25.6万吨，超额完成上级下达指标的28%。在其他运输企业都经营滑坡的情况下，业绩如此骄人，公司上下是一片欢欣鼓舞。

1990年，公司所作出的努力，得到上级的肯定。公司荣获绍兴市经委、市质量管理协会全面质量管理验收合格证书；获省经理联络会、运输协会、浙江交通报授予的“文明企业”称号。再次被上虞县人民政府命名为“重合同 守信用”单位。被上虞县交通局评为“职工教育”先进单位、“双文明”先进单位、“安全竞赛”

优胜单位。被上虞县安委会评为安全生产先进集体。被绍兴市人民政府评为绍兴市市级先进企业。

俞支援经理在这一年由于在困境中应对有方，“突围”有功，不仅被中共上虞县委、上虞县人民政府评选为县级先进工作者；还在3月份，上虞县东关镇第十届人民代表大会代表的选举中，当选镇第十届人民代表大会代表。

时间的车轮是一刻不停地给世界带来新鲜和变化的。欢欣之后，就是迎接新的挑战。1991年，是国家实施“八五”规划的第一年，这在公司来说，既是新机遇，又面临更大挑战。

这一年，为加强党的领导，深化改革，5月份，交通局党委对公司党支部书记进行了调整，由俞支援同志任党支部书记。党支委由韩水夫、沈维康两位同志组成。调整使公司党政一体，决策能更迅速得到执行，以能更有效地解决公司出现的各种情况和问题。

这几年中，在狠抓汽车运输这一块主业的同时，公司对俞支援经理在这几年中探索并实施的发展多种经营的理念，更趋一致。由此，公司的指导思想是坚持“运输为主、以副补主”的方针，加强基础管理，深化企业改革，有目标地扩大经营种类，坚持并完善承包责任制及内部的各项配套改革。同时，坚持物质文明和精神文明一起抓，积极争创省级先进企业，实现绍兴市级文明企业。

据此，公司在全年中着重抓了这些方面的工作：

加强思想政治教育与安全制度，提升每位职工的主人翁精神。

1. *做好形势任务教育*。全心全意依靠全体职工，着力激发大家的工作热情和创新激情。由于教育到位，涌现出不少先进事迹。电工余兴良为新建的一幢五层职工宿舍楼、新建的汽修厂、兼并的“一揽胜饭店”等自行设计、安装水电，直接为企业节约资金达5.9万元。职工阮胜华为兼并的“一揽胜饭店”如期开张，夜以继日地进行工作，使饭店如期为大众提供了优良餐饮服务。

2. *发挥调动了广大职工的积极性*。公司工会在9月召开了四届一次职代会，对公司的发展、改革、文明建设、承包责任制、职工福利等进行了研究共商。并据当时公司管理的需要，决定成立了由党、政、工、团、妇各方面代表组成的“企业管理委员会”，对公司的重大事务和决策，进行讨论共商并作出决定。

3. *强化安全第一的主旨*。公司在进入第二轮承包之际，更把安全生产、保证安全质量当作头等大事来抓。在组织上建立起了三级安全管理网络，并制订了安全管理制度和安全操作规程，颁布了安全质量的奖惩条例，建立了运输安全台账，规定各运营中的车辆，必须做到途中车辆自查，归点车辆协查，起程车辆督查的例检制度，要求时刻把住例检关。公司建立的安全生产领导小组，定期进行安全教育和安全检查活动。发现隐患，根据“三不放过”的原则落实整改措施，并对重要物资的运输和运输过程中的薄弱环节，实行现场管理。针对单车承包后，个别驾驶员偏重生产和经济利润、忽视安全生产的倾向，公司对自1989年开始专门成立的车辆例检小组，不断调整加强。对出车前、回场后的车辆进行认真严格的检查。在例检中发现车况不好的车辆，实行强制检修，并停止调派业务和供应燃油，直到车辆车况正常后才出车。例检小组在检查中，要求必须按例检通知单上的内容，把检修情况填写清楚后，交有关部门存档，以利日常总结和掌握车辆的完好情况。

深化改革，拓展多种经营。

公司在抓好运输主业中，在第二轮承包合同签订之际，投资15万元，对所有车辆进行了技术改造和大修，以增强车队的生产后劲。同时，新增东风5吨加长车2辆，东风10吨半挂2辆等，增强运力，为竞争保持优势。同时，下大力抓好多种经营。

1. 通过多方努力，公司投资40万元，在东

●公司汽车修厂落成 俞支援经理讲话

●公司汽车修理厂落成剪彩

关镇104国道马家桥村东首，征地2560平方米，易地新建起上虞市第一运输公司汽车修理厂。这是公司建起的第四对外经营实体。

汽修厂于9月20日落成开业。这一来，汽修厂与车队停车场连成了一片，同时，新建了食堂。这样不仅方便了汽修厂与车队的联系，更利于对外的修理营业，同时还方便了职工们的生活。

汽修厂经不断增添设备，通过加强内部职工培训和向外调入技术人员，1995年8月，晋升为二类一级资质，并更名为上虞市一运公司汽车大修厂。1998年5月，大修厂还把业务拓展到百官，在新建路出水桥，设立了上虞市一运公司百官大修分厂。

2. 把综合经销部迁入到处于104国道边上的汽修厂营业，既方便与汽修厂的联系，又利于了对外经营，扩大影响。

3. 壮大小客车出租站的运力。随着人民生活水平的提升，在百官开设的“小客车出租站”需求量上升，为适应发展需要，公司抓住商机，又出资购买了三辆轿车。至此，公司为出租站投资达到27万元，在城区获得了竞争的优势地位。

4. 给附属的五金厂正式申领了工商营业执照。3月，公司对五金厂做出新的的定位，取名：上虞县东关五金汽配厂，厂长由胡绍虞担任，以独立自主的形式，发展对外加工经营。

5. 跨行涉足餐饮业，开拓公司第五个经营实体。于9月，据政府以强扶弱，为亏损企业脱困的政策要求，经政府相关部门协调，据虞交〔1991〕第147号、虞商〔1991〕第129号文件精神：兼并了位于百官镇横街路2号，处于亏损经营状态的县综合商店所属大众饭店。该饭店占地面积199平方米，建筑面积393.12平方米。虽处优越地段，由于经营管理不善，连职工工资都无法发放。兼并后，经投入20余万元装修改造，于12月更名为一揽胜饭店，正式开张，对外营业。公司委派了阮胜华任经理。主营饮食、住宿与兼营烟酒副食品仍不变，且仍以原县综合商店大众饭店的原班人马和公司派去的管理人员为饭店员工。然管理制度全面改变，饭店实行经济责任制经营，后又发展为承包经营责任制，由陈忠美、俞秋根承包。机制一变，经营全活，兼并的饭店，到年底扭亏为盈。

深化内部改革，加强基础巩固。

1. 对企业内部的各项管理制度加以完善，强化制度，健全民主管理。特别对汽修厂、车队，据经营方针作出了调整。

2. 据企业实际和需要，对汽配经销部进行人员调整，归属汽修厂管理，以利于与整个经管的配套和管理。

3. 有组织有步骤做好企业升级。提高职工技术素质以适应现代化生产的需要，包括技改设备、信息管理、现代企业管理、班级管理等。要求汽修厂努力争取天津“大发系列”在上虞的特约维修点，并争取在1992年升格为大修厂。

4. 鼓励职工搞技改。公司提倡并支持职工学以致用，以所学知识为提高产品质量、降低物耗、增加效益尽技出力。如汽修厂在资金短缺、设备不足的情况下，章国强厂长带领章德土、朱双夫、潘仁德等三位职工，自行设计、制造了四台机械设备（多功能电动减速自控举升吊车、气压缸体试压台、外部高压冲洗机、零件冲洗机），为公司节约了资金 1.05 万元。驻车站码头职工赵新华，自掏腰包，自行设计改造一台吊机，节约了黄沙、石子装卸的耗电成本。对此，公司都予以大力宣传表彰并适当物质奖励。

重抓安全管理，坚决抑制事故势头。运输安全、生产安全，事关企业的效益和每个家庭的幸福。1991 年虽伤人事故 19 次伤 5 人，比 1990 年分别下降 37% 和 37.5%，但死亡事故有 3 起，比 1990 年上升 300%。经济损失 0.9546 万元。为此，除继续编印好“交通安全简报”，公司狠抓对司机的安全教育，分析事故成因，强化责任追究，终于有效抑制事故上升的势头。

多种形式搞好教育培训。为促进公司的两个文明建设，提高职工的文化素养与文明素质，公司添置课桌椅，开辟新教室，供职工培训学习。充实新图书，健全阅览室，丰富宣传窗、黑板报，搞浓公司学习氛围。从每次上级对公司的考核验收，都是高分的成绩看，公司职工对学习是重视的，素质更在不断提高。

加强党团工妇建设，凝聚坚强的核心竞争力。在 5 月份调整党支部班子后，公司就下发了（虞一运党〔1991〕第二号文件），对加强干部队伍的革命化、知识化、专业化、年轻化建设，提出了新的要求。加强学习和党课制度，组织党员去嘉兴参观党的“一大”会址，缅怀先烈功勋，从严治党，增强党支部的核心力量的凝聚力，要求党员干部必须以身作则，做好表率。并在 9 月份建立起“党团活动室”，按时开展党、团学习、教育、交流活动。同时加强党对共青团、工会、妇联的领导，丰富活跃团、工会、妇联等的活动。

在 3 月召开的共青团工作会议中，公司对团支部也进行改选，由罗安源任公司团支书，宋新华、章小燕为委员，加强团的领导力量。这些扎实的举措和行动，把广大职工紧紧集聚在了党支部的周围，大家都为实现和超额实现年初目标而尽智出力。

9 月，第四届上虞市第一运输公司工会委员会和职工代表大会召开。该届职代会，因新兼并的原大众饭店职工的转入，工会拥有 217 名会员，其中女职工 37 名，选出职代会代表 41 名。经选举，工会委有 7 人组成，人员如下，主席：韩水夫；委员：沈维康、徐华灿、阮顺荣、徐雅仙、王绍明、曹永灿。同时，成立经审委，由章国强、章宝炎、董百鹤等 3 人组成。该届任期为 1991 年 9 月—1995 年 8 月，其间共召开五次职工代表会议。

该届职代会上，根据县总工会意见，工会委成立了企业管理委员会，参与公司的决策、经营管理。又据 1990 年国务院发布的《女职工委员会——女职工劳动保护暂行规定》中提出的要求，企业应单独成立女职工委员会，成立由徐雅仙任主席，章小燕、俞华飞、韩安娜、朱秋芬为委员的女职工委员会，以维护好女职工的合法权益。

内抓管理，外拓业务，多种经营，各求突破。“八五”第一年，终于开了一个好局。汽运、装卸、汽修、汽配经销、小客车出租、饭店旅馆等一条龙式的经营，至年底统计，全公司完成产值 280.9 万元，创利税 23.88 万元，完成运量 5.5 万吨，周转量 691.1 万公里，全年总行驶 135.1 万车公里，完成货物装卸 23.2 万吨。在全县交通运输公司中，继续保持领先与优势地位。

该年，由于产值、营收上升，公司收获了 12 项各级部门颁发的先进或荣誉称号。公司于 1989 年命名的绍兴市“市级先进企业”再次复验合格，荣获绍兴市级“安全生产”先进集体。被上虞县人民政府授予军地两用人才“优抚安置工作”先进单位。被工行绍兴市支行评为绍兴市级信用优等企业。被上虞县交通局评为“职工教育先进集体”，公司汽修厂被交通局运管处评为“优良企业”， 驻上虞酒厂装卸班组，被上虞县交通局评为“文明班组”。 公司工会被上虞县总工会评为“生活后勤一条龙”先进集体，公司职工宿舍楼被上虞县总工会评为“文明楼”。公司党支部被中共东关镇委评为镇级先进党支部，公司被东关镇人民政府评为“治保调解”先进集体，公司党团支部活动室荣获东关镇“党团活动室”先进单位。公司的徐永水、谢才根，参加县团委组织的青工技术人员驾驶员的节油比赛，荣获三等奖。

俞支援经理则分别被中共上虞县委员会、中共东关镇委两级党委，评为优秀共产党员。

在一年比一年都有新突破、不断“更上一层楼”的奋进岁月里，1992年则是非常值得记取的一年，在公司发展史上，是具有里程碑意义的一年。

1992年，多业发展，以副业补主业进一步拓展。最让公司自豪和对未来发展具有重大意义的是由上虞县第一运输公司出资80万元，创办了在上虞历史上属首家的“上虞县珠宝饰品厂”。此举是公司在以运输为主业的前提下，开拓的第六个经营实体，当时，生产加工珠宝饰品，是公司基本陌生与外行的行业。经理俞支援在运输业经深化改革潜力已近挖尽，社会运力又大量进入竞争，市场细分，赢得空间是越来越小的情况下，通过深入调查、观察与思考，认为必须寻找并开发新的领域。并且坚定地认为：即便是陌生，只要用心去做，也必定是能做好做出成果的。通过获取多方信息，并深入走访了解，俞支援预见到随着社会的发展、人们生活水平的不断改善和提高，追求生活的时尚和高档，紧随而来的对自身的形象和打扮会越来越注重，珠宝首饰作为社会地位和审美习惯中一项重要内容，会越来越被大家所注重，进入到普通人群的生活中。同时，俞支援经理也对自己公司的实力和内外关系进行了认真梳理，认为依据公司的现状，进行一定的跨行业发展条件是基本具备的，公司有必要发展一项前瞻性的产业。并且办成一家珠宝饰品厂，还能极大地解决公司职工部分家属的就业问题，有效地改善职工的生活，提升职工对公司的信心。通过深入的交流和探讨，俞支援经理的想法得到了上级领导的支持和公司经营管理层的赞同。经过具体的筹划和分工，一个新的投资和开发项目由此诞生。该珠宝饰品厂后来则发展成公司主业，并华丽转身，这也是俞支援走向成熟并由企业生产经营管理者，转而成为一位知名企业家的重要标志。亦是他作为“文化型”企业家的特质呈现。

该厂7月份筹建，初时，据虞计基〔1992〕字第349号文件定名：上虞县珠宝工艺厂。性质为城镇集体，隶属于上虞县第一运输公司管理领导。公司划拨东关镇东北路10号（现镇东路）内二层、四层，作为珠宝工艺厂的生产用房，（虞交〔1992〕第218号），共计建筑面积1246.35平方米。另把占地面积711平方米的东关镇镇东居委后濠溇底王家对面平房的241平方米，作为珠宝厂的附属用房。

1992年8月，经县工商行政管理局注册登记，珠宝厂正式定名为“上虞县珠宝饰品厂”，由公司投资80万元建厂经营。据交党委(1992)第48号文件：交通局党委任命俞支援同志，担任上虞县珠宝饰品厂厂长。10月，因上虞撤县建市，即更名为：上虞市珠宝饰品厂。

建厂初期，在缺乏懂行的专业人才的情况下，工厂以加工生产外来饰品为主，由香港永钢珠宝（博罗公庆）公司提供产于泰国和国内的黄玉、水晶、红蓝宝石等为加工原料，生产Φ3-10的珠宝饰品。

1992年12月，经省人民政府批准（外经贸资浙府字〔1992〕2039号），上虞市珠宝饰品厂又与香港利泰投资发展有限公司，以中外合资的形式登记设立：绍兴运发珠宝首饰有限公司（虞计委〔1992〕号文件批复同意），并经绍兴市工商行政管理局核准（〔1992〕浙绍工商外字第103号），注册登记，核发营业执照。营业执照登记号为：工商企合浙绍字第00129号，注册资本，美元伍拾万元。并成立董事会，董事长由俞支援担任，副董事长为王匡一

（福建省福鼎县桐山镇人），公司经营期限：1992.12.1-2007.11.30。后因各种因素，该公司于1994年12月即终止经营，注销登记。

1992年年底，公司又投资20万元，成立了上虞市电动门制造厂，建立了第七个经营实体。办这个厂，根据俞经理的设想，主要目的是为提高职工的福利待遇。故该厂由公司工会创办，是属于福利性质的企业，能享受国家的税收优惠政策。经虞总工经批〔1992〕第6号文件认定，该厂注册号为14619090。经营地址设在东关104国道（北）汽修厂内。负责人是陈伟良，实行承包式经营模式，独立核算，亏不补偿，赢要分成，按比例上缴利润。该制造厂经营至于1997年8月，根据国家有关政策，上虞市总工会下发虞总工企〔1997〕第1号文件：《关于清理整顿工会企业的通知》的精神：挂靠工会的企业必须脱离工会自行经营，于1998年停止营业，并办理了注销手续。

同时，经前期工作，9月15日，经县计委审批同意，并下发虞计基〔1992〕字440号文件，公司将小客车出租站提升并更名为上虞县小客车出租公司，并由工商部门颁发营业执照（分支机构），注册号：84619079-2。撤县设市后，即更名为上虞市小客车出租公司。经营地址也由凤山路42号，变换到百官镇横街路2号。营运客车在原有的基础上，又新购入夏利轿车四辆，营运小客车增至十辆。至此，公司形成了货运、客运一起做的格局。

拓宽经营领域，大展拳脚，是公司积极响应国家号召、大胆创新、深化改革迈出的富有战略性的步伐。这一年，为紧跟发展变化，赢得竞争优势，在年初，公司就制定了下列发展方针：

以经济建设显中心，抓好配套改革。

1. 深化内部改革。经公司四届三次职代会决定，对承包责任制，开始实施执行必须交纳一定风险金的做法。到年底核算，如完不成指标任务，则要将风险金作为抵冲，这样做是进一步加大了承包者的责任，使其更加倾心倾力于经营和提升。同时，职、权、利逐层分解，让每位职工都明确自己的职责与目标，营造共创共进的生产经营氛围。

2. 分配上向一线倾斜。据公司行业特点，特别是向“脏、苦、累”一线职工倾斜，在待遇上给予提高。如驻水泥厂装卸二组，提前一个月完成指标，得到水泥厂和货主好评，公司经研究给予奖励，使职工的人均月工资达到360元。汽修厂至10月底产值达到100万元，职工人均月收入都在300元以上。倾斜政策有效地调动了职工的生产积极性。

3. 完善单车承包政策。在顺利完成第二轮单车承包后，据前三年承包经验和教训，对预留保修基金、搞好车辆例检、防止领油不登记等做法，加以了细化完善，基本消除了拖欠承包款的现象。

更新观念，大力发展多种经营。出租车、饭店之后，前面所述的珠宝饰品厂和电动门厂，就是在这样的主旨下创办的。经营拓展，为公司寻找更好的发展方向，提供的基础和条件。未雨绸缪，有见识的远虑，亦为解除随时可能出现的近忧赢得了先机。

继续抓好队伍建设，强化基础管理。

1. 开展社会主义思想教育运动。从1月10至2月15日，进行了一个月半的思想、信念教育。

2. 搞好“二五”普法教育。制订计划，成立普法领导小组，派专人参加上虞市局举办的普法骨干培训班，从8月起，以部门、班级为单位，开展辅导学习，对“七法”“三决定”进行学习后又考试。参学参考人员，参训率与考试成绩，均达到了100%。

3. 组织学习并贯彻好工会法。在经营承包的总趋势下，保障全心全意依靠工人阶级的大政方针不予改变。

4. 继续抓好技术培训，提高职工科技素质。特别是运输主业，对司机和汽修工全部进行了轮训。同时组织汽修工去绍兴市和上虞市组织的技训班受训，通过学习培训，有5位修理工取得了汽修高级、4位取得中级职称，3名汽修检验员与2名司机获得了高级职称。饭店7名服务员全部培训合格，取得上岗证书。

上虞市珠宝饰品厂股东代表合影（1992 年）

5. 提升档案规范管理措施。使档案更好地为企业发展服务，并不断积累完善。在 6 月 15 日上虞市档案馆与交通局组织的“档案管理复验小组”的复验中，获得了高分合格。在 12 月 17 日市财政局、市交通局、会计事务所、东关税务所联合组织的“会计工作达标升级考核小组”考核中，得到了 85 分的好成绩。这可是交通系统第一家获得的“会计工作达标”单位。同时，5 月 23 日，市总工会对“职工之家”复验合格。6 月份，文明单位达标验收，获 1040 分的好成绩。

6. 党建工作增添了新鲜血液。党支部在一线的中层干部中，发展了 2 名新党员。并确定了新的发展培养对象。

广泛开展社会主义劳动竞赛，工作又有创新亮点。

1. 继续开展以“安全、优质、高产、低耗”为内容的“百日安全行车”竞赛活动。经竞赛，评出优胜班组一个，优胜货车 14 辆，优胜轿车一辆，优胜个人 18 名。公司被上虞市评为社会主义劳动竞赛先进集体。同时，安全事故比 1991 年大幅度下降。发生的 2 起交通死亡事故，一起同责，一起次责，也完全处在安全红线以内。

2. 汽修厂开展了一系列质保体系、岗位练兵、技术比武等的活动，全年没发生火灾、机械和工伤等重大或较大事故。且“双增双节”，在新建的停车场北侧建造简易棚 10 间，都自己测量、设计、制图并建造，为公司节约下资金 5000 多元。一揽胜饭店抓“窗口文明”；装卸班组抓安全装卸，均取得良好成绩。

上虞市珠宝饰品厂厂长俞支援陪同绍兴市交通局局长王国伟研究工作

3. 好人好事层出不穷。团支部团员青年，利用休息时间清理路障。汽修工 2 月 17 连续奋战 16 小时，为车辆换气缸、排故障。党员杜利明，全年不发生一次事故，主动还清 1991 年因经营不当造成的 1000 多元承包欠款。9 月 2 日，驻酒厂装卸组罗沛吉、朱再夫等 4 位班组长，在台风暴雨到来之前，带领职工奋战一昼夜，不顾辛苦与劳累，为绍兴越泉酒厂抢运了上万坛黄酒。10 月 2 日，又在倒塌的房屋中抢运出 700 多坛加饭酒。职工吴建君拾包不昧上交公司。职工朱金良想方设法为公司挖潜创收，等等。

提高职工福利，努力改变工作与生活环境。 2 月，公司召开了四届三次职代会，对公司有关职工待遇福利等进行了研究协商与决定。公司出资，对职工食堂进行全新改造，增添餐饮设备，为职工就餐提供优良环境。为方便并更安全，公司专门购置一辆 19 座面包车，接送百官、东关两地职工的上下班。为老、弱、病和退休职工提供好医疗帮助，千方百计保障他们医疗费用的报销。同时，经评议挑选，派 6 名先进职工去北京、桂林等地疗养，等等。让职工在承包经营中，感受到公司的关怀与温暖，把公司当成自己的“家”。

经过全公司努力，1992 年，公司完成产值 372.37 万元，创税利 18.4 万元，全员劳动生产率 1.7 万元。完成运量 3.75 万吨，周转量 614 万吨公里，全年总行驶 158 万公里。完成装卸 17.9 万吨。

同时，公司又增添了固定资产，新增东风半挂车 2 辆，东风 5 吨加长 2 辆，19 座面包车一辆，修理小车的举升机一台，并实现了停车场征地 0.32 公顷的目标，为公司扩大经营、寻求新的提升，创造了坚实的基础。

成果丰硕，各种奖励喜讯，同样让大家振奋。公司再一次被上虞市人民政府命名为“重合同、守信用”单位。荣获“上虞市市级劳动竞赛”先进单位。公司党支部被中共上虞市委评为先进党支部。公司商业信用被工行绍兴市支行评为特级信用优等企业。公司“职工之家”荣获上虞市总工会“先进职工之家”合格证书。公司员工在上虞交通系统女职工拔河比赛中勇夺第二名，荣获上虞市交通系统第五届职工运动会团体第三名。

经理俞支援在 9 月被上虞县劳动人事局评定为助理经济师。1992 年年底又被中共上虞市委员会评为市级优秀党（总）支部书记，上虞市社会主义劳动竞赛委员会则授予他市“劳动竞赛优秀组织者”的称号。

（注：1992 年 8 月 24 日，国务院批准上虞县撤县设市。10 月 18 日，3 万余干部群众在百官体育场举行庆典。自此，上虞对外正式使用“上虞市”行政名称。）

1992 年的经营拓展，起点又高了，必然给 1993 年迎来新的挑战。

1993 年，为巩固已有成果并适应新发展的需要，公司进一步深化管理，完善承包政策。据年初计划与目标，抓重点不放过细节，抓整体更不忽视个体，公司着重于下列几方面的工作。

打造并建立高效率的管理机制。 公司经营领域拓宽了，每一种经营都有自己的特点和管理要求。

为此，公司主要采取了一些新的做法：

1. 坚持例会工作制度。每月都要举行经理办公会议，各部门中层干部都要参加。及时把握了解生产形势和计划执行情况，对生产经营中出现的新情况、新问题，集思广益，认真研究，及时采取措施和办法。

2. 进一步规范管理幅度。由于多种经营，不至于造成不懂行的瞎指挥，给生产经营带来负面作用，公司通过文件形式，把公司下属的 9 个部门，划成 5 个小块，权力、责任都到块上，并进一步明确分工，权责平衡，做到管理、生产、经营，是人在岗位，各司其职，协调配合。

3. 强学习提高素质，增加市场意识。组织干部职工学习中共十四届三中全会精神等文件，要求大家进一步解放思想，开动脑筋，围绕发展，勇于探索创新，并提出建议。

完善分配制度深化内部改革。改革，说到底是要让分配更加合理，以达到激发和调动每个人的生产积极性。同时，情况在不断变化，改革并无止境。审时度势，公司面对改革中出现的新情况、新问题，加大了改革力度。

1. 进一步完善了机械装卸的分配方式。实施计件工资，工资全额浮动，多劳多得；并与工作的安全与完成质量情况紧密挂钩。

2. 小客车公司实行租赁制。针对小客车公司出现的经营不景气情况，及时实施新措施。做法是，据不同车型、成色，测定租赁期限、月租金额度、一次性购车款数目等，租赁期满后，车辆强制更新。在具体实施中，采取租赁者按现价的 30% ～ 35% 交纳车款，并在签约时交付 3000 元风险抵押金。做法实施后，小客车月营收由五六千元上升到七八千元，利润也迅速扭亏为盈，职工的月均收入更由原来的五六百元增加到 1200 多元。租赁做法受到了普遍的赞赏和欢迎。

3. 一揽胜饭店实行风险承包制。采取包死基数、确保上交、超利归承包者的分配方式。由此，饭店上上下下都感到有压力有担子有奔头，大家积极主动，压力与担子都转化成了动力，饭店也不惜高薪聘请名厨以吸引大众。由于服务态度、方式的改变与菜肴品位的提升，饭店在激烈的餐饮行业竞争中，获得口碑和名声的优势，亏损亦即开始转为赢利。

4. 上虞市珠宝饰品厂谋划实施股份制改革试点。股份制改革是产权变更，在当时还处于摸着石头过河时期，属比较新鲜的事物。当时，实施股份制改革，大家还有不少顾虑。因为承包经营，企业性质还是国有或集体的。实施股份制，企业的股权属于参股人，在自负盈亏的情况下，若一旦经营不好，参股的资金就会“泡汤”，风险很大。俞支援经理则是看准我国经济和市场发展的未来走向，在市交通局、市计委的领导和支持下，经过认真细致的研究讨论，大胆又具突破性地决定迈出这一步。在既无经验，又少借鉴的情况下，为搞好股份制改革，公司认真酝酿与协商，实施稳步推进，并开始进行前期的大量准备工作，资金筹集、章程制订、资产评估、招股说明书、实施方案，按照预定设想，一一有条不紊地实施。公司计划在 1994 年，上虞市珠宝饰品厂正式实施股份制的机制运作。

群策群力抓开拓与发展。职工中有智慧，点子中有黄金，公司在年初，经对所属 9 个部门的全面分析，决定把开拓和发展的重点放在珠宝厂、汽修厂和车队上，并着力对这三方面的后备人员队伍进行培养和引进。

1. 珠宝饰品厂。经近年的生产运作，公司的感受是：单纯为外地加工中、低档宝石戒面，不仅受制于外方，且经济效益不理想。俞支援经理经过反复思考和探讨，认为据社会发展形势和大众生活需求，珠宝厂的产品应当向贵金属方向发展与延伸，跳出这个“孙悟空划的圈”，生产更丰富、更为社会大众所器重的贵金属饰品，去闯大市场。经广泛调研，决定涉足黄金领域，进行黄金加工业务，且定位是上规模、上档次、上品位。为此目的，经积极准备，公司在 11 月 6 日的黄金饰品试产中，一举获得成功。这让公司上下都十分振奋，为珠宝饰品厂的转型升级打实了基础，赢得契机。同时，公司与华东理工大学无机材料研究所合作，联合成立华虞宝石饰品开发中心；与上海广智康复高科技公司的经济技术合作等，进展都十分顺利，珠宝饰品厂的发展道路在拓宽。

上虞市珠宝饰品厂生产现场（1992 年 10 月 12 日）

2. 汽修厂。在单车承包、业务受到更严峻冲击的情况下，除主动寻找业务单位外，利用厂所在地处于104国道线上的地理优势，增设夜间业务。该做法在实施中获得了成功。修理工虽多了辛苦，然厂增加了业务，车主带来了方便与安全，修理工增了收入，结果是一举多得，也得到了交通局的肯定。

3. 驾驶培训。随着社会对驾驶培训的需求全面上升，公司筹划设想开展对外驾驶技术培训工作，以既服务社会，满足大众需要，又为公司赢得新的财源。

抓实精神文明建设。党支部不迷失在大量的生产经营业务中，边抓公司管理，边抓党建和反腐倡廉。公司充分认识到，抓好党建与发展业务并不矛盾，而是相互促进，相得益彰。如果公司党政领导自身不过硬，公司就是业务最兴旺，也将是一时的。在党建上，公司党支部除为1992年发展的2名预备党员，如期做好了转正工作，使公司党员达到21名外，又培养了4名中青年（女性一名）作为入党积极分子，进一步壮大党的力量。而对全公司职工，公司主要采取：

1. 抓学习。认真学习中央反腐倡廉的文件，在政治思想上引起高度重视，绷紧红线。

2. 抓自查自纠。党支部领导严于律己，对财务抓好清账理财，发现问题，马上纠正。

3. 做好宣教工作。利用多种宣传方式与渠道，把党的方针政策及时传达到各班组和广大职工中。公司的“一运月讯”自1989年7月起，从未间断，至1993年12月，已刊出54期。加之“交通安全简报”、每月2次黑板报、两月一期宣传窗等等，让职工切实掌握公司动态，在思想上与公司保持一致。

4. 加强对共青团和妇联的领导与思想教育。引导广大青年和女职工自觉抵制拜金主义、享乐主义等腐朽思想的腐蚀，奋发有为，做一个对社会有贡献的人。

5. 大力表扬好人好事。扬正气，树新风。如公司车队职工章关泉路遇翻车，当机立断，勇救伤员，协助交警疏散车辆，公司就大力予以宣传表扬，并推荐其为第二季度市交通局表彰的局“十佳”先进。机械装卸队朱金良一次被车辆撞伤，为生产需要，只休息两天就拄着拐棍坚持上班。医务室章苗中，除负责医护外，身兼多职，在负责公司交给他的珠宝厂车间修

上虞市珠宝饰品厂获得上海造币厂上虞特约总经销合作关系（1993年）

上海珍宝饰品厂在上虞市珠宝饰品厂设立上虞特约总经销（1993年）

上海珍宝金银饰品厂在上虞市珠宝饰品厂设立分厂

建时，始终在现场。不顾脏与累，与泥水工一道拆建厕所等，为公司节省数千元开支。这两位职工，被公司推荐为第三季度局“十佳”先进。珠宝厂的10位职工，在上海学徒的两个月中，由于专心致志，学会了30档品种的制作，学徒产品经测定全部合格并为一类产品，受到上海师傅们的赞扬肯定，公司亦给予宣传表扬。所有这些，都为公司创造了积极向上、富于进取的良好氛围。

加强对外宣传与推介。公司出资金，委托宣传部门，专门拍摄了一部公司宣传录像片，用于对外形象宣传。

同时借助于各种机会，宣传公司，使社会知晓上虞县第一运输公司，是一个管理有序、质量保障、诚信负责的经营单位。

此外，公司在1993年完善和健全了单位安全保卫措施。油库、货运仓库，特别是珠宝饰品厂的金银饰品，人进货出，鱼龙混杂，安全保卫工作的重要性越来越凸显。在市交通局的支持下，1993年10月，珠宝饰品厂提升安保等级，在保卫科基础上，正式组建了经济民警队，并报请上虞市公安局审查批准。经济民警队采取在公司单列一个部门，业务上接受公安局领导的管理方式。这一来，有力保障了公司金银饰品与燃油存放和出入的安全。

公司的深入改革及取得的成功，始终得到了上级领导部门的重视、关注和支持，11月5日至6日，绍兴市召开全市交通企业工作会议。会上公司作为改革成功的典型之一，经理俞支援在大会上作了《主副并重求发展，深化改革增效益》

经验介绍，获得了与会领导和参会企业的一致好评。绍兴市交通局在题为《振奋精神、抓住机遇、摆脱困境、壮大发展》的会议总结报告中，专门有一段话肯定公司的成果：“地处东关镇的上虞一运公司，这三年在发展多种经营中极大地壮大了企业实力，开设了汽车配件经营部、扩建了汽车修理厂，还把宾馆开到了百官，又办起了众人瞩目的黄金首饰加工厂。”

省交通运输企业1993年运输企业经营管理经验交流会（俞支援后排右二）

该年，由于公司积极发挥好军地两用人才的作用，首次荣获了省级奖励，被浙江省民政厅、浙江省军区政治部评选为“省级开发使用退伍军人两用人才”工作先进集体。

年终盘点，公司全年产值、营收都有新突破。公司实现产值708.5万元，运输装卸收入225万元，工业产值324.5万元，商业产值159万元，利税50.96万元。产值利税指标，分别是局下达的明星企业考核指标的141.7%和129.9%，分别比上年增长90.46%和107.84%。全员劳动生产率为2.96万元，完成装卸量21.5万吨，完成货运量4.26万吨，周转量612万吨公里，客运量2.46万人次、256万人公里，全年总行驶153万车公里。

创业奋进，公司的成绩更被上级肯定。年终，公司再次被上虞市人民政府命名为“重合同、守信用”单位。党支部被中共上虞市委评为先进党支部。并获上虞市社会主义劳动竞赛委“市劳动竞赛先进集体”称号。荣获上虞市交通局“明星企业”称号与局级“安全竞赛”先进单位。公司工会被上虞市总工会评为“五星级”工会。

在全年的工作中，2月市交通局召开的党代会上，经理俞支援光荣当选为中共上虞市第十次代表大会的党代表；3月，再次被选举为东关镇第十一届人民代表大会人民代表。年底，因在企业档案管理晋升省级先进工作中，成绩突出，被浙江省档案局颁证表彰；又被上虞市总工会评为荣誉工会积极分子。

前进之路从来都不是一帆风顺的。

1993年的阔步前进，在1994年却接受了严峻考验，可以说，在公司的发展史上，1994年很不平凡。然也正是这不平凡，充分显示出了俞支援经理处险不乱、沉着冷静、应对有方的处事能力，在纷乱的头绪中善于找到解决问题途经的技巧水平。

1月份，经理俞支援在交通系统工作会议上，作了《为有凌云志，敢破万里浪》工作目标汇报，对新年进行了美好的展望，决定把工作重点放在珠宝饰品厂上。经过努力，公司按照上虞市委〔1993〕31号文件精神，并据虞体改办字〔1994〕02号上虞市体制改革办公室《关于同意上虞市珠宝饰品厂实行股份合作制的批复》，公司成立了改制筹备小组。组成由俞支援、朱百灿、沈维康、韩水夫、邓洪、陈忠韵、章国强等7人为成员的筹备班子，按预定计划，对珠宝饰品厂的股份合作制，讨论确定了改革方案和股份合作制章程，决定珠宝饰品厂全面实施股份制运作。确定每股100元，筹资1万股，即100万元为股本金。经筹集，实际筹取超出预期。所筹集股金，按股份种类分，其中法人股45万元，占21.43%；优待股55万元，占26.19%；企业内部职工105人入股，股本金69万元，占32.86%；外来投资人员105人入股，股本金41万元，占19.52%，总股本金为210万元。方案获得了市体改办的批复同意，并于5月顺利完成股份制改革的各项工作。1994年5月28日，公司在百官一揽胜饭店召开上虞市珠宝饰品厂股份制成立暨首届股东代表大会。俞支援董事长兼珠宝饰品厂厂长向大会作《上虞市珠宝饰品厂九四年工作报告》和《股份制筹备工作报告》，宣告上虞珠宝饰品厂股份改革结束，组成由俞支援、朱百灿、沈维康、韩水夫、邓洪、陈忠韵、章国强等7人为成员的董事会和监事会班子，饰品厂实行股份制经营管理。上虞市委王润生书记亲临祝贺，市委市府及市体改办、交通局等领导及部门、兄弟单位同志都前来参加并表祝贺。珠宝饰品厂实现向现代化企业转制的重大一步。

附1：上虞珠宝饰品厂全体股东人员名单：

一、职工内部股东（105位）：俞支援、潜梅珍、赵海山、王建平、程如松、石传德、何金华、俞炳贤、毛介椿、王绍明、高幼美、胡绍虞、金庆兰、韩德海、徐华灿、章苗中、俞华飞、徐仲信、潜宝珍、沈维康、董柏鹤、宋新华、朱金伟、朱百灿、刘杏美、吕安炎、金尧法、朱金良、傅根海、陈五十、陈志芳、朱炳荣、章国强、朱长兴、俞新貌、章德土、陆群欢、朱再夫、朱丽珍、王雅芬、蒋建昌、崔万茂、韩水夫、韩维娜、阮胜华、王萍儿、蔡成钰、罗慧琪、余兴良、谢棠棣、叶根木、周文英、方苏泽、王坚定、朱月仙、邓　洪、黄林标、沈国芬、章阿萍、章德海、徐仲林、谢桂芳、朱新娟、王君英、金莉萍、邵建华、罗高松、程炳法、陈忠韵、张定娟、徐阿寿、王水金、阮月章、曹永灿、鲁根荣、高凤珍、王月琴、金秀珍、王冬茶、张霞琴、陈菊娣、吴建平、夏炜耀、王柏庆、吴荣坤、蒋龙华、朱明亮、陈万生、朱秋芬、竺婉贞、金启军、赵兴龙、王彩娟、赵幼荣、陈新文、韩安娜、周冬萍、章宝玉、陈　静、朱其根、范美娜、陈炳义、章宝炎、金雅娟（小）。

二、外来投资股（105位）：沈守棉、方富禄、林秀凤、徐秀珍、蒋幼美、王载兴、李玉琪、金尧坤、宋维维、章婉琴、应欢敏、诸伯良、俞近芳、任尧兴、陈如永、林尚夫、沈源夫、周烈刚、徐国英、陈尧灿、沈维萍、周根灿、钱炳华、章焕华、徐荣富、李岳琪、沈炳荣、王佳坤、俞鉴熊、姚安良、劳国军、张伯欢、徐天明、沈华琳、赵志荣、陈菊珍、田幼敏、徐秀珍、金幼祥、张建平、宋建敏、何森伯、徐立刚、徐　俐、裘春泉、王灿富、周泽敏、沈莉志、董国强、俞俐群、金素娟、俞月琴、陈友仙、王文奇、周开建、陈正夫、俞　恒、陈忠富、刘广才、张亚夫、范智荣、蔡　琼、王冬梅、谢瑞生、孟柏炎、沈崇华、陈国根、陈福泉、张建刚、高海桥、赵巧娜、赵土江、周兰英、沈庆欢、陈定邦、章秀珍、俞华源、王国新、屠建桥、车丽丽、徐振宝、李水林、沈炳奎、严黎明、陈楚和、张吉英、任一萍、王小燕、贾芙蓉、吕建国、沈寿定、金利明、楼玉兰、罗　虹、俞　岑、马帼英、赵凤娟、孙静育、华佯水、丁玉琴、马丹红、陆宝初、何建伟、沈维勤、陈金余。

附2：上虞市珠宝饰品厂董事会、监事会成员简历：

俞支援：男，上虞籍人；1957年1月出生，1983年6月加入中国共产党，文化程度：大专；专业职称：助理经济师。1972年10月参加工作，1973年至1983年期间任汽修车间组长，车间主任；1984年至今担任上虞市第一运输公司经理；1991年5月兼任公司党支部书记，1992年8月兼任上虞市珠宝饰品厂厂长。

朱百灿：男，上虞籍人；1950年11月出生，1992年3月加入中国共产党；文化程度：中专；技术职称：高级驾驶员。1971年4月参加工作，1972年起负责车队工作，担任车队队长，至1993年9月任公司副经理。

沈维康：男，绍兴籍人；1951年6月出生，1989年10月加入中国共产党，文化程度：中专；职称：助理会计师。1969年1月上山下乡；1971—1978年担任民办教师，1978年参加工作，1979年起在统计、保管、人事等管理岗位任职，1991年起担任会计工作，1992年增补为党支部委员。

韩水夫：男，上虞籍人；1943年12月出生，1966年5月加入中国共产党；文化程度：中专。1964—1970年在7754部队服兵役；参加抗美援越战争；1976年参加工作任车站片负责人，1981年起任东关搬运站工会副主席，后于1984年任公司副经理、工会主席，进入党支部班子任支部委员。

邓洪：男，嵊县籍人；1955年2月出生，文化程度：初中。1971年5月参加工作，1984年担任机修车间副主任，1988年率先在车队开展的第一轮单车承包中承包车辆，于1992年任上虞市珠宝饰品厂副厂长。

陈忠韵：男，上虞籍人；1957年1月出生，文化程度：高中。1975年参加工作，系东关供销社职工，1983年东关供销社派往绍兴调运组负责，1987年任副食品批发部柜组长，1992年调往市一运公司后，担任上虞市珠宝饰品厂副厂长。

章国强：男，上虞籍人；1956年1月出生，1992年3月加入中国国共产党；文化程度：中专；专业技术职称：助理经济师。1972年10月参加工作，1982年任机修车间副主任，1984年任车间主任，1987年机修车间更名为汽修厂，担任厂长，1991年8月任经理助理。

到6月底，珠宝饰品厂已拥有职工51名，实现产值900多万元。因为金银饰品是国家严格控制与管理的贵金属品，公司在全力调动各方关系，做好金银饰品许可证申领的同时，计划1994年实现工业产值2400万元，完成销售2000万元，实现利润80万元，公司资产增值60万元，个人投资收益率达到30%～40%。同时，公司设想投资140万元，在百官市区新建一幢8间6层的生产用房。前景规划积极美好与可行。

而珠宝饰品厂与上海市人民银行所属的上海瑞祥金银饰品生产经理部的合作，在市交通局等各方的支持下，进展也十分顺利。经深入商议，决定成立“上海瑞祥金银饰品生产经理部上虞金银饰品厂”，3月正式投入运作。经营方式为加工、服务、批发、零售，主营业务为金银珠宝首饰。这为公司的生产和销售创造了更有利的条件。后该合作项目因情况变化，经营至1997年4月，三年联营期满后即注销。

3月，公司据业务发展情况，还开发了第八家经营实体：上虞市交通汽车配件厂。由公司投资25万元组建，经营汽车配件的加工、制造，经营地址设在东关镇东北路10号。负责人为任梅林，采取承包经营的模式。

可是，顺境中有“滑铁卢”。5月下旬，

公司派出的四位业务员朱金渭、邵明书、赵海山、陈忠韵，前去国内黄金重要产地山东招远市采购黄金，因为初涉这一领域，信息掌握少，对众多业务上的手续与规矩又不明了。结果，27 日，四位采购员被山东招远市公安局，以违反国家专控政策、倒卖黄金的罪名扣押。

俞支援经理带领公司管理层人员有条不紊的应对，并得到了市委、市府、公安局、交通局的大力支持，事件最后终以珠宝饰品厂被罚款 100 万元结案。

事件后，公司对造成的原因及带来的教训，进行了认真反思和总结，深感公司在涉及贵金属制造加工方面，还存在如下五方面的不足：

学习不够。对国家相关政策、特别是黄金政策了解、掌握不够，盲目听信绍兴等邻近地区的经验，没经自己的深入调研了解。

信息不灵。实际上，自该年 4 月起，山东招远市就在进行对倒卖黄金的专项整治活动；而公司及派出的采购员竟一点不知。

用人不周。所派遣人员，限于水平和能力，不懂得入乡随俗，每到一地，应先了解情况，然后再实施自己的计划。如果他们当时信息意识强一些，对正在进行的打击行动是能够感觉到的。

偏重内部。公司的精力过分放在厂内的生产与工艺环节上，忽视了对黄金生产许可相关证件的办理，导致工厂必备的黄金原料得不到落实，只得被迫进行自行风险采购。

缺乏应急措施。忽视了对出现问题时，应对与补救办法的制订，且公司在支票保管、支票填开、联络采购、人员分派上，都存在一定的不足与缺陷。

吃一堑，长一智。受到重罚，100 万元资金，对一家刚起步的股份制企业来说，在当时不是天文数字，也是一个足以让企业连透一口气都难甚至倒闭的沉重数字。事件于 6 月 8 日平息后，元气受损的珠宝饰品厂，在俞支援经理的正确调度下，重整旗鼓，即实施了一系列调整与自救措施：

稳定人心。稳定股东们的思想情绪和职工队伍。公司以为，进行黄金生产加工的人员队伍、设施设备、合作关系等都已基本建立，并在提升完善中，大家也相互信任支持，进行生产和销售的主干和核心仍在，只要大家团结一心，这个困难是能度过和克服的。

生产自救。维护好正常生产，并实施增加产量的措施，争取达到月生产 30 公斤黄金产品的目标，以把损失减少到最低限度。

全力申证。调动一切关系与力量，把金银饰品经营许可证，尽快申办完成。以利于更快进行贵金属业务的拓展行动。

严把财务关。加强对供销和财务人员的教育、管理和业务能力的培训提高，强调对 10 万元以上的业务往来支出，必须由公司一把手核发。

精选供销采购人员。经遴选，抽调公司中最优秀的人员进入供销队伍。

制订危机应急方案。完善重大事件的迅速报告制度，并快速向相关领导部门汇报，切不让情况因延缓而影响有效处理。

抓好珠宝厂这一块工作的同时，1994 年全公司在“转换经营机制，确保企业发展重点，创效益，求发展”总方针的指引下，着力实施好如下五个方面：

继续完善经济承包责任制。从有利于调动职工生产积极性等“三个有利于”出发，对下属各部门，均进一步完善承包责任制，实施工资、津贴、奖金捆在一起浮动的做法。车队、小客车出租则仍实行单车承包租赁经营。同时，按上级文件，调整了 33 位退休工人的工资，补发退休工资近万元，每月共要增发资金 1085 元。给职工人均增资 61 元，并及时予以补发。政策到位，极大地调动了职工的生产积极性。

积极开创珠宝厂发展之路。在成功转制和经历山东招远事件后，公司顶住压力，面对饰品市场比往年疲软的现状，全方位出击，通过建立新的销售员队伍，并在提升饰品样式和质量上下功夫。在上海瑞祥金银饰品生产经理部的协作下，销路在上海逐渐拓展。特别是 11 月份，为上虞风机厂制作厂庆 20 周年银质纪念

上虞市珠宝饰品厂股份合作制创立大会（右四为中共上虞市委书记王润生，1994年5月28日）

牌1500块，厂是自行设计、打样，结果一举成功，获得风机厂肯定和好评。这极大地提振了珠宝饰品厂的信心。至年终核算，珠宝饰品厂还是完成产值1740万元，实现利润12万元。由于公司正视困难，应对措施正确，珠宝厂终于走上了正常发展之路。

重抓安全不放松。公司指派一名副经理专职负责安全工作，并新制定了《安全工作职责》，先后下发了〔1994〕第17、18号文件，强化预防与日常规范相结合，杜绝违章与超载。继续坚持每月出刊《交通安全》和每月一次驾驶员安全日活动。对装卸队注重及时检修设备，特别是吊车升降系统和电器设备，严格按规定执行。汽修厂做好防火、防盗等工作。珠宝饰品厂的安保工作进一步升级。1994年2月22日，浙江省公安厅浙公保警〔1994〕21号文件，批复了上虞市公安局，经由绍兴市公安局逐级上报申请的关于上虞市珠宝饰品厂建立经济民警队的请示报告，并核定编制为12人。1994年4月9日，上虞市公安局据省公安厅文件，下发虞公内〔1994〕第24号文件，正式批准珠宝厂在1993年下半年组建成立的经济民警队，名称为：上虞市珠宝饰品厂经济民警小队。经市公安局审核，11位同志为经济民警队成员：俞支援（民警证号：4－210）、朱百灿（民警证号：4－211）、邓洪（民警证号：4－213）、曹永灿（民警证号：4－215）、赵海山（民警证号：4－217）、章国强（民警证号：4－218）、陈忠韵（民警证号：4－219）、余兴良（民警证号：4－220）及叶根木、梁柏林、沈云夫。并同意朱百灿任队长，俞支援任指导员。为让民警队做好安保工作，厂建立了一整套安保制度，人员、货物进出，严格实行出入证制度，且24小时值班。由于管理规范与严肃，1994年度全年全公司无发生重大安全责任事故。

加快技改工作。公司投资15万元参股上虞市汽车综合性能检测站。公司汽车修理厂并经绍兴市运管处考核验收，晋升为上虞市首家一类乙级大修厂。车队与出租车公司更新客、货车6辆。五金厂与交通汽配厂均据需要，进行了设备的更新改造。几项合计，公司用于技改的总资金达到69.4万元。而珠宝厂据发展需要，公司决定易地在百官镇实施的新建项目，经交通局、计委、建设局等部门的支持，在百官镇环城北路征用1971平方米土地的出让手续，在年内均全部办妥，计划在1995年建成投用。公司又为解决社会对车辆驾驶员的需求，自行培训了驾驶员8名，有力缓解了经济发展，社会对驾驶员的需求。全面技改，整体提升了全公司服务社会发展的实力。

思想政治工作不放松。抓经济决不能轻视思想教育，否则“唯利是图”“见利忘义”，就会偏离建设共同富裕的目标。为此，公司党支部着重做好：

1. 注重抓学习，与党中央保持高度一致。学习《邓小平文选》，学习党的十四大三中、四中全会精神.学习《爱国主义教育实施纲要》。坚持“三会一课”制度，每月召开党支部扩大会议；并运用宣传窗、黑板报、《一运月讯》等宣传党的方针政策和建国45周年的巨大成就，以激励广大干部职工的爱国热情和生产积极性。

2. 强化对党员干部的廉政教育和纪律约束。组织党、团员观看《中国第一大案》《桃色新闻》等影片，要求党员干部严格自律，廉洁奉公，优质服务，不参与赌博等活动，以良好的形象为广大职工做出榜样。

3. 坚持两个文明一起抓。两手抓，两手硬，以开展创“文明班组”“文明个人”“文明车队”等为抓手；女工委开展“巾帼奉献”活动。公司是党、政、工、团、妇五位一体抓思想建设，使公司上下始终充满团结向上的积极氛围。

4. 做好组织发展工作。继1993年12月吸收两名优秀职工入党后，1994年又在生产一线和女职工中发展了两名新党员，使党支部的力量进一步加强。对公司重视做好职工思想工作，市交通局一直予以关注与肯定。在8月份交通局召开的交通系统职工思想工作讨论会上，交通局请俞支援经理作了《正确把握、处理改革、发展、稳定三者关系》的介绍，得到的评价十分积极。

5. 加强对工、青、妇的领导工作。在全面转换经营机制的情况下，公司支持工会独立自主并创造性地开展工作。年初，在四届五次职代会上，经理俞支援向代表们作了《改革和发展的新乐章》的工作报告，对公司的发展及取得成绩、存在的困难向大家作了具体介绍，号召大家积极为公司发展献计出力。对工会创办的电动门制造厂，在资金上给予有力支持，以努力改善职工的福利条件。支持共青团搞好组织建设，并开展好对团员青年的思想教育工作。在年初，对团支部制订的“1994年工作计划”，相关内容列入公司议事日程，并帮助团支部搞好祖国5000年文明发展史与近代百年苦难史、新中国45年辉煌史的教育活动，以振奋青年职工对未来的信心和希望。关心女工委工作。在女职工比例上升、人员增加的情况下，重视在女职工中发展党员，以提高女职工政治地位。并组织女职工开展“学、比、创”及岗位练兵、技术比武和建功立业活动，鼓励女职工晚婚晚育，做好计划生育工作等。全年中，女工委多次开展“巾帼奉献”活动，激发了女职工信心，得到了公司上下的好评。

有规矩才成方圆，同时，公司对个别出现的以“留职停薪”为幌子的人员流失与擅自离职等情况，个别司机超载、运输危险有毒物品不守规范等行为，及时作出了处置意见。

皇天不负苦心人。经受了招远特别事件的公司，在困境中奋起。年终盘点，全公司1994年度实现总产值2266.8万元，其中运输装卸收入261.8万元；工业产值1843万元，商业产值162万元；实现利税59.9万元。分别占交通局下达的目标责任制考核指标的110%和100%；比1993年分别增长220%和190%。全员劳动生产率7.8425万元。完成客运4.76万人次，周转量238.9万人公里，各占年考核的106%和109%。完成货运量5.39万吨，周转量700.3万吨公里，占年核定的120%和108%。全年总行驶里程168万公里。

同时，经理俞支援经自己的辛勤付出，无

论是管理水平与经营理念，都得到了提升。

这一年的4月2日—13日，为上虞珠宝饰品厂开辟业务新方向，在上虞市政府的组织下，经理俞支援专程赴香港进行了招商考察活动。这次考察共有五个组。俞经理安排在由财政局沈武忠任组长的第二组。考察让俞经理接触了许多新的东西，开阔了眼界，对公司珠宝饰品厂业务的开发和拓展，在管理与经营思路上，有了创新与跨越谋划，意义十分积极。

而经理俞支援在专业知识上的学习和进修，经两年多业余时间的刻苦学习，也开花结果。他顺利完成了在湖南长沙交通学院《交通运输管理工程》专业大专专修班全部课程的学习，经考试合格并获得大专毕业证书，证号：（94）交教成高专字第504号。他的毕业论文《试论运输企业增强活力的途径》，更获得学院考评组老师的积极肯定。考评组老师认为：这样反映基层实际、操作性强、具有现实指导意义的论文，不是有思想、有目标、敢作为、在实践中大胆探索的基层一线工作者，是写不到这样的深刻和具体的。

年终，公司并获得了多项先进：公司工会被上虞市总工会评为“五星级”工会组织；公司获上虞市交通局 “明星企业”称号；公司汽车大修厂荣获上虞市交通局“安全生产”一等奖。

俞支援经理则再获上虞市总工会荣誉工会积极分子称号，并当选绍兴市工会第三次代表大会代表，出席于12月14日至17日在绍兴市召开的绍兴市工会第三次代表大会。

为鼓舞全公司职工对未来的信心，1994年度，公司又以《一九九四年度大事记》，发布了公司十大新闻：一、上虞市珠宝饰品厂与上海瑞祥金银饰品生产经理部签署联营协议，在我市设立上虞金银饰品分厂。二、上虞市珠宝饰品厂实施股份合作制。三、上虞市交通汽配厂注册营业经营。四、公司汽修厂经上级批准晋升大修厂。五、公司大修厂荣获1994年度安全生产一等奖。六、公司再次被交通局命名为“明星企业”。七、公司工会被市总工会评为“五星级”工会。八、俞支援被评为局级优秀共产党，邓洪、徐华灿、董柏鹤等被评为局先进生产（工作）者。九、公司1994年度表彰4个双文明先进集体，1个先进党小组，5名优秀共产党员和40名先进生产（工作）者。十、公司职工人均增资61元。

送走了经受大考的1994年，时间的脚步很快把公司带入了1995年。1995年是国家“八五”计划的收官之年。公司转变经营思路，继续深挖内部潜力，狠抓产品质量，以“深入转换机制，积极探索新路，拓宽效益幅度，加快经济发展”为工作方针，以“我靠企业生存，企业靠我振兴”的“凝聚力工程”为激励抓手，全年着重于下列五方面的工作：

继续深化承包责任制改革。年初就让各承包单位与承包者吃下“定心丸”，多劳多得，上不封顶。同时强调要用优良的服务质量，来稳定并不断拓展客户资源。对诸如汽修厂一接到客户的汽车在路上抛锚的电话，不论路途远近，就迅速赶去修理等做法，予以充分肯定和表扬。

积极拓展珠宝饰品厂的业务领域。在尚未获得国家金银制品生产经营许可证的情况下，公司在加大与上海瑞祥金银饰品生产经理部合作的同时，着力于：（一）据市场情况，开辟生产有市场需求的银餐具、银手镯等银饰品。（二）多方拓展销售渠道。在把业务向周边的绍兴、嵊州等扩散的同时，特别是与厂矿企业广为联系，为他们制作厂庆、周年庆及乔迁、新大楼落成等纪念类金银馈赠品。这一措施很成功，全年共制作3200块，产值达35万元。（三）挖潜力降消耗与成本。杜绝与削减不必要的各种费用开支，精打细算，使生产与销售费用呈明显下降趋势。同时，把珠宝厂控制费用的好做法，向其他部门推广。

加快技改进一步提升企业硬件。公司为珠宝厂投入资金4万元，添置一台100T液压机。

易地建设的新厂房工程进展顺利，1995年已投入200.4万元，预计1996年上半年即可建成投用。为汽车综合检测站投资50万元，预计新年初即可进行检测。为扩大运输主业，投资20多万元，购入客、货车共4辆。汽修厂经技改和提升，于8月经上级技术部门，晋升为二类一级资质，并更名为上虞市一运公司汽车大修厂。全年中，除珠宝厂基建外，公司用于技改共投入资金195.5万元。这为企业的后续发展、不断兴旺发达，奠定下了坚实的基础。

强化《劳动法》贯彻提振职工主人公意识。1995年，国家《劳动法》开始全面贯彻实施，为此，公司据（浙劳改〔1995〕第103号《关于全面实行劳动合同制度若干问题处理意见的通知》）和上虞市人民政府（〔1995〕第17号）和市交通局（〔1995〕第78号） 文件精神，为确保职工人人知晓并保障其合法权益，公司利用黑板报、宣传窗、《一运月讯》等广为宣传贯彻。[注：《一运月讯》至1995年12月已出刊77期]。

在此，公司又于9月召开了第五届上虞市第一运输公司工会委员会职工代表大会。233名会员，选出章国强，徐华灿，程炳法，王坚定，章德土，罗建国等职工代表42名，会议选举了第五届工会委员会，7名组成人员分工如下：主席：沈维康；副主席：曹永灿；委员：徐华灿（宣传）、王绍明（生活）、徐雅仙（女工）、章苗中（组织）、陈忠韵（财务）。由董百鹤，朱金良，俞华飞等3人组成了经审委。（本届任期为1995年9月—2001年4月，任期内共召开8次职工代表会议。）在职代会上，讨论、审议、修改并通过了公司《劳动合同制工人管理暂行规定》，把公司周工作时间调整为39小时；且为保障职工实际生活水平，不因物价上涨而下降进行多方改进与努力。经公司与职工的共同协商，至9月底，公司与职工的劳动合同全部签订完毕。10月20日，公司与职工所签合同，均获得了上级部门的认可。合同充分保障了职工在公司的主人翁地位，使职工无后顾之忧地投入到生产经营活动中去。同时，积极发挥“职工之家”的作用，开展各种有益于文明与身心健康的业余文娱活动。扩大就餐场地，增加日常菜肴的品种。小病不用奔波，公司医务室随叫随到。继续巩固电动门制造厂，盈余资金全部用于改善职工福利。照顾老弱病伤，不断开展 “送温暖”活动。包括2月份职工沈维康家属惨遭车祸；6月下旬，公司副经理、工会主席韩水夫突然脑溢血去世等，公司行政、工会与职工都竭尽全力，做好慰问与善后工作。大修厂青年工人杨金华肝硬化引起门脉破裂、消化道出血，公司上下捐款6700多元，解决其医疗费用，使其保证得到良好治疗，顺利出院。

面对公司上下、主要是珠宝饰品厂部分女职工白天忙于生产，有时还要加班加点，导致部分职工家的小孩子无人带、无人管的情况，公司经专门研究，决定对原托儿所进行调整，放宽幼儿的入所年龄规定。并在紧张的公司用房中，增大托儿所用房面积，聘请专职幼儿教师，购置课桌椅等，用于幼儿园教育。这样，把孩子带在了身边，又有人管，有老师教，使职工更能集中心思，放心安心地工作，有效改变了职工们日常工作的精神状态。

所有这些，都让职工们深深感到了自己的主人公地位和公司大家庭的温暖。在此，公司还据（浙劳）〔1995〕50文件）精神，如期为退休职工补发了人均月60元的生活费与物贴。老有所养，承包责任制，更好地体现出让大家生活更好，更有保障的效果。

坚持两个文明和安全不松懈。文明是公司的形象和声誉，公司在调整创建绍兴市级文明单位创建领导小组的同时，继续深化开展文明车间、文明班级、文明科室的创建活动，并积极发挥工会、共青团、妇工委在创建中的推进作用。又把文明创建与安全教育紧密结合，坚持每月出刊《交通安全》。特别是车队，坚持每月的安全片组活动，交流情况，分析出现的事故原因，提醒并消除隐患，纠正存在问题。对汽修厂电气、机械与易燃易爆物品，日常做到“三不放过”。珠宝厂严格出入登记和24

小时值班制度，对生产中要用到的剧毒物品，严格按规定采购、运输、存放和使用；发现有违反情况，严肃处理决不留情。

至年终，公司全年无重大事故，各单位生产与销售都赢得新的发展和提升。公司全年实现总产值2046万元，其中运输装卸收入295万元，工业产值1661万元，商业销售80万元，完成交通局考核指标的115%。实现利税62万元，比1994年增加103.5%。完成技改195.5万元，完成指标的115%。全人员劳动生产率9.7万元。完成货运4.55万吨，周转量675万吨公里，分别完成局指标的101%和103%。完成客运量4.5万人次，周转量225万人公里，分别完成局指标的100%和102%。全年总行驶170余万车公里。职工人均收入达到5500元以上。

至年终，公司工会又被上虞市总工会评为“五星级”工会，实现了先进三连冠殊荣。公司汽车大修厂被绍兴市运管处评为维修行业“双优”竞赛优胜单位。公司荣获上虞市交通局“明星企业”三等奖，也是获三连冠的殊荣。公司又获上虞市交通局安全生产二等奖。

同时，经自己的不断努力，经理俞支援在专业技术与荣誉上都大有收获，7月5日，经绍兴市职称改革领导小组评审按考评要求评审，被评为经济师。证书编号：9912325080，文号：绍市职政〔1995〕24号，（上虞市职改领导小组《虞职改〔1995〕第1—9号》1995年9月18日），成为中级技术人员。

工作上，由于领导管理公司的出色成绩，又一次被中共上虞市委员会评选为市优秀党（总支、党委）支部书记，被上虞市总工会授予荣誉工会积极分子称号。

1996年是“腾飞” 跨越年，公司又迎来了发展进程中的重大变革，易址搬迁进入上虞市城区。

公司在完成投资200多万元巨款在百官易地扩建的新大楼工程后，4月28日，公司并与珠宝厂一起顺利搬迁至百官街道舜江东路一运大厦新地址。对这次企业由东关镇迁入百官镇的历史性重大驻地搬迁与强劲起飞，公司上下十分振奋。因为这给公司发展，创造了良好的腾飞势头。为此，公司在搬迁日4月28日，在《上虞日报》刊发了半版公告。这也是公司首次在媒体刊载公告，是公司与经理俞支援，向社会做出的一次有信心的公众形象展示。可以说，这次搬迁在公司发展史上，是里程碑式的，为公司以后的发展赢得了良机。

上虞市小客车出租公司也于此日搬入公司大厦办公。

同时，1996年公司又是实施“九五”规划的第一年。

为此，一开年，公司就满怀信心地制订了发展计划，对新一年进行了全面的布局和展望。根据公司情况，物质文明和精神文明一起抓，公司着重于做好七大方面的工作：

内部管理突出抓重点。公司改变前几年大小事都请示的做法，理顺产、供、销经营思路，确定领导班子成员分工负责，各司其职。重点部门珠宝饰品厂，由主要领导亲自抓，并把厂供销科调整为由公司直接领导，年度初开好管理人员工作会议和定产促销生产经营会议。规定厂主要管理人员，抓生产必须重质量，要带头在一线做好生产指挥。这规定事后证明效果积极，职工们不管生产任务有多重，加班加点，有领导同甘共苦，都毫无怨言。给销售人员落实业务指标与奖励政策，让他们吃下“定心丸”，争取优秀销售业绩也就成了他们的自觉追求。又据公司技术力量不足的实际，出重金聘请3名大学教授为珠宝厂生产技术顾问。

产销转向求突破。珠宝饰品厂作为公司的龙头企业单位，虽前几年付出了极大的艰辛，但因金银首饰饰品行业竞争激烈、市场饱和及企业自身与同行业相较力量弱小，加上不扎实、不完善的基础，1996年年初，企业一度生产经营十分困难。公司领导班子及时分析市场情况，调查摸底，大胆抛出实行企业产品结构调整的思路，实行了主导产品由金银首饰品向金银工艺纪念品方向的转移，并围绕这个转移开展了职工培训，设备结构调整等系列工作。自9月份起，珠宝厂生产经营情况有了根本性的好转。从调整后的生产经营和市场效应各方面来看，这次转向取得了完满的成功。它比较好地克服了珠宝厂企业小、起步迟、基础差等竞争弱点，钻了市场的空档，创出了自己的市场，造就形成了自身的优势，成为继1992年企业产品结构由宝石向金银饰品调整后的第二次飞跃。

同时，双管齐下，珠宝厂经具体协商，实现与上海珍宝金银饰品厂的协议联营，并落实了与上海方正集邮珍藏公司连年合作销售金银邮票5000套的合同，又与50多家医院与商场建立了良好的合作关系。至年终，珠宝厂与客户签订的合同执行率在98%以上，仅银质出生牌就销出3500多块，其他银质纪念章、牌4000余枚，银餐具150多套，实现销售100余万元。更可喜的还有电动门厂，在其他企业业务普遍萧条的情况下，在质量与款式求创新，生产自动伸缩电动门32扇，防盗门窗150平方米，实现产值52万元，厂足额上缴了公司承包款并用于职工福利，这是很不容易的。这些成果的取得，源头还是管理创新。

发展基础重投入强技改。4月份，在完成公司和珠宝厂搬迁后，为加快发展步伐，拓展新产品的开发能力，珠宝厂又投入10万元资金进行技改，购置了新型电脑及软件、复印机、激光扫描仪、机械刨床等，以为珠宝厂的生产发展，提供有效的设备保障。同时，对装卸运输主业面临的业务量下降，老旧车辆与机械设备，已不能适应竞争，将直接影响经济效益等情况。公司为巩固运输主业阵地，进一步强化技改投入，共投资70多万元，添置了中巴车5辆，更换了部分装卸机械。又为拓展小车维修业务，向东关镇当地征地0.16公顷，用于搭建修理房与停车场地。据年终测算，全年公司用于技改的投资，其固定资产净值增长在8%以上。

同时公司继续拓展横向发展，5月，又设立了第九个经营体，公司经市交通局批准，成立上虞市一运综合商店。经营地址设在百官舜江东路一运大厦营业房。营业房面积200余平方米，经营珠宝、玉石、烟酒副食品；兼营各类名片制作、复印等。

承包责任制着重增信心。通过实施和完善，公司内部承包责任制，已为实践证明是行之有效、调动职工积极性的合理性制度。为此，为保障制度的稳定性，不至出现制度年年变，职工心不稳的情况，年初，公司就按珠宝首饰、人工、机械装卸、汽车客货、运输，汽车维修、汽配经销、饮食旅馆与公司科室等部门的不同情况，签订了承包责任制与岗位责任制。承包到人，制度上墙，让大家充分明了公司的管理情况和各自的职、权、利职责。至年终，各部门大多完成了各自的指标。其中，小客车出租部门改变往年做法，即由原公司预先填付养路费及各种规费，改由承包者提前汇入公司，再由公司集中上交；而对购置的新车，则预交70%的车款，余款公司补足，承包期结束，车辆归经营者所有。该做法，风险共担，利益共享，加快了公司的资金回笼，应收款比上一年大幅度下降。珠宝厂供销科则自下达指标后，各销售员把压力变动力，你追我赶，口勤、脸皮厚，发扬蚂蟥精神，与经销商打各种人情牌，全年各销售员大多都突破指标，取得优良业绩。

关爱职工努力增依靠。年初就下发了比1995年增加3个百分点的文件。珠宝厂职工业务应接不暇、生产经常加班加点，公司就及时调整夜餐补贴，并为夜班职工提供可口的伙食。据统计，珠宝厂职工全年月收入在600元以上，有的突破1000元。同时还给外勤人员提高了伙食补贴标准。在千方百计为提高职工收入而努力的同时，公司关心帮助每位职工在生活上碰到的困难。刚进公司不久的一名来自四川

值此一运大厦落成暨公司乔迁之际，总经理俞支援携全体员工向关心支持公司发展的上级领导和有关部门致以衷心的感谢！

公司总经理：俞支援

从今天开始，上虞市第一运输公司及市珠宝饰品厂、市小客车出租公司从东关镇迁入百官镇舜江东路（农垦物资大厦西首）一运大厦内办公营业生产。

公司经理室	电话：2029787	一运公司汽车大修厂	电话：2051513
公司办公室	电话：2029929	一运公司汽配经销部	电话：2051584
珠宝饰品厂	电话：2029900	车队货运业务室	电话：2051184
小客车出租公司	电话：2013345	机械装卸队	电话：2051572
		上虞市电动门制造厂	电话：2053085
		上虞市交通汽车配件厂	电话：2052415
		上虞市豪华门制造厂	电话：2051572
		运发饭店	电话：2055179
		上虞市一揽胜饭店	电话：2014147（百官横街路）

公司下属地处东关的各部门基本不变，为保持原有的业务关系，一并通告如下：

一运大厦新貌

●公司从东关镇乔迁百官镇在《上虞日报》形象公告（1996年4月28日）

的中专生，因患肝炎，公司及时为他借支9000元，解决了他在医疗费用上的燃眉之急。公司搬迁后，为方便百官、东关两地职工的按时上下班，公司又增添了一辆接送车。公司把劳动时间调整为每周40小时以内，劳保用品、冷饮、高温与防冻费等，都准时发放。为欢度国庆节、春节等，公司又专项列支给职工发放水果等物资。当年公司又第三次集资建房，经俞支援经理多方协调与努力，得到各相关部门支持帮助，在地段优越的百官镇舜江东路建成16套104～116平方米的套房16套，16位户职工家庭住进新房。至此，公司一连三次为职工集资建住房，这在上虞尚属首例。据统计，该年职工收入年均超过5500元。这在当年是很高的收入，远超政府与事业单位人员。而公司给退休职工准时发放工资、报销医疗费用等继续有效坚持。且公司对困难职工的帮助是更到位，全年慰问了6人次病退职工，慰问金达1086元。

精神文明建设强凝聚。承包激发了个人智慧与力量，但更要团队的支持和协作，为此，结合形势任务教育，公司先后举办了支委会、中层干部、党员职工三期教育培训班，参训率98%以上。俞支援经理亲自讲课，结合公司事例，教育内容是以虚促实，让大家充分明白：只有发展集体经济，只有公司增强经济实力，才能为职工办大事，做好事，排忧解难。在此，又通过“少喝一斤酒，少抽一包烟，温暖特困户”的宣传号召，为两位特困职工捐钱捐物，渡过难关。又组织开展“献良策”活动，请职工提合理化建议。随后对收到的103条建议进行了研究梳理，有22条被采纳实施。这被采纳建议，仅在技改方面，就创效益1.3万元。公司搬迁至百官新大楼后，结合“五四青年节”，公司又举办了象棋、围棋、扑克、卡拉OK演唱等文体比赛活动，增进职工间的交流融合。为树立榜样，又对一名“上虞市优秀十佳工人”“绍兴市精神文明建设先进个人”进行自下而上的推荐活动，激发职工学先进，争先进。最后，不是党员的医务室厂医章苗中得到了大家的一致认可，这有力增强了大家努力向上的信心。

同时，各线各部门亦紧紧围绕“凝聚力工程”，重点开展以下工作：

1. *党支部加强战斗堡垒建设*。首先是抓好学习。党课教育围绕迎接党的十大召开、香港即将回归、“九五”规划开局年等主题，学习各项党的方针政策，进行“双学”知识竞赛。党支部结合活动，还出党员教育专刊一期，黑板报二期。有4位党员还通过自学与辅导相结合，以优异成绩取得了杭州大学专业证书。其次抓好队伍建设。通过教育考察，新发展预备党员3名，其中女职工1名。又确定了1997年的2名建党对象。再次是过好组织生活。为不影响生产能过好组织生活，党支部把原4个党小组合并成3个，并严格实施“三会一课”制度。对照党章党纲，严守纪律，克己奉公，全年无一名党员出现赌博、嫖娼、贪污等问题。

2. *工会努力丰富职工生活*。年初，公司因原工会主席韩水夫去世留下的空缺，专门选党支委沈维康同志任工会主席。对女职工工委也进行调整，指定一名女党员任女工委主席。活跃职工之家的文体活动，帮助困难职工，为职工送温暖等工作，都是在工会的组织下扎实开展的。而在女工委的努力下，公司的计划生育工作无发生一例违规。

3. *团组织激发青年员工有成效*。公司对团支部也进行了调整，充实了德才兼备的青年骨干分子到团支部，并由金中军同志担任团支书。团支部除组织好学习外，又去周总理故居、鲁迅纪念馆等参观，去绍兴东湖一日游，学习先辈追求真理、为国献身的精神，增长见识，陶冶情操。又积极参与"三轮"文明城镇创建活动，号召大家爱护环境卫生，组织义务劳动，业余时间清理公司大楼周边垃圾。同时开展比、学、赶、帮活动，青年职工中出现了技术努力学、苦活脏活抢着干的积极氛围。

综合治理多安全。公司总部与珠宝厂搬迁入百官城镇，对安全工作的要求进一步提高，为此，公司除坚持一贯实施的好做法外，更对安全措施进行了强化，管理上则由内更延伸到外。

1. 强化车辆例检。公司在年初，专门成立了安保科，对所有运营车辆，实行起程督查、途中自查、归点协查的做法，把事故隐患消灭在萌芽状态。珠宝厂除24小时严把出入关外，加固并增添了重要区域的自动伸缩门与防盗门窗，更换了消防器具。

2. 做好八小时候外管理。通过建设文明家庭活动，公司加强了对职工业余与休息时间不参赌、不拈花惹草、不参与违法活动等的教育工作。并对外来员工，严格做好登记管理工作。由此管理到位，职工配合，1996年全年公司无出现社会治安事件。

宣传教育讲效果。公司的各种宣传，除与部门的工作紧密相结合，配合支持各线、各部门做好专题宣传外，公司更是积极把握好舆论阵地，努力当好党的喉舌，围绕宣传党的十四届五中全会精神、香港回归、迎接党的十五大，做好各种宣传。据统计，公司全年出刊《交通简报》10期；编印《一运月讯》11期；登载宣传窗13期，刊出稿件121篇，为广大职工群众提供了丰富的精神食粮，为推进企业文明建设产生积极的影响。

由于公司上下的积极进取，公司全年继续保持良好业绩。公司全年完成总产值1102万元，占下达指标的102.2%，其中运输营收342.9万元，占计划的102.7%，工业产值759.1万元，占计划的131.8%，创税利82.1万元，占计划的246%，完成货运量6.32万吨，占计划的140%，周转量438万吨公里，装卸量12.5万吨，占计划104%，实现客运量4.9万人次，客运周转量145万公里。

公司的良好经营业绩和优异成绩，更为上级所肯定。

年底，上虞市第一运输公司被工商银行浙江省分行评定为A级信用企业。

被上虞市交通局评为安全生产管理一等奖。珠宝饰品厂被上虞市工商局命名为"重合同，守信用"单位。公司工会被上虞市总工会评为"红旗单位"。公司还在安全管理竞赛中，荣获上虞市交通局颁发的一等奖。

经理俞支援于1月中，再次被东关镇第十二届人民代表大会当选为镇人民代表；再次被中共上虞市委员会评为优秀党支部（总支、党委）书记、上虞市总工会荣誉工会积极分子等。

1996年的继续昂首阔步，在1997年更得到强烈体现。1997年，香港回归，一洗百年耻辱，是个有特别意义的年份，公司就是要为国家争光并给自己锦上添花。

为此，重抓效益，公司加大了改革力度，主要做好了下列工作。

首先在经营管理上：

实施珠宝厂增资扩股并提升管理。珠宝厂实施内部股份制运营以来，创造了良好的经济效益，给公司带来了积极的发展前景。然公司决策层意识到，前几年一些发展已很兴旺的企业，由于满足于现状，缺乏进取精神，又不善管理，现今有一些已陷入了被兼并或倒闭的境地。在此，公司改变管理机制，珠宝厂由前面的并重管理转为重点管理。由一把手俞支援经理亲自抓，副经理兼厂长协助抓。并实施奖金报酬与工效挂钩、奖勤罚懒的政策，全面强化产品与服务的质量意识，真正让职工由"要我干"为"我要干"。特别是供销队伍，更是广为出击。这一年，经全体努力，产品从上海销往江苏，从绍兴销往杭州、温州等地。市场占有率全面拓展。同时又提高产品档次，做大工艺性、纪念性银饰产品蛋糕，先后设计生产婴儿出生牌、喜庆贺年卡封、珍藏邮票礼品等3种新产品，获得了消费者的青睐。厂生产业务激增，为赶制各类产品，职工是全年加班加点。据统计，全年仅销售出生牌有1.5万块，各种银质纪念牌、章1万枚，银餐具等300多套，金银邮票及卡封1.6万套。

同时，珠宝厂又实施了由俞支援经理提出的珠宝厂增资扩股计划，并得到了市体改委与交通局的支持。随后，为统一干部、职工的思想认识，公司又先后召开了董事会、股东会和职代会。在各方的支持配合下，公司于香港回归后的8月份，顺利实现了为珠宝厂增资扩股100万元的目标。经全面宣传发动，公司除原有的105位参股职工股东，大部分继续追加股本金外，又有84位职工加入了股东队伍；外来投资的105位股东，有33位股东继续追加了股本金，还吸引了21位新股东的加盟。股东队伍总人数达到了315位，最后增资股本金是100.04万元。职工参股面达到整个公司的86%，这表明，公司内外，对珠宝饰品厂的发展前景是充满信心和希望。通过增资，珠宝饰品厂的厂房置换手续、产权归属工作等都如期完成。至此，公司的内部管理，开始以上虞市第一运输公司与上虞市珠宝饰品厂的二块牌子，一套班子的经营运作。这个管理机制，一直到2001年4月的企业整体转制。

附：1997年新参股股东名单：

一、职工内部股（84位）：阮惠敏、徐雅仙、谢森波、潜建英、宣立勇、胡国江、刘建尧、王柏仁、张锦荣、徐九一、章小龙、娄友根、曹小明、朱明灿、郦汉成、杜光瑜、倪曙光、邵建锋、陈志苗、葛国华、朱小土、叶金康、张月娟、贺宏宾、朱　静、陈丽娜、王丽美、俞森庆、沈永锋、毛大宪、孙　敏、陈苗红、陈丽枫、丁杏娟、罗沛吉、虞亚舟、朱建忠、许洪维、马建娣、何华珍、朱　武、朱国芳、罗荣英、陈福娟、钱林芬、任国娟、朱伟明、朱丽萍、赵海江、谢才根、朱美珍、朱纪棠、章柏松、秦关标、杜仁富、杨华霞、吕庭荣、沈云夫、李小娥、孟婵娟、罗娟文、朱关贵、董富军、赵连珍、郭荣芳、杨金华、罗建国、陆云成、朱信昌、徐含兴、徐秀芬、章关泉、陈尧土、梁柏松、童少锋、章小霞、邓圣国、孟水根、贺苗森、朱林根、吴宝根、任国标、马志华、金雅娟（大）。

二、外来投资股（21位）：张　斌、王忠岳、陈淇港、徐建华、黄松建、田立平、陶庆巨、郑建治、杨雪明、叶　锋、郑仲芬、张涧桦、孙惠琳、章雪芬、陈多多、赵　泓、陈国栋、陈建尧、叶寿灿、徐建文、林占峰。

随即，据生产发展所需，经多方融资，珠宝厂又对厂房与设备进行了改造和增添，极大了提高了珠宝拓宽市场、参与竞争的能力。

汽修等厂转变经营方式与理念。汽车维修竞争近乎白热化，由此，厂放下“二类一级”的架子，扩大维修网点，并瞄准小客车、轿车等市场，抽调懂管理、技术精、业务素质高的职工，在市区百官增设轿车修理分厂等，使业务滑坡得到了有效改观。汽配经销部因国道拓宽，商店几经搬迁，然下降的销售则从修理厂的拓展中得到了维持。电动门厂则进一步深化薄利多销的策略，全年还是给公司带来了60多万元的产值，足额上缴了企业的管理费。交通汽配厂则做活增加销售、加大供应的改革文章，全年创产值60多万元，在竞争中站稳脚跟。

强化资金回收与回笼工作。为有源头活水来，维持企业正常运转最主要的因素之一是资金链。为此，珠宝厂面对业务单位增多，区域扩大的现况，公司要求销售员在与客户签订合同时，必须严格银货两讫的合约，以保证货款的及时回收。对货运车队这几年来营收款拖欠增多的情况，公司列出考核表，把下降应收款与每位相关职工的工资、奖金相捆绑，并严格执行。通过一年的努力，全年应收款到账比1996年上升了30个百分点，全年应收款回笼率达到95%以上，保证了公司资金的有效供给和正常周转。

其次在精神文明建设上：

明方向激励人。香港回归、党的十五大召开，公司以此为主题，通过“树、创、献”等为活动抓手，让广大职工充认识了党领导我国人民团结奋战，给祖国带来的翻天覆地的巨大变化，认识到我们未来的前景无限美好。为此搞好宣传教育，公司刊出有关宣传窗5次，黑板报11期，出刊《一运月讯》12期，并向交通局报送学习信息与讨论体会等文章4篇。这些学习与宣传教育活动，让职工们深深认识国家的富强，依靠的是全国人民的奋斗与牺牲。由此联想到，企业的生存发展，则就必须依靠全体职工同心苦干，风险共担，和衷共济。任何的只顾眼前利益、个人利益，必然会对长远利益、整体利益带来严重的损害。方向目标明确，认识上一致，也极大地鼓舞了职工前进的信心。这也使珠宝厂在增资扩股时，大家纷纷出资入股，使公司新增股达30万股。珠宝厂在增资扩股的同时，经营更在全面拓展。

2月，公司与上海珍宝金银饰品厂合作，建立上海珍宝金银饰品厂上虞分厂。经营地址就设立在上虞市舜江东路一运大厦内。注册资本为100万元，经营范围：上海珍宝金银饰品厂经营许可范围内的所有项目。

11月，公司又成立了上虞市礼仪工艺品厂，经营地址亦设在公司大厦内，主营仿古葬具等系列产品，经营方式为制造、销售。这为珠宝厂的整体发展，进行积极的探索。

以史促实引导人。对公司开展的形势任务教育，部分职工总有“企教年年搞，还是老一套”的糊涂认识。由此，公司除加强思想舆论引导外，专门邀请公司已经退休的前辈老职工，介绍由搬运站发展到公司、从28位职工凭手拉肩挑，以笨重的体力劳动，艰苦创业起家的发展史。那时生产条件异常艰苦，工资报酬也很低廉，但正是由于老工人们当年不计得失、不怕辛苦、对未来满怀信心的付出，才由小而大，从弱变强，换得现今拥有200多位职工、固定资产达千万余元、用机械和汽车替代人力搬运装卸，在上虞内外具有响当当名声的公司。这一教育极大地激发了职工们的艰苦创业意识，使公司上下以老带新、尊师爱徒、互帮互学等形成风气。

增进关爱凝聚人。为进一步增进职工间的友情与关爱，这一年公司以“了解人、关心人、凝聚人”为内容，开展了上门慰问和捐款献“三特”的“凝聚力工程”。公司先后为17名老弱病职工、老党员、特困职工等捐款并补助10000多元，为逢十年龄的退休工人送生日蛋糕和生肖纪念牌，并建档备查。同时，由党支部和工会共同组织，组织50余位党员和一线生产骨干到千岛湖、瑶琳仙境等观光旅游。又通过寻找职工日常工作生活的闪光点，对经常为职工群众义务看病的章苗中，顾全大局、放弃个人利益参战抗台一线的驾驶员贺苗森，学雷锋不见钱眼开、登门送还因工商银行工作人员出错而多付现金10000元的朱月仙等，在公司《一运月讯》中以典型事迹加以报道，号召大家学习。所有这些，有力增进了广大职工对公司的关心、热爱和自豪之情。

依靠工青妇文明人。公司努力发挥工青妇组织在促进精神文明建设中的积极作用，党支部全力支持工会充分发挥“两个维护”的职能，为职工着想，替职工说话。保障职工每周40小时的工作时间，分门别类据不同部门行业的特殊性提高福利待遇，为下岗工人创造再就业条件，按时为退休职工报销医疗费，上门慰问特困职工，增进职工与公司的相互理解关心支持。工会还在珠宝厂的增资扩股工作中，上门做部分职工的思想工作，消除少数职工的思想疙瘩与隔阂，变“要我入股”为“我要入股”。审查规范公司的财务管理，做到账账相符、账实相符等。工会并深入重点部门，外抓防范，内消隐患等，使珠宝厂在年终被市公安局评为“创安工作”合格单位。拥有26位团员的共青团支部，则经改选，在毛大宪、杨华霞、韩安娜组成的团支部的带领下，拜长者为师，勇

1997年7月，董事长俞支援在美国考察

挑重担，义务参加美化环境、打扫公共卫生等公益劳动。又在11号强台风袭击时，自觉组成抢险突击队，确保集体财产不受损失，真正体现出了经济建设中青年主力军的作用。女工委则在保护女职工合法权益、提倡晚婚晚育、计划生育等工作上，主动介入。特别在杜绝超生、查孕查环等烦琐事务上，毫无怨言，脚踏实地，使公司的计生合格率达100%。同时，又组织女职工开展各种有益身心健康的文娱活动，把大家紧密团结在组织的周围，使她们感受党和组织、公司的温暖，感受到生活的幸福，提升对未来的信心。所有这些，有效地推进了公司的精神文明建设。

该年4月份，珠宝饰品厂为浙江省和绍兴市邮电局，制作了《蔡元培诞生一百二十周年》邮票和《竺可桢镶嵌封》，大获委托方的好评。在生产贵金属饰品向生产设计制作要求更高、精细度更严的贵金属工艺品转型上取得了重大突破。一家小公司，制作出如此高质量的金银纪念品，被当时的浙江大学校长潘云鹤称赞为“小厂撑起大市面”。获此消息，《绍兴晚报》《上虞日报》于4月25日、4月16日均作了报道。

厚积薄发，这是珠宝厂技术成果经几年积累的一次光彩“亮相”，也是媒体对珠宝饰品厂产品的首次且是主动的报道。这次报道对珠宝厂亦是意义不同寻常。此后，直到如今，珠宝厂乃至后改制为运发文化发展公司以来，一直成为当地报刊、电视等媒体关注的重点，每年对公司取得的成果和突破，都是报道不断。对此，公司专门做了一个辑录，以《报刊媒体对公司活动信息和成果的报道》为题，作为史存留档。

而为进一步开拓珠宝饰品厂的发展市场，拓宽视野，该年的7月16日，经理俞支援在浙江省外商投资企业协会的组织下，又一次跨出国门，成为由省外商投资企业协会副秘书长郭心亮带队的赴美国、加拿大商贸促销代表团中的一员。此次考察行程共18天。同行的7位省内企业家。考察是紧张与繁忙的，然为公司的管理提升，带来了新观念、新目标、新做法。

经公司上下的奋斗，1997年，公司完成总产值1343.5万元，其中运输营收410万元，工业产值933.5万元（未包括公司在上海加工的产值）。创利税118万元，完成货运量8.57万吨，货物周转量1030万公里，完成装卸量6.5万吨。公司全年技改投入37.3万元，固定资产投入146.2万元，固定资产净增值8%以上。公司全员人均收入达到8000元以上，又创历史最好水平。

年终，上虞市第一运输公司又获多项荣誉，公司工会被上虞市总工会评为财务工作先进工会和“先进职工之家”。上虞市珠宝饰品厂被上虞市公安局评为“创安”达标单位。公司党支部被中共上虞市交通局党委评为局级先进党支部等。

上虞市第一运输公司被浙江省工商银行评定为A级信用企业。

至年终，在领导公司中又创新业绩，经理俞支援再次被中共上虞市委评为市优秀党（总支、党委）支部书记。

承先启后，1997年的成果是1998年再上新台阶的基础。

1998年，公司以“抓住重点，稳住主业，强化管理，扩销求效，力争公司效益名列交通系统企业前茅”为奋斗目标，在年初制定如下的工作思路：

深化改制增强企业竞争力。公司以1997年上虞市珠宝饰品厂完成的增资扩股为基础，以点带面抓好其他下属部门的改制工作。房产评估，清产核资，理清产权归属。通过改制，彻底打破大锅饭，革除干部“优待饭”，使各项责任制更加具体化、实效化，使职工的主人翁地位更加凸显，凝聚力进一步增强，以适应千变万化的市场竞争。

为进一步激发广大职工的积极性，年初2月28日，公司召开了五届六次职代会上，讨论决定公司发展规划和进一步深化改革的措施。会上，因在此时期里，有阮胜华等9位代表辞职或去世，增补方苏泽、毛大宪、朱伟民、罗沛吉、郭荣芳、王伯仁、任梅林等7名代表。大会一致确定公司的发展规划与改革举措。

岗位练兵提升职工的技术与竞争素质。以人为本，结合形势任务教育，通过多种方法措施，全面提高职工知识技术水平，使全公司的职工能紧跟现代化生产发展的步伐。

增强新产品的开发力度。运用好新成立的礼仪工艺品厂的平台，面对殡葬改革大势所趋的形势，配合民政部门，培训技术人才，开发并向市场提供适合当地人民传统观念又具时代性的殡葬礼仪用品。出产品，出效益。

拓展中巴车市场。计划通过向上级争取指标，发展北京吉普小汽车50辆，以取代小吨位的家用车辆。

办妥金银饰品生产经营许可的一栏子手续。此计划当年在中国人民银行浙江省分行的大力支持下，经过珠宝厂的努力，结合珠宝厂经过近5年的发展，已拥有533万净资产、有各类首饰设计制作熟练技术58名，形成年生产各类首饰5万件，1997年产值达2200多万元，利润79.5万元的业绩。

这为珠宝饰品厂的发展和腾飞创下的坚实的一步。

这年年初1至2月春运期间，小客车公司圆满完成春运的各项任务，无一件安全事故，这为全公司开了一个好头。

4月，根据绍兴市有关部门《关于整顿道路货物运输市场秩序的通知》精神，重点对货物受理点和货运配载点进行了专项整顿，取得积极效果，得到了区交通局的肯定。

根据计划和当年的发展形势，5月份，公司在城区百官镇，又正式设立了汽车大修分厂，进一步拓展了修理市场的空间。经营地址在百官新建路出水桥（现江扬路新大通地段），占地18073平方米，建筑面积，两层的楼房共238.78平方米；一层的平房400.29平方米。单独平房82.82平方米。

关爱职工，帮助职工，当公司职工杨金华因患病在治疗经费发生严重困难，5月中旬，公司上下组织了一次大型的为杨金华捐款献爱心活动，结果公司148位职工，共捐款8344元。其中捐款最多的职工徐华灿，直接就捐了300元，得到了大家的赞扬。职工们的帮助，使杨金华的疾病得到了及时有效的治疗，他家对公司和职工有力帮助，是充满感激之情。

这年8月，由于长江遭遇历史上罕见的洪水灾害，响应国家号召，有难共帮，公司又组织了第二次捐款。142名职工，共捐2293元支援灾区人民，尽了每位职工的一份责任。

而上虞市珠宝饰品厂青年工人陈丽枫，由于其积极进取，好学上进，在报考成人高校中，以良好的成绩，被绍兴文理学院美术工艺系录取，成为一名成人大专生，这又创造了公司的另一种风景，给职工们以努力向上的引领。

7月，公司对半年运输工作进行了总结，货车队营收81万元，与去年同期的105万元，下降了23%，外部应收未收款也比去年下降了58%。出租车公司营收50.5万元，比去年的46.3万上升9%。货物运输面临的竞争压力加大。为此，在10月份，公司对前三季度的生产销售进行了盘点，运输营收实绩225.9万元，比去年同期的281万下降20%；工业销售1069.5万元，较公司980万元指标，完成109%，呈良好上升势头。两相合算，较去年减少亏损16%。在此公司号召全体职工，利用余下两个多月时间，挖潜发力，争创更优业绩。

而公司工会所办的电动门厂，公司据1997年8月上虞市总工会，根据国家有关政策下发的虞总工企〔1997〕第1号文件：《关于清理整顿工会企业的通知》的精神，挂靠企业必须脱离工会自行经营，电动门厂生产至1998年停止了营业，并清理资产，清偿债权债务，办理了注销手续。

电动厂制造厂生产经营时间不长，却在公司中留下了自己的印记。据厂财务报表，电动门厂5年中的经营、税收、上交情况如下：

表3 **电动门厂5年营收情况一览表**

年份	1993年（万元）	1994年（万元）	1995年（万元）	1996年（万元）	1997年（万元）
营业收入	47.2	19.96	41.6	52.2	61.3
上交本级工会	2	2	2.5	3	3.5
缴纳税金	3.1	1.23	2.66	3.29	3.66
利 润	0.87	0.2734	1.3116	1.8172	
上缴市总管理费		0.1079	0.12	0.1350	
市总回拨			0.042	0.047	

关闭电动门厂，清产核资，公司据虞清产办〔1998〕第13～14号文件精神，在交通局清产核资小组的领导下，自6月始，按统一性、客观性、现实性、全面性的原则，公司固定资产由重估前的315万增加到449万元，增值134万元，增幅42.6%。同时对已经拖欠多年死账、呆账、坏账进行了报损处理，共报损11万余元；并对公司兴办中外合资运发珠宝首饰有限公司长期投资坏账27万元，也作了报损处理。经实际清产，公司总资产已达1000多万元。

1998年4月25日，俞支援经理在去绍兴市民政局开会途中，乘坐由公司司机赵海山驾驶的赣C.40636号丰田牌小客车，在杭甬高速公路上三线东关镇东北路10号交叉路口，与由河南省商丘县宋集镇马店冯庄村冯广建驾驶的豫N-20517号解放牌半挂车大货车发生激烈碰撞，导致驾驶员赵海山和所乘坐的俞支援经理负伤。俞经理面部遭挫裂伤，右侧第3、6、7月肋骨骨折，右锁骨骨折，左腕骨折，左踝骨折，脑挫伤。后经法医鉴定为轻伤，综合确定为伤残十级。

由于俞经理在外伤稍有好转后，就全心处理公司重大事务，事故未对公司整个生产销售及其相应工作造成严重影响。

1998年，上虞市珠宝饰品厂又一次承接了高要求的1200套周恩来总理100周年诞辰金银邮票、5000套虎年金银邮票的生产任务。工厂严格的管理和高超的制作技术，如期高质量完成任务，受到委托单位绍兴市邮政局和集邮爱好者的积极好评。

（注：1998年根据国务院有关决定，确定邮政、电信分离，邮政局和电信开始从以前的邮电局，变成两个完全不相关的部门。邮局改名邮政局，国家为邮政总局，仍为行政与经营一体的政企合一机构；电信则转为国有公司，由信息产业部负责行业监管。）

年终，公司被市政府确认为“全市百强企业”，又一次命名为“重合同、守信用”单位，被上虞市交通局评为春运工作先进集体。公司被上虞市综治办评为“治安安全单位”。公司被上虞市交通局评为安全管理三等奖。公司工会被上虞市总工会评为“工会工作红旗单位”。

经理俞支援在该年3月，被市交通局党委会光荣当选为中共上虞市第十一次代表大会代表并出席大会。这是俞支援第二次当选为市党代会代表。年底，被中共上虞市委评为上虞市优秀共产党员，被上虞市交通局评为安全生产管理先进个人。

1999年是在全国上下一片“以优异成绩跨入21世纪”的激励和期待声中到来的。这年是进入新世纪前的最后一年，不只是国家政府、单位部门，每个人都想以自己良好的精神面貌和优异成绩，为新世纪增光添彩。

由此，上虞市第一运输公司从重视关爱职工、发挥聪明才智和力量入手。年初，公司工会为朱明灿、徐锦仙、程兴康、何华珍、朱新昌等特困职工，拨出专款进行慰问。对身患大病的杜光瑜、梁柏林，除给予医疗超支补助外，又由公司工会给予资金补助，让困难职工强烈地感受集体的关怀和温暖。

年初一月，公司应民政局要求，设计的与火葬相配套铜镀金、铜镀银等各类骨灰盒，与上海老牌企业生产的工艺品相比较，显得更精巧，重量轻，光亮程度高，获得了相关部门的认可和好评，由此正式向市场推出。

至7月份，公司对迎接新世纪前半年的工作业绩，进行了总结与回顾。据统计，公司全年应完成运输营收和工业销售年度指标为1674万元，至6月底已经完成1248.2万元，占到指标的74.5%，比1998年同期增长185%，实现利润39.9万元，扭转了去年同期出现亏损的局面。上缴税金53.9万元，比1998年同期增长45%。实发工资59.6万元，比1998年同期增2%。公司的总负债率为80.6%，发展趋势非常乐观。

至6月底，因为上年度不断有职工离职去创业，公司对今年职工离职情况也进行了统计。由于形势转好，离职较去年同期减少11人，公司有职工是166人。

1999年9月22日，为做好市委、市府要求做好厂务公开、进一步增强职工的主人翁意识，公司专门召开了五届七次职代会。会议通过了结合本公司实际的《厂务公开制度实施细则》，同时审议通过了给公司退休与在职职工增资的方案，给全体职工带来积极的工作信心。

9月，经理俞支援被上虞市跨世纪人才工程联席会议办公室，确认为优秀企业经营管理者。

10月21日，市档案局据“省级档案管理先进单位”的标准要求，对公司档案工作进行了检查考评，肯定成绩，指出了存在的不足。

12月，为盘活资产与资金，经上级同意，公司对1976年建成的东关镇东北路10号原办公大楼与袁家台门的原食堂，经全面协商，以48.8万元予以整体出让。减少损耗与闲置，做法得到了职工们的支持和赞扬。

这一年，经全公司上下的齐心努力，公司再次被中共上虞市委、市人民政府确认为上虞市工业综合实力百强企业（列上虞第96位），公司及珠宝厂被上虞市政府命名为一九九七—一九九八年度“重合同，守信用”单位，被上虞市综治办评为“治安安全单位”，荣获上虞市交通局安全管理二等奖。公司档案室在上虞市档案馆对省级档案室复查及“回头看”检查中，检查合格。公司工会被上虞市总工会评为“先进职工之家”，公司被上虞市总工会评为财务工作先进集体。

2000年，公司上下是满怀豪情地跨入了新世纪。在全公司上下团结一致的奋斗下，珠宝饰品厂的生产与业务，得到了进一步的拓展，产值、利税全面上升。

年终，良好的业绩，给上虞市第一运输公司赢来新荣誉。公司又被上虞市人民政府授予1999—2000年度“重合同、守信用”单位。上虞市珠宝饰品厂被上虞市技术监督局授予

“（1998—1999）质量信得过”产品荣誉。公司荣获上虞市交通局安全管理一等奖。公司工会被上虞市总工会评为先进职工之家。

这一年，据市企业转制文件，公司被市交通局列为交通运输企业 8 家转制企业之一。为圆满顺利完成资产与人员的“双置换”工作，公司下发《虞一运〔2000〕第 11 号〈关于成立企业改制领导小组的通知〉》的文件，成立以经理俞支援为组长的企业转制领导小组，在上级管理部门的监管下，开展转制前的资产评估等各项具体工作。2000 年 8 月 24 日，市交通局发文，报请市企业改革领导小组审核确定：市一运公司与珠宝饰品厂的资产评估基准日为 6 月 30 日（虞交〔2000〕211 号）。基准日得到了市企业改革领导小组的同意。

在市企业改革领导小组、市交通局及相关部门的帮助、支持和监督下，经上虞同济资产评估有限公司派出精干力量的全面清理核算，上虞市第一运输公司顺利完成对全部资产的评估核定。2001 年 3 月 28 日，上虞市财政局、上虞市地方税务局、上虞市国有资产管理局联合发布《虞国资〔2000〕10 号〈关于上虞市第一运输公司资产评估确认、资产损失核销、提留、剥离及界定的批复〉》文件，对公司上报的《资产评估确认、损失核销、产权界定的报告》与上虞同济资产评估有限公司(虞同评字）〔2000〕第 261 号《上虞市第一运输公司、上虞珠宝饰品厂资产评估报告书》及《资产损失核销审批表》等上报情况与数据，做出批复意见。据三个局联合发文《虞国资〔2000〕第 10 号〈资产产权界定结果通知书〉》，公司净资产（不含划拨土地使用价值 1508485.00 元、含出让土地使用价值 1067994.00 元），产权界定前的净资产为 - 1516199.44 元。资产明晰，家底清楚，在市交通局与市劳动和社会保障局的领导和指导下，公司顺利完成了职工身份的“双置换”。

这资产评估和职工身份置换的圆满完成，为公司的整体转制奠定了基础，保障了公司在 2001 年 4 月转制的顺利完成。

二、转制共赢时期（2001 年至 2009 年）

千里之行，始于足下。进入新的千年，21 世纪是经济全球化的世纪。“良好的开端，成功的一半”，面对国际知名企业不断涌入我国，国际名牌在国内的流行，我们应该如何应对，上虞市第一运输公司该怎么做，做些什么？应该从何开端等等，重要之处在于捷足先行，谁领先谁就占了先机。为迎接新的挑战，解决好发展中将出现的各种情况和问题，公司为之进行了积极的努力和深入的改革。

承接公司前期深化改革所取得的成果，2001 年，上虞市第一运输公司在面临重大变革的关头，勇立潮头，敢闯敢干，不回避困难和现实，做出了顺应经济发展规律的行动和举措。该年，公司顺利完成了企业的转型转制，并以“运发”作为新公司冠名的核心词，用“上虞市运发珠宝实业有限公司”取代了“上虞市第一运输公司”的名称，这可是公司发展史上又一个具有里程碑意义的跨越。转换理念天地新，转变经营机制和管理模式，从而使公司能更加积聚力量搞发展，集中智慧搞产品开发，更有底气参与市场竞争，目标更明确，发展更为稳定。由此，也使公司开发的贵金属饰品种类变得更丰富，制作更精细，更具文化内涵和收藏价值，更获市场和消费者青睐。公司开始进入方向更明确、职责更分明、管理更规范、工匠精神更强化、股份共享共赢的新时期。

在这近 10 年的发展期中，公司掌舵人

俞支援，身兼董事长与总经理的重任，在完善股份制企业的管理制度、理顺各方关系的同时，着力于建立具有深刻内涵、适应时代发展的贵金属文化。因为贵金属饰品、工艺品需要的不只是产品质量、信誉，对于贵金属饰品、工艺品消费者来说，是更讲究和注重饰品、工艺品中在设计和制作中，所融入与具有的文化和艺术内涵。因为文化与艺术内涵才是贵金属饰品、工艺品的灵魂和品位所在。

由此，俞支援董事长一边自学，同时参加了清华大学高级职业经理训练班，后经学业考核及论文答辩合格，获得了“清华高级职业经理资格证书”，开阔了视野，丰富了自己的文化内涵，提升了自己管理现代股份制企业的水平和能力。又走出去，考察韩国、日本及中国台湾的市场，获取产品开发的走势，了解国内外对贵金属饰品、工艺品的理解和需求情况。同时，广交各界朋友，提升企业的知名度，以在消费群体中增大对“运发”公司产品的认知度。

在提升公司设计与制造能力的进程中，公司于2001年6月，向国家商标局正式申请注册了运发“戒指”图案商标，而后又配以“運發”文字标识，这是公司决定向自创高质量品牌迈出的敢闯敢干、勇立于潮头的重要步伐。

自创品牌，高质量开发，公司在提升产品质量、提高品牌声誉上，精益求精，以工匠精神制作贵金属饰品与工艺品，产品的质量不断提升，成果亦一项项地涌现，终使迎来令人喜出望外的收获。

2005年12月，公司制作选送的《八景盘一套》《舜耕群雕一套》《银生肖钥匙一套》等三件制品，参加浙江省旅游交易会旅游纪念品展览，分别荣获浙江省旅游局颁发的浙江省旅游交易会旅游纪念品、工艺品评比展优秀奖。2008年，公司更引来世界顶尖业务订制：为第29届夏季北京奥运会制作金牌挂钩。北京奥运会组委会在众多的竞争单位中，选中了上虞运发实业有限公司。使公司在贵金属生产、加工领域的地位和影响力进一步提升。自确定贵金属饰品与工艺品为生产经营主业后，为使公司的产品在市场竞争中，争创出属于自己的天地，公司强化的“人人都是工匠”的制度和操作规范，终于在消费市场中收到了预期的效果。据统计比较，2001年公司生产、销售总额为842万元，至2009年，生产、销售总额已达到2789万元，增长了近4倍。

这近10年中，怀有强烈社会责任感、热爱青瓷、寄情青瓷并对重振上虞青瓷有强烈愿望的俞支援，沉下心来，对上虞青瓷的历史及生产制造技术，进行了深入的研究。同时，在向社会进行广为呼吁的同时，为传承和弘扬青瓷文化，恢复上虞作为我国青瓷发源地的历史地位，于2006年12月，由旗下上虞市舜辉贸易有限公司，受让了由朱生灿先生任董事长的上虞越瓷陶业有限公司60%的股权，并中文文字“小仙壇”商标，为上虞青瓷的研究、传承、开发创造了基础条件。并借青瓷生产制造平台，横向思维，把青瓷文化与贵金属文化相结合，开发研制出青瓷和贵金属完美融合的文化新产品，为上虞青瓷文化的发掘、传承、弘扬、拓展、重新崛起并走向世界，做出了极大的努力和重要贡献。

后来的2014年，绍兴市上虞区委区府把青瓷文化与孝德文化、春晖文化并列，作为上虞三大地方特色文化加以发掘传承，俞支援董事长的努力，是功在其中的。

而在此时期，由于对青瓷的研究、传承成果卓著，浙江运发文化发展有限公司被浙江省文化厅确定为“浙江省非物质文化遗产继承单位”“浙江省非物质文化遗产保护性生产基地”；俞支援董事长亦被浙江省文化厅确定为省级“越窑青瓷烧制技艺”的代表性传承人。

同时，转制后的公司，主业调整为以

●公司召开五届八次职代会，决定公司整体转制（2001 年 4 月 7 日）

贵金属饰品、工艺品为重点生产制造产品后，在这一时期里的产值、利润不断上升，继续位列上虞市“百强企业”的行列中。由于公司优良的业绩和诚信的声誉，浙江省、绍兴市、上虞市等各级领导，均先后到公司考察指导，各种荣誉更是纷至沓来。公司在俞支援董事长带领下，以自己强劲的内功和不断进取，创造着公司新辉煌。

2001 年年初，在全国企业股份制改制普遍进行的大趋势下，公司按照市委 \ 市政府的改革部署，也进入了全面改制的日程。

2001 年 4 月 7 日，上虞市第一运输公司第五届工会委员会召开了第八次、也是本届职代会最后一次会议。会议着重讨论审议了公司转型改制的方案。到会的 33 位代表经过充分酝酿协商后，一致同意并通过了上虞市第一运输公司制订的改制方案及相关改革措施。

自此，上虞市第一运输公司全面改制重组，职工实施工龄买断，身份改变的做法。公司重组后，原职工可走可留，决定权全在个人。要留下来，也不再是国有企业的固定职工，须重新签订劳动用工合同，是合同制工人。新公司与工人间，都要按合同规定（约定）行事，工作、工资、工龄等要重新安排与计算，养老医保等要自己负责交纳一部分。而如若有一方有违合同的情况，须依据国家《中华人民共和国劳动用工合同法》和所签合同，可以投请劳动管理部门进行调解或仲裁。不服仲裁的，还可上诉到法院，通过法院依法解决。

同时，新公司由相关经济实体或自然人，出资重新组建，按国家《股份制公司组建法》，制订公司章程，成立股份制公司，并依出资额度的多少，组成股东董事会，由董事会领导和决策公司事务，并由董事会聘任的管理人员进行生产和销售等的日常管理，以实现公司生产经营的有序、赢利并不断发展壮大。

4 月，在启动一系列改制程序后，公司经市体改办发文同意，正式由集体所有制企业转制为有限责任公司。改制重组后，上虞市第一运输公司从此注销，建立上虞市运发珠宝实业有限公司。经营种类与项目继续保持不变，经营重点则作了重大调整，即由原来的汽车运输主业，转型为以金银珠宝饰品、工艺品的生产、批发、零售为主业。

同时，因公司转制，原入股的职工股东，大量离开公司；外来投资人士的参股股东，亦大批退股，最后，决定并确认的参股股东为17位。

4月28日，上虞市运发珠宝实业有限公司各股东出资情况正式对外公布，股东为俞支援、朱百灿、章国强、邓洪、沈维康、曹永灿、章苗中、毛大宪、夏炜耀、王桂英、徐雅仙、章宝炎、王绍明、方苏泽、俞华飞、徐华灿、竺婉珍，共17位，确定公司总股本为450万元。

随后，公司成立了董事会。根据出资多少等情况，17位董事会成员，一致选举俞支援为公司董事长并兼总经理；董事由章国强，邓洪，朱百灿，沈维康等4人组成；监事会成员为曹永灿，章苗中，俞华飞。

为保证党对企业的领导，保障新公司职工的合法权益，改制后，新公司内的党、团、工会等组织继续存在，但因人员变化，组织则都重新进行组建。

据中共上虞市交通局党委（虞交党委〔2001〕22号文件）批复，原中共上虞市第一运输公司党支部，因企业改制，更名为中共上虞市运发珠宝实业有限公司党支部。党支部当时拥有党员13名。2001年8月3日，经党支部大会选举，俞支援同志为上虞市运发珠宝实业有限公司党支部书记；沈维康、章国强两同志为支部委员；任期自2001年8月起，任期五年。党支部以（运发支部〔2001〕1号）文件，上报交通局党委审批并同意。

公司共青团组织经交通局团委任命，由金月明同志任团支部书记。

依国家《中华人民共和国工会法》，公司的性质改变了，但紧密团结和依靠工人阶级，为工人提供强有力的权益保障的工会组织，在公司管理中的地位、性质、宗旨、职能等仍不改变。

在市总工会的领导、指导和批准下，公司于2001年9月，召开工会委筹备会议，会上37名正式职工，选出20名代表。这20名代表，实际是公司股东和工会委员会的职工代表的合二为一。他们是俞支援，章国强，邓洪，朱百灿，沈维康，曹永灿，夏炜耀，王桂英，方苏泽，毛大宪，徐雅仙，俞华飞，竺婉贞，王绍明，章苗中，徐华灿，章宝炎，罗沛吉，俞振萍，朱月仙。

通过代表大会讨论、酝酿和表决，公司决定成立首届私营企业工会委员会：上虞市运发珠宝实业有限公司工会委员会。工委会由5人组成，沈维康任主席；曹永灿（经审）、方苏泽（组织）、毛大宪（宣传）、徐雅仙（女工）为委员：任期为2001年9月—2004年8月。

根据属地管理的原则，公司工会从本届起，据市总工会文件精神，在全市各乡镇（街道）都已经建立起工会组织的情况下，各企事业单位的工会组织，原由各职能部门管理的，都归口乡镇（街道）地方管理。公司工会亦由上虞市交通运输局隶属转到属地上虞市曹娥街道工会领导管理。

曹娥街道办事处行政建制设立于2001年11月。因上虞城区不断拓展扩大，经省民政厅同意，原百官镇以曹娥江为界，分设百官街道和曹娥街道，并撤销东关镇行政建制，设立东关街道，又划拨东关街道与道墟镇、松厦镇的共8个村，归曹娥街道管辖。公司驻地在曹娥街道区域内。

［注：街道是我国市辖区或不设区的市人民政府的派出机构，属于乡（镇）级行政区。根据国家民政部的表述，街道办事处为市辖区和不设区的市的人民政府设立的行政派出机构。根据2004年10月27日第十届全国人民代表大会常务委员会第十二次会议修正的《中华人民共和国地方各级人民代表大会和地方各级人民政府组织法》第六十八条规定：市辖区、不设区的市的人民政府，经上一级人民政府批准，可以设立若干个街道，管理机构为街道办事处，作为市辖区、不设区的市的派出机关。街道办事处行使市辖区或不设区的市人民政府赋予的职权。］

新成立的上虞市运发珠宝实业有限公司，这一年中，与上海造币厂的跨地区合资合作，取得了突破与成功。上海造币厂在上虞设立了在浙江境内唯一特约经销点——运发珠宝商行，成立当天，上海造币厂厂长孙宝根，亲临上虞百官城区的运发珠宝商行，表示祝贺和真挚的合作意愿。这也显示出运发公司制作贵金属饰品的设计与制作技术水平，已经获得了权威生产企业的认可，公司把银币、纪念品、工艺品，不断做大做强的发展趋势已经形成。对于上虞市运发珠宝实业有限公司与国有权威企业上海造币厂的合作，在上虞也不是一件普通的事情，所以，《上虞日报》在 2001 年 8 月 20 日于头版位置，对此信息进行了报道。上虞市运发珠宝实业有限公司这次实现与国家权威制造企业上海造币厂的互惠互利生产、加工与销售合作，也使自己在江浙地区的品牌全面打响，利于公司获取市场更多的销售份额。

［注：上海造币厂（上海造币有限公司）是中国人民银行指定的国家造币厂，与沈阳造币厂、南京造币厂、深圳国宝造币厂是中华人民共和国四大造币厂之首。上海造币厂隶属于中国印钞造币总公司管辖。上海造币厂现已更名为上海造币有限公司。上海造币厂始建于 1920 年，主要从事设计生产国家流通硬币、金属纪念币；兼营金属纪念章、奖牌、工业金、工业银、铝材、机械设计制造等加工业务。上海造币有限公司（厂）多次被评为全国 500 家最佳经济效益企业、全国 100 家最大金属制品企业、上海市文明单位、上海合同信用“AAA”级单位、上海市优秀企业形象单位；先后荣获“全国五一劳动奖状”“上海市质量金奖”全国“模范职工之家”等荣誉称号；“上币”商标被认定为上海市著名商标。］

在加强与国内强企合作的同时，经受过市场风浪冲击又建立了广泛营销与业务网络的公司，充分认识到：公司要走向兴旺强盛并长盛不衰，必须有自己的品牌形象。由此，公司开始了自己的贵金属品牌建设之路。6 月 25 日，公司向国家工商总局商标局提出了運發贵金属图案商标的注册申请。图案重写实型，由两个半月形状组成，形象地显示出是一只钻石型“宝戒”，又是“运”字拼音字头两个“Y”的组合。所包含和传达的意思：一是公司性质的标识。表明公司是生产经销贵金属珠宝产品的。二具传统性。戒指是我国最常见、使用最多、最具传统色彩的贵金属饰品；并且是雅俗共赏。地位尊贵者戴戒指，地位普通者也一样戴戒指。并且戒指在人们的日常生活中，既是定情物，又是情定专一的表达，内中传达着上虞市运发珠宝实业公司对质量矢志不渝的追求。三是形象性。宝石戒指，常人一看就明了，用于珠宝与贵金属生产经营，非常适合。四是寓意好运相连。两个“Y”近似是两个胜利标志“V”的相连，传递的是成功、好运不断的信息。此图案设计，是经广泛征求了各界人士的意见而形成的。商标图案经公示，2002 年 9 月 28 日，国家商标局正式予以批准。有效期至 2022 年 9 月 27 日，注册证号为 2010995 号。核定使用商品和服务项目范围为第 14 类，包含内容如下：电镀制品（贵金属电镀）；铜制纪念品（铜币）、贵重金属餐具；宝石（珠宝）；贵重金属徽章；贵重金属艺术品；银饰品；贵重金属小雕像、小塑像；纪念章（宝石）；银制工艺品等。

商标的成功注册，表明了上虞市运发珠宝实业公司不再是以加工为主的“古今华山一条道”，而是迈开了独树一帜，与强手“三分天下”有其一的新时代，是公司走向成功和辉煌的又一个重要起点。

公司整体转制，上虞市运发珠宝实业有限公司成了主体后，上虞市第一运输公司随即注销，然公司的运输业务仍然保留，由此，2001 年 4 月 28 日，公司经工商行政管理部门同意，注册了上虞市运发珠宝实业有限公司客货运输分公司（企业非法人），由朱百灿担任经理，经营范围不变，依然为汽车客货运输与小客车出租服务等。后于 2005 年 8 月，据主公司更名为上虞市运发实业有限公司，运输分公司又更名为上虞市运发实业有限公司运输分公司。

2011年10月，又更名为上虞市运发客运有限公司，这表明分公司已经放弃了货运业务。2013年，因客运统一由国有公交公司承担，运发客运公司经营全部终止，公司注销。

汽车修理一块也作了调整，分别于2001年5月注册了上虞市运发珠宝实业有限公司百官汽车修理厂、上虞市运发珠宝实业有限公司东关汽车修理厂，经营地址分别为百官新建路出水桥、东关马家桥，均为企业非法人，负责人为章国强，经营范围仍为汽车修理及汽车配件零售。东关修理厂后因经营场地无法落实等问题，随后就转让了修理厂的资质与汽配件，职工都调配到百官修理厂工作。百官修理厂因2003年11月城区二期拆迁，修理厂在拆迁区域内，为此，经董事会研究同意，出资37万元（占总股本51.4%），与上虞市东方起重机有限公司（人民西路东关工业园区内，光明路口）合作组建：上虞东方运发汽修有限公司。公司委派章国强为董事长，并制订《上虞东方运发汽修有限公司章程》《上虞东方运发汽修有限公司岗位职责考核》等文件，继续经营。据2004年1—10月业绩情况，10个月里，只完成41.8万元总产值，发放职工工资福利有14.9万元，盈利情况并不理想。经营至2005年8月，因业务减少，经营维艰，经双方董事会研究，于11月停止营业，并清算资产，双方各自收回投资等，并办理注销。

快餐店则更名为上虞市运发珠宝实业有限公司快餐店（企业非法人），负责人：曹永灿，在百官恒利新村凤鸣路4-18号，继续经营酒、菜、快餐服务等业务。

上虞市礼仪工艺品厂更名为上虞市运发珠宝实业有限公司礼仪工艺品厂（企业非法人），由邓洪负责，在百官恒利小区凤鸣路4-18号，继续经营仿古葬具工艺品的制造加工等业务。

同时，为扩大影响，实现产销直接见面，2001年4月，公司新成立上虞市运发珠宝实业有限公司珠宝商行（企业非法人），由董事长俞支援任经理，经营范围为金、银、宝石饰品，纪念奖牌，工艺礼品的批发，零售等。成立时，营业地点设在恒利小区凤鸣路4-18号。至8月18日，由上海造币厂，上海珍宝金银饰品厂，上虞市城市信用合作社与公司等四家单位合作，开办了新的门市部，地址设在百官人民路338号（现步行街越王珠宝店对面）。

依据业绩成果，年底，上虞市运发珠宝实业有限公司被上虞市农村合作银行虞城支行评为AAA级银行信用企业。

被杭州资信评估公司认定为2001年度企业信用等级AAA级企业。

被上虞市质量技术监督局认定为2001年度购物放心店。

2002年，上虞市运发珠宝实业有限公司为在激烈的市场竞争中处于有利地位，加强了现代化管理。在全公司职工的努力下，顺利通过了ISO 9001质量管理体系认证。

为更全面地了解和掌握发达国家居民对贵金属产品的消费需求情况，该年4月，董事长俞支援参加了由市招商局组织的赴日本、韩国经济考察团，进行考察交流活动。考察团共10人，由市委副书记、市长任其良带队。考察期间，公司在韩国办了产品展览，因质量过硬，花色品种丰富，参观的客商评价十分积极。

该年8月，根据当时的生产销售形势，董事会决定，对上虞市运发珠宝实业有限公司实行减股措施。8月21日，减股方案公布，减股后，17位股东不变，总股本则由450万元减至360万元。

2002年年底，公司被上虞市工商行政管理局授予“百佳私营企业”称号。

为进一步提高现代管理水平，提升理论涵养，2003年，自3月31日起，至2004年5月23日期间，董事长俞支援参加了清华大学职业经济训练中心举办的高级职业经理训练班。学习期间，俞支援董事长完成了228学时课程的学习，经考试合格结业，获得了结业证书。又经学业考核及论文答辩，符合要求，特授“清华高级职业经理资格证书”。

2003年度，上虞市运发珠宝实业有限公司被上虞市交通局评为安全生产管理二等奖。

年底，省工商局授予上虞市运发珠宝实业有限公司2003年度省工商企业信用A级“守合同、重信用”单位。

2004年5月，上虞市运发珠宝实业有限公司为进一步加强内部管理，完善考核责任制度，在经修改充实完善的基础上，编发上虞市运发珠宝实业有限公司《制度汇编》一册，下发全公司各班组，供大家学习遵守。

9月，公司召开了上虞市运发珠宝实业有限公司工会委员会第二届职工代表大会。该届职代会，全公司46名工会会员选出代表20名，名额与第一届相同。

职代会上，通过了相关决议，选举了上虞市运发珠宝实业有限公司新一届工会委员会。第二届工委任期自2004年9月—2013年6月。据统计，上虞市运发珠宝实业有限公司第二届公司工会委任职期间，共召开过六次会议。

第二届工委会组成人员：主席：沈维康；委员：曹永灿（经审）、方苏泽（组织）、毛大宪（宣传）、徐雅仙（女工）。后2008年4月，徐雅仙因身体原因提出辞职后，增补俞华飞为女工委员。职工代表后陆续有股东退股离职、职工辞职等，但没有作增补调整。

2002年，上虞市运发珠宝实业有限公司在全省开展的“重质量，守承诺，创品牌”活动中，公司被绍兴市质量技术监督局授予诚信企业首批“三满意”单位。

上虞市运发珠宝实业有限公司被绍兴市委宣传部、市经信委、市工商局、市文明办授予绍兴市“诚信企业”称号。

2005年4月26日，上虞市运发珠宝实业有限公司据当时良好的发展前景，董事会决定增股，以增强公司竞争实力。经讨论，公司总股本金由360万元增至500万元，增股140万元。增股后，17位股东的股金各有调整。这是公司第三次股份重大调整。

8月，因发展需要，经工商管理部门同意，上虞市运发珠宝实业有限公司更名为上虞市运发实业有限公司。这是公司实力增强得到发展提升的又一实际成果。公司更名后，公司董事会和公司管理团队人员未作调整。公司党组织更名为：上虞市运发实业有限公司党支部。经交通局任命，据虞交党发〔2012〕第8号文件，党支部书记：俞支援（2005.8—2012.4）。支委：沈维康（2005.8—2012.4）；章国强（2005.8—2008.7）；朱百灿（2012.2—2012.4）。后于2008年7月，章国强因病离职，党支委未作增选。

［注：括号内为任职起止时间］

9月2日—11日，董事长俞支援专程赴德国科隆参加SPOGA展览会。此次展览活动，由上虞市外经贸局组织，市政协副主席金国松带队，当时同行的还有13位本市企业人士。

12月，上虞市运发实业有限公司制作选送的《八景盘一套》《舜耕群雕一套》《银生肖钥匙一套》等三件制品，参展浙江省旅游交易会旅游纪念品展览，分别荣获浙江省旅游局颁发的浙江省旅游交易会旅游纪念品、工艺品评比展优秀奖。

2005年，董事长俞支援被上虞市博物馆聘为行风监督员。

上虞市运发实业有限公司被上虞市交通局评为安全生产管理优胜单位，获上虞市道路运输管理所安全管理工作考评二等奖。

2005年年底，上虞市运发实业有限公司被浙江省工商局授予2005年度省工商企业信用AA级“守合同、重信用”单位。

上虞市运发实业有限公司并荣获浙江省首批行业“质量服务诚信领先示范企业”称号。

值此上虞市运发实业有限公司综合办公大楼落成暨公司乔迁之际，董事长、总经理俞支援携全体员工向关心和支持公司发展的上级领导、有关部门和社会各界致以衷心的感谢！

从5月1日起，上虞市运发实业有限公司搬迁至上虞市经济开发区越秀中路399号，原电话号码不变。公司竭诚欢迎新老客户光临、指导。

公司董事长、总经理：俞支援

上虞市运发实业有限公司是上虞市内唯一一家具有生产、制作贵重金属（金、银、铜、铂、钯等）的制品企业。

产品经国上海造币厂批准开发，专业承制、生产经营各种十二生肖金银纪念章、碑揭裁邮册、贺卡、金银摆件、金银餐具系列以及高级工艺、收藏品。可为各类厂矿企事业单位、学校等庆典定做各种纪念品。

该公司是上海造币厂在浙江唯一的定点、销售企业。该公司规模大、起点高，产品素以"品质优、款式新、工艺精、内涵深"得到消费者的高度赞许。

●公司从百官街道乔迁上虞经济开发区（曹娥街道）在《上虞日报》形象公告（2007年4月30日）

在进入新世纪后公司的发展过程中，一直重视并关注着上虞青瓷振兴的俞支援董事长，发现社会上有不少人士，对青瓷制品多有喜爱；高档的青瓷制品作为礼品，更成部分高层企业与文化人士的喜爱。而上虞是青瓷的故乡，历史上最早成熟的青瓷制品就诞生在上虞。让已经衰落、行将被人们遗忘的上虞青瓷，重新焕发光彩，回到喜爱者手中，传承与弘扬上虞青瓷文化，在寻觅中考察、思考、研究、探索中的董事长俞支援，认为这是一个重振上虞青瓷的好机会。

为此，进入到2006年后，董事长俞支援向社会发出了大声疾呼：作为中国青瓷的发源地，希望上虞青瓷重新崛起。俞支援董事长等的呼吁和呼唤，引起了主流媒体的关注和重视。《上虞日报》于2006年4月18日，以整版发表了《上虞青瓷：期待沉默千年后的翠色》；《浙东新闻杂志》也于2006年5月28日发表了《发现龙窑："见证"母亲瓷鼻祖》《展现青瓷：复原失落的越窑》两个整版的关于上虞青瓷的介绍，并配发了董事长俞支援在上虞区上浦镇古越窑址考察的照片。媒体的参与支持，终于引得了上虞市政府的关注和重视。后在2014年，上虞区政府把"青瓷文化"列为上虞重点传承的三大地方特色文化之一。对此积极结果，俞支援董事长是做出了费心费时费力的努力，当是有功之臣。

在此同时，董事长俞支援出于对上虞青瓷珍贵资源的保护，为防止"小仙壇"被他地注册为青瓷类的商标，积极指导并帮助上虞越瓷陶业有限公司，向国家商标局申请注册了中文字样文字"小仙壇"商标。9月14日，"小仙壇"商标正式获得国家商标局批准，批准注册号为3898722号，有效期10年。商标核定使用商品为第21类的：日用玻璃器皿（包括杯、盘、壶、缸）；细颈坛；瓦器；耐酸耐碱陶瓷器；饮用器皿等。这一商标注册的成功，也为俞支援董事长涉足青瓷的生产制造，埋下了伏笔，准备了前提条件。

［据考证：位于上虞区上浦镇曹娥江畔的小仙坛越窑青瓷汉代窑址，建造使用于东汉时代，距今已1800多年，是上虞唯一的国家级文物保护单位。“小仙壇”窑址，是被学术界、考古界、陶瓷界确认为迄今为止，中国最早成熟的瓷器生产地，素有中国“瓷之源”一说］

2006年5月10日—21日，在上虞市招商局的组织下，董事长俞支援参加了赴台湾的经贸考察活动。考察团由上虞市委副书记温暖带队，共分成两个组，董事长俞支援在温暖副书记一组。

2006年年底，上虞越瓷陶业有限公司董事长朱生灿有意出让其所持股权，获知消息后，该年12月，经洽谈，由俞辉为法人并任总经理的上虞市舜辉贸易有限公司，出资受让了朱生灿在上虞越瓷陶业有限公司的股份，并控股了该公司。从此，上虞市运发实业有限公司生产制造的工艺品类别，又多了一个青瓷产品的种类。

［注：上虞越瓷陶业有限公司成立于2004年4月，是由朱生灿（占总股本60%）和香港居民曾瑞明（占40%）共同出资组建的，当时生产与经营地址设立在曹娥街道蒿坝村（原蒿二村），厂房为租用］

2006年终，上虞市运发实业有限公司客货运输分公司（企业非法人）被上虞市道路运输管理所评定为2006年度安全管理工作考评二等奖。

2007年，上虞市运发实业有限公司又迎来了一次重大变迁。

4月28日，上虞市运发实业有限公司总部与各生产车间，由百官街道迁至上虞经济开发区（曹娥街道）越秀中路399号。5月1日起正式对外办公。这是公司第三次重大易址行动。为庆贺此次乔迁，公司于4月30日在《上虞日报》以半版的版面，刊登了公司迁到新地址发展的消息，向社会展示了公司的形象和对发展的信心。公司新驻地是公司有完全产权的公

●公司荣获浙江省“三满意”单位证书

司不动产固定资产，占地面积5606.2平方米，建筑面积4380.31平方米。后在2012年5月，公司2号楼增层至三层，作食堂、职工宿舍之用。新建机模车间，增加建筑面积700余平方米。2013年7月，1号楼、3号楼又分别增层至四层和三层，并进行翻新改造，增加建筑面积1420平方米。

2007年8月，上虞市运发实业有限公司被浙江省浙商研究会吸收了团体会员。

2007年9月17日—27日，董事长俞支援参加了由上虞市人民政府组织的赴英国、挪威经贸考察活动。考察团团长为市政协副主席赵畅，同行有5位本市企业家。

10月7日，上虞越瓷陶业有限公司为文字“小仙壇”配上虞青瓷代表性产品“鸡首壶”图，向国家商标局申请注册的图文相连青瓷商标，正式获得国家商标局批准。批准注册号为4133781号，有效期10年。商标核定使用商品为第21类的：细颈坛；瓦器；耐酸耐碱陶瓷器等。

［注：商标图案鸡首壶：是鸡头以雕塑精美逼真而著称，其代表性与形象性适合于中华

●公司为奥运会生产加工奖牌《上虞日报》用整版报道

文化的审美习惯。鸡首壶创制于三国时期，盛行于两晋、南朝，进入隋代鸡首壶更加修长俏丽。考古资料显示，鸡首壶是三国中晚期越窑烧制的一种新产品。鸡首壶在东晋时称作“罂”。汉·王充《论衡·谴告》说：“酿酒于罂，烹肉于鼎”。（王充是我们上虞人，他的很多器皿解释都与我们上虞当时的制造相关联）刘伶《酒德颂》有：“先生于是方捧罂承槽”，即双手捧罂在酒床的流槽下接酒，说明鸡首壶是盛酒器。由此，鸡首壶也代表着喜庆，给人以吉祥与欢快之观感，是人们喜爱鸡首壶的原因之一］

2007 年年底，上虞市运发实业有限公司被绍兴市工商局评为“重合同，守信用”AAA 级企业。

因在公司化学品保管、使用等管理上的严格与规范，公司又被上虞市禁毒委员会授予 2006—2007 年度“易制毒化学品管理”乙级单位。

2008 年 5 月 9 日，到上虞春晖中学视察的中共中央原总书记、国家原主席、中央军委原主席江泽民，使用上虞越瓷陶业有限公司生产制造的青瓷文具，为上虞青瓷博物馆题词。

2008 年 5 月 12 日，四川省汶川县发生了历史上罕见的大地震，上虞市运发实业有限公司发动员工，积极为灾区人们捐款捐物，董事长俞支援带头捐款 1000 元人民币。公司共有 37 位职工捐了款，合计 5115 元，通过市交通局汇往灾区。

2008 年 8 月 8 日到 8 月 24 日，第 29 届夏季奥林匹克运动会在中华人民共和国首都北京举办。这次奥运会给上虞市运发实业有限公司带来展示自己品牌和质量的好机遇。

上虞市运发实业有限公司被奥运会组委会选中，为奥运制作金牌挂钩。看似简单的一个挂钩，其实技术含量非常高，组委会考察了很多厂家，最后选定了上虞运发实业有限公司。

这一既是显示公司实力又意义非凡的事情，也引起了媒体的极大关注。绍兴《天天商报》获知消息后，迅速派记者上门采访。8 月 2 日，该报在头版刊登了《制作奥运会奖牌 绍兴企业出大力》的消息，介绍了上虞市运发实业公司为北京奥运会、残奥会制作金牌挂钩的消息。新闻介绍了挂钩的生产，须花 20 多道工序，要攻克不变形、不变色等等多道难关，以保证 200 公斤外力拉不动的技术要求。这一要求，没有一定的研发人才和技术力量是达不到的。

2008 年 8 月 20 日，《上虞日报》也以整版“为北京奥运加油”，介绍了上虞市运发实业有限公司为奥运会生产制作 6000 枚、残奥会 3000 枚及 120 枚武术奖牌挂钩的消息，并采访了公司董事长俞支援。一时，社会引发了对上虞市运发实业有限公司信誉和制造技术水平的广为传扬。

同时，这一年，公司在进行上虞越窑青瓷产品的深度开发后，媒体关注度同样在上升。8

月26日，《上虞日报》以图文“精雕细琢”形式，报道了上虞市运发实业有限公司控股的上虞越瓷陶业有限公司，工人们生产制作青瓷产品的场景及所制作的青瓷产品。

这年9月，上虞市运发实业有限公司因董事章国强于7月因病去世后，公司董事出现了缺额。经董事会研究，董事据公司情况不再作补额；其所持股份，加上股东徐雅仙退股股份，由15位股东据情认购，公司总股本仍不变。

2008年年底，上虞市运发实业有限公司被绍兴市总工会授予绍兴市级劳动关系和谐企业。

年底，省工商局授予上虞市运发实业有限公司2008年度省工商企业信用AA级“守合同、重信用”单位。

被中国质量诚信企业协会、中国品牌价值评估中心、《浙江日报》广告中心联合评定为“重质量、守承诺、创品牌”首批“三满意”单位。

进入2009年后，上虞青瓷的传承，再次引起了社会的关注。4月9日，《上虞日报》以“艾草飘香的时节，我们再一次念怀越窑青瓷”，整版介绍了上虞青瓷的生产和振兴情况。其所展示的图文内容，多为上虞市运发实业有限公司所控股的上虞越瓷陶业有限公司的制作场景与生产的产品。这反映上虞越瓷陶业有限公司，是上虞青瓷的主要传承制造基地。

9月，董事长俞支援被浙江省文化厅，评定确认为第三批浙江省非物质文化遗产“越窑青瓷烧制技艺”代表性传承人，证书编号：03—VIII—651。10月22日，《上虞日报》披露了浙江省文化厅确认的这一消息。

9月，在绍兴市工艺美术行业协会第一届理事会上，董事长俞支援被推选为协会理事，上虞市运发实业有限公司被确定为单位会员。上虞市收藏家协会、上虞市艺术品总公司，据董事长俞支援的声望和地位，聘请他为艺术品总公司所举办的《藏春苑》顾问。

11月，董事长俞支援被绍兴市文化广电新闻出版局确认为“越窑青瓷烧制技艺”代表性传承人。

2009年，上虞市运发实业有限公司被中国质量诚信企业协会、中国品牌价值评估中心、浙江日报社确认为“浙江省公众满意质量诚信”双优单位。再次被绍兴市总工会评为绍兴市劳动关系和谐企业。上虞越瓷陶业有限公司被浙江省文化厅确定为浙江省非物质文化遗产传承单位。

12月23日，浙江省原副省长龙安定，专程到上虞越瓷陶业有限公司考察青瓷产品生产制作工艺情况。

2009年，公司参与了中央电视台“探索·发现”栏目、上海东方卫视“迎世博·走进上虞”栏目等的拍摄，主要内容是青瓷的制作和工艺的展示。因为节目的拍摄，我国著名设计大师、美术大师韩美林先生，还专门为公司题词：“永远的越窑青瓷”，给公司的青瓷传承、发掘、创新，以信心和鼓舞。

2009年年底，浙江省浙商研究会评定董事长俞支援为2009年度先进会员。

跨越篇：继往开来　熔铸卓越

传承提升时期（2010年至2016年）

自2010年始，长征接力有来人，公司开启了一个做百年强企的辉煌新时期。

2010年上半年，公司股权重组，新一代企业家俞辉开始接棒经营管理企业。董事长俞支援辞去了上虞市运发实业有限公司总经理职务，专心于谋划公司的全局和未来发展战略，以企业家看世界、观变化的长远眼光，致力于公司产品的文化传承与开发，使贵金属产品更具文化的内涵与魅力，在贵金属行业　“百花争艳”　竞争激烈的市场中，以创造出“万花丛中一点红”的独树一帜，唱响“運發”牌贵金属饰品、工艺品的品牌，使之在市场竞争更具特色、亮点、优势和地位，赢得更多顾客的喜爱。

俞辉以公司董事和总经理的身份，着力全面管理公司的生产、经营、开发的所有事务。让老一辈职工深感欣慰的是：长江后浪超前浪，作为浙江大学的优秀毕业生和新生代的企业家，走上执掌运发公司大船前台的第三代传人——俞辉，其身上不仅全面继承了其父亲俞支援为人热情诚恳，做事务实，敢于开拓，善于进取的基因。而且，依靠其在浙江大学深造所学和不断的探索实践，对公司的管理、产品开发和经营销售，是理念更新，决策着眼点更高，以国际化的视野，更注重高品位发展，寻求客户群更高端，以“君临天下”的胆识，致力于让消费者跟着你的产品转的发展理念。公司由此迎来了一个传承、弘扬、创新、发展的新时代。由于总经理俞辉表现出的不同凡响的锐气、富有创意的理念及在市场搏击中取得的成功，2012年，浙江省文化厅、新华社浙江分社、浙江省浙商文化促进会授予他“最美浙江人、文化新浙商”荣誉称号。2013年，绍兴市青年企业家协会又授予他“绍兴十大新锐越商”称号。

在做实做强企业的同时，作为中国民主同盟盟员和上虞区九届政协委员，俞辉更是积极参政议政，深入调查研究，提交了多个提案，为上虞的经济和社会发展，积极奉献智慧和力量。

公司在传承青瓷文化上，同样是创新亮点不断，赢得大量新成果。浙江运发文化发展有限公司对已拥有60%股权的上虞越瓷陶业有限公司，于2013年11月进行了第二次收购，使上虞越瓷陶业有限公司成为运发公司旗下的全资公司；12月又改名上虞越瓷陶业有限公司为“绍兴小仙坛越窑青瓷有限公司”，　并成立浙江运发越窑青瓷研究院，又把已注册的“小仙壇”商标，成功申请为绍兴市“老字号”商标，为上虞青瓷的振兴和青瓷文化的传承，为

恢复并重振上虞作为我国青瓷发源地的历史地位，提升上虞人文文化的软实力，迈出了异常坚实的步伐。这亦必将会在上虞青瓷文化传承史上，留下深深印记。

再次是强化质量品牌着眼出千年精品。因贵金属饰品、工艺品和青瓷产品，多是高档佩戴饰品、礼品、展示品与收藏品，物品的传世性非常强。所以，公司容不得有瑕疵的产品“走”出公司大门。自有了为奥运会、亚运会荣誉制作奖牌的光辉成果以来，公司对出精品、制造高质量产品，是更加强化，工匠制作，在质量管理上严格做到如眼睛里容不得沙子的程度，对瑕疵是“零容忍”。2013年7月，对公司质量与品牌有着非常清醒把握的总经理俞辉，把价值100万元、在普通人看不出有什么问题、被公司质检判定为有缺陷的3222件青瓷制品，砸成了碎片。公司连赠送给职工使用的人情都不做。俞辉表示：“有缺陷的产品就是废品。”公司“只能出流传百年甚至千年的精品”。若赠予职工，万一流入社会，会让公司的名声和所有的努力都会毁于一旦。通过教育、宣传与行动上的“亮剑”，运发公司上下，对制造最优产品、不留一点遗憾已成共识。

夯实跟基，追求卓越，创造至臻，引领潮流，公司以贵金属饰品、工艺品、金镶玉艺术品和青瓷制品及贵金属与青瓷完美融合的产品为主打，强开发，创特色，重拓展，广营销，公司的产值、利税不断迈上新的台阶，继续连年保持上虞区“百强企业”的地位。

方向明，有人才，做工匠，品牌经营，重质量，讲信誉，长江后浪推前浪，浙江运发文化发展有限公司在顺利的新老交接中，正满怀信心地走向未来。

2010年是公司出成果最多的一年，也是被媒体关注最多的一年，公司很多有关青瓷传承开发以至对上虞区域经济的发展，都具有重要意义的事务和所取得的成果，媒体都加以了及时报道和披露。

1月17日，《上虞日报》以整版《永远的越窑青瓷——访上虞越瓷陶业有限公司总经理俞辉》，介绍了为弘扬上虞青瓷文化，公司总经理俞辉所做的努力和探索。1月21日，《上虞日报》又以“古瓷留韵”介绍上虞青瓷，并展示上虞越瓷陶业有限公司的青瓷产品的制造生产情貌，让社会进一步了解上虞青瓷的历史影响和地位，反映上虞越瓷陶业有限公司为此正在进行的努力。

4月28日，上虞市运发实业有限公司经营期限到期，根据公司章程，公司进行股权重组，成立新董事会。重组后，股东为俞支援、朱百灿两人，公司总股本金500万元仍不变。

随后，5月17日，经董事会研究，决定采取增股措施，对股份再作调整，由原500万元增至955万元。公司又引入新股东俞辉，股东为俞支援、俞辉、朱百灿。公司经此次增股，实力全面提升，为公司承接更高端业务、与更具实力的国有银行等打交道，坚实了更强基础。

增股后，新董事会经讨论决定：俞支援任董事长；董事俞辉任总经理；董事朱百灿任副总经理。

自此起，董事长俞支援一路创业并发展壮大的公司，开始由俞辉总经理接棒经营管理。在此，上虞市运发实业有限公司携旗下上虞越瓷陶业有限公司（后更名为绍兴小仙坛越窑青瓷有限公司）、客货运运输分公司等，融入中华传统文化基因，以贵金属饰品、工艺品与青瓷工艺品的生产、制造等核心产品与销售为主体，由49位正式职工为核心团队成员，开启了一个向更广市场与更大领域发展的新时代。

5月18日，由上虞市运发实业有限公司出资建立的我区青瓷文化教育传承基地——上浦镇中学的部分师生，刚上虞越瓷陶业有限公司参观青瓷的制造流程并体验制作技艺。

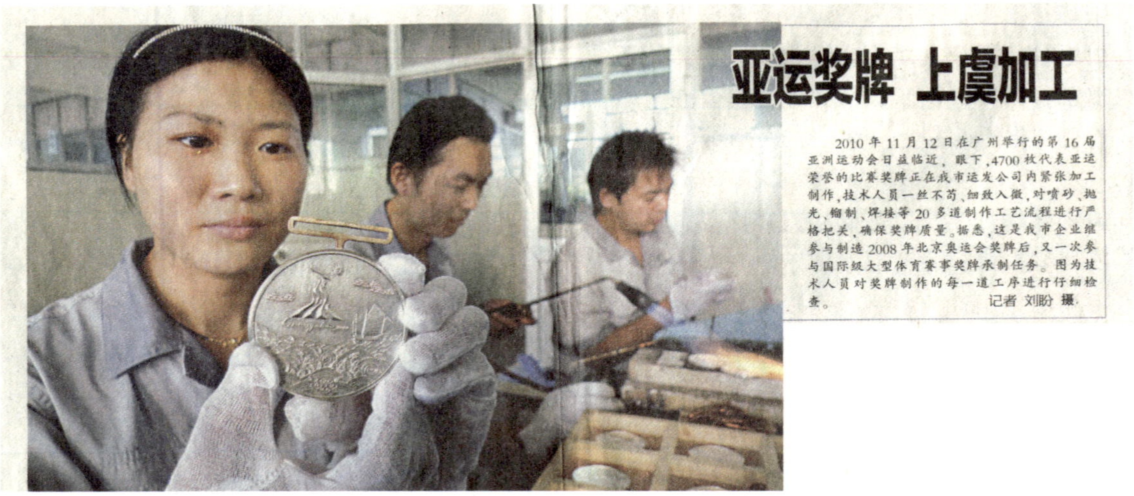

亚运奖牌 上虞加工

2010年11月12日在广州举行的第16届亚洲运动会日益临近，眼下，4700枚代表亚运荣誉的比赛奖牌正在我市运发公司内紧张加工制作，技术人员一丝不苟、细致入微，对喷砂、抛光、锄制、焊接等20多道制作工艺流程进行严格把关，确保奖牌质量。据悉，这是我市企业继参与制造2008年北京奥运会奖牌后，又一次参与国际级大型体育赛事奖牌承制任务。图为技术人员对奖牌制作的每一道工序进行仔细检查。　记者 刘盼 摄

●公司为广州亚运会生产制作奖牌《上虞日报》图文报道

5月27日，《上虞日报》报道上虞市运发实业有限公司总经理俞辉，现场以5000元拍得上虞口足书画家陈伟强《道无家》书法作品的消息。该公益拍卖，表达出公司做公益的实际行动。公司为汶川地震捐款，年年组织职工，去敬老院慰问，公司一贯的重视公益。

6月8日，《上虞日报》再以《越窑青瓷，杭城受宠》的图文新闻，向社会大众报道了上虞越瓷陶业公司生产的青瓷，在杭城设柜销售，受居民关注、青睐的情况。

两个月后，7月15日，《绍兴日报·新周刊》则刊载有关“越王剑”的长篇报道；而这把越王剑，是公司投入了重要技术力量，经多次试验，成功仿制的。

7月，上虞越瓷陶业有限公司在杭州设立青瓷销售专柜。

7月，公司选送的仿品《青瓷镂空熏炉》、创意作品《舜耕群雕一套》荣获中国旅游商品大赛浙江参赛商品选拔赛优胜奖。

7月7日，上虞市运发实业有限公司为图案商标所增添的中文繁体字样“運發” 文字商标，为国家商标局批准。批准注册证号7092813号，文字商标使用有效时间为10年。所核定的使用商品种类仍为第14类，内容稍有调整，具体范围为贵重金属艺术品；贵重金属徽章；银制工艺品；贵重金属锭；贵重金属盒；表盒（礼品）；纪念章（宝石）；磁疗首饰；人造宝石；贵重金属小塑像等。文字与图案相互衬托，使商标珠联璧合，形成了完整性，符合当今人们对商标的认知习惯。

7月21日，《上虞收藏》报以图片形式，报道了上虞越瓷陶业有限公司总经理俞辉，向杭州市民介绍公司生产的越瓷产品的情景。

在7月由绍兴市文联主持召开的绍兴市民间工艺美术家协会一届一次会议，会上，总经理俞辉当选为该协会理事，并被推选为副主席。

这一年，为期15天的亚洲第十六届运动会，又称广州亚运会，11月12日至27日在广州举行。上虞市运发实业有限公司又迎来了为亚运会制作技术要求极高的奖牌制造业务。获知这一消息，《上虞日报》经记者采访后，9月9日，用头版报道上虞市运发实业有限公司《亚运奖牌，上虞加工》的消息，并配发了现场生产的照片。确实，能为世界上的重大赛事制造奖牌，是令当地人民、特别是生产企业高兴的一件大事。

9月25日，公司优秀职工，在总经理俞辉的带领下，去舟山朱家尖旅游，体验海岛生活，与大海来一次亲密接触。

10月，上虞市运发实业有限公司从推广陶瓷销售、扩大经营的设想出发，注册成立了上虞市商贸进出口有限公司，为企业法人单位，

由董事长俞支援任法定代表人，经营地址设立在上虞市经济开发区越秀中路 399 号运发文化公司内。这个公司运作至 2011 年 5 月，因越瓷产品的出口量较小而停止经营，办理了注销手续。

12 月 8 日，《上虞日报》又一次报道展示了上虞越瓷陶业公司烧制的青瓷产品，报道称其研制仿秘色瓷釉色的配制，在理化指标和直观感觉上，是《仿品如真品》，肯定公司在生产制造的传承技术水平，已经达到我们先人当年开发制造的水平。

12 月 14 日，上虞市运发实业有限公司生产的生肖年兔金银饰品成抢手货，《上虞日报》以《兔年饰品走俏》予以报道。

这一年，上虞市运发实业有限公司被中国质量诚信企业协会、浙江日报社确认为浙江省“重质量守诚信”行业领先单位。

董事长俞支援则被上虞市收藏家协会聘请为荣誉理事。

总经理俞辉的作品获得绍兴市委宣传部颁发的绍兴市民间工艺美术创意设计大赛荣誉奖。

2011 年同样是卓有成效的一年。

1 月 29 日，上虞市运发实业有限公司举行 2010 年年终表彰大会暨新春团拜会。

3 月，公司总经理俞辉经中国民主同盟绍兴市委员会批准，正式成为中国民主同盟盟员。

5 月 18 日，上虞市运发实业有限公司从由生产、加工向销售公司制品、饰品出发，在工商行政管理部门的支持下，注册组建了浙江盛世国金工艺品有限公司，公司类型为法人出资，注册资本 500 万元，法定代表人为董事长俞支援，经营范围为工艺品，金属制品，金银纪念币、章、牌的销售，进出口贸易，属商贸型企业，经营地址设立在上虞市曹娥街道越秀中路 399 号运发公司总部内。

5 月 29 日，公司职工在副总经理朱柏灿的带队下，到桐庐瑶琳仙境旅游。

6 月，上虞越瓷陶业有限公司青瓷产品赴义乌参展第六届中国义乌文化产品交易博览会，公司产品受到客户的关注与青睐。

7 月 20 日，公司组织职工，在消防专业人士的指导下，进行消防专项演练。

7 月 20 日，浙江省军区副司令员施中苏少将，专程到公司考察上虞越瓷陶业公司的青瓷产品生产制作情况及工艺流程。

8 月 27 日，民盟上虞市基层委组织部分盟员到公司考察参观。

10 月 22 日，相隔近年，《上虞日报》再次以整版《八百年后的越瓷新传承》，介绍了越窑青瓷在上虞的传承开发情况，其报道的图片内容，主要是上虞越瓷陶业有限公司的生产场景和产品展示。

为做好上虞青瓷的推广工作，进一步引发人民群众对青瓷的关注，11 月 14 日，《上虞日报・新商都周刊》刊载了《请带去我们的城市礼品》，“越瓷陶业”诚邀新上虞人赏玩小仙坛青瓷的消息。

11 月 10 日，第十四届（2011）西湖艺术博览会、浙江青瓷精品展暨十大中青年名师评选活动在杭州举行，董事长俞支援作为省级传承人、省工艺美术大师率徒弟、总经理俞辉，携青瓷工艺品参展，并参加评选活动。公司董事长俞支援设计制作的《牡丹瓶》，获得了由浙江省文化厅颁发的“非遗薪传——浙江青瓷精品展”银奖，公司总经理俞辉设计制作的《镂空香熏》，获得了由浙江省文化厅颁发的“非遗薪传——浙江青瓷精品展”铜奖。

11 月 20 日，《绍兴晚报》文化乡村行，以《越窑青瓷，千年之后能否唯美回归？》，介绍了上虞越窑青瓷传承开发情况。报道专门介绍董事长俞支援，作为“省级非物质文化遗产传承人”，为上虞青瓷传承所作出的努力和探索。并披露公司董事长俞支援所设计制造的一只仿五代青瓷牡丹瓶，荣获省文化厅主办的“非遗薪传——浙江青瓷精品展”的“中青名师”银奖，另还有三件作品得铜奖的消息。11 月 21 日，《上虞日报》报道《新上虞人赏玩小仙坛青瓷》的消息，上虞越瓷陶业公司积极向新上虞人，推介上虞精美的青瓷制品。

12月30日，上虞市运发实业有限公司生产制造出12公斤重的龙年银章，引起了外界关注。《上虞日报》以图文形式《全国最重的龙年银章上虞造》加以报道，及时回应社会大众的关切。此特大龙年银章，公司已作为重要特色产品，在公司产品展览室长期展出，供顾客观赏与品味。

12月，在教育行政部门的支持和上浦镇中学的配合与努力下，公司的青瓷文化和制作技艺传承工作，迈出了非常积极和坚实的一步，在上浦镇中学建成越窑青瓷教育基地并对学生开展教育。董事长俞支援随后多次前去指导并对学生进行制作技艺的传授和青瓷起源发展史的讲解。

2011年10月份，上虞市运发实业有限公司被绍兴市工商局确定为“浙江省工商企业信用AA级守合同重信用”单位。年底，公司获得了中共上虞市委、市政府首批授予的“谢晋文化奖”文化贡献奖。被浙江省工商局确定为有效期三年的“浙江省工商企业信用AA级守合同重信用”单位。

10月，绍兴市文化广电新闻出版局又授予俞支援董事长绍兴市优秀“非遗”代表性传承人称号。

年底前，上虞市第八届政协经审核决定：总经理俞辉为政协上虞市第九届委员会委员，并接到参加将于2012年2月在百官召开的政协上虞市第九届第一次会议的通知。

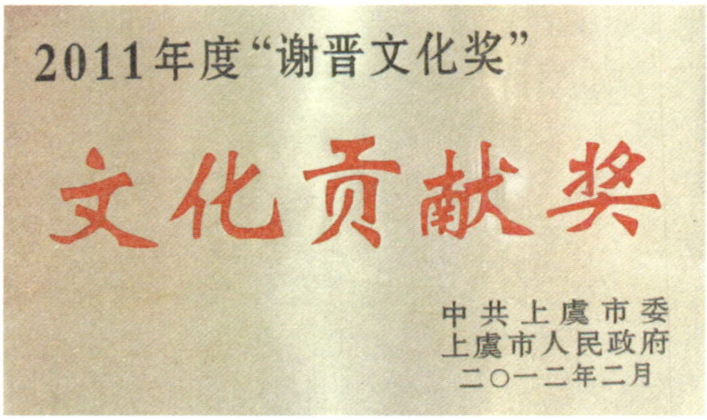

公司荣获上虞市委、市府首批“文化贡献奖”

度过了成效卓著的2011年，2012年公司是新闻频出。

随着新年与春节的来临，为进一步打响越窑青瓷的知名度并扩大影响力，公司是动作不断。

年初，上虞市运发实业有限公司确定了“软件建设年、技术改革年”的发展战略，为此，全年进行了多项努力。至年终统计，公司全年共投入技改资金200余万元，生产设备得到了全面提升。由此，引进高端技术人员7名，公司研发团体通过努力探索、实践、试验，实现申报技术专利8项的成果，达到了预期目标。

1月，借新年与春节的亲朋好友祝福的良好机会，公司为顾客着想，从送有纪念并长久保存价值的礼品的理念出发，推出了把顾客的墨宝、祝福语，烧制到青瓷上的新款青瓷礼品的服务。1月5日，《上虞日报》以《墨宝烧上青瓷器》为题，用图文报道形式，向社会报道了这一制造信息。上虞越瓷陶业有限公司能生产个性化青瓷制品，亦展示了公司在传承青瓷文化中，不断提升的制作水平。

1月5日当天，上虞市委副书记、市长王慧琳，在市政协主席卢一勤、副市长方静等的陪同下，来到国家级非遗传承基地——上虞越瓷陶业有限公司，专题调研青瓷文化产业发展情况。在调研中，王慧琳市长“充分肯定‘越瓷陶业’在传承与弘扬青瓷文化上所做的努力，鼓励企业在继承传统工艺的基础上，不断创新发展，使越窑青瓷绽放异彩”。1月7日，《上虞日报》在第一版，以《让越窑青瓷绽放异彩》对王慧琳市长一行的调研进行了报道。

随后上虞越瓷陶业有限公司又与市博物馆等联手，共同举办了“小仙坛”杯越窑青瓷主题摄影《青瓷的光影神韵》比赛活动。1月21日，《上虞日报》对这一特色活动的消息加以了报道，引得了广大摄影爱好者的广泛参与。

2月20日至23日，公司总经理俞辉以政协上虞市第九届委员的身份，出席在百官上虞剧院召开的政协上虞市第九届委员会第一次全体会议；并提交《关于加强越窑青瓷文

上虞市委副书记、市长王慧琳考察公司（2012 年 1 月）

绍兴市委常委、宣传部部长尹永杰考察公司（2012 年 5 月）

日本客商考察公司并题词留念（2012 年 7 月 30 日）

交通部门领导调研公司（2012 年 10 月 24 日）

化产业政策扶持的建议》，立案后由市发改局主办，市文广新局、市旅游局、市委政研室协办。

2012 年 4 月，为提升企业品位的需要，公司又一次迎来了增资扩股，董事会决定，总股本由 955 万元增至 1080 万元。4 月 18 日，增资结果对外公布。经增股，上虞市运发实业有限公司升格并正式更名为浙江运发文化发展有限公司。公司进入了规模化发展的新时代。

增资扩股后，公司的地位上升，更利于与国内一流金融企业进行业务往来，在订单签约上、资金往来上带来更多便利。

公司增资扩股并更名后，公司党支部亦作了更名。更名为中共浙江运发文化发展有限公司支部。交通局对党支部进行了重新任命，任命俞支援同志为党支部书记；朱百灿、罗洪良为支部委员。

3 月 8 日，浙江省原副省长龙安定再次到访浙江运发文化发展有限公司，考察参观公司生产贵金属饰品与青瓷产品情况。

3 月，在教育行政部门的支持和上虞中学的配合与努力下，公司的青瓷文化和制作技艺传承工作，又迈出了积极和坚实的一步，在上虞中学建成越窑青瓷教育基地，公司派出青瓷技师，对学生进行制作技艺传授和青瓷文化讲解。

4 月份起，公司工会亦更名为浙江运发文化发展有限公司工会委员会。

接着，4 月 19 日，《上虞日报》对公司工艺师使传统工艺添注了现代审美，工艺品创意性增强的以“梁祝”为主题的青瓷工艺品，以《经典爱情，青瓷呈现》为题，进行了图文新闻报道。这一消息，让社会大众进一步了解上虞青瓷传承开发拓展的情况，展示其丰富的艺术魅力。

4 月，董事长俞支援设计制作的高仿《牡丹瓶》荣获第七届中国义乌文化产品交易博览会工艺美术品优秀奖。

绍兴市委组织部部长吴晓东考察公司（2012 年 12 月）

沈阳造币厂厂长顾军考察公司（2012 年 12 月 22 日）

5 月 8 日，中国人民银行原副行长殷介炎携夫人专程到公司考察，对公司传承、开发、生产的陶瓷工艺品，赞赏有加，并题词“古瓷新辉”留念。

5 月 30 日，绍兴市委常委、宣传部部长尹永杰到上虞进行工作调研，尹永杰部长专程到上虞越瓷陶业有限公司，对青瓷的生产开发情况进行了实地了解。31 日，《上虞日报》以《推动文化大发展大繁荣》为题，报道了尹永杰部长此次调研上虞越瓷陶业有限公司越窑青瓷生产和浙江运发文化发展有限公司金银器具工艺制作的情况，他“对公司开发生产的青瓷创意产品，赞赏有加”。

5 月，为满足生产规模不断发展的需要，同时改善职工的生活，公司投资 150 余万元，完成了金工车间的改造提升；对公司食堂用房进行了加层并投入使用，房屋建筑增扩建筑面积达 800 余平方米。

6 月 17 日，杭州著名书画家李茂荣老师，获知浙江运发文化公司增股升格这一消息后，热情为浙江运发文化发展有限公司题词祝贺。题词：“弘扬青瓷文化，重振越窑风采。”《上虞收藏》报刊载了这一消息。

6 月 21 日，上海造币厂党委书记张健建到公司考察并题词留念。上海造币厂是浙江运发文化发展有限公司一路发展而来，为公司提供了大量支持和帮助的重要合作单位。张健建书记的到访，进一步加强了公司与造币厂的友好合作。

7 月 15 日，公司申报上虞市级企业技术中心的材料上报。企业技术中心后于 10 月份获得批准，公司技术中心于此步入了上虞市先进行列。当时，同时获批准的还有上虞市市级“211”培育工程企业，浙江运发文化发展有限公司名列其中。

7 月 30 日，日本客商到公司考察并题词留念。

8 月 30 日，绍兴市有关领导在上虞市副市长吴志育的陪同下，考察浙江运发文化发展有限公司贵金属产品和越窑青瓷的生产制作情况。

9 月 6 日，中共上虞市委书记孙云耀，在吴志育副市长和曹娥街道办事处领导的陪同下，专程到公司考察。孙云耀书记对上虞越瓷陶业有限公司继承和弘扬青瓷文化给予积极肯定和高度评价。

9 月 18 日，《上虞日报》公布了“上虞市第二批浙江省‘优秀民间文艺人才’推荐名单公示”，董事长俞支援榜上有名。推荐理由是：作为省第三批非物质文化遗产（越窑青瓷烧制技艺）代表性传承人，制作技艺较高，热心公益事业，个人出资在上浦镇中学设立越瓷制作传承基地，为学生上课 2000 余人次，所制青瓷“镂空香薰”获浙江省旅游商品优胜奖，青瓷“牡丹瓶”获省“中青名师”银奖等。

2012 年 9 月 27 日，第 21 届中国金鸡百花奖颁奖典礼，在绍兴市隆重举行。此次颁奖典礼的高档青瓷礼品，由上虞越瓷陶业有限公司精心设计制作。为我国最高端的活动和赛事制作高档礼品，已经成了公司的常规性业务。

这批青瓷礼品的成功制作，又给公司增添了光辉的一笔。

2012年10月8日，《上虞日报》就上虞越瓷陶业有限公司为即将在绍兴市举行的纪念"新中国22大电影明星"诞生50周年暨专题纪录片新闻发布会，进行有关报道。因为此次纪念活动，要赠送给祝希娟、于蓝、金迪等著名艺术家的22只造型别致、做工精美的越窑青瓷梅瓶，这一质量要求非常高又荣誉性强的制造业务，就是由上虞越瓷陶业有限公司承担的。记者寻访上虞越瓷陶业有限公司并采访了公司总经理俞辉，了解公司之所以能承接到这样高端业务的原因。公司能接受高端业务，在于公司不断挖掘、探索、创新，并采取了以"借风使船"（紧跟文化产业发展方向）、"借船出海"（抓住文艺强市契机）、"借兵打仗"（高薪聘请工艺美术师）、"借花献佛"（以市场需求为导向）、"借尸还魂"（开发传统工艺与现代审美相结合的新瓷器）、"借古喻今"（收集古代资料完善越瓷发展理论体系）、"借鸡生蛋"（联合其他厂家开发多材质器具）、"借镜观形"（考察青瓷发展方向并学习制瓷新技法）等策略手段，建立了一支技术骨干团队，开发出青瓷产品300余种，并拓宽销售渠道，进入电购平台等，消息以《越瓷陶业凭"八借"扬帆起航》为题进行了报道。公司加大技术开发力度、加强横向联合措施、加宽市场营销路径的做法，以"八借"来加以提炼概括，确实让人感到思路清晰，创意独特，耳目一新。

10月，为更深一步促进青瓷的研究与开发，在浙江省科技厅的支持下，公司出资22万元，成立了浙江运发越窑青瓷研究院（非企业单位）。经省民政厅审批注册（浙民政字第040080号），研究院法定代表人为董事长俞支援，并任理事长；院长由总经理俞辉担任。研究范围为：越窑青瓷烧制，制作技术的开发与研究，越窑青瓷新产品的研发，提供相关的技术咨询培训等。院住所设立在上虞市经济开发区越秀中路399号浙江运发文化发展有限公司总部内，研究业务由科技厅主管。

10月18日，浙江省政协机关报《联谊报》记者，随同中国古陶瓷研究会、中国官窑研究会会长、国家级青瓷大师叶宏明与上虞市政协副主席赵畅，调研并采访了上虞越瓷陶业有限公司。10月27日，浙江《联谊报》以《上虞政协助力"点泥成金"》向外界发布了这次活动的图文消息。

10月29日，浙江省委宣传部副部长雷尹杰一行，在上虞市委宣传部领导的陪同下，莅临公司，为拍摄宣传上虞文化的纪录片之一《越窑青瓷》进行考察与指导。

10月，在绍兴市召开的非遗传承工作会议上，绍兴市文广局确定并授予上虞越瓷陶业公司"绍兴市非物质文化遗产生产性传承基地（越窑青瓷烧制技艺）"匾牌，对公司继承弘扬越窑青瓷文化、制作开发高质量的青瓷制品和仿品，表示了全面的肯定和支持。

11月13日，浙江省收藏协会领导，在市收藏家协会会长曹松境陪同下，参观越窑青瓷工艺品陈列室。

12月20日，中共绍兴市委组织部部长吴晓东等领导一行，在上虞市委组织部部长朱敏龙等陪同下，考察了解公司越窑青瓷传承开发情况。

12月30日，中共绍兴市委组织部相关领导，考察公司越窑青瓷传承生产情况。

12月，公司青瓷制作高级技师李道凤，因设计制作富有特色和创意的青瓷工艺品，被上虞市委人才工作领导小组办公室、市人力资源和社会保障局授予"李道凤上虞市首批技能大师工作室——越窑青瓷工艺李道凤技能大师工作室"，这不仅是对其技艺水平的肯定，也是对公司挖掘和传承越窑青瓷制作技艺做出的努力的积极肯定。

12月，浙江运发文化发展有限公司被浙江省委统战部、省经信委、省工商联等授予"浙江省中小微企业创新发展先进单位"荣誉称号。12月22日，《上虞日报》以《"运发"喜获省荣誉》，刊载这一消息。

12月28日，《都市快报》报道了第三届"建行杯"最美浙江人·文化新浙商评选消息，公司总经理俞辉被评选为“文化新浙商”全省30强之一。评选介绍了公司为国家大项目制作贵金属产品和越窑青瓷产品，是上虞纳税百强企业之一。选中总经理俞辉的理由是“他的文化担当让古越青瓷绽放全新光彩”。其事迹还在《中国商人》、新华网等媒体刊载传扬。总经理俞辉后在浙江省人民大会堂接受颁奖。

2012全年，公司销售总额近2亿元，全年交纳税收总额超400万元。

年终，浙江运发文化发展有限公司被中共上虞市委宣传部、上虞市文化广电新闻出版局评为2012年度十佳文化企业。被上虞经济开发区（曹娥街道）党工委、上虞经济开发区管委会（曹娥街道办事处）评为先进民营企业。运输分公司被上虞市道路运输管理所评为安全生产目标管理考核先进单位。

董事长俞支援被浙江省文化厅确认为，浙江省第二批“优秀民间文艺人才”。被浙江省经营管理大师评审委员会评选为浙江省经营管理大师。被绍兴市工商行政管理局聘请为绍兴市工商行政管理局行风监督员。被绍兴市工艺美术行业协会评为2012年度市工艺美术行业协会积极分子。被中共上虞市交通局委员会评为交通运输系统优秀共产党员。

2013年1月19日至22日，公司总经理俞辉以政协上虞市第九届委员的身份，出席在百官上虞剧院召开的政协上虞市第九届委员会第二次全体会议。

2月6日，公司举行迎春晚会，在虞公司职工并邀请相关领导出席了晚会。在晚会上，公司总经理俞辉对职工们一年来的辛勤工作和付出表示肯定和感谢，感谢职工们一年的辛勤工作和付出，感谢各相关领导的支持和帮助。

4月份，公司董事会经研究，决定由浙江运发文化发展有限公司受让上虞市舜辉贸易有限公司在上虞越瓷陶业有限公司的股份（占总股本的60%），直接控股上虞越瓷陶业有限公司。

同在该月，文化部、浙江省人民政府在义乌市联合主办了第八届中国文化产品交易博览会。博览会上，上虞越瓷陶业有限公司选送的青瓷创意制品，展览后经专家评选，荣获工艺美术奖——银奖。

5月2日，公司总经理俞辉被绍兴市青年企业家协会授予“十大新锐越商”之一，并誉之为“文化创业大师”。

5月3日，绍兴市工商局领导到浙江运发文化发展有限公司考察，探商公司发展事务。

5月8日，按上级文件精神，公司党支部由上虞市交通局党委转归属地上虞经济开发区（曹娥街道）管理，中共上虞经济开发区（曹娥街道）党工委，按基层党组织的选举规定，组织了公司党支部的换届选举，并据选举结果，对公司党支部领导成员进行了重新任命。任命俞支援为党支部书记；朱百灿、罗洪良为支部委员。后朱百灿2015年11月退休，街道党工委未作新的党支委任命。

同时，共青团组织隶属关系，也于本月转划给属地上虞经济开发区（曹娥街道）管理。

5月13日，上虞市政协领导视察公司并赠送“瓷国之光”牌匾。

同一天，上虞电视台到上虞越瓷陶业有限公司拍摄非遗项目——青瓷产品制造现场，以拍摄制成专题电视片。

5月14日、6月18日、29日，总经理俞辉率公司团队，参加由深圳市启迪智慧企业管理咨询有限公司启迪智慧团队，在上虞举办的第七期训练营培训活动。俞辉荣获个人最具影响力奖，在演讲比赛中荣获第二名。

5月24日，杭州市余杭区委宣传部部长到公司参观。

5月25日、26日，公司党支部组织公司全体党员，专程赴江苏省江阴华西村、抗日战争根据地常熟沙家浜等考察参观。

5月28日，2012年已更名后的公司工会组织，举行了公司第三届工会委员会代表会议。工会84名会员，经选举，选出代表26名。他们是俞支援，朱百灿，沈维康，秦霞，赵锡强，赵海山，王绍明，沈永峰，赵海江，黄少军，张柏军，黄洪华，李道凤，章菊萍，孙航，章小燕，朱新娟，曹佰军，任鹏军，任红琴，韩安娜，王岳标，罗洪良，周芹，韩维娜，俞烨钢。

经代表们选举，组成了新的工会委员会，新一届工委会组成人员：主席：章小燕（兼女工委员）；委员：孙航、沈永锋。经审委员：王岳标。

5月，公司旗下上虞越瓷陶业公司被绍兴市非遗领导小组、绍兴市文广局确认为绍兴市非物质文化遗产优秀传承基地。

7月6日，公司组队参加了与天玮伞业公司联合组织的企业职工文化PK活动。通过活动，两公司职工间增进了了解，交流了情谊。

7月6日，上虞越瓷陶业有限公司将3222件，价值100万元的越窑青瓷砸成碎片，此事后成了轰动上虞的一大新闻事件。创办于2004年的上虞越瓷陶业有限公司，是国家级非物质文化遗产越窑青瓷烧制技艺传承单位，已相继获得文化部工艺美术奖银奖、第八届中国义乌文化产品交易博览会工艺美术奖银奖等。总经理俞辉说："通过此事给自己的团队传递一个理念：有缺陷的产品就是废品。在产品品质上，我们不能给自己有退路，作为越窑青瓷的传承者，我们只能出流传百年甚至千年的精品。"

7月10日，上海造币厂评估小组到公司进行业务评审与考察。

7月13日，绍兴《天天商报》以《三千余件越窑青瓷被砸烂》为题，对这一为全力捍卫越窑青瓷品质声誉，把价值近百万元，其中还不乏大师作品的产品，砸成一堆垃圾的行动进行了具体报道。并向社会传递这样的信息"这家上虞企业是越窑青瓷技艺传承单位，企业负责人说，要出流传千年的精品，不能给自己留退路"。这一消息赢得了社会非常积极的声誉。此前的《上虞日报》对此消息也进行了报道。

7月23日，中共上虞市委党校中青班学员到公司参观，对上虞越瓷陶业有限公司生产的越窑青瓷产品，以格外的关注与青睐。

8月28日，绍兴市委人才工作领导小组、绍兴市人力资源和社会保障局正式命名并授予公司高级技师李道凤"上虞越瓷陶业有限公司

绍兴市政协主席陈长兴观看公司青瓷展品（2013年10月）

绍兴市副市长杨文孝观看公司青瓷展品（2013年10月）

公司产品参展北京国际钱币博览会（2013年10月）

越窑青瓷技能大师李道凤工作室”称号，并在绍兴市第三届技能节暨2013职业技能大赛开幕式上正式授牌。

8月，浙江运发文化发展有限公司被上虞市消费者权益保护协会确定为“2011—2012年度上虞市消费者信得过单位”。

9月17日，公司组织“感恩家人、圆梦运发”庆中秋、话团圆活动。

10月，公司参加了由绍兴市工艺美术行业协会举办的“绍兴市工艺美术民间艺人精品展”，董事长俞支援设计的青瓷作品，参加了展览。展览期间，绍兴市市长钱建民、绍兴市政协主席陈长兴、绍兴市副市长杨文孝等领导，专门到展位前，仔细观看了俞支援董事长的作品，给予充分的肯定和高度评价。

10月，董事长俞支援，荣获绍兴市工艺美术行业协会授予的“最具影响力的绍兴市工艺美术民间艺人”荣誉称号。

11月，据下发绍市人社职〔2013〕91号文件，董事长俞支援被绍兴市人力资源和社会保障局评为越窑青瓷——工艺美术师。

11月22日，我国著名旅行家雷殿生到公司参观。

23日，公司主办的“征服上虞最高峰，坚信方能突破”的攀登覆卮山行动。公司职工们与旅行家雷殿生老师共登覆卮山。

［雷殿生，1963年12月11日出生于黑龙江哈尔滨。1987年，中国邮政发行的徐霞客邮票，让他萌生成为一名徒步旅行家的梦想；1989年，与“当代徒步旅行家”余纯顺的不期而遇，坚定他的想法。历时十年，徒步走完55个少数民族集散地及每个省、自治区、直辖市、港、澳、台。穿越边境线、沿海线、高原、峡谷、原始森林、草原、沙漠戈壁等。走访民俗、考察生态环境、宣传环保。2004年在全球华人百名风尚旅行人物榜上，雷殿生被评为“休闲旅行家”。代表作品有《十年徒步中国》等。］

2013年11月，上虞越瓷陶业有限公司经工商部门同意，改以人民币注册，并且出资股东也调整变化，香港股东曾瑞明退出占公司40%的股份，俞辉、王潇懿成为公司新股东。

12月19日，公司在曹娥街道安全办的支持配合下，组织全公司职工进行安全知识培训，并结合实践，进行了消防灭火操作演练。

2013年12月23日，上虞越瓷陶业有限公司，经工商行政管理局同意，更名为绍兴小仙坛越窑青瓷有限公司。法人代表：俞辉。自此，该公司经营管理全部纳入浙江运发文化发展有限公司的总盘子。

12月，浙江运发文化发展有限公司的《運發及图形商标》，经综合分析审定，被绍兴市工商行政管理局确定为绍兴市著名商标。

［注：根据国务院（国函〔2013〕112号）文件批复，2013年4月，上虞撤市设区。11月8日，挂牌仪式在区行政中心举行。自此，上虞对外行政名称为“绍兴市上虞区”。书中名称有交互的情况。］

2014年，浙江运发文化发展有限公司因发展，面对生产场地不足的情况，通过一系列协商，租借与公司紧密相连、位于公司东边的浙江五洲泓泰医药有限公司办公楼及场地内附属设施，作为公司青瓷生产用房与仓库，部分作为公司办公室。计划是先租后买，由此，新增用地面积16396平方米（1.64公顷），建筑面积6685平方米。

1月20日，公司举办“千里运、伯乐发”马年迎新晚会。会上公司对2013年度各类先进职工，进行了表彰奖励，并进行了职工才艺展示和文艺节目表演。上虞市人大常委会原主任杨根苗、市政协主席陈尔庄等领导应邀参加了晚会。

新年1月，浙江运发文化发展有限公司被中共上虞区委、区人民政府确定为上虞区2013年度工业综合实力百强企业（位居98位）。

2月7日，上虞区委常委吕军在区经信局和曹娥街道领导陪同下考察公司。

●公司产品参展北京国际钱币博览会（2014 年 10 月 29 日）

2 月 24 日至 27 日，公司总经理俞辉以政协上虞区第九届委员的身份，出席在百官上虞剧院召开的政协上虞区第九届委员会第三次全体会议。

2 月，浙江运发文化发展有限公司在中共上虞经济开发区（曹娥街道）工委、上虞经济开发区管委会（曹娥街道办事处）经济工作会议上，被授予 2013 年度工业红旗单位。公司团支部被中共上虞经济开发区（曹娥街道）工委、上虞经济开发区管委会（曹娥街道办事处）评为 2013 年度共青团工作先进单位。

3 月 14 日，在曹娥街道党工委的主持下，公司组织全体共产党员，进行一次党的群众路线教育实践活动的学习和恳谈会。

4 月 12 日，公司职工在俞辉总经理的带领下，到上虞区福利中心慰问孤残儿童，送上关爱礼物，并陪同他们到曹娥景区游览，让孤残儿童度过愉快又难忘的一天。

4 月，经质量管理部门的严格考核认证，浙江运发文化发展有限公司获得《ISO 质量、环境、职业健康管理体系认证》（三体系）证书。

4 月，在第四届浙江工艺美术精品博览会上，由董事长俞支援设计制作并选送参展的《青瓷观音瓷板》《深雕富贵赏瓶》等两件作品，分别获得博览会金奖、银奖。

5 月 16 日，公司为厂长杨峰向心爱的人求婚，专门举行了求婚仪式，传达公司对全体职工的浓烈关爱之情。

5 月 23 日、26 日，鹤琴幼儿园小朋友先后到公司参观，现场感受体验公司的贵金属文化和青瓷文化。

8 月 29 日，公司组织职工举行了“运发文化 2014 年慈善活动”，30 位职工代表公司，走进上虞区福乐园，与福乐园近 100 位老人进行了文艺联欢，并送上水果、食品等慰问品。

9 月 20 日，公司组织职工进行了一次攀登上虞最高峰——覆卮山的活动，冒着蒙蒙细雨，不顾山路的陡峭与湿滑，参与职工全体登上了覆卮山，体现出公司职工强烈的团队协作精神。

9 月 29 日，公司举行全体职工趣味运动会，比赛项目有拔河、夹球传递、抢座等，情趣横生，给职工们以友谊、欢乐和惊喜。

9 月，绍兴小仙坛越窑青瓷有限公司所注册的青瓷“小仙壇”商标，经严格审定，被绍兴市商务局确认为绍兴“老字号”商标。

同月，公司通过绍兴市安监局的考核，获得该局颁发的“安全生产标准化三级企业”证书。

10 月，由于公司积极为于当月 18 日至 28 日召开的浙江省十五届运动会提供支持和赞助，被省 15 届运动组委会评为浙江省 15 届运动会热心支持单位。

10 月，公司获得财政部——中财国盛投资有限公司授予的“定点加工单位”产品生产证书。

10 月，公司以“贵金属与创意的蜕变”为主题，先后参加了 10 月 24 日—26 日在北京举行的国际钱币博览会和 10 月 20 日—23 日在深圳举行的礼品展。

10 月 27 日，上虞区自强不息的好榜样、口足书画家陈伟强，在区残联领导陪同下，到公司参观。

10 月 30 日，上虞区中心血库义务献血车到公司，广大职工踊跃参加义务献血行动。

11 月，绍兴小仙坛越窑青瓷有限公司《仿制秘色瓷》，获得上虞区首届越窑青瓷秘色瓷产品三等奖。

11 月，公司在上虞区质量协会与绍兴市计量学会的计量等测试考核中，均获得考核高分，分别获得了上虞区质量协会《标准化良好行为》证书，绍兴市计量测试学会“计量检测体系合格”证书。

12 月，浙江运发文化发展有限公司的“運發”牌贵金属工艺品，获得浙江省质量技术监督局确定的贵金属工艺品“浙江名牌产品”称号。

同月，公司获得了绍兴市科技局绍兴市高新技术企业（浙江省科技中小型企业）的认定。

同月，公司再次被中共上虞区委宣传部、上虞区文广新局评为 2014 年度十佳文化企业。

同月，公司获得上虞区科技局“上虞区专利示范企业”“上虞区级科技开发中心”的认定。

浙江运发文化发展有限公司的《金属与青瓷结合烧制工艺技术研究》项目，获得了上虞区科技局的重点科研引导专项奖励，获得奖金支持 12 万元。

2015 年，公司回顾当年由“东关搬运工会”发展而来的 65 年努力奋斗、不断提升的历程，面对国家宏观政策的大调整，大力生产特色产品。在业务发展上，又进行了新的调整。年初的一、二月，因生产任务紧而重，公司职工几乎是放弃节假日，天天加班加点生产，赶日期，赶订单。

1 月 26 日至 29 日，公司总经理俞辉以政协上虞区第九届委员的身份，出席在百官上虞剧院召开的政协上虞区第九届委员会第四次全体会议。并提交《关于做好上虞经济开发区越秀中路、鸿雁路防洪排涝工作的建议》的提案；提案立案后，由上虞经济开发区管委会（曹娥街道办事处）负责办理。

2 月，浙江运发文化发展有限公司被中共上虞区委、区人民政府确定为 2014 年度工业综合实力五十强企业（位居 33 位）。被中共上虞经济开发区（曹娥街道）工委、上虞经济开发区管委会（曹娥街道办事处）评为 2014 年度商贸服务先进集体。被中共上虞经济开发区（曹娥街道）工委、上虞经济开发区管委会（曹娥街道办事处）评为 2014 年度工业红旗单位。

3 月—5 月，公司投资 800 余万元对贵金属工厂内部进行技术改造，引进先进进口机械设备，提升了企业贵金属的生产和加工能力，使企业生产规模由年产 10 万套贵金属产品，提高到年产 20 万套，生产能力增长了一倍，大大增强了公司的生产能力，以满足市场对公司产品不断增加的需求。

4 月，上虞区经信局经考核确定，浙江运发文化发展有限公司为上虞区“三个一批”品牌型培育企业。

5 月，公司发明并上报的《一种金属与青瓷烧制的工艺》，获得国家知识产权局授予的发明专利证书。

6 月，浙江运发文化发展有限公司经浙江省经信委认定，确认为“时尚产业第一批重点培育企业、培育品牌”。

同月，公司职工、青瓷制作技能大师李道凤，经绍兴市经济和信息化委员会、绍兴市二轻集团公司评鉴委员会评审，获得绍兴市工艺美术五星级民间人才（雕刻）称号。

8 月，绍兴小仙坛越窑青瓷有限公司发明并上报的《银棱平脱秘色瓷器的制作方法及制得的平脱秘色瓷器》，获得国家知识产权局授予的发明专利证书。

10 月，董事长俞支援，获得由浙江省文化厅上报文化部的“第五批国家级非遗代表性传承人”提名。

同月，公司因在 2014 年技改的积极投入，生产规模和能力增长，生产厂房、场地内部挖潜，获得了上虞区政府 2014 年度“零增地”技改项目财政奖励。

同月，获得上虞区政府 2014 年度“创新成长型”企业的财政奖励。

11 月，公司副总经理朱柏灿年满 65 周岁，正式从公司退休。退休后，朱柏灿在公司股权亦全部予以转让，公司股东为俞支援、俞辉。

12月，公司党支部在参与基层党组织“星级创建”中成绩突出，获得上虞区委组织部基层党组织“五星级”称号。

截至12月，2015年中，公司通过不断的研发，共获得实用新型专利授权17项，外观设计专利42项，是公司有史以来，取得发明专利最多的一年。

2015年年底，公司在册登记职工（包括短期合同工）为171人。

2016年1月17日至20日，公司总经理俞辉以政协上虞区第九届委员的身份，出席在百官上虞剧院召开的政协上虞区第九届委员会第五次全体会议。并提交《关于大力发展文化产业，推进文化与旅游深度融合的建议》的提案；提案立案后，由区旅游局负责主办，区文广新局协办。

年初，生产是天天加班加点。到农历十二月廿六（2月4日），公司才正式给职工放春节假。2月3日晚，公司举行了“金猴闹春、快乐前行”迎春晚会。会上，公司对过去的一年进行了总结，对新年进行了展望。并对2015年度“优秀员工”营销部：王江丽，采购部：张澎锋，财务部：戴杨君，社批部：王珏，生产部：金丽丽、冯传斌、徐鸿波、陈桂娟；“优秀部门”：财务部；“优秀部长”：财务部孙航；“优秀共产党员”：生产部韩安娜，杨峰等；进行了表彰奖励。董事长俞支援、总经理俞辉都作了热情洋溢的讲话，对职工一年来的辛勤工作和积极奉献表示感谢。

年初，公司接到中国黄金协会的正式通知，浙江运发文化发展有限公司被中国黄金协会确定为“理事单位”。公司生产、制造的所有贵金属产品，可以进入到黄金协会的所有成员单位进行陈列、展示和营销，使公司的销售产品更具品牌地位和社会公信力，市场更加拓展与广阔。

2月，浙江运发文化发展有限公司被绍兴市非遗领导小组、绍兴市文广局评为绍兴非遗文化遗产优秀传承基地。

2月初，浙江运发文化发展有限公司在上虞区政府公布的全区工业综合实力百强企业中，名列第83位。

该月，浙江运发文化发展有限公司又被中共上虞区委宣传部、上虞区文广新局评为2015年度上虞区十佳文化企业。被中共上虞经济开发区（曹娥街道）工委、上虞经济开发区管委会（曹娥街道办事处）评为2015年度工业优胜企业先进集体。

3月，董事长俞支援被上虞区乡贤研究会曹娥分会聘请为分会顾问。

3月，由上虞区企业联合会、上虞区企业家协会主办《虞舜企业家》杂志，第一期的封一、封二、封三、封底及插页刊登了浙江运发文化发展有限公司厂区形象及公司与旗下绍兴小仙坛越窑青瓷有限公司生产的特色产品的照片，并以《传承与创新的完美结合——记浙江运发文化发展有限公司》一文，对公司在创新贵金属文化、传承青瓷文化所作出的努力和奉献，进行了具体介绍。

4月15日，中国工程院院士朱能鸿，在上虞区科协主席王锦林等的陪同下，到公司考察，并商议青瓷在天文仪器中的应用开发事宜。朱能鸿院士并计划在公司建立“院士工作站”。

［朱能鸿（1939年11月出生），天文仪器与方法专家，江苏省苏州市人。1960年毕业于同济大学。现任中国科学院上海天文台研究员，总工程师。曾任中国科学院上海天文台高级工程师、副总工程师、副台长和上海市科协副主席。1990年被评为中国科学院有突出贡献的中青年专家；1993年被评为上海市十大科技精英。2002年获何梁何利科技进步奖。自2007至2011年间设计的口径为一米的一架激光测距望远镜和一架激光通信望远镜均已投入使用。前者获2013年军队科技进步一等奖。目前正领导一支年轻的研究团组从事口径为1.2m和1.8m的光学望远镜研制和天文光学干涉仪的研究。1995年当选为中国工程院院士。］

5月14日，公司根据发展需要，向国家商

标局申报的“戒指”图案商标与“运发文化（運發文化）”相连的新商标，正式获得批准。批准注册证号为16587578号，有效期为10年。核定使用商品和服务项目范围为第14类，内容为：贵重金属锭；贵重金属盒；小饰物（首饰）；珠宝首饰；装饰品（首饰）；人造珠宝；贵重金属艺术品；银制工艺品；磁疗首饰；手表等。

6月21日，在纪念中国共产党成立95周年到来之际，公司党支部专程邀请全国劳动模范、原上海西部企业集团物业总监徐虎，就“学习党章党规、学习系列讲话、做合格党员”进行专题报告会。公司全体党员、党的积极分子和管理人员出席了会议，公司党支部书记、董事长俞支援主持了报告会。报告会上，徐虎结合自己的亲身经历，向大家具体介绍了如何学习党章党规，从点滴做起，立足岗位，贵在坚持，体现在全心全意，努力做一名合格共产党员的想法和做法。报告会后进行了认真讨论，大家在发言中表示：深受感动，今后将结合自身实际，学习徐虎，爱岗敬业，增进自觉，不求惊天动地，就脚踏实地地散发出自己的光和热。最后，党支书俞支援做了总结，向大家提出了期望和要求，要求全体党员和与会人员向徐虎学习，像他那样认真学习，加强修养，提高个人素养和涵养，在公司内营造学先进、见行动、争优秀、比贡献的良好氛围，扎扎实实地把“两学一做”工作开展好；通过共同努力，让公司发展得更好。随后，俞支援书记还对下半年的工作，进行了具体部署。

［注：徐虎，男，1950年12月生，汉族，大专文化程度，1969年12月参加工作，1975年5月分配到上海普陀区房管系统工作，1986年4月加入中国共产党，曾任上海西部企业集团物业总监。徐虎曾于1986年、1988年两次被评为上海市劳动模范，1989年、1995年、2000年三次被评为全国劳动模范。1996年5月和7月相继被评为全国优秀工人代表和全国优秀共产党员。1997年，作为党员代表，光荣出席了中国共产党第十五次代表大会。是新中国最具影响的劳动模范之一。］

6月23日，公司在区消防大队的指导帮助下，组织公司全体职工，进行了一场消防安全演练活动。活动首先进行了生产安全知识、消防器材管理和使用、现场应急处置措施等的讲解和示范。特别是针对部分新进入公司的职工，如何遇情不慌、紧张有序、正确应对，把险情控制在最小损失范围内，作了专门强调。公司是高温生产加工企业，安全生产，一直是公司生产管理中的重中之重。有安全就有效益，就有利税双赢，就有职工幸福等等。防患于未然，日常岗位操作来不得半点疏忽与马虎，严格制度，严格管理，规范化操作，每位职工都必须有熟练的消防安全应急处置能力和技巧。此次演练是公司计划中的一次安全教育培训活动。培训后，每位职工都进行了现场灭火的操作训练。

7月1日，公司编发的《运发报》创刊号正式出刊。这是更好体现与展示公司的文化属性和特质、凝聚全公司职工的力量和智慧、目标做大做强的重要行动，也是向中国共产党成立95周年的一份献礼。《运发报》出刊前期，进行了大量的筹划工作，成立了以董事长俞支援任主任、总经理俞辉任副主任的编辑委员会，并由副总经理陆雨水任主编，组建了公司通讯员队伍，确定了投稿改稿审稿组版的一系列程序规则。报纸为对开4版，一版为要闻版，二版为“企业经纬”，三版为“企业文化”，四版为“员工风采”。在此期创刊号上，董事长俞支援发表了《敞开窗口、展示形象——写在运发报第一期》的发刊词；总经理俞辉发表了《生存、变革、决战2016》公司2016年行动宣言。这次《运发报》的创刊，也是对公司1988年9月创办《交通安全简报》，1989年7月创办《一运月讯》文化血脉的传承和延续，对公司未来的发展，具有十分积极意义和久远的影响力。

7月初，中共浙江运发公司党支部在中共上虞经济开发区（曹娥街道）工委的领导与主持下，进行换届选举，选举俞支援为党支部书记，杨峰、桑慧芬为支部委员。

9月7日，公司邀请绍兴市文物管理局原局长、绍兴文理学院客座教授、省政协九届委

●重阳节，董事长俞支援专程看望百岁老职工高阿鹏，并为他祝寿（2016 年）

员高军，上虞区人大常委会主任徐尧峰，《上虞日报》社副总编吕万玖，上虞区原政协秘书长、原文广局局长、上虞区收藏家协会会长曹松境，上虞财政税务局干部胡耀灿，剧作家何仁山，上虞区收藏协会秘书长王立军等，就《运发之路——浙江运发文化发展有限公司志》的编写事宜，进行讨论共商。与会各位领导与专家据史志编写原则与要求，及如何适合新时期要求等，共献良策，提出各自中肯、切合实际又极富见地的意见建议。

9月9日，正好公历与农历日期重合，是双"9"重阳吉日，公司董事长俞支援一行，专程赶赴公司第一代老职工高阿鹏家中，为这位 99 岁的高龄老职工祝寿贺岁，并送上"寿"幛与寿礼。

9月，公司被绍兴市科技局授予"绍兴市科技示范企业"称号。

10月13日，《上虞日报·文化周刊·艺苑》版，整版刊载了由记者王淋玲、通讯员王水堂采写的，介绍浙江运发文化发展有限公司董事长俞支援，倾心于青瓷研究，为重振上虞作为我国青瓷发源地雄风、传承和弘扬好上虞青瓷文化事迹的长篇新闻报道：《九秋风露越窑开 夺得千峰翠色来——记"做文化的企业家"俞支援》一文。文章客观而全面地介绍了俞支援自进人新世纪以来，担起作为一个有责任企业家的社会责任，考察我国青瓷诞生基地上虞区上浦镇小仙坛古遗址，研究青瓷秘色配方，仿制古青瓷代表作品，联络社会各界热心青瓷研究人士，呼吁重振并弘扬好上虞青瓷文化所作出的努力与奉献。同时也简要回顾了俞支援参加工作以来，一路领导当年的"东关搬运站"，使之成为"上虞市第一运输公司"，后又发展成"浙江运发文化发展有限公司"的创业历程。

2016 年 10 月 25 日，中共绍兴市上虞区区委副书记、区长陶关锋专程到公司考察，对公司在贵金属和青瓷产品开发上，着重于文化创意，目标创意发展的理念表示积极肯定，称赞"运发公司不仅仅是文化企业，更是创意企业，从设计到营销，跳出了生产企业的概念"。希望"运发公司在日后的发展中更上一层楼，利用国内外的资源，跳出上虞范围，走上属于公司的康庄大道"。

2016 年 11 月 13 日，中国工程院院士、天文仪器与方法专家、现任中国科学院上海天文台研究员、总工程师朱能鸿，在公司建立"院士专家工作站"的申请，获得了绍兴市人力资源和社会保障局、绍兴市科协的联合发文批准并授牌，朱能鸿院士正式在公司建工作站，进行青瓷与天文仪器组合的研究与开发。

2016 年 11 月 8 日，公司董事长、党支部书记俞支援被选举中共绍兴市上虞区经济开发区（曹娥街道）党员代表大会代表，并出席于 12 月 8 日举行的区（街）党员代表大会。

2016 年 11 月 11 日，绍兴《浙江城市广播电视报·生活周报》的"新城事" 专栏，以《诚信服务、精品发展——记浙江运发文化发展有限公司总经理俞辉》为题，整版介绍了公司总经理俞辉以"高端、专业、贴心"的经营理念和国际化视野，带领公司创新发展、以工匠精神管理贵金属饰品、工艺品和青瓷制品的生产制造、走精品发展之路，使公司产品越来越受到消费者欢迎和喜爱，市场竞争力越来越强，经营领域全面拓展，生产总值和上缴国家税收大幅增长的事迹。

2016年11月12日，根据《上虞区政府质量奖评审管理办法》《上虞区政府质量奖评审实施细则》的规定，经区政府质量奖评委会审查表决通过，经上虞区人民政府批准，浙江运发文化发展有限公司荣获2016年上虞区“区长质量奖”。上虞区“区长质量奖”评审要求很高，每年一般只授予二或三家企业，由专家团队，经严格考核评审确定。此次公司获得“区长质量奖”，既是对公司这些年一直以工匠精神进行产品设计制造的一次检验，也是公司强化质量管理所取得的一项重大成果。

11月，公司在分别参加“全省成长型文化企业政策专题研究”活动；参加首届绍兴市旅游、文化产品设计大赛；绍兴市商务局组织的“浙江老字号”创建活动；上虞区越窑青瓷研究中心组织的“越窑青瓷”保护、创新研讨会等等活动中，均被举办单位安排发言介绍。大家对公司在发展文化产业、传承非遗文化所作出的努力与贡献，表示积极的肯定和赞赏。

2016年12月中旬，在浙江省文化厅公布的第二批“浙江省非物质文化遗产生产性保护基地”的公示名单中，浙江运发文化发展有限公司名列其中。公司旗下的绍兴小仙坛越窑青瓷有限公司为传承“青瓷”文化，保护“非遗”所取得的成果，得到了省政府的肯定。据悉，这次全省共66家“非遗”传承保护单位入围，绍兴市共7家，上虞区仅运发公司一家。

2016年12月，浙江运发文化发展有限公司设计制作的“金猴献瑞”生肖邮票银版画，荣获2016年首届绍兴市文化旅游创意产品设计大赛（产品组）——优秀奖。

2016年12月，运发文化发展公司在获得浙江省“时尚产业”品牌建设示范企业的基础上，公司“運發”商标，被浙江省工商行政管理局正式确认为“浙江省著名商标”。是公司于年初3月以来，为扩大企业品牌知名度及影响力，加强品牌管理，提升品牌建设所取得的又一实质性成果。

2016年12月，公司收到了G 20峰会筹备艺术指导委员会颁发的“G 20礼品集纪念证书”，对公司为9月举办的G 20峰会提供礼品表示感谢和肯定。

2016年12月底，公司董事、总经理俞辉当选政协绍兴市上虞区第一届委员会委员。这是俞辉第二次入选区政协委员任期的新征程。

［注：上虞2013年11月撤市设区后，自本届始，上虞区党代会、人代会、政协等的届次，按绍兴市上虞区行政名称进行重新排列。］

2016年度，公司全年度各项综合业绩又进入上虞区全区工业综合实力百强企业名单，列第80位，受到了绍兴市上虞区委区府的表彰。公司被绍兴市上虞区文化产业发展领导小组评为2016年度绍兴市上虞区“十佳文化企业”。公司党支部被中共上虞经济开发区（曹娥街道）委员会授予2016年度“五好基层党组织”称号；公司被中共上虞经济开发区（曹娥街道）委员会、上虞经济开发区管理委员会（曹娥街道办事处）评为2016年度“工业创新成长型企业”。

表4　　公司历年缴税情况一览表

年度生产销售	2001年	2002年	2003年	2004年	2005年	2006年	2007年	2008年
总额（万元）	842	1943	2486	2588	1804	1040	1099	1769
税收总额（万元）	39	56	36	50	49	45	67	71
年度生产销售	2009年	2010年	2011年	2012年	2013年	2014年	2015年	2016年
总额（万元）	2789	3573	9498	17669	38054	100034	28266	22153
税收总额（万元）	82	89	174	339	442	589	663	450

注：2016年5月1日起，国家税收政策“营改增”改革，全面实施增值税。这是自1994年分税制改革以来，财税体制的又一次深刻变革，营业税从此退出历史舞台。增值税制则在一定程度上减轻了企业负担，故公司2016年税收呈下降情况

俞支援董事长在2016年度总结年会上讲话

浙江运发文化发展公司自1950年5月创立以来，企业名称几经变换，企业驻地亦几经搬迁，企业核心传人也已进入第二代与第三代新老交替时期，企业职工更是多换了新人，已经走过了66年的不凡历程。66年，沧海桑田，大浪淘沙，变化的世界和转变转型着的企业，可公司的艰苦创业、质量至上、精诚服务、创新发展等的精神，是代代相承。特别是由运输服务转而以贵金属饰品、工艺品和青瓷制品的生产制造营销一体为主后，由精诚服务、顾客至上并为制造“千年精品”的工匠精神，所做出的管理制度创新、生产技术创新等等的各种探索和努力，都是一贯的。

而作为对企业生存、发展、壮大做出了最大贡献的企业核心人物董事长俞支援，不仅创立了一整套的企业生产、经营的管理制度和方法，更在企业发展中，建立起了具有企业自身特征的公司文化。这在上虞企业家队伍中，亦是较少具有的。“运输公司经营文化”“贵金属文化”“青瓷传承文化”，在公司内，都有着俞支援的俞氏特色的清晰印记。“超奖负赔”“金玉联姻”“青瓷文化与贵金属文化珠联璧合”，等等，都是从文化视角创造出的大手笔；以此去生产制造，去经营为大众所喜爱的产品——实现生产制造者和消费者的互惠共赢，留下运发制造的传世精品，这就是俞支援经营管理公司的理念。由此，人们称董事长俞支援是“做文化的企业家”，当也是实至名归的。

文化与生产经营的结合，必让企业走得更远，做的更强。现在，浙江运发文化发展有限公司，正携旗下浙江运发实业有限公司、浙江盛世国金工艺品有限公司、绍兴小仙坛越窑青瓷有限公司等生产经营主体，以贵金属饰品、工艺品和越窑青瓷制品为公司核心产品，以“院士专家工作站”为依托，以浙江运发越窑青瓷研究院为研究开发基地，以《运发报》为窗口和阵地，集研发、生产、销售和文化传承于一体，并在贵金属与青瓷的完美结合上，不断创新突破，努力把浙江运发文化发展有限公司、绍兴小仙坛越窑青瓷有限公司等，管理经营成为浙江省非物质文化遗产的传承基地，贵金属文化的创新基地。

浙江运发文化发展有限公司未来将与中国金币总公司、上海造币有限公司、南京造币有限公司、成都印钞厂、中钞长城贵金属有限公司、上海珍宝金银饰品厂、中国集邮总公司、中国建设银行、中国工商银行、浙江省邮政局（公司）、宁波银行等，组成更加巩固的利益共同体，战略合作，共创共享，共造卓越。

公司将一如既往坚持“高端、专业、贴心”的服务理念，以国际化的视野，着重于文化创意、文化传承，以出千万年的传世精品为要旨，以专业化、个性化的生产，一站式的营销，按ISO 9001质量、环境、职业健康管理体系认证标准等要求，努力保持“運發”牌贵金属饰品、工艺品为“浙江省名牌产品”“浙江省著名商标”，“小仙壇”青瓷产品为“绍兴老字号”商标等荣誉和良好社会声誉，追求并实现公司产品品牌的世界一流目标。

面向大众，面对世界，面向未来，在公司的不断发展、提升、扩张中，公司宗旨是把文化传承做得更积极、更到位、更具内涵。因为只有蕴含文化的贵金属饰品、工艺产品和青瓷创意产品，才具有永远的生存力和吸引力。

公司董事长俞支援说：“我们的使命就是在淬炼金银中传承文化。”

总经理俞辉表示：“质量是产品的根本；如若质量把不住，皮之不存，毛将焉附？即使通过广告等大造舆论搞个好声誉，最后仍然是难逃被‘遗弃’或‘淹没’的命运。质量一定是实干出来的！现在，已经拥有了‘運發’与‘小仙壇’品牌，并形成了自己企业文化的集研发、制造、销售于一体的公司，我们更愿立于潮头，接受消费者长期的考验！”

努力于共存共赢共享共荣，关注社会，热心公益，帮扶弱势，共建文明富强，公司董事长俞支援及管理团队的共同心愿，就是职工和企业是命运共同体，共创共荣；生产制造经营者与消费者为成果共享者，共为千年精品奉献着智慧。工匠手艺，收藏珍品，“与众乐乐”，其乐无穷。

运发集团2016年度各类先进风采展板

附

名称变更与领导更迭情况

1950 年 5 月（一说为 8 月），东关搬运工会成立。负责人为朱月来，男，（1908.2—1988.1）东关马家桥人，中共党员。

1955 年，东关搬运工会更名为“东关镇搬运站”。业务情况基本不变，负责人仍是朱月来，王长仁任工会主席。

1956 年 6 月，更名为上虞县航管所东关快运组。朱月来不再担任负责人，组长为徐阿寿（1930.6—2010.8），男，绍兴陶堰人，中共党员。

1958 年 11 月，上虞县航管所东关快运组并入并归口地方国营上虞县运输公司管理，更名为上虞县运输公司东关站。站长为徐阿寿。

1962 年 5 月，因领导体制转换，上虞县运输公司东关站更名为上虞县东关搬运站，隶属于上虞县工业交通局和搬运管理站。站长仍然由徐阿寿担任，其任职至 1983 年年底。

1984 年 1 月，上虞县东关搬运站主要领导调整，上虞县交通局任命站长：俞支援。副站长：祝兴中。东关搬运站同时成立搬运站管理委员会，成员：董百鹤，韩水夫，沈云夫。

1984 年 7 月，经上虞县交通局和上虞县工商管理局同意，上虞县东关搬运站更名为上虞县东关运输公司。交通局任命公司经理：俞支援；副经理：祝兴中。

1988 年 4 月，上虞县东关运输公司更名为上虞县第一运输公司；1992 年 10 月上虞撤县设市后，更名为上虞市第一运输公司。交通局任命公司经理：俞支援（1988.4—2001.4）（括号为任职起止时间，下同）。副经理则几经变动调整，具体任职情况如下，副经理：韩水夫（1985.1—1995.6）；副经理：朱百灿（1993.8—2001.4）；副经理：阮胜华（1995.10—1996.8）；副经理：章国强（1995.10—2001.4）；副经理：邓洪（1997.6—2001.4）。

1992 年 7 月，公司根据上虞县计经委的虞计基〔1992〕字第 349 号文件批复，建办上虞县珠宝工艺厂。该年 8 月，经上虞县工商行政管理局注册登记，珠宝工艺厂正式定名为上虞县珠宝饰品厂。该年 10 月，上虞撤县建市后，名称为上虞市珠宝饰品厂。上虞县交通局党委任命俞支援任上虞县（市）珠宝饰品厂厂长。随着珠宝饰品厂业务的不断提升，生产规模不断扩大，该厂后逐渐由作为一运公司“副业”的附属厂，发展成公司创造税收与利润的主力军。至 2001 年改制前，珠宝饰品厂实际业绩，已大大超越并取代了一运公司“运输主业”的地位。

2001 年 4 月，上虞市第一运输公司由集体所有制整体转制为股份制有限责任公司。转制后，公司更名为：上虞市运发珠宝实业有限公司。公司成立董事会，董事会成员如下：董事长：俞支援（兼总经理）；董事：章国强，邓洪，朱百灿，沈维康；监事会成员：曹永灿，章苗中，俞华飞。

2005 年 8 月，上虞市运发珠宝实业公司经工商行政管理部门同意，更名为上虞市运发实业有限公司。此期间：2008 年 7 月，公司董事章国强因病故缺额，经董事会讨论决定，董事不作补额，其所持股份，由各股东分别认购。

2010 年 4 月，据公司章程，上虞市运发实业有限公司经营期限到期，进行股权重组，成立新董事会。董事会成员如下：董事长：俞支援；董事：俞辉（任总经理）；董事：朱百灿（任副总经理）。

2012 年 4 月 18 日，公司进行增资扩股。经增资扩股后，上虞市运发实业有限公司升格并正式更名为浙江运发文化发展有限公司。公司董事会成员不变，所占股份额度则有变化。

2015 年 11 月，公司董事、副经理朱百灿退休，其所持的公司股份也予以转让，公司副经理也随即免去，其公司董事身份也不再拥有。

历年来经营业务开发拓展情况

一、集体所有制期间（1950—2001年）

从1950年成立东关搬运工会，并逐步发展成上虞市第一运输公司，公司的真正发展是在国家全面实施改革开放政策后。而自俞支援同志担任经理后，依靠其过人的经营、开发、组织、创新等能力，公司更是进入了一个不断扩张、拓展的快速发展时期，以汽车运输为主业，搬运、装卸、汽车修理、汽配商店，又客车出租、客运业务等等，又创办上虞市珠宝饰品厂，多元开发，优势互补，集体经济不断巩固壮大。

据记载，集体所有制时期，由上虞市第一运输公司创办（投资）的分支机构、建立独立法人的旗下企业共有十二家。

一、1981年，创办五金加工厂。厂址设在东关镇东北路10号，即站所内。是上虞县东关搬运站内部，增加的一个附属部门。主要经营小五金、汽配零部件加工等业务。设备以仪表车床为主，另有一台旧式620型车床，是企业第一家工业性质加工、制造型小作坊。1987年12月，公司与上海车配五厂正式签订。工商格式的五金、汽配件加工业务订单，应用于经营业务中。车床技术工人有密丽娟、徐雅仙、胡绍虞、黄新法等，采取骨干以师带徒的方式，提高职工的技术水平。

1991年3月，正式领取分支机构营业执照，注册号8469072-5，名称：上虞县东关五金汽配厂，厂长胡绍虞，营业至1996年5月注销。

二、1987年6月，公司成立上虞县东关运输公司汽配厂商店（公司附属）。负责人：阮顺荣。经营地址：东关镇东北路11号，停车场边营业房7间，约175平方米，食堂宿舍楼，建筑面积517.48平方米，办公室建筑面积16.14平方米。

1990年8月20日，商店进行工商登记，名称为：上虞县一运公司综合经销部，营业执照号1461904009。撤县设市后，更名为上虞市一运公司综合经销部，负责人：王绍明。

1991年9月，汽修厂厂房落成并营业，经销部迁址到马家桥104国道边汽修厂内经营。

1997年8月，在汽修厂前面临104国道边，公司建造商住综合楼15间，约700平方米，一运综合经销部再次移址到马路边综合楼营业房营业。

三、1990年5月，公司在城区百官镇，成立上虞第一运输公司小客车出租站，这是公司涉足客运业的第一个脚步。

经营地址：百官镇凤山路42号，上虞县教育委员会所属校办企业公司一楼用房（租用），原老火车站现文化广场对面。投入营运的车辆有天鹅牌面包车（13座）、红星牌面包车（13座）、天津大发面包车、微型面包车和拉达轿车各一辆，共五辆。

1992年9月15日，经上虞县计委同意并下发虞计基〔1992〕字440号文件，将上虞县一运公司小客车出租站更名为上虞县小客车出租公司，并由工商部门颁发营业执照（分支机构），注册号：84619079-2 。撤县设市后，更名为上虞市小客车出租公司。经营地址变换到：百官镇横街路2号。营运客车在原有的基础上，又新购入夏利轿车四辆，营运小客车增至十辆。1996 年 4 月 28 日，随上虞市第一运输公司一起搬入百官镇舜江路一运公司大厦内。2001 年公司转制后，小客车出租公司融入上虞市运发珠宝实业有限公司客货运输分公司（企业非法人），并随客货运输分公司于 2013 年终止经营而注销。

四、1991 年 9 月 20 日，公司设立的上虞市第一运输公司汽车修理厂落成开业。负责人：章国强，经营地址：东关镇 104 国道马家桥村东首。营业执照注册号：84619078-4，占地面积 4931.43 平方米。车队停车场与汽修厂连成一片，停车场占地面积 1614 平方米；建筑面积食堂宿舍楼 517.48 平方米，办公楼 1161、14 平方米。

1995 年 8 月，汽修厂晋升为二类一级资质，并更名为上虞市一运公司汽车大修厂。

1998 年 5 月，上虞市第一运输公司百官大修分厂成立。经营地址：百官新建路出水桥（现江扬路新大通地段），占地 18073 平方米，建筑面积，两层的楼房二层 238.78 平方米；一层的平房 400.29 平方米。单独平房 82.82 平方米。

五、1991 年 9 月，上虞第一运输公司经政府部门协调，兼并处于亏损经营状态的县综合商店所属大众饭店，这是公司参与政府的拯救亏损企业扶弱帮困的行政行动。饭店地址：百官镇横街路 2 号，占地面积 199 平方米，建筑面积 393.12 平方米。经装修改造，于 12 月更名为一揽胜饭店，正式开张，对外营业。公司委派阮胜华任经理。饭店主营饮食、住宿；兼营烟酒副食品。以原县综合商店大众饭店的原班人马和公司派去的管理人员为饭店员工，饭店实行经济责任制的形式经营，后又发展为承包经营责任制，承包人陈忠美，俞秋根。1997 年 9 月，经交通局协调，升船所把百官凤鸣路 4-18 号房屋转给一运公司，公司把饭店等资产划转给升船所，饭店转由升船所管理。

六、1992 年 7 月，公司根据上虞县计经委的虞计基〔1992〕字第 349 号文件批复，建办上虞县珠宝工艺厂，企业性质：城镇集体，隶属上虞县第一运输公司管理领导。公司划拨东关镇东北路 10 号内二层、四层，作为珠宝工艺厂生产用房，共计建筑面积 1246.35 平方米。另把占地面积 711 平方米的东关镇镇东居委后濠娄底王家对面平房的 241 平方米，作为珠宝厂的附属用房。

1992 年 8 月，经上虞县工商行政管理局注册登记，珠宝厂正式定名为上虞县珠宝饰品厂，注册号 14612742-6，由上虞县第一运输公司投资 80 万元建厂经营。上虞县交通局党委任命俞支援同志任上虞县珠宝饰品厂厂长。

10 月，因上虞撤县建市，更名为上虞市珠宝饰品厂。建厂初期，以外来加工生产为主，由香港永钢珠宝（博罗公庆）公司提供的泰国和国内的黄玉、水晶、红蓝宝石等为原料进行加工，生产 Φ3-10 的珠宝饰品。

1992 年 12 月，经省人民政府批准（外经贸资浙府字〔1992〕2039 号），上虞市珠宝饰品厂与香港利泰投资发展有限公司，合资登记设立：中外合资绍兴运发珠宝首饰有限公司。经绍兴市工商行政管理局登记核准（〔1992〕浙绍工商外字第 103 号），注册登记，核发营业执照，营业执照登记号为：工商企合浙绍字第 00129 号。成立董事会，董事长俞支援，副董事长王匡一（福建省人），公司经营期限：1992.12.1—2007.11.30。

1994 年 12 月，中外合资绍兴运发珠宝首饰有限公司经营终止，并向绍兴市工商局办理了公司注销手续。

1994 年 1 月，经上虞市体制改革办公室（虞体改办字〔1992〕02 号），《关于同意上虞市珠宝饰品厂实行股份合作制的批复》，企业成立了改制筹备小组，组织实施股份制改革的运作，确定每股 100 元，筹资 1 万股，即 100 万元为公司股本金。入股以上虞市第一运输公司与上虞市珠饰品厂职工为主，吸收不超过 40% 的社会资金。于 1994 年 5 月 28 日，在百官一揽胜饭店召开股份制成立暨首届股东代表大会。上虞市委市府及体改办、交通局等领导部门、兄弟单位同志参加了成立大会。1997 年 8 月，珠宝厂增资扩股100.04万元。至此，上虞市第一运输公司与上虞市珠宝饰品厂，以二块牌子，一套班子进行管理经营运作，直到2001年4月，一运公司与珠宝饰品厂整体转制。

七、1992年12月，公司成立上虞市电动门制造厂（属二会办企业，享受税收优惠政策），经虞总工经批〔1992〕第6号文件认定，注册号14619090。经营地址：东关104国道（北）汽修厂内，公司投资20万元。责任人：陈伟良，实行承包经营模式。

1997年8月上虞市总工会根据国家有关政策，下发虞总工企〔1997〕第1号文件：《关于清理整顿工会企业的通知》的精神，挂靠企业必须脱离工会自行经营，电动门厂生产至1998年停止营业，并办理注销。

表5　　上虞市电动厂制造厂经营情况

年份	1993年	1994年	1995年	1996年	1997年
营业收入（万元）	47.2	19.96	41.6	52.2	61.3
上交本级工会（万元）	2	2	2.5	3	3.5
缴纳税金（万元）	3.1	1.23	2.66	3.29	3.66
利润（万元）	0.87	0.2734	1.3116	1.8172	
上缴市总管理费（万元）		0.1079	0.12	0.1350	
市总回拨（万元）			0.042	0.047	

八、1994年3月，公司成立上虞市交通汽车配件厂。由上虞市第一运输公司投资25万元组建，经营汽车配件的加工、制造，营业执照注册号14619296-5，经营地址；东关镇东北路10号。负责人：任梅林，采取承包经营模式。

九、1994年3月，公司与上海瑞祥金银饰品生产经理部合作，组建上海瑞祥金银饰品生产经理部上虞金银饰品厂。经营性质：集体与集体联营，注册资金100万元；注册号：14620985－1－4－4；住所：上虞经济开发区；法定代表人：俞支援。经营方式：加工、服务、批发、零售。主营业务；金银珠宝首饰。该合作项目经营至1997年4月，三年联营期满后注销。

十、1996年5月，公司经市交通局批准，成立上虞市一运综合商店。经营地址：百官舜江东路一运大厦营业房。营业房面积200余平方米，经营珠宝、玉石、烟酒副食品；兼营各类名片制作、复印等。

十一、1997年2月，公司与上海珠宝金银饰品厂合作，建立上海珠宝金银饰品厂上虞分厂。经营地址：上虞市舜江东路一运大厦内。注册资本100万元，经营范围：上海珠宝饰品厂经营许可范围内的所有项目。法定代表人：俞支援。

十二、1997年11月，公司成立上虞市礼仪工艺品厂。经营地址；百官舜江东路一运大厦内，主营；仿古葬具系列产品。经营方式：制造、销售。负责人：余兴良。

二、股份有限公司期间（2001—2016年）

2001年4月，上虞市第一运输公司与上虞市运发珠宝饰品厂经整体转制后，更名后为上虞运发珠宝实业有限公司为公司经营主体，取代上虞市第一运输公司主体责任公司的地位。上虞市第一运输公司并予办理注销。转制后，上虞市第一运输公司原旗下拥有的6家分支机构，转由上虞运发珠宝实业有限公司控股管理。随着公司经营发展、业务拓展需要，后公司又受让企业一家，新成立公司（研究院）3家。

原旗下分支公司经营或经营终止情况：

（一）上虞市运发珠宝实业有限公司客货运输分公司（企业非法人），负责人：朱百灿。经营范围：汽车客货运输，小客车出租服务，注册号3306822102684，成立日期：2001年4月28日。

2005年8月，更名为上虞市运发实业有限公司运输分公司。

2011年10月，更名为上虞市运发客运有限公司。

2013年，因上虞区域内旅客运输统一由国有公交公司经营，运发客运公司经营活动终止。

（二）上虞市运发珠宝实业有限公司百官汽车修理厂（企业非法人），负责人：章国强，经营范围：汽车修理及汽车配件零售，注册号3306822102682，成立日期2001年5月，经营地址：百官新建路出水桥。

2003年11月，因百官城区二期拆迁，修理厂在拆迁区域内，为此，与上虞市东方起重机有限公司（人民西路东关工业园区内，光明路口）合作组建：上虞东方运发汽修有限公司，继续经营。

2005年8月，因业务减少，经营维艰，于11月停止营业，并清算注销。

（三）上虞市运发珠宝实业有限公司东关汽车修理厂（企业非法人），经营范围：汽车修理，汽车配件的零售，注册号3306822102686，经营场所：东关马家桥，负责人：章国强。

修理厂在公司转制后，因经营地址无法落实等问题，随后就转让修理厂的资质与汽配件，职工都调配到百官修理厂工作。

（四）上虞市运发珠宝实业有限公司珠宝商行（企业非法人），负责人：俞支援，注册号3306822102683，经营范围：金、银、宝石饰品，纪念奖牌，工艺礼品的批发，零售等。2001年4月成立时，营业地点设在恒利小区凤鸣路4-18号。

2001年8月18日，由上海造币厂，上海珠宝金银饰品厂，上虞市城市信用合作社与公司等四家单位合作，开办了新的门市部，地址设在百官人民路338号（现步行街越王珠宝店对面）。

（五）上虞市运发珠宝实业有限公司快餐店（企业非法人），负责人；曹永灿，注册号：3306822102680，营业场所：百官恒利新村凤鸣路4-18号，经营范围：酒、菜、快餐服务等。

（六）上虞市运发珠宝实业有限公司礼仪工艺品厂（企业非法人），负责人：邓洪，注册号3306822102681，经营地址：百官恒利小区凤鸣路4-18号，经营范围：仿古葬具工艺品的制造加工。

受让公司一家：

上虞越瓷陶业有限公司 ：

上虞越瓷陶业公司成立于2004年4月23日，公司驻地曹娥街道蒿一村。2006年12月，上虞市舜辉贸易有限公司受让上虞越瓷陶业有限公司，随后迁址于百官街道叶家埭村。2010年4月，公司由百官街道叶家埭村，迁至上虞曹娥街道越秀中路399号浙江运发文化发展有限公司内。2013年4月，浙江运发文化发展有限公司，受让了上虞越瓷陶业有限公司60%的股权，越瓷陶业公司由浙江运发文化发展有限公司控股管理经营。2013年11月，上虞越瓷陶业有限公司股东之一曾瑞明将股权全部转让，公司整体为浙江运发文化发展有限公司控制。2013年12 月23日，上虞越瓷陶业有限公司更名为：绍兴小仙坛越窑青瓷有限公司。（具体介绍见《绍兴小仙坛越窑青瓷有限公司简史》）

新成立公司（研究院）3家：

（一）2010年10月，成立上虞市商贸进出口有限公司，企业法人单位，法定代表人：俞支援，注册号330682000080531，经营地址：上虞市经济开发区越秀中路399号。

2011年5月，因越瓷产品的出口量较小而停止经营，办理公司注销手续。

（二）2011年5月18日，组建浙江盛世国金工艺品有限公司，公司类型：法人出资，注册号330682000092180，法定代表人；俞支援，经营范围：工艺品，金属制品，金银纪念币、章、牌的销售，进出口贸易，属商贸型企业，经营地址；上虞市曹娥街道越秀中路399号。

（三）2012年10月，成立浙江运发越窑青瓷研究院（非企业单位）。浙民政字第040080号。法定代表人：俞支援；院长：俞辉。住所：上虞市经济开发区越秀中路399号。业务范围，越窑青瓷烧制，制作技术的开发与研究，越窑青瓷新产品的研发，提供相关的技术咨询培训等。业务主管单位，浙江省科技厅。

经营驻地变迁沿革情况

公司从东关搬运工会发展壮大至浙江运发文化发展有限公司，随着公司经营业务的不断拓展，规模不断发展壮大，公司经营驻地为与发展相适应，也几经迁址变迁。

搬运工会成立初期，20世纪50年代至1976年，公司驻地与经营地址，是东关房管会的公管房。经当时东关镇镇政府同意，将坐落于东关米市街九大弄与朱家弄坐北朝南的街面房，为两层楼的砖木建筑，面积200平方米左右，租用给搬运工会——搬运站。现原址已经全部拆建。

1976年10月，搬运站搬迁至自建的、产权属搬运站所有的办公楼办公。地址：东关镇镇东路10号，历史上称该地为荸荠弄或无情弄。办公房占地面积779.13平方米，建筑面积1156.79平方米，是三层砖混结构楼房。现原址公司建筑仍在，基本还保持原样。

1989年10月，经政府有关部门同意，已由搬运站更名为上虞第一运输公司的公司，给办公楼由三层加层至四层，增加建筑面积208平方米，并进行整幢办公楼的装修翻新；并使食堂及浴室占地达到271.91平方米，建筑面积为243.33平方米，为职工就餐与洗澡增加宽敞与舒适感。该驻地办公至1996年4月公司整体乔迁。

1996年4月28日，上虞第一运输公司经营地址，整体乔迁至百官镇环城北路，即现在的舜江东路一运大厦综合办公楼内。该驻地占地面积1241平方米，建筑面积办公楼1–3层1271平方米；职工集资楼4–7层1695平方米；食堂及附房两层楼266平方米。现该驻地建筑基本保持原样。

2007年4月28日，公司经营地址迁至：上虞经济开发区曹娥街道越秀中路399号，该驻地占地面积5606.2平方米，建筑面积4380.31平方米。2012年5月，公司2号楼增层至三层，作食堂、职工宿舍之用。新建机模车间，增加建筑面积700余平方米。2013年7月，1号楼、3号楼分别增层至四层和三层，并进行翻新改造，增加建筑面积1420平方米。

2014年，公司因发展，租借浙江五洲泓泰医药有限公司办公楼用房及场地内附属设施，新增用地面积16396平方米（1.64公顷），建筑面积6685平方米。

贵金属工艺特色产品选介

浙江运发文化发展有限公司是生产、加工、市场营销和网络销售的多方位公司。公司生产建立有现代化的管理体系，其体现为崭新的设计理念、严格的数字管理、安全的防伪技术措施和高信度的质量保证和市场信誉。公司以“宝戒”图案与中文繁体“運發”字样为注册商标，专业生产中高档贵金属饰品、礼品为基本生产品种，种类包括典庆、婚庆、收藏、赠品等不同层次的产品。历年来，为各种大型活动提供了相应的礼品、展品，并参与举世闻名的2008年北京奥运会、2010年广州亚运会等国际大型高端的奖牌制作，还生产出特大规格（10～20公斤）的银章与银制品。

公司产品展示厅

公司荣誉墙

●公司工人一丝不苟地生产操作

公司设计师细心设计产品

公司先进整洁的现代化生产车间

贵金属特色工艺产品选录

参与制作的金银铜镶玉 2008 年奥运会奖牌

运发投资金砖（规格：10g 、20g、 50g、 100g 、300g、 500g　成色 99.9%）

人大、政协等会议纪念章（纯银镀金）

牛年银条（重：50g 成色 99.9%)

东滩煤矿20周年银质纪念盘（重：500g，成色99.9%）

舜耕群雕（纯银制作）

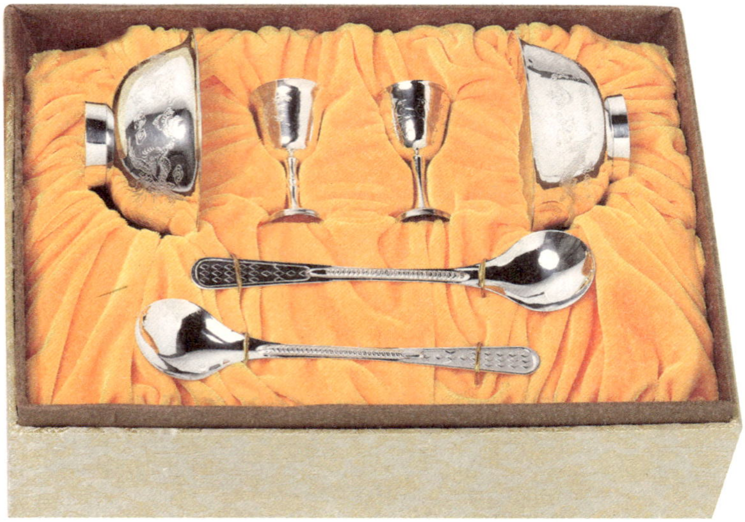

●银餐具（纯银制作）

●福牛笔筒

●虎年银章

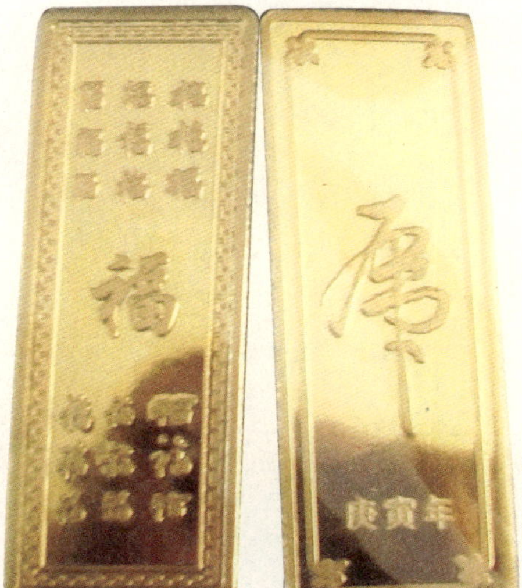

●虎年金条（成色 99.9%）

奖牌（纯金或纯银）

结婚纪念章（成色 99.9%）

●银元宝（成色：99.9%）

●纯银饰品

●公司生产的贵金属工艺品

●公司生产的贵金属工艺品

传承青瓷文化　重振上虞青瓷

——绍兴小仙坛越窑青瓷有限公司志

（上虞越瓷陶业有限公司）

（2004 年 4 月—2016 年）

绍兴小仙坛越窑青瓷有限公司由上虞越瓷陶业有限公司发展沿革而来。

上虞越瓷陶业有限公司成立于 2004 年 4 月 23 日，由朱生灿出资占总股本金的 60%，曾瑞明出资占总股本金的 40%；经杭州金汇联合会计师事务所，杭金会验字〔2004〕第 1964 号，验资后成立。注册号：企合浙绍总字第 003044 号(2013 年 5 月调整为 330600400024562)，生产经营地址设在上虞市曹娥街道嵩二村，租用当地民用房。法定代表人：朱生灿；总经理：潜梅珍。经营范围：制造、销售包装瓷、陶器、瓷器。

2006 年 9 月 14 日，上虞越瓷陶业有限公司根据企业发展的需要，向国家商标局申请注册的中文文字“小仙壇”商标，正式获得批准，批准注册号为 3898722 号，有效期 10 年。核定使用商品为第 21 类的：日用玻璃器皿（包括杯、盘、壶、缸）；细颈坛；瓦器；耐酸耐碱陶瓷器；饮用器皿等。

［小仙坛：小仙坛是地名，因其存有我国东汉时期的青瓷古窑址而闻名海内外。小仙坛位于浙江省绍兴市上虞区上浦镇曹娥江畔的石浦村北 200 米，古瓷窑遗址由小陆岙、小仙坛、大园坪三处窑址组成，是上虞东汉瓷窑分布的密集地。东西相距 600 米左右，面积约 800 平方米。古窑址虽其窑炉破坏严重，但遗存物制作规整，质量甚高，青瓷产品已达到或超过现代日用瓷的标准。从烧制质量上看，该窑制品胎质细腻，致密，呈灰白色。釉以青色、青黄为主，釉层比原始瓷显著增厚。器物表面饰蓖纹、席纹、水波纹、弦纹等。由于烧成温度高，吸水率低，抗弯强度大，且在还原气氛中烧成，胎釉结合紧密牢固，釉层光亮，有较强的光泽度，釉层淡雅清澈，犹如一池清水，已经达到了成熟青瓷的标准。小仙坛窑址所发现的古瓷

器遗存物表明：早在东汉时期，成熟的瓷器已在浙江上虞烧造成功。由此，小仙坛窑址，被专家认定为迄今为止发现的世界上最早的青瓷窑址，是成熟青瓷的典型代表。据此，曹娥江流域也因此被专家学者认定是我国青瓷的主要发源地，素有中国“瓷之源”一说。2006年5月，小仙坛窑址被国务院确定为第六批全国重点文物保护单位 。]

2006年12月，上虞市舜辉贸易有限公司，受让朱生灿在上虞越瓷陶业有限公司所有的60%股权后，由法定代表人俞辉任董事长，并将经营地址从上虞市曹娥街道蒿二村，迁址到上虞市百官街道叶家埭村，租用上虞市叶华实业有限公司550平方米的厂房，作为生产经营场地。董事会由俞辉（中方），潜梅珍（中方），曾瑞明（外方）组成。重组后的公司，名称不变，管理经营则由董事长俞辉兼任总经理。

上虞越瓷陶业有限公司由俞辉任总经理后，又进入一个崭新的发展时期。进行仿古制造和新产品开发，产品系列不断增加，产品种类不断丰富，其制造的仿品和研发的新产品，经常参与省内外博览会的展览，不断获得浙江省、绍兴市的奖励。

控股上虞越瓷陶业有限公司后，上虞越瓷陶业有限公司为使“小仙壇”商标，具有图文相配的完整性，又增加了图形商标的内容。2007年10月7日，向国家商标局申请的为中文文字“小仙壇”配以上虞青瓷代表性产品“鸡首壶”图形的商标，正式获得了批准。批准注册号为4133781号，有效期10年。商标核定使用商品为第21类的：细颈坛；瓦器；耐酸耐碱陶瓷器等

2010年4月，上虞越瓷陶业公司由百官街道叶家埭村，迁至上虞曹娥街道越秀中路399号上虞运发实业公司内。并在工商登记上，办理了经营地址变更手续。

这在上虞越瓷陶业有限公司发展史上，是一次促进产品生产升级迈上新台阶的搬迁。

2013年4月，浙江运发文化发展有限公司，受让了上虞越瓷陶业有限公司60%的股权，上虞越瓷陶业有限公司由浙江运发文化发展有限公司控股管理并经营。浙江运发文化发展有限公司控股上虞越瓷陶业公司后，董事长一职转由俞支援兼任，总经理则由俞辉担任。

2013年11月，上虞越瓷陶业有限公司股东之一曾瑞明，将占公司注册资本40%的股

权，全部撤资转让。其中28.67%转让给俞辉，11.33%转让给王潇懿，并经上虞市商务局商务资〔2013〕129号文件批复同意，企业性质亦由中外合资企业变更为内资企业。变更后，公司名称仍不变，企业注册资金则由美金转换为人民币。变更后的股权结构为：

浙江运发文化发展有限公司占60%的股权，公司成了浙江运发公司的旗下公司。

2013年12月23日，经工商行政管理部门同意，上虞越瓷陶业有限公司更名为绍兴小仙坛越窑青瓷有限公司。法人代表：俞辉。经营期限：长期。

2014年9月，经公司努力，不断研发创新，公司注册的青瓷“小仙壇”商标及标识，被绍兴市商务局确认为“绍兴老字号”，公司为传承、开发、发展越窑青瓷所作出的努力，获得政府权威部门的肯定和认可。

公司现在主要生产的越窑高仿瓷和现代工艺瓷等产品，市场上是供不应求。近几年中，年销售均在300万元以上。

绍兴小仙坛越窑青瓷有限公司大事记

2004年4月，上虞越瓷陶业有限公司成立，厂址：上虞市曹娥街道蒿二村。

2005年6月，与浙江大学硅酸盐研究所合作，研究生产高仿瓷。

2006年9月，生产出第一批高质量的越窑青瓷产品。

2006年9月，上虞越瓷陶业有限公司向国家商标局申请注册的中文文字“小仙壇”商标，正式获得批准，有效期10年。

2006年12月，公司经营地址从上虞市曹娥街道蒿二村，迁址到上虞市百官街道叶家埭村。

2007年4月，生产出高仿陕西法门寺越瓷净瓶，标志着公司在传承和恢复越瓷烧制技艺上的成熟。

2007年10月，为商标具有图文相配的完整性，公司向国家商标局申请的为中文文字“小仙壇”组合的上虞青瓷代表性产品“鸡首壶”图形的商标，正式获得了批准，有效期10年。

2008年5月，中共中央原总书记、国家原主席、中央军委原主席江泽民使用上虞越瓷陶业有限公司生产的青瓷文具，为上虞博物馆题词。

2008年7月，公司产品被上虞博物馆收藏并在建立的“上虞青瓷馆”中展出。

2009年4月，应韩国康律郡文化院邀请，总经理俞辉赴韩国考察交流，了解高丽瓷的制作工艺和文化背景。

2009年7月，中央电视台“探索、发现”栏目走进公司，拍摄三集《越窑秘事》。

2009年8月，董事长俞支援获省级非物质文化遗产越瓷烧制技艺代表性传承人称号。

2009年上虞越瓷陶业有限公司，被浙江省文化厅确定为浙江省非物质文化遗产继承单位。

2010年2月，公司青瓷产品被上虞市非物质文化遗产展示馆收藏并展出。

2010年5月，著名设计大师、美术大师韩美林为公司题词：“永远的越窑青瓷。”

2010年7月公司仿制的《青瓷镂孔熏炉》，荣获中国旅游商品大赛浙江参赛商品选拔赛优胜奖。

同月，公司创制的《舜耕群雕》青瓷制品，获中国旅游商品大赛浙江参赛商品选拔赛优胜奖。

2010年8月，上虞越瓷陶业有限公司厂址，迁移到上虞经济开发区（曹娥街道）越秀中路399号。

2010年12月，公司实现销售突破200万元。

2011年6月，公司在上虞市上浦镇中学建立越窑青瓷烧制技艺传承基地，在年轻一代中培养越瓷传承人。

2011年8月，公司内建成“越瓷展厅”，系统展示越窑青瓷的发展历史、各历史时期瓷器的代表作品和特色产品。

2011年9月，公司青瓷产品被绍兴市非物质文化遗产展示馆收藏并展出。

2011年11月，公司产品在杭州西博会“青瓷名师精品展”上，被浙江省文化厅授予四个大奖。

2012年10月，绍兴市文广局授予上虞越瓷陶业公司为绍兴市非物质文化遗产生产性传承基地（越窑青瓷烧制技艺）。

2013年5月公司被绍兴市非遗领导小组、绍兴市文广局确认为绍兴市非物质文化遗产优秀传承基地。

2013年8月绍兴市委人才工作领导小组办公室、市人力资源和社会保障局授予公司职工李道凤“绍兴市市级越窑青瓷工艺李道凤技能大师工作室”。

2013年12月，经工商行政管理部门同意，上虞越瓷陶业有限公司更名为绍兴小仙坛越窑青瓷有限公司。

2014年9月，公司的注册的青瓷“小仙壇”产品商标，被绍兴市商务局确认为“绍兴老字号”商标。

2014年11月，小仙坛越窑青瓷有限公司研发的《仿制秘色瓷》，获得绍兴市上虞区首届越窑青瓷秘色瓷产品三等奖。

2015年5月，公司发明的《一种金属与青瓷烧制的工艺》，获得国家知识产权局授予的发明专利证书。

2015年6月，公司青瓷制作技能大师李道凤获绍兴市工艺美术五星级民间人才称号。

2015年8月，公司发明的《银棱平脱秘色瓷器的制作方法及制得的平脱秘色瓷器》，获得国家知识产权局授予的发明专利证书。

2016年2月，公司被绍兴市非遗领导小组、绍兴市文广局评为绍兴非遗文化遗产优秀传承基地。

2016年12月，公司名列浙江省文化厅公布的第二批“浙江省非物质文化遗产生产性保护基地”名录。

附

永远的越窑青瓷

——公司传承并成功仿制生产历代越窑青瓷名品情况

火与土的结合，点燃了中国悠久灿烂的瓷器文化。从东汉中晚期诞生起始，上虞越窑青瓷历经了三国、西晋的鼎盛期，东晋、隋朝的低潮期，唐、北宋初的巅峰期，直到南宋初期渐趋式微，至今已有1700余年历史。文物考古界普遍认为：上虞是中国瓷器的发源地，已发掘的北宋前的古窑址达158所，其中东汉窑就达54所，这证明着历史上上虞瓷器生产制造的辉煌。

古人云："土蚀万年黝以穆，寿逾金石贵珠玉。"古人是如此评价青瓷的不同凡响的："青瓷受污，不浸其洁；经火，不变其形；宁碎，不屈其性；入土千年，不朽不锈，雅容犹存。金银铜铁，羞愧难媲。"青瓷高洁、实用、恬静，确是非它物可比。

唐代"茶圣"陆羽，在其名著《茶经》中，是如此评价上虞的越窑青瓷的："若邢瓷类银，越瓷类玉，邢不如越一也。若邢瓷类雪，则越瓷类冰，邢不如越二也。邢瓷白而茶色丹，越瓷青而茶色绿，邢不如越三也。"

如此之优，别无替代，获得国内外社会大众的普遍喜爱。

越窑青瓷，永远是上虞古代劳动人民用智慧创造下的历史瑰宝。

如今，最早成功烧制出越窑青瓷的上虞区上浦镇的"小仙坛"汉窑遗址，已经是全国重点文物保护单位。

绍兴小仙坛越窑青瓷有限公司（上虞越瓷陶业有限公司）成立于2004年，则是"小仙壇"越窑青瓷的成功传承和弘扬者，现是浙江省非物质文化遗产越窑青瓷制作技术的传承单位和保护性生产基地。本着传承青瓷文化、发展青瓷产业的历史使命，数年来一直花巨资投入越窑青瓷的抢救性发掘与研究，开发生产的青瓷产品釉色类冰类玉，造型端庄持重，花纹宛若天工，被国内学术界和收藏界普遍认可，已成为政府和企事业单位对外交流中，馈赠客商与专家的上佳礼品。

传承复制，上虞青瓷，在绍兴小仙坛越窑青瓷有限公司和俞支援等企业与企业家的努力下，更得到了政府和社会各界的关心支持，重振越窑青瓷，古老的越窑青瓷已经迎来了又一个春天！

为恢复研制出高质量的越窑产品，公司经董事长俞支援、总经理俞辉的亲自参加研发，经过反复试验，终于成功仿制了狮形烛台（西晋）、青瓷佛寺罐（西晋）、鸡首壶（东晋）、羊尊（东晋）、蟾蜍砚滴（五代）等古代上虞

董事长俞支援在青瓷窑炉前

越窑青瓷的代表作品。

公司还采用现代科技手段和方法,引进金、银镶嵌工艺，开发出了金银越窑青瓷盘（如舜帝盘、梁祝盘等）等现代工艺青瓷产品。

随着越窑青瓷被国务院命名为全国级非物质文化遗产后，社会各界对越窑的青瓷文化和越瓷的开发发展日益重视，公司的生产、开发前景将更加广阔。

公司在“小仙壇”商标获得国家商标局的批准以来，更把越窑青瓷的复兴和发展作为已任，不但传承了老祖宗留下来的优秀青瓷文化元素，还最大限度地释放出越窑青瓷所蕴含的巨大文化与历史价值，让上虞这一特色的文化精髓，在新的历史时期里，创出一条经济与文化相辅相成相得益彰的发展之路。

这条路，在公司努力、政府支持、社会各界关心下，正越走越宽广。

董事长俞支援现场制作

浙江省委宣传部领导观摩青瓷制作

绍兴市委组织部领导赏鉴青瓷

●上浦镇中学学生观摩青瓷制作

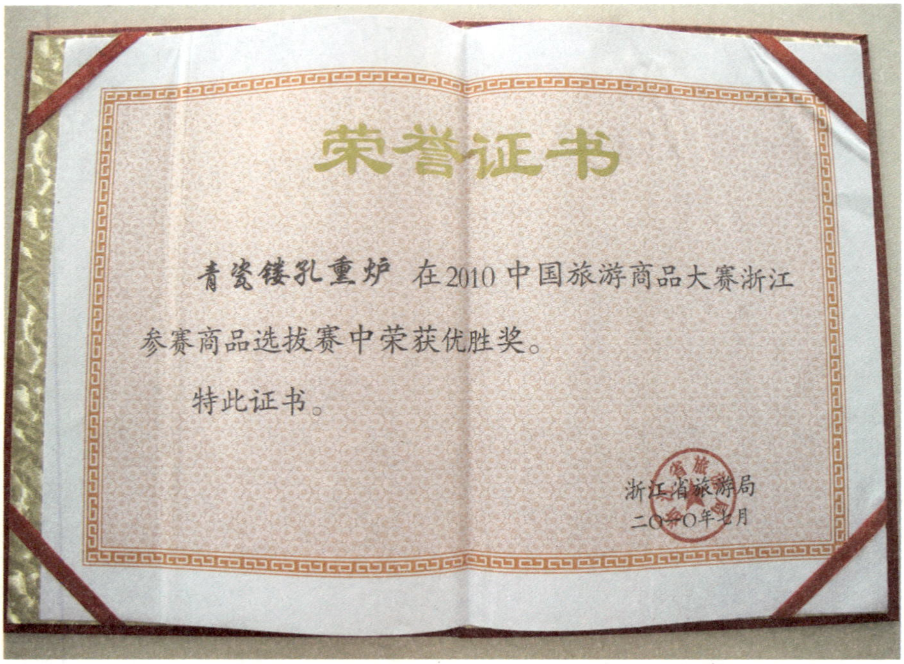
荣誉证书
青瓷镂孔熏炉 在2010中国旅游商品大赛浙江参赛商品选拔赛中荣获优胜奖。
特此证书。
浙江省旅游局
二〇一〇年七月

證書
俞辉 同志代表作品《铸空香薰》参加“非遗薪传——浙江青瓷精品展”荣获铜奖。
特颁此证，以资鼓励。
浙江省文化厅
二〇一一年十一月十日

●五代◇鸳鸯砚滴◇ 1991 年下管镇童郭村出土◇一级文物

●北宋◇青瓷粉盒◇曹娥严村出土◇一级文物

● 东汉◇四耳罐◇ 1978 年百官下市头出土 一级文物

● 东汉◇褐釉虎子◇百官麋家岭出土 一级文物

●三国末◇青瓷鸡首壶◇梁湖南穴村出土

●西晋◇青瓷堆塑罐◇ 1984 年曹娥严村出土◇一级文物

东晋◇青瓷香薰◇2000年小越镇驮山出土◇一级文物

●唐◇青瓷盘龙罂◇ 1982 年丰惠镇庙山出土◇一级文物

●绍兴八景盘

越瓷嵌纯银梁祝盘

兰亭序盘

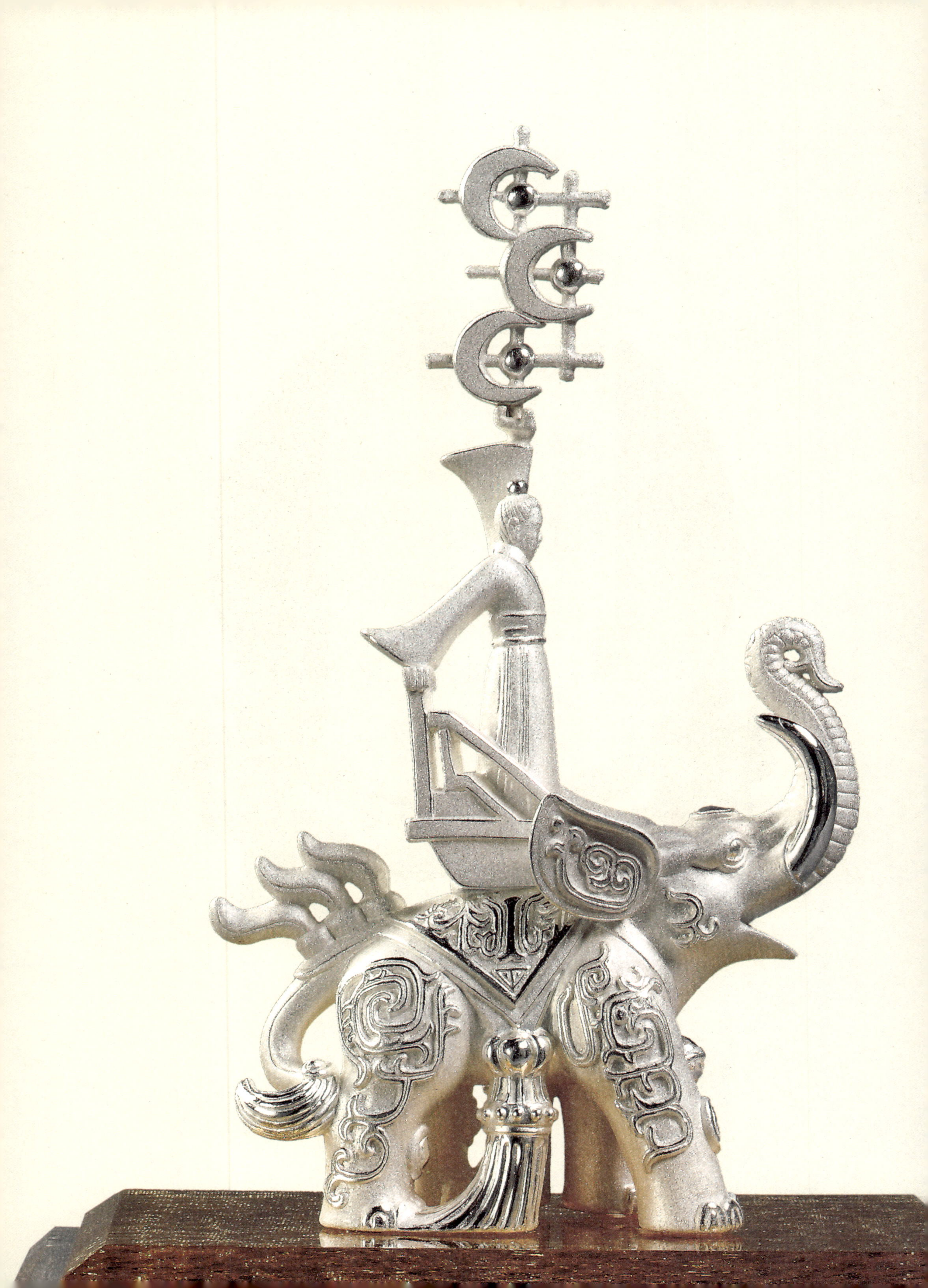

二 管理篇

GUANLIPIAN

制度建设

——公司管理情况简述

孔子言："工欲善其事，必先利其器。"作为一家企业，要做实做强做优，同样必须要有一整套切合企业管理的规章制度。依规而行，才能秩序井然。

制度，是保证一个企业正常运行、顺畅发展的先决条件，也是每一位员工必须遵守和坚持的准绳。一个企业，没有制度，不仅生产经营无章可循，会造成企业内部秩序混乱；且整个企业的人心，也会如散了架的机器，成一盘散沙。制度明晰，约定俗成，大家生产、工作就有准线，配合，照应，支持，竞争，不只是企业的各种目标能达到，个人的追求也能得到实现。故切实可行又严格的规章制度，在积极的管理之下，能有效地在企业发展中起到支撑和规范作用。

运发公司在多年的实践中，逐渐走出了一条具有运发特色的企业管理之路，也建立了自己独特的企业文化模式。

公司的行政管理，党、政、工会、共青团等组织机构配套完善，各司其职，运行顺畅，为企业生产经营活动的正常开展起到了有效的保驾护航的作用。

公司党组织，自1956年9月建立以来，虽经历公司名称更迭、生产转型、企业转制，党组织在公司，则一直处于核心地位。历年来，领导公司团结奋进，取得了很多上级机关授予的先进称号和荣誉。党务工作，在未转制前，一直是上虞交通系统的一面旗帜；转制后，年年获得曹娥街道党工委等上级的表彰。

公司工会组织，自1955年建立以来，一直是公司职工的"娘家"。工会积极、主动参与公司管理，坚持按规定换届。工会负责人有责有权，既着力于公司发展，又切实维护职工合法权益，是公司不断走向成功的好助手，职工利益的守护神。

公司共青团组织，也一直活跃在公司的广大青年职工群众之中。丰富青年职工的文娱生活，开展各种利于加强青年职工提高生产技艺、增进友情、服务社会、提升公司影响力的交流和联谊活动，是青年群众的桥梁和纽带组织。

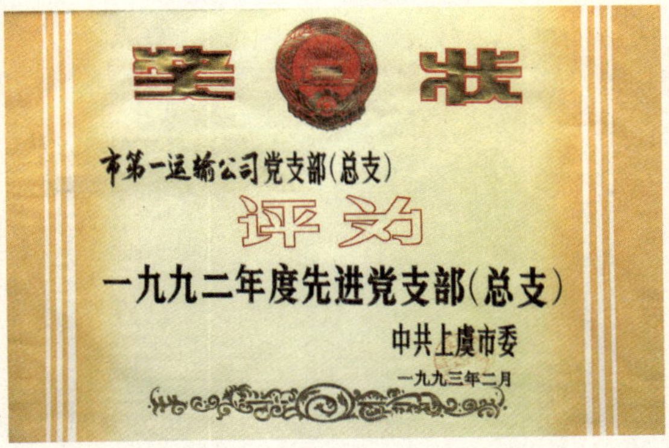

公司党支部1992年度先进奖状

公司严格执行岗位责任制、质量管理规范。公司何以能被奥运会、亚运会选中生产制作世界一流的奖牌，就在于严格规范的制度与操作程序，把工匠精神熔铸到每一道工序的操作上。而为追求优质、追求出千年传世精品，也才有了 2013 年 7 月 6 日，将 3222 件价值 99.9 万元的越窑青瓷成品，砸成碎片的“有为”行动。所以公司的制度与执行，体现的是对市场、消费者、职工等高度负责的精神，体现的是为公司产品质量的全程保驾护航。运发公司正是在经营、管理两手硬、两促进的良性互动中打响了自己的品牌，从而实现了经济效益、社会效益和职工收益的共赢。

党组织建设沿革与领导更迭情况

1950年5月（一说8月），东关搬运工会成立，早期党的负责人为朱月来。朱月来，男（1908.2—1988.1），初小文化，东关镇马家桥村人。

1956年9月，搬运工会已于6月更名为东关快运组，并正式组建党组织，名称为上虞县航管所东关快运组党支部，党支部书记为徐阿寿。徐阿寿，男（1930.6—2010.08），初小文化，绍兴县陶堰镇人。

1958年11月，因东关快运组更名为上虞县运输公司东关搬运站，党组织亦更名为：上虞县运输公司东关搬运站党支部，党支部书记为徐阿寿，任期至1962年5月。

1962年5月，再次因单位更名而更名为上虞县东关搬运站党支部。党支部书记仍为徐阿

公司于2014年3月14日在群众路线教育实践活动中作交流

寿，任期为 1962.5—1983.12。后增支委：韩水夫，1977.2—1984.12；再增支委：罗东法，任期为 1978.5—1984.12。

1984 年 12 月，党支部更名为：上虞县东关运输公司党支部，党支部书记：祝兴中，男，小学，东关镇人。支委：韩水夫，男，小学，中塘乡光明村人；罗东法，男，小学，汤浦镇人；均任至 1988 年 4 月。

1988 年 4 月，组织因公司更名而更名为：上虞县第一运输公司党支部。党支部书记：祝兴中。支委：俞支援，韩水夫，均任至 1991 年 5 月。

1991 年 5 月—2001 年 4 月，上虞市交通局党委对上虞市第一运输公司党支部重新任命。上虞县（市）第一运输公司党支部书记：俞支援（1991.5—2001.4），男，大学文化。支委：韩水夫（1991.5—1995.6）；沈维康（1992.12—2001.4），男，大专文化。支委：章国强（1995.12—2001.4），男，高中文化。

2001 年 5 月—2005 年 8 月，上虞市运发珠宝实业有限公司党支部，党支部书记：俞支援。支委：沈维康；章国强。任期均由 2001 年 5 月至 2005 年 8 月。（注：2001 年 4 月因企业转制，公司更名。2001 年 7 月 12 日，经中共上虞市交通局党委批准，原中共上虞市第一运输公司支部，更名为：中共上虞市运发珠宝实业有限公司支部，拥有党员 14 名。）

2005 年 8 月—2012 年 4 月。2005 年 8 月公司更名，党支部亦变更为上虞市运发实业有限公司党支部。党支部书记：俞支援（2005.8—2012.4）。支委：沈维康（2005.8—2012.4）；章国强（2005.8—2008.7）；朱百灿同志（2012.2—2012.4）。

2012 年 4 月至 2015 年 12 月。2012 年 4 月公司升格再次更名，党组织亦更名为：中共浙江运发文化发展有限公司支部。党支部书记：俞支援（2012.4—）。支委：朱百灿（2012.4—2015.12）；罗洪良（2013.5—2015.10）。

2013 年 5 月 8 日，按上级文件精神，公司党支部由市交通局党委转归属地上虞经济开发区（曹娥街道）管理。中共上虞经济开发区（曹娥街道）党工委领导主持了换届选举，并据选举结果，对公司党支部领导进行了重新任命。任命俞支援为党支部书记；朱百灿、罗洪良为党支部委员。

2016 年 7 月初，公司党支部在中共上虞经济开发区（曹娥街道）工委的领导与主持下，进行换庙选举，选举俞支援为党支部书记，杨峰、桑慧芬为支部委员。

工会（职代会）组织建设沿革情况

东关镇搬运工会至东关镇搬运站时期，基层只有工会负责人或小组长，无单独工会组织，初期负责人：王长仁，包友泗。

第一届：东关镇搬运站工会委员会。成立于1980年9月，至1984年8月换届，其间共召开五次职工代表会会议。（注：至1984年年底，共有正式职工118名，临时工35名，退休工人19名。）

工会委组成人员：主席：罗东法；副主席：朱百灿；委员：罗长炎、朱继堂、沈维康、韩水夫、童少锋。

第二届：上虞县东关镇运输公司工会委员会。换届后，任期为1984年9月—1988年2月。拥有会员124名，选出职代会代表29名，任期内共召开六次职代会会议。

工会委组成人员：主席：罗东法；委员：朱百灿，韩水夫，潜梅珍，沈维康，朱继堂。

职工代表29名：徐阿寿，祝兴中，俞支援，罗东法，韩水夫，陈继良，赵新龙，章国强，蒋建昌，董百鹤，潜梅珍，沈维康，徐雅仙，刘杏美，黄新法，徐华灿，徐仲新，王绍明，谢贵芳，罗长炎，孟水根，朱金良，章苗中，朱再夫，蒋龙华，阮胜华，李 标，朱百灿，沈云夫。（注88年底，共有正式职工124名，临时工58人，退休工人21名。）

第三届：上虞县第一运输公司工会委员会。任期为1988年3月—1991年8月，拥有会员124名，选出职代会代表36名。

工会委组成人员：主席：韩水夫；副主席：朱百灿；委员：沈维康（财务）、阮顺荣（宣传）、王绍明（组织）、徐华灿（生活）、潜梅珍（女工）。

职工代表36名：韩水夫，朱百灿，沈维康，王绍明，徐华灿，阮顺荣，潜梅珍，陈尧土，陈志芳，罗沛强，邵建华，吴绍宇，陈万生，余兴良，章宝炎，罗沛吉，阮胜华，董百鹤，陈继良，罗长炎，朱金良，章苗中，蒋龙华，赵新龙，孟水根，朱秋芳，徐雅仙，章国强，谢贵芳，徐仲信，刘杏美，祝兴中，俞支援，徐阿寿，朱炳荣，黄新法。

第四届：上虞市第一运输公司工会委员会。该届工会委于1991年9月召开（注：上虞1992年10月撤县建市，未建市前名称仍为“上虞县第一运输公司工会委员会”），任期为1991年9月—1995年8月，期间共召开五次职工代表会议。拥有会员217名，选出职代会代表41名。

工会委组成人员：主席：韩水夫；委员：沈维康、徐华灿、阮顺荣、徐雅仙、王绍明、曹永灿。

成立经审委，委员：章国强、章宝炎、董百鹤。

代表（41名）：章德土，王坚定，方月平，朱永清，陈星土，严小英，朱金渭，张月娟，周东萍，徐仲信，罗安源，毛介椿，朱百灿，朱关贵，陈金余，俞支援，潘国江，章苗中，童少锋，阮胜华，朱金良，潜梅珍，罗沛吉，余兴良，胡绍宇，陈志芳，胡绍虞，刘杏美，朱秋芬，蒋建昌，谢贵芳，罗长炎，蒋龙华，朱再夫，韩安娜，梁百林，王彩娟，祝兴中，高凤珍，陈万生，朱继堂。（本届因有五名代表调出或退休，后人员有调整。）

第四届职代会上，成立了企业管理委员会，目的是为保证公司决策的科学、务实，并保障决议的有效实施。

1995 年 6 月 23 日，工会主席韩水夫，因突发脑溢血，经抢救无效去世，享年 52 岁。公司于 24 日为韩水夫举行追悼会。

第五届：上虞市第一运输公司工会委员会。任期为 1995 年 9 月—2001 年 4 月，任期内共召开 8 次职工代表会议。拥有会员 233 名，选出职工代表 42 名。

工委会组成人员：主席：沈维康；副主席：曹永灿；委员：徐华灿（宣传）、王绍明（生活）、徐雅仙（女工）、章苗中（组织）、陈忠韵（财务）。

经审委组成，委员：董百鹤，朱金良，俞华飞。

产生代表 42 人：章国强，徐华灿，程炳法，王坚定，章德二，罗建国，任仁夫，王绍明，朱丽珍，沈维康，俞华飞，徐雅仙，宋新华，章苗中，朱百灿，董百鹤，金中军，潘国江，孟水根，吴宝艮，邓 洪，余兴良，陈忠韵，章宝炎，刘杏美，韩安娜，朱明亮，阮胜华，俞支援，曹永灿，叶根木，朱金良，朱美珍，秦关标，何华珍，胡绍宇，朱炳荣，陈万生，陈五十，朱金渭，陈伟良，杜仁夫。

此时期，有以下代表辞职（或去世）：孟水根，金中军，邵明书，陈伟良，朱金渭，潘国江，宋新华，阮胜华，杜仁夫。

1998 年 2 月 28 日，五届六次职代会上，增补代表 7 名：方苏泽，毛大宪，朱伟民，罗沛吉，郭荣芳，王伯仁，任梅林。

本届工会委员会第八次职代会，于 2001 年 4 月 7 日召开，讨论审议公司转型改制的方案。到会的 33 位经过充分酝酿协商后，一致同意并通过了公司制订的改制方案，市第一运输公司全面改制重组，职工工龄买断，身份改变。

企业改制后，建立起上虞市运发珠宝实业有限公司，经营也由原来的汽车运输为主业，转型为以珠宝生产、批发、零售为主业。工会组织重组，但工会性质、宗旨、职能等，依国

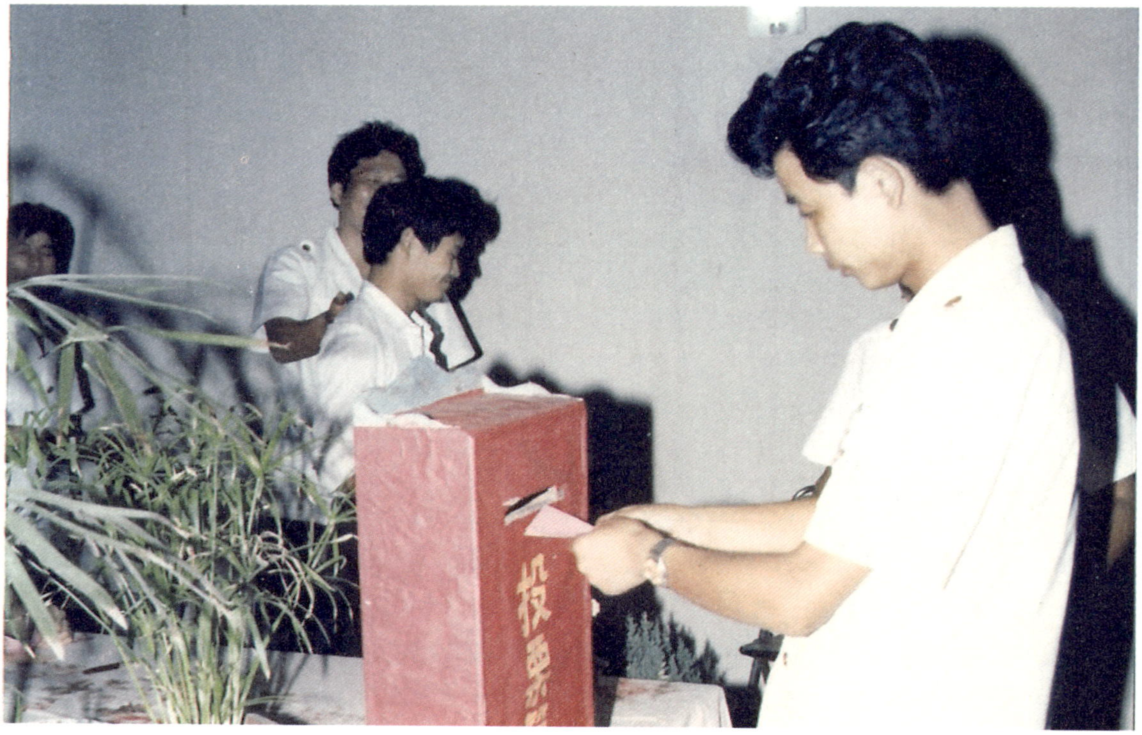

公司 1991 年 9 月四届一次职代会俞支援经理投票

1991 年 9 月公司四届一次职代会代表合影

家《中华人民共和国工会法》仍不改变。

首届私营企业工会委员会：上虞市运发珠宝实业有限公司工会委员会，于 2001 年 9 月成立，任期为 2001 年 9 月—2004 年 8 月。拥有会员 37 名，选出代表 20 名。

工委会组成人员：主席：沈维康；委员：曹永灿（经审）、方苏泽（组织）、毛大宪（宣传）、徐雅仙（女工）。

工会委员会的职工代表和公司股东合二为一，共 20 名。名单如下：俞支援，章国强，邓洪，朱百灿，沈维康，曹永灿，夏炜耀，王桂英，方苏泽，毛大宪，徐雅仙，俞华飞，竺婉贞，王绍明，章苗中，徐华灿，章宝炎，罗沛吉，俞振萍，朱月仙。

是年 11 月底，随着上虞城市建设的快速发展，经省民政厅批复同意，原百官镇行政建制被撤销，百官镇以曹娥江为界，设立两个街道，分别为百官街道、曹娥街道。运发公司处在曹娥街道区域内，据属地管理原则，公司工会由上虞市曹娥街道总工会领导管理，不再与市交通局有隶属与领导关系。

1991 年 9 月公司召开四届一次职代会

1995 年 9 月公司召开五届一次工会职代会

2013 年 5 月 28 日转制后的公司第三届职代会选举

第二届工会委员会：上虞市运发珠宝实业有限公司工会委员会。任期自 2004 年 9 月—2013 年 4 月，其间共召开六次会议。拥有会员 46 名，选出代表 20 名。

工委会组成人员：主席：沈维康；委员：曹永灿（经审）、方苏泽（组织）、毛大宪（宣传）、徐雅仙（女工）。

2008 年 4 月，徐雅仙因身体原因提出辞职后，增补俞华飞为女工委员。

职工代表与第一届相同，没有调整。职工中的代表亦有辞职、离职、退休等，代表缺额人员，在未召开新一届大会前未作增补。

2012 年 4 月，公司增资扩股后并更名为浙江运发文化发展有限公司后，工会组织也随之更名浙江运发文化发展有限公司工会委员会。

2013 年 5 月 28 日，公司工会召开第三届工会委员会代表大会：浙江运发文化发展有限公司职代会。当时拥有会员 84 名，选出代表 26 名。各成员任期自 2013 年 6 月至 2016 年 9 月底，期间有代表辞职、股东退股离职、退休等，代表缺额人员亦未作增补。

工委会组成人员：主席：章小燕；委员：孙 航、沈永锋。经审委员：王岳标。

选出代表 26 名：秦 霞，赵锡强，赵海山，王绍明，沈永峰，赵海江，黄少军，张柏军，黄洪华，李道凤，章菊萍，孙 航，章小燕，朱新娟，曹佰军，任鹏军，任红琴，韩安娜，王岳标，罗洪良，周 芹，韩维娜，俞烨钢，俞支援，朱百灿，沈维康。

2013 年 5 月 28 日公司召开转制后的第三届职代会

工会女职工委员会组织沿革情况

1991 年 9 月召开的第四届一次职代会上，决定成立女职工委员会。

主席：徐雅仙；

委员，章小燕，俞华飞，韩安娜，朱秋芬。

此前企业女工委的工作，都是由工会委员中负责女工委工作的委员兼任，不单独成立女工委。后据 1990 年国务院发布《女职工委员会——女职工劳动保护暂行规定》中提出的要求，企业应单独成立女职工委员会。为此，在 1991 年 9 月，成立了由上述五人组成的女工委。

当年共有女职工 37 名。

1995 年第五届公司工会委女工委员徐雅仙，女职委此届后不再单独设立，由女工委员全面负责女工工会工作。

2001 年 9 月成立的首届私营企业工会委员会：上虞市运发珠宝实业有限公司工会委员会，女工委员徐雅仙，全面负责女工工会工作。

2004 年 9 月，第二届工会委员会：上虞市运发珠宝实业有限公司工会委员会，女工委员徐雅仙，任期至 2013 年 6 月。

2013 年 6 月，公司工会召开第三届工会委员会代表大会：浙江运发文化发展有限公司工会委员会。主席章小燕兼任女工委员。

中国共青团组织建设沿革情况

表 6

序号	任期	支部书记	支委	支委	团员人数
1	1991.3——1993.12	罗安源	宋新华	章小燕	
2	1993.12——1996.1	朱永清	韩安娜	宋新华	
3	1996.1——1997.9	金中军	韩安娜	毛大宪	15 名
4	1997.9——2001.4	毛大宪	杨华霞	韩安娜	26 名
5	2001.5——2005.2	毛大宪	韩安娜		
6	2011.2——2014.5	金月明	交通局 2013 年 5 月隶属关系移交曹娥街道		
7	2014 年 5 月后至今	陈钰萍	为公司共青团工作负责人		

附：公司管理制度选录

上虞市第一运输公司
公司级领导岗位责任制考核细则

1995 年度

一、经理、书记岗位责任制考核

根据分管领导的考核得分取平均值加岗位细数。

二、常务副经理

1. 全面协助经理为完成上级下达的产值、利润指标及分管工会企业各项指标得 25 分。

2. 协助书记做好党务工作，督促综合办做好宣传教育（月讯、宣传窗、黑板报）及党员发展工作，开展双争双评活动，创建文明单位活动得 15 分。

3. 工会工作积极为经济建设服务，开展多种形式的劳动竞赛，并有计划、督促检查得 15 分。

4. 为职工想方设法办实事、管好职工食堂得 15 分。

5. 做好职工代表大会换届选举，职代会召开，开展民主管理得 15 分。

6. 检查、指导共青团、女工委的工作得 15 分。

三、副经理

1. 协助经理处理好日常工作，得 15 分。

2. 全面负责好分管范围内的各项工作，得 15 分。

3. 机装队、货车队、小客车出租公司完成额定产值指标得 5 分，完成利润指标得 5 分。

4. 完成分管范围内装卸量得 5 分；运量得 5 分，周转量得 5 分。

5. 分管范围内不发生违纪、违法事件得10分。

6. 完成月讯稿得 5 分。

7. 协调好分管范围内各部门与外单位关系得 10 分。

8. 分管范围内有关承包账款、个人欠款收进率低于 80% 得 10 分。

9. 落实车辆承包责任制得 10 分。

四、支委、财务科长

1. 负责处理好分管的纪检、后勤、人事、财务的日常工作，为书记、经理做好得力助手得 10 分。

2. 制订好公司及各部门的经济、技术指标得 5 分，按月反映汇报各部门指标完成实绩（次月 15 日前）得 8 分，延期扣 4 分。

3. 及时回笼资金，安排好到期借款的转贷、归还得 8 分；造成逾期每笔扣 2 分。

4. 做好职工的退休，人事调动时移交监查工作得 6 分，遇职工留职停薪时及时收缴规费得 5 分。

5. 所分管部门内职工不发生失职违法违纪、差错和不及时完成任务的现象得 12 分，发现失职的扣 6 分，违法乱纪、差错的扣 4 分，不及时完成任务的扣 2 分。

6. 检查、督促各部门的应收账款（承包欠款）的回笼情况得 8 分，及时收缴下属部门的各类上交款、规费工作得 6 分，不按合同收缴的扣 2 分。

7. 安排好该发的工资、奖金及有关福利所需的资金，做到按月、按规定得 8 分，不按期视情扣分。

8. 配合书记做好宣传、纪检工作得8分，检查督促档案、合同的管理工作得8分，完成月讯稿得8分。

五、经理助理、大修厂厂长

1. 配合经理负责好所分管部门的综合生产、基础管理工作的修订、分解、落实得10分。

2. 完成所分管部门的产值指标得15分。

3. 完成所分管部门的利润指标得15分。

4. 部门内不发生死亡、爆炸、火灾及重大机械事故得10分。

5. 及时处理好部门内发生的违法、违纪事件，并及时上报公司得10分。

6. 每月开展安全检查，措施得力，任务明确得10分。

7. 及时完成公司指令性任务，按时完成月讯稿，及时向公司汇报部门工作情况得10分。

8. 处理好横向联系，制订好部门内班子人员的具体分工得10分。

9. 协调好厂级班子人员的具体工作，及时督促回笼应收款的70%得10分。

六、经理助理、珠宝厂厂长

1. 完成公司下达的生产、利润指标得35分，产值指标得15分。

2. 落实安全生产，做好防盗、防火、防毒、防爆、保密工作，无机械事故、人身伤亡事故得15分。

3. 合理安排各部门供、生、销、财务、统计、核算，使生产正常运转得15分。

4. 订立实施各部门岗位责任制、劳动纪律，做到无严重违纪、违法得10分。

5. 配合公司做好下达的一切活动、任务，搞好文明生产、环境卫生，完成月讯稿得10分。

七、经理助理、安保科长

1. 完成分管部门的各项考核指标得10分。

2. 及时完成公司下达的指令性任务得10分。

3. 贯彻执行有关治安保卫政策、法令、条例和上级有关指令，正确使用保卫科的职权得5分。

4. 坚持每天对车辆进行安全例检得10分。

5. 每月召开一次车队安全学习会得5分。

6. 组织安全领导小组，每季对全公司各部门进行安全生产检查，并负责整改和一次例会得5分。

7. 每月出一期交通安全简报，并向月讯投一篇稿得5分。

8. 不发生主责以上重大交通事故（死亡及3万元以上经济损失）得30分。

9. 不发生违法、违纪、赌博、偷窃行为的得10分。

10. 不发生火灾、爆炸、机件及人为责任事故的得10分。

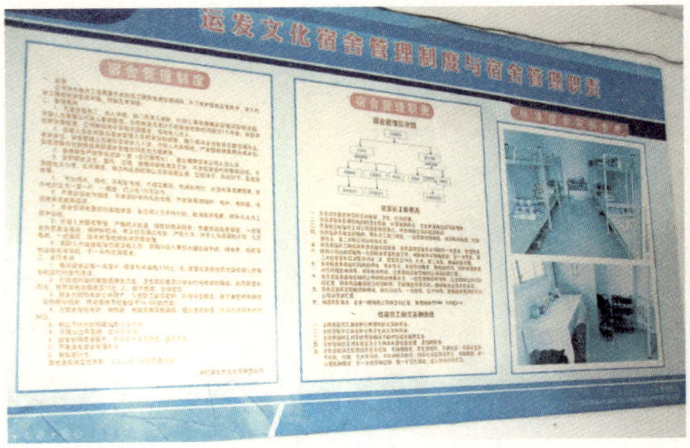

●运发公司的寝室管理制度、管理职责

●公司进行安全培训与消防演练（2013年12月19日）

浙江运发文化发展有限公司
生产性职工薪酬管理制度

2013 年 7 月 1 日发布

一、目的

为更好地体现生产性职工薪酬的公开、公正、公平，更合理地分配职工的劳动所得，体现多劳多得，优质优薪。充分发挥职工积极性及提高生产效率。本制度推行以计件工资为基础的薪酬规定。

二、适用范围：

1. 适用于车间编制的职工，包括计件制职工或部分非计件管理职工。

2. 未转正新职工使用试用期固定工资（以每天工作 8 小时计算，1800 元 / 月，加班按 8.65 元 / 小时计算），转正后实行计件工资制（新职工原则上一个月后转正，转正后按计件工资计算）。

三、薪资发放及控制原则

1. 薪资额是指公司以月度为薪酬支付周期，直接支付给职工的劳动报酬；

2. 非计件制岗位人员薪酬应根据公司岗位设置，确定岗位工资，按照部门考核实施细则，由公司统一计发；

3. 计件制岗位人员薪酬应根据核定产能设置，由生产部根据各工序计件单价和职工考核办法，对职工个人当月产量进行核算、汇总，经财务部核实后报行政人事部，由行政人事部报总经理批准后统一发放；

4. 公司采取计件工资总额控制原则，财务部根据公司订单，确定单笔订单的总制造费用。由生产部根据《产品计件管理方案》，确定每道工序的计件单价，作为职工计件工资的核算基础。最终根据产品的实际入库数量确定工资，工资总额控制在财务统计数据的 ±5%（具体由财务部会同生产部具体商议决定）。

5. 因各工序计件产量与生产部实际交库产量不一致，造成的当月计件工资总额与应发计件工资总额不一致之情形，则根据实际情况放在次月调剂。

四、职工薪酬构成及考核原则

1. 非计件制岗位薪资构成 = 基本工资 + 职位津贴 + 工龄工资 + 各种福利 + 各类绩效考核；

2. 计件制岗位薪资构成 = 计件工资 + 计时工资（辅工）+ 工龄工资 + 停工补助 + 各种福利 + 各类绩效考核；

注：①计件工资为：生产部核算的各工序的核准计件工资；

②计时工资（辅工）工资：由车间管理人员因工作需要指定工人从事非计件工作产生的工时工资。

③工龄工资：以 2001 年开始计算，满一年给予 50 元 / 月的工龄工资补助，6 年封顶。未满一年的不计工龄工资。

④停工补助：因订单不足或生产调节等原因，造成工人停工等待，对该停工等待的时间进行补助，补助额度参考上虞市最低保障工资。

3. 为体现多劳多得原则，对计件制岗位职工以产量为依据实施计件考核（根据《产品计件管理方案》计算）。

五、管理职责

1. 生产部根据订单制定工单，生产管理员依据工单安排生产，每日汇总计件（计时）数据，并依据材料考核、质量考核要求统计考核数据。

2. 仓库按产品入库数量汇总统计车间当日产品产量，经验收合格后入库、流转的产品计算计件工资，未经质量部门检验合格的产品不得入库、流转。

3. 工艺负责人负责标准工时的测算、核实、调整，行政人事部、工厂厂长协调参与。

4. 质检人员对产品质量进行确认和分析，同时负责对报废品的确认，并经工厂厂长确认签字。

5. 财务部根据仓库接收到的产品入库数量核算产品总加工费，对超出或不足部分会同生产部进行确定。

6. 行政人事部负责根据所标生产日报表以及考勤记录计算出员工的计件工资、奖金、罚款等。并对计件工资进行核查、监督，并按公司的发展需要以及市场的波动提出工资调整意见。

六、统计、核算流程

1. 计件职工依据实际加工流程在《车间工作日报表》规定的位置填写生产时间、数量和不良品数量。

2. 职工当日将《车间工作日报表》经质检员审核签字后交与生产管理员。

3. 次日由生产管理员根据《车间工作日报表》，统计、汇总计件员工生产日报表交仓管员，仓管员根据当天入库数进行确认并签字。

4. 当单笔订单完成时，由生产部根据生产日报表测算，并填写《工费核算单》报工厂长审核，审核后交财务部核算。月底由财务部将汇总后的《工费核算单》报总经理审批。

5. 月底由行政人事部根据生产总报表、各类考核数据计算工资，报总经理审批。

七、计算方式

1. 计件工资按岗位性质分为个人计件和集体计件；

2. 个人计件：计件工资 = 计件单价 * 个人计件产量；

3. 单工序集体计件：计件总工资 = 计件单价 * 计件产量（入库数量或工序生产总量）。集体计件时必须设班组长，由班组长分配每人产量，报工厂长批准确定。

表 7

制度审批记录

制度名称	生产性职工薪酬管理制度		制度编号	YFXZ018
编制（修改）人	审核人	批准人	编制（修改）日期	版本号
李 耀			2013 年 6 月 22 日	Ver 1.00
保密要求	公开	允许检索范围	全体职工	

上虞越瓷陶业公司
仓库管理制度

为了更好地发挥仓库对产品的调配功能，规范公司仓库的材料管理程序，促进本公司仓库的各项工作科学、安全、高效、有序、合理地运作，确保公司资产不流失，保证仓库辅料供应不延误销售进度，特制定本管理制度。

1. 仓库必须建立入库和出库账本，所有出窑产品必须先登记再入库，点清合格产品和残次品数量并分类存放。

2. 仓库所有物品进行分类建立账册。可分为：成品类、次品类、器具类、包装类、宣传用品类等。

3. 仓库所有物品必须根据类别安排固定位置进行规范化摆放，尽可能在固定位置上贴上物品标识以便拿取。

4. 与仓库发生各种业务关系的相关人员必须严格办理产品出库手续，签字领取，当天做账。赠送礼品必须由公司负责人签字生效。

5. 仓库每月上报一次产品进出库情况，每季度进行一次仓库清理和整体盘点，盘点时，禁止不对实物实盘。包装和辅料储备不足应及时上报总经办补充进库。

6. 库管人员要积极配合总经办和销售的工作，保证生产供应合理储备的前提下，尽量减少库存量，并对积压产品、废旧物资的利用提出合理的建议。

7. 做好仓库的安全防范工作，切实做好防火防盗等工作，禁止非相关人员进出仓库，下班前关好门窗和照明设备。不得在库房内吸烟。

8. 仓管人员工作调动时，必须办理移交手续，由公司负责人监督签交，做到账物相符才能离开岗位。

上虞越瓷陶业有限公司
2011 年 11 月 20 日

上虞越瓷陶业公司
仓库管理员工作职责

1. 准确地做好产品与材料进出仓库的账务工作，配合生产部门考核登记。

2. 严格按照产品与包装的质量要求做好验收工作，分清残次品并当面告知登记。

3. 坚决拒绝手续不齐的物品进出，收发货后相关单据及时上报主管部门。

4. 认真做好仓库月报、季报工作，及时反馈进出库和库存情况。积极配合主管人员的抽检。

5. 认真做好仓库材料的分类摆放和保管工作。相应物品前应设置货卡，标注名称。

6. 认真做好仓库安全防范及仓库卫生工作，防潮、防震、防火、防盗，保持库房通风洁净。

7. 认真做好各包装材料和辅料使用的监控工作，提前汇报，避免积压或存销脱节。

8. 有责任提出仓库管理的合理建议，做到高效、方便、整洁、规范。

9. 保持高度责任心，因个人原因造成严重损失者，应承担相应责任并调换岗位。

10. 严格遵守本公司规定，严谨私自借用库存物品，服从公司临时性调动工作。

上虞越瓷陶业有限公司
2011 年 11 月 20 日

上虞越瓷陶业公司 2012年度生产计划方案

经过8年的生产和销售积累，公司的发展已经遇到了瓶颈期，生产的进度跟不上销售的进展，我们面临发展的临界点。在2012年到来之前，我们特制定新的全年生产计划方案。

一、指导思想：

在新的一年里，要站在新起点，拓展新思路，建设高效团队，开发新产品，取得突破性的生产和销售业绩，推动企业迈上新台阶，使公司有一个较大的发展。

二、目标任务：

销售达到400万元，其中上半年120万元，下半年280万元。

三、营销计划：

1. 建立营销队伍：在3月份之前招收5名营销人才，4月份内部培训，5月份委托培训。

2. 在5月份划分好销售区域，搜集区域内有价值客户的信息，主动营销。

3. 上半年集中维护老客户，建立档案，要求每季至少通联一次，并进行业务考核。下半年开发新客户，尝试电视购物等多种促销手段。

四、生产计划：

1. 4月份之前，完成新员工的招收和培训，添建一座新窑，加大手工拉坯器具的开发。

2. 制定月生产进度表，除定制产品外，保持常规产品的库存量。

3. 每个月开发一件新产品，挖掘该产品的市场价值。

4. 每个月召开一次生产总结会，督促月进度的完成，确保生产上的跟进。

五、职员培训：

1. 管理人员每月第一个星期一晚上集中一次学习，打造学习型企业，解答、解决生产销售上的相关问题。

2. 5-6月，与浙大等院校联络，分期进行中层以上管理人员的管理、营销等知识的培训。

3. 5月份进行一次团队合作精神的培训

六、市场调研：

1. 4-6月份抽时间分别赴龙泉、景德镇、广东潮州三地考察高端陶瓷礼品的市场动向、制作新法、包装等，物色人才，提供有价值的研发方向，广泛搜集能为公司所用的资料信息。

2. 下半年集中走访省内大型企业、文化界、政府部门、大型商场等有价值单位，特别注意他们的节庆和特殊的设计需求产品。

3. 尽量参加不花费大本钱的展会、博览会，搜集展会信息和电视购物信息渠道。

七、开展活动：

1. 4月份之前，开展市内学生青瓷制作技艺比赛，可请家长参与，联系市教体局。

2. 6月份开展一次越州诗人咏越瓷活动，并在他们主办的杂志上推广。

3. 8月份开展一次“摔的心疼”活动，把残次瓷器摔破，并邀请媒体参与。

4. 10月份开展百名艺术家进公司活动，提高产品附加值和知名度。

5. 11月份在市民广场进行一次越窑青瓷展览。

6. 12月份开展一次越瓷主题征文比赛，可以在学生中间进行，也可以面对全市人民进行。

八、媒体宣传：

1. 做到全年见报文章30篇，电视报道15个。

2. 在绍兴及省级媒体建立稳定关系，在《浙江画报》等大型杂志刊登4次有影响的图片文章。

3. 网络上招收一定信息员，开展好蜂群宣传。

关于上虞越瓷陶业公司薪酬改革的会议记录

时间：2013年6月30日15：45分
地点：俞辉总经理办
参加人员：俞　辉、秦霞、罗洪良、章菊萍
　　　　　黄洪华
议题：关于越瓷陶业公司薪酬改革方案的讨论
记录：罗洪良

一、罗洪良发言汇报薪酬改革的原因及必要性。

为促进越瓷陶业生产、提高产品产量、激发员工工作积极性、提倡多劳多得、按责按劳分配，及时改变不合理的奖金计算方式，保证生产以积极的方式全面改进。

二、审议罗洪良递交的“关于越瓷陶业公司薪酬改革的试行方案”。

（一）试用期员工工资为1800元，初级员工工资为1800元+提成，中级员工工资为2500元+提成，高级员工工资为3200元+提成。生产厂长岗位工资800元，班组长岗位工资300元。各级员工的基本工资在公司满足下单数量的情况下核发，超过部分计算提成。

（二）烧制车间员工因目前工种错杂需要互相配合，不宜按工种考核提成，暂按照出窑正品数量乘以对应产品销售价的总价来计算，标准价格为20000元计算一窑，8窑为基数，编制基数为6人，也就是说每月达到160000元出窑产品总价，才可以提成。提成为每超过20000元，核发500元，每低于20000元，扣400元，扣除资金从烧制车间员工基本工资中扣除，分享和扣除金额的分配由生产厂长负责。

（三）拉坯员工按生产单拉坯，100件及以下器形20元每个，200件器形30元每个，300件及以上55元每个。

（四）喷砂车间员工生产基数为杯、碗类每人每月520只，兰亭序盘等复杂图案每人每月65只，完成此基数再参与提成，每多产一件，杯碗类提成3.5元每件，兰亭序盘等提成28元一件。以车间为整体，提成由班组长根据员工产量合理分配。若下单量不够造成不能完成产量的，发基本工资，若岗位调动到其他岗位，则该员工参与其他岗位的提成。在下单量足够的情况下不能完成提成额1800元基数产量的，从基本工资中扣除对应产品提成额。

（五）模具车间员工每月完成1套新产品开发，包括打样、建模、倒模、试样，以烧成后符合原样或设计稿为标准，模具每套以20个为标准。每超过一套研发产品并被主管领导认可的，奖励1000元，并可对当月销售回款的设计产品每件提成2元。

（六）雕刻车间员工提成按照器形大小、工艺不同参与提成，具体如下：

1. 器形分为100件、200件、300件三档。工艺分为深雕、浮雕（镂空）、刻画花三档。

2. 根据生产单制作，在满足生产量的基础上，中级工艺师每人每月完成提成额不低于2500元的产量，在此基础上多出部分参与提成，方案如下：

表 8

器形及大小	深雕	浮雕（镂空）	刻画花
100 件产品 碗、杯子等	80 元	15 元	10 元
200 件产品 玉壶春、赏瓶、小观音瓶等	600 元	300 元	80 元
300 件及以上 风水缸、大观音瓶等	1000 元	600 元	450 元
40cm 盘子、水盂类产品	250 元	120 元	35 元
30cm 及以下 盘子、水盂类产品	200 元	90 元	25 元

3. 大师作品在完成提成额不低于 3200 元产量基础上，按照中级雕刻工艺师的 1.5 倍提成。

4. 产品雕刻的精美度和雕刻面大小由评审小组确认，评审小组成员为罗洪良、秦霞、章菊萍、黄洪华四人组成，凡是符合样品精美度的算一件，凡是达不到标准的，算零点几件，确认后由对应雕刻工艺师签字。评审在素烧后进行。

5. 雕刻车间员工不再享受早晚餐补贴，但允许在下班后及节假日加班，公司免费提供场地、水电，不发加班工资，个人主动晚上加班的，不得超过 10 点。

（七）其他行政人员按照实习期 1800 元核发，转正后根据劳动合同或约定提取固定工资。

（八）所有正式员工均可享受公司规定的福利，不要求享受的员工，书面报告给主管领导备案。

（九）所有员工的行政奖罚参照浙江运发文化发展有限公司标准执行。

（十）本方案从 2013 年 7 月 1 日起试运行，为期一年。

三、秦霞意见：

1. 因时间关系尚没有对这份方案做过详细的核算，需要重新计算。

2. 基本认同薪酬改革的大方向。由我和罗洪良、黄洪华重新审核后再出试行方案。

四、黄洪华意见：

1. 薪酬改革其实去年我就提出来过，现在终于开始落实，我们早盼着这个了，我们出来做事就是希望拿高工资，通过自己的努力去得到自己想要的报酬。

2. 这个方案我看过了，觉得可行。就是喷砂车间和拉坯这两道工艺上，还需要考虑下，特别是拉坯，是不是可以把刘永华的基本工资提到 3200 元的标准上。

3. 我觉得这样改革后，大家都可以通过努力赚到更多的钱，我相信我可以做得更好，把生产这块带动起来。我们正朝着越来越好的方向在走。

五、俞辉总经理意见：

1. 薪酬改革的目的是让大家一起富起来，让有能力敢担当的人拿高工资，让混的人混不下去。

2. 要培养员工一专多能，一岗多人，每个岗位落实主要负责员工。

3. 光靠做思想工作还不够，需要定机制，出政策，抓落实，直接与员工利益挂钩。

4. 由秦霞负责对罗洪良提出的试行方案数据进行核算，重新出方案。

5. 要用“摘苹果理论”来指导薪酬的改革。

6. 烧窑的基准数 8 窑需要重新核定，敢于承担责任的人才可以分到奖金，不承担责任的人不分奖金。杜绝平均分配超额烧窑奖金。

7. 罗洪良会议期间手机响，扣一百元。

三千余件越窑青瓷被砸烂

价值近百万，其中还不乏大师作品

这家上虞企业是越窑青瓷技艺传承单位
企业负责人说，要出流传千年的精品不能给自己留退路

记者 范文忠　通讯员 阿 平

上虞越瓷陶业有限公司将3222件价值99.9万余元的越窑青瓷砸碎，成了这几天轰动上虞的一条新闻。

昨天上午，记者来到上虞越瓷陶业有限公司，只见砸碎的越窑青瓷碎片散了一地。“有缺陷的产品就是次品，谁做的次品谁砸！走精品之路就得下这个决心。”上虞越瓷陶业有限公司总经理俞辉告诉记者，砸碎的包括青瓷镂空熏炉、手刻龙凤盘、梅瓶、六管瓶、玉壶春、观音瓶等，其中不乏省级大师作品，这些作品的市场价在99.9万余元。

“这些越瓷都有各种各样的缺陷，尽管有些只是微小的瑕疵，外行人几乎看不出，但它总归是次品，我不允许有瑕疵的产品进入市场，如果我把这些越瓷卖了，就等于允许工人明天再生产这样的越瓷。”俞辉称。

俞辉称，自己砸越瓷的举动是来自一件事的触动。前段时间，上虞越瓷陶业有限公司为当地一家企业制作了一批越瓷龙纹旅行杯，因为当时胶水没有胶好，造成漏水，产品送出去后被退了回来，此事让他坚定了砸瓷器的决心。

创办于2004年的上虞越瓷陶业有限公司，是国家级非物质文化遗产越窑青瓷烧制技艺传承单位，一直在做越窑青瓷的抢救性研究，开发生产的越瓷产品被国内学术界和收藏界认可，相继获得文化部工艺美术奖银奖、第八届中国义乌文化产品交易博览会工艺美术奖银奖等。

2013年7月6日公司砸毁不合格陶瓷成品场景

俞辉的决定一出，在企业内部引起强烈反响。当时也有工人提出，这些青瓷产品几乎不影响销售，便宜点卖给客户或者处理给职

工算了。可俞辉却宣布全部砸掉，一个不留，谁做的产品谁来砸。“当时很多人都砸不下手，几个工艺大师和工人砸越瓷时都流下了眼泪。”上虞越瓷陶业有限公司副总罗洪良告诉记者。

曾为我国国家领导人及新加坡总理李显龙制作过青瓷作品的省级工艺大师李道凤流着泪亲手砸了自己设计制作的作品。“这些作品都是我花五天十天甚至几个月时间一笔一制作而成，如今却亲手砸掉，确实心痛，但这件事却深刻促动了员工质量观念的转变，也让我看到了一个企业精益求精的态度和决心。”

俞辉说，通过此事给自己的团队传递一个理念：有缺陷的产品就是废品。“在产品品质上，我们不能给自己有退路，作为越窑青瓷的传承者，我们只能出流传百年甚至千年的精品。”

绍兴《天天商报》
2013年7月13日报道原稿

●公司创意瓷盘——虞山舜水英台故里

三 成果篇

CHENGGUOPIAN

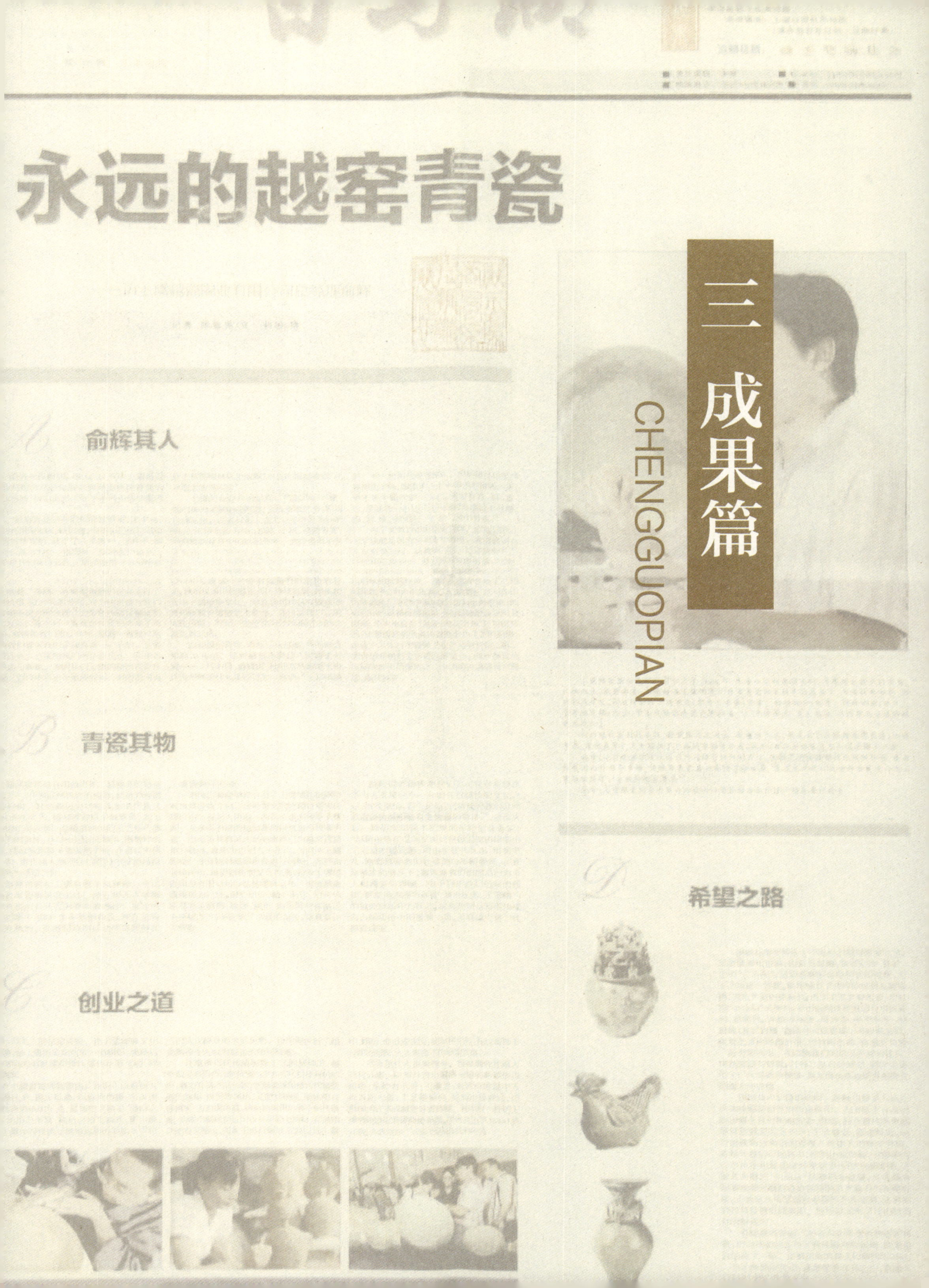

永远的越窑青瓷

A 俞辉其人

B 青瓷其物

C 创业之道

D 希望之路

荣 誉 墙
浙江省中小企业创新发展
先进单位
浙江省著名商标
中国黄金协会
理事单位
浙江名牌产品
院士专家工作站
劳动关系和谐企业
上虞市2012年度
十佳文化企业
先进民营企业
文化贡献奖
百强企业
二〇一三年度
工业红旗单位
上虞区十佳文化企业
2014年度
上虞区十佳文化企业
工业红旗单位
五十强企业
二〇一四年度
商贸服务先进集体
二〇一五年度
工业优胜企业先进集体
2015年度
工业综合实力百强企业
工业综合实力百强企业
二〇一六年度
"五好"基层党组织
二〇一六年度
工业创新成长型企业

●公司荣誉墙

成果累累

——公司成果荣誉简述

浙江运发文化发展有限公司，服务企业，服务大众，发展经济，奉献社会，努力为祖国的繁荣昌盛和人们物质生活的便捷与丰富多彩，播撒心血和智慧。

一路行来，攻坚克难，直挂云帆，从搬运工会到搬运站，后发展为上虞第一运输公司，直至如今的享誉贵金属工艺业界的浙江运发文化发展有限公司，又创立绍兴小仙坛越窑陶瓷有限公司，注册商标，品牌经营，作为内涵深厚与丰富的文化企业，为上虞经济的发展和提升，作出了自己的贡献，名列上虞经济综合实力百强企业。历年来，公司做出的贡献和创下的辉煌业绩，得到了上虞政府行政部门及至浙江省、绍兴市等上级领导部门的充分肯定，受到了年复一年的表彰和奖励。公司的付出，也为自己创一流公司，做百年强企，赢来了良好的社会声誉，建立起了具有强大生命力和根基的“運發”牌和“小仙壇”牌品牌市场。

据公司生产经营内容上的转换和不同，在相同的荣誉称号下，在创形象品牌的内涵上，是不同的。隔行如隔山，公司先后经历的是跨界经营，这亦表明，公司在抓发展上，具有良好的企业内涵和人才基础，是根基深厚。

公司在以运输为主业的“三产”发展时期，着重于创立优质服务品牌。重合同，守信用，不辞辛劳、完好无损地把货物装卸、运输到客户的指定地点，所体现结果较为直观。天气恶

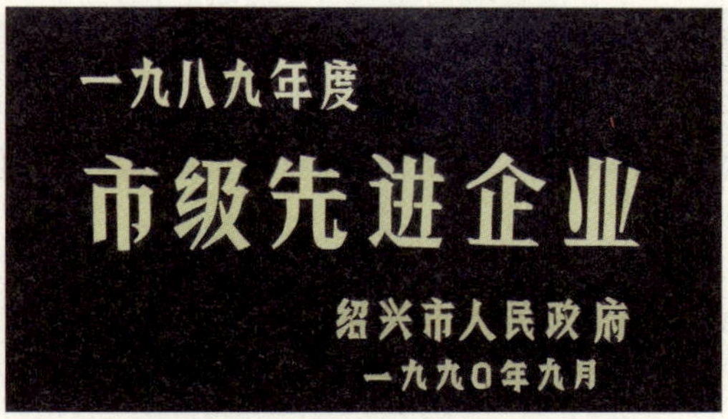

劣、时间紧急、路途遥远等等，公司早期在朱月来、徐阿寿等的领导带领下，胼手胝足，不怕辛苦，负重前行，艰苦创业，从无出现过给客户以造成损失、产生不良影响的情况，使企业的基础逐渐稳固。及至 1978 年，喜逢中共十一届三中全会召开，坚持和不放弃，终于为公司的发展壮大，赢来了天时地利的发展契机。打破“大锅饭”，自主经营，又强烈地激发职工的智慧和创造性。尤其是自俞支援 1984 年初任经理后，公司改变过去发展的老路子，打破常规，敢于负债经营，不断开拓进取，创新发展，出成绩，出人才，出智慧，出品牌，出经验，每年都有新突破，业绩始终保持快速增长的势头。由此，公司的各种奖励和荣誉是纷至沓来。

据能查阅到的资料看，以运输为主业时期，自 1979 年于东关搬运站时期荣获上虞县人民政府授予的“重合同、守信用”单位始，至 2001 年转制止，荣誉持续不断。1987 年至 1991 等年度间，每年则在 10 项以上，1988 年、1989 年竟有 14 项各类先进和荣誉。

公司进入以生产贵金属饰品、工艺品及青瓷仿品、创意产品为主业的时期后，要创立的是产品质量信誉品牌。有过硬的质量、有良好的信誉、有响亮的品牌，才有市场。公司非常清楚，消费者即便不识货，也会通过货比货，来决定自己的购买对象；生产者与消费者是没有任何直接接触的交流，消费者凭大众的普遍认知，在市场上选择他们信赖的品牌产品。由此，公司以出流传千年精品、藏品为目标，严格每一道工序的生产操作管理，着重于产品的质量信誉。这一有别于运输质量管理的方法和措施，公司实际上自从 1992 年创办上虞市珠宝饰品厂就开始了。2001 年由“副业”转而成主业后，为做优、做强、做大这一主业，在市场上独树一帜，公司先后注册了“運發”牌贵金属饰品、工艺品和青瓷“小仙壇”牌等商标，勇立潮头，运用严格的现代质量管理理念、制度和措施，以工匠精神要求制作产品，这些措施的执行，产品在质量品质上的不断突破，终于赢来了 2008 年为奥运会、2010 年为亚运会等国际级顶尖赛事制作奖牌的最高荣誉订单。这些优秀成果的积累，又使公司的品牌得到了实至名归的荣誉：2014 年，公司的“運發”牌贵金属饰品、工艺品产品，被浙江省质量技术监督局确定为“浙江名牌产品”；2016 年，又被浙江省工商行政管理局确认为“浙江省著名商标”等。

同时，公司在青瓷的传承、开发、弘扬青瓷文化上，同样成果不断，交出了一份份优异的成绩单。绍兴小仙坛越窑青瓷有限公司的“小仙壇”商标，被绍兴市商务局确认为“老字号”商标。2016 年，小仙坛公司又被浙江省文化厅确定为“浙江省非物质文化遗产生产性保护基地”。

综上所述，公司敢于进取，追求最优，一路行进，捷报频传，扬长避短，努力让自己处在高处或优处。仅据对能查阅到的各类先进、荣誉称号、成果进行统计，公司至 2016 年，获得乡镇（街道）级以上各种先进、荣誉等，就有 209 项之多。

公司在感受荣誉带来的喜悦中，更清醒地明白：不能满足、陶醉于已有成果中。因为已经取得的成果与荣誉，只是社会对自己过去的奉献和付出的肯定。那只是一种印记，赢得的成果只能是欣慰，而不是炫耀的资本。

创立品牌不容易，维护好品牌使之更为闪亮则更加艰巨。而公司更愿得到的，则是自己在今后旅程路上，那一张张尚待获取的更优的成绩单；回顾成果，只是为了增强对未来以更高更优追求的信心。

历年所获荣誉奖励情况

（自东关搬运站始至浙江运发文化发展有限公司2016年止）

1979年，东关搬运站二号吊车组，获镇“安全生产班组”荣誉称号。

1979年，东关搬运站“计划安全生产”作出显著成绩，获东关镇镇政府奖励。

1979年，东关搬运站民兵连，获上虞县“民兵工作三落实”先进单位。

1979年，东关搬运站获上虞县人民政府“重合同、守信用”单位。

1980年，东关搬运站党支部被中共上虞县委评为先进党支部。

1980年，搬运站工会参加县总工会职工业余文艺调演，获调演纪念奖。

1981年，搬运站获东关镇镇级治保工作先进奖状。

1981年，搬运站基干民兵连获东关镇民兵工作“三落实”先进单位。

1981年，搬运站党支部被中共上虞县委评为先进党支部。

1981年，搬运站被上虞县人民政府评为调解工作先进单位。

1981年，搬运站工会获上虞县总工会“工会工作优胜单位”称号。

1981年，搬运站党支部被中共东关镇委评为先进党支部。

1982年，搬运站被东关镇人民政府评为调解工作先进单位。

1982年，搬运站被上虞县人民政府评为调解工作先进单位。

1982年，搬运站党支部被中共上虞县委评为先进党支部。

1983年，搬运站被中共东关镇委评为先进党支部。

1983年，搬运站被中共东关区委评为治保工作先进单位。

1984年，公司被上虞县人民政府评为先进集体。

1984年，公司党支部被中共东关镇委评为先进党支部。

1984年，公司团支部被共青团东关镇团委评为先进团支部。

1984年，公司被东关区公所评为治安保卫先进单位。

1984年，公司获交通系统先进集体称号。

1984年，公司被中共上虞县委、县政府命名为“文明单位”。

1984年，公司企业整顿工作验收合格。

1985年，公司党支部被中共东关镇委评为先进党支部。

1985年，公司党支部被中共上虞县委评为先进党支部。

1985年2月，公司被中共上虞县委、县政府评为“文明单位”。

1985 年，公司被上虞县人民政府评为交通工作先进集体。

1985 年，公司工会“职工之家”经县总工会验收合格。

1985 年，公司被中共东关镇委、镇府评为治保先进集体。

1985 年，公司医务室被评为上虞县级先进医务室。

1986 年，公司参加东关地区职工象棋比赛获第三名。

1986 年，公司车队开展的“超奖负赔”经济责任制考核实施方法，被交通部编入全国汽车运输企业深化改革实例。

1986 年，公司篮球队在东关区工矿企业“丰收杯”球赛中获冠军。

1986 年，公司被上虞县劳动竞赛委员会评为劳动竞赛先进集体。

1986 年，公司被东关镇人民政府评为治保工作先进集体。

1986 年，公司被东关镇人民政府评为先进集体。

1986 年，公司党支部被中共东关镇委评为先进党支部。

1986 年，公司被中共上虞县委、县人民政府评为计经委系统先进集体。

1987 年，公司参加上虞交通系统首届职工文体比赛，获拔河比赛第六名。

1987 年，公司被上虞县工商行政管理局命名为“重合同，守信用”单位。

1987 年，公司党支部被中共东关镇委评为先进党支部。

1987 年，公司被中共东关镇委、镇政府评为“支持城镇建设先进单位”。

1987 年，公司获上虞县人民政府“优抚安置工作”先进单位称号。

1987 年，公司发表的“提高车辆完好率”成果获绍兴市交通局 TQC 成果荣誉奖。

1987 年，公司驻酒厂装卸班组被上虞县交通局评为“双文明建设”先进班组。

1987 年，公司被中共上虞县委、县人民政府评为计经委系统先进集体。

1987 年，公司篮球队在东关区工矿企业球赛中荣获冠军。

1987 年，公司被上虞县总工会评为劳动竞赛先进单位。

1988 年，公司工会被上虞县总工会评为财务工作先进单位。

1988 年，公司被上虞县计划经济委员会评为“节约能源先进集体”。

1988 年，公司被中共上虞县委、县人民政府评为工业先进集体。

1988 年，公司工会被上虞县总工会评为先进“职工之家”。

1988 年，公司经上虞县标准计量局三级计量验收合格并颁有效期三年的合格证。

1988 年，公司党支部被中共东关镇委评为先进党支部。

1988 年，公司被上虞县计经委评为安全生产先进集体。

1988 年，公司被上虞县人民政府评为安全生产先进集体。

1988 年，公司被上虞县人民政府命名为“重合同 守信用”单位。

1988 年，公司被东关镇镇府授予“治保调解先进集体”。

1988 年，公司被上虞县劳动竞赛委员会授予“双增双节劳动竞赛” 先进集体。

1988 年，公司驻酒厂装卸班组被绍兴市交通局评为“双文明”先进班组。

1988 年，公司党支部被中共上虞县交通局党委评为党支部工作责任制先进集体。

1988 年，公司被上虞县计经委评为年度节约能源（应用节油新技术）先进集体。

1989 年，公司获浙江省级先进企业档案管理合格证。

1989 年，公司获浙江省标准化整顿验收合格证。

1989年11月，在绍兴市交通系统第三届“节能TQC成果”发表会上，获三等奖。

1989年，公司工会获上虞县总工会“先进职工之家”称号。

1989年，公司单车燃油消耗达到“省级先进”指标，获得县府“平价油”奖励。

1989年，公司在省交通企业管理协会、省交通运输协会、省交通运输企业经理（厂长）联络会、省交通报社联合评选的交通文明企业活动中，评选为“文明企业”。

1989年，东关地区工会联谊会举办象棋比赛，公司代表获得团体第二名，获“友谊”奖杯。

1989年度，公司被绍兴市人民政府评为绍兴市级先进企业。

1989年，公司被绍兴市交通局评为“双文明”先进单位。

1989年，公司被上虞县计经委评为节能工作先进集体。

1989年，公司被上虞县人民政府评为“双增双节”先进集体。

1989年，公司被中共上虞县委、县人民政府命名为“88年度工业先进集体”。

1989年，公司被上虞县人民政府命名为“重合同 守信用”单位。

1990年，公司获绍兴市经委、市质量管理协会全面质量管理验收合格证书。

1990年，公司获省经理联络会、省运输协会、浙江交通报授予的“文明企业”称号。

1990年，公司获上虞县交通局“安全竞赛”先进单位。

1990年，公司被上虞县人民政府命名为“重合同 守信用”单位。

1990年，公司被上虞县交通局评为“职工教育”先进单位。

1990年，公司被上虞县交通局评为“双文明”先进单位。

1990年，公司被上虞县交通局评为“安全竞赛”优胜单位。

1990年，公司被上虞县安委会评为安全生产先进集体。

1990年，公司经销部“减少库存积压，加快资金周转”的TQC成果，在绍兴市交通系统第四届TQC成果发表会上，获二等奖。

1990年10月，公司被绍兴市企业管理领导小组、绍兴市交通局评为绍兴市市级先进企业。

1991年，公司被工行绍兴市支行评为绍兴市级信用优等企业。

1991年，公司获东关镇“党团活动室”先进单位。

1991年，公司获绍兴市级“安全生产”先进集体。

1991年，公司徐永水，谢才根参加县团委组织的青工技术人员驾驶员节油比赛获三等奖。

1991年，公司被上虞县交通局评为“职工教育先进集体”。

1991年，公司工会被上虞县总工会评为“生活后勤一条龙”先进集体。

1991年，公司党支部及党员活动室被中共东关镇委评为镇级先进党支部，暨先进党支部活动室。

1991年，公司汽修厂被交通局运管处评为“优良企业”。

1991年，公司驻上虞酒厂装卸班组，被上虞县交通局评为“文明班组”。

1991年，公司被东关镇人民政府评为“治保调解”先进集体。

1991年，公司职工宿舍楼被上虞县总工会评为“文明楼”。

1991年，公司被上虞县人民政府授予军地两用人才“优抚安置工作”先进单位。

1992年，公司获“上虞市市级劳动竞赛”先进单位。

1992年，公司获上虞市总工会“先进职工之家”合格证书。

1992年度，公司党支部（总支）被中共上虞市委评为先进党支部（总支）。

1992年，公司获上虞交通系统女职工拔河比赛第二名。

1992年，公司获上虞交通系统第五届职工运动会团体第三名。

1992年，公司被工行绍兴市支行评为特级信用优等企业。

1992年，公司被上虞市人民政府命名为“重合同、守信用”单位。

1993年，公司被上虞市总工会评为“五星级”工会。

1993年，公司党支部被中共上虞市委评为先进党支部（总支）。

1993年，公司获上虞市交通局“明星企业”称号。

1993年，公司获浙江省民政厅、浙江省军区政治部“省级开发使用退伍军人两用人才”工作先进集体。

1993年度，公司获上虞市社会主义劳动竞赛委“市劳动竞赛先进集体”称号。

1993年，公司获上虞交通局局级“安全竞赛”先进单位。

1993年，公司被上虞市人民政府命名为“重合同、守信用”单位。

1994年，公司工会被上虞市总工会评为“五星级”工会。

1994年，公司获上虞市交通局 “明星企业”称号。

1994年，公司汽车大修厂获上虞市交通局“安全生产”一等奖。

1995年，公司工会被上虞市总工会评为“五星级”工会。（三连冠殊荣）

1995年，公司汽车大修厂被绍兴市运管处评为维修行业“双优”竞赛优胜单位。

1995年，公司获上虞市交通局“明星企业”三等奖。（获三连冠殊荣）

1995年，公司获上虞市交通局安全生产二等奖。

1996年，公司被上虞市交通局评为安全生产管理一等奖。

1996年，上虞市珠宝饰品厂被上虞市工商局命名为“重合同，守信用”单位。

1996年，公司工会被上虞市总工会评为“红旗单位”。

1996年，在安全管理竞赛中，公司获上虞市交通局颁发的一等奖。

1996年，公司被工商银行浙江省分行评定为A级信用企业。

1997年，公司工会被上虞市总工会评为“先进职工之家”。

1997年，公司珠宝饰品厂被上虞市公安局评为“创安”达标单位。

1997年，公司党支部被中共上虞市交通局党委评为局级先进党支部。

1997年，公司工会被上虞市总工会评为财务工作先进集体。

1998年，公司被上虞市交通局评为春运工作先进集体。

1998年，公司被上虞市综治办评为“治安安全单位”。

1998年，公司被上虞市交通局评为安全管理三等奖。

1998年，公司工会被上虞市总工会评为“工会工作红旗单位”。

1998年终，公司被市政府确认为“全市百强企业”之一。

1999年2月，公司被中共上虞市委、市人民政府确认为上虞市工业综合实力百强企业（列上虞第96位）。

1999年，公司及上虞市珠宝饰品厂被上虞市政府命名为一九九七——一九九八年度“重合同，守信用”单位。

1999年，公司被上虞市综治办评为“治安安全单位”。

1999年，公司档案室在上虞市档案馆对省级档案室复查及“回头看”检查中，检查合格。

1999 年，公司工会被上虞市总工会评为“先进职工之家”。

1999 年，公司被上虞市总工会评为财务工作先进集体。

1999 年，公司获上虞市交通局安全管理二等奖。

2000 年，公司及上虞市珠宝饰品厂被上虞市技术监督局授予（1998—1999）质量信得过产品荣誉。

2000 年，公司获上虞市交通局安全管理一等奖。

2000 年，公司工会被上虞市总工会评为先进职工之家。

2000 年 3 月，公司被上虞市人民政府授予 1999—2000 年度重合同、守信用单位。

2001 年，公司被上虞市农村合作银行虞城支行评为 AAA 级银行信用企业。

2001 年度，公司被上虞市质量技术监督局认定为 2001 年度购物放心店。

2001 年度，杭州资信评估公司认定公司为企业信用等级 AAA 级企业。

2002 年，公司通过 ISO 9001 质量管理体系认证。

2002 年度，公司被上虞市工商行政管理局授予“百佳私营企业”称号。

2003 年度，公司被上虞市交通局评为安全生产管理二等奖。

2003 年度，公司获省工商企业信用 A 级“守合同、重信用”单位。

2004 年，在省“重质量，守承诺，创品牌”活动中，公司被绍兴市质量技术监督局授予诚信企业首批“三满意”单位。

2004 年度，获绍兴市委宣传部、市经信委、市工商局、市文明办授予的“诚信企业”称号。

2005 年度，公司被上虞市道路运输管理所评定为安全管理工作考评二等奖。

2005 年度，公司被上虞市交通局评为安全生产管理优胜单位。

2005 年 12 月，公司设计制作的《八景盘一套》，获省旅游局颁发的浙江省旅游交易会旅游纪念品、工艺品评比展优秀奖。

同月，公司设计制作的《舜耕群雕一套》，获省旅游局颁发的浙江省旅游交易会旅游纪念品、工艺品评比展优秀奖。

同月，公司设计制作的《银生肖钥匙一套》，获省旅游局颁发的浙江省旅游交易会旅游纪念品、工艺品评比展优秀奖。

2005 年，公司获省工商企业信用 AA 级“守合同、重信用”单位。

2005 年，公司获浙江省首批行业质量服务诚信领先示范企业称号。

2006 年度，公司被上虞市道路运输管理所评定为安全管理工作考评二等奖。

2007 年度，公司被绍兴市工商局评为“重合同，守信用”AAA 级企业。

2007 年度，公司被浙江省浙商研究会吸收了团体会员。

2008 年，公司被上虞市禁毒委员会授予 2006—2007 年度“易制毒化学品管理”乙级单位。

2008 年，公司被绍兴市总工会授予绍兴市级劳动关系和谐企业。

2008 年度，公司获省工商企业信用 AA 级“守合同、重信用”单位。

2008 年度，被中国质量诚信企业协会、中国品牌价值评估中心、《浙江日报》广告中心联合评定为“重质量、守承诺、创品牌”首批“三满意”单位。

2009 年，公司被中国质量诚信企业协会、中国品牌价值评估中心、浙江日报社确认为“浙江省公众满意质量诚信”双优单位。

2009 年，公司被绍兴市总工会评为绍兴市劳动关系和谐企业。

2009 年，上虞越瓷陶业有限公司，被浙江省文化厅确定为浙江省非物质文化遗产继承单位。

2010 年，公司被中国质量诚信企业协会、浙江日报社确认为浙江省重质量守诚信行业领先单位。

2010 年 7 月，公司选送的由旗下上虞越瓷陶业有限公司制作的《青瓷镂孔熏炉》，获中国旅游商品大赛浙江参赛商品选拔赛优胜奖。

同月，公司选送的由旗下上虞越瓷陶业有限公司制作的《舜耕群雕》，获中国旅游商品大赛浙江参赛商品选拔赛优胜奖。

2011 年度，公司被中共上虞市委、市府评为“谢晋文化奖”文化贡献奖。

2011 年，公司被浙江省工商局确定为“浙江省工商企业信用 AA 级守合同重信用”单位，有效期三年。

2011 年 10 月，公司被绍兴市工商局确定为“浙江省工商企业信用 AA 级守合同重信用”单位。

2012 年 10 月，绍兴市文广局授予上虞越瓷陶业有限公司为绍兴市非物质文化遗产生产性传承基地（越窑青瓷烧制技艺）。

2012 年 12 月，公司被中共浙江省委统战部、省经信委（省中小企业局）、省工商业联合会，评为“浙江省中小微企业创新发展”先进单位。

2012 年 12 月，上虞市委人才工作领导小组办公室、市人力资源和社会保障局授予公司职工李道凤，上虞市首批技能大师工作室——越窑青瓷工艺李道凤技能大师工作室。

2012 年，公司被上虞经济开发区（曹娥街道）党工委、上虞经济开发区管委会（曹娥街道办事处）评为先进民营企业。

2012 年度，公司被中共上虞市委宣传部、上虞市文化广电新闻出版局评为十佳文化企业。

2012 年度，公司被上虞市道路运输管理所评为安全生产目标管理考核先进单位。

2013 年 4 月，在中华人民共和国文化部、浙江省人民政府主办的第八届中国义乌文化产品交易博览会上，公司获工艺美术奖——银奖。

2013 年 5 月，公司与旗下绍兴小仙坛越窑青瓷有限公司，被绍兴市非遗领导小组、绍兴市文广局确认为绍兴市非物质文化遗产优秀传承基地。

2013 年 8 月，公司被上虞市消费者权益保护协会确定为 2011—2012 年度上虞市消费者信得过单位。

2013 年 8 月，绍兴市委人才工作领导小组办公室、市人力资源和社会保障局授予公司职工李道凤绍兴市市级越窑青瓷工艺李道凤技能大师工作室。

2013 年 12 月，公司的《運發及图形商标》被绍兴市工商行政管理局确定绍兴市著名商标。

2013 年，公司为 2012 年度上虞市工业综合实力百强企业之一（列 98 位）。

2014 年 1 月，公司被中共绍兴市上虞区委、区人民政府确定为上虞区 2013 年度工业综合实力百强企业。

2014 年 2 月，公司被中共上虞经济开发区（曹娥街道）工委、上虞经济开发区管委会（曹娥街道办事处）评为 2013 年度工业红旗单位。

2014 年 2 月，公司团委被中共上虞经济开发区（曹娥街道）工委、上虞经济开发区管委会（曹娥街道办事处）评为 2013 年度共青团工作先进单位。

2014 年 4 月，经严格考核认证，公司获得《ISO 质量、环境、职业健康管理体系认证》（三体系）证书。

2014 年 9 月，公司旗下的绍兴小仙坛越窑青瓷有限公司所注册的青瓷“小仙壇”商标，被绍兴市商务局确认为“绍兴老字号”。

2014 年 9 月，公司获得绍兴市安监局颁发的“安全生产标准化三级企业”证书。

2014年10月，公司被省15届运动组委会评为浙江省15届运动会热心支持单位。

2014年11月，公司获得绍兴市上虞区质量协会“标准化良好行为”证书。

2014年11月，获得绍兴市计量测试学会《计量检测体系合格》证书。

2014年11月，小仙坛越窑青瓷有限公司的“仿制秘色瓷”，获得上虞区首届越窑青瓷秘色瓷产品三等奖。

2014年12月，公司的“運發”牌贵金属工艺品，被浙江省质量技术监督局确定为 “浙江名牌产品”。

2014年12月，公司被中共绍兴市上虞区委宣传部、区文广新局评为2014年度上虞“十佳文化企业”。

2014年12月，获“绍兴市高新技术企业”（浙江省科技型中小企业）认定。

同月，公司获绍兴市上虞区专利示范企业认定。

同月，公司获绍兴市上虞区区级科技开发中心认定。

2015年2月，公司被中共绍兴市上虞区委、区人民政府确定为2014年度工业综合实力五十强企业之一（列33位）。

2015年2月，公司被中共上虞经济开发区（曹娥街道）工委、上虞经济开发区管委会（曹娥街道办事处）评为2014年度商贸服务先进集体。

2015年2月，公司被中共上虞经济开发区（曹娥街道）工委、上虞经济开发区管委会（曹娥街道办事处）评为2014年度工业红旗单位。

2015年12月，因公司党支部在参与基层党组织“星级创建”中成绩突出，被绍兴市上虞区委组织部授予基层党组织“五星级”称号。

2016年，公司在绍兴市上虞区政府公布的2015年度全区百强企业中，名列第83位。

2016年2月，公司被绍兴市非遗领导小组、绍兴市文广局评为绍兴非遗文化遗产优秀传承基地。

2016年2月，公司被中共绍兴市上虞区委宣传部、绍兴市上虞区文广新局评为2015年度绍兴市上虞区“十佳文化企业”。

2016年2月，公司被中共上虞经济开发区（曹娥街道）工委、上虞经济开发区管委会（曹娥街道办事处）评为2015年度工业优胜企业先进集体。

2016年11月13日，中国工程院院士、天文仪器与方法专家、现任中国科学院上海天文台研究员、总工程师朱能鸿，在公司正式建立“院士专家工作站”，并获得绍兴市人力资源和社会保障局、绍兴市科协联合发文批准并授牌

2016年11月12日，经上虞区政府质量奖评委会审核、上虞区政府批准，浙江运发文化发展有限公司荣获2016年上虞区“区长质量奖”。

2016年12月，浙江运发文化发展有限公司设计制作的“金猴献瑞”生肖邮票银版画，荣获2016年首届绍兴市文化旅游创意产品设计大赛（产品组）——优秀奖。

2016年12月，在浙江省文化厅公布的第二批“浙江省非物质文化遗产生产性保护基地”的名单中，浙江运发文化发展有限公司名列其中。

2016年12月，公司贵金属饰品、工艺品“運發”商标，被浙江省工商行政管理局正式确定为“浙江省著名商标”。

2016年度，公司全年度各项综合业绩又进入上虞区全区工业综合实力百强企业名单，列第80位，受到了绍兴市上虞区委区府的表彰。

公司被绍兴市上虞区文化产业发展领导小组评为2016年度绍兴市上虞区“十佳文化企业”。

公司党支部被中共上虞经济开发区（曹娥街道）委员会授予“五好基层党组织”称号。

公司被中共上虞经济开发区（曹娥街道）委员会、上虞经济开发区管理委员会（曹娥街道办事处）评为“工业创新成长型企业”。

注册商标　自创品牌

浙江运发文化发展有限公司于 2001 年转制后，董事长兼总经理俞支援先生充分认识到，企业要发展，要强盛，在激烈的市场竞争中，能独树一帜，争得属于自己的一片天地，就必须在万绿丛中把自己的“红”显示出来，即必须有自己的品牌。

人无信不立，企业无品牌不强。由此，公司开始实施自创品牌战略。有质量，有品牌，就不受制于人，就更能让消费者识别，能在消费洪流中，建立起自己的稳固消费群体。

然同时，敢于亮出并树起自己产品的品牌，亦表明公司的产品，在生产制造和质量管理上，已经达到了市场自信和消费者完全认可的境地。当然，这也是给自己树了“靶子”，对公司的内部管理和质量定位要求是更高，更无退路，这从另一侧面说，就是公司向社会表达出的高度自信和对未来的充满信心。

特别是给生产的青瓷制品，注册“小仙壇”商标，所传达和要表明的是公司必须生产和制作传承千万年的精品。若一旦粗制滥造，其损毁的不只是公司的声誉，更是我们上虞青瓷的历史地位和声誉；因为上虞是我国历史上成熟青瓷的诞生地。所以，树“小仙壇”牌子，更是自加压力，截断退路，以“小仙壇”的精益求精，来提升自己产品的知名度和影响力。

而市场博弈的现实也表明：急功近利者，只顾经济效益，常常是最早被淘汰者。只有紧盯着质量、对消费者高度负责的企业，才能立于不败之地，并长盛不衰。

公司的商标注册情况如下：

一、贵金属产品“運發”商标。

1. 2001 年 6 月 25 日，公司向国家工商总局商标局提出了贵金属产品“運發”图案商标的申请。图案重写实型，由两个半月形状组成，形象地显示出的是一只钻石型“宝戒”，又是“運”字拼音字头两个“Y”的组合。所包含和传达的意思：一是公司性质的标识。表明公司是生产经销贵金属珠宝产品的。二具传统性。宝石戒指是我国最常见、使用最多、最具传统色彩的贵金属饰品；并且是雅俗共赏。三是形象性。宝石戒指，常人一看就明了。四是寓意好运相连。两个“Y”近似是两个胜利标志“V”的相连，传递的是成功、好运不断的信息。2002 年 9 月 28 日，国家商标局正式予以批准。有效期 20 年至 2022 年 9 月 27 日，注册证号为 2010995 号。核定使用商品和服务项目范围为第 14 类，包含内容如下：电镀制品（贵金属电镀）；铜制纪念品（铜币）、贵重金属餐具；宝石（珠宝）；贵重金属徽章；贵重金属艺术品；银饰品；贵重金属小雕像、小塑像；纪念章（宝石）；银制工艺品等。

2. 2010 年 7 月 7 日，为体现商标的完整性，符合当今人们对商标的认知心理，公司为图案商标“宝戒”，增添的中文繁体字样“運發”文字商标，被国家商标局批准。批准注册证号 7092813 号，文字商标使用有效时间为 10 年。所核定的使用商品种类仍为第 14 类，内容稍有调整，具体范围为：贵重金属艺术品；贵重金

属徽章；银制工艺品；贵重金属锭；贵重金属盒；表盒（礼品）；纪念章（宝石）；磁疗首饰；人造宝石；贵重金属小塑像等。

注：2014 年 12 月，公司的“運發” 牌贵金属工艺品，被浙江省质量技术监督局确定为“浙江名牌产品”称号。2016 年 12 月，“運發”牌贵金属饰品、工艺品商标，又被浙江省工商行政管理局确认为“浙江省著名商标”。

二、青瓷产品“小仙壇”商标。

1. 青瓷中文“小仙壇”商标。2006 年 9 月 14 日，上虞越瓷陶业有限公司向国家商标局申请的中文文字“小仙壇”商标，经严格审核，正式获得批准，批准注册号为 3898722 号，有效期 10 年。核定使用商品为第 21 类的：日用玻璃器皿（包括杯、盘、壶、缸）；细颈坛；瓦器；耐酸耐碱陶瓷器；饮用器皿等。

（小仙坛：小仙坛是地名，因其存有我国东汉时期的青瓷古窑址而闻名海内外。小仙坛位于浙江省绍兴市上虞区上浦镇曹娥江畔的石浦村北 200 米，古瓷窑遗址由小陆岙、小仙坛、大园坪三处窑址组成，是上虞东汉瓷窑分布的密集地。东西相距 600 米左右，面积约 800 平方米。古窑址虽其窑炉破坏严重，但遗存物制作规整，质量甚高，青瓷产品已达到或超过现代日用瓷的标准。从烧制质量上看，该窑制品胎质细腻，致密，呈灰白色。釉以青色、青黄为主，釉层比原始瓷显著增厚。器物表面饰蓖纹、席纹、水波纹、弦纹等。由于烧成温度高，吸水率低，抗弯强度大，且在还原气氛中烧成，胎釉结合紧密牢固，釉层光亮，有较强的光泽度，釉层淡雅清澈，犹如一池清水，已经达到了成熟青瓷的标准。小仙坛窑址所发现的古瓷器遗存物表明：早在东汉时期，成熟的瓷器已在浙江上虞烧造成功。由此，小仙坛窑址，被专家认定为迄今为止发现的世界上最早的青瓷窑址，是成熟青瓷的典型代表。据此，曹娥江流域也因此被专家学者认定是我国青瓷的主要发源地，素有中国“瓷之源”一说。2006 年 5 月，小仙坛窑址被国务院确定为第六批全国重点文物保护单位 。）

2. 为使“小仙壇”商标图文的完整性，2007 年 10 月 7 日，上虞越瓷陶业公司又向国家商标局申请的为中文文字“小仙壇”配上虞青瓷代表性产品“鸡首壶”图形的商标，正式获得了批准。批准注册号为 4133781 号，有效期 10 年。商标核定使用商品为第 21 类的：细颈坛；瓦器；耐酸耐碱陶瓷器等。

[鸡首壶：创制于三国时期，盛行于两晋、南朝，进入隋代鸡首壶更加修长俏丽。考古资料显示鸡首壶是三国中晚期越窑烧制的一种新产品。鸡首壶在东晋时称作“罂”。汉·王充《论衡·谴告》说：“酿酒于罂，烹肉于鼎”。（王充是我们上虞人，他说的肯定与我们上虞制造的相关。）刘伶《酒德颂》有：“先生于是方捧罂承槽”，双手捧罂在酒床的流槽下接酒，说明鸡首壶是盛酒器。由此，鸡首壶也代表着喜庆，给人以吉祥与欢快之观感。]

注：2014 年 9 月，由“上虞越瓷陶业有限公司”更名的“绍兴小仙坛越窑青瓷有限公司”所注册使用的青瓷产品“小仙壇”商标，被绍兴市商务局确认为绍兴“老字号”商标。2016 年 12 月，公司被浙江省文化厅确定为第二批“浙江省非物质文化遗产生产性保护基地”。

墙里开花墙外红

——报刊历年来宣传报道公司消息辑录

浙江运发文化发展有限公司一路创新创业，闯关前行，不断发展提升，榜立上虞区规上企业百强行列，始终得到主流媒体的关注和支持。《浙江交通报》《绍兴日报》《绍兴晚报》，特别是《上虞日报》、上虞电视台，对浙江运发文化发展有限公司的发展进步十分关心，有关公司的开发创新、发展亮点、产品荣誉、青瓷传承等成果业绩，多有及时并切合实际的报道。

且公司的很多成果，如2008年为北京奥运会、2010年为广州亚运会制作奖牌及董事长俞支援为恢复上虞青瓷所作出的努力与取得的成果等新闻，也成了媒体报道的亮点，受到社会的关注和赞扬。

确实，时代变了，“酒香不怕巷子深”古时说法，于媒体高度发达的今天来说，已观念全新了。这深巷中的好酒，若不予传扬，是很容易被一路的商贩所隔绝。通过媒体，快捷地传播正确信息，已是当今企业求发展、广信誉、增互信的重要手段，是企业走向成功的重要翅翼。

这里，我们对公司发展的有关纸媒的报道，做了一个内容择要的整理辑录，以使运发公司的发展情况，尽可能得以更具体、更丰富、更全面地反映。至于电视等影像新闻报道，限于各种技术因素，只能忍痛割爱了。

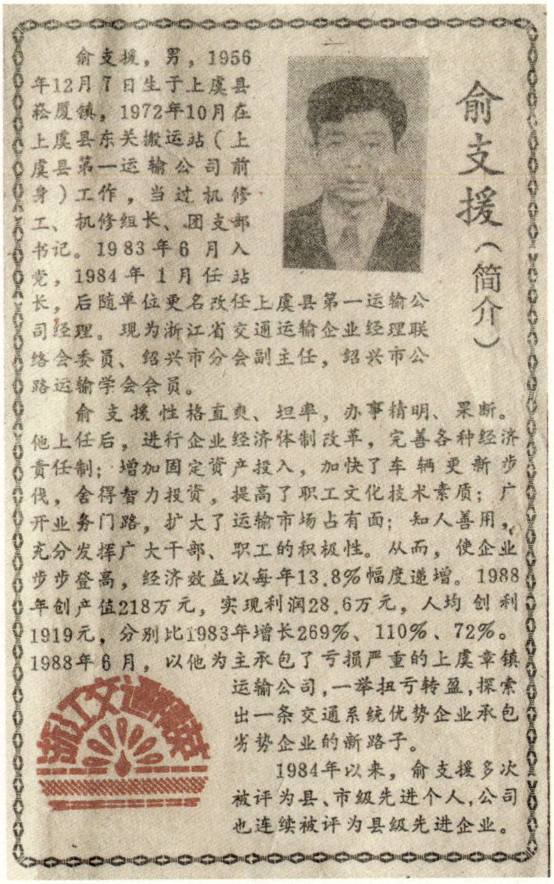

俞支援（简介）

俞支援，男，1956年12月7日生于上虞县崧厦镇，1972年10月在上虞县东关搬运站（上虞县第一运输公司前身）工作，当过机修工、机修组长、团支部书记。1983年6月入党，1984年1月任站长，后随单位更名改任上虞县第一运输公司经理。现为浙江省交通运输企业经理联络会委员、绍兴市分会副主任，绍兴市公路运输学会会员。

俞支援性格直爽、坦率，办事精明、果断。他上任后，进行企业经济体制改革，完善各种经济责任制；增加固定资产投入，加快了车辆更新步伐，舍得智力投资，提高了职工文化技术素质；广开业务门路，扩大了运输市场占有面；知人善用，充分发挥广大干部、职工的积极性。从而，使企业步步登高，经济效益以每年13.8%幅度递增。1988年创产值218万元，实现利润28.6万元，人均创利1919元，分别比1983年增长269%、110%、72%。1988年6月，以他为主承包了亏损严重的上虞章镇运输公司，一举扭亏转盈，探索出一条交通系统优势企业承包劣势企业的新路子。

1984年以来，俞支援多次被评为县、市级先进个人，公司也连续被评为县级先进企业。

● 1989年5月20日《浙江交通报》

公司最初受媒体关注，始于1989年浙江省交通厅与《浙江交通报》共同推出的“浙江交通精英”事迹介绍和风采展示栏目。

1989年5月20日，《浙江交通报》第四版刊载了公司经理俞支援作为“浙江交通精英”的事迹介绍。在强手林立的交通业界，俞支援经理能成为浙江省的“交通精英”，其最主要的成就，就是俞支援经理领导公司，积极进行公司经营体制改革，完善了公司内部各种经济考核责任制，使企业经济效益，以每年13.8%的幅度递增。同时，还承包了处于严重亏损状态的兄弟公司——章镇运输公司，并一举扭亏转盈，这在上虞所有运输企业中，是唯一的一家。

1996年4月，公司历史性的重大变迁是公司驻地搬迁，由东关镇迁入百官镇舜江东路（原环城北路）一运大厦内。公司在俞支援经理的正确领导和决策管理下，经改革开放十多年来的快速发展，原来在东关镇的驻地，已经跟不上发展的需要，故公司作出迁址经营的决定。

1996年4月28日，公司在《上虞日报》刊发了半版公告，为公司与经理俞支援，向社会公众，做了一次有信心的形象展示。这次搬迁在公司发展史上，是里程碑式的，为公司以后的发展与腾飞，赢得了良机。

1997年4月16日、4月25日，《上虞日报》《绍兴晚报》先后对公司珠宝饰品厂为省邮电局和绍兴市邮电局，制作出的获得高度肯定和赞扬的《蔡元培诞生一百二十周年》和《竺可桢镶嵌封》，进行了宣传报道。一家成立时间不长的小厂，制作了技术精密要求非常高的金银镶嵌纪念封，被当时的浙江大学校长潘云鹤赞之为“小厂撑起大市面”。

1997年下半年，运发公司与上海方正集邮收藏公司，因生产并同时部分承销“97金银牛年生肖邮票镶嵌卡封”而引发了经济纠纷，《绍兴日报》于10月19日，《绍兴晚报》《上虞日报》等都先后发布新闻消息，为处于弱小地位的运发公司（上虞珠宝饰品厂）声明真相，讨回应有的公道。

2001年，公司与上海造币厂的跨地区合资合作，取得了突破与成功。我国权威的钱币制造企业——上海造币厂长孙宝根，亲临该厂在浙江设立的唯一特约经销点——运发珠宝商行，表达祝贺和真挚的合作意愿。这显示出了

浙东新闻杂志
A10
再现青釉：复原失落的越窑
寻回失落的青釉
寻找青瓷“DNA”
克隆越窑青瓷“国宝”
抢救古越窑品牌
千年后东山再起
注销公告
注销公告

2006年5月28日《浙东新闻杂志》

运发公司把银币、纪念品、工艺品，不断做大做强的发展趋势。于此《上虞日报》在2001年8月20日的头版上，加以了报道。运发公司实现跨地融资合作，运发珠宝商行由此成为上海造币厂在浙江的唯一特约经销点。

重振上虞作为我国青瓷发源地的雄风和辉煌，传承与弘扬上虞青瓷文化，公司董事长俞支援早已在寻觅、考察、研究、探索之中。由此，公司于2006年出资控股了上虞越瓷陶业有限公司（后更名为：绍兴小仙坛越窑青瓷有限公司）。

涉足陶艺后，董事长俞支援借此向社会大声疾呼，希望上虞青瓷重新崛起。董事长等的呼吁和呼唤，引起了主流媒体的关注和重视。

《上虞日报》于2006年4月18日整版发表了《上虞青瓷：期待沉默千年后的翠色》；《浙东新闻杂志》于2006年5月28日也发表了《发现龙窑：“见证”母亲瓷鼻祖》《展现青瓷：复原失落的越窑》两整版的关于上虞青瓷的介

上虞日报 资讯 3
2008 年 8 月 20 日 星期三 电话/82195302 E-mail/syrbsyb8@sina.com 编辑设计/刘 盼 校对/摄影部
ZIXUN

运发实业 为北京奥运加油！

上虞市运发实业有限公司

我们为参与了奥运奖牌制造而无上光荣

——访上虞运发实业公司董事长俞支援

北京奥运赛场颁奖盛典上，当各国运动员成功分享奖牌的喜悦时刻，你可知道，这些奥运奖牌上的挂钩(也称吊环)，全部由上虞一家企业制造？上虞运发实业公司董事长俞支援日前欣喜地告诉记者，我们参与制造了6000枚北京奥运会和残奥会奖牌及120枚武术表演项目奖牌，具有浓郁中国文化特色的金镶玉奖牌已成为北京奥运会独特的人文财富，我们为参与奥运奖牌制造而无上光荣！

中国印钞造币总公司上海造币厂承担奖牌制作重任后，去年4月就指定长期合作伙伴上虞运发实业公司制作奖牌挂钩。俞支援介绍说，"北京奥运奖牌挂钩由中国传统玉双龙蒲纹璜演变而成，高22毫米，长46.8毫米，受命后，我们在和奥组委以及设计奖牌单位的共同努力下，攻克了许多技术难关，从去年8月31日开始第一批加工试制，我们前后共试作了四批100多件，终于得到了北京奥组委的肯定和认可。"

俞支援说，如何在北京奥运会奖牌中体现中国元素，这是北京奥组委重点考虑和精心设计的，最终设计方案为取意金玉良缘的"金镶玉"，而且在奖牌上的挂钩设计也融入了中国元素，把中国特色完美地体现了出来。[illegible]

为确保奖牌制作质量，运发实业公司制定并承担了包括进库、出库、整体喷砂、抛光、镭射等在内的20多道生产工艺流程，不仅保证了奖牌和吊环本身不变形、不变色，还保证了在200公斤外力拉动下，吊环与奖牌的焊接固定丝毫不受到影响。据悉，北京奥组委对奥运奖牌质量表示满意。

据了解，成立于1993年的运发实业公司，是一家集服务、生产、加工、经销于一体的经济实体，原先主要生产金、银、珠宝、水晶等手饰工艺品。1996年为绍兴市邮政局承担制作周恩来诞辰100周年纪念金银邮票后，公司与上海造币厂建立了长期合作关系，并成为该厂在国内少有的特约经销部之一，像市面上流行的十二生肖金银邮票册、纪念章等，就是出自运发实业公司设计制造。

这家在[illegible]界名列前茅的企业，近年来正以诚信和质量赢得了[illegible]的信赖。俞支援说，"我们的使命就是在淬炼金银中[illegible]。上半年，公司就为山西开滦煤矿开矿130周年、[illegible]文化艺术节、古越龙山礼品酒瓶、中国中药现代化进程[illegible]、杭州湾跨海大桥通车纪念章等等制作了10多万件金银纪念章，使这些产品真正成为了物超所值的高工艺文化载体。"

"能够参与到奥运奖牌的制造，这是我们公司的荣誉，也[illegible]提升了我们公司的品牌。金银纪念章的文化博大精深，一枚枚精美的纪念章，是记载许多重大政治历史事件和对外交流的重要载体和媒介，承担着传播和弘扬中国传统文化的功能。眼下我们就正在设计开发金镶玉系列产品和建国六十周年纪念章，在市委、市政府创业创新战略的指引下，我们会不断提升竞争力，做得更精、更细、更强，争取在金银纪念品市场上打造出更优秀的知名品牌。"俞支援满怀信心地说。

(郑志勤)

今年2月27日起，运发实业公司攻克多项技术难关，正式开始6000枚奥运奖牌挂钩的生产制作，并参与奖牌制作的整体喷砂、抛光、酸洗、镭制等在内的20多道工艺程序，7月3日前，所有奥运会奖牌保质保量移交给北京奥组委。

运发荣誉

- 1997年为"浙江大学"校庆100周年制作镶嵌纪念册；竺可桢镶嵌金、银纪念邮册。
- 1997年参与制作"世纪之交"十二生肖金、银邮册，历时12年(1997—2008)至今年初圆满完成整轮邮册发行。
- 1999年参与澳门回归"普天同庆澳门回归纪念册"银片的压制。
- 1999年参与制作"建国五十周年"、"五十六个民族大团结"大型金、银、铜镶嵌纪念册的压制。
- 2000年杭州西湖博览会仿古金条的制作任务。
- 2004年为上海造币厂制作的"第七届全国大学生运动会"奖牌吊环进行配套加工。
- 2006年出色完成上海造币厂85周年厂庆纪念章的压制成型任务。
- 2008年参与北京奥运会金、银、铜奖牌挂钩(吊环)的生产及奖牌制作多道工艺流程。

运发名片

上虞运发实业有限公司专业生产经营以金、银、铜等贵金属为介质的高档纪念章、牌、邮册、摆件、挂件等奖系列，各类奖品及[illegible]的工艺礼品系列等，拥有国内领先的制作和检测设备，管理模式先进，技术力量雄厚，工作环境整洁。

公司本着"诚信重信，质量卓越"的经营宗旨，与上海造币厂等国家级大型企业具有长期合作关系，在制作和开发领域进行广泛深入的技术交流，大大增强了产品的市场竞争力，始终保持运发产品与世界同步。

运发实业下属旅游公司和工艺品商行，在各自的产业领域发挥自身的实力，以自己独有风格占据市场份额，共同构筑运发实业这一主体。

运发产品

● 2008年8月20日《上虞日报》

绍，并配发了俞董事长在上浦镇古窑址考察的照片。媒体的参与支持，终于引得了政府的关注和重视。2014 年，上虞区政府把“青瓷文化”列为上虞重点传承的三大地方特色文化之一，董事长等的呼吁，终于赢得了积极结果。

2007 年 5 月 1 日，公司为赢得更大发展，实现了第二次重大迁址行动，由百官街道舜江东路搬迁至上虞经济开发区（曹娥街道）越秀中路 399 号新址，《上虞日报》于 4 月 30 日以半版的版面，为公司提供了形象宣传和信息支持。

2008 年 8 月 2 日，《天天商报》在头版刊登了《制作奥运会奖牌 绍兴企业出大力》，介绍了上虞运发实业公司为北京奥运会、残奥会制作金牌挂钩（吊环）的消息。新闻介绍了挂钩（吊环）须花 20 多道工序，要攻克不变形、不变色、抗压抗拉等难关，保证 200 公斤外力拉不动的技术要求。

2008 年 8 月 12 日，《绍兴晚报》刊载《奥运会奖牌，绍兴企业参与制造》，报道上虞运发珠宝实业公司为北京奥运会制作生产奖牌挂钩（吊环）的消息。

2008 年 8 月 20 日，《上虞日报》以整版“为北京奥运加油”，介绍了公司生产制作奥运会 6000 枚、残奥会 3000 枚及 120 枚武术奖牌挂钩（吊环）的消息，并采访了董事长俞支援。俞董事长向媒体介绍了奖牌挂钩（吊环）生产中，要达到的各种高精尖的质量和技术要求的情况。“别看这小小的挂钩（吊环），要花 20 多道工序呢！”这么一个小产品，蕴藏着如此高的质量与技术要求，消息一出，一时，引发了社会对公司信誉和制造技术水平的广为传扬。

公司深度进行上虞越窑青瓷的开发后，一批高仿性强的古代代表性瓷器被复制生产出来，媒体关注的热度亦在上升。

2008 年 8 月 26 日，《上虞日报》以图文“精雕细琢”，报道了上虞越瓷陶业有限公司工人

精雕细琢

上虞越瓷陶业公司内，一名青瓷工艺师正在精心修坯。据悉，上虞作为青瓷文化的发源地，在有关部门长期不懈的努力下，越窑青瓷开始重新焕发千年翠色。青瓷仿制技术考究、釉色逼真，不少国内外考古专家、学者慕名前来我市考察，寻访青瓷踪迹。

记者 刘盼 摄

让民间文化光彩重生

● 2008 年 8 月 26 日《上虞日报》

艾草飘香的时节
我们再一次念怀越窑青瓷

● 2009 年 4 月 9 日《上虞日报》

生产制作青瓷产品的情况。

2008 年 9 月 18 日，《上虞收藏》报转载《上虞日报》刊载的《奥运奖牌吊环，上虞企业制造》的报道，披露“首次不用螺丝衔接，200 公斤外力也拉不动”的挂钩（吊环）信息。

2009 年 4 月 9 日，《上虞日报》以“艾草

上虞日報

白马湖

永远的越窑青瓷

A 俞辉其人

B 青瓷其物

C 创业之道

D 希望之路

● 2010 年 1 月 17 日《上虞日报》

古瓷留韵

● 2010 年 1 月 21 日《上虞日报》

飘香的时节，我们再一次念怀越窑青瓷”，整版介绍了上虞青瓷的生产振兴情况。其所展示的青瓷制品图文内容，多为上虞越瓷陶业有限公司的制作场景与生产出的产品。这反映出上虞越瓷陶业有限公司，是上虞青瓷的主要传承制造基地。

2009 年 8 月 16 日，《上虞收藏》刊载《藏春苑隆重开业图文集锦》，展示了上虞运发实业有限公司、上虞越瓷陶业有限公司生产的部分产品。

2009 年 9 月 20 日，《绍兴轻工》刊载了公司董事长俞支援，当选为绍兴市工艺美术行业协会第一届理事会理事的消息。

2009 年 10 月 22 日，《上虞日报》披露了“第三批省级非遗项目代表性传承人”揭晓的消息，董事长俞支援为省级“越窑青瓷烧制技艺”传承人名列其中。董事长俞支援这一称号的获得，亦使他付出的努力和在研究开发上的贡献，得到了实至名归的结果。

越窑青瓷
杭城受宠

● 2010 年 6 月 8 日《上虞日报》

2009 年 11 月 28 日，《绍兴日报》刊载了上虞市运发实业有限公司荣获 2009 年“绍兴市劳动关系和谐企业”的信息。

2010 年 1 月 17 日，《上虞日报》以整版《永远的越窑青瓷——访上虞越瓷陶业有限公司总经理俞辉》，介绍了为弘扬上虞青瓷文化，公司总经理俞辉所做的努力和探索。

2010 年 1 月 21 日，《上虞日报》又以“古瓷留韵”介绍上虞青瓷，并展示上虞越瓷陶业公司的生产情貌，让社会进一步了解上虞青瓷的历史影响和地位。

2010年5月27日，《上虞日报》报道上虞运发实业有限公司总经理俞辉，现场以5000元价格，拍得上虞口足书画家陈伟强《道无家》书法作品的消息

2010年6月8日，《上虞日报》的《越窑青瓷，杭城受宠》图文新闻，向社会大众报道了上虞越瓷陶业公司生产的青瓷，在杭城受居民关注、青睐的情况。

2010年7月15日，《绍兴日报·新周刊》刊载有关越王剑的长篇报道，运发实业公司后成功仿制出绍兴“越王剑”。

2010年7月21日，《上虞收藏》刊载上虞越瓷陶业公司总经理俞辉，向杭州市民介绍公司生产越窑青瓷产品的情景。

2010年9月9日，公司将为于11月在广州举行的第16届亚运会生产制造4700枚奖牌的消息，在《上虞日报》进行了披露：《亚运奖牌 上虞加工》，报道并配发了公司现场生产的照片。

亚运奖牌 上虞加工

2010年11月12日在广州举行的第16届亚洲运动会日益临近，眼下，4700枚代表亚运荣誉的比赛奖牌正在我市运发公司内紧张加工制作，技术人员一丝不苟、细致入微，对[illegible]、抛光、雕刻、焊接等20多道制作工艺流程进行严格把关，确保奖牌质量。据悉，这是我市企业继参与制造2008年北京奥运会奖牌后，又一次参与国际级大型体育赛事奖牌承制任务。图为技术人员对奖牌制作的每一道工序进行仔细检查。 记者 刘盼 摄

● 2010年9月9日《上虞日报》

2010年12月8日，《上虞日报》又一次报道展示了上虞越瓷陶业有限公司烧制的青瓷产品。报道称，公司研制仿秘色瓷釉色的配制，在理化指标和直观感觉上，是《仿品如真品》，高度肯定了公司生产制造仿品的传承技术水平。

2010年12月14日，公司生产的生肖年金银饰品成抢手货，《上虞日报》以《兔年饰品走俏》予以报道。

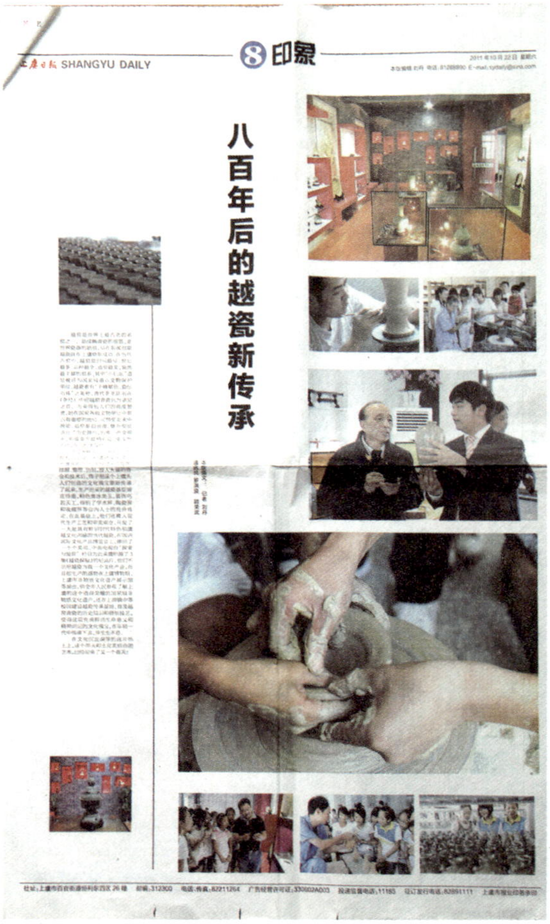
上虞日报 SHANGYU DAILY

8 印象

八百年后的越瓷新传承

● 2011年10月22日《上虞日报》

2011年10月22日，相隔近年，《上虞日报》再次以整版《八百年后的越瓷新传承》，介绍了越窑青瓷在上虞的传承开发情况。其报道的图片内容，主要是上虞越瓷陶业公司的生产场景和产品展示。

2011年11月14日，《上虞日报·新商都周刊》刊载《请带去我们的城市礼品》，“越瓷陶业”诚邀新上虞人赏玩小仙坛青瓷的消息。

2011年11月20日，《绍兴晚报》文化乡村行，以《越窑青瓷，千年之后能否唯美回归？》，介绍了上虞越瓷陶业有限公司青瓷传承开发情况。报道专门介绍了董事长俞支援，作为“省级非物质文化遗产传承人”的身份，为上虞青瓷传承所作出的努力和探索。并披露了由他设计制造的一只仿五代牡丹瓶，荣获省文化厅主办的“非遗薪传——浙江青瓷精品展”银奖、另有三件仿制作品获铜奖的消息。

2011年11月21日，《上虞日报》报道《新上虞人赏玩小仙坛青瓷》的消息，上虞越瓷陶

全国最重的龙年银币上虞造

2011年12月30日，市运发珠宝公司工作人员在展示他们制作的龙年银币。该龙年银币重达12公斤，是目前国内最重的银币。

记者 韩坚 摄

● 2012年1月2日《上虞日报》

墨宝烧上青瓷器

近日，市运发实业有限公司工作人员在展示青瓷礼品。该公司去年推出新款青瓷礼品，按照需要可以把顾客的墨宝、祝福语烧制上青瓷器，深受市场欢迎。

记者 韩坚 摄

● 2012年1月5日《上虞日报》

经典爱情 青瓷呈现

4月16日，在市越瓷陶业有限公司的车间内，工艺师正在制作以“梁祝”为主题的青瓷工艺品。上虞是越窑青瓷的发源地，该企业在继承传统工艺的基础上，根据我市文化特色以及现代人的审美观，开发出多款青瓷工艺品作为城市礼品，受到客户欢迎。

记者 刘盼 摄

● 2012年4月19日《上虞日报》

业公司积极向新上虞人，推介上虞精美的青瓷制品。

2011年12月30日，公司生产出了需先进制造机械和高超技术水平的12公斤重的龙年银章，引起了外界的广泛关注。《上虞日报》以图文形式《全国最重的龙年银章上虞造》加以宣传报道，及时回应了社会大众的关心关注。

2012年1月5日，《上虞日报》以图文形式，报道了公司生产的把顾客墨宝、祝福语，烧制到青瓷上的新款青瓷礼品：《墨宝烧上青瓷器》，展示公司不断提升的青瓷开发制作水平。

2012年1月7日，上虞市王慧琳市长，专题调研青瓷文化产业发展情况，《上虞日报》以《让越窑青瓷绽放异彩》作出了报道。其中王市长一行在调研国家级非遗传承基地——上虞越瓷陶业有限公司时，“充分肯定‘越瓷陶业’在传承与弘扬青瓷文化上所做的努力，鼓励企业在继承传统工艺的基础上，不断创新发展，使越窑青瓷绽放异彩”。

2012年1月21日，《上虞日报》报道由上虞越瓷陶业有限公司与市博物馆等共同举办的“小仙壇”杯越窑青瓷主题摄影比赛：《青瓷的光影神韵》的消息。

2012年4月19日，《上虞日报》报道了上虞越瓷陶业有限公司工艺师制作以“梁祝”为主题的青瓷工艺品，让传统工艺添注现代审美：《经典爱情，青瓷呈现》，让大众了解了上虞青瓷开发的新天地和其具有的艺术魅力。

2012年5月31日，《上虞日报》报道了绍兴市委常委、宣传部部长尹永杰调研上虞工作的消息：《推动文化大发展大繁荣》。内容中介绍了尹部长调研浙江运发文化发展有限公司越窑青瓷生产和金银器具的制作工艺的情况，他“对公司开发生产的青瓷创意产品，赞赏有加”。

2012年6月17日，《上虞收藏》刊载杭州著名书画家李茂荣老师，为上虞运发实业公司升格为浙江运发文化发展有限公司的祝贺题词：“弘扬青瓷文化，重振越窑风采。”

2012年9月18日，《上虞日报》公布了“上虞市第二批浙江省‘优秀民间文艺人才’推荐名单公示”，董事长俞支援榜上有名。推荐理由是：作为省第三批非物质文化遗产（越窑青瓷烧制技艺）代表性传承人，制作技艺较高，热心公益事业，个人出资在上浦镇中学设立越瓷制作传承基地，为学生上课2000余人次，所制青瓷“镂空香薰”获浙江省旅游商品优胜奖，青瓷“牡丹瓶”获省“中青名师”银奖等情况。

2012年10月8日，《上虞日报》就上虞越瓷陶业有限公司为即将在绍兴市举行的纪念“新中国22大电影明星”诞生50周年暨专题纪录片新闻发布会，进行有关报道。因为此次纪念活动，要赠送给祝希娟、于蓝、金迪等著名艺术家的22只造型别致、做工精美的越窑青瓷梅瓶，这一质量要求非常高又荣誉性强的制造业务，就是由上虞越瓷陶业有限公司承担的。记者寻访上虞越瓷陶业有限公司并采访了公司总经理俞辉，了解公司之所以能承接到这样高端业务的原因。公司能接受高端业务，在于公司不断挖掘、探索、创新，并采取了以“借风使船”（紧跟文化产业发展方向）、“借船出海”（抓住文艺强市契机）、“借兵打仗”（高薪聘请工艺美术师）、“借花献佛”（以市场需求为导向）、“借尸还魂”（开发传统工艺与现代审美相结合的新瓷器）、“借古喻今”（收集古代资料完善越瓷发展理论体系）、“借鸡生蛋”（联合其他厂家开发多材质器具）、“借镜观形”（考察青瓷发展方向并学习制瓷新技法）等策略手段，建立了一支技术骨干团队，开发出青瓷产品300余种，并拓宽销售渠道，进入电购平台等，消息以《越瓷陶业凭“八借”扬帆起航》为题进行了报道。公司加大技术开发力度、加强横向联合措施、加宽市场营销路径的做法，以“八借”来加以提炼概括，确实让人感到思路清晰，创意独特，耳目一新。

2012年10月27日，《浙江联谊报》刊载《上虞政协助力“点泥成金”》的图文消息。中国官窑研究会会长叶宏明，在上虞市政协副主席赵畅的陪同下，调研上虞越瓷陶业有限公司。

2012年12月22日，《上虞日报》刊载了《“运发”喜获省荣誉》的消息。公司被浙江省委统战部、省经信委、省工商联等授予“浙江省中小微企业创新发展先进单位”荣誉称号。

2012年12月28日，《都市快报》报道了第三届“建行杯”最美浙江人·文化新浙商的评选消息，公司总经理俞辉名列其中。评选介绍了公司为国家大项目制作贵金属产品和越窑青瓷产品，是上虞市纳税百强企业之一，评选总经理俞辉的理由：“他的文化担当让古越青瓷绽放全新光彩。”其事迹还在《中国商人》、新华网等刊载传扬。

2013年7月13日，绍兴《天天商报》以《三千余件越窑青瓷被砸烂一价值近百万，其中还不乏大师作品》为题，报道了上虞越瓷陶业有限公司将3222件，价值99.9万余元的越窑青瓷制品砸碎的消息。这消息经报道后，成了轰动上虞内外街谈巷议的一个重要话题。报道述说创办于2004年的上虞越瓷陶业有限公司，是国家级非物质文化遗产越窑青瓷烧制技艺传承单位，一直在做越窑青瓷的抢救性研究，开发生产的越瓷产品被国内学术界和收藏界认可，

九秋风露越窑开 夺得千峰翠色来

——记“做文化的企业家”俞支援

本报记者 王淋玲 通讯员 王水堂

近日，在绍兴市与上虞区两级科协的牵线搭桥下，中科院院士、上海天文台朱能鸿教授决定来虞拟建“院士专家工作站”，并计划重点围绕《60CM及以上直径瓷蜂窝天文望远镜》项目，与浙江运发文化发展有限公司开展技术研发交流，立足自主创新，将青瓷与光学、天文领域仪器研发紧密结合，生产出高保真度的瓷蜂窝式望远镜，以填补国内青瓷在该领域应用的空白历史。

朱能鸿教授之所以选择与运发合作，离不开该公司董事长俞支援对青瓷文化传承的深入研究和对产品质量精益求精的追求态度。其实，熟识俞支援的人都知道，在过去的20多年间，他一直深耕文化产业，结合上虞得天独厚的越窑青瓷资源，开发了一系列青瓷作品，他创立的浙江运发文化发展有限公司更是奥运会金牌、世博会纪念币的定制生产企业。多年来，他一直专注于越窑青瓷的抢救性研究和传承发扬，用十年如一日的坚守，诠释着企业的责任与担当。本期，我们一起走近这位做文化的企业家——俞支援。

结缘青瓷 立志让千峰翠色重焕光彩

上虞是越窑青瓷的发祥地，千百年来，嵩嵩两岸的曹娥江水孕育出了精美绝伦的秘色青瓷，然而，自东汉晚期以后，青瓷的烧制工艺遭遇断代，如何让失传的技艺得以传承，千峰翠色再焕光彩，成为许多文化人思考的难题。

2004年，浙江运发文化发展有限公司董事长俞支援和文化界人士谈及设想深度开发贵金属文化产品，期间，大家的一席话让他豁然开朗：上虞有越窑青瓷这么好的文化瑰宝，为何不做好越窑青瓷这篇文章？也正是从那一天起，俞支援与青瓷结下了不解之缘。

为了让千峰翠色重焕光彩，刚开始，俞支援跑上海硅酸盐研究所，到浙江陶瓷研究院，聘来陶瓷学院学生参与企业实践创作，还请高校教授专家对青瓷泥土进行物理化学分析，并从景德镇高薪聘请工匠研究青瓷制作工艺。整整3年，投入数百万元，却烧出了一窑又一窑的残次品。

“很多人不理解，觉得我根本不是烧瓷器，而是在烧钱。但我认为，青瓷诞生于上虞，积淀了许多的文化内涵。作为上虞人，我们应该要做好越窑青瓷的传承、发掘和保护工作。”怀着这样一份信念，俞支援继续坚持，花大量的时间对上浦小仙坛等古窑址进行深入考察，并联合社会各界人士共同参与青瓷研究，呼吁大家重视青瓷文化。此后，又全资收购了上虞越瓷陶业公司的股份，正式进军上虞青瓷的开发、生产、销售和推广领域，以一位企业家的实力与担当，肩负起了让秘色青瓷重焕光彩的历史使命。

打造精品 砸碎青瓷瑕疵品一个不留

在研究越窑青瓷的过程中，俞支援还自己动手，仿制了一批具有代表性的古青瓷制品，送往浙江省、绍兴市等青瓷研究机构和博物馆，请有关专家分析评判。值得欣喜的是，这些作品都得到了高度肯定，他本人也于2009年被绍兴市文广局、省文化厅等先后确定为浙江省“非遗”项目第三批“越窑青瓷烧制技艺”市级、省级代表性传承人。2011年，由他制作的青瓷作品《牡丹瓶》，还在“非遗薪传——浙江青瓷精品展”中，荣获银奖。

此后，为了重振上浦镇小仙坛越窑青瓷的雄风，俞支援将原来的上虞越瓷陶业公司更名为绍兴小仙坛越窑青瓷有限公司，并向国家商标局注册了“小仙坛”青瓷产品商标，为实现上虞越窑青瓷的传承发展，树起了昭告四方的大旗，同时也进一步提升了越窑青瓷的对外知名度。

品牌的打造离不开精品之作。2014年，俞支援做出了一个令公司上下为之震惊的举动，他要求员工把在检验中发现小瑕疵，但普通人看不出问题的3222件价值近100万元的青瓷作品，全部砸成碎片，一个不留。“有瑕疵的产品就是废品，‘小仙坛’出来的东西必须能经得起历史检验，必须是可以流传千年的精品。”正是这份强烈的责任感，让俞支援把瑕疵品赠送给职工的“好事”都不愿意做，他说，如果将这些青瓷赠予职工，就很难保证这批“废品”会不会流入市场。而一旦市场上出现了有瑕疵的作品，就不仅是赔点小钱的问题，而是砸破了“小仙坛”的名声！

注重情怀 经营企业要有自己的文化

在俞支援看来，产品就是企业文化的载体与外在表现。一个企业，若没有自己的文化，就会缺乏内涵，缺乏精神，继而缺乏凝聚力。“作为一个以从事贵金属和青瓷生产、加工、销售的企业，客户在购买你的产品时，一定会注重产品中所包含的文化内涵。如果一件产品没有内在，那么它缺少的就不是特色，而是灵魂。”

俞支援说，在经济发达、市场繁荣的现代社会，人们在追求时尚生活的同时，更多的是讲究文化内涵和内在品位。所以，他始终坚持做企业家就要先做好人，经营企业要先经营好文化的理念。只有当一家企业有了自己的文化，才能团结奋进，长盛不衰。

俞支援回忆，刚开始他的公司是一个只有28名员工组成的“东关搬运工会”，后来“搬运工会”变成“搬运站”，到了上世纪八十年代，“搬运站”又在他的领导下，升格成为上虞县第一运输公司。改革开放，他打破“大锅饭”，实施“超奖色赔”、“单车承包”、“双增双节”等一系列经营改革，见贤思齐、能者为师，“富口袋”的同时不忘“富脑袋”，创设交流平台，不断提升职工文化知识和文明素养。那些年，俞支援还撰写了《论企业面临困境出路何在》《试论运输企业增强活力的途径》等大量极具见地的理论文章，并提出“新调寻、阅观念，就是在激烈的社会主义市场竞争中，去寻找并占有适合我们企业有一席之地的市场。”包含着智慧的思路定位，充分展露了他的文化功力与企业家情怀。

继往开来 不断提升青瓷对外知名度

社会的发展，带来人们品位需求的提升。1992年，俞支援以独特的眼光远瞻市场发展前景，投资80万元，创办了上虞珠宝饰品厂。这一举动在当时的很多人看来也许是不务正业，但他却始终相信文化将推动人们寻求更高尚、文雅的品位生活。而时间也验证了他的想法，当初的这着“妙棋”，后来亦成为了当时交通局改下企业经营发展的亮点与样板，同时也为企业之后的转型升级埋下了精彩的伏笔。

此后，公司转制，他把生产、经营贵金属工艺品作为主业，着重做好贵金属工艺品传世内涵的这篇文章。因追求艺术的精致与质量的高端，引来奥运会金牌、世博会纪念币等重量级订单纷至沓来。

2014年，上虞区委、区政府把“青瓷文化”列为上虞三大特色文化之一，俞支援又抢抓时机，进一步拓展青瓷品类，深化文化产品开发，在增强和加深贵金属与青瓷文化的交融上，开展多方位、多角度的艺术探索，力争使运发公司的青瓷与贵金属艺术品，成为一张“精致上虞”的新名片。

而此次朱能鸿教授选择在运发公司拟建“院士专家工作站”，并将光学、天文领域仪器研发与青瓷紧密结合，正是企业传承和经营文化的成功所在。“上虞青瓷能与天文仪器合璧，是我们公司产品领域的又一次延伸，也印证了青瓷文化的无限发展前景。日后，我们还将继续研究烧制技艺，传承千峰翠色，增设青瓷品类，不断提升上虞越窑青瓷的对外知名度和美誉度，让越来越多的人都知道，青瓷的故乡在上虞。”面对未来发展，俞支援如是说。

篆刻欣赏

释文：此心安处是吾乡
作者：厉默威

释文：抱残守缺
作者：厉默威

● 2016年10月14日《上虞日报》

相继获得文化部工艺美术奖银奖、第八届中国义乌文化产品交易博览会工艺美术奖银奖等。总经理俞辉对这一行动解释时说，通过此事给自己的团队传递一个理念：有缺陷的产品就是废品。“在产品品质上，我们不能给自己有退路，作为越窑青瓷的传承者，我们只能出流传百年甚至千年的精品。”

2016 年 3 月，由上虞区企业家联合会、上虞区企业家协会主办的《虞舜企业家》杂志，2016 年第一期的封一、封二、封三、封底及插页刊登了运发公司厂区形象及公司与旗下小仙坛越窑青瓷有限公司特色产品的照片，并以《传承与创新的完美结合——记浙江运发文化发展有限公司》一文，对公司在创新贵金属文化、传承青瓷文化所作出的努力和奉献，进行了具体介绍。

2016 年 6 月 23 日，《上虞日报》第一版刊登了“运发公司邀请全国劳模作‘两学一做’报告”的消息。公司邀请自 1989 年始连续五届次获“全国劳动模范”称号的原上海西部企业集团物业总监徐虎，为公司党员、干部作“两学一做”的专题辅导报告，这在上虞是非常有创意且仅此一例的事。

2016 年 6 月 30 日，《上虞日报》第二版刊登了“运发员工实战学消防”的消息。公司于 6 月 23 日，在区消防大队的指导下，组织了一次消防知识的培训和实战演练，报纸对这一信息进行了报道。

2016 年 10 月 13 日，《上虞日报·文化周刊·艺苑》版，整版刊载了由《上虞日报》记者王淋玲、通讯员王水堂采写的，介绍浙江运发文化发展有限公司董事长俞支援，倾心于青瓷研究，为重振上虞作为我国青瓷发源地雄风、传承和弘扬好上虞青瓷文化事迹的长篇新闻报道：《九秋风露越窑开 夺得千峰翠色来——记“做文化的企业家”俞支援》。文章客观而全面地介绍了俞支援自进入新世纪以来，担起作为一个有责任企业家的社会责任，考察我国青瓷诞生基地上虞上浦镇古小仙坛遗址，研究青瓷秘色配方，仿制古青瓷代表作品，联络社会各界热心青瓷研究人士，呼吁重振并弘扬好上虞的青瓷文化所作出的努力与奉献。同时也简要回顾了俞支援参加工作以来，一路领导当年的“东关搬运站”，使之成为“上虞市第一运输公司”，后又发展成“浙江运发文化发展有限公司”的历程。

新 城事 专版
2016年11月11日 A11
虞商·新生代

诚信服务　精品发展

——记浙江运发文化发展有限公司总经理俞辉

坚守质量出精品

工匠精神换取信任

创新工艺开拓市场

人物名片

● 2016 年 11 月 11 日《浙江城市广播电视报》

2016 年 11 月 11 日，《浙江城市广播电视报》发表了浙江运发文化发展有限公司总经理俞辉，为传承越窑青瓷，强化出千年精品，深入配方研究，提升工艺制作水平的《诚信服务，精品发展——记浙江运发文化发展有限公司总经理俞辉》的长篇通讯报道。报道对俞辉领导公司的工匠精神制造公司产品，严把质量关，走“高端、专业、贴心”发展之路，进行了具体介绍。

TQC 成果
《运用 TQC 降低汽车燃油单耗量》

（1989 年）

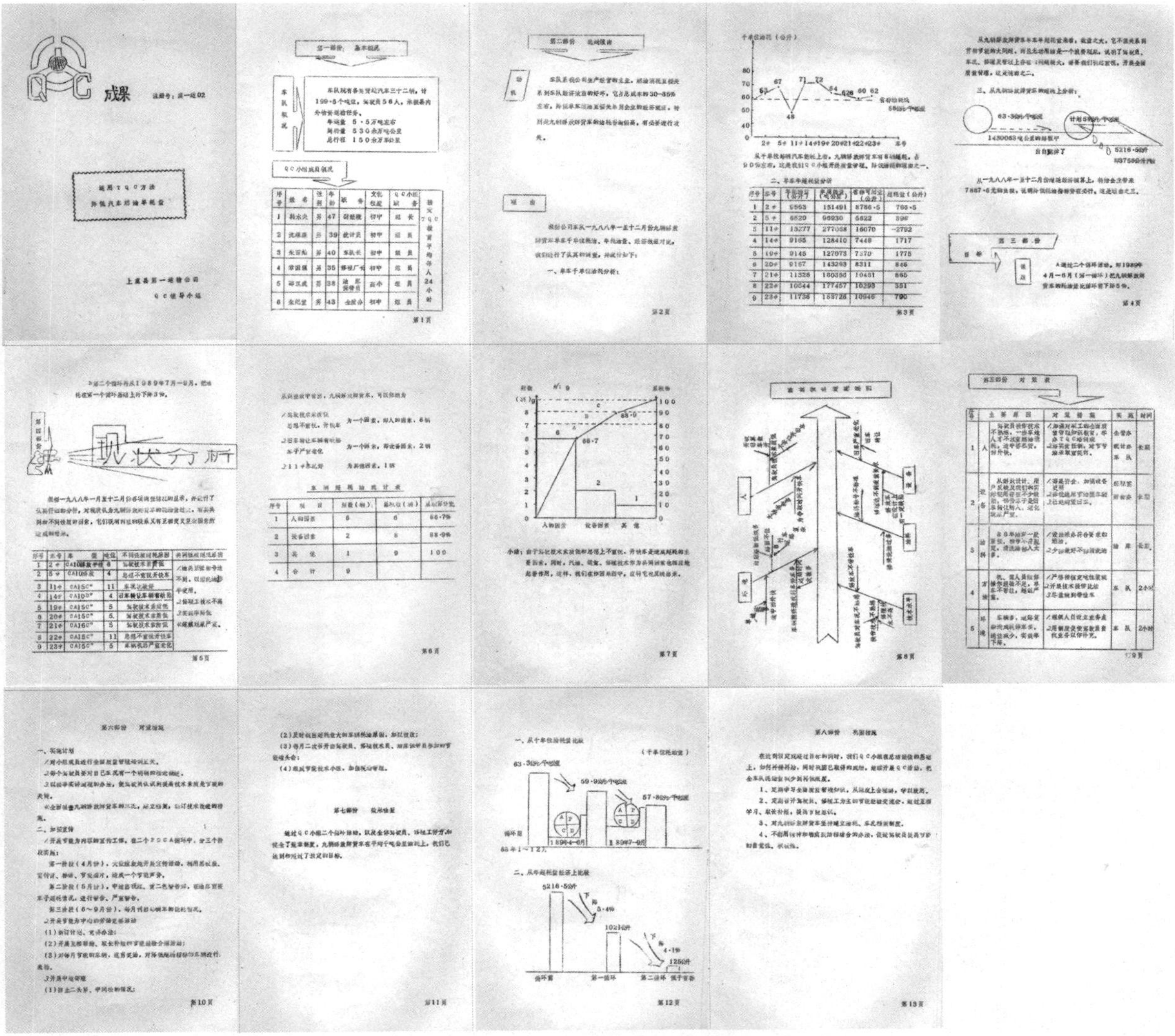

EOS DIGITAL

四 文化篇

WENHUAPIAN

以文化人

——公司文化建设情况简述

浙江运发文化发展公司是做文化产品的公司，更是做“文化”的公司。公司非常重视企业内部的文化建设，通过各种方法与措施，让公司处处散发着强烈的文化气息，以运用文化的力量，营造精神舒畅、追求高尚、相处和谐的生活氛围。

文化作为社会现象，是人类进化和进步的产物，内涵非常丰富，承载着思想、信仰、理想、追求，是一个国家、民族的图腾，更是促进相互了解、交流、合作、集聚经验、共享智慧、增进互信的重要载体和媒介。于一家企业而言，若缺乏文化，职工间仅是一种各怀心思、缺乏共同语言的劳动力的聚合，是创造不出高质量、有文化底蕴与内涵的产品的。

富有长远思维的董事长俞支援，早就注意到了抓企业思想与文化的重要性。“仓廪实而知礼节，温饱足而知荣辱。”公司进入 20 世纪 80 年代以后，运用快速增长的经济实力，在俞支援经理的亲自主抓下，搞党员之家、职工之家的建设，创办“交通安全简报”“一运

公司厂区青瓷制品展示

月讯”等，宣传窗、黑板报，定期更换，常出常新。进入21世纪浙江运发公司时期后，更是十分注重活跃职工的文化生活，增进职工的相互交流，创造出一种强烈的职工进公司就成“家人”的强烈亲情氛围，使企业内部团结更加紧密，内涵更加丰富，职工充满激情，更富生活信心和创造力，向心力、凝聚力有机增强。

具体地说来，运发公司的文化主要体现在三大方面：一是公司的管理文化；二是公司经营文化；三是职工的文体娱乐生活文化。

在这里，公司的管理文化，已经在公司管理篇上作了简要反映。公司的管理，严格的制度管理当中，更强烈地体现着人性化特色。制度更主要是规范生产秩序，以保障生产出一流产品。制度的“亮剑”，公司更从自身做起，砸碎3222件价值100万元的被“判”为不合格的青瓷成品，是用公司的损失来教育、影响职工，传递出的是一种强烈的质量文化。因在管理篇已经涉及，在此不多赘述。

公司的经营文化，包括每一件产品内涵中所包含的创意、制作技艺、精致程度等等，公司所传递给市场和消费者的是坚持“高端、专业、贴心”的服务理念，以国际化的视野，着重于文化创意、文化传承，以出千万年的传世精品、藏品为要旨。公司经营文化所创造出的

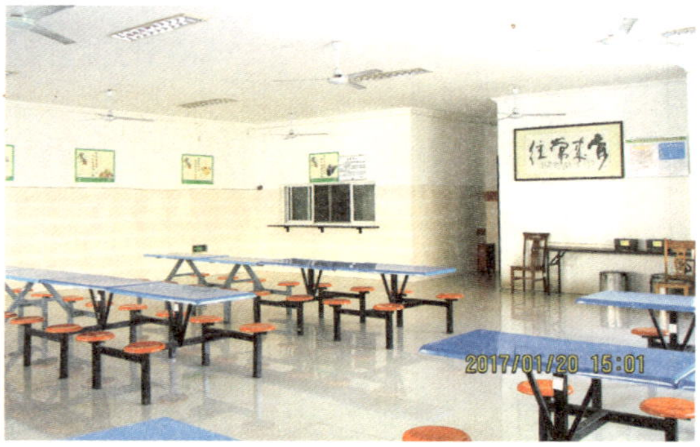

公司食堂饮食文化

效果，在成果篇已经反映，于此就不再展开。

这里，着重对公司的职工文体娱乐等生活文化，作一个简要的反映。“窥一斑而知全豹”，公司职工的文化娱乐活动，内容非常丰富。公司每年都举行的职工运动会、组织春游、秋游、登山等，搞圣诞派送，走进敬老院，组织义务献血等公益活动，增强职工间的交流融合，培养职工的爱心、责任心和意志力。2016年，公司又承历史传统，创办《运发报》，以延续《一运简讯》的文化血脉。

在激烈的市场竞争中，公司运用创立体现自己个性的文化，吸引人才，凝聚智慧，提升品位。公司深知，只有拥有自己的文化，公司驶向未来的航船才能更稳健，更能与时俱进，更具活力。

公司2016年“庆三八”宣传黑板报

公司优秀职工展示览

九秋风露越窑开 夺得千峰翠色来

——记“做文化的企业家”俞支援

记者 王淋玲 通讯员 王水堂

近日，在绍兴市与上虞区两级科协的牵线搭桥下，中科院院士、上海天文台朱能鸿教授决定到上虞拟建“院士专家工作站”，并计划重点围绕《60CM及以上直径瓷蜂窝天文望远镜》项目，与浙江运发文化发展有限公司开展技术研发交流，立足自主创新，将青瓷与光学、天文领域仪器研发紧密结合，生产出保真度高的瓷蜂窝式望远镜，以填补国内青瓷在该领域应用的空白历史。

而朱能鸿教授之所以选择与运发合作，则离不开该公司董事长俞支援对青瓷文化传承的深入研究和对产品质量精益求精的追求态度。其实，熟识俞支援的人都知道，在过去的二十多年间，他一直深耕于文化产业，结合上虞得天独厚的越窑青瓷资源，开发了一系列的青瓷作品，他创立的浙江运发文化发展有限公司更是奥运会金牌、世博会纪念币的定制生产企业。多年来，一直专注于越窑青瓷的抢救性研究和传承发扬，用十年如一日的坚守，诠释着企业的责任与担当。本期，就让我们一起走近这位做文化的企业家——俞支援。

结缘青瓷 立志让千峰翠色重焕光彩

上虞是越窑青瓷的发祥地，千百年来，悠悠流淌的曹娥江水孕育出了精美绝伦的秘色青瓷，然而，自东汉晚期以后，青瓷的烧制工艺遭遇断代，如何让失传的技艺得以传承，千峰翠色再绽光彩，成为许多文化人思考的难题。

2004年，浙江运发文化发展有限公司董事长俞支援和文化界人士谈及设想深度开发贵金属文化产品，期间，大家的一席话让他豁然开朗：上虞有越窑青瓷这么好的文化瑰宝，为何不做好越窑青瓷这篇文章？也正是从那一天起，俞支援与青瓷结下了不解之缘。

为了让千峰翠色重焕光彩，刚开始，俞支援跑上海硅酸盐研究所，到浙江陶瓷研究院，邀来陶瓷学院学生参与企业实践创作，还请高校教授专家对青瓷泥土进行物理化学分析，并从景德镇高薪聘请工匠研究青瓷制作工艺。整整3年，投入数百万元，却烧出了一窑又一窑的残次品。

“很多人不理解，觉得我根本不是烧瓷器，而是在烧钱。但我认为，青瓷诞生于上虞，积淀着许多的文化内涵，作为上虞人，我们应该要做好越窑青瓷的传承、发掘和保护工作。”怀着这样一份信念，俞支援继续坚持，他花大量的时间对上浦小仙坛等古窑址进行深入考察，并联合社会各界人士共同参与青瓷研究，呼吁大家重视青瓷文化。此后，他又全资收购了上虞越瓷陶业公司的股份，正式进军上虞青瓷的开发、生产、制造和推广领域，以一位企业家的实力与担当，肩负起了让秘色青瓷重焕光彩的历史使命。

打造精品 砸碎青瓷瑕疵品一个不留

在研究越窑青瓷的过程中，俞支援还自己动手，仿制了一批具有代表性的古青瓷制品，送往浙江省、绍兴市等青瓷研究机构和博物馆，请有关专家分析评判。值得欣喜的是，他的这些作品都得到了高度肯定，他本人并于2009年被绍兴市文广局、省文化厅等先后确定为浙江省“非遗”项目第三批“越窑青瓷烧制技艺”市级、省级代表性传承人。2011年，由他制作的青瓷作品《牡丹瓶》，还在“非遗薪传—浙江青瓷精品展”中，荣获银奖。

此后，为了重振上浦镇小仙坛越窑青瓷的雄风，俞支援将原来的上虞越瓷陶业公司更名为绍兴小仙坛越窑青瓷有限公司，并向国家商标局注册了“小仙坛”青瓷产品商标，为实现上虞越窑青瓷的传承发展，树起了昭告四方的大旗，同时也进一步提升了越窑青瓷的对外知名度。

品牌的打造离不开精品之作。2014年，俞支援做出了一个令公司上下为之震惊的举动，他要求员工把在检验中发现小瑕疵，但普通人看不出问题的3222件价值近100万元的青瓷作品，全部砸成碎片，一个不留。“有瑕疵的产品就是废品，‘小仙坛’出来东西的必须能经得起历史检验，必须是可以流传千年的精品。”正是这份强烈的责任感，让俞支援把瑕疵品，连赠送给职工的“好事”都不愿意做，他说，如果将这些青瓷赠予职工，就很难保证这批“废品”不会不流入市场。而一旦市场上出现了有瑕疵的作品，就不仅是赚点小钱的问题，而是砸毁了“小仙坛”的名声！

注重情怀 经营企业要有自己的文化

在俞支援看来，企业的产品就是企业文化的载体与外在表现。一个企业，若没有自己的文化，就会缺乏内涵，缺乏精神，继而缺乏凝聚力。“作为一个以从事贵金属和青瓷生产、加工、销售的企业，客户在购买你的产品的时候，一定会注重产品中所包含的文化内涵。如果一件产品没有内在的东西，那么它生产出来以后，缺少的就不是特色，而是灵魂。”

俞支援说，在经济发达、市场繁荣现代社会，人们在追求的时尚生活的同时，更多的是讲究文化内涵和内在品位。所以，他始终坚持做企业家就要先做好人，经营企业要先经营好文化的理念。只有当一家企业有了自己的文化，才能团结奋进，长盛不衰。

俞支援回忆：刚开始时公司是一个只有28名员工组成的“东关搬运工会”。后来“搬运工会”变成“搬运站”。20世纪80年代始，在他的领导下，1988年，升格成为上虞县第一运输公司。此时期，改革开放，他打破“大锅饭”，实施“超奖负赔”“单车承包”“双增双节”等一系列经营改革，见贤思齐、能者为师，“富口袋”的同时不忘“富脑袋”，创设交流平台，不断提升职工文化知识和文明素养。那些年，俞支援还撰写了《论企业面临困境出路何在》、《试论运输企业增强活力的途径》等大量极具见地理论文章，并提出“所谓寻、闯观念，就是在激烈的社会主义市场竞争中，去寻找并占有适合我们企业有一席之地的市场。”而这句包含着智慧的思路定位，也充分展露了他的文化功力与经营情怀。

继往开来 不断提升青瓷对外知名度

社会的发展，带来人们品味需求的提升。1992年，俞支援以独特的眼光远瞻市场发展前景，毅然投资80万元，创办了上虞珠宝饰品厂。这一举动在当时的很多人看来也许是不务正业，但他却始终相信文化将推动人们寻求更高尚、文雅的品位生活。而时间也验证了他的想法，当初的这招“妙棋”，后来亦成为当时交通局旗下企业经营发展的亮点与样板，同时也为企业之后的转型升级埋下了精彩的“伏笔”。

此后，俞支援的公司转制，他把生产、经营贵金属工艺品作为主业，着重做好贵金属工艺品传世内涵的熔铸文章。因追求艺术的精致与质量的高端，还引来奥运会金牌、世博会纪念币等重量级订单纷至沓来。

2014年，上虞区委区政府把“青瓷文化”列为上虞三大特色文化之一，俞支援又抢抓时机，进一步拓展青瓷品类，深化文化产品开发，在增强和加深贵金属与青瓷文化的交融上，开展多方位、多角度的艺术探索，力争使运发公司的青瓷与贵金属艺术品，成为一张“精致上虞”的新名片。

而此次朱能鸿教授选择在运发公司拟建“院士专家工作站”，并将光学、天文领域仪器研发与青瓷紧密结合，正是企业传承和经营文化的成功所在。“上虞青瓷能与天文仪器合璧，是我们公司产品领域的又一次延伸，也印证了青瓷文化的无限发展前景。日后，我们还将继续研究烧制技艺，传承千峰翠色，不断提升上虞越窑青瓷的对外知名度。”面对未来发展，俞支援如是说。

2016年10月12日

（注：此文2016年10月13日刊载于《上虞日报·文化周刊·艺苑》版。

版面配有董事长工作照与公司青瓷高仿品、特色产品）

黑板报内容选录

（2014 年 6 月）

第一版：告别单身，你准备好了吗?

五月是播种的季节，五月也是收获的季节，5 月 16 日，全体运发家人为即将告别单身的模具车间负责人——杨峰举行单身派对活动，各部门负责人代表部门人员向主人公送上祝福，主人公和自己的爱人共同点燃了签满公司全体家人名字的孔明灯，最后公司总经理俞辉为主人公送上神秘大礼。

图片 1：各部门送祝福

图片 2：放飞代表幸福的孔明灯

图片 3：俞总送上神秘大礼包

图片 4：相亲相亲的模具兄弟

图片 5：发放喜糖

第二版：不一样的儿童节

多数八〇后童年时期的儿童节，是在朗诵、合唱和集体舞中度过的，似乎半年多的准备就为着六一儿童节的演出。至于爸爸妈妈有没有买礼物、有没有带去玩，大家估计印象都不很深刻了，也许一瓶冰爽的汽水就给打发了。今天让我们一起看下运发家庭中的小朋友们如何欢度儿童节。

5 月 23 日和 5 月 26 日，来自鹤琴幼儿园的 69 位小朋友们，在陈老师的带队下来到运发体验青瓷的制作与雕刻，小朋友先是表演了他们精心排练的歌曲和舞蹈，随后进入青瓷生产车间，在师傅现场指导下，体验拉坯和雕刻等各项生产工序，体验活动结束后，由李大师评选出了雕刻的前三名小朋友，并由罗洪良副总赠送青瓷花瓶作为奖品。俞董事长代表运发，为每位小朋友颁发了纯银的马年车挂，预祝他们在人生的道路上一马当先，马到成功。

图片 1：舞蹈

图片 2：自己动手做青瓷

图片 3：发放奖品和礼品

参观公司展厅。了解青瓷文化

图片 4：活动合影

第三版：新闻短讯

1. 为方便住宿员工食用早餐，5 月 27 日起公司大门口正式开始出售早餐，主要品种有包子、粽子、八宝粥、银耳汤、鸡蛋、牛奶等。营业时间每天早上 7:20-7:50。欢迎各位家人前来选购!

2. 端午节来临，公司为每位运发家人发放粽子、鸭蛋、饮料等丰富节日礼品。

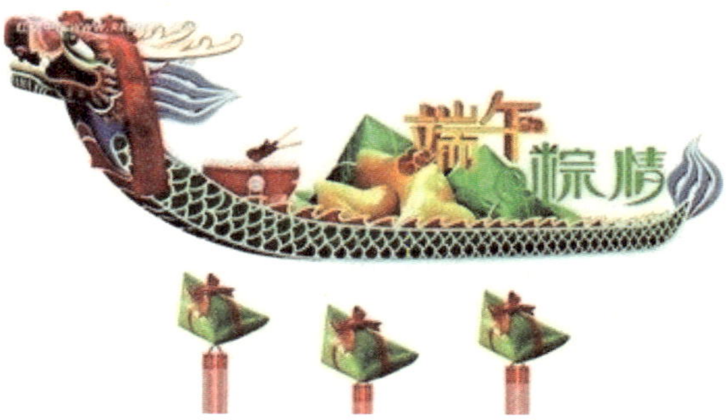

●龙舟 / 粽子

第四版：6 月生日榜

生产部	杨峰	6 月 28 日
生产部	陈立中	6 月 3 日
生产部	周琦	6 月 12 日
生产部	全昌武	6 月 3 日
生产部	徐凤娣	6 月 16 日
生产部	陈舒强	6 月 6 日
生产部	李鹏	6 月 5 日
生产部	李琼燕	6 月 18 日
产品研发部	王伟	6 月 3 日
行政人事部	董梅芳	6 月 15 日

2014年敬老院中秋慈善活动方案

一、活动背景：

爱老敬老是中华民族传承数千年的高尚情操，作为中华民族新一代的我们，有责任和义务传承这样一种高尚的品德，共同营造良好的社会氛围。为此我们计划去敬老院举办关爱老人的爱心慈善活动。传递“健康从心开始，关爱生命，呵护心灵，完善自我”这个理念。

在当今这个快节奏的社会里，老人们成了被淡漠的群体，缺少社会的关心，他们缺少的是那份被关爱的温暖。老人们在年轻的时候为社会作了贡献，现在他们年迈体弱，孤独多病，甚至生活不能自理，这个时候他们应该得到社会的关爱和帮助，让他们感受到来自社会的温暖，不再孤单，安享晚年！

二、活动名称：

爱心之旅——走进敬老院

三、活动主题：

延伸爱心舞台，携手温情世界。

四、活动目的：

1. 慰问敬老院的老人家，给他们送去一份关爱和温暖，传播爱心，传承文明，倡导孝德文化，倾情回报社会。

2. 增强运发家人们的社会责任感，让大家了解社会，关爱这群庞大而特殊的群体，从中学会关爱，学会感恩。

五、活动时间：2014年8月29日（周五）8:00--11:00

六、活动地点：上虞福乐院

七、活动对象：敬老院老人及工作人员100人，运发员工30人左右。

八、前期准备：

1. 策划人提前联系敬老院院长，与其洽谈具体的时间和相关事宜。

2. 实地考察环境，深入了解情况。

3. 准备好活动中所需的物资，做好详细的物品资费清单。

4. 统计好参加活动的人数，在活动前确保到位并进行相应的分工。

九、活动流程：

1. 食品、音响、水果盘子提前半天准备好，将所有人员分成10组，每组9名老人，至少1名敬老院工作人员，2-4名运发员工。

2. 参加者7:50准时在公司门口集合。

3. 8:00出发，8:30到达敬老院。

4. 8:40-9:00，老人食物、水果装盘分发。

5. 9:00--10:00：敬老院院长介绍敬老院的情况（5分钟），之后运发这边由董梅芳主持“运发好声音”为老人们表演节目，节目12个，中场运发员工全体游戏一个（击鼓传花），清单和顺序见附表1， 节目时间预计60分钟，9点05分开始，10点30分左右结束，敬老院人员表演2个节目，活动结束，大家开始收拾水果，剩余水果分给敬老院老人们。

6. 10:30清理场地，10:40各队长清点自己队里人数，与老人们告别，返回公司。

十、注意事项：

1. 着装整洁干净，穿着朴素。

2. 注意个人形象，不可随意生气或不文明的话语。

3. 在和老人们进行交流时，一定要面带微笑，让他们感受温暖的存在。

4. 带小孩的家属请做好接送工作，下午正常上班。

十一、工作小组：

1. 车辆保障方案：拼车方案及人员见附表2.

2. 85袋食品采购分包：顾芳菲、董梅芳

3. 摄影、摄像：赵建兰

4. 节目主持：董梅芳

5. 现场保障：顾芳菲

6. 小礼品：董梅芳

十二、费用预算：

1. 音响、盘子：敬老院提供

2. 每个老人一袋食品，大家一起吃的水果、糖。具体清单如下：

表9

项次	项目	数量	价格（元）
1	娃哈哈八宝粥	1瓶	3.5
2	面包	1袋	5
3	牛奶	2瓶	4.5
4	蛋黄派	1袋	6.5
85位老人，东西买来自己分包，合计20元*85=1700			
7	橘子	40斤（约160个）	5
8	香蕉	20斤	4
9	葡萄（夏黑）	15斤	6
10	哈密瓜	2只	20
水果合计：410元			
11	糖、果冻		50
费用共计：2160元			

3. 敬老院工作人员礼品：15人，小仙坛赞助。

编制：顾芳菲

小仙坛赞助：

审核：

批准：

附表1：现场节目表演单

表10

出场序号	姓名	节目
1	成永利	歌曲—映山红
2	成永利	歌曲—太阳最红，毛泽东最亲
3	顾芳菲	我家有个小九妹
4	顾芳菲女儿	舞蹈—小苹果
5	俞烨钢	霸王别姬

续表10

出场序号	姓名	节目
6	王烨峰	歌曲—月亮代表我的心
7	陈立中	歌曲—红旗飘飘
8	莫家栋	歌曲—我的祖国
9	赵海山	越剧—天上掉下个林妹妹
10	陈薛峰	上海滩

7时50分门口集合，分车辆上车，节目时间预50分钟，9时05分开始，10时之前分左右结束，大家开始收拾水果，剩余水果分给敬老院老人们，10时35各队长清点人数，开始返回公司。

附表2：参加员工及家人拼车方案

表11

序号	部门	参加人员	所乘车辆	乘车编号
1		顾芳菲	顾芳菲（驾驶员A）	A1
2		顾芳菲女儿		A2
3		赵海山	赵海山（驾驶员B）	B1
4		赵建兰(队长)		B2
5		成永利	7点45分出发	F2
6	采购部	俞烨钢		A5
7	财务部	徐淑妮	徐淑妮（驾驶员D）	D1
8	小仙坛	罗洪良	罗洪良（驾驶员C）	C1
9		董梅芳（主持）	董梅芳（驾驶员F）7点45分出发	F1
10	生产部	刘其才女儿		A4
11		金丽丽		D2
12		金丽丽小孩		D3
13		陈桂娟		C2
14		陈桂娟小孩		C3
15		陈幸幸		D4
16		王岳标（队长）		D5
17		陈立中		B5
18		莫佳栋		B3
19		陈薛峰		B4
20		王烨峰	7点45分出发	F3

预计22人参加，分成3小队，

王岳标队长负责：金丽丽及小孩、陈桂娟及小孩、陈幸幸、陈立中、莫佳栋、陈薛峰、王烨峰；

赵建兰队长负责：陈老师、悦悦、徐淑妮、俞烨刚、赵海山、成永利；

顾芳菲队长负责：顾芳菲女儿、刘其才女儿、董梅芳、罗洪良

2014年走进敬老院中秋慈善活动总结

运发文化公司2014年走进敬老院中秋慈善活动于2014年8月29日上午10点15分顺利结束，本次活动基本达到了关爱、慰问的主题，同时也宣传了公司的贵金属和青瓷的产品，进一步扩大了公司的知名度，总体来说是成功的。

一、本次活动的特点：

1. 没有影响公司的正常生产；

2. 费用没有超过预算；

3. 节目是员工自发报名表演，现场气氛热烈，活跃；

4. 活动期间安全无事故，车辆接送等后勤工作到位。

二、费用报告

本次活动食品预算：2160元，实际使用1973元，剩余187元。具体费用如下：

1. 每个老人一袋食品，内含八宝粥一瓶3元，牛奶两瓶3.83元，蛋黄派5.5元，法式软面包6元，共计18.33*85=1558元；

2. 水果：共计415元；

以上共计费用1973元。

三、存在问题：

1. 因为敬老院设备比较落后，导致音响和话筒都不是非常理想；

2. 主持人临时更换，敬老院老人也临时高兴，中间插了好几个歌，导致场面有点跟不上计划，幸亏活动的主题主要是跟老人聊天，拉家常，所以基本达到了慰问和关爱的效果；

3. 由于水果是现场分发的，老人又喜欢打包回去慢慢吃，导致大家总以为桌上马上就空了的感觉；

公司职工2014年8月29日走进上虞敬老园

4. 节目和老人的互动还不是很好，节目应多弄几个老人喜欢的戏曲类；

5. 感觉分给老人的东西有点少，以后要大家自愿给老人捐赠。

四、本次活动得到以下同事的大力支持与帮助：

董梅芳，罗洪良，徐淑妮，王岳标

五、个人体会：

我是来了20来天的新进公司员工，以前从来没轮到自己策划公司活动，我没想到的是我一个新人在生产这么忙的状态下去跟同事们说活动情况时，居然有那么多人想参与，这对我一个新人来说是莫大的鼓励和荣幸，我深深感觉到了运发员工的团结力和凝聚力，而且我发现同事们大多很爽快，大家都很喜欢一起出去参加活动。

这个活动同时也让大家进一步了解了敬老院老人们的生活状态，有很多员工表示以后会经常去看望老人们。

活动还进一步宣传了公司的产品，扩大了公司的知名度，老人和那里的工作人员都知道了我们运发文化有限公司，知道了我们的产品还有青瓷。

通过这次晚会，我也深刻地感受到了我和其他同事之间的差距，特别是主持和表演方面还是不能克服莫名其妙的紧张，在日后的工作中我会更加虚心请教，多多学习，不管是什么岗位的同事，我都觉得他们有闪光点，有可敬之处。感谢俞总给我这次学习，锻炼的机会，我相信通过努力，在运发这个舞台上我一定会磨炼的更加坚毅，更加成熟！

行政 顾芳菲

2014 年 8 月 29 日

2011 年 5 月 29 日公司职工在桐庐旅游

2010 年 9 月 25 日公司职工在舟山市朱家尖游乐活动

2013 年 2 月 6 日公司举行迎春酒会

2013 年 5 月 25、26 日公司党支部组织党员在江苏华西村、沙家浜参观

2013 年 7 月 6 日公司组织团队参加由天玮公司主办的文化 PK 活动

2013 年 9 月 17 日公司进行感恩家人圆梦活动

2014 年 5 月 16 日公司为职工杨峰举行求婚仪式

2014 年 8 月 7 日公司举行“公司好声音”活动

2014 年 9 月 20 日公司职工冒雨攀登覆卮山

2014 年 9 月 29 日公司举行职工运动会

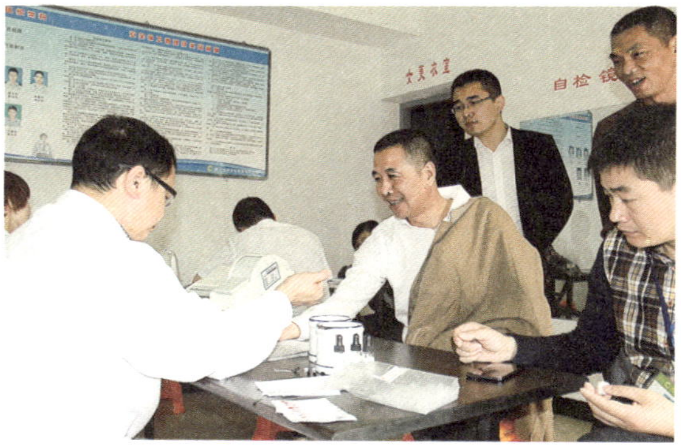

2014 年 10 月 30 日公司职工参加义务献血

2014 年 12 月 25 日公司圣诞节活动一景

2016 年 2 月 3 日公司举行猴年迎春晚会

运发报

《运发报》首期1版与4版(2016年7月号)

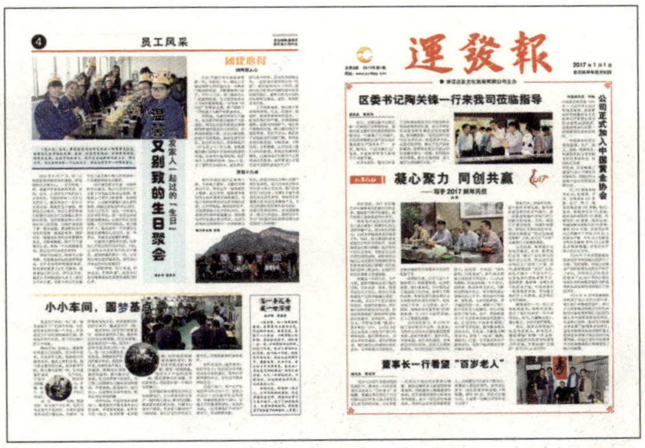

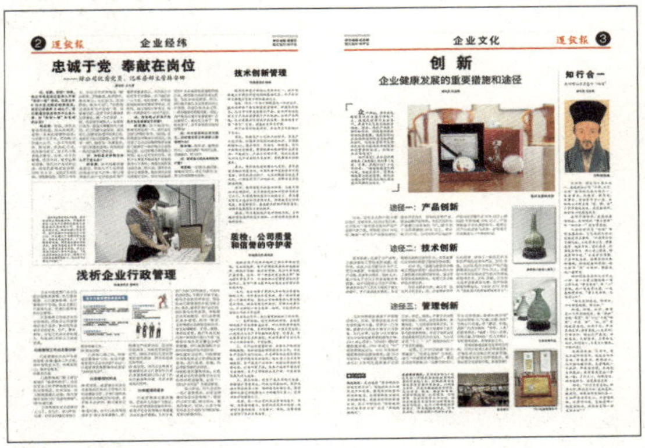

《运发报》第二期

《运发报》第三期

No se siente sobre la baranda

五 人物篇

RENWUPIAN

勇立潮头

——公司人物与传承情况简述

浙江运发文化发展有限公司，能从搞装卸、搬运凭体力的粗活，发展到运用知识、智慧、创意制作出高端、精致、能流传千年的贵金属工艺品、绍兴“老字号”青瓷仿古制品与创意新品，并享誉“浙江名牌产品”，贵金属饰品、工艺品“運發”商标被授予“浙江省著名商标”称号等，历66年且不断走向兴旺，除了历代职工的筚路蓝缕，艰苦创业外，公司领导层的不满足于现状、不自喜于成绩，勇于攀登，不断开拓创新，闯关奋进，是最主要的。

公司敢于、善于开拓创新，这所依靠的，就是人才，就是公司拥有一支继往开来、薪火相承、决不陶醉于眼前的成功的管理人才队伍。江山代有人才出，特别是从第一代负责人朱月来、徐阿寿手中接棒的第二代掌舵人董事长俞支援，他富有远见、勇于进取、善于开拓、富于创新地抓发展，不断地从激烈的市场竞争和复杂的商战中，运用自己的知识、智慧和判断，发挥自己的优势，找准自己的发展方向，攻坚克难，努力让公司处于最有利的位置，带领公司不断地走向了跨越和提升。更有运用现代经营管理理念和智慧的第三代传人总经理俞辉，他富有未来眼光地瞄准海内外市场，在寻求产品的文化创意、高端品位上下功夫，志在攀登，强调向出千年精品、永久藏品目标努力，使公司进入了品牌经营时代。

公司的这些努力与目标实现，也促进着公司智慧的凝聚和团队协作精神的形成，并创立起拥有自己特色的文化，使公司由当年“小不点”的“搬运工会”，发展成了如今具有

2013年5月8日公司党支部换届选举

响当当名声的浙江运发公司。早在上世纪初，社会学家们就预见到：未来的竞争，是人才的竞争。人才优劣，决定着一个企业是走向兴旺还是衰落的命运，事在人为，这在以市场为资源配置的游戏中，是没有假如或侥幸的先例。

由此，我们专列一个篇章，把俞支援、俞辉等的个人经历、努力和成果单列出来，一方面是记载下他们个人的成绩和荣誉，一方面也是为大家树立一个标杆和榜样。既让大家明白，一个人的成功，必须与为之奋斗的事业紧紧相连，并全身心地投入，知难而进，认准方向而行，不放弃，不懈怠，不断探索，勤于思考，善于合作，着力于合作共赢等等。亦是告诉大家，创业难，守业更难，企业要走向百年兴旺，继承发扬，必须前承古人，后启来者，与时俱进，作为守业者，创新发展，要精神不丢，传统不忘，既不被束缚，又不完全抛弃，审时度势，有机地吸收和运用。运发公司前后三代领路人的脚步，他们不同的领导艺术和对发展的探求，也是公司由成功走向卓越、越做越强走向百年兴旺的内因与根基之所在。

俞支援简历

1957年1月生，生肖属猴，上虞区崧厦镇人。大专文化，中共党员。经济师、工艺美术师，浙江运发实业公司董事长，浙江运发文化发展有限公司董事长。企业团队核心人物、公司经营最高决策者、公司文化策划者、公司品牌代言人、浙江省第二批优秀民间文艺人才、省级“越窑青瓷烧制技艺”代表性传承人、越窑青瓷工艺美术师、浙江省经营管理大师、绍兴市最具影响力的工艺美术民间艺人、绍兴市级优秀“非遗代表性传承人”、浙江省浙商研究会理事、绍兴市工艺美术行业协会理事、上虞区收藏家协会荣誉主席、上虞民间文化交流协会顾问、上虞区乡贤研究会曹娥街道分会顾问、东关镇1987年、1990年、1993年、1996年连续四届当选镇人民代表，1993年2月、1998年3月先后当选中共上虞市第十届、第十一届代表大会代表。2016年11月8日，公司董事长、党支部书记俞支援，被选举为中共绍兴市上虞区经济开发区（曹娥街道）党员代表大会代表，并出席于12月8日举行的党员代表大会。

1972年10月，进入上虞东关搬运站，1979年担任车间主任，1984年，被上虞县交通局任命为东关搬运站站长。1988年公司升格上虞县第一运输公司，任经理。1991年5月起，兼任上虞县第一运输公司党支部书记。1992年8月，经论证决策，由第一运输公司投资80万元，创办上虞县珠宝饰品厂，兼任厂长。1994年5月，实施对上虞市第一运输公司旗下的上虞市珠宝饰品厂全面股份制改革，是上虞最早进行企业股份制改革的实践者、探索者。2001年4月，上虞市第一运输公司和上虞市珠宝饰品厂整体实施转制。转制后，公司主业调整，由原来以运输服务主业，转而为以生产加工珠宝饰品为主业。上虞珠宝饰品厂亦更名为上虞市运发珠宝实业有限公司，任上虞市珠宝实业有限公司董事长，并兼总经理，同时兼任公司党支部书记。2005年公司更名为上虞市运发实业有限公司，任董事长、总经理、党支部书记。2010年4月，运发实业公司经营到期，进行股权重组。股权重组后，任上虞运发实业有限公司董事长，并兼任公司党支部书记。2012年4月，公司升格为浙江运发文化发展公司后，任浙江运发文化发展有限公司董事长，公司党支部书记。

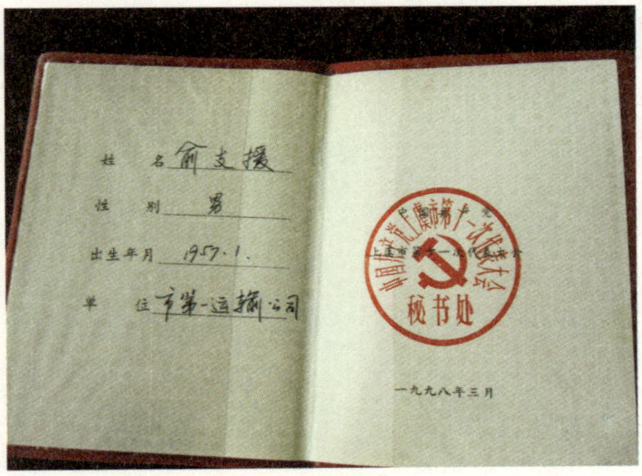

俞支援当选中共上虞市第11次代表大会代表证

几十年来，个人多次被评为上虞区（县、市）优秀共产党、优秀党支部书记、先进工作者等荣誉称号。公司在他的带领下，同样是荣誉迭出，年年被区（县、市）及交通局等各部门评为各种先进集体、文明单位、重合同守信用企业等等。其中，1986年公司车队开展由他主持设计实施的“超奖负赔”经济责任制考核方法，被国家交通部编入全国汽车运输企业深化改革实例，其经验给国内运输企业以积极启发和借鉴。1989年，公司在他的全面与富有建设性的管理下，以优良的考核成绩，被绍兴市人民政府评为绍兴市市级先进企业。特别是20世纪八九十年代，职工住房十分困难，俞支援通过多方努力与协调，于1985年、1990年、1996年先后三次为职工进行集资建房，这在上虞是创先例的。安居乐业，这为安定职工人心、激发职工工作热情、全身心创造公司良好业绩等，打下了坚实的基础。2014年1月，公司被中共上虞区委、区人民政府确定为上虞区2013年度工业综合实力百强企业；2015年2月被中共上虞区委、区人民政府确定为2014年度工业综合实力五十强企业。

俞支援从小酷爱青瓷，致力于研究青瓷文化。进入21世纪后，自2006年始，多次主持上虞的越窑青瓷的设计、制作技艺、文化传承等重点课题的研究，设立“小仙壇”青瓷品牌及浙江省首个“越窑青瓷研究院”。代表作品有《平脱夔口秘色瓷碗》、《高仿牡丹瓶》、《青瓷观音瓷板》等，作品入展浙江西湖博览会、中国义乌文化产品交易博览会等国内著名展会，并在展会中多次获奖。俞支援的努力与付出，为恢复和重振上虞作为我国青瓷发源地的声誉、重新打响上虞青瓷品牌，做出了极大的贡献。

俞支援参加
学习、培训、进修、职称评定情况

1964年9月—1969年7月，在崧厦镇小学学习。

1969年9月—1972年7月，在上虞崧厦镇中学学习。

1985年5月—1985年7月，在浙江省交通学校汽运管理班学习并结业，证号：浙交校训85011号。

1987年9月—1988年10月，在上海市城市经济学会，汽车运输企业管理基础知识函授班学习并结业。

1988年10月在浙江省绍兴市公路学会，汽运管理中专班学习并结业。

1988年10月，获初级助理经济师职称。

1988年12月，在参加经济管理干部国家考试指导委员会组织的企业经理、厂（矿）长国家统考中，成绩合格并结业。

1989年8月，在浙江省质量管理协会参加《全面质量管理基本知识》学习，经全省统考成绩合格并结业。

1989年10月，在深圳招商局蛇口工业区，参加《现代企业管理》培训学习并结业。

1990年10月，在上虞县清理整顿公司领导小组参加工商行政、物价、税收、审计、财务、劳动工资管理等经济法规培训并结业。

1992年9月，被上虞县劳动人事局评定为助理经济师。

1993年4月—1994年9月，在湖南长沙交通学院参加《交通运输管理工程》专业大专专修班学习，考试合格并毕业。

1995年7月5日，经绍兴市职称改革领导小组评审为经济师。

2003年3月31日—2004年5月23日，参加清华大学职业经济训练中心举办的高级职业经理训练班，完成228学时课程学习，考试合格并结业。又经学业考核及论文答辩，符合要求，特授《清华高级职业经理资格证书》。

2009年9月，被浙江省文化厅评定为第三批浙江省非物质文化遗产“越窑青瓷烧制技艺”代表性传承人。

2009年11月，被绍兴市文化广电新闻出版局评定为“越窑青瓷烧制技艺”代表性传承人。

2013年11月，绍市人社职〔2013〕91号文，评为越窑青瓷——工艺美术师。

俞支援历年获得的奖励荣誉辑录

表 12

年度	授予单位	荣誉称号
1986 年	上虞县交通监理所	县安全行车先进驾驶员
1986 年	中共东关镇镇委	优秀共产党员
1986 年	中共上虞县委、上虞县人民政府	先进生产（工作）者
1987 年 4 月	上虞县东关镇第九届人民代表大会	镇人民代表
1987 年	中共上虞县委、上虞县人民政府	先进生产（工作）者
1987 年	中共东关镇委员会	优秀共产党员
1987 年	上虞县交通局	双文明建设先进职工
1988 年	上虞县交通局	局级先进工作者
1988 年	中共东关镇委员会	优秀共产党员
1989 年	浙江省企业管理协会、浙江省交通运输协会、浙江省交通运输企业经理（厂长）联络会、浙江交通报社	交通运输文明经理（厂长）
1989 年	绍兴市社会主义劳动竞赛委员会	劳动竞赛优秀组织者
1989 年 5 月	浙江交通报	5 月 20 日“浙江交通精英”专栏事迹介绍
1989 年 8 月	浙江省交通厅 浙江交通报	入选《浙江交通精英》一书
1990 年	中共上虞县委、上虞县人民政府	县级先进工作者
1990 年 3 月	上虞县东关镇第十届人民代表大会	镇人民代表
1991 年	中共东关镇委	优秀共产党员
1991 年	中共上虞县委员会	优秀共产党员
1992 年	中共上虞市委员会	市级优秀党（总）支部书记
1992 年	上虞市社会主义劳动竞赛委员会	劳动竞赛优秀组织者
1993 年	上虞市总工会	荣誉工会积极分子
1993 年 2 月	中共上虞市交通局委员会	当选中共上虞市第十次代表大会代表
1993 年 3 月	上虞市东关镇第十一届人民代表大会	镇人民代表
1993 年	浙江省档案局	企业档案管理晋升省级先进工作中成绩突出被颁证表彰
1994 年	上虞市总工会	荣誉工会积极分子

续表 12

年度	授予单位	荣誉称号
1994 年 11 月	上虞市总工会	当选绍兴市工会第三次代表大会代表并出席 12 月 14 至 17 日召开的代表大会
1995 年	上虞市总工会	荣誉工会积极分子
1995 年	中共上虞市委员会	优秀党（总支、党委）支部书记
1996 年 1 月	上虞市东关镇第十二届人民代表大会	镇人民代表
1996 年	中共上虞市委员会	优秀党（总支、党委）支部书记
1996 年	上虞市总工会	荣誉工会积极分子
1997 年	中共上虞市委	优秀党（总支、党委）支部书记
1998 年 3 月	中共上虞市委	优秀共产党员
1998 年 3 月	中共上虞市交通局委员会	当选中共上虞市第十一次代表大会代表
1998 年	上虞市交通局	安全生产管理先进个人
1999 年 9 月	上虞市跨世纪人才工程联席会议办公室	优秀企业经营管理者
2005 年	上虞市博物馆	博物馆行风监督员
2009 年 9 月	浙江省文化厅	第三批浙江省非物质文化遗产“越窑青瓷烧制技艺”代表性传承人
2009 年 9 月	浙江省浙商研究会	浙江省浙商研究会先进会员
2009 年	上虞市收藏家协会、上虞市艺术品总公司	上虞市艺术品总公司《藏春苑》顾问
2009 年	绍兴市工艺美术行业协会	第一届理事会理事、上虞运发实业公司为单位会员
2009 年 11 月	绍兴市文化广电新闻出版局	“越窑青瓷烧制技艺”代表性传承人
2010 年	上虞市收藏家协会	上虞市收藏家协会荣誉理事
2011 年 11 月	浙江省文化厅	代表作品《牡丹瓶》“非遗薪传——浙江青瓷精品展”银奖
2011 年	绍兴市文化广电新闻出版局	绍兴市优秀“非遗”代表性传承人
2012 年	绍兴市工艺美术行业协会	2012 年度市工艺美术行业协会积极分子
2012 年	中共上虞市交通局委员会	交通运输系统优秀共产党员
2012 年	绍兴市工商行政局	行风监督员
2012 年 4 月	第七届中国义乌文化产品交易博览会组委会	高仿《牡丹瓶》工艺美术奖优秀奖
2012 年	浙江省文化厅	浙江省第二批“优秀民间文艺人才”
2012 年	浙江省经营管理大师评审委员会	浙江省经营管理大师
2013 年 4 月	中国义乌文化产品交易博览会执委会	《花开富贵》第八届中国义乌文化产品交易博览会工艺美术奖银奖
2013 年 10 月	绍兴市工艺美术行业协会	最具影响力的绍兴市工艺美术民间艺人
2014 年 4 月	第四届浙江工艺美术精品博览会组委会	《青瓷观音瓷板》博览会金奖
2014 年 4 月	第四届浙江工艺美术精品博览会组委会	《深雕宝贵赏瓶》博览会金奖
2015 年 10 月	浙江省文化厅	第五批国家级“非遗”代表性传承人提名
2016 年 11 月	中共上虞区经济开发区（曹娥街道）工作委员会	中共上虞区经济开发区（曹娥街道）党员代表大会代表

浙江运发越窑青瓷研究院理事长 俞支援简介

俞支援，男，1957年1月出生，上虞崧厦人，中共党员，湖南长沙交通学院运输管理专业大专毕业，经济师。现为浙江运发文化发展有限公司董事长，我省非物质文化越窑青瓷烧制技艺省级传承人。

俞支援同志在经营上有非常敏锐的发展眼光，在从运输行业向贵金属饰品行业完美的转身中，奠定了他在2006年参股上虞越瓷陶业有限公司的坚实基础，并于2013年将上虞越瓷陶业公司整体收购，纳入浙江运发公司旗下。

俞支援接驳上自青年时期就研究越窑青瓷的爱好，为重振上虞作为我国越窑青瓷发源地的雄风，恢复上虞越窑青瓷的历史地位，与浙江大学硅酸盐研究所等大专院校深入合作，投入巨资开发越窑青瓷产品，以把这中国最古老的历史文化瑰宝，重现于世上。经过几年时间的努力，俞支援通过对窑寺前出土的古陶瓷器具的高仿，对古代的配方、拉坯、上釉、烧制等诸道制作工艺，有了深刻的研究，仿制出了青瓷镂空香薰、橄榄形罐、鸳鸯酒注、鸡首壶、三足樽、灯盏、青瓷杯、水烟斗、元宝枕、大龙盘等系列产品，得到了学术界、陶瓷界、收藏界的充分肯定。中央电视台“探索与发现”节目，还专程来公司拍摄了三集《越瓷探秘》的专题片。

俞支援所制作的越窑青瓷高仿制品，已经被绍兴非物质文化展馆、上虞博物馆等专业收藏单位收藏并展出。在浙江省西博会上，俞支援的作品《青瓷牡丹瓶》被浙江省文化厅授予大师级银奖。中共中央原总书记、国家原主席、中央军委原主席江泽民同志在参观上虞博物馆时，在他制作的青瓷大龙盘前久久驻足，并欣然用他制作的全套越瓷文房用具，为上虞博物馆题词。

2009年9月，俞支援同志被确定为浙江省第三批非物质文化遗产越窑青瓷烧制技艺代表性传承人。

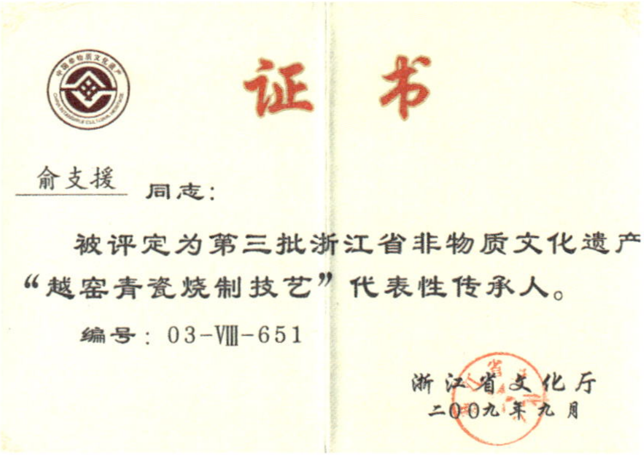
证 书

俞支援 同志：

被评定为第三批浙江省非物质文化遗产“越窑青瓷烧制技艺”代表性传承人。

编号：03-Ⅷ-651

浙江省文化厅
二〇〇九年九月

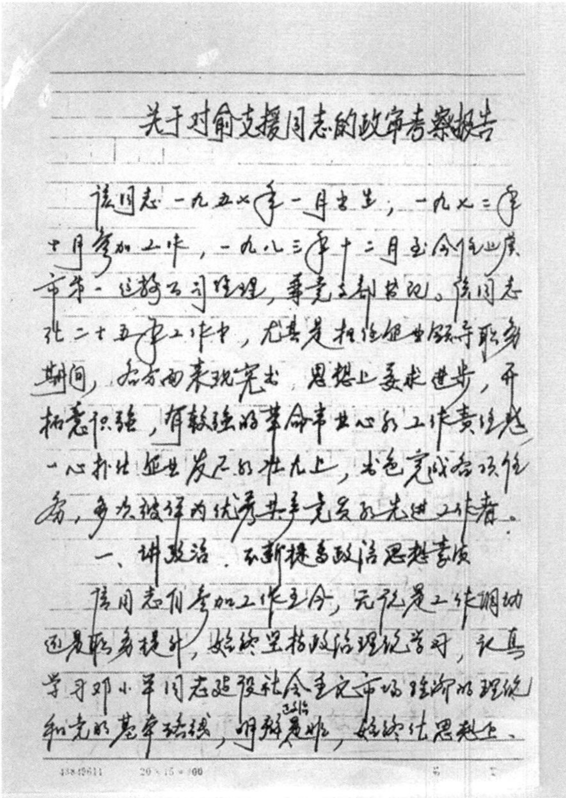
关于对俞支援同志的政审考察报告

该同志一九五六年一月出生，一九七三年十月参加工作，一九八三年十二月至今任上虞市第一运输公司经理，兼党支部书记。该同志在二十五年工作中，尤其是担任企业领导职务期间，各方面表现突出，思想上要求进步，事业心强，有较强的革命事业心和工作责任感，一心扑在企业发展的壮大上，出色完成各项任务，多次被评为优秀共产党员和先进工作者。

一、讲政治，不断提高政治思想素质

该同志自参加工作至今，无论是工作调动还是职务提升，始终坚持政治理论学习，认真学习邓小平同志建设社会主义市场经济的理论和党的基本路线，明辨是非，始终在思想上、

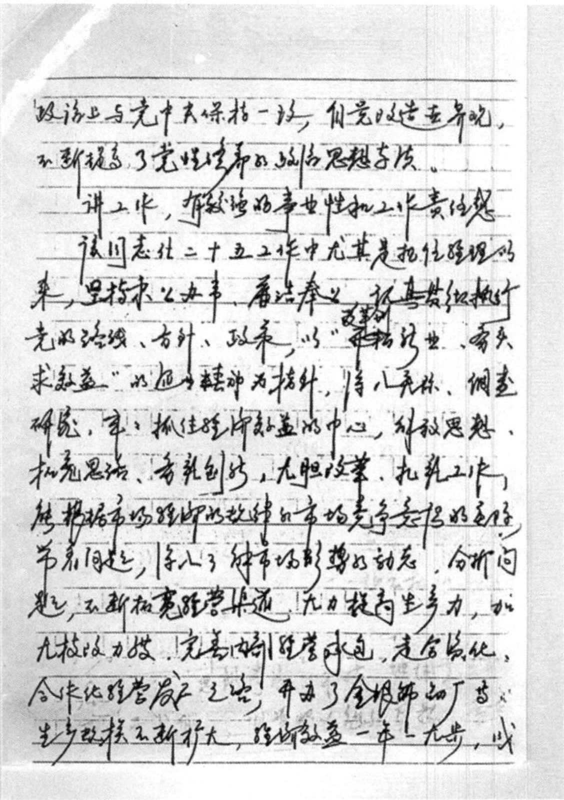
政治上与党中央保持一致，自觉改造世界观，不断提高了党性修养和政治思想素质。

讲工作，有较强的事业性和工作责任感

该同志在二十五工作中尤其是担任经理以来，坚持秉公办事，廉洁奉公，认真贯彻执行党的路线、方针、政策，以"艰苦创业、务实求效益"的企业精神为指针，深入基层、调查研究，紧紧抓住经济效益的中心，解放思想、拓宽思路、务实创新，大胆改革、扎实工作，能根据市场经济的规律和市场竞争意识的[illegible]问题，深入了解市场形势的动态，分析问题，不断拓宽经营渠道，大力提高生产力，加大投资力度，完善内部经营承包，走合资化、合作化经营发展之路，开办了金银饰品厂等，生产规模不断扩大，经济效益一年一大步，成

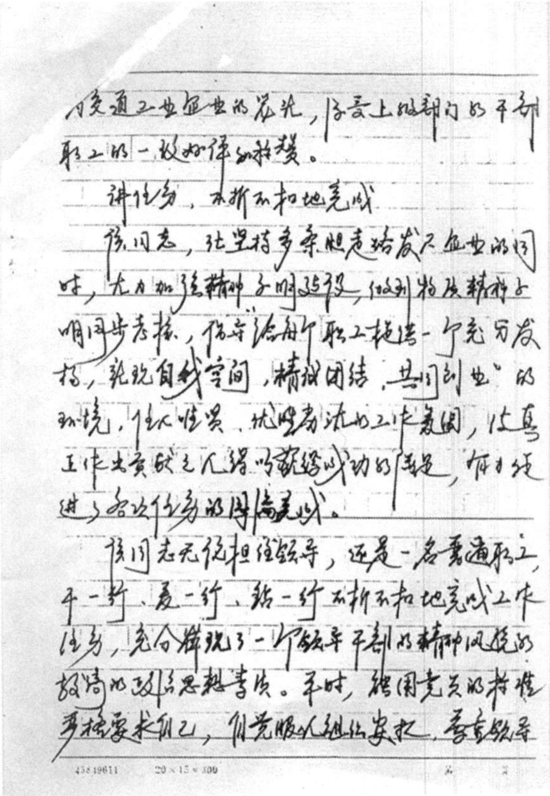
为交通工业企业的[illegible]，得到上级部门的干部职工的一致好评和称赞。

讲任务，不折不扣地完成

该同志，在坚持[illegible]开拓发展企业的同时，大力加强精神文明建设，做到物质精神文明同步考核，[illegible]给每个职工提供一个充分发挥，施展自我空间，精诚团结，"共同创业"的环境，[illegible]、[illegible]的工作氛围，使真正工作出贡献之人得到[illegible]成功的[illegible]，有力促进了各项任务的圆满完成。

该同志无论担任领导，还是一名普通职工，干一行、爱一行、钻一行，不折不扣地完成工作任务，充分体现了一个领导干部的精神风貌的[illegible]的政治思想素质。平时，能用党员的标准严格要求自己，自觉服从组织安排，尊重领导

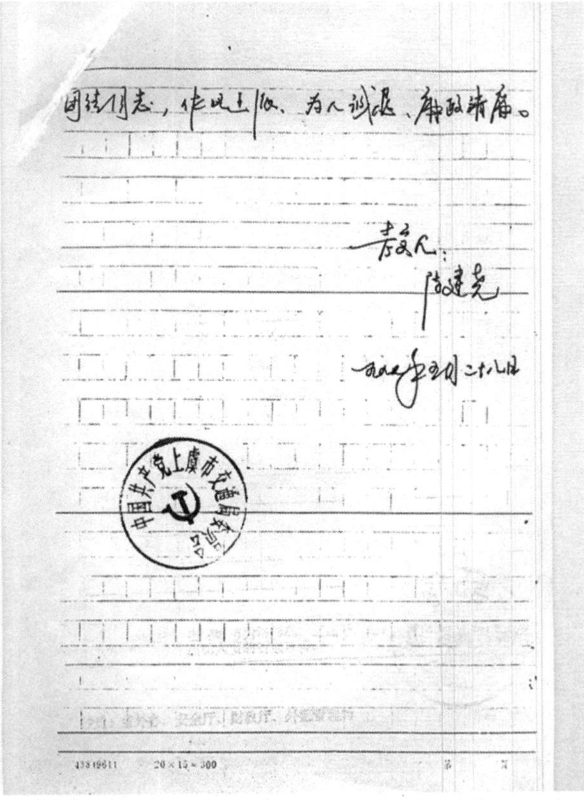
团结同志，作风正派、为人诚恳、廉政清廉。

考察人：陈建光

一九九七年五月二十九日

政审考察报告 1997

关于俞支援同志的政审考察报告

该同志1972年至2001年在上虞市第一运输公司任总经理，2001年至今任上虞市运发珠宝实业有限公司董事长、总经理。该同志在三十几年的工作实践中，特别是在任上虞市运发珠宝实业有限公司董事长、总经理期间，各方面表现突出，政治立场坚定，事业心、责任心较强，平易近人，出色完成各项工作任务，多次被评为市级优秀共产党员和先进生产工作者，深受领导、群众的尊敬和好评。

一、讲政治、辩是非、顾大局

该同志自参加工作以来，能始终坚定共产主义信仰，在政治上与党中央保持高度一致，永葆共产党员先进本色，平时能自觉学习马列主义、毛泽东思想、邓小平理论和“三个代表”重要思想，学习党的十六大三中、四中全会精神，关心政治时事，贯彻执行党的路线、方针、政策。在工作实践中，能顾全大局，做到大事讲原则，小事讲风格，以身作则，严格要求。该同志能积极开展批评与自我批评，密切联系群众，接受群众的监督。该同志一身正气、乐于助人，能明辨是非，具有较强的政治敏感性，在政治上经受得起考验，具有一个共产党人良好的品德和风范。

二、讲工作，讲业绩

该同志无论在上虞市第一运输公司任总经理期间，还是上虞市运发珠宝实业有限公司任董事长、总经理期间，都能发扬优良的工作作风，好学上进，转换角色较快，并能很快打开工作局面。在业务学习上有一股钉子精神，善于在实践中探索、积累、总结、提高。特别是在企业改制期间，该同志能顾全大局，吃透上级有关精神，主动出谋划策，面对工作无先例可循、职工呼声高、公司资金困难等不利因素，自加压力、负重奋进、敢想敢拼，创造性地开展工作，为交通企业的顺利改制作出了贡献。该同志在市运发珠宝实业有限公司任董事长、总经理期间，深感肩上担子重、压力大，牢记“在其位，谋其政，尽其职”的思想，努力探索新形势下交通企业发展的新路子，树立科学技术是第一生产力的理念，主动与大专院校联手，不断研制、开发新产品，提高产品科技含量。与此同时，还狠抓制度建设，完善内外监督机制，讲究工作方法，还不忘实施“人才”战略，公司出资为职工“充电”，从而提高了他们的业务素质，为企业向纵深发展打下了扎实的基础。

三、讲水平，有威信

该同志无论在领导岗位还是普通群众，始终能以一名共产党员的标准严格要求自己，勇于开拓，勇于创新，勇于承担责任。并勤于钻研业务，干一行，爱一行，钻一行。能自觉服从组织安排，团结同志、作风正派、乐于助人，坚持民主集中制原则，能理论联系实际，讲究工作方法，以自身的人格魅力影响、感染着他人，有较高的领导艺术和素养，在群众中有较好的口碑和威望。

二〇〇五年七月十九日

●政审考察报告2005

俞支援赴国（境）外考察情况

董事长出国（境）进行商务考察活动，据资料记载，前后共6次，都是由政府组织的招商、商贸交流等活动。通过走、看、听，开阔了视野，学习吸收了国外企业经营管理的一些先进理念、方法，更加明了运发公司开发和长远发展的方向和空间，对提升浙江运发文化发展有限公司的管理与经营，效果十分积极。

1994年4月2日—4月13日，赴香港招商考察，由上虞市政府组织，共有五个组。董事长在第二组，组长沈武忠。

1997年7月16日，赴美国、加拿大进行商贸促销活动，由浙江省外商投资企业协会组织，行程共18天。省外商投资企业协会副秘书长郭心亮带队，同行的7位企业家中，上虞仅董事长一位。

2002年4月，赴日本、韩国进行考察，由上虞市招商局组织。考察团共10人，由市委副书记、市长任其良带队。

2005年9月2日—11日，赴德国科隆参加SPOGA展览会。由上虞市外经贸局组织，区政协副主席金国松带队，当时同行的有13位本市企业人士。

2006年5月10日—21日，赴台湾进行经贸考察，由上虞市招商局组织。考察团由上虞市委副书记温暖带队，共分成两个组，董事长在温暖副书记一组。

2007年9月17日—27日，赴英国、挪威经贸考察，由上虞市人民政府组织。考察团团长为市政协副主席赵畅，同行有5位本市企业家。

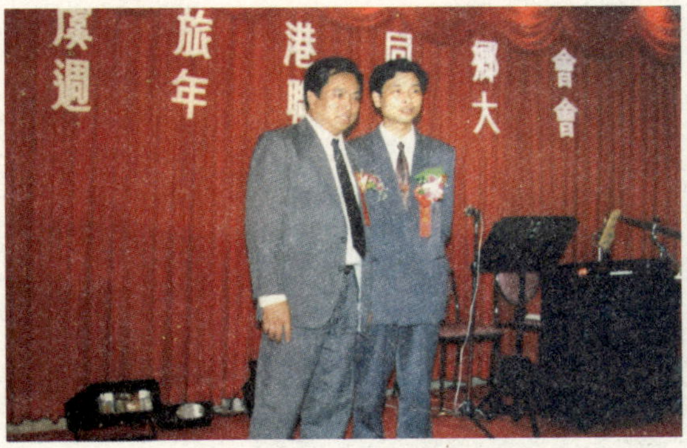

1994年10月俞支援参加香港商贸活动

1997年7月俞支援在美国考察

俞辉简历

俞辉，1983年生，浙江大学毕业，大学学历，中国民主同盟盟员。现浙江运发文化发展有限公司总经理，绍兴小仙坛越窑青瓷有限公司总经理，浙江运发越窑青瓷研究院院长，上虞市舜辉贸易有限公司总经理，政协绍兴市上虞区第一届委员会委员。

大学毕业后，自创基业，创办上虞市舜辉贸易有限公司，任总经理。2006年12月起，任上虞越瓷陶业有限公司董事、总经理。2007年10月，被上虞市收藏家协会吸收为第四批会员。2009年9月，在绍兴市工艺美术行业协会第一届会议上，被吸收为会员。2009年11月，被上虞市委统战部所领导的上虞市知识界无党派人士联谊会吸收为会员。2010年4月，任上虞运发实业有限公司董事、总经理。2010年7月，被中共绍兴市文联党组、绍兴市民间工艺美术家协会第一届理事会推选为协会理事，并任副主席。2012年10月，任浙江运发越窑青瓷研究院院长。2011年3月，加入中国民主同盟组织。2012年2月，任政协上虞区第九届委员会委员。2013年12月，任绍兴小仙坛越窑青瓷有限公司董事、总经理。

工作以来，多次获得各种成就成果奖。2010年11月，其设计制作的仿古青瓷《大龙盘》，荣获绍兴市工艺美术行业协会举办的首届绍兴市工艺美术精品展银奖。2010年12月，其青瓷创意作品，荣获绍兴市委宣传部“绍兴市民间工艺美术创意设计大赛荣誉奖”。2011年11月，其高仿制作的代表作品《镂空香熏》，荣获浙江省文化厅“非遗薪传—浙江青瓷精品展”铜奖。2012年12月，在由省文化厅、新华社浙江分社、省浙商文化促进会的评选活动中，荣获浙江省“最美浙江人”称号，并荣列“文化新浙商30强”荣誉榜。2013年5月，被绍兴市青年企业家协会评选为“绍兴十大新锐越商”。2013年5月、6月间，在参加由深圳市启迪智慧企业管理咨询有限公司举办的启迪智慧团队打造活动中，勇夺演讲比赛第二名，并获得第七期训练营个人最具影响力奖。

俞辉2012年8月8日接受上海电视台采访

俞辉2013年评为绍兴市十大新锐越商

●绍兴市第二届十大新锐越商 2013 年 5 月颁奖（右 3）

潜梅珍简历

潜梅珍，女，1956年生，初中文化，出生于上虞区东关街道。1972年10月经县劳动局分配，进入东关搬运站工作。是第一批进入搬运站的17名职工之一。工作认真细心，踏实肯干，是搬运站发展成上虞县东关运输公司、上虞县第一运输公司、上虞县珠宝饰品厂、上虞市运发珠宝实业有限公司、上虞市运发实业有限公司、浙江运发文化发展有限公司等的重要参与者、奋斗者之一，经历并参与了公司在发展提升中的很多重要事务。尤其对上虞市珠宝饰品厂的创办与创办后的财务管理工作，更是倾注了大量的心血和汗水。2004年4月至2006年12月，受聘担任上虞越瓷陶业有限公司总经理。后又在参与运发公司受让上虞越瓷陶业有限公司的工作中，凭着精通财务会计等业务知识，又擅长与银行等金融部门打交道，做了大量的具体工作。

潜梅珍在交通局财务工作会议上介绍工作经验

潜梅珍1972年进入公司工作后不久，就由于工作认真负责，细致踏实，不计较个人得失，被选任担任公司的出纳员工作。后又因工作中成绩显著，被任命为公司会计，主管公司财务。任出纳员与会计工作期间，由于财务工作性质的特殊性，严守财务纪律，严格按规定开支报销。潜梅珍对每一张发票都仔细审查，凡发现有不合规定的或手续不全的，都及时向领导做好汇报，保障了经费报销中的规范性、严肃性。任职期间，在上级部门进行的历次财务检查中，无出现一例违反财政纪律的事情，受到上级领导和主管部门的肯定和表扬。又为合理使用好公司的各项经费，从厉行节约、综合运用出发，经常向公司领导提出自己的合理化建议。平时与广大职工打成一片，对他们在工作上、生活上遇到的困难和问题，总是凭自己力所能及的力量，热心地提供各种帮助，深受广大职工喜爱、信任和信赖，多次被评为公司（公司、站、厂）的先进工作者。1989年度，被中共东关镇委、东关镇政府评为镇妇女先进工作者。1990年度，被上虞县总工会评为优秀工会积极分子。1993年度，在企业档案管理工作晋升省级先进工作中，成绩突出，被浙江省档案局颁证表彰。

因工作需要，潜梅珍1995年调入上虞市交通局公路运输管理科任财务股副股长，工作至退休。

在调入交通局工作期间，潜梅珍仍然倾注

着对运发公司的热情和关心，默默地为公司的发展壮大，付出着自己的智慧和力量。却从没有因自己的特别身份，影响和干涉公司事务。而当公司需要时，是力所能及，尽心而为。

在任职上虞越瓷陶业有限公司总经理期间，积极开拓业务，建立健全公司财务管理制度，使公司步入管理有序、业务拓展提升的健康发展轨道。

附

浙江运发文化发展有限公司第一代职工基本情况

（东关搬运工会时期参加工作）

第一代正式职工共28名，据公司档案和调查了解，基本情况如下：

1. 朱月来，男，（1908年2月－1988年1月），上虞东关镇马家桥村，中共党员，1950年5月参加工作，1978年10月退休。他是当年工会的负责人，是浙江运发公司早期的第一位领导者。

2. 徐阿寿，男（1930年6月－2010年8月），绍兴县陶堰镇人，1950年5月参加工作，1956年12月加入中国共产党。1956年6月－1958年11月，任当时名为上虞县航管所东关快运组组长。1958年11月－1962年5月，并入地方国营上虞县运输公司后，任更名为上虞县运输公司东关站站长。1962年5月－1984年1月，体制转换，更名为上虞县东关搬运站，隶属上虞县工业交通局和搬运管理站后，他任站长至1983年12月。1986年8月退休。其子徐永水顶替进公司，工作至1996年2月，调至上虞市汽车检测站工作。

3. 蒋林炎，男，（1928.7－2006.10），上虞县梁湖公社梁湖村人，1950年11月参加工作。1968年退休，由其子蒋建昌顶替父职，工作至2001年4月企业转制后，自谋职业。

4. 张永芳，男，1931年出生，上虞梁湖公社外梁湖村人，1950年8月参加工作，1986年4月退休，其子张立尧顶替父职进单位工作，至2001年4月转制后，自谋职业。

5. 罗长炎，男，（1938.3－2008.4），上虞东关公社横江村人，1957年8月参加工作，1974年加入中国共产党，1993年2月退休。其子罗高松顶替父职进公司工作，2001年4月企业转制后，自谋职业。

6. 朱昌顺，男，1933年3月出生，上虞东关镇马家桥村人。1956年12月参加工作，1988年2月退休。其小女朱丽珍顶替进公司工作，2001年4月企业转制后，自谋职业。

7. 高阿鹏，男，1918年8月出生，上虞县沥海镇西大街人。1950年5月参加工作，中共党员，1979年10月退休。他是公司创始人之一，至今（2016年）尚健在。高阿朋是公司开创以来，年龄最高寿的一位，现已99岁高龄。他退休后，其女高凤珍顶替进公司工作，于2001年7月高凤珍退休。

8. 王百庆，男（1913年－2009年），上虞梁湖镇外梁湖江坎头人。1950年11月参加工作，1980年10月退休。

9. 徐阿志，男（1926年2月－2006年7月），上虞驿亭镇驿亭村人，1950年11月参加工作，1980年10月退休，其子徐九一顶替进公司工作，2001年4月企业转制后，自谋职业。

10. 朱阿二，男，1928年9月出生，上虞东关镇马家桥村人。1950年11月参加工作，1982年退休。其子朱林根顶替进入公司工作，2001年4月企业转制后，自谋职业。

11. 朱文庆，男，（1928年5月－1991年

9月），上虞东关镇人。1950年11月参加工作，1980年8月退休。其子朱再夫顶替进公司工作，2001年4月企业改制后，自谋职业。

12. 高荣泰，男，（1923年－1995年9月），上虞沥海镇西大街人，1950年5月参加工作，1979年退休。其子高友龙顶替进公司工作，2001年4月企业转制后，自谋职业。

13. 赵丁尧，男，（1925年3月－1997年9月），上虞百官镇赵家村人。1950年11月参加工作，1980年10月退休。其子赵海山顶替进公司，2001年改制后，至今仍在公司工作。

14. 陆泉忠，男，（1927年－1987年5月），上虞小越镇新宅村人，1950年11月参加工作，1980年11月退休。其子陆成云顶替进单位工作，2001年4月企业改制后，自谋职业。

15. 赵和根，男，（1927年－1987年5月），上虞小越镇新宅村人，1950年11月参加工作，1980年11月退休。其子赵金水顶替进单位。

16. 张玉炎，男，上虞梁湖公社人，1950年8月参加工作，1979年10月退休。1982年其子张国荣顶替进单位工作，1997年自动离职自谋职业。

17. 包友泗，男，（1929年7月－1986年2月），上虞丰惠镇通明村人。1950年11月参加工作，1980年11月退休。其子包明凡顶替进单位工作。

18. 陈金夫，男，（1927年10月－1988年2月），上虞曹娥街道老坝底人，1950年11月参加工作。1980年11月退休。陈金夫是当时县内搬运工人中，小有名气的“大力士”，能挑2只装满货的油桶，健步如飞，在搬运装卸队伍中，一致公认为大力王。其子陈新文顶替进单位，2001年4月改制后，留用在单位担任驾驶员，工作至2003年辞职，自谋职业。

19. 赵柏林，男，（1920年7月－1985年7月），上虞百官镇赵家村人，1950年10月参加工作，1979年10月退休。其子赵新龙顶替进单位，2001年4月企业改制后，自谋职业。

20. 罗绍兔，男，（1926年3月－1972年10月），上虞小越镇坝头人，1950年11月参加工作，后因身患疾病，不能再从事体力繁重的搬运装卸工作，由其子罗沛吉顶替进公司工作。罗沛洁，1954年6月出生，于1971年11月顶父职进单位做临时工，到1986年国家出台合同制工人招收政策时，招收为正式职工。由于工作积极，表现较好，后担任装卸班组组长，改制后仍留用在单位工作，至2007年辞职。

21. 袁荣根，男，上虞小越镇新联大队人，1950年10月参加工作，1979年四月退休。其女袁亚珍顶替进单位，后辞职离开单位。

22. 朱长明，男，（1914年5月－1980年8月），上虞东关镇马家桥人，1950年10月参加工作，1979年10退休。其子朱宝根顶替进公司，后于1996年辞职，另谋职业。

23. 陈长寿，男，（1906年2月－1973年5月），上虞东关镇马家桥人。1950年5月参加工作，后因身体不能从事搬运装卸，由其子陈万生顶父职做临时工。陈万生后于1986年招收为正式劳动合同制工人。2001年4月企业改制后，自谋职业。在公司期间，因工作表现较好，成为装卸班组长。

24. 杜友祥，男，（1917年5月－1987年8月），上虞百官镇中利村人，1950年11月参加工作，1979年10月退休。其子杜仁夫顶替进单位，2001年4月企业改制后，自谋职业。

25. 王长仁，男，东关镇马家桥村人，1950年10月参加工作，1979年11月退休。其子王松海服兵役提干后，转业至金融部门工作。

26. 陈荣堂，男，（1907年5月－1981年9月），东关镇马家桥村人，1950年8月参加工作，1978年11月退休。1979年11月，其子陈尧土顶替进公司，2001年4月企业改制后，自谋职业。

27. 朱高法，男，（1910年5月－1981年9月），东关镇马家桥村人，1950年5月参加工作，1979年10月退休。其子朱双夫顶替进单位，1995年辞职，自谋职业。

28. 吴祥占，男，1918年11月出生，上虞小越镇人，1950年11月参加工作，1978年11月退休。其子吴明海1979年顶替父职进单位，1998年10月离职，自谋职业。

上虞市第一运输公司时期
2001年4月转制前职工名单

表13

序号	姓名	出生年月	性别	参加工作时间	连续工龄	备注
1	丁杏娟	1956.2	女	1972.12	28.6	转制后 内退
2	马志华	1957.7	男	1973.11	27.6	
3	马建娣	1975.10	女	1996.12	4.6	
4	邓 洪	1955.2	男	1987.5	14	
5	邓圣国	1974.10	男	1996.9	5	
6	方越平	1963.2	男	1979.11	21.6	
7	方苏泽	1956.2	男	1991.8	10	
8	王坚定	1954.10	男	1980.11	20.6	
9	王桂英	1969.2	女	1989.1	12.6	
10	王利妹	1969.4	女	1997.9	4	
11	王柏仁	1949.10	男	1979.6	22	
12	王建平	1953.9	男	1971.5	30	
13	王月琴	1968.10	女	1993.6	8	
14	王绍明	1955.3	男	1971.3	30.6	
15	王萍儿	1975.5	女	1994.6	7	
16	毛大宪	1978.7	男	1995.8	6	
17	石传德	1960.8	男	1979.12	21.6	
18	叶金康	1965.9	男	1983.10	18	
19	叶根木	1945.8	男	1995.12	5.6	转制后内退
20	任国标	1970.2	男	1990.1	11.6	
21	任国娟	1966.10	女	1994.6	7	
22	刘建尧	1958.9	男	1981.12	19.6	
23	朱建清	1962.5	男	1987.4	14.6	
24	朱兴昌	1948.3	男	1975.11	25.6	
25	朱再夫	1956.6	男	1973.7	28	
26	朱金良	1953.7	男	1970.7	31	
27	朱秋芬	1954.8	女	1979.11	21.6	转制后内退
28	朱燕平	1956.2	女	1973.7	28	
29	朱继堂	1947.12	男	1971.5	30	
30	朱其根	1956.12	男	1972.10	29	
31	朱明灿	1953.7	男	1971.5	30	
32	朱百灿	1950.10	男	1971.5	30	

续表 13

序号	姓名	出生年月	性别	参加工作时间	连续工龄	备注
33	朱林根	1959.4	男	1982.9	19	
34	朱炳荣	1948.10	男	1986.12	14.6	
35	朱丽珍	1965.12	女	1988.7	13	
36	朱美珍	1957.8	女	1992.12	8.6	
37	朱小土	1955.12	女	1992.12	8.6	转制后内退
38	朱伟明	1974.8	男	1992.12	8.6	
39	朱月仙	1959.11	女	1992.12	8.6	
40	朱 瑾	1972.11	女	1992.12	8.6	
41	朱明亮	1973.8	男	1992.12	8.6	
42	朱新娟	1967.2	女	1994.6	7	
43	朱国芳	1978.12	女	1997.9	4	
44	朱 武	1979.10	男	1997.9	4	
45	成伟珍	1962.3	女	1979.12	21.6	
46	孙 敏	1978.12	女	1997.11	3.6	
47	许洪维	1977.4	男	1995.5	6	
48	陈妙红	1974.3	女	1997.3	4.6	
49	陈忠韵	1956.3	男	1975.9	26	
50	陈荣春	1950.9	男	1966.9	35	
51	陈爱娟	1955.8	女	1973.1	28.6	转制后内退
52	陈新文	1966.10	男	1982.9	19	
53	陈尧土	1954.11	男	1976.6	24.6	
54	陈志苗	1978.2	男	1995.5	6	
55	陈万生	1951.12	男	1986.12	14.6	
56	陈丽娜	1952.4	女	1968.10	33	转制后内退
57	陈丽枫	1977.2	女	1997.11	3.6	
58	沈云夫	1950.4	男	1969.2	32.6	
59	沈国芬	1955.10	女	1981.12	19.6	转制后内退
60	沈维康	1951.5	男	1969.1	32.6	
61	沈维萍	1960.3	女	1978.11	22.6	
62	李小娥	1963.9	女	1995.5	6	
63	邵建华	1956.2	男	1972.10	29	
64	吴宝根	1945.6	男	1973.2	28.6	
65	吴荣坤	1957.10	男	1976.12	24.6	
66	余兴良	1956.12	男	1972.12	28.6	
67	陆云成	1956.2	男	1980.11	20.6	
68	何华珍	1952.3	女	1970.4	31.6	转制后内退
69	何金华	1953.3	男	1970.3	31.6	
70	杨华霞	1975.10	女	1995.8	6	
71	周瑞庆	1948.5	男	1964.10	37	
72	周文英	1964.10	女	1994.6	7	
73	罗沛吉	1954.4	男	1986.12	14.6	
74	罗建国	1956.2	男	1973.7	28	
75	罗荣英	1971.4	女	1993.4	8.6	
76	罗娟文	1968.3	女	1984.9	17	

续表 13

序号	姓名	出生年月	性别	参加工作时间	连续工龄	备注
77	范美娜	1958.10	女	1977.1	24.6	
78	金增仙	1955.11	女	1977.11	23.6	
79	金雅娟（大）	1966.11	女	1982.12	18.6	
80	金雅娣	1959.5	女	1977.11	23.6	
81	金尧法	1953.2	男	1989.1	12.6	
82	金雅娟	1969.2	女	1994.1	7.6	
83	金建庆	1964.9	男	1980.12	20.6	
84	张立尧	1960.7	男	1982.9	19	
85	张锦荣	1970.2	男	1990.1	11.6	
86	张定娟	1958.6	女	1978.11	22.6	
87	竺婉贞	1966.3	女	1989.8	12	
88	娄友官	1955.10	男	1980.11	20.6	
89	娄友根	1954.1	男	1979.6	22	
90	赵海山	1964.7	男	1980.11	20.6	
91	赵海江	1972.2	男	1994.6	7	
92	赵新龙	1954.2	男	1979.11	21.6	
93	赵新华	1957.2	男	1976.1	25.6	
94	赵幼荣	1956.3	男	1972.7	29	
95	贺宏宾	1967.2	男	1985.12	15.6	
96	胡建英	1957.2	女	1975.9	26	
97	胡绍虞	1955.9	男	1971.9	30	
98	胡国江	1977.5	男	1997.11	3.6	
99	俞华飞	1959.1	女	1976.10	25	
100	俞辛卯	1951.2	男	1969.1	32.6	
101	俞森庆	1954.12	男	1970.12	30.6	
102	俞支援	1956.12	男	1972.10	29	
103	俞文雅	1963.5	女	1979.12	21.6	
104	郦汉成	1952.9	男	1970.4	31.6	
105	高幼美	1955.12	女	1972.10	29	转制后内退
106	高友龙	1955.8	男	1979.11	21.6	
107	夏炜耀	1950.1	男	1969.1	32.6	
108	郭荣芳	1961.3	男	1981.12	19.6	
109	秦关标	1961.5	男	1994.1	7.6	
110	陶亚铭	1952.3	男	1970.1	31.6	
111	钱玲芬	1963.7	女	1992.12	8.6	
112	徐九一	1959.9	男	1980.11	20.6	
113	徐雅仙	1960.7	女	1982.12	18.6	
114	徐华灿	1955.11	男	1971.10	30	
115	徐仲林	1957.9	男	1980.11	20.6	
116	徐阿牛	1949.10	男	1969.3	32.6	
117	倪小琴	1962.11	女	1980.11	20.6	
118	倪曙光	1980.1	男	1996.11	4.6	
119	黄林标	1952.11	男	1969.5	32	
120	崔万茂	1954.1	男	1970.5	31	

续表 13

序号	姓名	出生年月	性别	参加工作时间	连续工龄	备注
121	曹永灿	1961.3	男	1980.11	20.6	
122	曹小敏	1962.5	女	1994.9	7	
123	章苗中	1954.4	男	1970.3	31.6	
124	章国强	1955.12	男	1972.10	29	
125	章德兔	1951.10	男	1970.4	31.6	
126	章宝炎	1948.12	男	1965.10	36	
127	章关泉	1949.2	男	1965.7	36	
128	章仕林	1956.12	男	1972.10	29	
129	章德海	1955.1	男	1971.1	30.6	
130	章建萍	1974.6	女	1994.1	7.6	
131	章小龙	1960.3	男	1977.11	23.6	
132	章小霞	1956.6	女	1976.10	25	
133	章宝玉	1964.12	女	1981.12	19.6	
134	章珍珠	1965.1	女	1981.6	20	
135	梁柏林	1951.8	男	1970.12	30.6	转制后内退
136	韩安娜	1969.3	女	1989.1	12.6	
137	韩维娜	1976.2	女	1994.1	7.6	
138	韩德海	1956.6	男	1994.1	7.6	
139	葛国华	1951.2	男	1968.1	33.6	
140	董百鹤	1947.11	男	1963.11	37.6	
141	董富军	1975.10	男	1994.6	7	
142	董 鑫	1976.10	男	1998.11	2.6	
143	谢贵芳	1951.10	男	1971.7	30	
144	谢才根	1955.7	男	1972.10	29	
145	蒋龙华	1952.6	男	1969.10	32	
146	蒋建昌	1958.10	男	1980.11	20.6	
147	程炳法	1955.12	男	1972.10	29	
148	程如松	1958.9	男	1974.9	27	
149	虞亚舟	1980.4	男	1997.9	4	
150	潜宝珍	1953.10	女	1970.3	31.6	转制后内退
151	潜建英	1974.1	女	1994.6	7	
152	俞振萍	1978.2	女	2000.4	1.6	

注：职工名单据《虞一运〔2001〕第 4 号《关于终止劳动关系的通知》的文件》整理。

职工自 2001 年 5 月 1 日起，终止与上虞市第一运输公司的劳动合同和劳动关系。

2001 年 4 月 30 日

上虞市第一运输公司
2001年转制时已退休（职）职工名单

表14

顺号	姓名	住所	顺号	姓名	住所
1	金秀珍	百官镇西横河	24	罗长炎	东关镇横江村
2	王泉昌	百官镇广场新村	25	杜文江	东关镇后濠
3	王冬茶	百官镇恒利新村东	26	蔡成玉	东关镇后濠
4	吴建平	百官镇丁界寺	27	徐小仙	汤浦镇上街
5	孟蝉娟	百官镇青春路	28	俞水芳	百官镇陈家门
6	张玉琴	百官镇桃园弄	29	陈炳文	东关镇镇东
7	张惠芳	百官镇西横河	30	莫玲芝	百官镇季家弄
8	季雪珍	百官镇文化小区	31	王立忠	东关镇一运老宿舍
9	陈菊娣	百官镇胜利路	32	程兴康	东关镇新建庄村
10	王秀芬	百官镇平阳山	33	张月娟	百官镇文化小区
11	高阿鹏	沥海镇西大街	34	徐忠信	百官镇文化小区
12	王百庆	梁湖镇外梁湖	35	徐秀芬	百官镇大霸头村
13	徐阿志	驿亭镇驿亭村	36	杜光瑜	百官镇凤山路
14	蒋林炎	梁湖镇华光村	37	阮月章	道墟镇肖金后街
15	朱阿二	东关镇马家桥村	38	徐金仙	东关镇镇东
16	张永芳	梁湖镇外梁湖	39	王亚芬	东关镇镇东
17	密丽娟	东关镇金家南岸	40	谢棠埭	东关镇镇东
18	徐阿寿	东关镇东新村	41	刘杏梅	百官镇恒利新村东
19	童少峰	东关镇东南街	42	罗炜琪	百官镇庵弄
20	朱昌仁	东关镇马家桥村	43	高凤珍	东关镇镇东
21	金庆兰	东关镇后濠	44	阮慧敏	东关镇镇东
22	章柏松	东关镇东南街	45	吕庭荣	东关镇镇东
23	傅明标	道墟镇沥泗村			

注：截至2001年4月底，共45位退休（职）职工。

2001年4月30日

浙江运发文化发展有限公司职工名单

（2015 年 12 月）

表 15

序号	姓名	性别	出生年月	学历	进公司时间	岗位	户籍地
1	俞支援	男	195701	大专	1972、10	董事长	上虞百官
2	俞　辉	男	198302	本科	2005.1	总经理	上虞百官
3	陆雨水	男	195401	大专	2015.03	常务副总经理	上海
4	陈　霞	女	198206	本科	2015.04	营销总监	上虞百官
5	王永昌	男	195904	本科	2012.5	顾问	上虞百官
6	曲金凤	女	198306	本科	2015.3.9	总经理助理	黑龙江省甘南县
7	焦志国	男	198110	硕士	2013.11	助理	广东省深圳市
8	吕金根	男	196608	本科	2014.3	项目申报部	上虞百官
9	董梅芳	女	199006	大专	2013.8	行政主管	上虞上浦镇
10	桑慧芬	女	198511	本科	2015.4	行政	宁波市鄞州区
11	朱海燕	女	199105	本科	2015.3	行政	上虞东关街道
12	刘　冀	女	198805	大专	2014.10	人事	上虞曹娥街道
13	曹丽萍	女	198707	本科	2015.7	人事	上虞盖北镇
14	陈鑫煌	男	198212	本科	2015.5	网管	上虞东关街道
15	厉叶江	男	198810	中专	2014.11	司机	上虞章镇镇
16	赵海山	男	196608	初中	2007.5	司机	上虞百官街道
17	李伟峰	男	198210	高中	2015.6	司机	上虞博文新村
18	倪铮梁	男	197912	高中	2015.7	司机	上虞崧厦镇
19	潜宝珍	女	195311	初中	2011.2	帮厨	上虞东关镇
20	王　震	男	197102	高中	2015.8	厨师	上虞振兴新村
21	何荣林	男	198010	中专	2015.7	厨师长	上虞盛丰新村
22	杨玲娣	女	196404	初中	2014.6	帮厨	上虞曹娥街道
23	任利华	女	196712	初中	2015.4	帮厨	上虞曹娥街道
24	刘清珍	女	197507	初中	2015.5	帮厨	上虞曹娥街道
25	陶绣凤	女	195903	初中	2013.5	清洁工	上虞曹娥街道
26	陈焕祥	男	196503	初中	2014.6	安保科长	上虞曹娥街道
27	赵建祥	男	196302	高中	2010.3	安保员	上虞百官
28	王建华	男	197008	初中	2014.5	安保员	上虞盖北镇
29	蒋才庆	男	194912	初中	2015.3	安保员	上虞岭南乡
30.	凌敖三	男	196703	初中	2015.3	安保员	上虞曹娥街道
31	赵传忠	男	196309	初中	2015.9	安保员	上虞丰惠镇

续表 15

序号	姓名	性别	出生年月	学历	进公司时间	岗位	户籍地
32	张澎锋	男	198610	大专	2014.6	采购员	上虞崧厦镇
33	祝伟江	男	198710	本科	2015.8	采购员	杭州市下城区
34	陈钰萍	女	198802	大专	2011.6	终端部长	上虞东关街道
35	王江丽	女	198504	大专	2013.2	跟单员	上虞松厦镇
36	赵建兰	女	197801	中专	2013.11	跟单员	上虞丰惠镇
37	陈伟钿	男	198810	本科	2015.5	跟单员	上虞丰惠镇
38	梁丹燕	女	199010	本科	2015.6	跟单员	上虞曹娥街道
39	赵鑫鹏	男	199211	大专	2013.10	设计研发	黑龙江省宁安市
40	柴微芳	女	198808	大专	2015.7	设计师	百官星辰首府
41	朱叶佳	女	199111	本科	2015.7	设计师	上虞市百官街道
42	祝杨建	男	199009	本科	2014.7	设计研发	上虞市曹娥街道
43	倪南义	男	197311	中专	2015.4	设计研发	湖南省衡南县
44	徐鸿波	男	199106	本科	2014.10	设计研发	上虞崧厦镇
45	孙　航	男	198210	本科	2010.5	财务部长	上虞百官街道
46	秦　宇	男	199203	大专	2014.2	会计	上虞长塘镇
47	徐淑妮	女	197407	大专	2012.4	出纳	上虞吉利新村
48	戴杨君	女	198707	本科	2014.12	会计	上虞驿亭镇
49	韩安娜	女	197211	初中	1989.1	库房部主管	上虞百官
50	邵彩霞	女	197512	大专	2011 .11	仓管员	上虞曹娥街道
51	陈叶琴	女	198311	大专	2012.7	仓管员	上虞曹娥街道
52	丁卫利	女	197512	高中	2015.5	仓管员	上虞丁宅乡
53	周钦杰	男	199501	中专	2015.10	销售助理	上虞东关街道
54	吴庆康	男	199306	大专	2015.12	销售助理	上虞道墟镇
55	金 磊	男	198711	大专	2015.11	销售经理	上虞曹娥街道
56	郑 杰	女	198909	大专	2014.5	销售总监	河南省平舆县
57	陈 旭	男	199001	本科	2014.7	销售经理	江苏省阜宁县
58	杨 晖	男	198810	本科	2015.6	销售经理	上虞盖北镇
59	章福军	男	198507	大专	2015.6	销售经理	上虞崧厦镇
60	王彬婷	女	199108	大专	2015.7	商务助理	上虞下管镇
61	章小燕	女	198002	大专	2012.7	社批部长	上虞经济开发区
62	王　珏	女	198609	大专	2013.12	销售经理	上虞百官街道
63	何晓锋	男	198905	大专	2014.5	销售经理	上虞崧厦镇
64	杨　峰	男	198706	本科	2010.7	生产部长	杭州西湖区
65	王岳标	男	197303	中专	2010.4	一车间部长	上虞曹娥街道
66	张佰军	男	198510	高中	2011.5	模具班主长	上虞百官街道
67	徐凤娣	女	198606	中专	2013.8	生产行政主管	上虞小越镇
68	章小龙	男	196004	初中	1977.11	操作工	上虞百官
69	郑建芳	女	197007	高中	2012.5	操作工	上虞市百官街道
70	王绍明	男	195503	高小	1971.3	操作工	东关镇东新村
71	鲁海娥	女	197511	初中	2012.3	操作工	曹娥街道狮子村
72	朱新娟	女	196702	初中	1994.6	操作工	上虞百官
73	韩维娜	女	197603	初中	1994.1	操作工	上虞曹娥街道
74	夏淑坤	男	199011	大专	2012.4	操作工	上虞下管镇

续表 15

序号	姓名	性别	出生年月	学历	进公司时间	岗位	户籍地
75	陈桂娟	女	197908	初中	2010.4	操作工	上虞曹娥蒿庄村
76	王萍儿	女	197505	初中	1994.6	操作工	上虞东关马家桥
77	任红琴	女	198211	初中	2011.5	操作工	上虞梁湖镇
78	陈德容	女	197202	初中	2012.9	操作工	重庆市荣昌县
79	冯传斌	男	197902	初中	2012.9	操作工	四川省苍溪县
80	曹洪芳	女	198104	初中	2012.9	操作工	上虞东关街道
81	金丽丽	女	198512	初中	2013.2	操作工	上虞盖北镇
82	杨福荣	男	197301	高中	2013.3	操作工	上虞曹娥街道
83	刘献印	男	198604	高中	2013.3	操作工	安徽省宿州市
84	周　琦	男	198306	中专	2013.7	操作工	河南省商城县
85	范永伟	男	198710	初中	2013.9	操作工	河南省平舆县
86	莫佳栋	男	199109	中专	2013.1	操作工	上虞梁湖镇
87	徐　培	男	199602	中专	2014.2	操作工	上虞驿亭镇
88	徐华军	男	198205	中专	2014.2	操作工	上虞下管镇
89	夏月娟	女	197402	初中	2014.5	操作工	上虞曹娥街道
90	沈林聪	男	199708	中专	2014.9	操作工	上虞梁湖镇
91	陈玉珍	女	198509	初中	2014.9	操作工	江西省瑞昌市
92	贝建海	男	198705	大专	2014.9	操作工	上虞岭南乡
93	王梦洁	女	199707	中专	2014.9	操作工	上虞丰惠镇
94	蔡俊英	女	197809	初中	2014.11	操作工	河南省宁陵县
95	郑俞龙	男	197608	高中	2014.11	操作工	上虞百官街道
96	李媛杰	女	199209	大专	2014.11	操作工	上虞百官街道
97	王建市	男	199210	中专	2014.11	操作工	上虞曹娥街道
98	孙菊华	女	197801	初中	2015.3	操作工	四川省旺苍县
99	周银狄	男	198901	大专	2015.3	操作工	上虞梁湖镇
100	宣建萍	女	199112	中专	2015.3	操作工	上虞市丰惠镇
101	王樊锋	男	198912	职高	2015.3	操作工	上虞梁湖镇
102	王云峰	男	199101	大专	2015.3	操作工	上虞曹娥街道
103	李　斌	女	199009	初中	2015.3	操作工	安徽省阜阳市
104	邢倩倩	女	199106	初中	2015.3	操作工	安徽省宿州市
105	倪锦灿	男	198210	高中	2015.3	操作工	上虞曹娥街道
106	金春娟	女	197304	初中	2015.4	操作工	上虞曹娥街道
107	任金娣	女	197412	中专	2015.4	操作工	上虞东关街道
108	何光铃	女	198807	大专	2015.4	操作工	湖北省麻城市
109	林国燕	女	199511	初中	2015.4	操作工	上虞曹娥街道
110	董城杰	男	199612	大专	2015.7	操作工	上虞上浦镇
111	周少奇	男	199011	初中	2015.7	操作工	上虞崧厦
112	龚帅斌	男	199503	大专	2015.7	操作工	上虞
113	罗秀晴	女	199506	中专	2015.7	操作工	上虞
114	陈林辉	女	197311	初中	2015.7	操作工	四川古蔺
115	梁水娟	女	196510	初中	2015.7	操作工	上虞
116	吴振雨	男	199701	初中	2015.7	操作工	河南宁陵
117	修孝荣	女	198301	初中	2015.7	操作工	安徽亳州

续表 15

序号	姓名	性别	出生年月	学历	进公司时间	岗位	户籍地
118	胡占宇	男	198110	初中	2015.7	操作工	陕西佳县
119	贾红春	女	198908	初中	2015.7	操作工	河南鹿邑
120	吴祖利	女	197703	高中	2015.7	操作工	曹娥狮子村
121	王　成	男	198111	中专	2015.7	操作工	上虞百官
122	沈　梦	女	198102	高中	2015.7	操作工	上虞双桥
123	吕　念	女	199809	初中	2015.7	操作工	重庆市荣昌县
124	竺郁栏	女	199712	中专	2015.7	操作工	上虞岭南
125	徐婷婷	女	199803	中专	2015.7	操作工	上虞崧厦
126	钟婷婷	女	199711	中专	2015.7	操作工	上虞汤浦
127	陈银玲	女	199807	中专	2015.7	操作工	上虞
128	章玉芳	女	199711	中专	2015.7	操作工	上虞崧厦
129	洪家书	女	197909	中专	2015.8	操作工	重庆市涪陵
130	刘小霞	女	198311	初中	2015.8	操作工	河南鹿邑
131	王文军	男	198404	中专	2015.9	操作工	上虞丰惠
132	杨红伟	男	197902	高中	2015.9	操作工	安徽亳州
133	叶　萍	女	198011	初中	2015.9	操作工	上虞曹娥街道
134	杨勤顺	男	198701	初中	2015.11	操作工	安徽省宿州市
135	周　杰	男	199307	大专	2015.11	操作工	上虞市梁湖镇
136	蔺良仓	男	198403	高中	2015.11	操作工	湖北省咸丰县
137	吴关根	男	198611	初中	2015.12	操作工	浙江省松阳县
138	吉余木沙	男	199301	初中	2015.12	操作工	四川省越西县
139	吴镠莹	女	199812	中专	2015.11	操作工	上虞梁湖镇
140	虞立辉	男	199602	大专	2015.11	操作工	上虞上浦镇
141	杨　江	男	198908	高中	2015.11	操作工	上虞曹娥街道
142	孙　伟	男	199509	高中	2016.3	操作工	安徽省阜阳市
143	徐　润	男	199705	中专	2016.3	操作工	上虞梁湖镇
144	龚狄杰	男	199309	大专	2016.3	操作工	上虞丰惠镇
145	宋华兵	男	199601	初中	2016.3	操作工	四川省高县
146	华　泉	男	198808	大专	2016.3	操作工	上虞梁湖镇
147	王莉莉	女	198711	初中	2016.3	操作工	上虞上浦镇

浙江运发文化发展有限公司正式职工名单

（2016 年）

表 16

部门	职务	姓名	性别	籍贯	出生年月	学历
总经办	董事长	俞支援	男	上虞	1957-1	大专
	总经理	俞 辉	男	上虞	1983-2	本科
	常务副总经理	陆雨水	男	上海	1954-1	大专
	副总经理	吴 强	男	上海	1959-11	大专
	副总助理	陈月虹	女	上海	1960-3	大专
	顾问	王永昌	男	上虞	1959-4	本科
项目申报部	负责人	吕金根	男	上虞	1966-8	本科
行政人事部	部长	陈 霞	女	上虞	1982-6	本科
	人事专员	刘 冀	女	上虞	1988-5	大专
	人事专员	曹丽萍	女	上虞	1987-9	本科
	网管	陈鑫煌	男	上虞	1982-12	本科
	驾驶员	厉叶江	男	上虞	1988-10	中专
	驾驶员	赵海山	男	上虞	1966-8	初中
	驾驶员	李伟峰	男	上虞	1982-10	高中
	驾驶员	倪铮梁	男	上虞	1979-12	高中
	帮厨	潘宝珍	女	上虞	1953-11	初中
	厨师	王 震	男	上虞	1971-2	高中
	厨师	何荣林	男	上虞	1982-10	职高
	帮厨	杨玲娣	女	上虞	1964-4	初中
	帮厨	刘清珍	女	上虞	1975-7	初中
	包厢服务员	任华琴	女	上虞	1982-7	初中
	保洁员	周藕珍	女	上虞	1962-11	初中
	保洁员	谢吉仙	女	上虞	1963-11	初中
	保安副队长	陈焕祥	男	上虞	1965-3	初中
	门卫	赵建祥	男	上虞	1963-2	高中
	门卫	王建华	男	上虞	1970-8	初中
	门卫	蒋才庆	男	上虞	1949-12	初中
	门卫	凌敖三	男	上虞	1967-3	初中
	门卫	赵传忠	男	上虞	1963-9	初中
	门卫	张孝强	男	上虞	1967-2	初中
供应链部	总监	刘国伟	男	河南	1979-8	大专
	采购	徐凤娣	女	上虞	1986-6	中专
	采购	张澎锋	男	上虞	1986-10	大专
	采购	徐杭芳	女	上虞	1986-9	大专
	物流	郑 雯	女	上虞	1991-10	大专
	物流	徐飞飞	女	上虞	1992-8	本科
终端部	部长	陈钰萍	女	上虞	1988-2	大专
	展柜	赵建兰	女	上虞	1978-1	中专
	商务助理	朱海燕	女	上虞	1991-5	本科
营销部	跟单	王江丽	女	上虞	1985-4	大专

续表 16

部门	职务	姓名	性别	籍贯	出生年月	学历
设计部	设计	柴微芳	女	上虞	1988-8	大专
	设计	朱叶佳	女	上虞	1991-9	本科
	设计实习	马晓玲	女	上虞	1993-8	大专
财务部	副部长	孙 航	男	上虞	1982-10	本科
	助理会计	秦 宇	男	上虞	1992-3	大专
	出纳	徐淑妮	女	上虞	1974-7	大专
	会计	戴杨君	女	上虞	1987-7	本科
	会计	范可君	女	上虞	1987-3	本科
	会计	谢丽萍	女	上虞	1989-11	本科
银行事业部	运营总监	曲金凤	女	黑龙江	1983-6	本科
	业务员	吴庆康	男	上虞	1993-6	大专
	商务助理	王彬婷	女	上虞	1991-8	大专
	商务助理	任 琦	女	上虞	1993-8	本科
	业务员	王栋裕	男	上虞	1990-3	大专
	业务员	何晓锋	男	上虞	1989-5	大专
	业务员	余丹妮	女	上虞	1994-4	大专
	业务员	董梅芳	女	上虞	1990-6	大专
银行开发部	业务经理	张轮峰	男	宁海	1979-11	大专
	业务经理	郑 杰	女	河南	1989-9	大专
社会批发部	社批部长	章小燕	女	上虞	1980-2	大专
	业务员	王 珏	女	上虞	1986-9	大专
生产管理	厂长	杨 峰	男	上虞	1987-6	本科
	一车间主任	王岳标	男	上虞	1973-3	中专
	生产计划	焦志国	男	广东	1981-10	硕士
	设计	倪南义	男	湖南衡南	1973-11	中专
	设计	徐鸿波	男	上虞	1991-6	本科
库房	库房	韩安娜	女	上虞	1972-11	初中
	仓管员	邵彩霞	女	上虞	1975-12	大专
	仓管	陈叶琴	女	上虞	1983-11	大专
	仓管	范金慧	女	上虞	1980-1	中专
残疾人		陈爱科	男	上虞	1969-12	小学
		蒋灿德	男	上虞	1968-3	初中
生产部	模具	章小龙	男	上虞	1960-4	初中
	包装工	郑建芳	女	上虞	1970-7	高中
	电工	王绍明	男	上虞	1955-3	高小
	包装工	鲁海娥	女	上虞	1975-11	初中
	品管	朱新娟	女	上虞	1967-2	初中
	品管	韩维娜	女	上虞	1976-3	初中
	模具	夏淑坤	男	上虞	1990-11	大专
	油压	陈桂娟	女	上虞	1979-8	初中
	开料	王萍儿	女	上虞	1975-5	初中
	油压	任红琴	女	上虞	1982-11	初中
	开料	陈德容	女	重庆	1972-2	初中
	油压	冯传斌	男	四川	1979-2	初中
	油压	曹洪芳	女	上虞	1981-4	初中
	油压	金丽丽	女	上虞	1985-12	初中
	压光	杨福荣	男	上虞	1973-1	高中
	压光	刘献印	男	安徽	1986-4	高中
	油压	周 琦	男	河南	1983-6	中专
	执模	范永伟	男	河南	1987-10	初中
	模具	莫佳栋	男	上虞	1991-9	中专
	压光	徐华军	男	上虞	1982-5	中专
	仓库	夏月娟	女	上虞	1974-2	初中
	油压	贝建海	男	上虞	1987-5	大专

续表 16

部门	职务	姓名	性别	籍贯	出生年月	学历
生产部	塑封	王梦洁	女	上虞	1997-7	中专
	擦片	蔡俊英	女	河南	1978-9	初中
	机修电工	郑俞龙	男	上虞	1976-8	高中
	擦片	孙菊华	女	四川旺苍	1978-1	初中
	油压	周银狄	男	上虞	1989-1	大专
	模具	王樊锋	男	上虞	1989-12	职高
	模具	王云峰	男	上虞	1991-1	大专
	质检	李 斌	女	安徽阜阳	1990-9	初中
	包装	邢倩倩	女	安徽宿州	1991-6	初中
	清洁	金春娟	女	上虞	1973-4	初中
	质检	任金娣	女	上虞	1974-12	中专
	油压	何光铃	女	湖北麻城	1988-7	大专
	塑封	林国燕	女	上虞	1995-11	初中
	模具	董城杰	男	上虞	1996-12	大专
	模具	龚帅斌	男	上虞	1995-3	大专
	塑封	罗秀晴	女	上虞	1905-6	中专
	开料	吴振雨	男	河南宁陵	1997-1	初中
	塑封	修孝荣	女	安徽亳州	1983-1	初中
	银杯	胡占宇	男	陕西佳县	1981-10	初中
	塑封	贾红春	女	河南鹿邑	1989-8	初中
	塑封	吴祖利	女	河南原阳	1977-3	高中
	塑封	王 成	男	上虞双桥	1981-11	中专
	包装	沈 梦	女	上虞双桥	1981-2	高中
	塑封	吕 念	女	四川古蔺	1998-9	初中
	塑封	竺郁栏	女	上虞	1997-12	中专
	塑封	陈银玲	女	上虞	1998-7	中专
	塑封	洪家书	女	重庆市	1979-9	中专
	塑封	刘小霞	女	河南鹿邑	1983-11	初中
	电工	王文军	男	上虞丰惠	1984-4	中专
	油压	杨红伟	男	安徽亳州	1979-2	高中
	包装	叶 萍	女	上虞曹娥街道	1980-11	初中
	油压	杨勤顺	男	安徽宿州	1987-1	初中
	油压	吉余木沙	男	四川越西	1993-1	初中
	油压	虞立辉	男	上浦大善	1996-2	大专
	模具	杨 江	男	上虞	1989-8	高中
	油压	徐 润	男	上虞梁湖	1997-05	中专
	储备干部	龚狄杰	男	上虞	1993-09	大专
	模具	华 泉	男	上虞	1988-08	大专
	塑封	杨金菊	女	上虞	1988-12	初中
	质检	陈幸幸	女	上虞	1987-11	大专
	质检	孙芝琴	女	上虞	1983-1	职高
	质检	沈炳祥	男	绍兴	1993-12	本科

续表 16

部门	职务	姓名	性别	籍贯	出生年月	学历
小仙坛	高级工艺师	刘永华	男	江西	1984-12	高中
	陶瓷技工	任鹏君	女	上虞	1968-10	初中
	陶瓷技工	李景云	女	河南	1975-10	初中
	陶瓷技工	陈建囡	女	上虞	1971-3	初中
	高级工艺师	王伟龙	男	上虞	1988-9	大专
	仓管	周芹	女	上虞	1988-10	初中

家人
YUECITAOYE
浙江运发越窑青瓷研究院
越瓷陶業
YUECITAOYE
上虞越瓷陶业有限公司
运发客运
YUNFAKEYUN

2013年公司全家福

相亲相爱一家
YUNFASHIYE

越瓷陶業
YUECITAOYE
浙江运发越窑青瓷研究院
越瓷陶業
YUECITAOYE
上虞越瓷陶业有限公司

小仙坛
越瓷陶业
YUECITAOYE
浙江运发越窑青瓷研究院
小仙坛
绍兴小仙坛越窑青瓷有限公司
运发客运
YUNFAKEYUN
虞市运发客运有

2015 年公司全家福

发文化发展有限公司
盛世国金
相亲相爱一家人

越瓷陶業
YUECITAOYE
浙江运发越窑青瓷研究院
绍兴小仙坛越窑青瓷有限公司
运发客运
YUNFAKEYUN

青瓷高级工艺美术师李道凤简介

李道凤，男，1968 年 11 月出生，省高级陶瓷美术师、陶瓷艺术家，号“苦艺人”。曾得国家特级画师李凤兰先生指点，擅长陶瓷浮雕与釉下扒花工艺，为浮雕聚贤庄创办人。浙江运发越窑青瓷研究院院士、上虞越瓷陶业有限公司高级工艺美术师。在公司授徒 7 人。

李道凤自 20 世纪 80 年代后期起，从事陶瓷制作研究。现已经成为当代中国制瓷业的中坚技术型人才。1998 年制作的 300 件中国红深雕天球瓶，荣获国际陶瓷节银奖；2000 年深雕作品《鹤戏牡丹》台湾缸，被收入中国《中青瓷苑精英》作品集；2011 年应邀为新加坡总理李显龙专门打造 150 件《五龙图》福桶瓶；2012 年应中共中央党校所委托，为习近平等中央同志制作越窑青瓷手雕牡丹杯；2013 年其作品深雕青瓷赏瓶“花开富贵”，获得文化部和浙江省文化厅主办的第八届中国义乌文博会“工艺美术奖银奖”。

由其设计制作的作品，多次在香港举行个展；并为美国、日本、新加坡、吉尔吉斯斯坦、印尼、马来西亚等国家的收藏家所青睐并收藏。其创作的精品，现藏于国家和各省市博物馆。

●绍兴市青瓷高级工艺美术师李道凤（2013 年 8 月 28 日绍兴授牌）

ORIGINAL CLOTHING

六 附录

FULU

一、公司转制资料选辑

关于要求资产确认、核销、提留及产权界定的报告

上虞市第一运输公司文件

虞一运[2000]第26号

关于要求资产确认、核销、提留及产权界定的报告

上虞市国有资产管理局：

上虞市第一运输公司组建于1950年8月，其前身是东关搬运站。1996年6月从东关迁至百官舜江东路恒利西一区办公营业，隶属上虞市交通局，主营客货汽车运输搬运装卸及汽车修理服务。公司注册资金120万元。企业于1994年出资3,954,349.05元，投资创建上虞市珠宝饰品厂。

上虞市珠宝饰品厂是由上虞市第一运输公司在1994年投资创建的，经营地址：同第一运输公司合并在一起。我厂主营金银制品加工、制造、五金塑料，厂注册资金550万元。

为深化企业改革，加大改革力度，明晰企业产权，根据市府有关体制改革精神及市交通局的统一部署，对我企业实行转制，前期各项工作已准备就绪，目前已进入实质性工作。现根据企业清产核资和主管局对我企业的资产进行了审查，并经同济资产评估有限公司和上虞市土地资产评估中心对企业的资产、土地的评估。现要求市国资局对我公司的资产评估予以确认、核销、提留及产权的界定。

一、资产、土地评估结果（评估基准日2000年6月30日）

1、资产（房屋、机器设备）评估情况

(1)、经市同济资产评估有限公司11月30日评估，我公司、厂总资产帐面净值16,978,434.30元，（含待处理流动资产损失帐面值919,788.92元和待处理固定资产损失帐面值164,507.34元）评估后总资产净值13,624,202.93元，评估减值待处理流动资产损失评估值919,788.92元和待处理固定资产损失评估值2,434,362.45元。

(2)、公司、厂负债总帐面值13,244,286.92元（含负债评估增减值转入待处理696,710.15元）

(3)净资产帐面值和评估值为3,734,147.38元，剔除待处理流动资产损失评估值919,788.92元和待处理固定资产损失评估值2434362.46元，加上"负债增减值转入待处理"评估值696710.15元，其净资产评估值应为1,076,716.16元（不含土地价值）。

2、土地资产评估（经市土地资产评估中心11月27日评估）

(1)、公司、厂土地总面积为8181.8平方米，土地评估价为2576479元，其中划拨土地4宗计6180.61平方米，评估地价160848.50元；出让土地2宗计2001.19平方米，评估地价106799.40元。

(2)经评估后，公司和厂的净资产为1,076,716.16元（不含土地价值）。

二、各项提留

1、职工身份转换应提148.8万元。

2、职工医疗补贴和自谋职业救济费应提33.76万元。

3、伤残职工补偿费应提1.8万元。

4、退休职工医疗费及非统筹部分补贴应提20.25万元。

5、供养遗属（子女）应提8.13万元。

6、独生子女费应提0.765万元。

7、土征工补偿费应提9.45万元。

8、坏帐准备金应提（191,215.88×10%）1.91万元。

1—8项合计提留224.855万元。

三、核销

1、固定资产

固定资产损失164,507.34元是办厂前期宝玉石研磨设备已陈旧无用。

2、流动资产

(1)、待处理流动资产损失917,790.91元，是工艺技术低、失销售时效的银质出生牌、贺卡、名士纪念卡熔化回收原料，损耗加工费401,202元，部分宝玉石伪劣品降价损耗197,347元。

(2)、预付帐款227,798.78元是由东黄金事件1,027,798.78元，已根据经贸税政（2000）21号扣除80万元后的损失余额等。

(3)、应收帐款罗高松5,400元，因人已离职，帐龄5年以上，与罗高松的押金应付款500元和罗高松其他应收款-454.99元转销后核销。

3、流动负债

(1)、其他应付款评估减值461,314.68元转入待处理是东关大修厂商房出售收1,105,000元与成本680,031元差价和不用支付烧痛人员的医药费等。

(2)、珠宝厂应付工资评估值33,891.90元，欠发职工一个月工资35,000元，核减1,108.10元。

四、其它

(1)、珠宝厂个人股316人，计股本金1,921,800元，经公司股东代表大会决议，其个人股全在企业转制前全部转让给市第一运输公司，相应地一运公司增加负债1,921,800元，要求予以确认。

(2)、一运大厦底层营业房评估计列的售价中含土地价值，要求按该宗地价841,894元的50%、即420,947元予以分离确认。

以上各项……予以审核、确认。

上虞市第一运输公司

附：1、珠宝厂股东代表大会决议

2、土地估价结果报告

抄报：上虞市交通局

工商局企业名称预先核准通知书

上虞市工商行政管理局
企业名称预先核准通知书

（虞）名称预核内［2001］第051521号

根据<<中华人民共和国公司登记管理条例>>和<<企业名称登记规定>>，同意预先核准下列股东投资 450 万元人民币，在上虞市设立的 有限责任公司* 公司名称为：

上虞市运发珠宝实业有限公司

该预先核准的企业名称保留期自 2001年4月17日至2001年10月16日。在保留期内，不得从事经营活动，不得转让。

投资人名单及投资额、投资比例：

投资人	投资额（万元）	投资比例（%）
俞支援	[illegible]	[illegible]
童国强	[illegible]	[illegible]
邓洪	[illegible]	[illegible]
朱百灿	[illegible]	[illegible]
沈维康等	[illegible]	[illegible]

上虞市工商行政管理局
2001年4月17日

注： 1. 本通知书在有效期过后，自动失效。

2. 企业设立登记注册时，应将本通知书提交登记主管机关，存入企业档案。

3. 企业名称核准与企业登记注册不在同一机关办理的，登记主管机关应当自登记注册之日起60日内，将加登记主管机关印章的企业营业执照复印件一份，报送名称预先核准机关备案。未备案的，其企业名称不受保护。

4. 预先核准的企业名称中如果含法律、行政法规规定需报经审批内容的（如：股份有限公司、进出口业务等），该企业设立登记时，必须提交有关的批准文件，如不能提交，不得以本通知预先核准的企业名称登记注册，应另行申请企业名称。

5. 企业登记注册时，注册资金不足 450 万元 人民币 的，不得以本通知预先核准的企业名称登记注册。

上虞市第一运输公司改制方案

上虞市第一运输公司及控股投资珠宝饰品厂系市交通局所属集体所有制企业，主要从事汽车客货运输、搬运装卸、汽车维修和饰品加工制造等业务。根据上虞市人民政府第12次常务会议精神和市政府的有关政策规定，结合公司实际，在征求职工意见的基础上，经公司党、政、工联席会议研究，制定本改制方案。

一、基本情况

1. 人员状况：据调查并经市有关部门审查确认，上虞市第一运输公司现有在职职工152人，退休职工43人，供养遗属和子女22人，独生子女30人。

2. 人员分析：以2001年4月30日为基准，在职职工总工龄3008年，平均工龄19.8年；职工中有土征工16人，工伤伤残职工14人，退休职工平均年龄61岁。

3. 资产评估情况：实行土地资产与其他资产分离评估方法：

A、其他资产：由市同济资产评估公司评估，基准日为2000年6月30日，公司评估总资产为1697.8万元，总负债1324.4万元，剔除待处理的资产损益和负债损益，评估净资产为107.7万元（含珠宝厂个人股金192.2万元），客运车辆的无形资产未予评估。

B、土地资产：由市土地资产评估中心评估，公司有土地资产6宗，土地总面积8182平方米，评估地价总值为257.6万元，其中企业自有出让土地2宗，评估地价106.8万元，其余均为国有划拨土地，地价总值150.8万元。

4. 资产界定确认情况：经市国资局界定确认：公司身份置换各项提留223.8万元，经资产损失核销、提留与政策性调整后（珠宝厂个人股金192.2万元转让给一运公司），企业产权界定前的净资产为-151.6万元（不含划拨土地使用权价值150.8万元，含出让土地使用权价值106.8万元）。

二、改制形式

公司改制确定为职工身份全员置换、公司资产整体置换、建立框架式股份结构企业。

职工身份全员置换，指公司全体职工与公司终止劳动关系，取得一定的经济补偿，成为自由职业者。

公司资产整体置换，指公司现有资产通过整体置换出让，改变资产所有制性质，所得资金用于职工身份置换，当出现负资产时以零资产改制，负资产由新公司股东按市政府规定处理。

建立框架式股份结构企业，指重组者共同出资，按现代企业制度的要求，以经营层控股、经营者持大股，一般员工不持股的股份结构组建新的企业，新企业应聘用现有企业部分职工就业。

三、人员置换

1. 在职职工：所有职工与企业终止劳动关系，本人档案挂靠市劳动就业处，共分三种形式：

A、离职退养：以2001年4月30日为基准，男满55周岁，女满45周岁一律实行离职退养，签订离职退养协议，终止与企业劳动关系，并由局资产经营公司托管。退养人员除由托管单位缴纳养老保险金外，另每月发给生活和医疗费，到符合退休条件后办理退休。生活和医疗费视距法定退休年限长短一次性确定，另外对工龄较长的职工，实行适当的浮动工龄补差，工龄超过25年的，每超一年外加10元。标准如下：

表17　　　　单位：元/月

距法定退休	一年	二年	三年	四年	五年
生活和医疗费	400	360	330	300	260

B、自谋职业：在规定期限内选择自谋职业的按以下办法一次性补偿：按每年工龄500元付给自谋职业补偿费，工龄计算截止日为2001年4月30日，不足半年计半年，超过半年计一年；每人1000元医疗补偿费；在规定期限签订自谋职业协议的，每人发给一次性鼓励费1500元；土征工在1993年9月前进公司的，给付3500元补偿金，1993年9月以后进入公司，按招工时年龄给付4000～7000元补偿金，具体为：16～25周岁4000元，26～30周岁5000元，31～35周岁6000元，35周岁以上7000元，享受该补贴人员取消医疗费及一次性鼓励费；工伤伤残职工根据市人劳局的伤残等级鉴定给予以下补偿：1~4级：按规定办理病退或退职手续，取消上述一切补偿。不符合病退、退职条件的（缴费不足十年），由劳动部门一次性退还养老保险金并给予15000元医疗补偿，终止与企业的关系，今后不再享受退休待遇。5级补偿4000元、6级补偿3500元、7级2000元、8级1500元、9级1000元、10级500元。非工伤原则上不予补偿，特殊困难者视情适当补助。

C、在规定期限内未办理身份置换的，按弃权处理，自然解除企业与个人的劳动关系，取消1500元的自谋职业鼓励费。

2. 供养遗属和子女：实行一次性经济补偿处置，解除与企业的关系。安置补偿标准如下：

A、遗属安置标准：

表18　　　　单位：元

年龄	非农	农
60周岁以下	7500	6000
60（含）-70周岁	5000	4000
70（含）-75周岁（含）	4000	3000
75周岁以上	3000	2500

B、供养子女：按非农每月160元，农民每月130元，供养至18周岁的总生活费，分年龄档次按比例一次性发给：10周岁以下70%，10~15周岁80%，15周岁以上90%。

3. 独生女费：按单亲每年50元，双亲每年100元，提至2003年，一次性付清。已满14周岁子女不再享受。

4. 退休职工：统一由局资产经营公司托管，养老金由市社保部门直接发给，非统筹部分差额（含门诊医疗包干费），在政府没有统一规定前，按每人每年提留180元至75周岁，由局资产经营公司按月定额发给。住院治疗费每年提留1000元共3年，二项提留合计20.3万元并划入托管单位，平衡用于退休托管人员的医疗费等开支。住院医疗费的报销，按托管单位的统一规定处理。退休职工大病医疗统筹后，由托管单位负责办好接转手续，托管退休人员死亡后的抚恤金、丧葬费按规定标准发给。改制后新退休的人员按政策规定处理。

5. 计划外长期临时工，到达法定退休年龄已享受单位生活补助的人员，按实际参加本单位工作年限，每年发给100元生活补助费。

6. 自谋职业人员，档案由人劳局统一管理，自交养老保险金，如中断保险，今后不能参加全市的医疗保险。

四、资产置换

为筹集企业改制资金，便于公司债权（应收款）、债务的处理，减少资产损失，同时为保障重组企业经营的连续性，确保平稳过渡，资产置换参照前六家陆运企业做法，实行整体资产置换，即以评估基准日的企业净资产为基础，在考虑必要的调整因素后确定起始转让价，按照公开、公平、公正的资产置换原则，同时兼顾企业的平稳过渡和职工就业，在重组者资格审查确认的基础上，面向职工，实行企业内部的公开竞投。竞投者必须承诺50%以上现有在职职工就业。竞投底价按评估、界定值确定。当竞投只有一人时，取消竞投，按上述底价整体改制给竞投者。竞投委托市交通局组织实施，竞投的具体办法由被委托者另行制定公布。资产置换所得资金用于职工身份置换等改制费用，负资产按市政府规定享受费税逐年弥补优惠政策。企业的重组由重组者，按先前提交认可的重组方案和本规定实施重组。

五、其他规定

1. 上虞市第一运输公司职工一律参加企业改制，在企业解体过程中，职工未按规定参加企业各项解体程序，作弃权处理，后果由本人自负。

2. 企业原拖欠职工的工资在身份置换时一次性补发。

3. 原在企业中有借款未处理的，在该次改制领取补偿金中扣除，不足部分仍应追回。

4. 在规定期限内未办理身份置换的，按弃权处理，自然解除企业与个人的劳动关系。公司在职职工在七天内处理，其他人员放宽二天；因工作等特殊原因（如住院等）确不能如期办理的，在说明情况的前提下，经公司和局改制办同意可适当延期，但最长不超过七天，具体开始日期以公告为准。

5. 职工养老保险金由公司缴至二〇〇一年四月底，五月起由职工个人自行缴纳（离职退养者除外）。

6. 退休和离职退养人员由局资产经营公司托管，其提留资金一并划入托管单位。

7. 本改制方案，经主管局审查同意，职工代表大会表决通过后实施。

上虞市第一运输公司

二〇〇一年四月四日

上虞市第一运输公司改制竞卖招商须知

根据市人民政府关于加快交通企业改革的意见精神和市第一运输公司五届八次职代会关于企业改制实施方案的决议，本局受市第一运输公司的委托，现组织对该公司的整体资产进行竞卖招商，有关事项规定如下：

一、本次竞卖招商系公司资产的整体竞卖，包括企业现有债权、债务。据市有关部门和机构的评估，并经市国资局对企业产权的界定，截至2000年6月30日，公司改制各项提留前的实有净资产为72.2万元（含企业自有的出让土地106.8万元），国有划拨土地150.8万元，二项合计为人民币223万元。国有划拨土地的出让手续与出让金由委托方负责。上述竞卖标的不含客运车辆的无形资产。资产详细情况按《公告》指定处咨询。

二、竞买人在竞卖日作出竞买决定即表示买受人接受竞卖品的一切现状（包括缺陷等）和本须知与招商公司的规定，并对自己的竞买行为承担法律责任。

三、经市交通局审查符合《招商公告》竞卖人条件并缴纳保证金的竞买人，方可参加竞投，并由本人亲自参加，领取竞投号牌，否则不视为竞买人。

四、竞卖采取举牌叫价的方式进行，自底价开始，每次加价幅度为1万元的整倍数。经多次竞投，产生出叫价最高者。主持人三次报价，到第三次报价无人应价时，主持人即一锤敲下，以最后出价最高者为成交者。

五、买受人在竞投现场即时签署成交确认书，所交保证金抵算标的款，余款分二次付清，首次在中买当天支付50万元，其余在竞卖日后的一个月内付清。未按规定付款的，视毁标，保证金不予退还，其余部分一个月内退还（不计息）。未中买的七天内退还保证金（不计息）。出现毁标的，由次高价者中买。

六、买受人未按承诺约定的数量吸纳职工就业的，亦视同毁标，按本须知第五条办理。

七、本须知和竞卖公告由市交通局负责解释。

上虞市交通局

二OO一年四月九日

关于企业改制组建上虞市运发珠宝实业有限公司的请示

上虞市第一运输公司文件

虞一运〔2001〕第 10 号

关于企业改制组建上虞市运发珠宝实业有限公司的请示

上虞市企业改革领导小组办公室：

我公司“双置换”企业改制工作在市交通局的统一部署下，经公司职工代表大会表决通过《上虞市第一运输公司改制方案》，其职工身份置换已于二 00 一年四月十七日正式实施。根据改制方案，现着手公司资产置换与重组。经过规定程序，现由公司俞支援为代表的 17 名职工出资组建新的企业，拟将上虞市第一运输公司及上虞市珠宝饰品厂所有资产与负债按评估确认值归属改制后的上虞市运发珠宝工艺品有限公司。

如无不妥，请批复。

上虞市第一运输公司
二OO一年四月十七日

主题词：企业改制　组建请示

抄报：上虞市交通局　上虞市交通资产经营公司

打印：陈利枫　　校对：章苗中　　共印 5 份　　4 月 17 日印发

关于同意上虞市第一运输公司、上虞市珠宝饰品厂改制为上虞市运发珠宝工艺品有限公司的批复

上虞市企业改革领导小组办公室文件

虞企改办字〔2001〕5号

关于同意上虞市第一运输公司、上虞市珠宝饰品厂改制为上虞市运发珠宝工艺品有限公司的批复

上虞市交通局：

你局报来上虞市第一运输公司、上虞市珠宝饰品厂《关于要求组建上虞市运发珠宝工艺品有限公司的请示》悉。经市企改领导小组研究，同意实施“双置换”改革，并改制为有限公司。现将有关事项批复如下：

一、经评估确认，上虞市第一运输公司、上虞市珠宝饰品厂资产总额1514.35万元（不含客运车辆使用权价值），负债总额1249.99万元，净资产264.36万元，经资产损失核销、提留和剥离后净资产为负151.62万元。划拨土地使用权确认值150.85万元。

二、同意用公司现有划拨土地确认值150.85万元的60%计90.51万元冲抵负资产，其余61.11万元负资产按市委、市政府规定享受负资产改制优惠政策，逐年弥补。

三、接批文后，交通局督促改制企业按人事劳动局核准的意见抓紧做好职工身份置换，安置好其他相关人员，建立新型劳动关系；妥善处理好债权债务；办理工商变更登记、房地产过户等有关改制手续，并享受市委〔1998〕54号文规定的优惠政策。

上虞市企业改革领导小组办公室
二〇〇一年四月二十日

抄送：市委办、市府办、地税局、国税局、国资局、工商局、土管局、建设局、上虞市第一运输公司、上虞市珠宝饰品厂

关于同意原上虞市第一运输公司车辆变更名称的补充批复

上虞市交通局：

虞企办字第〔2001〕5号批复，原上虞市第一运输公司、上虞市珠宝饰品厂改制为上虞市运发珠宝实业有限公司。原上虞市第一运输公司所属车辆同意变更为改制后的上虞市运发珠宝实业有限公司客货运输分公司，请予办理有关手续。

上虞市企业改革领导小组办公室

二OO一年五月十日

抄报：绍兴市公安车管所、上虞市公安车管所

上虞市运发珠宝实业有限责任公司
股东会决议

经全体股东选举，上虞市运发珠宝实业有限责任公司第一届董事会由股东（代表）俞支援、章国强、邓洪、朱百灿、沈维康等五人组成，第一届监事会由股东（代表）曹永灿、章苗中、俞华飞等三人组成。职工代表由公司职工民主选举。

全体股东签字：俞支援、章国强、邓 洪、朱百灿、沈维康、
曹永灿、章苗中、俞华飞、王桂英、方苏泽
章宝炎、徐华灿、毛大宪、王绍明、徐雅仙、
夏炜耀、竺婉贞　（共 17 位股东）

2001 年 4 月 22 日

上虞市运发珠宝实业有限责任公司董事会决议（1）

经全体董事选举产生，上虞市运发珠宝实业有限责任公司董事会董事长由俞支援担任，住所百官恒利大道，副董事长由章国强担任，住所百官恒利大道，聘任俞支援担任公司经理，住所百官恒利大道，邓洪、朱百灿担任副经理，住所百官恒利大道，财务负责人由沈维康担任，住所百官恒利大道。

全体董事签字：俞支援、章国强、朱百灿、邓 洪、沈维康

2001年4月22日

上虞市运发珠宝实业有限责任公司
董事会决议（2）

经董事会研究决定：上虞市运发珠宝实业有限公司设立以下分支机构：

上虞市运发珠宝实业有限公司东关汽车修理厂

上虞市运发珠宝实业有限公司百官汽车修理厂

上虞市运发珠宝实业有限公司珠宝商行

上虞市运发珠宝实业有限公司礼仪工艺品厂

上虞市运发珠宝实业有限公司客货运输分公司

上虞市运发珠宝实业有限公司快餐店

全体董事签名：俞支援、章国强、邓 洪、朱百灿、沈维康

2001 年 4 月 25 日

上虞市珠宝饰品厂股份合作制章程

（1994 年）

第一章　总　则

第一条 为转换企业经营机制，理顺产权关系，增强企业活力，更好地适应社会主义市场经济的需求，并逐步与现代企业制度相衔接，上虞市珠宝饰品厂实施股份合作制机制（以下简称厂）。

第二条 厂依照国家关于开办企业的规定，经上级政府部门批准，依法登记注册，领取营业执照，具有法人资格。

第三条 厂以其全部法人财产，依法自主经营、自负盈亏、照章纳税，并以其全部资产对债务承担有限经济责任。

第四条 厂设在上虞市东关镇，对外仍使用上虞市珠宝饰品厂名称：对内以股份合作制机制运行，运行时间自一九九四年元月一日开始。

第五条 厂发起人为上虞市第一运输公司。厂推行资金共筹、利益共享、风险共担、积累共有、入股自愿、股权平等、同股同利的原则。

第六条 厂宗旨是：遵守国家的法律、法规，积极参与市场竞争，致力提高经济效益，为国家增加财政收入，为企业积累发展资金，为全体股东和厂职工谋求合法利益。

第七条 厂主营金银、珠宝饰品的开发、生产、加工和销售。

第八条 在平等互利的原则下，厂部积极发展横向联营，开展技、工、贸一体的生产经营和经济技术协作。

第二章　股本结构及注册资金

第九条 厂股本总额为 210 万元，每股面额 100 元，总股数为 21000 股。股份（股权证，下同）发售价格与面值等额。厂注册资金 210 万元，设立法人股、个人股、优待股、外来投资股四种股份。

第十条 到一九九三年十二月三十一日止，由上虞市第一运输公司经评估后投资 100 万元，其中有形资产 93 万元，无形资产 7 万元，计折合 10000 股，设立法人股和优待股，分配如下：

1. 法人股：从总投入资产中划出 45 万元作为法人股，折 4500 股，占股本总额的 21%。

2. 优待股：从总投入资产中划出 55 万元设立优待股，折 5500 股，占股本总额的 26%。

法人股、优待股的股权归上虞市第一运输公司所有。

第十一条 职工个人股：发起人内部职工认购的股份，共计 69 万元，折 6900 股，占股本总额的 33%。

第十二条 外来投资股：吸收外来投资 41 万元，折 4100 股，占股本总额的 20%。

第三章　股本的发行与管理

第十三条 发起人可以用货币投资，也可以用建筑物、厂房、机器设备等有形资产，或生产权、非专利技术等无形资产折价入股。

第十四条 职工个人股、外来投资股一律以现金方式投资入股。

第十五条 职工个人股发行范围为发起人内部职工（不包括留职停薪人员和临时雇员人员）。在职职工个人股根据职工工龄、岗位职务、贡献进行分解和配置。退休人员视贡献大小由股份制筹建领导小组决定，从贡献项目中配给。在配置范围内，每认购二股现金股，厂配给一股优待股。不认购现金股的，优待股作自动放弃。

第十六条 凡本厂股东均应填写入股登记表，董事会应建立股东档案。

第十七条 股东入股后，由厂财务部门建立账卡统一管理，发给股东证书，载明股东入股类别、金额、转让及年终分配情况。

第十八条 个人现金股、外来投资股入股半年后可以进行内部转让。但厂董事、厂长、副厂长及重要高级管理人员（具体人员由董事会决定）在任职期间不得转让本人所持有的原始股份；因特殊原因需要转让，必须经董事会通过。

第十九条 厂配置给职工、个人的优待股仅作分红、分担风险的凭证，不能继承、转让。职工离开厂（包括发起人单位）办理留职停薪，其优待股收益权由董事会收回。

第二十条 法人股只记账不发证，自厂成立起不得抽回或转让。

第二十一条 股东将股权证书遗失，应及时向董事会汇报，并在厂内部声明作废，再补发新证。

第二十二条 厂设股份交易部，负责股份内部交易。股份的赠予、转让、继承等由股份交易部统一受理，不得私自转让或交易。

第四章 股息、红利及分配

第二十三条 厂本着依法纳税、足额提留、税前提息、税后分红的原则进行分配。

第二十四条 税前足额提留各项基金，按照财务制度规定核实经济效益，以厂经济责任制考核办法结算职工工资。对现金股，按银行同期一年定期存款的130%计提股息，进入成本。所提取股息按各股东入股金额计算到户。

第二十五条 企业纳税后盈利部分，按下列顺序进行分配：

1. 弥补上年亏损；
2. 提取10%的法定盈余公积金；
3. 提取10%的公益金；
4. 提取2%的董事会基金
5. 提取任意盈余公积金；
6. 支付红利。

红利（含息）率不超过资金利税率，最低不低于银行同期一年定期存款利率的130%。当现金股不计息时，红利分配下不保底，上不封顶。任意公积金和红利提取、分配具体比例由董事会决定。

第二十六条 各种股份股息、红利分配：

1. 个人现金股和外来投资股：有股息、享受红利、资产增值和剩余资产分配权。

2. 优待股：无股息，仅作为持股者享受红利凭证，剩余资产分配权和股份增值部分，权属归股权所有者所有。

3. 法人股：无股息，享受红利、资产增值和剩余资产分配权。法人股的红利，原则上50%用作发展基金，扩股时作为增股资金；50%由所有者自行分配。

第二十七条 厂当年无利润时，不得分配红利。但为维护厂的信誉，在用盈余公积金弥补亏损后，经董事会决定，可按不超过股金总额的6%的比例，用盈余公积金发放红利。分配红利后，厂法定盈余公积金不得低于注册资本的25%。

第二十八条 厂在年终财务决算报告后，经董事会决定发放红利，并在发放红利前十五天向股东发布分红公告。

第五章 股东和股东代表大会

第二十九条 厂股份持有人为厂股东。股东按其持有股份的类别和份额享受权利、承担义务。

第三十条 股东有以下权利：

1. 出席或委托代理人出席股东代表大会并

行使表决权；

2. 按章程规定转让股份；

3. 查阅厂章程、股东代表大会纪要、会议记录和会计报表，监督厂的经营，提出建议和质询；

4. 按其股份取得股息和红利；

5. 按其股份取得原始股份的增值部分；

6. 厂终止后依法取得厂的剩余财产；

7. 厂章程规定的其他权利。

第三十一条 股东有以下义务：

1. 遵守厂章程；

2. 依其所认购股份和入股方式缴纳股金；

3. 依其所持股份为限，对厂的债务承担责任；

4. 入股后，股东不得退股；

5. 厂章程规定的其他义务。

第三十二条 股东代表

职工个人股股东以每 300 股产生一名代表；

外来投资股东以每 1000 股产生一名代表；

以上均由股东协商推选产生。

法人股的股东由法人代表人或法人代表人的代理人代表其行使权利。

第三十三条 股东代表大会

股东代表大会是厂的最高权力机构，对下列事项作出决议，行使职权：

1. 选举或罢免董事会成员；

2. 审议、批准董事会和监事会的报告；

3. 批准厂的利益分配及亏损弥补方案；

4. 批准厂年度预、决算报告、资产负债表、利润表；

5. 决定厂增、减股本，决定厂的分立、合并、终止和清算；

6. 修订厂的章程。

第三十四条 股东代表大会分为股东代表年会和股东代表临时会。

1. 股东代表年会每年召开一次，并应于会计年度终结后的二个月内召开。

2. 有下列情形之一，董事会应召开股东代表临时会：董事缺额达三分之一时，厂累计未弥补亏损达股本总额三分之一时；代表厂股份百分之十以上（含百分之十）的两名以上（含两名）股东请求时，董事会或监事会认为必要时。

第三十五条 股东代表大会由董事会召集，并于开会日的十天前书面通告股东代表。通告应载明召集事由。

第三十六条 股东代表大会决议分普通决议和特别决议两种，股东代表大会决议实行每一代表一票表决权制。

1. 普通决议应由代表股份总数（不包括优待股）的二分之一以上股东出席，并由出席股东的二分之一以上的表决权通过。

2. 特别决议应由代表股东总数（不包括优待股）的三分之二以上股东出席，并由出席股东的三分之二以上表决通过。作出下列决议时，应由特别决议通过：厂增、减股本；厂合并、分立、终止和清算；修改厂章程；厂章程规定的需由特别决议通过的其他事项。

第三十七条 出席股东代表大会的股东，所代表的股份达不到第三十六条规定的数额时，会议应延期五天内举行，并向未出席的股东再次通知。延期后召开的股东会，出席股东代表的股份，仍达不到第三十六条规定的数额时，应视为已达法定数额，按实际出席股东代表计算表决权的比例，达到第三十六条规定的比例时，大会作出的决议即为有效。

第三十八条 股东会议应做记录，会议的决议事项应形成会议纪要，会议纪要及记录应与出席股东代表大会的签名簿及代理出席的委托书一并保存。

第六章 董事会和厂长

第三十九条 厂董事会是厂的常设权力机关，向股东代表大会负责，厂董事会由五人组成。董事人选由各股份出资方委派，并经股东代表大会选举产生。董事由股东担任，董事任期为三年，可连选连任。

第四十条 董事会应遵照国家法律、法规、厂章程及股东代表大会决议履行职责，行使下列职权：

1. 决定召开股东代表大会并向股东代表大

会报告工作；

2. 执行股东代表大会决议；

3. 审定厂发展规划、年度生产经营计划；

4. 审议厂的年度财务预、决算、利润分配方案及弥补亏损方案；

5. 制定厂增、减股本及股份内部转让方案；

6. 决定厂重要资产的抵押、出租、发包和转让；

7. 制定厂分立、联营、合并、终止的方案；

8. 任免厂长、会计主管人员、决定其报酬和支付方式；

9. 制定厂章程修改方案；

10. 提出厂的破产申请；

11. 厂章程规定的其他职权。

董事会作出前款决议事项，除第 5、6、7、9 项须由三分之二以上的董事表决同意外，其余可由半数以上董事表决同意。董事长在争议双方票数相等时，拥有两票表决权。

第四十一条 董事会议每季度召开一次，董事会议由董事长召集，通告各董事时，应书面载明事由；董事会开会时，董事应亲自出席。董事因故不能出席，可以书面委托其他董事代为出席董事会，委托书中应载明授权范围。

董事会议应作出记录，并由出席董事（包括未出席董事委托的代表）和记录员签字。

第四十二条 厂设董事长一人，董事长由董事担任，由全部董事的三分之二以上选举和罢免，董事长为厂的法定代表人。董事长行使下列职权：

1. 主持股东代表大会和董事会；

2. 检查董事会决议实施情况，并向董事会报告；

3. 代表董事会向股东代表大会作工作报告，财务预、决算报告；

4. 在紧急情况下，对厂事务行使特别裁决权和处置权；裁决和处置必须符合厂的利益，并在事后向董事会和股东代表大会报告；

5. 厂章程规定或董事会决议授予的其他职权。

第四十三条 厂实行董事会领导下的厂长负责制，厂长由董事会聘任，可以由董事长或董事兼任。副厂长和其他高级管理人员由厂长提名，经董事会审定后由厂长聘任。厂长任期为三年，可以连聘连任。

厂长行使下列职权：

1. 组织实施股东代表大会和董事会的决议，并将实施情况向董事会提出报告；

2. 全面负责厂的日常行政和业务活动；

3. 拟定厂的发展规划、年度生产经营计划和年度财务预、决算方案，以及利润分配方案和弥补亏损方案；

4. 任免和调配包括厂管理部门负责人（不包含第四十条第八项规定的人员）在内的管理人员和工作人员；

5. 决定对本厂职工的奖惩、升降级、聘任、招用、解聘、辞退；

6. 代表厂对外处理经营业务；

7. 董事会授予的其他职权。

第七章 监事会

第四十四条 厂设立监事会，对董事会及其成员和厂长等管理人员行使监督职责。监事会成员为二人，由股东代表组成，由股东大会选举产生。监事会设主任一人，由监事推选产生。监事的任期每届三年，监事任期届满，可连选连任。

厂董事、厂长及财务负责人不得兼任监事。

第四十五条 监事会行使下列职权：

1. 检查厂财务；

2. 监督董事、厂长行为有无违反法律、法规、本厂章程和股东代表大会决议行为；当董事和厂长的行为损害厂利益时，要求董事和厂长予以纠正；

3. 提议召开临时股东大会；

4. 厂章程规定的其他职权；

5. 监事会主任列席董事会会议。

第八章 财务会计与审计

第四十六条 厂按照国家有关法律、法规和

政策制订本厂财务会计制度和内部审核制度。

第四十七条 厂按照规定，按时向财政税务、银行等有关部门报送报表。编制的年度资产负债表、利润表、财务状况变动表和其他有关附表等，在股东代表大会召开的三十日前，备置于厂住所，供股东查阅。年度会计报告须经注册会计师验证。

第四十八条 厂实行内部审计制度，设立内部审计人员，在董事会领导下对厂的财务收支和经济活动，进行内部审核监督。

第四十九条 厂法定盈余公积金和任意盈余公积金用途限于：

1. 弥补亏损。厂可用盈余公积金弥补亏损。

2. 转增股本。厂可经股东代表大会决议，将公积金转为股本，按厂原有股份比例发给新股或增加每股面值。法定盈余公积金转增股本后，留存部分不少于注册资金的百分之二十五。

第五十条 鉴于本厂职工使用发起人单位集体福利设施的实际，厂公益金原则上 50% 用于本厂职工集体福利，50% 用于发起人职工集体福利，具体比例和使用由董事会决定。

第九章　章程修改

第五十一条 厂根据需要可修改章程，修改后的章程不得与法律、法规相抵触。

第五十二条 修改厂章程，应按下列程序：

1. 由董事会依据第四十条规定提出修改章程的提议；

2. 把章程修改提议内容通知股东，并召集股东代表大会，依第三十三条、第三十六条规定由股东代表大会通过修改章程的决议；

3. 依股东代表大会通过的修改章程决议，拟定厂章程的修改方案。

第十章　终止和清算

第五十三条 厂有下列情形之一的，应予终止并进行清算：

1. 由于自然灾害、战争等不可抗力，厂无法继续生产经营的；

2. 股东代表大会特别决议解散的；

3. 违反国家法律、法规、危害社会公共利益被依法撤销的；

4. 厂宣告破产。

第五十四条 董事会将厂终止事宜通知各股东，确定清算组人选，发布终止公告。厂在终止公告发布之后十五日内成立清算组。

第五十五条 清算组职权如下：

1. 制订清算方案，清理厂财产，编制资产负债表和财务清单；

2. 处理厂未了结的业务；

3. 收取厂债权；

4. 偿还厂债务，解散厂从业人员；

5. 处理厂剩余财产；

6. 代表厂进行诉讼活动。

第五十六条 清算组在发现厂财产不足清偿债务时，应立即停止清算，并向人民法院申请宣告破产。厂经人民法院裁定宣告破产后，由人民法院处理破产，清算组将清算事物向其移交。

第五十七条 厂决定清算后，任何人未经清算组批准，不得处理厂财产。厂财产优先拨付清算费用后，按下列顺序清偿：

1. 自清算之日起前三年所欠厂职工工资和社会保险费用；

2. 所欠税款和按法规应缴纳的税款附加、基金等；

3. 银行贷款、厂债务；

4. 剩余资产分配给各股东。分配顺序是：

先对职工个人股和外来投资股进行分配，然后再按其他股东股份比例进行分配。

第十一章　附 则

第五十八条　本章程经股东代表大会通过之日起实施。

第五十九条 本章程解释权属厂董事会。

一九九四年五月二十八日

上虞市运发珠宝实业有限公司章程

（2002 年）

上 虞 市

运 发 珠 宝 实 业 有 限 公 司

章

程

二 0 0 二 年 八 月 修 改

上虞市运发珠宝实业有限公司

章　　程

第一章 总　则

第一条 为规范公司的行为，保障公司股东的合法权益，根据中华人民共和国《公司法》和有关法律、法规规定，结合我公司的实际情况，特制定本章程。

第二条 公司名称：上虞市运发珠宝实业有限公司

公司住所：上虞市百官镇恒利大道

第三条 公司由俞支挺、章国强、朱百灿、邓洪、沈维康等十七名股东出资设立，依法在上虞市工商行政管理局登记注册，取得企业法人资格。

第四条 公司为有限责任公司，实行独立核算、自主经营、自负盈亏。股东以其出资额为限对公司承担责任，公司以其全部资产对公司的债务承担责任。并设立分支机构六个：

名称：上虞市运发珠宝实业有限公司东关汽车修理厂

地址：东关马家桥江北地段

名称：上虞市运发珠宝实业有限公司百官汽车修理厂

地址：百官镇新建北路出水桥

名称：上虞市运发珠宝实业有限公司珠宝商行

地址：百官镇恒利大道（本公司内）

名称：上虞市运发珠宝实业有限公司礼仪工艺品厂

地址：百官镇恒利大道（本公司内）

名称：上虞市运发珠宝实业有限公司客货运输分公司

地址：百官镇恒利大道（本公司内）

名称：上虞市运发珠宝实业有限公司快餐店

地址：百官镇恒利大道（本公司内）

第五条 公司应遵守国家法律、法规及本章程规定，维护国家利益和社会公共利益，接受政府有关部门监督。

第六条 经营期限：九年。自二00一年五月一日至二0一0年四月三十日止。

第二章 经营范围

第七条 经营范围：

主营：金银纪念章、牌等工艺礼品仿古串具，宝玉石首饰制造，批发、零售。

兼营：公路客货运输，汽车修理及汽配件，餐饮业服务。

第三章　注册资本及出资方式

第八条　公司注册资本为人民币 360 万元。

第九条　公司各股东的出资方式和出资额为：

第十条　股东应当足额缴纳各自所认缴的出资，股东全部缴纳出资后，必须经法定的验资机构并出具证明。

第四章 股东和股东会

第十一条 股东是公司的出资人，股东享有以下权利：

（一）根据其出资份额享有表决权；

（二）有选举董事、监事权；

（三）查阅股东会记录和财务会计报告；

（四）依照法律、法规和公司章程规定分取红利；

（五）依法转让出资，优先购买公司其他股东转让的出资；

（六）优先认购公司新增的注册资本；

（七）公司终止后，依法分得公司的剩余财产。

第十二条 股东负有下列义务

（一）缴纳所认缴的出资；

（二）依其所认缴的出资额承担公司债务；

（三）公司办理工商登记后，不得抽回出资；

（四）遵守公司章程规定。

（五）维护公司的声誉和利益，不参加对公司的同业竞争。

股东侵犯公司权益被追究刑事责任的，其在公司中的股权自然转为对公司的赔偿，其股东资格也自然丧失。

第十三条 公司股东会由全体股东参加。

第十四条 股东会行使下列职权：

（一）决定公司的经营方针和投资计划；

（二）选举和更换董事，决定有关董事的报酬事项；

（三）选举和更换监事，决定有关监事的报酬事项；

（四）审议批准董事会的报告；

（五）审议批准监事会或者监事的报告；

（六）审议批准公司的年度财务预、决算方案；

（七）审议批准公司的利润分配方案和弥补亏损方案；

（八）对公司增加或者减少注册资本作出决议；

（九）对发行公司债券作出决议；

（十）对股东向股东以外的人转让出资作出决议；

（十一）对公司的合并、分立、变更公司形式、解散和清算等事项作出决议。

（十二）修改公司章程。

第十五条 股东会会议一年召开一次。当公司出现重大问题时，代表四分之一以上表决权的股东，三分之一以上的董事或者监事，可提议召开临时股东会议。

第十六条 股东会议由董事会召集，董事长主持。董事长因特殊原因不能履行职务时，由董事长指定的副董事长或其他董事主持。

第十七条 股东会议由股东按照其所持股份行使表决权，一般决议必须经过代表过半数表决权的股东通过，对公司增加或者减少注册资本、分立、合并、解散或变更公司形式以及修改章程的决议，必须经代表三分之二以上表决权的股东通过。

第十八条 股东会对所议事项的决议作出会议记录，出席会议的股东在会议记录上签名。

第五章 董事会

第十九条 公司设董事会。董事由股东会议选举产生，其成员共五名。

第二十条 董事会设董事长一人，副董事长一人，董事长和副董事长由董事会选举或罢免，董事长为公司的法定代表人。

第二十一条 董事会行使下列职权：

（一）负责召开股东会，并向股东会报告工作；

（二）执行股东会的决议；

（三）决定公司的经营计划和投资方案；

（四）制定公司的年度财务预、决算方案；

（五）制定公司的利润分配方案和弥补亏损方案；

（六）拟定公司增加或者减少注册资本的方案；

（七）拟定公司合并、分立、变更公司形式、解散的方案；

（八）决定公司内部管理机构的设置；

（九）聘任或者解聘公司经理，根据经理的提名，聘任或者解聘公司副经理、财务负责人，决定其报酬事项；

（十）制定公司的基本管理制度

第二十二条 董事任期三年，董事任期届满，可以连选连任，董事在任期届满前，不得无故解除其职务。

第二十三条 董事会会议每半年召开一次，全体董事参加，董事因故不能参加，须由董事出具委托书委托他人参加，三分之一以上的董事可以提议召开临时董事会会议。

第二十四条 董事会会议由董事长召集和主持，董事长因特殊原因不能履行职务时，由董事长指定副董事长或者其他董事召集和主持。

第二十五条 董事会议定本章程第二十一条规定事项时，须经过三分之二以上董事同意方可作出，但对本章程第二十一条第（三）、（六）、（七）项作出决定，须有四分之三以上董事同意，其他事项由过半数董事同意方可作出决议。

第二十六条 董事会所议事项作成会议记录，出席会议的董事或代理人应在会议记录上签名。

第二十七条 公司总经理，对董事会负责，行使下列职权：

（一）主持公司的生产经营管理工作，组织实施董事会决议；

（二）组织实施公司年度经营计划和投资方案；

（三）拟订公司内部管理机构设置方案；

（四）拟订公司的基本管理制度；

（五）制定公司的具体规章；

（六）提请聘任或者解聘公司副总经理、财务负责人；

（七）聘任或者解聘除应由董事会聘任或者解聘以外的负责管理人员；

（八）董事会授予的其他职权。

第二十八 董事、监事、经理应当严格遵守国家法律和公司章程，忠实履行自己职责，维护公司利益，不得利用在公司中的地位和职权为自己谋取私利或收受贿赂或其他非法收入。

董事、经理不得自营或为他人经营与本公司同类的营业，不得从事损害本公司利益的活动，不得泄露公司的任何秘密，也不得以公司的资产为其他个人债务提供担保。

董事、监事、经理在履行职务时违反国家法律法规和本章程规定，给公司造成损害的，应当承担赔偿责任。

第六章 监事会

第二十九条 公司设监事会，监事会由股东会选举产生。

第三十条 监事会由监事三名组成，任期三年。

第三十一条 监事会行使下列职权：

（一）检查公司财务；

（二）对董事、经理执行公司职务时违反法律、法规或者公司章程的行为进行监督；

（三）当董事和经理的行为损害公司的利益时，要求董事和经理予以纠正；

（四）提议召开临时股东会；

（五）列席董事会会议。

第三十二条 监事会所作出的议定事项须经三分之二以上监事同意。

第七章 财务会计制度

第三十三条 公司应依照法律、行政法规和国务院财政主管部门的规定建立本公司的财务、会计制度。

第三十四条 公司应当在每一会计年度终了时制作财务会计报告，依法经审查验证，并在制成后十五日内，报送公司全体股东。

第三十五条 公司分配当年税后利润时，应当提取利润的百分之十列入公司法定公积金，并提取利润的百分之五至百分之十列入公司法定公益金。

第三十六条 公司法定公积金不足以弥补上一年度公司亏损的，在依照前条规定提取法定公积金和法定公益金之前，先用当年利润弥补亏损。

第三十七条 公司弥补亏损和提取公积金、法定公益金后所余利润，按照股东出资比例分配。

第八章 公司的解散和清算办法

第三十八条 公司有下列情况之一，应予解散：

（一）营业期限届满；

（二）股东会决议解散；

（三）因合并和分立需要解散的；

（四）违反国家法律、行政法规，被依法责令关闭的；

（五）其他法定事由需要解散的。

第三十九条 公司依照前条第（一）、（二）、（三）项规定解散的，应在十五日内成立清算组，清算组人选由股东会确定，依照前条例（四）、（五）项规定解散的，由有关主管机关组织有关人员成立清算组进行清算。

第四十条 清算组应按国家法律、行政法规清算，对企业财产、债权、债务进行全面清算，编制资产负债表和财产清单，制定清算方案，报股东会或者有关主管机关确认。

第四十一条 清算结束后，清算组应当提出清算报告并造具清算期内收支报表和各种财务帐册，经注册会计师或执照审计师验证，报股东会或者有关主管部门确认后，向原工商登记机关申请注销登记，经核准后，公告公司终止。

第九章 附　　则

第四十二条 本章程经股东签名、盖章，在公司登记注册后生效。

上虞市运发珠宝实业有限公司

全体股东（发起人）签名：

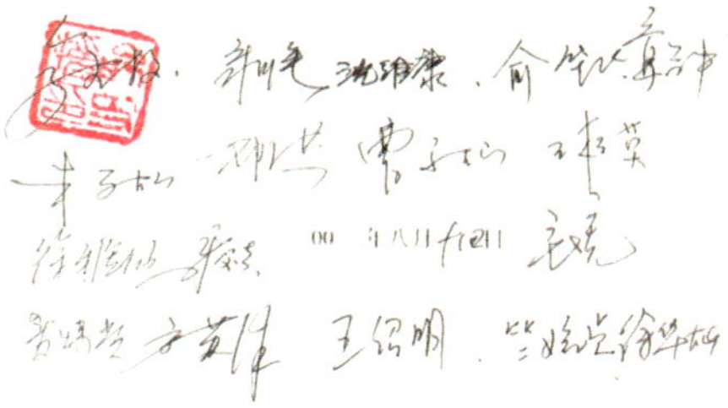

二、综合资料选辑

第三批浙江省非物质文化遗产项目代表性传承人推荐表

项 目 名 称： 越窑青瓷烧制技艺

项 目 分 类： 传统技艺

传 承 人 姓 名： 俞支援

保 护 单 位： 上虞越瓷陶业有限公司

市、县（市、区）： 绍兴市上虞（市）

浙江省文化厅印制

二OO九年八月

表 19

项目名称	越窑青瓷烧制技艺	项目代码	VIII	照片（二寸）
姓　名	俞支援	性　别	男	
出生年月	1957 年 1 月 7 日	民　族	汉	
学　历	大专	职　业	陶瓷制作、管理	
职务职称		工作单位	上虞越瓷陶业有限公司	
身份证号码	330622195701074417			
荣誉称号		联系电话	13705859601	
邮　编	312300	通讯地址	上虞市经济开发区越秀中路 399 号	
个人简历	1972 年初中毕业分配到上虞交通局东关搬运站工作。 1983 年因喜欢越窑青瓷，成立了浙江省上虞越窑青瓷研究所，一直潜心钻研越瓷青瓷。 2004 年在原研究所技术骨干组成的团队基础上成立了上虞越瓷陶业有限公司，一直发展到今天，为上虞越瓷文化的传承作出了努力。			
传承谱系	因个人喜好，逐渐迷恋越窑青瓷工艺，为了在这个领域有所建树，访遍曹娥江流域青瓷制作师，拜瓷器制作师傅为师，从瓷土、黏土等原料等方面的选择，到各种原料配制，再到半成品（制坯）制作，经过无数次的失败后，逐渐累积了越瓷制作方面的工艺流程，特别对釉色的工艺：浸釉、溜釉、旋釉、浇釉、吹釉、射釉，继承了小仙坛的工艺制作和产品形状，形成了一系列越瓷制作经验。现在能仿制越窑青瓷制品，儿子大学毕业后也重视、从事越窑青瓷烧制技艺，拉坯、刻花是他的专长。			
个人技艺传承历史与现状	1. 与博物馆的专家一起探索，并向他们学习，了解汉代到北宋各朝代青瓷的发展历程和历史背景，初步掌握了各朝代的越瓷烧制技艺特征和产品特征，以及青瓷发展与衰落的历史。 2. 向浙江大学硅酸盐研究所周少华教授请教和学习，系统地了解陶瓷的理化指标和检测标准。 3. 向制瓷师傅学习从炼泥、拉坯、修坯、上釉，直至烧成的整个工艺流程。 4. 学习和传承青瓷配釉工艺和刻花技术。			
技艺特征	用手工拉坯，纯手工雕刻，修坯，釉色鲜明，器型仿制逼真。			
个人成就	曾为政府，企事业单位大型活动定制的产品： 1. 第二届文化遗产保护与可持续发展国际会议（2006 年 5 月绍兴举办） 2. 阳光集团纪念盘（2006 年） 3. 上虞—欧盟投资洽谈会（2007 年） 4. 嵊州市文化节王羲之家宴仿古餐具（旅游产品定制） 5. 上海造币厂建厂 85 周年纪念礼品 6. 独立制作仿陕西法门寺净瓶。 7. 参与中央电视台“探索・发现”栏目的拍摄并提供技术支持。8、成功举办“小仙坛杯”非物质文化遗产活动			
主要代表作品及作品展览、演出、收藏交流、出版和获奖情况	1. 主要代表作：鸡首壶、羊尊、狮形烛台，蟾蜍砚滴，青瓷佛寺罐等。并采用现代科技手段和方法，引进金、银镶嵌工艺，开发出了金银越窑青瓷盘（如舜帝盘、梁祝盘等）。 2. 作品展览：省旅游文化用品交流会、省轻工业产品展销会、中国仿古展。 3. 东方卫视“迎世博・走进上虞”的栏目，青瓷制作和工艺的展示。 4. 收藏近百件古代青瓷的产品和碎片及古代窑具等。 5. 交流：今年四月份应韩国康律郡文化院的邀请，赴韩国考察交流，了解高丽青瓷的制作工艺和文化背景，并参观了新安沉船遗址博物馆（光州），对古代青瓷精品有了更深刻的了解和认识。 6. 参与出版《瓷之源》一书。 7. 所制作产品群雕舜耕图获得浙江省旅游用品交流会银奖。			

注：表格可自由扩充。请各申报单位在封面上加盖公章

“非遗薪传——浙江青瓷精品展暨中青年十大名师评选活动”参展作品申报表

表 20

<table>
<tr><td>作者姓名</td><td>俞支援</td><td>性别</td><td>男</td><td>出生年月</td><td>1957.1</td><td>学历</td><td>大专</td></tr>
<tr><td>荣誉称号</td><td>省级传承人</td><td>职称</td><td>董事长</td><td>邮 箱</td><td>1161342819@qq.com</td><td>邮编</td><td>312300</td></tr>
<tr><td>联系地址</td><td colspan="3">上虞开发区越秀中路 399 号</td><td>电 话</td><td>82029787</td><td>手机</td><td>13705859601</td></tr>
<tr><td>从艺简历</td><td colspan="7">在 2004 年前，完成了对上虞境内所有越窑古窑址的考证，对越窑青瓷的特点进行了系统的挖掘、搜集、整理。与博物馆的专家一起探索青瓷仿制的秘密，了解汉代到北宋各个朝代青瓷的发展历程、历史背景，初步掌握各朝代越窑烧制技艺特征和产品特征，以及青瓷发展与衰落的历史原因。
1. 同年，与浙江大学硅酸盐研究所合作，和周少华教授一起钻研越瓷的釉色配方，系统地了解陶瓷的理化指标和检测标准；拜访原上虞陶瓷厂的老技师学习练泥、拉坯、刻画花、修坯、上釉、烧制等整个工艺流程技术。
2. 远赴景德镇、山东、河南、龙泉等地考察青瓷生产、销售、烧制等各方面的情况，并学习现代烧制工艺。
3.2006 年开始授徒，并在教学过程中不断改进工艺和技艺。
4. 多次参与省市组织的国内国际文化商品博览会，交流、观摩、学习其他窑系产品，融合越瓷文化元素，开发现代工艺越瓷产品。</td></tr>
<tr><td>获奖情况</td><td colspan="7">1. 嵊州市文化节王羲之家宴仿古餐具（旅游产品定制）
2. 上海造币厂建厂 85 周年青瓷纪念礼品
3. 独立制作仿陕西法门寺净瓶。
4. 参与中央电视台“探索·发现”栏目《青瓷探源》的拍摄并提供技术支持。
5. 成功举办“小仙坛杯”非物质文化遗产活动。
6. 被推选为浙江省第三批非物质文化遗产（越窑青瓷烧制技艺）传承人。
7. 高仿五代香薰获得第二届国际旅游商品博览会银奖。</td></tr>
<tr><td>师承情况</td><td colspan="7">1. 理论技术得益于浙江大学硅酸盐研究所周少华教授。2. 烧制技术来源于龙泉、景德镇青瓷制作工艺师。3. 刻画花等制作技术高仿古代上虞出土青瓷器具。</td></tr>
<tr><td rowspan="5">参展作品名称</td><td>1</td><td colspan="2">五代·香熏</td><td>作品尺寸</td><td colspan="3">27.5 × 15.5</td></tr>
<tr><td>2</td><td colspan="2">五代·盏托</td><td>作品尺寸</td><td colspan="3">14.5 × 13</td></tr>
<tr><td>3</td><td colspan="2">五代·青瓷碗</td><td>作品尺寸</td><td colspan="3">15 × 4</td></tr>
<tr><td>4</td><td colspan="2">北宋·粉盒</td><td>作品尺寸</td><td colspan="3">11 × 9</td></tr>
<tr><td>5</td><td colspan="2">北宋·牡丹瓶</td><td>作品尺寸</td><td colspan="3">34 × 20</td></tr>
<tr><td>师父推荐意见</td><td colspan="7">师父签名：
年 月 日</td></tr>
<tr><td colspan="8">本人郑重声明：本申报作品系本人创作，未侵害他人的知识产权，填报信息真实有效。作者签名：</td></tr>
<tr><td>当地文化主管部门推荐意见</td><td colspan="7">盖章
年 月 日</td></tr>
</table>

注：申报表请于 10 月 20 日之前发送至组委会邮箱：zjfybhzx@163.com，并由浙江省青瓷行业协会做好具体联系衔接工作

浙江青瓷中青年十大名师参评报名表

表 21

姓　名	俞支援	性 别	男	出生年月	1957.1	学 历	大专
联系地址	上虞开发区越秀中路 399 号		联系电话	82029787	手 机	13705859601	
邮　箱	1161342819@qq.com				邮 编	312300	
何时评上省级非遗项目传承人			2009.9				
何时评上省级工艺美术大师							
从艺简历	1. 在 2004 年前，完成了对上虞境内所有越窑古窑址的考证，对越窑青瓷的特点进行了系统的挖掘、搜集、整理。与博物馆的专家一起探索青瓷仿制的秘密，了解汉代到北宋各个朝代青瓷的发展历程、历史背景，初步掌握各朝代越窑烧制技艺特征和产品特征，以及青瓷发展与衰落的历史原因。 2. 同年，与浙江大学硅酸盐研究所合作，和周少华教授一起钻研越瓷的釉色配方，系统地了解陶瓷的理化指标和检测标准；拜访原上虞陶瓷厂的老技师学习练泥、拉坯、刻画花、修坯、上釉、烧制等整个工艺流程技术。 3. 远赴景德镇、山东、河南、龙泉等地考察青瓷生产、销售、烧制等各方面的情况，并学习现代烧制工艺。 4. 2006 年开始授徒，并在教学过程中不断改进工艺和技艺。 5. 多次参与省市组织的国内国际文化商品博览会，交流、观摩、学习其他窑系产品，融合越瓷文化元素，开发现代工艺越瓷产品						
社会兼职	上虞市收藏家协会理事						
获奖情况	1. 嵊州市文化节王羲之家宴仿古餐具（旅游产品定制） 2. 上海造币厂建厂 85 周年青瓷纪念礼品 3. 独立制作仿陕西法门寺净瓶。 4. 参与中央电视台“探索·发现”栏目‹青瓷探源›的拍摄并提供技术支持。 5. 成功举办“小仙坛杯”非物质文化遗产活动。 6. 被推选为浙江省第三批非物质文化遗产（越窑青瓷烧制技艺）传承人。7、高仿五代香薰获得第二届国际旅游商品博览会银奖						
获得荣誉	第三批省非物质文化遗产越窑青瓷烧制技艺传承人						
社会(行业)贡 献	1. 作品被上虞博物馆、上虞非物质文化遗产展示馆收藏并展出。 2. 参与编写《瓷之源》一书。 3. 参与编写《永远的越窑青瓷》学生课外读物一书。 4. 参与中央电视台《探索与发现》栏目“越瓷探秘”三集拍摄						
传承情况	师承情况：1. 理论技术得益于浙江大学硅酸盐研究所周少华教授。2. 烧制技术来源于龙泉、景德镇青瓷制作工艺师。3. 刻画花等制作技术高仿古代上虞出土青瓷器具						
	授徒情况：1. 带出了俞辉等 5 名工艺师。2. 面授学生 800 余人次。						
参评(参展)作品名称	1	五代·香熏		作品尺寸	27.5 × 15.5		
	2	五代·盏托		作品尺寸	14.5 × 13		
	3	五代·青瓷碗		作品尺寸	15 × 4		
	4	北宋·粉盒		作品尺寸	11 × 9		
	5	北宋·牡丹瓶		作品尺寸	34 × 20		
本人郑重声明：本申报作品系本人创作，未侵害他人的知识产权，填报信息真实有效。 作者签名：							
当地文化主管部门推荐意见	盖章 年 月 日						

注：申报表请于 10 月 20 日之前发送至组委会邮箱：zjfybhzx@163.com，并由浙江省青瓷行业协会做好具体联系衔接工作

浙江省文化厅文件

浙文非遗〔2011〕54号

浙江省文化厅关于举办非遗薪传——浙江青瓷精品展暨中青年十大名师评选活动的通知

各市、县（市、区）文化广电新闻出版局：

为了促进“人类非物质文化遗产代表作”青瓷项目的保护传承和创新发展，充分反映我省在重要非物质文化遗产项目保护方面所取得的阶段性成果，我厅决定举办“非遗薪传——浙江青瓷名师携弟子精品展暨浙江青瓷中青年十大名师评选活动”，以促进千年窑火在非物质文化遗产保护举措中得以延续发展，更好地推进我省非物质文化遗产保护工作。现将有关事项通知如下：

一、活动名称

非遗薪传——浙江青瓷精品展暨中青年十大名师评选活动。

二、展览时间、地点：

2011年11月10日—11月14日，在浙江省杭州市和平国际会展中心举行。

三、组织机构

（一）举办单位：

主办单位：中国非物质文化遗产保护中心
浙江省文化厅

承办单位：浙江省非物质文化遗产保护中心
浙江省非物质文化遗产保护协会
浙江省青瓷行业协会

（二）活动组委会：

主　任：杨建新

副主任：吕品田、陈　瑶、金庚初

委　员：高而颐、柳　河、方培新、叶丽雅、王　淼、
裘国樑、郭　艺、都一兵、刘　正

领导小组下设办公室

主　任：郭 艺（兼）

副主任：金逸荣　李 晖

四、活动内容

1. 展览：浙江省龙泉窑、南宋官窑、越窑、婺州窑的省级以上非遗项目代表性传承人、工艺美术大师，并携百名弟子的精品参展。

2. 对为浙江青瓷技艺保护传承做出突出贡献的国家级非遗项目代表性传承人、工艺美术大师授予“非遗薪传”特别贡献奖。

3. 开展“浙江青瓷中青年十大名师”评选活动，参评对象为：浙江省范围内青瓷技艺项目代表性传承人、工艺美术大师，年龄在59周岁以下。

4. 对参展精品，将评出“非遗薪传”金、银、铜奖。

5. 开展浙江青瓷技艺现场活态演示。

6. 将现场开展浙江青瓷鉴赏活动。

五、作品报送

（一）参展作者，请填报《“非遗薪传”浙江青瓷精品展暨中青年十大名师评选活动参评作品申报表》《浙江十大青瓷名师参评报名表》（见附件1、2），于2011年10月20日

前上报省非遗中心。

（二）请参展作者落实好参展实物作品，严格落实好展品的包装，以防长途运输的破损，如在运输过程中导致的损坏，由参展方自负。

（三）有关参展及活动具体事宜，请直接与活动承办单位衔接联系。

六、有关评奖事项

（一）由活动承办单位组织评审小组，对参评作品进行初审，拟定入选参展作品。

（二）主办单位组织专家评审委员会，组织对参展作品进行评奖，并评选“浙江青瓷中青年十大名师”。

（三）主办单位审定获奖名单，并颁发奖证。

七、联系方式

浙江省非物质文化遗产保护中心，地址：杭州环城北路22号包杭大厦5楼，邮箱：zjfybhzx@163.com。

联系人：邓海英，电话：0571—87091036，15356151861；金逸荣，13306528669。

请各地充分重视此项工作，认真做好组织发动，选送代表性传承人及代表性作品参展。为推进浙江青瓷传统技艺的保护传承和弘扬光大，作出积极努力。

附件：

1.“非遗薪传”浙江青瓷精品展暨中青年十大名师评选活动参评作品申报表

2.浙江十大青瓷名师参评报名表

二〇一一年十月十三日

主题词：文化 非遗 △ 活动 通知

抄送：文化部非遗司、国家非遗保护中心，省政府办公厅、省委宣传部，省财政厅

浙江省文化厅办公室
2011年10月13日印发

关于加强越窑青瓷文化产业政策扶持的提议

——俞辉在上虞市政协九届一次会议的提案

上虞是瓷器的发源地，越窑青瓷是世界瓷器的鼻祖，诞生于东汉中晚期，主产地在曹娥江中游两岸，是上虞最早的规模化工业产品和出口产品，是目前还看得到、摸得着的上虞历史文化遗产。越窑青瓷在陶瓷界、文化界和考古界的地位，是明确而至高的。她在2011年度已经入选国家级非物质文化遗产目录。经走访调研，越窑青瓷具有较高的艺术价值和经济价值，有较为广阔的市场前景，上虞目前生产越窑青瓷的数家企业，生产的高仿瓷和工艺瓷系列越窑器具，深受市场肯定，产值年年翻番增长，完全有可能形成如龙泉青瓷一样直接影响上虞经济结构和税收构成的一个完整而庞大的文化产业体系。目前，以慈溪上林湖为代表的越窑青瓷生产企业正以强大的宣传力度被政府推广，上虞作为越窑青瓷发源地和主产地的地位岌岌可危。

因此，特提出以下提议：

1. 在政府规划下，建设一个与博物馆等相关事业单位配套的越窑青瓷文化创意园区。

2. 在政策范围内对越窑青瓷产业进行扶持。

3. 在宣传上加大上虞越窑青瓷文化品牌的推广。

为实施以上提议，需要解决下列问题：

1. 研究对策，科学合理规划，在城市周边区域建设一个集研究传承、文化创意、生产销售、教学培训、旅游体验等多功能于一体的越窑青瓷文化创意园区。选择上浦镇越窑古窑址等一至二处为配套参观点，打造文化、旅游经济新内容。

2. 切实调研当前上虞青瓷生产企业的发展现状，了解他们的所想所需，给予越窑青瓷生产企业土地、税收、资金、设备、科研、人才引进等诸方面的政策优惠措施，扶持文化产业，使之有一个较好的发展环境。

3. 在上虞整体宣传大框架下，加大对越窑青瓷的推广力度，扩大上虞作为青瓷发源地的影响力。

4. 在学校等教育系统增加越窑青瓷课外阅读和实践的内容，组织青少年参与传承地方文化、保护文化遗产的实践。

5. 确立越窑青瓷作为上虞城市礼品的代表，在适当的位置建设越窑青瓷文化墙。

6. 结合上虞旅游项目，推出越窑青瓷工业游。

2012年2月

延续绍兴文化脉络　振兴越窑青瓷产业

民盟绍兴市委会

中国是瓷器的故乡，在欧美，瓷器又成了中国的同名词。瓷器是由陶器逐渐演变而来的，在由陶而瓷的嬗变过程中，绍兴这一地域做出了极大的贡献，被称为中国瓷器之母的越窑青瓷，就是在绍兴这片土地上孕育和发展的，绍兴市上虞区是中国唯一的越窑青瓷遗址最为集中的地区，自东汉到北宋仅可考的窑址就有400多处，令人叹为观止。在北宋之前，越窑青瓷引领瓷器风骚达千年之久。北宋以降，越窑青瓷日趋式微，五大名窑风起云涌，替代了昔日越窑的辉煌。但生命周期在五大名窑那里也没有创造奇迹，五大名窑最后也烟消云散，风光不再。建国以后，国泰民安，曾经淹没的名瓷生产技艺重露头角，得到恢复和发展，哥窑、定窑、钧窑在经历了工艺恢复和产品研制阶段后，都走上了产业化发展之路，成为当地的特色经济甚至是主导产业，相比之下，越窑青瓷的恢复和振兴还仅仅停留在起步阶段，这对于有着深厚文化积淀的绍兴来说，不能不说是一个很大的遗憾。当前，随着人们精神生活的不断丰富和审美情趣的不断提升，具有文化底蕴和历史积淀的传统工艺品市场潜力巨大，发展前景广阔，越窑青瓷重放异彩的时刻应该为期不远。

一、越窑青瓷保护开发的现状

越窑青瓷经历了一千年辉煌、一千年沉寂之后，在新中国成立以后的七八十年代，又遇上了能重生的机遇。当时的上虞市陶瓷厂将恢复和重现越窑青瓷列入工作计划，成立了越窑青瓷研究所，并生产出一批仿制品。但这种努力随着上虞陶瓷厂的倒闭而画上句号。直到步入新世纪以后，上虞一些有眼光的投资者开始介入其中，潜心研究加精心制作，所产仿制品无论器形、纹饰、釉色、胎质等与真品已十分接近，几乎达到了乱真的地步。然而，与国内其他一些著名窑区相比，无论是生产规模还是市场容量，无论是人才量、质还是研发水平，差距都十分明显，后续发展面临着较大的困难。主要问题表现在以下几个方面：

1. 规模小，分布散。绍兴目前从事越窑青瓷研制和生产的企业不超过10家，基本集中在上虞区，其中规上企业只有2家，其余均停留在家庭作坊式水平，且尚未形成产业集聚区。由于产业集聚度和知名度不高，产业链主要集中在生产环节，原料供应、设计研发、展会服务、物流配套等尚未跟进到位，致使部分青瓷生产企业转移外流，如在国内酒类瓷瓶生产企业中位居前列的三雄陶瓷有限公司的生产基地已移师江西景德镇。

2. 投入大，产出少。经济规模和生产成本存在着反向关系，规模越大，成本越低，规模越小，成本越高，而成本高低直接影响着产品价格。由于规模不经济， 导致越窑青瓷产品的售价偏高，缺乏竞争优势。就目前情况来看，生产青瓷产品的企业往往还有其他盈利产业在支撑，象运发文化发展有限公司，其青瓷生产规模已居上虞前列，但企业盈利主要靠金银饰品加工，靠以饰养瓷维系青瓷生产，企业之所以面临亏损选择继续，是寄希望于越窑青瓷的未来预期。

3. 人才缺，技工少。青瓷生产长期以来表现为一种手工活，即使在电脑技术和机器生产广泛运用于陶瓷行业的当今，仍不能跨过手工技艺这个重要环节。尤其是仿古瓷品和高端陶瓷工艺品的生产，更依赖于手工设计和手工制作，所以，恢复和发展越窑青瓷，既需要技艺高超的工艺大师，又需要操作熟练的一线技工。在景德镇，仅陶瓷类的国家级工艺美术大师就有 28 人，龙泉也有 6 人，但该类人才在我市仍是空白，即便是省级工艺美术大师，也寥寥无几。熟练技工也同样缺乏，目前在上虞从事青瓷生产的一线技工基本从外地引进，人数少且流动性强，很难适应青瓷生产规模扩大的需要。

4. 审美适应性差。由于审美情趣的代际差异和群体差异，被古人视为上品的越窑青瓷在今人眼里难以实现普遍叫好的状况。 由于青瓷土的特性，造就了青瓷的色彩不鲜，与其他类型的瓷器相比，外表上的劣势较为明显。按理说，作为一种仿制品，越接近事物的原型，产品的仿制水平就越高，其质量就越好，就越受到市场欢迎，但越窑青瓷的先天不足预示着单靠仿制没有出路。但创新也是一条充满荆棘之路，一方面可能失去收藏家的追捧，另一方面，创新的力度跟不上大众需求的脚步，也难以打开普通市场。

二、恢复和振兴越窑青瓷正当其时

当前，艺术品市场正在我国迅速崛起，各地都在致力于古代艺术的恢复和挖掘、非物质文化遗产的传承和弘扬、艺术品交易平台的建设和扩张。重振越窑青瓷产业，满足了多重需求的价值指向。

1. 有市场需求。随着人们物质生活水平的不断提高，对精神文化的追求越来越高，艺术品鉴、文化审美的要求也明显增强，素净典雅的瓷器也因此有更多的知音，商人、学者、官员、市民，无人不爱；殿堂、书斋、庭院、几案，无处不有；茶具、酒器、文具、乐器、无所不包。越窑青瓷作为一种古老的艺术，“昔日王谢堂前燕，飞入寻常百姓家”，它满足了人们日常使用、投资增值和把玩鉴赏的需要，得到广大民众青睐，其预期需求量必然会持续增长。

2. 有转型需求。目前，制造业面临着转型升级、结构调整的巨大压力，而越窑青瓷兼有文化创意、投资收藏、旅游商贸等多重产业特征，消耗资源能源少，预期空间利润大，不失为部分企业产业转型的一个较好选择。

3. 有传承需求。越窑青瓷对官窑、汝窑、哥窑都产生过重大影响，在中国陶瓷发展史上的“辈分”很高。在全国各主要窑区竞相发展、共同繁荣的前提下，越窑青瓷作为“母亲瓷”，其技艺传承和产品延续，不但是自身发展的需要，对其他名瓷的传承和发展也能提供一定的帮助。

4. 有发展优势。在古代窑址中，汝窑、官窑和哥窑的具体窑址至今还是一个谜，而越窑窑址十分明确，考古成果非常丰盛，为传承和发展奠定了较好的基础。越窑青瓷窑区地处经济发达区域，而除官窑外，宋代其他四个窑址均处于中部地区或沿海欠发达地区，我们在产业发展上有资金优势和地域优势。绍兴作为第一批历史文化名城，非物质文化遗产十分丰富，传统工艺美术源远流长，对工艺美术类人才具有较大的吸引力，引进相关人才相对比较容易。

三、恢复和振兴越窑青瓷的对策建议

恢复和振兴越窑青瓷是当代绍兴人义不容辞的职责，是告慰古人、造福后人的一项重要工作，应当引起我市各级政府和广大企业的高度重视。为加快推进越窑青瓷产业的重构和壮大，我们提出对策建议如下：

1. 制定产业规划，加大扶持力度。要在挖掘整理、综合分析、科学评估绍兴传统和民间工艺品生产规模、市场容量、工艺传承和知名程度的前提下，制定我市传统和民间工艺品产业发展规划，其中，从历史地位和文化影响出发，对越窑青瓷的工艺恢复和产业振兴作重点规划。要加大对越窑青瓷产业的扶持力度，在财政、金融、税收、土地和行业准入等方面制定优惠政策，建立由上虞区、经信委、商务局、文广局、旅委、二轻集团等组成的跨部门的协调指导机构，合力推进越窑青瓷产业发展。适时组建绍兴市越窑青瓷研究所，由绍兴市经信委管理，性质为全额拨款事业单位，驻所可设在上虞区。

2. 整合现有资源，形成抱团优势。要推进越窑青瓷产业个转企、小升规步伐，同时积极创造条件引导越窑青瓷产业实现集群发展，一是设立越窑青瓷产业集聚区，地点最好选在古代窑址最为集中的上虞区上浦镇；二是建立各青瓷生产实体的交流联络机制，创设技术支持、信息服务共享平台，探索并购、参股、加盟等合作形式，逐步改变青瓷产业分散经营、各自为战的局面；三是在青瓷产业实现集群发展的基础上，建立越窑青瓷集散中心，同时做到电商和实体市场并举发展。

3. 借助现代科技，实现提升创新。要将越窑青瓷作为继承和发扬传统艺术、发展旅游、对外文化交流、开发和振兴绍兴经济的重要载体，在做好传承和延续文章的同时，积极运用新技术、新工艺、新材料，借鉴现代审美情趣和价值取向，为越窑青瓷注入现代元素和创新因子。要大胆吸收各瓷区和其他艺术品种的某些风格，在造型上更加丰富化、自由化，在施釉上更加精细化、多样化，在青瓷的艺术造型、釉料选取、釉方配制、成型工艺、烧制技术、艺术品位等方面不断创新。要加强高端越窑青瓷产品的研制和开发力度，争取越窑青瓷成为国际交流中的市礼、省礼甚至是国礼。

4. 重视育才引才，坚持人才兴瓷。在工艺美术领域，历来都是大家制杰作，大师出名品。随着上世纪 80 年代后绍兴制瓷行业的整体衰落，绍兴制瓷行业的人才培养和引进也一度中断。没有人才依托，没有名家介入，越窑青瓷恢复和振兴的目标就会落空，所以，我们必须高度重视育才引才工作，通过实施“人才兴瓷”战略做大做强青瓷产业。要将引进青瓷工艺人才纳入我市人才引进总体规划，并通过引人来引项目引技术引市场。要立足全国尤其是重点窑区引才聚才，以足够的优惠和后续的保障使陶瓷工艺类人才引得进、留得住、用得上。要借鉴制造业领域柔性引进人才的做法和经验，通过短期驻厂、定时辅导、专题指导、合作攻关等方式，帮助本地青瓷生产企业解决工艺难题和技术瓶颈。要打造越窑青瓷产业创业就业平台，科技孵化器要向青瓷产业开放，通过免费提供工作室、回购青瓷产品等方式吸引相关人才定向创业。要加强本土人才的培育力度，鼓励原制瓷行业流失人才的岗位回归，在有条件的高等院校开设越窑青瓷的课程、研究方向甚至是专业。

5. 立足转型升级，引导企业投资。工艺品制造行业附加值高，市场需求稳定并呈放大趋势，潜力大后劲足，尤其是随着人们收入水平的不断提高和生活水平的不断改善，工艺美术类产品不断走进寻常百姓人家，市场前景看好。在当前倡导优化结构、转型升级的背景下，在部分企业积累了足够资金实力的前提下，要积极发挥政府在产业导向上的作用，引导有战略眼光、有投资兴趣的企业涉足青瓷行业，使更多的资金汇聚到青瓷行业，为提升青瓷行业的整体实力、增强越窑青瓷的市场竞争力创造条件。

目前中国经济和社会正进入到一个关键的转型时期，人们的生活方式、价值认同、消费观念也出现了一个很大的变化，振兴传统文化、延续祖宗产业是经济、文化发展的共同方向。我们完全有理由相信，恢复和振兴越窑青瓷产业符合市场规律、顺应时代要求，是一定能够实现的。

2014 年 2 月

（此提案由俞辉提出并撰写，以民盟绍兴市委名义上报）

绍兴市人民政府给
2014年第59号提案答复

民盟绍兴市委：

你们提出的“延续绍兴文化脉络振兴越窑青瓷产业”的提案（第59号）收悉，非常感谢你们对我市文化产业，特别是越窑青瓷产业发展工作的关心和支持。现就你们提出的建议答复如下：

市委、市政府十分关注越窑青瓷产业振兴问题。近年来，相关部门在越窑青瓷保护传承上做了大量工作：

一是越窑青瓷已被列入国家级非物质文化遗产和省级传统工艺美术保护品种技艺目录。

二是培育了一批传承基地和大师。上虞运发文化发展有限公司、三雄陶瓷有限公司被认定为国家级、省级非物质文化遗产传承基地，俞支援、陈国荣被认定为省级、绍兴市级物质文化遗产传承人，陈国荣、董文海还被评为绍兴市工艺美术大师。

三是出台相关政策。市政府先后出台了《绍兴市传统工艺美术保护规定（试行）》（绍政发〔2010〕44号），设立了工艺美术保护发展专项资金，去年又编制了《绍兴市传统工艺美术振兴规划》，越窑青瓷列入重点发展项目。

四是充分发挥行业协会作用，努力扩大绍兴工艺美术的影响力。市工艺美术行业协会2009年成立以来，积极履行自身各项职能，服务行业、服务企业、服务会员，做了大量卓有成效的工作，对扩大绍兴工艺美术在全省乃至全国的影响力发挥了较大作用。

前段时间，市领导先后批示，要求相关部门重视对包括越窑在内的“绍兴三宝”的保护传承和发展，市政府研究室、行业协会及相关部门还对此展开了专门调研，对“绍兴三宝”的发展提出了意见建议。在各方的高度重视下，目前，振兴越窑青瓷产业的条件基本具备，市场前景广阔，发展潜力巨大。

诚如你们所说，当前，振兴越窑青瓷产业还面临较大困难，其烧制技艺及产品品质远远落后于景德镇瓷器、龙泉青瓷等国内名瓷，越瓷产业规模小，产业集聚度不高，专业人才稀缺、产品审美适应性差，缺乏市场竞争优势。

为此，下阶段，我们将采取以下措施振兴越窑青瓷产业。

1. 制定产业规划，明确发展思路。在原有基础上，尽快出台工艺美术发展专项规划，对于已经挖掘整理出的68个品种技艺，进行梳理分类，明确可供进行产业化的工艺类别。特别是越窑青瓷，很有产业化发展潜力，要抓紧出台扶持政策，通过规划引导、政策扶持、分类指导、产业化发展，逐步形成一批各具特色的行业重点企业，如规模型骨干企业、传承型龙头企业、创新型新兴企业。现有一些生产企业要转型升级，在一些场地较大的企业“腾笼换鸟”时，考虑改造如嵊州市“艺术村”那样的产业集聚区、大师艺人的创作基地。要加强招商引资，引导吸收民间资本和外来资本投入文化产业，鼓励支持有实力、有条件的各类企业实体转型发展文化产业。同时鼓励企业自主创新，深入挖掘，高端介入，差异化开发高端、特色产品，避免同质化，推动产业向高端艺术品发展。

2. 整合现有资源，拓宽发展空间。通过多种形式，把以小、散为特点的民间工艺快速形成适合现代市场经济的文化产业，加快促进工艺美术产业的集中、集聚发展，做大做强工艺美术产业。各区、县（市）根据各自特色建立符合本地产业发展的产业基地。目前，上虞区已经专门辟出约 13.33 公顷土地用于建立越窑青瓷文化产业园，融越窑研发、文化创意、非遗传承、本土教育、形象展示、工业旅游、遗产保护为一体，这是一个大胆而有益的尝试，我们将着力推进。嵊州市也启动 26 万平方米文化创意园建设，推动根雕、紫砂、泥塑等工艺发展。协调相关职能部门为大师工作室创造良好的发展环境，通过人才培养专项资金和相关工作经费等运作，在财力上给予保障。协调旅游部门，积极开发工艺美术专业市场型旅游点；以大师工作室、展览馆、专业市场等形式打造工艺美术旅游纪念品一条街，打造大师、手工艺人现场演示区域，使工艺美术成为旅游购物的热点，大师、手工艺人演示成为旅游的看点。各区、县（市）都应该有自己的特色基地，尤其是上虞区，要将越窑青瓷等工艺品与旅游产业相融合。相关部门要加强与国内外合作与交流，组织企业及工艺美术大师参加国内外工艺美术精品展（展览会）、出口商品交易会，特别是要多组织参加由国家、省经信委和工艺美术行业组织的博览会，继续办好绍兴工艺美术精品展，扩大社会影响面，并给予参展单位一定的财政资金扶持。

3. 落实扶持政策，促进传承发展。一是按照 2010 年出台的《关于加快文化产业发展的若干政策意见（试行）》，将政策真正落到实处，对我市传统工艺美术品种、技艺、精品及传承人实施认定保护，对保护、发掘、研究、继承传统工艺美术有突出贡献的组织和个人给予表彰和奖励，调动大师、艺人的创作积极性，推进绍兴市工艺美术行业的传承和发展。要求各区、县（市）也要加大对传统工艺美术专项保护发展的资金扶持力度。二是制订出台税费扶持政策。明确工艺美术类企业，参照文化产业纳税，要求文化、税务等相关部门共同制定一个适合工艺美术企业的税收政策。同时，在已出台的传统工艺美术保护发展专项资金管理办法的基础上，研究制定传统工艺美术品种认定办法，传统工艺美术技艺、人才保护工作奖励办法，以及市工艺美术大师评审办法等配套文件。

4. 加快人才引进，强化技术支撑。拓宽人才渠道，培养推动文化产业发展所需人才。依托现有职业技术学院和各类职业学校，发挥并加强院校、协会、企业的作用，建设多形式、多层次、多渠道的工艺美术职业教育和人才培训体系。争取与清华工艺美术学院合作，在兰亭书法艺术学院、绍兴文理学院美术学院，开设工艺美术类课程，培养工艺美术类人才。鼓励外地国家级工艺美术大师来绍创业、发展、带徒，积极培养新的工艺美术人才和培育新的行业。定期开展市级工艺美术大师的评审，不断壮大工艺美术大师团体。积极发挥行业协会作用，赋予协会相应的职能，鼓励支持协会开展技术性、服务性活动，加强产业引导、行业自律和市场管理，积极推动工艺美术产业发展。

再次感谢你们对我市文化产业、工艺美术行业的关心和支持，今后有进展情况再及时向你们报告。

绍兴市人民政府办公室

2014 年 6 月 25 日

（这第 59 号提案由浙江运发文化发展有限总经理俞辉提出并撰写）

关于参加深圳和北京展会的申请报告

俞总：

深圳礼品展即将在10月20日—23日，在深圳会展中心开展；北京钱币展10月24日—26日，在国家会展中心开展，特申请参加两次展会，原因如下：

1. 展示公司形象，品牌宣传

深圳礼品展已举办二十届，规模宏大，在国内有很深的影响力，有很多来自国内外的知名参展商和参展人。展会的地点在深圳会展中心。

北京钱币展是一次贵金属币章行业的国际盛会，针对性更强，进入10月刚好是贵金属行业进入旺季且贺岁迎新的时期，借助本次展会可以展示我司的形象，并搭建沟通平台。

2. 拓展销售渠道

历届展会均有很多经销商前往看展，并洽谈业务，谋求与业内各界人士更广泛的合作，扩大公司的影响范围，提高影响力。

3. 推广钞类、银版画类及羊年公司新品，展会的最终目的——销售！

4. 锻炼并提高营销和策划团队业务能力。

5. 通过参加去年的两届展会，特别是北京钱币展收获颇丰，也促进了业务员和圈内同行的交流，增长见识。

本次展会以销售型为主，并通过产品展示工艺，本次展会成立工作小组，具体如下：

陈钰萍　项目负责人

石华平　对外衔接、工艺负责人

王江丽　展品实物准备

寿陈意　展品讲解ppt、宣传册等

王　珏　参展物料准备

董梅芳　工作服、展会布置等

工作细则将在会工作小组成立后细化，并由对应责任人落实。设计部、工厂、研发人员等如需参加本次展会，则需另外和公司申请，不在本工作小组内。

5. 时间安排如下：

由于本次展会与北京钱币展时间有重叠，故安排如下：

表22

深圳展	19号布展 20-23展出	23号早上，石华平和寿陈意坐CA1306航班，9点—12:05首都机场，开始布展，并由程瑶配合。其余4人参加23号展出后，坐CA1304航班，18:00—21:10首都机场。
北京	23号布展 24-26展出	

6. 参展费用预算

表23

费用名称	金额（元）	备注
机票	17800	杭州－深圳 HU7396　9:05-11:10 700元 ×6人=4200 深圳－北京 CA1306　9:00-12:05 1300元 ×2人=2600 CA1304　18:00-21：10 1100元 ×4人=4400 北京—杭州 CA1702 11:00-13:00 1100元 ×6人=6600
车费	1000	6人9天
房费	7200	深圳酒店（会展中心附近） 300元/间 ×3间 ×4天=3600 北京如家鸟巢店（北京会展中心） 300元/间 ×3间 ×4天=3600
餐费标准	2320	深圳：5天 ×6人 ×40元/天=1200 北京：4天 ×7人 ×40元/天=1120
展位费	65000	深圳：18000元 ×2间=36000 北京：29000
其他	10000	备用金
总计	103320.00	

特申请参加深圳礼品展和北京钱币展，望俞总批准为盼！

申请人：陈钰萍

2014-8-15

浙江省上虞越瓷陶业有限公司
深圳文博会宣传资料

公司简介

上虞越瓷陶业有限公司成立于2004年，是一家专业生产越窑青瓷高档器具的企业，是国家级非物质文化遗产越窑青瓷烧制技艺的传承单位，被政府部门授予“文化贡献奖”的文化产业企业。

越窑青瓷是中国最早的瓷器，主产地在上虞曹娥江两岸。她从东汉中晚期诞生，至北宋中晚期，因各种历史原因，彻底退出了历史舞台。

上虞越瓷陶业有限公司以弘扬虞舜文化，再展越瓷雄风为己任，广纳人才，独树匠心，继承挖掘传统工艺。经过数年的反复研制，终于让“千峰翠色、类玉类冰”精美而古老的越瓷再现世上。目前，上虞越瓷陶业有限公司以高仿瓷和工艺瓷两大产品为特色，年产值达到了数百万元。

公司生产的青瓷越器分别被浙江省文化厅等部门授予奖励，被各级非物质文化遗产部门推广展出，被艺术界和收藏界征集收藏，为政府部门和企事业单位的馈赠佳品。中央电视台“探索与发现”栏目，还专程拍了三集“越窑秘事”的专题片，向海内外观众介绍我们上虞的越窑青瓷和公司的产品。

参展展品简介

高仿五代青瓷镂空香熏（尺寸：高28厘米×宽16厘米）

高仿五代青瓷莲花盏托（尺寸：高14厘米×宽14厘米）

高仿北宋鸟钮菊纹注子（尺寸：高20厘米×宽17厘米）

●高仿北宋海涛鱼龙纹碗，大小各一件
（尺寸：直径 18 厘米、14 厘米）

●高仿东晋鸡首壶 （尺寸：高 11 厘米 × 宽 12 厘米）

●镂空工艺梅瓶 （尺寸：高 23 厘米 × 宽 14 厘米）

●手雕青瓷龙凤盘 （尺寸：直径 37 厘米）

●越窑黑瓷兰亭序盘 （尺寸：直径 30 厘米）

相关展板配图

2016 年公司迎春酒会主持稿

进场音乐和 PPT，朱海燕播放，朱叶佳、柴微芳拍摄，灯光熄灭

男：今夜我们欢聚一堂，载歌载舞

女：今夜我们激情满怀，心潮澎湃

合：今夜我们送去祝福，带着祝愿、带着嘱托；埋藏已久的期盼，化作今日相逢的喜悦。

男：看，灯光明媚，那是新年绚丽的色彩

女：听，金钟朗朗，这是新年动人的旋律……（董梅芳播放开场视频）

（2 位主持人一起上台）（陈鑫煌开灯）

男：春风传喜讯

女：金猴踏春来

男：尊敬的各位领导、各位贵宾

女：亲爱的运发家人们

合：大家晚上好！我们提前给大家拜年啦！

男：2015 年，风雨兼程，我们共同走过

女：2016 年，携手共进，我们共创未来

男：在此向全体家人们致以最崇高的敬意

合：你们辛苦了！

女：今天到场的，除了运发全体家人以外，我们还有幸邀请到了不少帮助我们、关心我们的领导和嘉宾，他们分别是：……当然还有默默支持我们运发人的家属们，正是你们的支持与理解，让我们勇往直前！

男：我们对他们的到来，表示真诚的欢迎，对他们一如既往的支持运发，表示诚挚的感谢！

女：大海航行靠舵手，在俞董和俞总的带领下，我们运发才能茁壮成长。下面，让我们用热烈的掌声请出我们的总经理俞辉，为大家致欢迎辞，做公司年终总结词，有请俞总。（5 分钟）

女：谢谢俞总，我们坚信，在他的带领下，我们的团队终将成为最具战斗力的团队，我们的企业终将成为最具影响力的企业。

男：各位来宾，各位家人，运发文化迎春酒会现在开始。这台节目，由家人们在业余时间排练，让我们期待他们的精彩演出。

女：大家都知道我们运发食堂的菜很好吃，但是大家肯定不知道，其实食堂叔叔阿姨们跳舞也很精彩！下面请欣赏由行政部为我们带来的《金猴送果》。

男：看过了激情的开场舞蹈、接下来，请欣赏由财务部邀请嘉宾选送的吉他独奏，表演者：吕银锋，有请！

女：哎呀，年轻真好，每个人都年轻过，青春是我们最美的姿态。感谢财务部邀请的帅哥给我们带来的动人音乐。享受了婉转悠扬的音乐，我们来抽出今晚的 40 名幸运奖，奖品是运发私人订制的充电宝。我们来看看，今晚的第一批幸运儿中有没有你呢？（大屏幕滚动，出现号码……）获奖嘉宾在后台领奖（陈鑫煌）

男：大家有没有看过军人时代的武术呢，接下来让我们欣赏是银行事业部的康康和杰杰带来的精彩表演《武动奇迹》 灯光，音乐。

女：团结就是力量，是团结让我们相聚在一起，是共同的理想让我们手拉手来到这里。接下来是由我们终端事业部、社批部带来的生活走秀，有请！

男：运发文化一年来取得的成绩，离不开全体员工辛勤的付出。那些一直在本职岗位上默默奉献的家人们，你们的努力有目共睹，在

本次的民主评选中被大家推选为 2015 年度公司优秀员工的 8 位家人，2 位优秀党员，1 位优秀部长，他们是公司的骄傲，也是我们全体运发人学习的榜样，他们是——（大屏幕播放视频）

女：有请公司总经理俞总上台为他们颁奖！（音乐响起，刘冀等送青瓷盘、奖金，合影）

男：每一位优秀员工辛勤的背后，都离不开家人的支持与帮助，刚刚听到这么多的祝福，我们的家人们也按捺不住了，那让我们一起听听他们的心声……（家属视频送上）

女：多么温情的话语，点点滴滴，都融入进家人们的心灵。这一刻是美好的，这一刻是温馨的，这一刻是振奋人心的。下面有请我们的家属代表发言，有请徐凤娣的丈夫——谢兴富先生……

男：又到了大家最喜欢的环节，奖品也是越来越丰富，3 等奖抽取现在开始，看看谁更幸运哦。大屏幕滚动……现场颁奖

男：成绩总是和勤奋分不开，幸运也总是降临到善良的人的头上。祝贺获奖的优秀员工，祝贺获得运发文化青瓷套装的幸运儿。接下来，中场休息 15 分钟。

女：今夜舞姿优美，歌声嘹亮，接下来我们要换一种表演方式。下面我们著名的吴一笑老师和他的搭档就来为我们带来小品《开心老太太》。

男：谢谢 2 位老师给我们带来的欢乐！

女：青春是那么的火热，那么充满激情，犹如夏日的天空，总是高远而明丽。他们是那样的年轻，那样的朝气蓬勃，他们将用欢乐来尽情演绎。帅哥们，美女们，Are you ready？（舞蹈、音乐、灯光）

男：青春依旧呐，感谢采购、财务、营销部的精彩演出。自信与执着是你们的印记、刻苦与努力是你们的标志。不过，我刚收到前方来信，我们银行事业部的帅哥们已经迫不及待了，有请！

女：刚才的演唱怎么样？伟江，是不是非常的振奋人心呐？

男：的确不同凡响，让我不得不感叹：长江后浪推前浪呐！

女：是啊，工作中总有那么多人值得我们尊重，他们是我们的良师益友，也是我们志同道合的伙伴。2015，是运发文化的团队建设年，在这一年里，我们时刻学习文化知识、管理知识，增强爱的能力，在这一年，我们看到了大家的正能量改变，这归功于俞总的高瞻远瞩，也归功于各部门自身的努力。各部门在这一年里，赶超帮比，都取得了较大的成绩，经民主选举投票，评选出的 2015 年度优秀部门是——（大屏幕投放）

有请财务部上台领奖。有请董事长上台为优秀部门颁奖。（音乐、刘冀等送鲜花、奖金，证书、合影）

男：接下去是游戏环节，宣读游戏规则。（数字抱团）

女：玩了开心的游戏，让我们有请今天的特约小嘉宾俞心悦带来的快板《少年心，强国梦》

男：感谢俞心悦小朋友的精彩演出，小小少年，愿你快乐成长。在我们身边有着这样一群朝气蓬勃的年轻人，她们是我们最默契的伙伴，最忠诚的朋友，他们踏着青春的步伐，跳着民族的舞蹈，向我们走来。接下来请欣赏由生产部的俊男美女们带来的舞蹈《boys and girls》

男：赏完了歌舞，是不是该抽一下我们今天的幸运之星了呢？

女：是的，今天的一等奖奖品十分丰富，来看看是什么呢？……（奖品是华硕笔记本电脑 1 台）

女：新年的钟声即将敲响，2015 已经成为过去，2016，祝愿董事长松龄长岁月，鹤语寄春秋！祝愿俞总大展宏图！

男：祝各位来宾猴捧仙桃，物阜年丰！祝大家金猴献礼，顺顺利利！祝运发金猴贺岁，星斗呈祥！

女：2016 浙江运发文化发展有限公司迎春晚会到此结束，感谢大家的到场！

男：请大家有序退场，喝酒不开车，各位贵宾可持手中房卡到相应房间，没有交通工具的员工请找好顺路的家人一同回家，请大家安全第一，咱们 2016 年，再见！

三、文章选录

立志改革　努力开创站经济建设新局面

——东关搬运站1982年度工作总结

一届四次职代会议上的讲话 俞支援

各位代表、同志们：

我站第一届职工代表大会第四次会议，在一系列改革声中胜利召开了。我们这次会议的主要议程，是认真学习中共中央1983年1号文件，明确改革的重要性和总方针，回顾总结1982年各项工作的经验教训，落实1983年的任务，加强完善生产责任制，努力开创站经济建设新局面。

我们这次会议的指导思想是：改革要坚决，经济要抓紧。要搞四个现代化，必须进行一系列的改革，没有改革，就不可能实现四个现代化。改革，就是破旧、创新，是夺取现代化建设的可靠保证。我们要认清这个问题，要有紧迫感，责任感。因此，要进一步解放思想，大胆实践，看清了的事，要果断地干。我们交通系统，不论大企业、小企业，不论海上、陆上，不论企业部门还是管理单位，都有改革的任务。我们都要按照“从实际出发，全面而系统地改，坚决而有秩序地改”的总方针，不断地掌握新情况，解决新问题，总结新经验，创立新章法，满腔热情地投入到这股改革潮流中去，站在改革的前列，争做改革的促进派。现在我受站管委会委托，向大会作工作报告，请各位代表审议。

一、一九八二年各项工作的回顾

一九八二年全站各项工作，在各级党委和政府的正确领导下，在全站干部、职工的共同努力下，是有显著成绩、有新的进展的一年，工作是胜利的。其主要标志是：

物质建设方面：

1. 全站都完成和超额完成了局下达的各项主要指标。营业收入完成522343元，占年度计划141%，比去年380025元，增加了37%，成本支出416200元，占年度计划134%，比去年316596元，增加32%，利润完成106112元，占年度计划176.6%，比去年63428元，增加67%，货损货差赔偿费1523元，占年度计划138%（主要是黄酒赔偿费）。其中，车队、班组完成情况如下：

装卸完成营收69173元，占年度计划117%

完成利润15309元，占年度计划103%

吊车完成营收142634元，占年度计划132%

完成利润55778元，占年度计划179%

车队完成营收277916元，占年度计划107%

完成利润45048元，占年度计划72.2%

五金厂完成营收32619元

完成利润2000元

2. 迅速发展壮大机械化生产的能力。站根据业务情况和资金状况新购买，安装了机械生产设备。其中为10吨东风半挂一辆35000元，3吨南京汽车一辆13880元，拖斗一只3028元，水泥厂码头吊车二台15134元，五金厂车床及设备5781元，街站机修设备1900元，站基建造新油库及围墙 25548 元，水泥厂码头小屋二间 1213 元，共计金额为 101690 元。

3. 在生产发展的基础上，职工的收入及福利有所提高。一九八二年，月度奖职工均为 144 元，比一九八一年 96 元提高 48 元；装卸工 43% 分配，平均每人月收入为 62 元左右。还发了雨衣、棉军大衣、棉帽，提高了职工的福利待遇 。

精神文明建设方面：

1. 在三月份开展的文明礼貌月活动中，党员、团员干部职工都积极投入了这项活动，上街打扫卫生，搞好站内及站附近的公共场所清洁卫生，几次受到县、镇卫生检查组的表扬。同时，站内也涌现许多好人好事和卫生先进班组，如单车、车间、食堂、寝室及卫生先进队。

2. 一九八二年获得各级组织表扬的有：县安全驾驶员 5 人，地区先进驾驶员 1 人，优秀党员 1 人，团员 1 人，民兵 2 人，治保 1 人，治保、调解都获得了先进集体。酒厂组获得局表彰的先进班组，同时站也表彰了 4 个先进班组，35 名先进个人。

3. 服务态度有了改善，运输质量有了提高，野蛮装卸得到了抑制。根据去年走访货主单位，听取他们意见，表示服务态度、运输质量都有了明显的好转。如酒厂组遵守劳动纪律，合理安排生产和劳动力，积极配合厂方，做好搬运装卸工作，得到货主单位的好评。如生产资料部反映，以前在农药等方面，搬运装卸不够及时，现在大有好转。街站组在一九八二年多次搬运装卸农药、化肥中，组长积极带头完成任务，支援农业生产。粮管所也认为粮食出仓、破包下河有了减少，装卸工开始重视爱护粮食。水泥厂一组在水泥装车中，原则上破仓不上车，帮助打扫仓位，车站生产组与货主、驾驶员发生争吵情况有了改变。机动车驾驶员坚持礼貌行车，服从管理，遵守规章，积极完成运输任务。总之，各班组都从实际出发，积极努力做好这方面的工作。如站几次发动职工下河摸石 200 吨左右。

4. 计划生育工作。在宣传月活动中，一人结扎九人放环，47 人领取了独生子女证。在这项工作中，我们还要继续做好没有放环人员的思想工作，使国策得到落实。职工文化补课，一九八二年，我们办起了读书班，但考试结果只合格 1 人半，一九八三年，局已办脱产读书班，要按期输送 3 名人员学习。

5. 大多数职工能遵纪守法，同志之间团结友爱，互相帮助，自觉抵制不良之风，敢于同一切歪风邪气做斗争，使站风有了好转。

一九八二年应吸取教训和改进的工作

1. 一九八二年，我站在安全生产上做了大量的工作，交通事故减少，但十二月四日章关水死亡事故是令人痛心的。我们要从这一死亡事故中吸取教训，遵章守纪，加强做好安全生产工作。

2. 赌博风蔓延。据了解，一九八二年有的班组职工利用白天空余时间或晚上时间，进行变相赌博或现金赌博，影响了工作和生活。对赌博恶风，要坚决刹住制止，如有发现，按县人民政府的布告规定，轻者批评教育，没收赌具、赌款。经教育仍未改正者，要严肃处理。

3. 打架、骂人、偷窃案经常发生，严重干扰了正常的工作秩序、生产秩序和生活秩序。全站干部职工都要自觉遵纪守法，敢于坚持原则，敢于同一切歪风邪气作斗争，提高警惕，防止偷窃等案件发生。

4、有的班组和个人不遵守劳动纪律、工作不服从调派，挑肥拣瘦，这都应加以改进。

二、一九八三年的主要任务

一九八三年是改革之年，新的一年要有新的进展、新的色彩、新的飞跃、新的突破，站的奋斗目标主要三项：

一、营业指标达到 55 万元，比一九八二年完成实绩 52 万元增长 6%，利润指标达到 15 万元，比一九八二年完成实绩 106000 元，增长 46%，不发生重大交通事故和机械操作事故，一般事故要比一九八二年有所下降。随着生产的发展，在正确处理好三者关系的前提下，使职工的收入有所增加，福利待遇有所提高。

二、购买四辆汽车：东风一辆，南京三辆。

三、建造职工家属宿舍一幢，9间4楼，约人民币九万元，以上两项约人民币壹拾伍万元。资金不足部分向银行联系借贷，报局批准。

要完成这三项工作，任务是艰巨的，工作是辛苦的，但通过努力是能够完成的。为了完成前三项主要任务，我们从现在起就要全力以赴，扎扎实实抓好，根据县交通局的会议精神，结合站的实际情况，一九八三年主要工作是：

（一）进一步落实以“包”字为中心的经济责任制。今年站与交通局签订的分配形式是全额利润分成。在保证国家多收、集体多留的前提下。以一九八二年为核算基础，经过认真的测量，现将全站各班组分配方案《草案》提出如下：

1. 装卸组：总分配方案为46%，都以1982年9月至1983年2月测算：酒厂组完成营收10854.83元，工资4260.19元，工资占营收39.2%，现核定为43%分配。街站组：完成营收6129.16元，工资2676.72元，工资占营收43.7%，现核定为48%分配。水泥厂一组完成营收3775.57元，工资1610.93元，工资占营收41.6%，现核定为45%分配。水泥厂二组完成营收7059.46元，工资3417.36元，工资占营收48.4%，现核定为48%分配。车站组完成营收5823.83元，工资2502.61元，工资占营收43%，现核定为46%分配。5个组单独核量后，不存在计时工资；以二级工为基础，高于二级工的级别，按原计时工资差额由站支付，并从每班组中抽3%，作为按站制度分配，但不混合，原则上哪个组抽仍归哪个组；3%分配以120元4级，140元3级，160元2级，180元1级，其他按原制度执行。

手拉车承包如下：新轮胎为80元，车壳为30元，现经过折旧，折旧费由站保管，如车破来站修改，主要部件如外胎、轴、大档由站支付，直至折旧费修完止。根据各班组的用途，手拉车每月核定修理费如下：街站组、酒厂组、车站组为5元，水泥厂二组为8元，铁壳为6元，水泥厂一组每辆2元。站修理费价格、折旧情况另行公布；手拉车如个人承包，遗失或被偷窃，由个人负责。

装卸组核算税金3%，管理费3%，积累20%，福利费7%，退休工人4%，企管费7%，维修折旧费8%，其他2%，合计54%。

2. 吊车机修一九八二年完成实绩利润5.5778元，现核定4000元，利润以上分配为6.5%，车站后勤分配为1.5%，2400元以下每一百元利润赔6.5%，后勤赔1.5%。以后照此类推，直到扣完20%工资止。

3. 车队：7、9、2、3、6号车，一九八二年完成实绩，最高6号车，月利润为186元；最低9号车，月利润为26元，现核定分配利润分成10%，亏50元利润以下赔10%，照此类推，直到扣完20%工资止。

15、16、17号车，一九八二年完成实绩：16号车月利润为907元，15号车月利润为870元，17号车月利润为877元，现核定400元利润以上分成2%，400元利润以下，每一百元赔2%。照此类推，到20%工资扣完止。

18号车核定500元以上利润分成1.5%，500元以下利润每一百元赔1.5%，照此类推，到20%工资扣完止。

4. 8、10号车，一九八二年完成实绩：4号车月利润300元，10号车月利润120元，现核定利润分成5%。亏50元以下利润赔5%，照此类推，到20%工资扣完止。

14号车，一九八二年完成实绩月利润802元，现核定为利润分成1.5%，500元以下每一百元利润赔1.5%，照此类推，到20%工资扣完止。

1. 13号车，一九八二年完成实绩：13号车月利润1678元，现核定利润分成0.8%，1000元以下每一百元利润赔1.5%，照此类推，到20%工资扣完止。

机动车队在实施此方案中，每月提取一定比例作为大修理基金，除急事用车执行任务外，其他取消夜餐津贴并原则定人定车。除替班外，根据业务情况，经同意加班，加班费一律为2元。

18、13、14、15、16、17号车，每月4500公里。

1号车每月3600公里。

材料费根据仓库领用加上30%直付：一九八二年实绩和核定数如下：

1号车材料费占营收4.7%，现核定为5%

2号车材料费占营收11.4%，现核定为18%

3号车材料费占营收20.6%，现核定为18%

6号车材料费占营收22.2%，现核定为18%

4号车材料费占营收17.4%，现核定为18%

7号车材料费占营收24%，现核定为25%

9号车材料费占营收27.4%，现核定为25%

8号车材料费占营收24.2%，现核定为20%

10号车材料费占营收12.25%，现核定为20%

13号车材料费占营收4.68%，现核定为7%

14号车材料费占营收6.85%，现核定为9%

15号车材料费占营收21.55%，现核定为13%

16号车材料费占营收10.4%，现核定为10%

17号车材料费占营收6.76%，现核定为12%

18号车材料费占营收9.48%，现核定为11%

去年材料费占营收12.8%，现核定为16.7%

街站机修组完成每辆车核定的车公里，材料费各得4.4元，合计是每辆8.8元，完不成一项扣除一项，完成一项奖一项，如节约整个车队的材料费10%，奖3%，超支材料费10%，扣3%。

水泥厂杂勤组：水泥厂1、2组完成营收1500元每人平均分配2元，以后每增加一百元分配6%。1500元以下每一百元赔6%，以后照此类推，扣完20%工资止。

此分配方案在实施过程中，要逐步加强完善。

按利润分成的班组，车辆仍需上报站审核，按原站章规定执行。

五金厂从2月1日开始，全年上交站利润5000元，再提取一定比例的折旧费、管理费，具体分配方案报站审核。

（二）在改革之年，要在四个问题上有新的突破，取得新的成绩。

一、在企业的经营管理上要有大的提高。不断提高管理水平，各种数据的原始记录要正确、完整，制度要健全。今后，各班组车辆的修理、事故等各项工作都需要有原始记录，使管理水平跟上改革的要求。打破那些陈旧的、落后的老框框、老办法。并且在规章制度面前，要百分之百的执行。违反规章制度百分之百的登记上报，百分之百的扣除奖金。

二、在运输质量和服务态度上要有新的提高。坚决制止野蛮装卸，要讲究文明生产。各班组一定要服从统一调派，遵守劳动纪律，要做到随到随卸，随装随运。特别是中央1号文件规定，允许农民购买汽车、拖拉机跑运输。我们要开展优质服务，优良运输，开展合同运输，经常征求货主单位的意见，配合货主单位做好我们的工作，争取业务的主动权。

三、在交通安全上要有新的提高。责任事故要比一九八二年有明显下降，货损货差安全质量的赔偿率降低到最低水平。车队一定要健全安全活动。我们要教育驾驶员，自觉遵章守纪，礼貌行车，安全驾驶，吊车要按操作规程操作，经常检查机械电器设备，保持良好。站要坚持一季度一次的安全生产自查，以促进各班组的安全生产工作。

四、在节能和技术改进上有新的突破。节能工作要继续抓紧抓实，抓出成效，在技术改造上要着重抓好修理，把材料成本费降下来，要努力促使职工学技术，学业务，提高工作水平，提高经济效益。

此外，对学习十二大文件，加强职工的政治思想工作，端正党风，加强调查研究，开启职工教育，做好计划生育等等事项，都要按照上级组织的要求，努力做好工作，后勤要为前勤服务。

各位代表：

以上的工作是新形势下的新工作。特别是新的分配方案，我们都没有实践过，还须在实施过程中，逐步摸索，逐步总结经验，逐步得到完善。

中央1号文件给农民带来了积极性和创造性，真是道路已经开通，方向已经明确，人民正在前进。形势的发展需要我们这样做，“大锅饭”，“铁饭碗”，不能再继续这样下去了，积极调动职工应有的积极性和责任感，大胆实践，看准了的事，果断去办，不要“怕”批毛病，要在改革中创新，要在改革中前进。

各位代表：

在改革之年，上级组织对我们的工作提出了更高的要求和希望，更需要我们带头去干，带头实践，起好骨干模范作用。让我们共同为振兴站的经济，开创站的经济建设新局面而奋斗。

企业整顿情况汇报

一九八四年十二月

上虞县东关运输公司 俞支援

我们东关运输公司是一家集体性质的交通运输企业。目前共有正式职工 118 名，临时合同工 35 名，退休工人 19 名。公司现有固定资产总值 52 万，流动资金 9.98 万，大小汽车 19 辆，拖斗 5 只，计 85 个吨位，自制钢材架 1 只，有 5 吨汽车吊 1 台，固定吊车 5 台，输送机 22 台，一个附属五金厂。公司党支部多次被评为县、镇先进集体。截至 11 月，职工人均收入 93 元，比去年增长 14%。

1983 年 8 月起，我们公司在县交通局企业整顿蹲点调查组的具体指导下，在镇党委的支持下，开始对企业进行了全面的整顿。一年多来，我们根据五项整顿工作的具体内容，通过各方面的整顿工作，促进了企业各个方面的发展。到九月为止，我们公司已提前三个月超额完成了上级主管局下达给我们全年 13.5 万元的利润指标。今年 9 月我们召开了二届职工代表会和二次工会代表会。根据《浙江省集体运输企业整顿工作验收试行标准》，分三个自验小组，从高标准，严要求出发，逐项自验合格。现将我们所做的工作和通过整顿以来的取得成果，向领导和同志们作如下汇报：

一、加强党的领导，坚持民主办企业，重视思想政治工作和精神文明建设。

1. 在这次整顿中，我们从领导班子着手，对公司级党、政、工领导班子进行了调整。

公司党支部是于 1979 年批准建立的，下设两个党小组。在整顿中我们召开了全体党员大会，对全体党员进行了共产主义理想、党的路线、方针，政策和基本知识的教育，同时根据培养新干部必须从“四化”和精干有力的要求出发，召开了不同形式的座谈会、民意测验。以投票的选举办法，产生了新的党支部委员会。经调整后，新当选的委员平均年龄为 31.3 岁，比调整前降低了 7.7 岁。有初中毕业文化程度的 2 人，高小毕业 1 人。

行政领导班子的建设。我们通过群众民意测验及上级组织考察相结合的方法，召开职工代表大会，选举产生了既有群众基础，又富有革命化、专业化的班子。这次通过的经理班子，平均年龄为 35 岁，都具有初中毕业的文化程度，年龄比调整前降低了 6.5 岁。最近我们借验收的东风，经局验收领导小组的五次登门开座谈会，再次进行党政领导班子的调整充实，现公司党政主要领导的平均年龄为 29.5 岁，比第一次调整时又降低了 12 岁。新当选的领导班子成员，都具有专业知识和实际的工作能力。能够胜任公司的各项工作。同时，我们对各队以及班组长一级的中层干部，都作了必要的调整。

由于我们在领导班子的建设中，切实坚持了群众路线，注重考察实际工作，使新班子成员在群众中有较深的基础。他们坚持四项基本原则，以身作则，有较强的事业心和责任感。这些同志在老干部的帮助带领下，肯动脑筋，敢于改革，为开创企业的新局面，作出了贡献。如党支部的班子通过整顿后，立即向全体党员发出了《整顿党风，加强党的思想建设》的决定。以加强每个党员的自身建设，带动了整个公司精神文明建设。新的行政领导班子成立后，在改革企业的经营管理，提高经济效益方面，做了许多实际工作，提出了新的设想，打开了企业的新局面。

2. 公司于 1980 年建立党支部领导下的职工代表大会制和经理负责制。

九月所召开的二届一次职代会，就是由公司经理组织负责，把企业的经营决策、发展规划、重要规章制度的制订、职工的分配方案、经济责任制和奖惩条例、干部任免都交给职工代表大会进行审议的一次大会。这次职代会上，公司经理向代表们汇报了工作，通过会议提案，收集了广大干部、职工的合理化意见和建议。这对帮助企业领导端正经营作风，实行民主管理，确定企业的发展方向，起到了重要作用。

3. 党政组织通过整顿，克服了过去党政不分、多头兼职和交叉兼职的现象，实现了明确的分工。

党支部根据《中国共产党工业企业基层组织工作暂行条例》和《党章》的有关规定，重点做好贯彻党的路线、方针、政策，加强党的思想政治工作，搞好组织发展建设和对党员的教育工作，支部的领导工作加强了。11 月份，我们经过几年考察，又新发展两名党员。健全了每月召开一次党员大会和一次党小组学习会的制度，三个月过一次民主生活会议。在党员大会上及时学习和传达各级党组织的文件，积极开展批评与自我批评，过好组织生活，使党支部发挥了战斗堡垒作用。全体党员都能积极团结周围的广大群众，在各条战线上发挥出党员的先锋模范作用。

党、政班子明确了自己的工作职责后，经理成为生产指挥的主要领导者。因此，行政领导把主要精力集中到企业的生产经营和管理上。公司规定每月 6 日，召开经济活动分析会，研究分析当前的经营活动的情况。

4. 在整顿党政组织的同时，我们还对企业工会、共青团组织进行了调整。

工会通过召开二次代表大会，工会主席由党的支部委员兼任，工会组织在思想上、政治上、生产经营管理上，以及职工教育文艺宣传等方面是做了大量的工作。公司工会协助行政进行了一系列的革新挖潜，教育全体会员树立当家做主人的思想，在生产中起到了主力军作用。在改革中积极提建议，特别是公司实行各种分配制度以来，工会与行政一起反复分析公司现状，不断完善和加强分配制度与经济责任制，同时对女职工和病残的职工，进行了妥善的安置，办起了附属五金厂，使大部分女工在五金厂进行就业。为配合党的中心任务和工作，公司工会当作首要任务来抓。利用业余时间自编自演的文娱节目，活跃文化生活，先后在镇广播站录音二次，上街宣传数次，受到了上级领导的好评。同时还参加了县总工会举行的文艺调演。为活跃文化阵地，工会办起了图书馆，购入图书和各种杂志七百多册，并按上级要求建立了“三室二队”，即阅览室、电视室、图书室、宣传队、篮球队。在发展生产的基础上，工会会同行政逐步改善职工福利，从原来不固定的劳保待遇，使其发展到制度化和规律化的福利，并使职工的劳保待遇逐年提高。在计划生育方面，工会大力开展思想教育与宣传工作，做到逐个谈心，使计划生育工作达到了三个百分之百。

共青团组织积极组织团员青年运用丰富、生动的形式，活跃团的工作，利用黑板板宣传团的章程，表扬好人好事。每年的“文明礼貌月”活动中，坚持上街打扫环境卫生，清除垃圾，治理“脏、乱、差”。有二名团员被镇评为先进个人，受到县委、县府表彰的有一人。多数团员在各自的生产岗位上发挥了模范带头作用。目前，我公司青年职工中的精神文明之风气，已大为盛行。

二、实行了各种形式的经济责任制，正确处理好国家、企业、职工三者利益关系。

5. 今年主管局下达给我公司各项经济指标后，我们开始觉得压力比较大的，担子比较重。我们清楚地认识到要全面完成运输生产任务，使企业迅速发展，必须充分发挥职工的积极性，必须把企业的生产与职工的切身利益挂起钩来。我们已经在改革分配制度上试行了几年，并采用几种方法。早几年，我们是奖封顶、罚保底。今年我们将新制订的分配方案，原原本本地贯彻到每一个职工中，并将任务落实到各班组车辆。新制订的分配方案，把各班组和车辆的经济责任同奖金和经济效益挂起钩来，依此落实产值、利润指标。使各班组和车辆明确了本年度按月要完成的产值和利润指标，使职工人人都向新的奋斗目标努力。

我们在分配问题上的原则，是一句话“奖勤罚懒”。今年主管局批准我公司全额利润分成是17%。在这个原则下，我们实行了浮动工资，利润分成和拆账分成的分配制度。我们的具体做法如下：

（1）对于人工体力装卸组，我们采取了拆账分成的分配形式。即按全部装卸收入的46%作为分配。职工级差有公司补贴，其中公司提3%作为出勤、纪律、质量、安全的每月考核奖励。同时，针对装卸工以前只顾钱，而不爱护手车，造成修理费过大的情况，将手车修理费承包到人，每月每辆手车最高8元，最低2元，节奖超赔。这样做，大部分装卸工既爱护劳动工具，减少了修理费；又使自己有利可图，还及时完成生产任务，增加了收入。今年一至十一月份，人均收入在90元以上，其中最高的一月收入达到191.51元，最低的则只有17.13元，真正体现了“多劳多得”和“奖勤罚懒”的原则。

（2）对车队驾驶员是以人定车，单车核算，定额利润分成。每辆车利润指标的核定，是两个依据：一是局下达指标，二是每辆车按去年完成的实绩，所得利润给予1.5%到10%比例的分成奖励。还规定了每辆车每月要完成的包缴利润定额；如完不成定额，不予分成。亏损车辆，在当月本人工资中扣除，罚不保底。为了促使亏损车辆扭转亏损，可以到年终结算。到年终如能完成包缴利润定额者，就补发所扣浮动工资。经过一年来的实践证明，效果较好。驾驶员最高的月分成额达到了54.30元，不包括出车补贴。个别扣浮动工资的也有。车队驾驶员最高的月收入在180元左右。

（3）对吊车机械操作工作，也实行了浮动工资和利润分成的奖惩制度。就是营收除成本，所得利润以7.5%作为分成奖励。其中包括吊车机修工在内，要是亏损也是照扣浮动工资，到年终结算。这样做机修工也与吊车班组的经济效益挂起了钩，关心收入，节约修理成本，效果较好。一至十一月份以来，人均每月所得利润分成也在32元左右。

（4）对汽车修理工，我们是采取每辆车的车公里和核定修理材料费为考核指标。车公里高者，材料节约者就奖，反之就罚。也可以扣浮动工资。我们在这方面首先做好双核定工作，据各车辆、车型不同，新旧不同来核定车公里和修理材料费的定额，使机修工有利可得，车间内部仍以工时多少作为考核指标。通过这样改革，出车率比以前大大提高。根据统计，今年一至十一月份的平均出车率在90%以上，晚上修车已成为班组制度且常态化。

（5）对公司行政和后勤管理人员，也分别以全公司和所在班组的实际利润，给予分成奖励。服务班组不同就与该班组挂起钩来。同时，在分配内部仍以岗位责任制和公司评奖条例，按分数评比分发。这样做能加强岗位责任制和遵章守纪。

（6）我们对公司附属五金厂采取了包产值、包利润、包安全产品质量的联利承包责任制。我们还根据各个不同的工种特点，制订了岗位经济责任制，直接与个人的经济收入挂起了钩。在企业的收益分配上，我们严格按照国家、集体、个人的原则，首先使国家增利，严格按财政部门的规定纳税。其次是企业多留，按规定提足各类基金，适当增加职工分配基金，今年一至十一月份上缴税金10.1万元，企业各类基金6.4万元，职工平均月收入93元，分别比整顿前增长35%、34%、14%。

三、整顿了劳动组织，加强了劳动纪律。

（7）根据国务院《企业职工奖惩条例》、《治保安全处罚条例》和《职工守则》等实施细则，根据本公司实际，我们共制订出公司各种规章制度计十二个条例，237条，对有违反公司规章制度的员工，进行了经济处罚。

在打击刑事犯罪活动中，我们配合公安机关打击了本企业中个别的“害群之马”，使犯罪分子得到了应有惩罚。经过公司职代会通过，对犯流氓罪的朱某清给予开除的处分决定。

（8）在整顿劳动纪律方面，我们严格执行了“考勤制度”。对原先纪律松散的班组进行了严格的整顿，如水泥厂拉灰石的班组，以前在二趟灰石的前后相间隔的日子里，没有拉运业务，上班时间里跑东跑西。我们通过劳动出勤率好坏与个人的经济利益挂钩，如今他们在没有任务时，主动与业务调度联系，争取业务，使集体同个人都有所收益，同时对职工的工、病、事、产等假期，都作了明确的规定，促使职工自觉遵守各项规章制度。

（9）对企业自行招收雇用的临时工，我们先后通过公证处，与个人签订合同的临时工，都已报主管局备案。还没有签订合同的临时工，已报主管局审批。

（10）为了提高职工的文化知识水平，我们自办夜校，聘请老师，给职工进行文化补习。同时送主管局文化补习班进行脱产补课学习。到目前为止，已先后领取合格毕业证书的22名，占公司应补习总人数的61%，达到了上级的要求。通过开展文化补习，不仅提高了职工的知识水平，而且促进了他们平时学习业务技术，学习科学文化，学习企业管理等知识，提高了职工队伍的素质，为加速发展我公司机械化，生产打下了良好的基础。

（11）在1983年的工调中，我们对各工种，印发了复习提纲，举行了“应知应会”的考核。通过考核，大部分职工都取得了良好成绩。在技术培训方面，我们根据企业的实际情况，重点培养汽车驾驶员和机修工。至目前为止，已领取正式驾驶证的有20人，正在培训的有6人，电工合格证2人，电焊工单科结业的有1人。

公司对职工教育做到领导重视，专门成立了职教领导小组，具体有公司支部委员负责分管。

四、加强了财政纪律，健全了财务会计制度。

（12）在财务工作中，我们坚决贯彻国家的财政政策、法令，遵守财政纪律，严格按照《浙江省集体所有制交通运输企业会计制度》，并根据实际制订了《财务管理制度》，进行财务活动，财务做到各类凭证齐全，账簿科目设置统一按照主管局的要求。财务审批制度健全，账目清楚正确，并向职代会汇报财务活动情况，接受职工群众监督。

对国家的各项税收，养路和规费，企业都及时、足额上缴。

（13）在物料管理方面，我们订立了一系列的管理制度。做到物资采购有计划，材料领发有手续，仓库做到定期盘点。对各种工具都入册登记，及时检查盘点，发现缺少按比例进行赔偿。

财务整顿中，我们及时清理了债权债务，对外单位欠账欠款，派出专人去催收结清。对公司各类借支，全部清理归还，公司领导以身作则，没有一个向集体借款的。同时对陈年老账都作了清理，巩固了集体经济。

（14）公司建立了经济活动分析制度。每月6日为经济活动情况分析日，发现问题，及时采取有效措施，不断降低运输成本。

五、逐步健全完善了各项基础工作。重视了设备更新，技术改造，改善了企业经营管理工作，使企业面貌有了新的起色。

（15）企业通过整顿，企业管理的各项基础工作，得到了加强。对业务、仓库、车辆、吊车维修、油库等部门，都建立了原始记录，统计及时，项目齐全，数据正确。定额管理包括劳动定额、消耗定额完备。有的定额如汽车用油消耗，达到了县交通同行业的先进水平。据统计，今年以来，节约汽车7704公升，柴油节约1306公升，以岗位责任制为中心的各项规章制度得到了落实。

（16）在发展生产的同时，我们十分重视对现有设备的更新改造，挖掘内部潜力。

我们针对公司内车型杂，部分经济效益不高，油耗大、修理成本高、利用率低的车辆进行淘汰。更新了CA10B解放牌汽车，新增了五吨CA15解放牌汽车3辆、六吨挂车3只、五吨汽车吊1台。同时为适应生产发展的需要，增加了机修设备，先后购买了六二0车床、充电机、蒸馏水机、轮胎拆装机等机械设备。

更新和新增设备后，不但在修理车辆上安全方便，而且大大节约了修理时间，很快体现出了经济效益。

六、全面完成运输生产任务，不断提高经济效益。

（17）企业通过全面整顿，由于加强了领导，落实了经济责任制，明确了奋斗目标。极大地调动了广大干部，职工的生产积极性，企业的经济效益有了显著的提高。

今年十一月止，完成利润16.64万元，比去年同期的12万增长了38%。

注重两个效益　完善车队经济责任制

全县经济责任制会议典型资料之七

上虞县东关运输公司　俞支援

我们东关运输公司是一家主要从事经营货物运输和搬运装卸作业的公司。现有职工 123 名，各种货运汽车、吊车 23 辆，计 135.5 吨位，输送机 20 台。

1984 年年底，公司经过企业整顿后，新的领导班子实施了企业目标管理，提出 1985 年营运收入超 100 万元，实现利润超 20 万元，职工人均月收入超 100 元的“三超”目标。这在当时运输市场竞争激烈、燃料紧张、成本增加的形势下，任务是艰巨的，压力也是很重的。

为了实现“三超”目标，去年我们在企业内部的经济责任制的改革基础上，采取了一些新措施，把重点放在汽车运输上。因为它的产值（即营运收入）占全公司的总收入的 72%，利润的 65%。因此，汽车驾驶员的经济责任制是公司的“龙头”。为了鼓励驾驶员的多装快跑，增加产值，公司之前采取了产值（即营运收入）为主要考核指标。这样，谁跑得快、装得多，产值就高，奖金、补贴就多。这本来是一件好事。可是，作为运输企业来说，这种拼设备、开快车、开疲劳车、不顾安全的做法，用质量去换产值、奖金的做法是不可取的。有的驾驶员片面理解“时间就是金钱”，去上海运货，本来要三天可来回，而他半夜出车，当天下半夜就回到东关，这实际上是一种不顾安全的掠夺性经营。我们发现这种情况后，学习了有关文件，认识到交通运输企业，它不仅仅是提高企业的经济效益，它还要十分重视社会效益。如果不顾社会效益，只云追求本企业的经济效益，甚至为满足职工的奖金、补贴去落实经济责任制，这是对经济责任制的曲解，这必然会走到邪路上去。我们明确这一指导思想后，从去年十月起，我们就具体研究公司的经济责任制，如何进一步完善措施的问题。为此，从 1986 年起，我们对全公司的经济责任制进行了改革。

我们提出“生产要上去，安全要做好，收入要增加，分配要搞活”的总原则。

具体做法是：

第一，定好利润基数，实行超奖负赔制，改变了过去以产值指标为主的考核办法。我们根据汽车不同的车型、车次、吨位，确定每月的营运收入指标，除去折旧基金、保险费、管理费、养路费等必须要支付的各种费用，定出每辆汽车应上缴的实际利润基数。这个基数就是指标。如最高的每月为 1200 元，最低的为月 300 元，完成这个基数的只发基本工资，如超出基数全公司按超出基数的 25% 提取，而落实到每辆汽车都是按 10% 至 20% 的幅度上提取计奖；完不成利润基数，在基本工资中按上述比例扣除。

第二，扩大浮动范围，把奖金、补贴捆起来使用，不搞平均主义。我们公司的驾驶员套改后的月平均工资为 65 元，而粮贴、物贴、奖金、加班工资、夜餐加出车里程补贴等，加起来每月平均在 90 元左右。也就是说，工资与工资外的收入为 1 ： 1.4 上下，工资外的收入要超过基本工资。因此，职工历来是把眼睛盯在这块“肥肉”上。所以，用好、用活工资外的合理收入，是一件至关重要的事情。于是，我们公司就从这里做文章，把原来照规定发的各种补贴，也作浮动，与奖金、出车里程补贴等捆起来一起使用，增加“活”的分配部分。我们采取了“硬杠子、活分配”的办法。所谓“硬杠子”，就是 2.5 个月奖金，1.5 个月加班工资，利润超过基数分成 25%，出车补贴和其他按国家规定的补贴。这些由公司分别提取，分类计账，估计每月人均是 90 多元，这就是“硬杠子”，也是一个“笼子”。所谓“活分配”，就是把这 90 多元钱，按车所定的利润基数，以是否超或负上缴利润基数，给予奖励与赔偿。基本工资的 10% 至 24% 的金额，虽不提取统分，但一旦未完成利润上缴任务，也要拿出来赔偿。所以，基本工资不是如数保险的，对职工个人的奖励来说，做到上不封顶，下不包底。

对单项奖按得奖相关成员分配。如节油奖，它关系到调度员、修理工，因此，以八分制采取 5，2，1 比例分奖；也不是驾驶员一个独得，这有利于调动各方面的积极性。

第三，有相应的配套制度，促进责任制落实。我们这种“活分配”的经济责任制形式，如果仅仅是一个基数指标，一笔捆起来用的钱，弄得不好，照样会步入拼设备、开快车的老路，以争取多超基数，多得奖金。所以，我们建立了一套相应的制度，作为“调节器”。如汽车的例行保修制度与燃料、零配件计入成本相结合，使汽车运行既有良好的安全系数，又不得拼设备行驶；驾驶员的休息制度；事故经济损失的驾驶员赔偿制度；安全与质量竞赛制度等等。这些制度的建立，既能起到促进社会效益、提高企业经济效益；又使职工充分施展才能，通过努力，得到实惠的目的。

企业内部经济责任制是否能做到坚持实施，行而不停，活而不乱，我们深深地体会到，除了加强思想政治工作、进行主人翁教育外，还必须有一个前提条件，那就是，要通过优质服务，不断开拓新的路子，广开运输门路。

我们专业运输企业，如果仍停留在旧传统的观念上，等货上门，“官商”作风，以“老大”自居，必然要被新形势所淘汰。我县的运输力量遍布全县，且多层次、多渠道的运输市场，十分活跃，这为发展我县的商品经济起着重要的作用，但也增大了竞争威力。所以，我们以新的观念、新的要求，充分利用自己的工具、技术优势，努力为商品经济发展服务。我们采取“面向农村、广开门路”、以骨干企业为运输基地的办法，使运输生产稳定、扎实地向前发展。我们全公司 55% 以上的运量来自农村，与 80 多家企业签订了运输合同。做到上门服务，及时、优质、安全运输，信誉好，从而使我们公司的运输任务十分兴旺。汽车实载率达到 62%，营运收入与利润这二年都翻了二番。正因为我们生产任务比较饱满，这就促进了企业内部经济责任制的落实。当然由于企业内部经济责任制的落实，反过来又促进了运输生产的发展。因为生产效益与分配、安全等是紧密相连的，干部、群众齐心协力，经济效益和职工实惠就明显反映出来了。

今年一至九月份，全公司完成营运收入 109.2 万元，完成年度计划的 86.7%，比去年同期增长 24.2%；利润完成 24.4 万元，完成年度计划的 121.39%，比去年同期增长 26.6%；全员劳动生产率为 8829 元，比去年同期提高 23.5%；人均创利 1739 元，比去年同期增长 6.4%；职工收入全公司月人均为 121.65 元；而车队最高的驾驶员月均收入为 255.46 元，最低的为 100.11 元。

由此可见，我们公司现在进行的企业内部分配制度改革，可以说达到了国家多收，企业多留，职工多得的要求，职工对于公司的分配形式、做法是满意的，支持的。

当然，根据县交通局传达的兰溪经验，我们还有需进一步改革完善的方面。我们将因地制宜，从公司的实际出发，在 1987 年把企业内部的经济责任制改革，做得更加完善、有效。

（此文所介绍的内容，就是后来被国家交通部肯定的全国为数不多的，并向全国宣传推广的“超奖负赔”经验做法。）

大胆使用两用人才　发挥企业更高效益

烈军属荣复退军人代表会议材料之八

上虞县东关运输公司　俞支援

我们东关运输公司，是货物运输和搬运装卸及车辆修理的专业公司。目前有固定职工122人，合同工27人，临时工34人，合计183人。拥有东风、解放、拉特等各种货车、轿车33辆，有吊车五台、输送机二十台，分火车站和街站两个业务片。现有固定资产总值148万元。

1984年底，我公司经过企业整顿后，新的领导班子开始着手企业目标管理，深化改革，完善企业内部的各项管理制度，使公司在两个文明建设方面，取得了可喜的成绩。单位连续五年被评为县级先进集体，去年还在省、县二级关于落实经济责任制，提高经济效益的大会上作了典型发言。这些成绩的取得，固然与上述的原因有关。但同时也与我们开发使用军地两用人才是分不开的。下面，我把近几年在开发使用两用人才方面所做的工作，向在座的各位领导作一个汇报。

一、领导重视，大胆启用两用人才。

党的十一届三中全会以后，企业开始全面整顿，推广了经济责任制，使企业面貌大变，出现了新的生机。随着改革的深化，我们公司规模不断扩大，车辆日益增加，机械设备不断更新，使从事第一线生产岗位上的驾驶员、修理工出现了青黄不接的现象，许多车辆、机械因此不得不闲置起来。如果自己直接培养，以师带徒，时间上又不允许。同时设备的利用率和经济效益也将受到很大影响。

面对这种情况，公司领导决定招收有专业技术的部队退伍军人。就在这节骨眼上，县民政局也给我们出点子、想办法，查阅档案，把有一定技术专业的回乡退伍军人推荐给我们，让我们挑选。就这样，我们由民政局做媒，于84年7月份招收了第一批四名驾驶员。以后我们同民政局经常联系，逐年招收这些有用人才。到目前为止，在我公司工作的两用人才共有19名，其中驾驶员9名，占总驾驶员的20%；汽车修理工8名，占总修理工的35%。这些两用人才的招收，解决了我们公司的燃眉之急，大大缓解了公司技术力量紧缺的现状，使我们松了一口气。公司生产从此道路畅通，经济效益不断提高。

二、量才使用，发挥两用人才的技术专长。

军地两用人才，在部队里受过专业技术的严格训练，他们见识广、政治素质好，肯动脑筋，能吃苦，在专业上有理论和实际操作的良好基础。我们针对这一有利条件，解放思想，大胆安排他们的工作。对驾驶员实行定人定车，单独操作。有个别驾驶员刚到公司开车时，由于原部队的车辆都是解放、跃进一类的汽油车，而我们专业运输企业的车辆车种比较复杂，车子性能较差，操作起来不那么得心应手。而且在业务上还有考核指标，出车任务途中，时间性强。起初他们为完成和超额完成生产任务，多装快跑，开疲劳车，忽视了安全生产，事故苗头常有发生。一些驾驶员开始有情绪，不想再开老旧车，只想开新车。

针对这些思想状况，我们因势利导，开展

教育，首先表扬他们为努力完成生产任务能连续作战肯吃苦的精神，同时也指出在抓指标的同时要确保行车安全。通过分析事故原因开展了百日安全竞赛活动，使他们认识到，行车安全，就是最好的经济效益。从而，使他们提高了安全行车的观念。经过一段时间的实践，我们高兴地看到这些人才实际素质是好的，以后就逐步给他们调整了新车，使他们如虎添翼，为企业的发展做出了很大的贡献。

现在，他们当中大部分已成了生产骨干和安全竞赛优胜者，有 4 名同志被评为县安全行车先进驾驶员。潘国江、邵文标、王林灿、杜利明已安全行车 18 万公里。有 8 名获得百日安全活动奖。去年邵文标驾驶的三吨柴油货车创产值 49378 元，获利润 15800 元，利润率达 32%，被评为先进生产工作者。

在公司的汽车修理工队伍中，有 8 名是两用人才。他们在技术上精益求精，在工作中吃苦耐劳，修理技术不断提高。有的担任了班组长，成为单位的技术骨干。在今年度开展的双增双节活动中，他们纷纷献计献策，画草图，定方案，自制简便实用的各种修理工具，如装配活塞用的卡钳、代替千斤顶的丝杆顶凳等，为公司节约了一大笔资金，受到了领导和全公司职工的赞扬。

三、热情关心，解决好他们的后顾之忧。

两用人才来自农村，户粮不能转迁，在家有田有地，牵挂事情多。我们认为，只有从根本上帮他们解决后顾之忧，才能使他们安心工作，立足本职，为公司兴旺发达贡献他们的力量。为此，我们在经济生活上、政治待遇上关心他们，妥善帮助一些实际困难。我们根据他们的不同特点，对他们的家庭及婚姻、经济状况作了一些了解，基本弄清了每个同志的情况，并建立了军地两用人才档案资料。有些驾驶员到公司时，他们原从部队带来的驾驶证已过期作废，我们专门拨出资金，为他们重新回炉复训参加考试。去年国务院发布了招收农民合同制工人等四个暂行规定。我们根据他们的要求，及时向主管部门作了汇报，去年年底，经主管局同意将 9 名汽车驾驶员、5 名汽车修理工、1 名车床工招聘为合同制职工，把他们原来的工资提高到正级五级。这样一来，驾驶员的月平均收入大部分都在 150 元左右，高的可达 200 元以上。在其他方面，如劳保待遇、奖金福利、独生子女的医药费报销上，都同单位正式职工一样。这样做，从根本上解决了他们的后顾之忧。许多同志纷纷表示，感谢三中全会的路线、方针和政策。感谢领导的关心，我们一定努力工作，为四化建设开好安全车。

我们还针对军地两用人才来自农村，家有责任田的实际情况，在农忙季节里，合理安排他们与城镇驾驶员的交叉轮休，使他们能回家种好口粮田。有特殊情况需延假的，准许他们事后补假。当他们需要新建住房搞基建时，只要向单位申请，就可优先使用车辆，拉运建筑材料。同时，照顾好他们的生活。去年春节前，有位家在汤浦的驾驶员，因生产需要，去山东拉货。大年夜下午才赶回公司，领导为使他能同家人欢度除夕，特地用轿车送他到家门口，他的家属感动得热泪盈眶。

近几年来，我们公司重视两用人才，工作中放手任用，生活上热情关心，充分发挥他们在生产技术中的骨干作用。经过短短几年的尝试，我们尝出了甜头，深深体会到：使用军地两用人才，投资少，收效早，是培养人才最有效的途径。用我们的话说："这实际上也是一项增产节约，充分开发，利用现成人才的好措施"。它的使用，对提高企业的经济效益，起了较大作用。去年我公司完成产值 143.7 万元，利润达到 25.84 万元，上缴税利 26 万元。货损、货差率低于千分之三，在全县公路运输企业中名列前茅。我们这些成绩的取得，与开发使用军地两用人才是分不开的，也与民政局的热情扶持和大力支援是分不开的。我们打算在"七五"计划期间，继续招收录用军地两用人才。在深化改革提高经济效益的前提下，努力把这项工作做得更好、更出色。

一九八七年十月

上虞县第一运输公司“七五”期间企业升级规划

一九八七年十二月

俞支援

国务院《关于加强企业管理若干问题的决定》中提出了“抓管理、上等级，全面提高素质”的要求，是健全企业经营机制，实现从单一的传统经营管理逐步转向现代化经营管理的重要战略决策。它不仅关系到企业的兴衰存亡，而且会影响到整个国民经济发展的预期目标。因此，一个企业对此应有深透的认识，要把企业升级工作，作为自我生存发展的需要，成为一种自觉行动。为此，公司制订出一个既先进又切实可行的规划。

一、企业现状的分析

我公司全体干部、职工沿着党的十一届三中全会指引的方向，坚持改革，搞活经济，发扬艰苦创业、勤俭办企业的精神，取得了持续的发展。公司在1984年以前还是搬运站的名称，由于企业的经济管理和经济效益逐步完善和提高，由县交通局批准，1984年已经更名为东关运输公司；1988新年将更名“上虞县第一运输公司”也已在上报审批当中。这更名沿革是由公司的不断发展带来的。

我公司现有职工178人，经营以汽车运输为主，兼营搬运装卸、五金加工等，是县属集体企业。至1937年底，共有固定资产原值125.4万元，拥有大小载货汽车32辆，176.5个吨位，吊车（电动）6台，输送机25台，一个五金厂，三个装卸组。

1987年度公司各项经济指标都完成的比较出色。经济效益方面，全年营收为169.2万元，利润26.2万元，全员劳动生产率为9500元，人均创利税1774元，资金利税率28.7%。安全质量方面，全年无行车责任死亡事故，货运商务赔偿率为万分三点八六。五金厂加工正品率90%以上。物质消耗方面，1987年度虽在原材料、燃料价格的上涨，工资、津贴增加等因素，总成本占营收81.3%，其中油耗已接近省级规定的标准。

公司在文明建设方面，1987年度获得县级以上颁发的荣誉证书共有6个。

上述现状，只说明公司过去已取得的成果。但据国家对企业的要求，我们感到企业管理的基础工作还比较薄弱，干部群众的思想还不能适应商品经济发展的需要，内部的规章制度、分配制度、经营制度还不够完善。这些均需要在企业上等级中加以逐步完善。为此，我们在企业升级工作中提出了预期目标，发动全体职工朝着这个目标奋力突进，力争实现。

二、企业上等级的总体目标

第一步，巩固1987年的成果，继续改革、挖掘，努力完成主管部门提出的各项指标任务，力争跨入同行业先进行列。

第二步，1988年在1987年的基础上，深化改革，逐步试行基层承包经营机制，完善企业管理体制，推动企业经济效益和各方面的工作，争取企业升级为市级企业。

第三步，1989年上市级企业的基础上，进行巩固提高，力争进入省级企业。1990年以后，在确保省级的基础上，向更高层次攀登，在“八五”期间力争跨入国家先进企业。

三、企业上等级的主要指标

1.安全质量指标：

A、车运坚决杜绝重大、恶性责任事故，杜绝死亡事故。

B、货运商务事故赔偿率，要求低于货运总收入的万分之三点五的省级先进企业标准，并力争降低10%。

C、五金厂加工产品合格率力争在95%以上。

2.物质消耗指标：

A、燃料单耗力争全国车运单耗千吨公里油耗标准，低于省级企业千吨公里58公升、柴油47公升。1988年度争取达到省级耗油标准，1989年以后平均每年年下降2—3%左右。

B、车辆维修原材料费用要降低到省内同行业的最低标准。

3.经济效益指标：

A、在确保1987年度各项经济指标超额完成的基础上，产值1988年达到160万元，1989年174万元，1990年190万元。实现1990年比1987年增长12%的目标。

B、利润总额：1988年要达到16.5万元，今后两年期间平均每年递增5%。

C、全员劳动生产率：1988年要达到9600元，1989年为9770元，1990年为10100元。

D、资金利税率：1988年达到30%，1989年为31%，1990年为32%，平均每年递增3.33%。

E、人均创利税：1988年要达到1850元，1989年为1950元，1990年为2050元。

四、企业上等级工作要点：我们提出围绕一个中心，带动两个轮子，主攻三大指标，处理好四大关系，做到六个结合的工作重点。

围绕一个中心：全公司工作都要以升级为中心，针对升级目标，做好各项工作。特别要抓好企业基础工作，针对企业管理基础工作的薄弱环节，公司各职能部门及基层单位，都要扎实健全、完善基础管理工作，尽快搞好三级计量、标准化、档案等工作验收，推行全面质量管理，把升级工作建立在可靠扎实的基础上。

带动两个轮子：依靠深化改革和技术改造这两个轮子，来增强企业的自我发展，开发企业的经营活力。

主攻三大指标：按企业升级的总体规划，主攻安全质量、物质消耗、经济效益三大指标。

处理好四个关系：处理好企业升级与内部配套改革的关系；处理好企业升级与现代化管理的关系；处理好企业升级与技术改造的关系；处理好企业升级与精神文明建设的关系。

做到六个结合：企业升级与公司的“七五”规划相结合；企业升级与公司年度经营方针、目标、任务相结合；企业升级与经理责任制、经理任期目标相结合；企业升级与公司内部实行承包经营制相结合；企业升级与“双增双节”相结合；企业升级与创建文明单位、先进集体相结合。

五、企业上等级的保证措施：

A、统一思想，提高认识，建立企业升级的思想保证体系。

（一）明确企业升级首先要思想升级。企业上等级是一项复杂的系统工程，思想升级不仅公司领导人员的思想要升级，而且要使全体干部职工树立“我要升级”的思想，增强责任感和紧迫感。要采取各种形式，组织全公司职工，尤其是管理岗位上的管理人员，要认真学习有关企业升级的文件，规定标准、重要意义，明确企业升级的重要性。

（二）企业升级是注重定量性的实绩考核。安全、质量和消耗三项指标，都是否决权。为此，要使干部、职工牢固树立起经济效益观念，安全第一、质量第一观念，投入产出的资金观念和技术改造的人才知识观念，以适应社会主义商品经济发展的需要。

（三）企业升级还必须以思想政治工作领先。党支部和工会要切实抓好思想政治工作，激发广大干部、职工的自觉性、积极性、主动性和创造性，从思想上保证企业升级工作按计划、有步骤地进行。

B、加强领导，建立健全企业升级的组织保证体系。

（一）公司成立以经理为首的企业升级领导小组。小组下设企业升级工作组，具体负责升级工作的组织、协调和检查。企业的党、政、工、团要多方面进行配合。升级工作要定期进行研究、布置，研究解决升级工作中碰到的重大问题。

（二）任务分解，落实到人。企业上等级工作面广、量大、任务重，要求高。公司拟将企业升级目标层层分解，把具体工作落实到各职能部门进行，列入业务范围和议事日程。各职能部门负责人都要亲自抓这项工作，真正做到组织有保证，工作有措施，时间有安排，进度有检查，成果有考核。

（三）做到上下结合，横向协调。各职能部门都要按公司的总体目标，拟订本部门的升级指标，工会、共青团组织要结合企业上等级全面开展劳动竞赛、工作评比等活动，使公司形成既有纵向发展、又有横向协调的良好局面，以保证公司上等级总体目标的实现。

（四）经济手段与行政手段相结合。企业上等级是公司各项工作的组织体，是检验企业管理好坏的标准。因此，除制定升级标准外，必须用正确的经济手段，把公司各项升级目标，分解成具体内容，纳入各级领导的岗位职责，与经济责任制、职工的个人收入挂起钩来。做到下级保上级、一级保一级、公司保升级，把保障企业升级当成广大干部、职工的自觉行动。

六、企业上等级的具体规划和实施步骤。（内容略）

上虞县第一运输公司实行经理负责制期间的方针、目标

俞支援

遵照国务院发布的《全民所有制工业企业承包经营责任制暂行条例》和县人民政府〔1988〕45、48号文件精神，为深化企业改革，本公司自一九八八年开始实行经理负责制，承包经营者俞支援是企业法人代表。为争取完成和超额完成承包合同规定的各项经济、技术和安全指标，全面提高企业的素质，特制订三年内的任期方针、奋斗目标。

一、方针：

改革创新业，务实求效益，使小规模的专业运输企业，创造出理想的经济效益，反映出先进企业的面貌。

二、奋斗目标：

表24

序号	项目	计量单位	承包指标			奋斗目标		
			1988	1989	1990	1988	1989	1990
1	实现利润	万元	16.5	22.4	24	23	28	33
2	运输收入	万元	160	170	190	160	185	190
3	工业产值	万元	3	3.3	3.7	3.5	4	5
4	经销部销售额	万元	23	28	33	25	30	35
5	货运量	万吨	5.1	5.3	5.6	6	6.4	7.2
6	周转量	万吨公里	490	525	560	520	550	580
7	主责死亡事故率	人／千万车公里	2.5	2.3	2	2.5	2.3	2
8	新增设备投资	万元	20	20	20	20	25	30
9	商务事故赔偿	元‰0	7	6.8	6.5	7	6.8	6.5

三、计划与措施：

1. 计量工作：在1988年度根据《中华人民共和国计量管理条例》的规定，成立标准计量室，抽调专门人员负责搞好计量工作。通过培训后，对公司及下属各部门、班组的计量器具开展登记、编册、建档，制订出计量器具的检测周期，及绘制计量网络图，争取在1988年度计量验收合格。

2. 设备管理、档案工作：1989年成立企业管理办公室，抓紧整理、修改有关规章制度，督查各科室、部门收集各类原始记录、报表台账，为企业上等级做好一系列基础工作。借升级工作的动力，成立档案管理室，加强对档案管理工作人员的业务培训，为申报设备管理先进企业、档案工作定级做好准备。

3. 全面质量、节能工作：1990年巩固和发展全面质量管理和节能工作，健全和完善上述各项的管理，争取节能上等级，为“八五”计划打下基础。

4. 经济建设：营收和利润在承包三年任期内，每年工人承包指标数以15%的平均速度递增。在承包的第一年，搞好部门与单车承包；第二年巩固单车承包的实施，开发五金厂工业生产，抓汽修厂的外修业务，提高保修质量，扩大综合经销部的营业网络；第三年扩建修理厂，使厂逐步走向正规化，为厂独立核算打下基础。酝酿新的工作计划，为企业生产及效益的启动，看准形势出台新改革课题。

5. 加快技术改造，老旧车辆的更新：运用

运输优势，筹集资金，选购小客车，开发客运业务，使客、货两运相配套。继续搞好各专业技术职工的进修、培训，提高科室人员的管理水平，使企业逐步向现代化科学管理迈进。

6. 文明建设：在企业发展壮大的基础上，不断扩大企业的知名度。1989 年度申报企业上等级（市级）。在此基础上，争创市级文明单位，进一步开展职业道德教育，使职工热爱公司，关心企业。搞好对党员的思想教育，发挥党组织战斗堡垒作用，积极、慎重地做好发展新党员的工作，开展“双争”活动，争创先进党支部。

一九八七年十二月

深化企业改革　完善承包责任制

俞支援

我们东关运输公司，是个县属集体性质的专业运输企业，现已改名为上虞第一运输公司。坐落在杭甬铁路、杭温公路相贯通的东关镇上，主要经营以汽车运输为主的货物运输和车站、码头搬运装卸作业。

公司现有正式职工（包括合同制职工）152名，退休工人21名，其他职工35名。公司总占地面积5016平方米。现已拥有以解放、东风、柴油跃进等三大系列为主的车辆30辆，6吨挂车8只，5吨汽车吊一辆，189个吨位。有出租小轿车一辆，码头固定吊机7台，输送机26台，有汽修厂一家，还附设五金厂和汽配综合商店。

公司建有职工家属宿舍一幢，计1279平方米。整个公司分两个片，四个装卸班组，分别驻点于火车站、上虞酒厂、上虞水泥厂等主要车站、码头及厂矿。目前公司固定资产总值达165万元。

1987年度，公司完成运量5.8万吨，周转量518万吨公里，装卸量27万吨，完成营业收入169.2万元，创利26.6万元，分别比1986年增长8%和5%，全员劳动生产率为9086元，人均利润1750元，货损货差低于3‰的标准。

回顾和总结1987年的工作，我们体会到虽然公司落实了各种不同形式的经济责任制，取得了一些成绩，但离先进单位的差距还很远，存在的问题也有不少。特别是在深化企业改革方面，做得还很不够。

总结过去，展望未来，我们为在新的一年里跟上形势发展的需要，遵照中央有关领导同志的讲话精神，制订了1988年的工作计划。我们的中心任务是：深化企业内部改革，进一步推行和完善各种不同形式的承包责任制，加强企业的科学管理，提高经济效益，为企业升级打下良好的基础。

年初，我们总结以往几年的生产情况后，向车队、汽修厂、五金厂、商店等部门进行了宣传鼓动，开放政策，实行公开招标承包。由于当今社会车辆的日益增加，同行竞争加剧，运输成本大幅度上升，企业越来越处于不稳定状态。按部就班照改革初期的那一套做法，已不适应今年的形势。我们采取在中层干部当中为搞活企业经济、提高职工收入的“赛马”活动，通过“赛马”承包展示他们的才能。这样做，能改变原来整个企业兴衰、成败的经营风险，全部都落在领导层的状况，将风险转移到各部门的经营者身上，使企业素质和企业文化进一步提高。同时又可锻炼基层干部的管理水平，提高他们的经营管理能力。

我们的做法：

召开班组长以上的干部和党员会议，统一思想认识。我们把今年的奋斗目标与打算，原原本本地向每位同志交底。为搞活经济，人人都可以把经营的决策、分配制度的改革及自己的安排，用书面形式报经理室审定，再在会议中逐个部门地落实。中标者需交纳风险金1000元，承包期限为一年。

车队是企业较大的承包部门，承包者的素质如何，直接关系到整个企业的命运，我们在这人选的落实上，是比较慎重的。通过认真地调查、摸底，最后确定承包者。

我们对车队核定 46 人，按人均月收入 160 元计算，采取增人不增资，减人不减资，核定工资总额的办法。为防止车队在承包期间拼设备，克服短期行为，根据 1987 年的实绩，要求每月必须上交大修理更新提存基金 6.5 万元。除所得税外的其他税收、费用由车队支付。每日按营收的 7.5% 交纳企管费。承包期间因生产之需要新增的车辆，按投资总额的 15% 上交公司。整个车队的经济指标是年产值 130 万元，利润 14 万元，奋斗目标 16 万元。完成运量 5.5 万吨，周转量 500 万吨公里。

车队承包者则把指标分解到每辆单车上，采用万元产值工资与利润相挂钩的形式，按车辆吨位层次、不同车型和新旧等合理布局。例如东风、解放挂车，按利润的 12% 分配；旧柴油 3 吨跃进车按每 100 元产值工资为 3 元，利润按 13% 分配。

同时，我们还对 1987 年度中亏本的车辆，实行单车招标承包。如 3 吨柴油跃进，每月初应向公司交纳 1200 元的风险金。其具体分解是：承包者每月向公司交纳按规定提取的折旧、保险、更新改造基金、企管费等，和每月 300 元的营利，其余费用都由他自己负责。签订合同时还应有作保单位，同时到公证处法律公证，保障法律效率。

对于汽车修理厂，我们将原一个厂分为二，一个内修，一个外修，内、外修厂可以分别修理公司车队的车辆，也可承接外修业务，开展质量与服务态度的竞争。价格按绍兴市汽车修理行业的标准，内部车辆按标准打八折收费，外修按规定收取。职工的分配是：外修业务产值的 35% 作分配，内修业务按 44% 作分配。内修厂定员 18 人，应完成产值 6.17 万元，利润 1.74 万元。外修厂定员 8 人，年完成产值 6.17 万元，利润 1.46 万元。其他分别以完好率、安全指标、物质消耗、返修率等进行考核。

公司汽配商店，实行自负盈亏、独立核算。我们将原来所属的汽配材料仓库，连人带库存资金转拨商店。商店定员为 7 人，年销售指标 23 万元，计划利润 8000 元。公司内部车辆所领用的汽配件价格，不得高于绍兴市汽配公司价格。

由于我们划小核算单位，使原来的行政、后勤管理人员，从 28 人削减到 17 人，所减人员分别落实到直接有关的各部门进行考核。这样就减少了扯皮，提高了工作效率。对行政管理人员，仍以全公司的利润含奖金系数实行考核。

为了使承包的部门不至于为各自的利润而发生矛盾，影响工作，我们公司及时做好监督、协调、配合工作。经一段时间的实践，对将出现的问题，摆到桌面上来，逐条解决。将会议的纪要所订条文，刻印成书面材料，由承包者签署姓名，实行承诺。

现在各部门工作已开始理顺，正朝健康方向发展。我们按“生产长一寸，福利长一分”的原则，逐步使职工的收入同劳动生产率、企业经济效益挂起钩来。良好的开端已经开始，要收到真正的成果，还需要实践来检验。

一九八八年四月十六日

推行群体经营工作法　提高企业潜在活力

公路运输企业深化改革经验交流会经验交流材料之七

上虞县第一运输公司　俞支援

我们上虞县第一运输公司（原东关运输公司）是个县属小型集体企业，现有职工 148 人，拥有各种营运车辆 33 辆，固定资产 170 余万元。公司下设汽车队、修理厂、装卸队、五金厂、汽车配件综合服务部五个中层部门。前二年我们围绕改善企业内部的经营机制，进行了分配形式的改革，推行了多种形式的经济责任制，扩大了基层核算部门的自主权，激发了干部职工积极性，使企业在通货膨胀成本大幅度上升的情况下，通过自我消化，取得了持续上升的经济效益，人均创利达 1800 多元。今年我们根据县局与企业签订的"一定三年经理承包责任制"，在企业内部开展全方位的招标承包、定责放权、确保上交的"群体经营工作法"，提高了企业的潜在活力，实现了五个转变，即：变生产者为经营者，变以车为单位的生产体为独立核算、自主经营的经营体，变经理个人承包为企业的全员承包，变经理个人经营为职工共同经营，变经理个人承担风险为广大职工共同承担风险。在上半年由于各种因素增加成本 5 万余元的情况下，二季度的产值、利润分别比第一季度增长 11.8% 和 37.3%。

一、放开经营权，实行部门承包。

1986 年以来，我们公司所推行的各种形式经济责任制，应该说发挥了积极的作用，效果是好的。但是随着改革的深化，商品经济的进一步发展，也逐渐暴露了她的局限性。为了进一步完善企业内部经营机制，我们迈出了部门承包第一步。今年县局落实运输企业经理承包责任制后，我们将公司的各项承包指标进行分解，根据去年不同层次、不同工种的各项指标完成情况，通过分析、考虑各部门的经营难度、风险大小、负担与承受能力等，确定了车队、修配厂、装卸队、五金厂、商店的承包指标，然后在全公司范围内进行公开招标承包。招标会上，投标者都必须进行问答对话，递交承包实施计划、奋斗目标；中标者，经职代会及经理批准后，交纳风险押金 1000 元，签订经营承包合同，方可正式承包。合同明确规定，承包者达到经济、安质、物耗等各项承包指标，年终给予 800 至 1000 元奖励；完不成指标则按比例倒扣。

承包期间享有经营权、人事权、分配权及内部"小法小规"制订权等。这样一来，既把竞争机制引入企业内部，给干部、职工公平竞争机会，又使中标的中层干部有责、有权、有实惠、有风险，积极性得到最佳发挥。同时，使公司领导从繁忙的事务中解脱出来，集中精力管好公司大事，初步形成了公司重担大家挑的局面。

二、求深、求细，推行单车承包。

如果说部门承包是完善经营机制的第一步，那么单车承包就是深化的第二步。部门承包虽划小了经营体，但存在一定范围的"小锅饭"，潜力还不能充分发掘。为了使承包深入、彻底，最大限度地调动职工积极性，我们对三级承包进行了大胆探索。在汽车队对两辆老旧亏损车进行了单车承包试点，包死基数，超收归己。

经过两个月时间，效果明显，过去这两辆3吨车，每辆月亏损一二百元。现承包后，每辆可月盈利三百元左右。

取得经验后，我们于今年七月份全面推行了单车承包。根据本地区的运量和运力情况及车辆的吨位、型号、新旧不同，本着职工、企业、国家三者利益紧密挂钩的原则，分别测定了每辆车的承包基数，测定包括六个项目，即：折旧基金、大修理基金、税金、上缴利润、企管费、福利费。不同车辆月上交基数从二百五十元到三千五百元不等。采用了包死基数，盈亏自负的“一脚踢”承包形式，承包期一定三年不变。实施承包时，为访止短期行为，按不同车况，确定折旧、大修理基金，并在合同中明确规定承包期满应交给公司相当技术状况的车辆。单位承包运用向驾驶员公开招标的方式进行，把各车方案公布于众，驾驶员在权利与义务均等的前提下，有选择车辆车型、新旧、大小的自主权，不受领导意志的限制。目前全部车辆已承包到驾驶员手中。单车承包后，驾驶员各显神通、自我激励，人和车发挥了前所未有的效率。概括起来主要表现在以下几个方面：

1. 成本下降，经济效益提高。驾驶员对车辆爱护了，对成本开支“肉痛”了，小毛病自己修，大毛病晚上修。对燃料几乎达到了惜油如血的程度，对各种费用、开支也精打细算，原来久禁不止的多开发票、多报费用现象自然消失。同时出车率几乎达到100%。从而单车经济效益大幅度上升，如自编1#“东风”10吨半挂旧车，1-6月份月均亏损292元，承包后月均创利554元；21#“解放”五吨车，1-6月份月均亏损920元，承包后月均创利400元；29#“跃进”三吨车，1-6月份月均亏损554元，承包后月均创利550元。整个车队由原来月创利不到7000元，上升到月创利2万元。

2. 运输服务质量大大提高。原来驾驶员对货主服务态度差，车辆装卸货物不但不帮忙，装卸时间稍长一些，反而开口骂人，有时还向货主“敲竹杠”。承包后大大改善了服务态度，反“主”为“仆”，主动帮助货主装卸货物，爱护货物，货主表扬纷至沓来。同时调度指挥灵了，消除了原来不服调度，出车运货不及时，影响企业信誉等的现象。

3. 扩大了运输业务阵地。我们原来担心单车承包，分散经营，可能会丧失业务阵地，但实践证明恰恰相反。驾驶员承包后，发动了全家力量，挽亲托友，广交“运输朋友”，争取业务。而驾驶员接收的任何业务都由公司统一开票，统一结算。从而加强了业务联系，扩大了运输阵地，目前公司业务繁忙，出现运不应求状况。

4. 加强了管理。承包后，自己车辆自己管理，修理、处理事故等就比较及时，大大减少了停车时间，同时加快了资金回笼速度，货款驾驶员各自催讨，按月结清。公司除了为驾驶员代购燃料、配件、代办证件外，集中精力管大事。如安全方面，每月一次集中驾驶员安全学习，创刊了《安全简报》，发到个人手中。这样管理工作做到环环相扣，滴水不漏。

5. 修理厂外修收入增加。承包后由于爱护车辆和自己动手修理，公司车辆进厂修理明显减少，修理厂就把重点转到对外修理，外修收入大幅度提高。

6. 刹住了货运中的行业不正之风。过去久刹不住的驾驶员“抓黄鱼”、偷卖油料、虚开发票等不正之风，随着单车承包后都迎刃而解。

除车队以外，其他部门群体经营工作法也收到较好效果。

三、利益共享，风险共担。

全员承包责任制的落实，出现了经理放责、权，利于基层发挥自身作用，风险渗透到各部门、每个人。现在以部门、个人为单位的经营体，成败得失全在于自己，背后已没有靠山，没有退路，只有努力向前才能化险为夷，创造效益。作为某个部门来说，它是个整体，经营好坏直接关系到职工的切身利益；而部门中每个职工积极性的高低也影响到整个部门的效益。况且部门承包人都有相当数量的押金在公司，所以使其感到压力，感到风险，促使他自觉地搞好经营、加强管理，去调动职工积极性。如原公司修理厂修理人员较难管理，车辆保修费高、修车时间长，影响车队运输生产。现在实行群体承包经营、共担风险后，就产生了危机感。一方面，因驾驶员择优选挑修理工，注重修理质量、价格等问题，促使修理工“一反常态”提高技术水平、修理质量，加快修理速度；另一方面，由于盈亏自负，就促使他们想方设法增加利润。于是划小承包单位，分设内、外修理厂，加强管理，激励修理工积极性等等。这样一来，同样一套人马，承包后比承包前多创利一万余元。作为单车承包的个人来说，经营好坏已直接与家庭幸福休戚相关。于是就使出浑身解数，以免遭受亏损，求得较好经济效益，所以现在每个驾驶员都关心自己的营业收入、成本支出、个人所得三笔账，能及时把各自经济账旬结月清，便于随时规范自己的经济行为。

群体经营，风险共担，真正调动了职工的积极性，发掘了企业的潜在动力，增强了企业的凝聚力，发挥了最佳的经济效益。今年1—10月份，完成产值148.5万元，利润18.5万元（预计年底可达28万元）。肇事频率比去年下降53%，事故次数比去年下降55%，行车直接经济损失比去年下降65%。总之，个人收入有了提高，集体积累有了增加，国家税收有了保障。

在改革的过程中，如果一项新的方案出台，一个新的措施实行，能被职工所接受和承受，这就说明它经得起改革浪潮的冲击和考验。通过实施群体经营工作法，我们的体会只有一条，就是：把企业的得失与职工的利益直接融于一体，是振兴企业经济的必要条件。

以上是我们在深化企业改革中所做的一些工作，也可以说是为国家增税、公司增益、个人增收所作的探索与努力。在此班门弄斧，旨在抛砖引玉，不当之处，诚请各位同行、专家批评指正。

一九八八年十月十三日

推行单车承包　促进生产力的发展

上虞县第一运输公司　俞支援

随着改革的不断深入，工会的参政议政重点转向为提高企业的经济效益，促进生产力的发展上来，为完善厂长（经理）负责制而正确对待和处理各方面的问题。

今年我们公司在进一步推行分级承包上，当迈出第一步后，由于受物价的急剧上涨，及监督、指导措施的不力，使部门内部的承包，在经营与管理上出现了顾此失彼的情况，造成了公司利润不景气的现象。面对工作中出现的问题和因物价改革、放开，给企业带来的不利因素，工会、行政、想到了一起，把着眼点放在如何推进单车承包、促进生产力发展上来，使企业在改革的风浪中，经过颠簸而奋勇向前。

顺应形势，开展单车承包劳动竞赛

四月份，我公司通过对前一季度展开的工作，进行深入细致的调查、研究、分析后，及时把群众的呼声和职工对单车承包的建设性意见，摆到桌面上来讨论。课题集中在测算出比较合乎实际的承包基数，采取包死折旧、保险、大修理基金提取、税金及利润等五个硬指标，单车业务承接可以各显神通。如本公司一辆3吨柴油车离开公司，以杜浦染化助剂厂为自己的业务点，在方便对方企业的同时，于完成该厂的运输业务后，又揽接外地业务，各类成本及工资由厂方担保支付，上交金额厂方每月按时汇入公司。这样做驾驶员本人可以少担风险，厂方用车是方便又保险。也有的包到车辆后，回到自己的居住地，替附近的社队企业、个体户拉运物资。大部分单车仍以单位老业务点为靠山，自己主动组织回程货源，提高了实载率。这样做使原来的一些清规戒律禁止的如“轲黄鱼”等，成了既保集体指标、又增个人收入的好途径。

为防止和杜绝承包后出现的违法乱纪现象，公司特在有关条文中明确，使承包者在经营上既放开手脚，又在法律法规上有一定的制约。碰到有关问题，工会出面进行协调、配合，真正使承包朝着正轨方向发展。到目前为止，公司里20多辆单车已落实承包。承包期限一定三年；以后每年所交利润在前一年的基数上下降5%。上缴基数根据车型及新旧程度，挂车为2100—3500元，半挂车1900—2935元，5吨单车为1418—1500元，3吨单车为734—1544元；每月的上旬为交款日期。

承包，不忘安全生产与降低能耗物耗

安全竞赛活动于我们车队来说，几乎是年年结合公司实际，既有针对性又重点突出地在进行。

在实现进一步完善的承包责任制的今天，为了搞好安全生产，深入开展增产节约活动，转变旧的观念，冲破固定的模式，开拓新的局面。工会提出了这样的口号：“分散单车承包，安全活动集中统一。”经工会与党、政领导研究后，对原安全领导小组成员进行了调整充实。制定了适应目前形势的安全生产责任制，和关于开展车队安全节能竞赛活动的通知。

今年的竞赛时间，从六月一日至九月十日。内容是：降低事故频率，减少违章记分，节约能耗，遵章守纪，提升服务质量。针对实行单车承包后统一时间集中安全学习有一定困难，公司决定将原来一月2次的安全学习减到1次；并把当月出现的问题，摊到会议上来讨论。由驾驶员分析原因，查找隐患，以达到教育大多数的目的。对仓库、维修工场、电器设备、码头作业区，每季度组织安全员认真检查，发现情况，及时采取对策。

由于安全管理抓得扎实，今年1—6月份，行车肇事频率比去年下降了53%，行车肇事直接经济损失，比去年下降了65%，事故次数为去年的45%。

竞赛与企业升级工作相结合

在开展“双增双节”的劳动竞赛中，我们把企业升级工作同降低能耗工作结合起来搞，在原来节能工作的基础上，再扎实抓紧，逐辆车过关，力争使明年的企业验收工作能顺利通过。

落实单车承包，车辆的节材利废工作，驾驶员一般都抓得比较紧，自己动手小检小修，定期检查电瓶、轮胎气压等。但由于燃料消耗定额，比不承包时的奖赔制度有所放松，公司对每辆承包车辆定期查对与燃油直接有关的几个系统。一旦油耗过度，督促其检修、调整，以便迅速达到既降低燃料成本、又达到升级考核一级的目标。

劳动竞赛活动，随着国家经济体制和政治体制的改革，也面临新的课题。调整成切合实际的形式，我们工会工作也应抓住改革的中心环节，推动生产力的发展。我们所搞的单车承包工作和其他单位一样，还刚刚开始探索。在实际中碰到的问题，更需要有关部门的支持和帮助，使我们能在改革的关键年代，迈出新的步伐，创造新的业绩。

一九八八年八月十日

三届一次职工代表大会的报告

一九八八年二月一十八日

上虞县第一运输公司　俞支援

全体职工代表们、同志们：

今天我们 31 名代表和 6 名列席代表，在新春伊始之日，召开第三届一次职工代表大会。首先我代表公司及各位领导，向当选为本届职工代表大会的代表，表示热烈的祝贺！向前来指导我们工作的县总工会领导，表示热烈的欢迎！

我们在座的各位代表，来自公司各个部门、班组，代表人数占总职工人数的 16.6%，其中女工代表占代表总数的 13%。

同志们，在今天的会议上，我们将总结第二届职代会以来的工作，布置本次会议以后的工作。还要收集全体代表对提高企业经济效益、提高职工福利待遇、促进承包责任制及其他有利于发展公司经济的好建议、好方案。

下面我对第二届职代会以来的工作，进行总结。

第二届职代会产生代表 29 名，共召开六次会议。自 1984 年 9 月至今已有三年了。根据工会职工代表大会暂行条例规定，为适应新的工作形势，推动企业内部承包责任制的不断完善，我们进行了换届改选代表的工作。

第二届职代会，我们紧紧围绕“四化”建设这个中心，抓企业整顿，健全企业民主管理制度，创“文明单位”，建“职工之家”，在推动两个文明建设向前发展、提高企业经济效益等方面，做出了一定成绩。

一、在经济工作方面

公司的营业收入，由 1984 年的 74 万元，增加到 1987 年 169.2 万元，产值增长幅度为 128.6%，平均每年递增 131.7%。利润由 1984 年的 17 万元，增加到 1987 年的 26.6 万元，利润增长幅度 56%，平均每年递增 116%。人均创利由 1984 年的 1223 元增加到 1987 年的 1750 元，增长幅度为 43%，平均每年递增 112.6%。

自 1984 年始，我们为健全各种岗位制度，进行企业内部全面整顿，调整了领导班子。结合公司实际，制订出公司规章制度，及各部门岗位责任制，加强了基础工作、管理工作，使各项工作都有章可循。

为提高经济效益，搞好企业民主管理，调动职工的劳动积极性，几年来，我们不断修改和调整分配制度。有装卸班组的拆账分成，车队和汽修班组将各类补贴捆入奖金一起分配，吊车按超利分配，行政、后勤根据各个工种的责、权、利，评分计奖。这样做，真正调动了干部、职工的生产积极性，使各队、片、组，都能较好地完成公司下达的生产任务，职工年收入在 1984 年 1140 元的基础上，以每年 11.2% 上升。

二、在扩大机械化生产、增加固定资产投资方面

第二届职代会的第一年，我公司在车辆方面以自装、拼装三卡为主体，只有一辆从外单位转让来的旧二吨小上海汽车。为了发展生产，适应运输市场需要，我们逐年分批购进国产定型大货车。到目前为止，已形成了拥有 31 辆国产各类车型的专业运输企业，并备有汽车吊和轿车进行出租营业等。随着车辆的增加，燃、润料的库存，用桶装已跟不上形势，我们下定决心，安装了地下储油罐、电动计量加油装置，总容积达37立方。这样既保障了安全，又可减少油料浪费。

目前，我公司的固定资产净值已达到94.5万元，比1984年翻了三番。车队在这三年中共淘汰报废了近20辆大、小机动车。车辆由1984年的14辆73个吨位，增加到32辆176.5个吨位。总行驶车公里由1984年的86.3万增加到157、7万车公里。货运量由1984年的2.8万吨增加到1987年的5.8万吨。周转量由1984年的201.5万吨公里，增加到1987年的519万吨公里。上交国家养路费由1984年的5.4万元，增加到19.5万元。

在提高装卸设备和码头吊车更新上，我们根据业务单位上虞水泥厂的发展需要，新辟了服务于水泥厂的石子码头，安装了新式的小型固定吊机2台。还对老一号吊机进行了更新改造，使装卸量随着机械化程度的提高而迅速增长。目前，我公司的装卸年吞吐量已达到27万吨。

1986年度，我公司在完善车队经济责任制方面，为实现“三超”目标所采用的以利润为基数、实行超奖负赔的“活分配”经济责任制，打破了传统的“等货上门”官商作风，用以面向社队企业、广开门路，及建立骨干企业为运输基地的办法，被上虞县府列为全县经济责任制会议的典型材料。后又经市局推荐，前往1986年12月省在金华市召开的地方运输企业经验交流会上，进行介绍。这为我们今天有充足的运输业务，打下了基础。现在我们的业务关系已发展到绍兴、嵊县、宁波、上海等地。

三、在发展职工队伍、提高职工技术素质、进一步实施“增产节约”方面

由于企业的生产方式，逐渐由机械化代替人工体力劳动，由低级向高级发展，培养和吸收技术人员，是我们在第二届职代会期间做出的一项较好决定。1984年后，我们的车队不断发展，产生了驾驶技术人员严重短缺的状况。为扭转这一局面，我们抽出人力、财力，先后培养了17名驾驶员。同时，还通过民政部门的介绍，招收了10名汽车驾驶员，使原来只有10多名小型汽车驾驶执照的技术队伍，发展到了现在有50名大型货车司机的庞大驾驶员队伍。

对于汽车修理人员的培养，我们一方面同交通局及省交通学校挂钩，选挑年龄较轻又有一定实际操作基础的职工，去省交通学校和上虞交通局培训基地，进行初、中级技术培训，提高他们的理论水平，使之能与实践相结合。另一方面，招收军地两用技术人员，从外单位调入有修理专长和有一定基础的青年，充实汽修队伍。现在，这支队伍中，具有专长技术的有油漆、钣金、底盘、发动机等工种的人员，这对搞好公司内部车辆的维修、保养、承接外修业务等，有了扎实的技术保障。过去，我们的车间只能搞些维修，现在已发展到符合汽车三保作业要求的正规修理厂。1987年度，外修利润有5000元。

在去年的“增产节约”运动打响以后，我们结合安全与服务质量，开展了以“安全与节能”为内容的劳动竞赛；并且车队的“双百活动”，是年年有创新，形式多样灵活。有安全知识测验，打百分评比，积分累计考评等。在节能方面也做出了一定成绩。去年我单位的汽油车千吨公里油耗已接近和达到省、市级企业的标准。1987年度节约汽油3330公升，节约柴油5651公升，两笔合计共节约资金6000余元。

四、在精神文明建设方面

一个企业，只有在发展物质文明的基础上，才能抽出一定财力，搞好和理顺精神文明建设等各方面的关系。我公司在这三年中，先后开展了以职工思想、政治教育为主的整组建家工作，抓“五讲四美三热爱”，努力培养建设一支“四有职工队伍”。公司在第二届职代会以前，只有一张破旧的乒乓球桌和少量的书籍，管理和管理制度都很不完善。自开展创“文明单位”以后，我们根据上级的要求，努力做好阅览室、娱乐活动室、电视室的器具添置和管理人员、管理制度的落实等方面工作，将两台19寸的黑白电视机换新为20寸金星彩电和17寸上海牌电视机，娱乐设施球桌、麻将桌、各种棋类桌等，样样齐全。工会固定财产从1000余元，增加到2600余元。

公司篮球队的技术素质，在东关地区厂矿企业中也遥遥领先，曾在东关镇厂矿企业球赛和“丰收杯”球赛中，两次夺冠。

第二届职代会期间，我们单位连续三年被评为县级先进集体，镇先进党支部。

1984年度进行的企业整顿和文明单位的验收，1985年度的工会职工之家验收，全部为合格。

五、在职工福利和待遇方面

我们按照“生产长一寸，福利长一分”的原则，逐步使职工的收入同劳动生产率、企业的经济效益挂起钩来。我们制订了职工福利、劳保用品发放年限的规定。前几年我们对驾驶员、汽修工，只发点手套、肥皂之类的用品，现在逐年提高，酷暑、严寒分别发夏令物品、冬令防冻用具及其适令的汽水、西瓜、中秋月饼等。为使驾驶员改善夏季的工作条件，我们给每一辆单车安装了直流汽车电扇，发放防护茶色眼镜。为使职工能过个好年，今天我们给每位职工分都发了鱼、肉之类的过节物品。

对死亡职工遗属生活困难的，我们参照有关文件精神，发给生活照顾费。对符合条件的退休工人增加了退休金比例，独生子女及退休工人的医药费都参照国营企业劳保条例的待遇执行。现在公司用于退休工人的营业外支出，已达两万余元，真正使在职职工，享受到在企业里的温暖，使退休工人能安度晚年。

我们为改善职工的住房条件，建造了一幢1279平方米的职工家属宿舍楼，有27户职工家庭高高兴兴地住进了新房，解决了大部分职工住房难的后顾之忧。

代表同志们：从上面这一连串的数据中，足可证明我们东关运输公司在第二届职工代表大会期间的工作，是有成绩的。这主要是党的方针、政策好。改革的春风，吹出了企业蒸蒸日上的景象，改革使我们企业增加了生产活力。其次是我们全体代表和职工，紧紧地团结在一起，努力为实现公司的奋斗目标，人尽其力，恪尽职守，各负其责。

六、第三届职代会的工作任务

1988年度，交通局已按惯例　核定了我们今年产值166万元、利润23万元的指标任务；我们自己的目标产值是190万元，利润28万元。其中各部门的指标是：车队营收130万元，计划利润14万元，运量5.3万吨，周转量480万吨公里；五金厂工业产值3万元，利润1000元；商店销售额18万元，利润4000元；修理厂3万元，利润5000元。我们提出的奋斗目标是：公司力争产值上200万元，利润达30万元，人均创利2000元。

同志们：1988年度，我们要做点什么，李鹏代总理在新年贺词中早就指出，在新的一年里，要稳定经济和深化改革，重点是进一步推行和完善各种形式的企业承包经济责任制，扩大生产，加强科学管理，提高经济效益。

今年我们在发展生产力方面，将要使即将完工的石子码头投入生产；公司涂料厂设备安装及产品试样投产；上浦业务点开设饭店、承接停车业务。为使企业的活力解放出来，潜力挖掘出来，我们对五个部门进行承包，一个片实行定额利润。各个部门的承包者，都是这次第三届职代会的代表，让我们把所有的能量和你们的组织、领导、经营能力都发挥出来，完成公司和你们签订的各项指标。

今年，我们要进一步搞好全面质量管理工作。会议后我们立即要着手计量上等级的准备工作，为今年企业上省标打下基础。要把千吨公里油耗下降到省级标准，争取顺利地通过企业上等级的验收。

在完善承包责任制的同时，我们切不可放松对安全生产的检查。要一手抓产量、产值的提高；一手抓安全质量工作，把事故频率降下去，把“双增双节”工作深入下去。

代表同志们：让我们为开拓新的工作局面，创造新的成绩而努力工作。为振兴东关运输公司的经济建设而团结一致，在下一次代表会中，共享承包者的战绩与喜讯。

最后，让我们共同祝愿各位承包者胜利成功！

祝愿我们的大会圆满成功！

搞好三个结合，提高竞赛效益

县双增双节劳动竞赛经验交流会介绍材料

上虞县第一运输公司　俞支援

我们上虞县第一运输公司是个小型专业运输企业。目前有职工（含合同制）148人，拥有固定资产160余万元，营运车辆二十九辆，计180吨位。配有汽车吊、出租小客车，公司内有独立核算的五金厂，汽配综合商店。

随着企业改革的不断深入，公司劳动竞赛领导小组，为提高企业的经济效益，促进生产力的发展，开展了以落实单车承包经济责任制为中心的多种形式的劳动竞赛，取得一定的成绩。在上半年由于各种因素增本3万多元的情况下，通过竞赛，第二季度的产值、利润分别比第一季度增加11.8%和37.3%。在具体工作上，我们为主抓了“三个结合”。

一、竞赛与深化企业改革相结合

今年来，由于价格上涨及对承包部门监督、指导措施不力等因素，公司第一季度的产值、利润完成情况不够理想，不少工作都停留在原来的基础上。为了提升由于物价上涨给企业经济带来压力的承受能力，扭转被动局面。我们针对这一现象，进行了深入细致的分析研究。根据群众的意愿，把职工提出的搞单车承包的建设性意见摆到桌面上来。通过对照去年第一季度的生产，经过科学的比较，今年实际的测算落实了，包死折旧、保险、大修理提存、税金及上缴利润等五个硬指标的单车承包责任制。同时，规定单车的业务承接，可以各显神通。这一措施的实施，有力地调动了广大职工的积极性。如本公司一辆三吨柴油车承包后，以杜浦染化助剂厂为自己的业务点，在保证完成该厂运输任务的基础上，又为他们厂揽接外地业务，各类成本及工资由厂方担保支付，上交金额厂方每月按时汇入公司。这样做，驾驶员本人可以少担风险，厂方用车方便又保险。也有的驾驶员包到车辆后，回到自己的居住地，替附近的乡村企业、个体户拉运物资。大部分单车仍以单位老业务点为靠山，自己主动组织回城货源，提高实载率，这样做，既保证了集体指标的上交，又增加了个人的收入，同时也扩大了公司的业务阵地。

开展单车承包的劳动竞赛后，使原来业务调度，车队的发票审批等棘手工作也迎刃而解。例如在实际“产、利”分配制度时，驾驶员对运输业务挑肥拣瘦的情况比较普遍，利用分配制度上的漏洞钻集体空子。对货主的服务态度，随物质刺激的多少而时冷时热，在出车途中的修理和购买零配件的发票上，更是花样众多。落实单车承包后，驾驶员把工作效益和经济效益放在首位，主动组织回程货，按时完成运输任务。在改善服务态度上，真正做到了为客户所想，使自己的车辆在货主中树立起一定的信誉。有的还同货主交上了“运输朋友”，客户在联系业务上点名要谁的车，对于各类成本的支出更是精打细算。

为防止和杜绝承包后出现的违法乱纪，我们特在合同中明确有关条文，使承包者在经营上放开手脚，在法律法规上又有一定制约。在承包中出现的新问题，由竞赛领导小组协调解决，真正使承包朝正规方向发展。到目前为止，公司里有二十辆单车，落实了为期三年的承包责任制。

在企业内部单车承包的同时，县交通局提议我们承包了章镇运输公司，探索交通系统小型亏损企业改革的新路子。我们于五月初筹建班子，挑选善于管理的领导、技术人员和财务人员，在县局的直接组织下，对该公司进行清仓理财，审计企业的固定资产、流动资金和借款。在五月三十一日，正式签署了为期三年的承包合同，接着班子全体人员一行五人，全部迁居章镇，安家“落户”。开展整顿车辆、内部招标承包公司胶丸厂、修改车队分配方案、燃料指标，在资金、燃油材料困难的情况下，以我们单位作后盾，通过两个月的苦战实干，使章镇运输公司初步改变了面貌。1-4月份该公司亏损20760元，承包后的6-7月份抵销亏损后，还盈利三千余元，一举改变了亏损局面。

二、竞赛与安全生产相结合

安全竞赛活动在我们公司车队来说，几乎年年结合安全就是效益的宗旨进行，既有针对性又突出重点地开展。在进一步完善承包责任制的今天，劳动竞赛更必须与安全生产相结合，转变旧的观念，冲破固定的模式，开拓新的局面。为此，竞赛小组提出了这样的口号“单车承包分散，安全活动集中统一”。经公司领导研究后，对原安全领导小组成员进行调整充实，制订了适应目前形势的安全生产责任制。从六月一日至九月十日，开展了以降低事故频率、减少违章记分、节约能耗、遵章守纪与服务质量为重点的安全节能竞赛活动。在集中统一学习比较困难的情况下，坚持每月一次集中安全学习，当月出现的问题，摊到会议上来讨论，由驾驶员共同分析原因、查找隐患。同时针对交通运输单位“常在河边走哪有不湿鞋”，事故常发生，安全难保障，承包后的驾驶员容易开疲劳车这一通病，我们更多要求他们防患于未然，牢固树立安全就是效益的观念，这样做起到了教育大多数的作用。

对仓库、维修工场、电器设备、码头作业区，每季度组织安全员认真检查，对检查中发现的七个问题，及时采取了对策。

由于搞竞赛不忘安全生产，今年1-6月份，行车肇事频率比去年下降53%，行车肇事直接经济损失比去年下降65%，事故次数是去年的45%。

三、劳动竞赛与深挖企业内部潜力相结合

今年的劳动竞赛的新特点是，我们把竞赛与企业升级工作相结合。市局已把我们单位作为一九八八年度升级的企业之一，在八九年进行申报。为此，我们把各项工作要求，都紧紧地同企业升级的十个指标相挂钩，特别是降低能耗工作上，落实了单车承包后，车辆的节材利废工作，驾驶员一般都抓得比较紧，自己动手小检小修，定期检查电瓶、轮胎气压等。在燃料消耗定额上，公司规定对每一辆承包车辆定期检查与燃油直接有关的几个系统。一旦发现油耗过高，督促其检修调整，以使既达到降低燃油成本，又达到升级考核线。

今年来，我们在县染料公司和县总工会的推荐下，在一辆解放牌汽车上试用FDS12型汽车电子点火器后，据1-3月份测算，盈亏相抵，节油830公斤，收到了良好的效果。最近，县染料公司已在我单位召开现场会，推广试用节油器。同时重视抓了轮胎翻修工作，以节约成本开支。今年来，由于这项工作，节约开支13997元。

对于汽车修理厂，我们采取划小核算单位，分内、外修进行承包。以保质保时修好公司内部车辆为前提，保证车队月平均完好率在90%以上，在对外修理车辆的收入分配上，提高分配比例，以鼓励他们多承接对外修理业务，使集体得大头，个人也增收。承包后的第一个季度两个修理厂的利润已达到二万六千余元。

劳动竞赛活动，随着经济体制和政治体制的改革的不断深入，面临着新的课题，我们将坚持以“赛”为前提，以“效益”为目标，推动竞赛活动的不断深入，为更好地发挥好交通先行官的作用，在改革的攻坚年代迈出新步伐，作出新贡献。

一九八八年八月三十日

论企业面临困境，出路何在

俞支援

目前，就交通企业的现状来说，面临的困难是大的。企业在各种内外因素的制约下，开始出现不景气的状况。具体反映是：成本上升，效益下降，营收与产值不能同步，尤其是众多的县（市）运输企业由于底子薄、基础差、负担重，是处境困难。有的已经到了难以维持简单再生产的地步。先进企业也感到先进难，经济效益开始滑坡。就笔者而言，现交通运输企业已开始出现萎缩的迹象，前景不是很好。造成上述问题的原因是多方面的，它既有企业内部的原因，又受外部条件的影响。

在外部条件方面，主要有以下四个方面：

一、政策性开支日益增多。生产成本和营收外支出大幅度增长，负担过重，企业无法承受。反映在生产成本上的有：近年来，除工改后的职工工资和津贴增长外，更突出的问题是燃油、车价、汽配件、维修材料的大幅度提价，造成生产成本急剧上升。

二、运价偏低。营收低，企业生存发展就缺乏后劲，自我改造和自我发展能力就低。就运价来看，现执行的是六十年代的运价，而我们付出的是八十年代的物价。由于受其他物价不断调整的冲击，成本不断增加，而运价得不到相应的调整。这是完全背离价值规律的，使企业难以补偿物化劳动和活劳动的消耗。

三、各种收费摊派过多。诸如乱罚款现象普遍，税费繁多。目前企业除交纳工商税、所得税、车船税、城市建筑税和房地产税外，还要交纳养路费（航养费）、运管费、能源基金、教育附加费、车辆购置附加费等等，已大大超过了企业的承受能力。

四、社会运力盲目发展。宏观失控，运输市场竞争激烈，运输企业经济效益下降，中央提出的放宽搞活的政策是正确的，但由于各项管理工作没有相应跟上，宏观失控，以致出现了盲目发展，运力过剩，货源不足，弃短求长，效益下降的状况。据各地公布的资料反映，目前专业货运企业的实载率仅在5%－58%之间，厂矿企业车辆普遍出现亏损，运力和能源浪费严重。个体车辆则以回扣、请客送礼等手段，拉拢货主，对专业运输企业的冲击很大。使国营、集体运输企业在竞争中处于被动和劣势的地位。

针对上述问题，如何摆脱运输企业所面临的困境，是对每个交通运输的经营者能否驾驭局势能力的考验。在此情况下，一方面要求各级政府、各主管部门，为运输企业经营发展，创造一个良好宽松的经营环境；另一方面，更重要的是依靠企业自身的力量，以深化改革等来搞活经营、提高素质，在增强活力上做文章。

如何深化企业改革，增强企业活力，赵紫阳同志在中共十三届三中全会的报告中指出：增强企业活力是认真完善承包制，逐步推行股份制。他又提出了“当前要搞好企业承包的配套，深化完善、发展，包括引进竞争机制，优化劳动组合，提高经营管理水平，大力促进科技进步。”这段话是对企业改革实践的概括和总结，为我们今后的工作，指出了正确的方向。

怎样改革经营机制呢？根据所有权和经营管理权两权分离的原则，实行灵活多样的经营方式。从我们企业几年来的实践表明：企业要摆脱困境寻找出路的主要方法和途径，是实行承包经营责任制，改善企业经营机制，增强企业活力。

我们实行承包经营责任制的目的，是为了搞活企业，增强企业发展的后劲，不断提高社会和企业的经济效益。其具体做法是：

一、放开经营权，实行部门承包。

前几年中，就我公司所推行的各种形式的经济责任制，应该说是在增强企业后劲上，发挥了积极作用，效果是好的。但随着改革的深化，商品经济的进一步发展，也逐渐暴露了它的局限性。为进一步完善企业内部经营机制，迈出部门承包的第一步，今年我们在同县交通局签订了为期三年的企业经理承包责任制后，将局下达的各项指标进行分解，根据前几年不同层次不同工种的各项指标完成情况，通过科学分析，确定了下属各部门的承包指标。然后在全公司范围内进行公开指标承包。招标会上，承包者都必须进行问答对话，递交承包实施计划、奋斗目标等。中标者经职代会和经理批准后，交纳一定的风险金。到年终全面完成各项承包指标的，给予一定的奖励；完不成指标，则按比例扣。并明确规定承包者在承包期的责、权、利和义务。这样一来，把竞争机制引入企业内部，给干部职工公开竞争的机会。又使中标的干部、职工享有充分的权力，以实行有效的经营管理，努力保证其承包目标的实现。

二、发挥主观能动性，实行单车承包。

单车承包，是对部门承包的深化，实现承包向纵深推进。单车承包确定一包三年，采取包死基数，超额归己的形式。承包者与公司正式签订合同后，必须交纳相应的承包基金；为防止拼设备（车辆），则在合同中以明确规定承包期满后，应交回的车辆技术状况。为了保证承包能顺利进行，公司更加强了管理工作，如积极争取货源，做到合理调派，采购低价油燃料、对车辆修理采取优价和及时，以大大提高承包者车辆的利用效率。

三、开展双增双节，全面降低物质消耗。

公司进一步加强节能管理，节能领导小组对全公司的节能做出统一部署安排，要求各部门都要做好节约原材料、减少成本支出的工作。公司健全并完善物资采购、审批、保管、领发等各项制度，要求各部门坚决贯彻。对各部门的物资消耗，公司通过黑板报、《一运月讯》等进行情况通报，使全公司干部、职工，在明确“双增双节”意义、目的和各自节能情况的基础上，能充分挖掘各自的节能潜力，以切实达到公司节能降耗、增加经济效益的目标。

总之，层层承包，风险共担，外拓业务，内挖潜力，真正调动了职工的生产积极性，激活了企业的潜在活力。如今的驾驶员，不愿出车、不服从调度的少了，争业务、主动联系业务、组织货源的多了。这使我深深体会到：实行单车承包，它最大的优点是比较其他形式，能更行之有效地发挥个人的潜能。这也是企业在面临竞争激烈的市场中，求生存、求发展、摆脱困境的必由之路。

值得注意的是，在实施承包责任制过程中，由于时间短，情况变化多，难免有不完善的地方，因此，加强思想政治工作，教育承包者和广大职工，明确承包目的，以国家利益为重，在立足于企业兴盛的基础上，放眼未来，使企业的车轮在社会主义经济体制改革的轨道方向上，劲大力足，向前再向前，这是每一个交通运输企业中的驾驶人应完成的使命。

一九八九年十二月

个人业务总结

俞支援

随着经济体制的改革深化，在经营管理中，一个企业的经营成功与失败，取决于管理者的正确决策和专业技术水平。积极变革、勇于开拓、有讲求实效的经济头脑，这是我之所以要申请助理经济师之理由。

本人 1972 年进上虞县第一运输公司（原东关搬运站）工作。这个从 28 位老工人建站起家的小企业，发展到今天已拥有各种货运汽车 34 辆，小客车 6 辆，固定资产总值近 200 万元，年产值 250 万元，创利 35 万元，有职工 162 人的专业运输企业，靠的是中共十一届三中全会的路线、方针、政策的指引，靠的是科学管理，靠的是干部、职工良好的专业技术素质、艰苦创业的精神。是依靠大家的共同努力，发展壮大的。

我进单位后，就分配在机修车间（后发展成汽车修理厂）工作。于 1975 年担任了车间主任。这是我开始走上企业管理岗位，抓班组建设，从事运输企业的经营管理工作的开端。当时的修理车间，担负着公司码头吊机的安装，革新输送机械配套设施的自行设计、制作，车站码头配电房的安装，电器线路的架设，机动车辆维修组装等的工作。在实践中，我结合书本理论知识，做到干中带着问题学，学习中提高专业技术业务水平。我自己亲手组装过浙江 130 轻型汽车，自制拼装 58 － 1 式柴油三卡多辆，为公司发展机动车辆运输开创了良好的局面。

任车间主任期间，我开始从书本中寻求管理小型运输企业的路子，身临基层第一线抓班组建设，搞好车间班组管理。特别是运输企业刚刚出现机械化生产的萌芽状态时，修理厂怎样从传统的敲敲打打、做工无定额、质量无指标、好坏不奖惩等的传统管理，逐步走向适合本企业较先进的现代化管理，当时我对自己提出的工作方针是：在提高本人业务技术的基础上，一专多能，探索小型运输企业的经营管理的路子。我想只有经营管理得当，企业才能从管理中求得效益和发展。这以后我在汽修车间开始推行定额工时维修，奖金与工时挂钩，修理质量实行考核制，原材料修旧利废设奖励等一整套行之有效的管理办法。这些管理方法，在县交通系统中曾作介绍推广。同时也为以后企业的整顿，制订各项管理条例，有了一个初步的雏形。

1984 年，我经主管局的考察，东关镇政府来公司的民意测验，职代会的选举，担任了上虞县东关搬运站站长。上任后，我坚持走改革之路，搞企业整顿，亲自制订各项管理制度，创“文明单位”、“先进职工之家 ”等，使企业发生了可喜的变化，集体和本人是双双获得了荣誉，企业取得了较理想的经济效益。

成绩面前不停步，技术进取无止境。学习管理经验，增长自己的管理才能，我在掌握汽车修理与汽车驾驶专业技术的基础上，把自己学习方向转向汽运经营管理。1985 年 5 月至 7 月，我在省交通学校学习汽运经营管理知识，经过学习初步掌握了财会、统计、计划、管理等知识。后又于 1987 年 9 月至 1988 年 10 月，参加汽运管理函授班的函授学习。尔后在省交通干校参加全国厂长、经理资格统考，均学习成绩合格，这为我在以后的企业管理经营决策中，做出成绩奠定了基础。

本公司的深化企业内部分配形式，完善各部门的经济责任制，挖掘内部潜力，深入开展“双增双节”，提高经济效益，划小核算单位，落实部门与部门的职责和责任、单车承包等一系列适合各个时期的企业经营管理的做法和经验，后多次在省、市级交通运输企业会议及报刊上介绍推广。其中 1986 年实行“超奖负赔”的经济责任制措施，被国家交通部编入全国汽运企业深化改革实例选编。

我公司的各种经济责任制的落实完善，都是我通过多年的实践探索设想，制定出的实施方案，落实计划，干群同心协力，学习先进，结合实际，有所创新而达到的。

运输企业按着改革、开放、搞活的路线指引，企业抓经营管理必须向更深层次推进，搞好企业各方面的基础管理，是全面提高企业素质的可靠保证。近年来，我亲自把关，领导了“计量工作”、“标准化工作”、“档案管理”、“全面质量管理”等几项工作的实施并均验收合格。目前我的工作重点是抓管理、上等级，用科学手段来提高企业职工素质，以增强企业发展后劲。我也将努力提高自己搞经济工作的专业水平，以争取取得更大的成就。

通过 10 余年的经营管理工作实践，我认真学习了《政治经济学》《运输经济学》《交通运输专业与财会》《统计学原理》等，并通过了考试，在经济管理工作中取得了一定的成绩。我认为我已经具备一个助理经济师的条件和资格。为此，请上级审评我的职称等级要求。

一九八九年十二月一日

企业升级工作的总结报告

俞支援

1989年5月17日至18日，绍兴市、上虞县交通局领导，受市、县企业管理办公室和市企业升级考核办公室的委托，对我们上虞县第一运输公司的"市级先进企业"升级工作，进行了考核和验收。由于全公司干部职工的共同努力，公司各项考核指标都符合和超过了"市级先进企业"考核标准的要求，目前，正在办理上级审批手续。

为了进一步巩固和完善我们的各项工作，为在1990年公司上省级企业作好准备，我们有必要对这次升级工作做一个总结和回顾，以利于我们在今后的工作中，能明确目标，树立信心，坚持不懈地继续努力。

一、企业升级工作的必要性

国务院颁发的（1986）71号《关于加强工业企业管理若干问题的决定》是国家"七五"期间的一项战略部署和中心任务，它为企业提高质量、降低消耗、增加效益提出了治本的措施，为企业的发展指明了方向。因此企业的定、升级工作，不仅是在新形势下引导和鼓励企业不断提高素质，提高企业管理水平的一种新形式，而且是关系到企业长远发展的一项战略性工作。通过升级活动，可以进一步确立企业的奋斗目标和完善企业的经营机制，为企业赢得信誉，扩大企业的知名度。同时通过企业升级活动，必将对实现企业的现代化和各项基础管理工作，产生强大的推动作用。

二、公司的"企业升级"活动和准备工作

根据国务院〔1986〕71号和省政府〔1986〕54号文件规定，企业升级共分成五个等级，即国家特级、国家一级、国家二级、省级和地（市）级，并规定了五个等级的考核标准。凡是企业管理搞得比较好的，经济效益显著的，各方面工作比较先进的企业，对照国家规定的企业等级标准，通过企业自查，经上级有关部门审定后，才有资格申请，要求企业升级考评验收。

我们公司在1987年年底，对照七项考核指标进行了自测，并确定88年为企业升级的考核年。1988年3月，俞支援、沈维康两位同志参加了"省交通行业企业升级研讨班"，学习了有关升级工作的知识，此后着手进行企业上等级的基础工作。1988年5月，公司建立了有8名工作人员组成的标准计量室，并派具体负责计量工作的同志，参加计量业务培训。在公司经理亲自主管下，开展计量定级工作，制订了计量管理制度，并对计量器具进行了检定和配备。在全公司各相关部门的配合下，我们规划、草拟、绘制了计量器具配备，分布和周检图、管理结构图等20余幅。1988年12月，经县计量部门验收，取得了计量合格证书。

为了进一步加强基础管理工作，1989年初，公司设立了企业管理办公室。组成了设备管理、档案管理、标准化、信息反馈全面质量管理、安全管理等组织网络，全面开展设备、节能、安全档案、标准化等一系列基础管理工作，进行了全面质量管理教育、培训和QC活动。同时，在全公司广泛宣传升级工作的重要性。公司的工作，围绕以升级为中心，朝着"以改革为动力、抓管理上等级、以承包挖潜力、树安全增效益”这一目标，把各项工作紧密地结合起来进行。在年初再次对企业升级标准，进行测标和自查。1988年作为升级的考核年，七项考核指标均已达到省级标准，基础工作也日趋完善。经市、县交通局对照标准进行资格审查后，同意在5月份对我公司进行上市级企业的考评和验收。（由于1989年对企业升级的程序有了新的变更，因此，我公司原定上省级企业的升级规划，改为上市级企业。）

为了做好企业的升级工作，1989年4月初，公司专门成立了企业升级工作领导小组和工作小组。领导小组由公司经理和支部书记亲自担任正副组长，统抓升级活动中的各项工作。工作小组分别对“质量安全”、“物资消耗”、“经济效益”、“基础管理”等四个方面进行整改和完善。同时收集、整理、制订和打印验收的必备资料，通过两个多月的努力，工作小组共收集、整理和制订了有关企业各项工作的方针目标、规章制度、组织网络、实施步骤、发展规划和历年来的工作情况等等汇报资料，建立成11个卷宗，约40万字左右，还收集了许多照片和报刊资料。各科室、厂店的规章制度和方针、目标、管理都上了墙，并建立了主要基础管理工作的台账45册，制定和完善管理制度的工作，厂容厂貌的整洁落入到各部门和班组。企业升级工作的任务是艰巨的，工作量也是很大的。但在公司领导的重视和主管下，经过全公司同志的共同努力和密切配合，我们如期完成了企业升级验收的各项准备工作。

三、企业升级的验收情况

5月中旬，受绍兴市企管办和企业升级考核领导小组的委托，由绍兴市交通局、上虞县交通局、绍兴市汽运总公司、绍兴市运输公司、绍兴市一运公司等同志组成的考评小组，对我公司的企业升级工作，进行了全面的评审和考核。公司组成企业升级陪检小组，向考核小组提供了这次升级验收所必须具备的合格证，证明材料和各种考核数据及有关的各类资料。考评组对照考核的标准，根据“坚持标准、严格考核、保证质量、注重实效”的原则，对我公司的“质量安全”、“物资消耗”、“经济效益”、“基础管理”四方面内容，分成四个考评小组，进行了认真的检查和考评。通过全体考评组成员和验收组评议，我公司上“市级企业”的升级验收合格，并公布了考核和评审的结果：

质量安全方面：

①行车死亡事故频率。市级标准：2.5人/千万车公里，企业自查为0人，考评结果88年无死亡事故。

②货运商务事务赔偿率。市级标准7元/‰，企业自查1.3元/‰，考评结果1.28元/‰。

结论是：质量安全二项考核指标，达到市级先进企业标准，基础管理工作也符合要求。

物资消耗方面：

①货车消耗汽油，市级标准：6升/百吨公里，企业自查5.7升/百吨公里，考核结果：5.68升/百吨公里。

②货车消耗柴油，市级标准：4.6升/百吨公里，企业自查4.27升/百吨公里，考核结果4.27升/百吨公里。

结论是各项制度健全，台账齐全，措施落实，账物基本相符，油耗单耗超过市级标准。

经济效益方面：

①人均创利税，市级标准1400元/人，企业自查1941元人，考核结果2018.13元/人。

②资金利税率，市级标准：23%，企业自查33%，考核结果33.96%。

③全员劳动生产率，市级标准：7900元/人，企业自查11859元/人，考核结果：12119.96元/人。

结论是：经济效益三个指标，均达到和超过市级先进企业标准，财务管理基础工作符合要求。

基础管理方面：

考评小组查看了我们有关管理工作的全部资料、台账，召开了职工座谈会，并检查各厂、店、车间管理工作和厂容厂貌，对我公司的管理工作进行了全面的考评。

结论是：企业管理工作符合企业自查情况，

基础工作符合要求。

这次公司的升级验收工作，考评小组充分肯定了我公司所取得的成绩，也指出了我们工作中的一些不足之处。这对我们在今后进一步完善各项工作，是一个很大的鞭策。为此，公司领导召集了公司各职能部门的有关人员，制订和落实了整改措施。

四、今后的工作目标

这次企业升级活动，促进了我们公司各项管理工作，并为今后提高企业的素质、降低消耗、提高经济效益打下了一个良好基础。现在上市级企业的升级工作基本结束。我们的下一个目标，是在1990年上省级先进企业。1989年作为上省级企业的考核年，我们需要在1988年所取得的各项成绩的基础上，继续努力奋斗，不断提高经济效益，创造更好的成绩。同时，坚持实施各项管理制度，注意收集原始数据资料。安全TQC小组和节能TQC小组，要按时活动，做好记录，并争取在今年能出TQC成果。档案管理、全员管理、标准化的单项验收工作，都要着手准备。希望能继续得到各部门的支持和协助，使我公司的各项工作，按既定的规划实施，为努力实现公司的总体目标而共同奋斗。

上虞一运公司企业管理办公室

一九八九年六月十八日

完善经营机制　抓好基础管理　提高企业经济效益

——争创市级先进企业汇报材料

俞支援

国务院《关于加强企业管理若干问题的决定》中提出了“抓管理、上等级、全面提高素质”的要求，是健全企业经营机制，实现从单一的传统经营管理逐步转向现代化经营管理的重要战略决策。它不仅关系到企业的兴衰存亡，而且直接关系到整个国民经济的发展目标。因此，企业上等级的工作．既是企业自身发展的需要，也是社会主义现代化建设事业的需要。我公司为了有计划、有步骤地做好企业上等级的工作，制订了“七五”期间的企业升级规划和分年实施计划。特别是1988年以来，我们以企业升级工作为动力，加快了各项基础管理工作的步伐。到了1990年3月，公司的计量、标准化、全面质量管理、档案管理工作均经有关部门验收合格，为企业上等级创造了必备条件。同时，公司的经济效益逐年提高，几项主要经济技术指标均已达到市级先进企业的标准。下面，把我们公司开展企业升级工作的情况总结汇报如下：

一、企业概况：

本公司主要经营以汽车运输、装卸搬运为主，兼营汽车配件经销、汽车修理、五金加工等业务的县属集体企业，由1950年5月创建的“东关镇搬运工会”发展沿革而来。1955年改称为东关搬运站，1984年7月改称东关运输公司，至1988年7月，改名为上虞县第一运输公司。

公司1984年企业整顿验收合格，同年被上虞县委、县府命名为“文明单位”。公司设经理室、支部室、工会办公室、企业管理委员会，下设企管办、安全质量、设备（动力）、财务统计、标准计量、汽修厂、五金厂、车队、档案、车站装卸等10个办公室。公司所属独立核算单位，有汽车配件经销部，公司基层有班组（车间）10个，全公司有职工190人，其中合同制职工和女职工分别占18%和17.4%，退休工人19人。

公司现有固定资产原值191.5万元，各类汽车40辆，计230个吨位。车运范围主要为浙江、上海、安徽、福建、广东等省市，以装运粮食、化肥、轻纺原料、日用工业品等物资为主。1989年完成货运量为6.9万吨，周转量为721万吨公里。五金厂和经销部同年产值和销售额分别为5万元和48.8万元，汽修厂完成产值19.2万元。

党的十一届三中全会以来，公司在上级部门的正确领导和帮助下，从本公司实际出发，紧紧依靠广大干部、职工，坚持改革开放、搞活创新的方针，在两个文明建设方面取得了较好的成绩。1980年至1988年的八年间，公司的经济效益均递增20.3%以上。1988年公司实行经理负责制后，改革的步伐迈得更加扎实，经营管理机制更加完善，企业管理更加全面，大部分基层单位实行承包经营责任制，整个企业充满了生机和活力。1989年全公司完成产值268.5万元，利润35.3万元，分别比1988年增长23%和23.4%，人均创利税2338元，全员劳动生产率为14135元。

其他几项考核指标，如百车公里油耗、安全质量等方面，都在上级的规定指标内，达到了市级同行业的先进水平。

由于公司全体干部职工的共同努力，近年来获得县级以上各方面的荣誉很多。（详见公司台账）

二、各项基础管理工作的基本情况。

1. 职工教育：企业提高素质，首先要提高人的素质。要把质量教育工作，作为第一道工序来抓。我公司十分重视职工教育工作，专门成立了职工教育领导小组，进行了各项专业（技术）工程的培训教育、班组长培训教育和全面质量培训教育。通过选送人员到有关部门进行培训，请老师来公司辅导培训，自己组织师资授课培训和函授自学等各种方式的教育培训，到目前为止，已有61名同志取得了各类专业技术的证书和合格证书，占职工总人数的32%，已有95人参加了TQC培训和全国统考，占应轮训人员的82.6%，合格率100%。

2. 质量责任制：建立质量责任制，是我们交通运输企业确保运输安全质量和服务质量的重要环节。公司在实行经济责任制的同时，落实了各部门的质量责任制，并进行定期考核，实行奖惩。由于质量责任制与经济责任制紧密结合，提高了广大职工的质量意识，加强了责任感，使公司的安全质量、运输服务质量和各部门的工作质量，都有了很大程度的提高。1990年年初，公司进一步完善质量责任制的工作，把质量责任制作为重要内容，列入各部门的"经济责任制承包协议书"中。各部门在此基础上进行分解，把质量责任制落实到各个岗位。

3. 计量工作：计量工作是企业生产和经营的基础，它对完善管理、促进技术进步、提高企业素质起着重要的作用。我公司在1988年5月建立了标准计量室，在经理亲自主管下，组建了8名成员的计量管理体系，选派专职人员参加业务培训。同时，在公司开展计量工作和制订计量管理制度，对计量器具进行了鉴定和配备，加强了对运输质量、安全质量、修理质量和能源计量等的检测措施，并草拟和绘制了计量网络图20余幅。于1988年12月经县计量管理部门的验收，取得了合格证书。

4. 标准化工作：搞好标准化工作是改善企业经营管理、确保运输质量、安全和服务质量，使企业的人、财、物得到合理应用，发挥最佳效益的重要手段。1989年年初，我们借助企业升级工作的东风，组建了有2名专职人员和14名兼职人员的标准化组织机构，制订了企业的技术标准、工作标准和管理标准。1989年7月份，省交通厅颁发了《浙江省交通运输企业标准化水平评审细则》后，我们又根据交通行业的特点，重新修订了企业标准。我们共制订了技术标准9个，工作标准47个，管理标准52个，内控标准3个，搜集了对运输质量、安全质量有关的国家标准、部颁标准和上级文件76个，形成了企业内比较完整的标准化体系。并对照《评审细则》，逐条落实标准化管理措施，制订了管理制度。1989年11月，通过评审验收，取得了合格证。

5. 信息管理工作：质量信息和经济信息，是企业在经营管理和经营决策中的重要依据。公司为了及时掌握运输质量信息、社会和企业内部的经济信息，在1989年1月，组建了信息反馈网络，有10名兼职信息员，用通过公司驻外机构搜集信息和走访货主、召开货主座谈会、建立信息反馈卡、接待货主反映、电话记录等多种形式，汇集各类信息，进行分析处理，为公司提高运输质量、修理质量和企业的经营决策，提供了可靠的依据。

6. 档案管理工作：档案管理是企业基础管理的组成部分，是维护企业经济利益、合法权益和反映历史真实面貌的一项重要工作。1989年4月，公司建立了综合档案室，组建了档案管理网络。并根据国家和有关部门的要求，在档案室配备了必需的器具和文件柜，把全公司的档案资料，由档案室统一保管。档案室对所有档案资料按规范分类、组卷和编目，并制订了档案归档、档案管理、档案保密、档案借阅的各项制度。档案室还进行了开架阅览、接待借阅、咨询服务等开发利用工作，使档案工作直接为企业的经营决策提供依据，为企业的经济效益服务。1989 年 6 月，公司档案管理通过考核验收，取得了“企业档案管理省级先进企业”的合格证书。

7. 设备管理工作：车辆，是公路运输企业的主要设备，它不仅关系到企业的运输质量，而且直接关系到国家和人民的人身财产的安全。为确保运输、质量安全、提高车辆完好率，公司根据制订“七五”技术改造和技术进步的实施计划，从 1985 年开始逐步改进和更新车辆设备，淘汰老旧车辆，选择油耗低、性能好的新型车辆。到 1988 年底，全部实现了统一的定型车辆。1989 年 1 月，公司成立了设备管理办公室，在基层班组配备了设备管理员，对全公司的动力设备和机械设备做了大量的调查登记工作，建立了车辆历史档案和修理档案，建立了设备管理台账 7 本，每台设备都建立了卡片，做到一卡一物，卡物相符，为设备的使用、维修和企业的生产管理提供了必要的依据。也为节约能耗和技改工作创造了条件。由于我们的设备管理工作做得较好，因此，县计经委、县交通局推荐我们公司为 1989 年的设备管理优秀单位。

8. 节能工作和定额管理：燃油在我们公司的物质消耗和成本支出中占有很大的比重。为降低燃油消耗，减少成本支出，增加企业的经济效益，公司历年来十分重视节能工作，在组织上设有公司节能领导小组，并根据制订的“节能管理制度”和“燃油节亏奖赔办法”，实行燃油消耗定额管理和经济奖罚。对耗油较大的车辆，分析超耗原因，进行 TQC 活动，组织攻关和技改，并千方百计组织车辆的回程货源，提高实载率。同时，我们对车辆修理成本也实行定额管理，并制订了一整套的采购、审批、领发、回收等管理制度。由于公司实行物资定额管理，坚持“双增双节”活动，大大降低了成本支出，公司被县计经委评为“节能先进单位”和“双增双节先进单位”。

9. 安全生产工作：安全质量是我们交通运输企业在生产经营活动中的重要关键，公司在日常工作中始终把坚持安全生产、保证安全质量当作头等大事来抓，建立了三级安全质量管理网络。自 1985 年以来，公司安全生产领导小组积极开展安全生产管理工作，进行安全教育和安全检查活动，制订了安全质量的管理制度和各个岗位的安全操作规程，颁布了有关安全质量的奖惩条例，建立了运输安全台账。针对单车承包后，个别驾驶员偏重生产和经济利益，忽视安全生产的倾向，公司在 1989 年又专门成立了车辆例检小组，对出车前、回场后的车辆，进行认真严格的检查。在例检中发现车况不好的车辆，实行强制检修，并停止调派该车业务和燃油供应，直到车况完全正常后才准出车。例检小组在检查中，按例检通知单上的内容，把检查结果填写清楚后交给有关部门存档，以利日常总结和掌握车辆的完好情况。由于我们重视安全生产工作，建立了安全质量保证体系，坚决实施各项安全质量的规章制度，从而最大限度地降低了各类事故的发生频次，提高了运输安全质量。公司多次被县委、县政府和上级主管部门评为“安全生产先进集体”。

由于我们在近几年来积极推行全面质量管理，加强了各项基础管理工作，使整个企业的素质和经济效益都有了较大幅度的提高。今年 3 月，经市质量管理协会、市交通局、县计经委组织的考评验收，我们公司的全面质量管理工作已验收合格。

三、深入改革，落实各种不同形式的经济承包责任制。

1. 把竞争机制引入企业内部，在公司各个部门实行经济承包责任制。公司领导在把责、权、利放给基层的同时，也把各项经济技术指标分解落实到各个部门，各个部门又分解到各个岗位，使巩固和发展企业的重担，由各个部门，直至到每个职工共同分担。由于落实了经济承包责任制，使各个部门、各个岗位都明确了自己的工作职责和相应的经济利益。因此，调动了职工的劳动积极性，收到了较好的效果。

2. 与经理任期相配套。从 1988 年下半年开始，公司实行单车承包，单车承包为期三年，并采取包死基数、超额归己的形式，极大地调动了驾驶员的劳动积极性和主观能动性，使车队发生了明显的变化：（1）成本明显下降，利润大幅度上升。以1988年为例，上半年未实行单车承包，车队成本支出为63.9万元，利润为2.3万元。下半年实行单车承包后，车队成本支出为57.7万元，利润9.1万元，成本下降10%，利润上升74%，（2）改善了服务态度，提高了服务质量，扩大了业务阵地。单车承包后，驾驶员改变了原来坐等调度分派而为自己主动去找业务，并在装卸过程中提高了服务质量，主动热情地帮助货主装卸货物。由于发挥了广大驾驶员的能动性和改变了经营作风，1989年在市场疲软、运量锐减的状况下，我公司不但度过了危机，并取得了历史上最好的成绩。（3）驾驶员在实践中学会了经营管理。不但对车辆实行自己管理、自己修理，并处处精打细算，核算成本，节约费用，提高了自己的经营管理能力。

四、加强“两个文明”建设。

1. 公司在加强物质文明建设、提高经济效益的同时，充分认识到必须加强对广大干部、职工的思想政治工作和精神文明建设。只有搞好企业的精神文明建设，才能保证良好的工作和生活秩序。1989年，公司首先抓了对全体党员的基本路线教育，举办了学习班，通过新旧社会和十年改革的对比，加深了对共产党领导好和社会主义制度优越性的认识。同时在干部、职工中开展爱国主义教育。今年初，全公司深入形势任务教育，通过谈成绩、摆困难，围绕“国家、企业有困难，我们怎么办？”的议题内容，全公司干部职工，充分发扬工人阶级当家做主的主人翁精神，纷纷献计献策和落实“双增双节”的具体措施，整个公司出现一派团结一致、战胜困难的生机勃勃的景象。

2. 改善职工福利待遇，丰富业余生活。职工对企业的凝聚力，是公司企业经济建设的发展后劲，在做法上是福利待遇和经济收入的提高。1989年初，为改善职工的住宿条件和用膳环境，公司耗资4万多元，在公司办公楼进行加层建筑，把原来的三楼会议室改为职工宿舍，并对二楼的办公室、三楼的寝室进行了维修和粉刷，改善了职工的工作环境和居住条件。同时，我们对公司食堂进行了必要的整修。1989年底，公司又花费2万多元，为职工向宁波交通服装厂订制了统一服装。统一服装上班工作，不但是职工服装质量有了一个很大的飞跃，且给企业带来了新的形象和精神面貌。1990年，公司为进一步改善职工生活居住条件，准备集资建造一幢五层20套的住宅楼。

为丰富职工的业余文化生活，近年来，我们开设了电视放映室、乒乓球室和图书室，今年又添置了录像放映机和台球桌，努力为活跃职工业余生活和增进身心健康创造条件。公司还经常开展多种形式的文体活动，积极参加县、区、镇的篮球、乒乓球、象棋和登山、游泳、钓鱼、自行车等体育比赛，并在比赛中取得了较好成绩。公司多次被县政府、县总工会评为“文明单位”和“先进职工之家”。1989年由省交通企业管理协会、省交通报社联合评选的文明企业活动中，我公司被评为“文明单位”，获得了奖杯。

五、我们下一步奋斗目标。

1. 1990年完成产值270万元，利润36.8万元，各项经济技术指标达到省级标准。

2. 扩大多种经营的范围和规模，以副补主，增加企业的经济效益。

3. 进一步提高干部职工的管理水平和技术素质，在1990年争取再在3～5名技术人员评审上专业技术职称。

4. 扩建公司场地和建造汽修厂，改善作业环境。

5. 争取申报省级先进企业。

我们在深化经营机制和加强基础管理工作上起步不久，许多规律我们正在探索之中。特别是我们的基础工作还不够扎实，管理水平不高。但只要我们借助企业升级工作的东风，不断总结经验，树立信心，勇于开拓，稳步前进，各项工作一定能日趋完善，我们的理想和目标，就一定能够达到。

上虞第一运输公司

1990年1月

提高质量　降低消耗
不断增加企业的经济效益

——上虞县第一运输公司“双增双节”活动总结

俞支援

1989年国家实行治理整顿的方针，对国民经济进行宏观控制。许多企业面对银根紧缩、资金周转不灵、原材料价格上涨、市场竞争激烈等重重困难。因无法摆脱困境而导致停产或倒闭。

我们交通运输企业也和其他企业一样，经历了优胜劣汰的严峻考验。由于运输市场的萎缩，运量下降。而燃油和汽配件价格却上涨，成本支出增加，使不少运输企业严重亏损。面对困难，我们公司党、政、工领导团结一致，审时度势。一方面及时制定出新的经营方针，另一方面在企业内部进一步实行深化改革，积极开展“双增双节”活动，大抓各项基础管理，努力降低成本支出。在广大干部职工的支持和共同努力下，通过一年来的奋斗，我们不但度过了危机。在1988年取得成绩的基础上，夺取了又一重大胜利。公司的各项经济指标和技术指标均已达到和超过了同行业省级先进企业的标准。

1989年全公司共同完成产值270万元，利润35.3万元，分别比1988年增长23%和23.4%。全员劳动生产率为14135元，人均创利税2338元，超过省级先进企业标准72%和46%，商务事故赔偿率为0.5‰，超过了省级先进企业的标准900%，完成年运量7万吨，周转量721万吨公里。比县交通局下达的指标超额完成30%和37%，燃料消耗达到了省级先进企业的标准。我们在1989年取得的成绩，是由于公司在1989年努力提高质量，降低消耗和成本支出，积极开展“双增双节”社会主义劳动竞赛，使企业的经济效益有了显著的提高。现把我公司在1989年开展“双增双节”活动的情况，总结汇报如下：

一、领导挂帅，制订实施规划，在全公司内开展竞赛活动。

1989年年初，我公司结合企业升级工作。在全公司内开展了以“双增双节”为中心的社会主义劳动竞赛，公司经理亲自主管这项活动，并列入经理工作的方针目标管理。公司由工会和企业管理办公室制订出年度实施计划，把“双增双节”工作落实到公司的各科室和基层班组中，并与经济责任制紧密结合，定期进行检查考核。从制度上规定了全公司人员都要参加“双增双节”活动，到年终进行总结评比。这样我们不但在全公司内开展了轰轰烈烈的“双增双节”竞赛活动，并形成了组织网络，使这项活动能持之以恒。

二、开展宣传教育，不断提高全体职工的认识。

在组建了“双增双节”竞赛组织网络，和开展竞赛活动的同时，为了提高职工对“双增双节”活动的意义、目的的认识，公司党、政、工组织在召开的各种会议上，反复申述了“双增双节”活动对提高企业经济效益的重要性所在，还利用公司的内部刊物“一运月讯”“交通安全”简报、黑板报、宣传窗等广为宣传。

我们还结合“全面质量管理知识基础教育”，举办了二期培训班，邀请市局企管办的同志，为职工讲授降低物质消耗、节约成本支出、提高产品质量的基础知识和运用的基本方法。燃油消耗在我公司的成本支出中占有很大的比重，降低燃油消耗是“双增双节”的一个重要部分。公司车队在每月定期召开的例会和日常工作中，反复强调节约燃料和安全行车两件大事。通过我们各种形式的宣传教育和培训教育，使广大的干部职工对“双增双节”的重要意义，在认识上有了新的提高，并积极投入到竞赛活动中去。

三、通过各种形式，在各个岗位和工作环节中开展“双增双节”活动。

我们在抓各项基础管理中，结合“双增双节”的具体内容，在各部门、各岗位积极开展竞赛活动。各科室、基层班组都把“双增双节”的内容，列入目标管理；并制订成各个项目的定额标准，实行定额管理。例如：财务室实行成本定额管理，汽修厂实行修理材料和工时费用的定额管理，车队实行燃油消耗的定额管理，车站业务点实行电耗定额管理。同时公司进一步完善了各部门的原材料采购、领发、审批制度，不但杜绝了浪费现象，并且节约了原材料，减少了成本支出，使企业增加了经济效益。

在挖潜节能的同时，我们在1989年积极开展设备更新和技改活动。1989年初，通过设备管理，对所有车辆作了全面统计和调查。在购买车辆时，选择耗油量低的车型。对现有车辆中耗油较大的车辆，分析原因，由公司节能TQC小组组织攻关，公司节能领导小组联合汽修厂、车队加以技改。公司现有的九辆老“解放”汽车，在1988年耗油超过省标5216.5公升。1989年通过TQC小组攻关和技改，1989年1~9月份低于省标，节油125公升。公司节能TQC小组以此发表了“运用TQC方法，降低汽车燃油单耗量”的成果；这一成果在1989年绍兴市交通系统TQC成果发表会上获奖。由于我们在节能工作上作出了成绩，1989年市交通局为表彰和鼓励节能先进单位，全市交通系统有五家企业得到平价油的奖励。我们公司也是受奖的企业之一，获得五吨平价汽油。

我们公司是以汽车运输和搬运装卸为主业的企业，提高运输和装卸质量，减少货损货差的经济赔偿，也是企业“双增双节”的一个关键。公司安全质量领导小组在竞赛活动中，把这项工作作为重要内容，各个班组到每个职工，在日常生产中都十分重视安全质量。1989年，全公司商务事故赔偿率仅为营业收入的万分之零点五，比省级先进企业的标准万分之五、国家二级企业的万分之二还低。

在“双增双节”竞赛活动中，由于我们从组织上、制度上、形式上落实了行之有效的措施，在全公司内班组与班组之间，各单车之间开展全面竞赛活动，降低了物质消耗，节约了原材料，减少了成本支出，增加了企业的经济效益。在不少企业1989年利润下降、经济效益不佳的状况下，我们公司能够取得历史上最好的成绩，是和开展“双增双节”活动分不开的。我们决心在今后的工作上，认真总结经验，继续深入开展以“双增双节”为中心内容的劳动竞赛活动，争取在“两个文明建设”中取得更大成绩。

一九九〇年二月十四日

抓挖潜降耗　促增收节支

上虞县第一运输公司　俞支援

我们上虞一运公司针对目前经济形势严峻、市场疲软、资金周转困难的状况，在全体干部、职工中开展形势、任务教育的同时，摆困难，树雄心，把立足点放在企业内部挖潜降耗、节约各项费用上，力争以最少的付出，换取最佳的经济效益。通过一段时间的努力，已经取得了一定的成效。

1990 年 1 至 4 月，公司已经完成营收 83.1 万元，比去年同期增长 1%，全员劳动生产率 4616 元，单车燃油每千吨公里达市级先进企业标准。

下面把我们今年近几个月所开展的增收节支活动情况，向大家作一个汇报。

一、借形势、任务教育的东风，落实双增双节的规划。

在严峻的形势面前，要取得增产、节约的较好效果，困难尤为突出。3 月份县交通局根据县委县府的部署安排，在各行各业开展形势、任务教育，局党委在我公司搞点。公司领导以此为东风，把开展形势任务教育同“企业有困难、职工如何办”结合起来讨论，各部门经营者在制订年度经营管理方针目标中，把完成任务与“双增双节”活动紧密结合起来，做到增收有项目，节支在细则。经各部门增与支的计划数据汇拢，全公司今年计划增产 10 万元，节支 1.5 万元。以往我们只注重生产第一线的增收节支工作，而忽视了行政、后勤部门在这方面的工作。今年我们以财务这条线为轴心，分别列表、绘图，把去年开支的水电费、旅差费、应收款等，分别通知到有关部门，做到支出心中有数。如各部门的水电费、电话费，由于落实了硬性的节支比率，改变了原来自来水管破、水龙头细水长流、外来人员通话不收费等现象。通过比较今年 1 至 4 月的用水量，比去年下降了 10%。到 4 月份止，共节约水电费近 200 元。另外，针对旅差费不断增加的这一情况，我们采取款额收进率与旅差费、奖金分配成平衡比的办法（即收进率百分之几，旅差费报销百分之几），以奖赔制度促进节约计划的落实，加快资金回笼，达到了降支的目的。

二、抓设备技术改造，提高产品正品率，减少工量刀具费用。

我们公司火车站黄沙、石子吊机、输送机等设备，有些是建码头初期的老设备，一些电机功率大、耗电高，不同程度地存在着大马拉小车的现象。车站片机修班在落实今年的双增计划中，大胆提出吊机技术改造，并把设想、实施计划、预计效果报请领导审批。现这项技术改造工作，定人分工正在抓紧进行。计划到 6 月份试机，预计到年底可节电一万度，计人民币 4500 元，还减少了修理工本、材料费 1000 余元。

独立核算的五金厂，是以女工为主加工五金小配件的部门，去年 1 至 4 月份亏损 580 元。今年公司下达的计划指标，是收支平衡，挖潜节支，争取盈利。厂部在五金行业加工很不景气的情况下，发动职工为创造利润，人人献计献策。从提高产品正品率、节省工量刀具费用、铁末废丝回收等处着手，通过四个月的努力，已经摘掉了亏损帽子，盈利 678 元。

三、既抓“大户”的增产节支，也不放过“小户”的点滴收支。

车队与汽修厂的产值、利润所占全公司比重较大，我们历年来以此为重点，抓好挖潜工作，开展修旧利废。今年在车队范围内结合车辆年度检审，改装风扇离合器，降低油耗，修理车间进行破旧件修复翻新利用，共计可节约 5000 元，为承包车辆减少了修理费用。同时努力提高修理质量，避免不必要的浪费，以取得较好的社会效果。

公司汽配经销部，在汽配市场竞争激烈、销售疲软的情况下，走访了全县近 10 家汽车修理单位，进行上门联系，运用预约登记、特件专购等来取信于用户，增加营收额。如今，仅 3 月一个月，销售收入达到 5.2 万元，取得了理想的效果。

由于各种原因，企业的日子确实比去年困难。但我们公司全体干部职工有信心把困难的压力，转变为每个职工奋进的动力，进一步开展“双增双节”活动，力争圆满完成上级下达的各项指标任务，实现九十年代首年的开门红。

一九九〇年五月二十日

绍兴市市级先进企业自查情况汇报

俞支援

我公司的基础管理工作从1984年开始，逐步以现代化管理代替了传统管理。特别是近几年来，结合企业上等级的工作，加强了企业的各项基础管理，并与经济承包责任制紧密结合，有力地促进了企业管理工作的推进。

一、职工教育：公司专门成立了职工教育领导小组，负责进行各项专业技术工种、班组长建设、ＴＱＣ教育的培训工作。到今年5月底，已有61位同志取得了各类专业技术的等级证书和合格证书，占职工总人数的32%；已有95人参加了ＴＱＣ培训并参加全国统考，占应轮训人数的82.6%，合格率100%。公司被县交通局评为职工教育先进单位。

二、质量责任制：公司把质量责任制作为经济责任制的重要内容，落实到各个部门。各部门在内部又进行分解，落实到各个岗位。增强了广大职工的质量意识和责任感，使整个公司的安全质量、服务质量有了很大程度的提高。

三、计量工作：公司在1988年5月建立了标准计量室，并根据计量工作的要求开展了工作。1988年12月，经县计量主管部门的考核验收，取得了计量合格证书。

四、标准化工作：1989年年初，公司组建了标准化组织机构，开展标准化工作。搜集了对运输质量、安全质量等有关的国家标准、部颁标准和上级相关文件，并根据浙江省交通厅颁发的《浙江省交通运输企业标准化水平评审细则》，结合交通行业特点，制订发布了企业标准。形成了企业内比较完整的标准化体系。1989年11月，通过评审验收，取得了标准化整顿验收合格证。

五、信息管理：公司在1989年1月建立信息反馈的组织网络，设置了信息反馈卡，并通过多种形式和渠道，汇集各类信息，进行分析处理，为公司提高质量和经营决策，提供了依据。

六、档案管理：1989年4月，公司建立了综合档案室，把全公司的档案资料实行了统一管理，按国家档案局和有关部门的要求和规范，开展档案管理工作。1989年6月，通过考评验收，取得了“企业档案管理省级先进企业”的合格证。

七、设备管理：公司1989年1月建立设备管理室，对全公司的动力设备和机械设备进行了调查登记、建卡、造册存档等工作。并建立了设备管理台账和重要设备的历史档案和修理档案，为企业的节能和技改工作，创造了条件。公司被县交通局、县计经委推荐为1989年度设备管理优秀单位。

公司在近几年中，还加强了节能管理、物耗定额管理、安全生产管理等各项工作，积极开展ＴＱＣ活动，被县计经委评为“1988年度节能先进集体”，被县政府评为“1988年度安全生产先进集体”。公司节能ＴＱＣ小组的成果获绍兴市交通局“1989年ＴＱＣ成果”三等奖。

一九九０年六月

附：

绍兴市交通局对公司管理工作考查意见：

该企业能组织学习和贯彻“企业法”及三个条例，实行了经理责任制，内部推行了经济承包责任制，积极推行全面质量管理，质量教育能按规划和计划实施，工作扎实。开展了ＴＱＣ小组活动，建立了安全质量、物质消耗定额管理等质量保证体系，各项专业管理制度健全，职责明确。计量于1988年12月验收合格，1989年11月和1990年3月通过了标准化、全面质量管理验收，档案管理取得了“省级先进企业”合格证。能加强思想政治工作，开展形势教育，提高职工的思想认识，能做到优质服务、文明生产。管理工作符合市级先进企业的要求。

绍兴市交通局

管理工作考核总负责人签名：张宝富

1990年6月28日

上虞县第一运输公司
创建绍兴市级文明单位达标工作总结

企业宗旨：改革创新业 务实求效益

我公司是以汽车运输、装卸、搬运为主，兼营汽车修理、汽配件经销、五金加工等的县属集体企业，由原东关搬运工会发展而来，创建于1950年5月，以后几易名称，1955年更名为东关镇搬运站，1962年更名为上虞县东关搬运站，1984年7月更名东关运输公司，1988年7月更名为上虞县第一运输公司。

1984年，企业整顿验收合格，同年被上虞县委、县府命名为“文明单位”。公司现有职工217人，其中合同制职工和女职工分别占18%和17.4%，退休工人29人。公司设经理室、支部室、工会办公室、企业管理委员会、女职工委员会。下设企管办、安全质量、设备（动力）、财务统计、标准计量、汽修厂、五金厂、车队、档案、车站装卸等十个办公室，基层设有十个班组（车间）。现有固定资产（原值）300万元，各类汽车40辆，计230个吨位。车运范围主要为浙江、江苏、上海、安徽、福建、广东等省市，以运输粮食、化肥、轻纺原料、日用工业品等物资为主。“八五”第一年公司完成产值280.9万元，创利税23.88万元，完成运量5.5万吨，周转量691.1万吨公里，全年总行驶136.1万车公里，完成装卸量23.2万吨，超额完成了上级下达的指标。

1991年5月，公司调整了党支部领导班子以后，现有党员20名，暂设支委2名。1991年12月，根据党员分布情况，为有利于学习、工作和开展小组民主生活，分五个党小组。成立团支部，现有团员19名，1991年9月建立“党团活动室”。1991年被东关镇党委评为“先进党支部”、合格“党团活动室”、先进集体；被县人民政府评为“重合同守信用”单位；被省交通运输协会、省经理（厂长）联络会、省交通报社评为“文明企业”；中国工商银行绍兴市支行评为“市级信用优等企业”；被县交通局评为“职工教育先进集体”；被县总工会评为“生活后勤一条龙先进集体”；公司汽修厂被市交通局运管处评为“优良企业”；被东关镇人民政府评为“治保调解先进集体”等荣誉称号。现将我们开展两个文明建设的情况汇报如下：

一、党的建设工作

1. 党的组织建设和思想建设体系健全。积极发挥党组织的核心领导和战斗堡垒作用，是党建工作的一项重要任务。为此，公司党支部经常组织党员认真学习马列主义、毛泽东思想，学习《党章》《政治生活准则》。学习科学、文化和业务技术知识，关心时事，认清形势，提高了自己的政治思想觉悟和认识水平。通过学习，从多年的教训中，认识到政治上的混乱和不安，来自思想上的混乱，但源于理论上的混乱。党支部按时开展党、团员的学习生活，加强党的基本理论、基本知识和基本路线的学习。通过学习，全体党员增强了党性和组织纪律观念，多数党员都能认真贯彻党的路线、方针、政策，坚持四项基本原则，遵纪守法，反对资产阶级自由化和无政府主义的倾向。

2. 党的作风建设。党员应在日常工作起到先锋模范作用，党员的思想作风和工作作风是职工群众学习的表率。我公司的绝大多数党员能在日常工作中，服从组织决定，听从分配，并具有高度的政治责任感和事业心。特别是在改革开放推行生产责任制的过程中，党员起到了先锋模范作用。如车队杜利明同志，在第二轮单车承包中率先带头，进行单车承包。1988年5月为了扶植亏损企业，公司分配阮胜华同志去章镇运输公司工作，连续三年在艰苦奋斗中出色完成任务。1991年下半年由于公司兼并了商业系统的“大众饭店”，在改建为“一揽胜饭店”的三个月中，他又无条件服从党支部分派，如期完成开业任务。全体共产党员还做到顾大局，识大体，公私分明，不谋私利，坚持原则，自觉维护集体利益，有为企业分担忧患的，有为积极推行搞好第二轮单车承包的，有与职工一道坚持一线劳动的。他们真诚为企业的兴旺和发展，为职工收入福利的增加进行着忘我劳动。1991年被评为县级优秀党员的有俞支援同志，镇级优秀党员的有沈维康、董柏鹤、俞支援、毛介春同志，评为县局级先进工作者的有阮胜华同志、韩水夫同志和王绍明同志等。1992年以来，这全体党员同志都起到了一个共产党员的先锋模范作用。

3. 坚持三会一课的学习制度。党支部除制订了“党风监督制度”，认真履行“三会一课”制度外，还坚持一年两次的党员民主生活会和党员考核。以从团结的愿望出发，开展批评与自我批评。党支部1991年9月专门在“支部办公室”设主任一名，除搞好党务和兼管宣教工作外，也作为党支部的政工机构，由党支委任政工干部。由于党员分布在各个部门，对深入群众做思想工作，处理疑难问题和解决问题起到了积极作用。

党支部于去年5月调整领导班子以后，发出了〔1991〕第2号文件，作出了三个方面的决定，要求党员做到六条，对班子提出五条要求和六项措施，力争在1991年度支部工作跨上先进行列。并巩固和发展两个文明建设，为振兴公司经济做出了贡献。在“党团活动室”建立以后，制定了《党员活动室制度》、《党员学习活动守则》、《党团生活栏》等。把“党员活动计划、党员权利、义务、守则等”上墙，建立党员责任区、党员办实事记录、党员出勤登记、党员缴纳党费情况和“双争目标”管理等记载和公布制度。

4. 全心全意依靠工人阶级。充分调动广大职工的积极性和创造性，为实施十年规划和“八五”计划，必须全心全意地依靠工人阶级，发挥其主力军作用。公司协同工会召开了四届一次职代会，成立了“企业管理委员会”，由从党、政、工、团、妇各组织中产生的代表组成。凡讨论企业的经济发展、体制改革和社会主义精神文明建设、职工的生活福利及各项承包责任制的制订和推行、合理分配等的重大决策，公司都广泛听取职工群众的意见建议。同时发挥好“企管委”的作用，增强了决策的科学性，保证了决策的有效实施。

二、企业管理

1. 基础管理工作。国务院《关于加强企业管理的若干问题的决定》中提出“抓管理、上等级、全面提高素质”的要求，是企业健全经营机制，实现从单一的传统管理逐步转向现代化管理的重要战略决策。它不仅关系到企业的兴衰存亡，而且直接关系到整个国民经济的发展目标，因此加强企业管理，既是企业自身生存和发展的需要，也是社会主义现代化建设事业的需要。我公司为了有计划、有步骤地抓好企业的各项基础工作，结合企业上等级工作，制订了“七五”期间各项基础管理的实施计划。特别是1988年开始，我们以企业升级工作为动力，加快了各项基础管理工作的步伐。到1990年3月，我公司的计量、标准化、全面质量管理和档案管理工作，均经有关部门的考核和验收，取得了不同等级的合格证书。同时，公司的经济效益也逐年提高，几项主要经济指标和生产技术指标，均达到和超过同行的先进水平。1990年，经考评验收，公司被绍兴市政府命名为“市级先进企业”。

2. 法纪建设工作。公司在加强物质文明建设，提高企业经济效益的同时，充分认识到必须加强对广大干部、职工的思想政治工作和精神文明建设工作的重要性。只有搞好企业的精神文明建设，使企业有一个良好的工作秩序和生活秩序，才能保证经济建设的顺利进行。近几年来，公司根据上级部门的部署要求，相继开展了“形势任务教育”、“双基教育”和“企业社会主义思想教育”。并在公司内坚持不懈地开展爱国主义教育、职业道德教育和“五讲四美三热爱”活动，组织广大干部职工接受普法教育。为加强法制观念，在全公司的职工大会上请派出所的同志，来单位讲授法律知识和遵纪守法的重要性。由于我们重视法制教育工作，广大干部职工都能遵纪守法。多年来，我公司无重大的违法乱纪事件发生，1990、1991年，公司均被评为县级和绍兴市级“重合同守信用先进单位”和镇级“治保调解工作先进集体”。

3. 安全生产。安全质量是我们交通运输企业在生产经营活动中的重中之重，公司在日常工作中，始终把安全生产、保证安全质量当作头等大事来抓。在组织上建立起了三级安全管理网络，并制订了安全管理制度和安全操作规程，颁布了安全质量的奖惩条例，建立了运输安全台账。公司安全生产领导小组，定期进行安全教育和安全检查活动。发现隐患，根据“三不放过”的原则落实整改措施，并对重要物资的运输和运输过程中的薄弱环节，实行现场管理。针对单车承包后，个别驾驶员偏重生产和经济利润、忽视安全生产的倾向，公司在1989年又专门成立了车辆例检小组，对出车前、回场后的车辆进行认真严格的检查。在例检中发现车况不好的车辆，实行强制检修，并停止调派业务和供应燃油，直到车辆车况正常后才出车。例检小组在检查中，按例检通知单上的内容，把检修情况填写清楚后交有关部门存档，以利日常总结和掌握车辆的完好情况。

由于我们重视安全生产工作，建立了安全生产的保证体系，坚持实施各项安全生产的规章制度，从而最大限度地降低了各类事故的发生频次，提高了运输安全质量。公司多次被县政府和上级主管部门评为“安全生产先进集体”。

三、文明细胞建设

1. 企业文明建设和班组建设工作。公司自1984年企业整顿验收合格，被县政府命名为“文明单位”以后，一直保持和维护这一荣誉称号。为使企业的两个文明建设走上一个新的台阶，公司积极开展“争创市级文明单位”的活动。“七五”期间制订了“两个文明建设整体规划”和“关于继续开展双争活动规划”。根据规划的内容，结合企业的方针目标管理，又分别制订了年度工作计划和实施办法。

1991年，公司又制订了“八五”期间两个文明建设规划，并按规划开展工作。公司不但每年订有精神文明建设的报纸杂志，还通过内部刊物《一运月讯》和黑板报、宣传窗对广大干部职工进行宣传教育。公司内设“职工之家”，开辟了阅览室、球室、棋室、电视、录像放映室，经常开展健康有益的文体比赛活动，丰富职工的业余生活。为加强班组文明建设，公司制订了班组文明建设规划，并积极开展“争当文明职工”活动，进行“十佳好事”评比。公司驻上虞酒厂装卸组，曾被绍兴市交通局评为“文明班组”。公司的两位职工分别被县交通局评为1990年度和1991年度“十佳好事”的先进个人。公司职工宿舍楼曾被县总工会评为“文明楼”。

2. 职工教育工作。要提高企业素质，首先要提高人的素质，要把职工教育工作作为第一道工序来抓。我公司十分重视职工教育，专门成立了职工教育领导小组，开设职工教育室，并通过选派人员到有关部门参加专业培训，请老师来公司辅导培训，自己组织师资授课培训和鼓励函授自学等方式，进行各项专业技术培训，班组长培训，新工人上岗培训和质量管理培训等教育提高工作。并把学习成绩记入职工培训台账，实行奖惩；同时作为提干、调资的依据之一。到1991年底，全公司已有68名同志取得了各类专业技术的等级证书和合格证书，占职工总人数的41.5%。根据国家经委和质量管理协会的要求，全公司具有初中文化程度的职工，已有 95 人参加全面质量管理培训和全国统考，占应轮训人员的 82.6%。出考率和合格率均达 100%。公司被县交通局评为 1990、1991 年度职工教育先进单位。有一位职工被评为 1991 年度局级职工教育先进个人。

由于我们在抓好物质文明建设的同时，重视精神文明建设，并取得了一定的成绩。公司被绍兴市交通局评为“1989、1990 年度双文明先进单位”，在省交通运输管理协会、省交通系统经理厂长联络会、省交通报社举办的文明建设评比中，1990、1991 年两次被评为“文明企业”。

四、经济建设工作

党的十三届全会以来，我们根据党中央“要把全党全国的工作重点转移到经济建设上来”的指示，努力加强企业管理，并坚持改革开放。除巩固和发展专业运输外，我们还开辟了汽车修理、汽配件经销、五金加工、小客车出租等生产经营业务。1991 年又兼并了商业局所属的百官横街路上的大众饭店，积极发展多种经营。同时，我们企业内部开展节能降耗活动，实行能耗、物耗的定额成本管理。由于我们在生产经营和企业管理上下了功夫，使企业的经济效益逐年得到提高。不但每年超额完成上级下达的生产指标和经济指标任务，并达到同行的先进水平。如全员劳动生产率、人均创利税、资金利税率等几项主要经济指标，均达到和超过了“省级先进企业”的标准。

五、切实改善劳动条件，保障职工身体健康

加强劳动保护工作，搞好安全生产，保护职工的安全和健康，不仅是党的一贯方针，而且是社会主义企业管理的一项基本原则。公司下属各部门、班组、制订安全生产责任制度，积极加强安全生产教育。根据工作环境和工种的不同，除按时发放工作帽、口罩、倒背衣外，每季度发放毛巾、手套及清垢日用品等。平时搞好环境卫生，特别如驻水泥厂装卸组，教育职工注意防尘工作，对汽修厂、五金厂等修理车间，注重于地面污染的清理，经常检查各种机具和安全装置，通风、照明等设备，发现问题及时督促有关部门处理。在车队随时注意进出车辆的检查，特别是易燃、易爆等危险品的运输、保管情况。在停车场及加油站严禁吸烟，并保持环境卫生。

1990 年，为进一步改善职工的居住条件，在 1985 年建造三十套职工住宅楼后，又新建了二十套五层的住宅楼，1991 年底使 20 户职工迁入新居。同时改善职工的就餐环境，公司在 1991 年修建了食堂餐厅。为了家居百官的职工上下班的安全和方便，公司在 1992 年特地购置一辆客车进行接送。对退休职工和职工家属的生活照顾，公司也做了大量的工作。为做好保护女工的安全健康，行政领导把改进女工的劳动条件，纳入安全生产规划。加强安全技术教育和普及安全生产知识，女工委员会负责和关心女工的安全与健康保护工作。

两个文明建设是一项长期的工作。1992 年我们面临的任务是极其艰难和繁重的。但我们已具备了完成任务的必要条件，我们将坚定不移地坚持党的统一领导，开展社会主义教育运动，深入贯彻江泽民同志的“七一”讲话精神，反对和平演变，坚定社会主义信念。进一步办好社会主义企业，坚持“两手抓”的方针，加强党的建设和思想政治工作，进一步加快改革开放的步伐，把深化经济体制改革和科技教育体制结合起来。充分发挥科学技术是第一生产力的作用，依靠科技进步，提高劳动者素质，为争创绍兴市级文明企业，作出我们不懈的努力。

上虞县第一运输公司　俞支援

一九九二年五月二十日

主副并重求发展　深化改革增效益

——在绍兴市交通企业工作会议上的发言

俞支援

各位领导、各位同行：

你们好！

今天，我代表上虞市第一运输公司，就我公司在深化改革过程中转换经营机制，拓展经营思路的一些经验和做法，向大家作一个简要的汇报，与同志们互相交流。我汇报的题目是：

主副并重求发展，深化改革增效益

一、公司概况

我公司位于上虞市西大门的东关镇，离曹娥铁路货运站仅 6 公里，离市区 8 公里，具有得天独厚的区位优势。公司创建于 1950 年，经过 40 多年的艰苦创业，公司面貌发生了深刻的变化。

如今，我公司已发展到拥有固定资产 398.2 万元，营运客货车 47 辆，计 92 座 275 个车吨位；现有正式职工 189 人。1992 年完成产值 372 万元，其中多种经营产值 152.5 万元，占主业的 41%。在生产经营上实现了运输（包括装卸）－汽车修理－汽配经销－五金加工－饭店旅馆的一条龙服务体系。并把经营范围延伸到珠宝首饰加工。公司多种经营的发展，促进了公司资产的合理配置，有力地增强了公司的整体竞争实力，形成了共同抵御市场风险的良性循环机制。

二、拓宽经营思路，实行多种经营，加快企业全方位发展

我公司创建初期，仅有 28 名工人，手拉车为运输工具。在 1950 年至 1983 年这 33 年间，公司从事传统的搬运装卸，发展如蜗牛爬行，举步维艰。截至到 1983 年底，公司仅有固定资产 48.7 万元，年营业收入 65.8 万元，营运车辆 16 辆，计 47 个车吨位。1984 年，公司响应邓小平同志的干部要年轻化、知识化、革命化的号召，进行了整顿，组成了富有创新精神、年富力强的领导班子，在非常困难的情况下，抓住改革开放的有利时机，开始了新的创业历程，加快了企业发展的步伐。

公司从 1984 年至 1989 年，大胆地选择负债经营，先后引进国产东风、解放、跃进汽车，及时调整车辆结构，扩大生产规模，形成了一定的规模经济效益，彻底改变了公司以前设备落后，小打小闹的局面，走上了专业从事货物运输，进入运输大市场的正常发展轨迹。

在发展主业的同时，公司领导认识到运输企业靠单打一的模式经营风险较大，必须扩大视野，搞多种经营。因此，公司把眼睛盯在了投资少、见效快的第三产业上。1985 年公司汽修厂对外承接业务，1987 年在原公司仓库的基础上，建立综合汽配经销部。在 1990 年运输市场不景气的情况下，及时作出巩固主业阵地，以副补主，苦练内功，大力发展第三产业的决策，新征土地建汽修厂房和经销部的营业场所，为以后的发展打好基础。1991 年跨系统兼并商业局下属的"大众饭店"，进一步扩大多种经营的范围。1992 年又延伸至珠宝首饰加工，成立了上虞市交通系统首家中外合资企业——绍兴运发珠宝首饰有限公司。1993 年我公司针对市场上黄金饰品热销，在珠宝饰品厂初具规模，技术力量和管理经验有一定积累的基础上，开发了黄金饰品的制造加工业务。首批技术培训人员已先赴沪学艺，加快了厂房改造和设备的购置安装。并多方筹措资金。这个项目得到了省交通厅、市交通局的大力支持。并聘请了有专长的教授作顾问，为打开销售渠道制订了有关的协议。我们还同上海理工大学签订了为期8年的技术合作协议，联合成立了华虞宝石饰品开发中心，并已聘请一名教授作为厂技术顾问。

我公司珠宝饰品厂的黄金饰品可望在10月份试产，年底前出产品投放市场。

为改善职工福利待遇，公司又支持工会兴办了“上虞电动门制造厂”。

三、深化内部改革，转换经营机制，实行多种形式的经济责任制

我们上虞市第一运输公司的发展过程，就是企业内部改革不断深化的过程，以改革促进企业发展的过程。我们在企业内部劳动用工和工资分配方面，进行了大刀阔斧的改革，不断完善和落实不同形式的、适合各部门特点的经济责任制。1986年实行工资全额浮动，核定利润指标，规定包交基数，超利分成。1987年在全市率先实行内部承包经营责任制，明确了各承包部门的责、权、利，推动了各生产部门解放思想、放开手脚搞经营、抓生产，企业经济效益不断提高。1993年我们继续完善经济责任制，并进行了新的尝试。

主要是：

抓好运输装卸这个主业，把下属部门分成五个承包单位，即汽修厂与经销部，车队与出租公司，一揽胜饭店，机械装卸队，五金汽配厂。制订经营承包责任制，有的实行利润指标考核和超利奖励的办法；有的实行风险抵押承包；有的继续推行拆账分成和效益挂钩的分配方式。对行政管理人员也采取精简，一职多兼，要求人在其职、必负其责的工作作风。

七月份，在落实经济责任制的过程中，引入激励机制与风险机制，取得了良好的效果。

承包单位之一的机械装卸队，在实行经济责任制后，打破“铁饭碗”，实施计件工资制，坚持多劳多得的分配方案，工资含量包干，全额浮动，同时与安全、质量挂钩。实施后，大大调动了职工的积极性，服务质量提高了。早上班，迟下班，多装快卸，月月超额完成生产计划。7至9月份职工月平均工资在500元左右，最高达到650元，比以往增收一倍。

车队回顾总结货车单车承包经营方案实施多年来的情况，本着既要解放思想，又要实事求是的原则，进一步深化改革，率先在小客车公司推行了车辆租赁经营。我们在落实小客车租赁经营做法时，采取了不同车型按现值的30%至35%由经营者一次性交纳车价款，并在签约时交付3000元的风险抵押金。经营期内按月上缴租赁款。经营期限与规定折旧年限相配套，期满后车辆和权属转移至经营者。并经公司批准同意，经营者交纳一定的管理费和挂靠费后，可挂靠本公司继续经营。在这里，我们的做法是承包与租赁相结合，弥补承包中存在的诸如拼设备的问题。车辆设备价款由企业与职工共同负担，减轻企业设备更新时资金困难的现状，加快设备更新。

实行租赁经营后，小客车月营收从原来5至六千元提高到七至八千元，利润从1至6月的亏损，扭亏转盈两万余元，职工收入由五六百元增加到1200多元，增加了一倍，取得了较好的效益。

在我公司发展历程中，在进行改革的过程中，我们都得到了各级领导、各界朋友的大力支持和帮助，得到了用户的厚爱。这里，我代表公司全体职工向他们表示衷心的感谢。1993年，我们的目标产值是600万元，创利税40万元，而1994年产值和利税指标，争取在1993年基础上再翻一番，在社会效益和经济效益方面再创新的成绩。

上虞市第一运输公司

1993年11月5日上午

附记：

这次绍兴市交通企业工作会议，会期三天，11 月 4 日、5 日、6 日。

绍兴市副市长娄光华、交通局局长王国伟等出席了会议。

上虞市由市委书记王润生带队，市委副书记陈维均、副市长谢卫星、交通局局长潘佳祥等参加了会议，领导们对此次会议非常重视。

俞支援代表上虞市第一运输公司，是本次大会的主要发言者之一。

在绍兴市交通局由金福标副书记所作的《振奋精神　抓住机遇　摆脱困难　壮大发展》报告中，专门有一段充分肯定上虞市第一运输公司成绩的话："地处东关镇的上虞市一运公司，这三年在发展多种经营中极大地壮大了企业实力，开设了汽车配件经营部、扩建了汽车修理厂，还把宾馆开到了百官，目前又办起了众人瞩目的黄金首饰加工厂……企业经济效益得到了明显提高。"

让退伍军人有用武之地

——在省“优抚安置”工作会议上的介绍

俞支援

我们上虞市第一运输公司于1984年开始，先后接收安置退伍军人35名。而今，已有4名担任公司或下属部门的领导职务，8人获得中高级驾驶员或汽修技工等专业职称，他们在企业的两个文明建设中，充分施展才能，尽显身手，成为公司的一支骨干力量。公司曾被县人民政府授予“优抚安置工作”先进单位的光荣称号。我们的基本做法是：

一、提高思想认识，热情接收安置。

我们上虞历来是个兵源较为充裕的县(市)之一，每年退伍返乡的战士不少。能否做好这些退伍战士的安置工作，对于增强全民的国防意识、稳定军心、维护社会安定有着十分重要的意义。我们认为：首先，接收安置退伍军人，这是一项社会责任，应与社会共担。适龄青年响应祖国号召，应征入伍，把人生最宝贵的青春奉献给了国防事业，他们碧血洒江山，艰苦守边陲，为了中国革命的胜利和社会主义现代化建设事业，立下了不朽功勋。而今，他们又响应祖国号召，退伍回乡，我们理应热情地欢迎他们，把安置退伍军人看作是一项社会工作、政治任务，负起应负的社会责任，必须与全社会来共同承担。其次，军人具有良好的素质。他们经过部队的多年培养，政治素质较高，能严守纪律，工作勤恳踏实，任劳任怨，有较强的责任心。加上经过部队培养的一些专长，只要能注意培养大胆使用，让他们在企业中施展才能，绝大多数都能成为骨干。第三，接收安置好退伍军人，这对征兵工作将起到推动促进作用。增强全民国防意识，青年参军，这是宪法规定的，是每个公民必须履行的义务。但他们也往往会从入伍后，地方政府对现役军人家庭的优待和退伍后安置等方面去考虑。如果这方面的工作做好了，征兵时，青年们踊跃报名，家长们积极支持；入伍后，又能安心服役，为国防建设做出贡献。而要做好安置，我们企业科负有义不容辞的责任。

这些年来，随着各项体制的改革，企业经营机制的转换，加之个别单位对安置工作的思想认识较为浅薄，致使上级安置部门与接收单位之间出现相互推诿、扯皮，甚至讨价还价等现象。这是一种极不正常的现象。我们虽是一个独立核算，自负盈亏的经济实体，但我们没有任何理由去拒绝接收这些“可爱的人”。

基于以上这些方面的认识，我们做到：一是不推不拒。对上级分配的名额，做到无条件接收。如今年上半年，一名伤残军人退伍，有些单位强调种种客观原因，不想接收。市安置办与我们商量，我们二话不说，接受下来。二是每当他们来公司报到时，我们总是先挂上横幅，贴出标语，大力宣传退伍光荣和安置退伍军人的政策及重大意义，在公司上下造成欢迎退伍军人到来的浓厚气氛。三是公司领导亲自接待，向他们介绍公司的基本情况，并询问他们有什么困难，对他们所担心的一些问题，给予解释安慰，并尽量予以解决，让他们能轻装上阵。

二、注意培养提高，积极开发使用。

退伍军人在部队这所大学校里受教育锻炼几年，绝大多数都具有较好的素质。但回到地方后，能否经得起各种考验，继续保持和发扬部队的优良传统和作风，能否让他们在企业中尽显才能，关键仍需要加强思想教育，重视培养和提高，并给他们创造一个宽松的工作环境，让他们在实践中充分发挥自己的聪明才智，从中把那些业务技术好、政治素质高的同志提拔使用起来。

为此，我们在培养使用退伍军人方面，一是做到量才使用。按照他们的专长和能力，分配工种，使其专业对口。二是组织培训。通过培训，提高他们的业务素质。每年，我们除了把退伍军人选送到有关部门参加脱产培训或参加函授学习外，还根据工种需要，在公司内部，组织举办驾驶员、汽车、机械修理及其他类型的短期业务培训班，使他们在技术上一专多能，精益求精。而今，这些退伍军人中，已有 8 人获得高级驾驶员或汽修技工的职称。三是加强思想政治教育。以能自觉执行各项规章制度。平时，我们经常研究分析他们的思想状况，有针对性地加强政治思想工作。特别是对退伍军人中的党员同志，更是严格要求，让其真正起到并发挥出一个共产党员的先锋模范作用。如前几年，公司根据运输业市场竞争激烈，搞大呼隆运输，效益低下的情况，决定在车队推行单车承包责任制。共产党员、退伍军人杜利明积极响应号召，第一个签订了协议。但在三年的承包期中，由于种种原因，未能完成承包指标。这对他来说，不仅经济上要受到一定的损失，而且周围一些议论，对他的思想压力也很大。公司领导一方面与他一同认真分析原因，总结经验教训。另一方面向他讲清履行协议的必要性，希望他能正确对待，放下包袱，处理好单位与个人之间的利益关系。通过疏导、教育，小杜不但承担了协议中的有关经济责任，而且在第二轮承包中，又第一个与公司签订了协议。四是提拔使用。让他们在企业中担当重任。这些年来，我们在注重培养教育的基础上，根据这些退伍军人各自的才能，大胆地使用他们。而今已有 4 位退伍军人担任了公司及下属部门的领导职务。这些同志，不负众望，在企业中充分施展才能，成为公司的骨干力量。如现任公司副经理、工会主席韩水夫同志，退伍到公司后中，业务技术较好，工作大胆泼辣，具有一定的组织管理能力。为此，我们极力向上级有关部门推荐，提升为副经理兼工会主席。这几年来，随着企业的不断扩展，业务交往也越来越多，每当经理外出时，老韩挑起重担，使公司各个部门的工作正常运转，受到全体职工的好评。

三、解决实际困难，消除后顾之忧。

俗语说，每个和尚都有一本难念的经。这些退伍军人，刚回到地方，由于种种原因，在恋爱、婚姻、家庭生活中，或多或少地会碰到一些实际困难。对此，公司及时了解情况，做到心中有数，并想方设法帮助他们解决。比如，个别退伍军人恋爱谈了好几年，但因无房，婚期只好一推再推，公司设法为他们解决周转房；有的爱人在农村，无工作单位，公司将其安排到下属部门中来，或出面与当地乡镇联系，帮助到乡、村企业工作；有的子女入学入托有困难，公司又亲自出面，设法联系，给以落实；有的家在农村，有承包责任田，遇农忙季节，我们又合理地安排好车运及其他生产任务，给这些同志实行轮休，做到公私兼顾。

由于我们在政治上对他们加强教育，工作上大胆培养使用，生活上关心照顾，因此，他们都感到：到一运公司来，感情上得到了安慰，人格上受到了尊重，生活上无后顾之忧，心情舒畅。使他们在本职岗位上，能尽心尽责，充分发挥聪明才智，为企业的两个文明建设做出了自己应有的贡献。如退伍军人、现任修理车间主任王坚定同志，1991 年，在企业资金比较紧张，设备一时添置不全时，他与厂部领导一起，自行设计、自己动手制造了四台机械设备，直接为公司节约资金一万余元。1992 年，他又带领职工们，自己动手，测量、设计，建造起十间简易修车棚，节约资金五千余元。

凡公司开展的各项活动和完成一些突击性的任务中，总有退伍军人在发挥着作用。如1992年上半年，车队开展“安全、优质、高效、低耗”的百日安全行车竞赛活动，评出的10多名优胜个人中，退伍军人就占了4名。

1992年9月，16号强台风侵袭我市，曹娥江水位上涨，堤塘冲垮，村庄受淹，国家财产、人民生命安全受到了严重威胁。当公司接到紧急出车、抢运草包等任务时，三位退伍军人二话不说，迅速驾车去执行任务。他们饿着肚子，连续奋战在抢险工地上，受到上级的表彰。

如果说，我们上虞一运公司在这几年来各方面取得了一些成绩的话，那么，退伍军人是功不可没。“桃李不言，下自成蹊。”他们兢兢业业、任劳任怨、脚踏实地、埋头苦干的精神，在公司全体职工中起到了潜移默化的作用。说心里话，我们公司，是欢迎退伍军人的。

一九九三年七月二十日

上虞市第一运输公司工作报告

1994 年 1 月

俞支援

在过去的一年里，我们公司围绕着 1993 年工作思路和设想，大胆开拓，奏出了一运公司改革和发展的新乐章。经过各方齐心协力，圆满地完成了 1993 年的年度生产任务。

一、1993 年生产计划完成情况

公司总产值实现 708.5 万元，其中：运输装卸收入 225 万元；工业产值 325.5 万元；商业产值 159 万元。实现利税 51.96 万元。分别占局下达明星企业考核指标的 141.7% 和 129.9%，比去年增长 90.46% 和 107.84%，全员劳动生产率 2.96 万元，完成装卸量 21.5 万吨；完成货运量 4.26 万吨，周转量 612 万吨公里；客运量 2.46 万人次，256 万人公里；全年总行驶 153 万车公里。

在 1993 年度的工作中，广大职工的生产积极性高涨，职工的收入有所增长，公司的整体竞争实力有了进一步提高。

二、企业改革和经济建设又有新的突破

1. 高效的企业管理机制形成

（1）坚持例行工作制度，及时发现问题，早发现早解决，及时做到上情下达，下情上报。

每月月底都要举行一次经理办公会议，由各部门的中层干部参加，及时把握生产形势，了解计划执行情况。对生产中出现的新情况、新问题进行研究，从而落实具体措施。

这是公司落实民主管理的充分体现，形成了集体管理的强大优势，保证了公司各项生产任务的顺利完成。

（2）进一步明确领导分工，规范各自的管理幅度，使权责平衡，指挥一致。

随着公司各项业务的扩大，多种经营的蓬勃发展，管理工作日益繁重，加强企业管理工作，已经成为公司进一步发展的关键，为此公司特别召开会议，通过文件形式，进一步明确分工，形成人在岗位、各司其职、协调配合的高效管理层。

（3）加强思想政治工作，提高干部素质，增强市场意识。

紧密联系国内政治、经济环境，进行形势教育，及时组织学习《邓小平文选》第三卷，进一步深入领会中央十四届三中全会关于建立社会主义市场经济体制的决定，解放思想，围绕公司的经济建设，开动脑筋、拓宽思路、明确方向、形成共识。

2. 推行经济承包责任制，深化内部改革，以分配制度改革为突破口，极大地调动了生产者的积极性。

承包单位之一的机械装卸队，在实行经济责任制后，实施计件工资制，坚持多劳多得的分配方案，工资全额浮动，工资含量包干，同时与安全、质量挂钩。

推行经济责任制，是为了改变企业管理的薄弱环节，尤其是在国内企业界普遍存在的工作标准不科学，缺乏严格的执行这一环节上。采取先跳过，后总结经验的办法，缺乏严格的执行这一环节上。采取先跳过，后总结经验的办法，为进一步完善企业管理大胆探索，大胆地试。邓小平在《文选》中提出“允许看，但要大胆地试，走对了，推广；不对，改正就是了”，这对干部放开手脚深化改革，开发生产力，尤其是劳动者的积极性，吃下了定心丸。

3. 围绕发展这一主旋律，公司上下拧成一股绳，群策群力。

公司下属的珠宝饰品厂，原系单纯为外地加工中、低档宝石戒面业务，不仅受制于外方，而且经济效益也不理想。公司决定跳出这个小天地，去闯大市场。经过对首饰市场的广泛调研，决心上黄金加工项目，争取上规模、上档次、出效益。在上级有关部门的大力支持和公司上下的一致努力下，于11月6日一举试产成功，这是公司抓住时机发展自己的重要举措。

公司下属汽修厂因公司单车承包，业务量受到冲击，他们一方面走出厂门，主动找业务；另一方面利用自己的地利之便，为方便往来于104国道线的车辆夜间修车，增设夜间营业，取得成功，弥补业务量的不足，赢得了车主的好评。

随着车队改革的进一步深入，租赁制改革的进一步推广，亟须加强驾驶员后备队伍的建设，从长期上看，社会上驾驶培训的需求渐旺，公司在着手培养本单位驾驶员的同时，争取有对外开展培训的资格。以扩大培训面，服务于社会，同时也为公司的发展开辟了财源。

4. 审时度势，加大改革力度，并努力向现代企业制度转轨。

（1）车队推行租赁制改革。

租赁制改革，是针对公司下属的小客车出租公司经营不景气的情况出台的。

我们的做法是根据不同车型和成色，测定租赁期限，月租金额度及一次性购车款数目；租赁期满后，车辆产权归租赁者所有。在实行时，采取了按车辆现价的30%~35%由经营者交纳，并在签约时交付三千元风险抵押金的办法，较好地解决了扩大再生产的资金瓶颈问题。

这项改革推行后，小客车出租公司的面貌得到了显著改观。小客车月营收从五六千元上升到七八千元，利润也由实行前的亏损状态一举扭亏为盈，职工的收入由原来的五六百元增加到1200多元。这种租赁形式，受到驾驶员的普遍欢迎。

（2）一揽胜饭店实行风险承包。

公司在1993年选择下属的一揽胜饭店，作为风险承包的试点，采取包死基数、确保上交、超利归承包者分配的方式。

这项改革出台之后，饭店上下变压力为动力，积极主动，为提高饭店的知名度和服务质量，不惜高薪聘请名厨掌勺，在同业竞争中走在前列，成效十分显著。

饭店为从根本上提高质量，准备1994年在优秀职工中培训一名二级厨师。

由于实行了风险承包，生产者的经营积极性大大增强了，提高了在目前竞争激烈的餐饮业，占有一席之地的生存能力和发展能力。

（3）珠宝饰品厂实行股份合作制改革试点，努力向现代企业制度转轨。

这是产权制度改革方面大胆引进股份合作制的成功经验。结合企业实际，经过长期酝酿，决定以下属的珠宝饰品厂作为公司在产权制度改革方面的突破口，是今年我公司在产权改革上迈出的重要一步。

为了使这次改革顺利进行，公司专门成立了股份合作制改革筹备领导小组。调动各方面的力量，在交通局的大力配合下，前期准备工作进展顺利，资金筹备逐步到位，公司的章程、招股说明书、实施方案、资产评估工作都按预定计划有条不紊地进行。公司计划在1994年1月正式按股份制机制进行运作。

5. 努力为企业发展创造良好的外部环境

（1）公司在珠宝饰品上黄金加工项目中，以让人信得过的方案取得了省交通厅、绍兴市交通局及市交通局的首肯和大力支持，因而在各个方面为这个项目的早日上马打开了局面，开了绿灯。

（2）公司的档案工作通过复验。

在公司的经济建设中，不忘基础管理工作，重视对档案工作的领导。档案工作做好了，在当今经济交往频繁的社会中，将有力地维护公司的信誉，减少不必要的损失和纠纷。今年11

月，经过认真仔细的工作，按照新的档案分类标准进行了重新归类整理，顺利地通过了市有关部门组织的复验。

（3）在现代信息社会里，公司注意到推销自己的重要，为此，特地拍摄了一运公司录像片。

6. 存在的问题：

（1）经济责任制仍需不断完善。

在思想上要防止两种倾向：一是认为实行经济承包责任制后，自己就是公司之外的一个自由体；二是认为既然实行了经济承包责任制，就是一脚踢，因而管理上出现松懈。

经济责任制，实质上是企业在探索科学管理过程中过渡性的措施，“以包代管”的提法是不准确的。包本身就是管，不过不是统管，而是有其侧重。因此在推行经济承包责任制时，应加强管理，加强工作研究，制定科学的工作标准，使企业管理避免盲目性，强调科学性。

同时也要继续肯定承包经济责任制中体现的激励机制。坚持多劳多得，奖勤罚懒的分配制度改革。职工怕的就是吃大锅饭，搞平均主义；加强管理和坚持分配制度改革是改革的两个方面，并不矛盾，不可偏废。

（2）安全生产形势严峻。

车队事故比去年有上升的势头，安全指标完成情况不妙。因此，应加强探索在新时期对安全生产工作的研究，同时也要加强对危险物质的管理，及厂区安全操作管理。

（3）应收款问题。

搞好盘活资金是企业面临的一个大问题。企业间信用的发展是社会经济发展的必然，但如不能很好地解决，问题就来了。因此在实际工作中，应收款长期占用，影响企业资金的正常周转，并进而威胁到企业的正常经营。因此，这一问题必须引起高度重视。

解决应收款问题，应三管齐下。一是树立法律意识，做好协调乃至法律上的解决，这就需要健全经济协议等具有法律效力的文件的管理；二是在经济活动中，要加强财务信用调查，做到心中有数；三是加强业务建设，加强收款员与财务部门的配合，加强相关人员的业务素质建设。

三、1994 年工作的目标、方针和工作思路。

1994 年将是我国经济发展的重要的一年，是我国社会主义市场经济体制宏伟蓝图提出后的第一年，国家改革的思路已渐明晰，大中型企业特别是国有大中型企业正在跳向市场，对小企业来说，这是“老虎下山了”。

长期以来，国有大中型企业受到政企不分的制约，在千丝万缕的关系中被捆住了手脚。但他们一旦放手进入市场，竞争力将是巨大的，他们在管理、信息、人才、信誉、科研等方面有很大的竞争优势。在产权制度为核心的改革深入以后，企业成为真正的市场主体，他们必然竭力抢占市场。对运输市场来说，对于长途货运特别是过境运输将形成特有的竞争优势。

另一方面，随着国家特别是浙江省的大市场、大流通、大贸易的形成和发展，市场的容量扩大了，运输市场的份额亦将会有较大变化。

浙江省经济的特点是小、轻、集，在新的经济形势下，面临着产业升级、结构调整的挑战，因此，小型企业在这方面大胆创新，走在改革和发展的前列是大有作为的。

1. 1994 年公司发展的目标

公司总产值达到 2400 万元，其中工业产值 2000 万元；商业产值 150 万元；运输产值 250 万元。

公司总利润达到 85 万元，其中工业利润 75 万元；运输利润 8 万元；商业利润 2 万元。

2. 1994 年公司工作方针

公司 1994 年工作方针是：“转换机制、确保重点、创效益、求发展。”1994 年工作的重点，仍然是珠宝饰品厂的股份制改革和建设。股份合作制改革是一个系统工程，在实际运作过程中还有许多工作需要去做，还需要在实践中不断丰富和发展。

效益是企业一切工作的出发点和归宿，是否以追求最大利润为第一目标，是检验工作成绩的有效尺度。

发展是公司永恒的主题，“逆水行舟，不

进则退”，只有不断壮大自己，才能适者生存。邓小平同志在《文选》中精辟地指出“发展才是硬道理”，这对我们的企业工作有现实的指导意义。

3. 1994 年公司的工作思路

（1）继续完善经济承包责任制。

要调整好各方面的利益关系，做到既充分调动职工的生产积极性，又有利于集体经济的发展壮大。

（2）搞好股份制的试点工作。

这点在公司 1994 年提出的方针中强调了，是重中之重，一定要把试点工作做扎实，搞成功。

（3）加快技改工作。

重点抓好对珠宝厂、五金厂的技改和汽修厂的检测站项目，总投入技改资金 180 万元，力争超额完成。

这是为公司的进一步发展，创造条件和开辟新的业务的需要，良好质量是要有先进的技术装备作保证的。因此，这是公司发展的硬件建设的需要。

（4)采取多种形式引进各类专业技术人才，加强职工的技术培训工作。

现代市场经济条件下的竞争，说到底是人才的竞争，谁拥有人才优势，用好人才，谁就必然会掌握市场的主动权。因此在这一方面，一运公司要高屋建瓴，迈出更大的步伐。

（5）安全生产工作。

针对 1993 年工作中出现的问题，我们要好好总结经验，把安全生产工作切实提到议事日程上来。安全工作不仅是对社会的基本承诺，也是事关企业生存和发展的信誉基础，切不可掉以轻心。如何调动各方面的积极性，避免流于形式，把安全生产真正抓起来，是检验 1994 年工作成绩的重要内容之一。

（6）精神文明建设。

发展社会主义市场经济的过程中，要始终坚持“两手抓、两手都要硬”的方针，对于社会中的拜金主义、享乐主义、腐败现象要坚决抵制，党员、干部、团员青年在这方面应严格自律，率先垂范。

展望 1994 年，我们充满信心，我们的目标一定能达到，我们的目标一定会达到。

最后，预祝大家在新的一年里阖家幸福，万事如意！祝愿一运公司在改革和发展中扬帆远航，不断取得改革和发展的双丰收！

上虞市第一运输公司

抓住机遇　发展自己

——在市交通工作会议上的发言

俞支援

同志们：

1994年市交通工作会议召开了。和上次交通工作会议相比，改革和发展又出现了新的情况、新的问题。如何面对新形势，抓住机遇发展自己，是摆在每个企业面前的一个重大课题。下面我结合我公司的实践，和大家做一个交流，供大家参考，并希望大家提出宝贵意见。

1993年，从我国经济的大环境来讲，是非同寻常的一年。体现在我国经济持续、高速、稳定发展上，体现在建立社会主义市场经济蓝图的确立上，还体现在一系列建立健全市场经济法规的制定、颁布和实施上。特别是以“统一税法、公平税负、简化税制、合理分权、理顺关系”为宗旨的税制改革的出台，将为公平竞争创造一个好的市场环境。

1993年，对我们公司来说，也是改革发展取得重大突破的一年。根据我们公司的实践，以下几点是我们在改革和发展中的认识。

一、正确确立基础经济和支柱经济的关系。

我们公司是以装卸运输起家的，至今风风雨雨走过了四十三个春秋，这是我们公司立足的基础。我们充分认识到，这个基础地位只有不断得到加强，才能在发展上做出大文章、大手笔。

如今，我们已拥有各类货车26辆计227个吨位，出租汽车、中巴车7辆计75个座位。1993年又进行了车辆的技术改造，使之运输结构更加合理，运力结构适应性增强，运输能力进一步得到提高。1993年，我公司超额完成局下达的生产计划，运输的基础地位得到了进一步巩固。

由于运输是派生性需求，直接受到工农业生产形势的影响，运输业的几度滑坡的教训也是深刻的。社会运力的大幅度增长，运输市场的竞争处在一种混沌状态，而专业运输企业又处在竞争不利的位置上。加上运输成本增长过快，变成每车压力增加。因此，面对运输业出现的种种挑战，有必要寻找新途径，减少或分解经营风险。全国各地的乡镇企业在“无工不富”的思想指导下，如火如荼地发展，我们同样也感觉到发展自己的工业是当务之急，这样能改变由市场机制确定的资源分配，经自我调节而得到新的配置，形成抵御市场风险的良性循环。

1992年，我公司经过努力，创办了上虞市珠宝饰品厂，开始了艰难的创业历程。至1993年，该厂已拥有了一定的技术力量，具备一定的生产加工能力，公司又决定加快发展，上马黄金首饰的生产加工。黄金饰品的需求市场渐旺，是一个成长率很高、但饰品占有率还较低的市场。从长远看，生产形势很好。预计1994年，我们公司工业产值将达到2400万元，创税利100万元，从而确立了它在公司经济建设中的支柱地位。

二、处理好改革与发展的关系。

“发展才是硬道理”，“问题的最终解决还是靠经济的发展”。邓小平同志的科学论断，对我们的工作有着现实的指导意义。公司先后认真学习了中共十四大文件精神，《邓小平文选》第三卷，及十四届三中全会精神，汲取营养，加深对社会主义市场经济的认识和理解，把发展列为公司生存的头等大事。

改革也是解放生产力，是推动发展的必不可少的组成部分。

我们公司在1987年，在局系统率先推行单车承包取得成功。1993年又在继续完善承包经营的同时，推行租赁经营的方式，进一步为运输生产创造一个较好的竞争环境。同时，大力推行内部改革，调动生产者这一生产力中最重要因素的积极性。为使珠宝饰品厂有个更好的内、外部经营环境，1993年，在经过长期酝酿之后，公司将正式引入股份合作的成功经验，进行大胆改革，并被列为局系统股份制改革的试点。

三、不断调整经营行为，增强企业在市场中的适应能力和生存发展能力。

在市场竞争中，不断探索企业发展的有效途径，及时调整企业行为。面向市场，使有限的人力、物力、财力得到优化配置，赢得市场，取得最大的经济效益。

现在我们公司纵向发展已形成客货运输一装卸一汽车修理一汽配经销一五金加工一餐旅业的一条龙经营格局，实现了企业资源配置的合理化。

在纵向发展的同时，扩大横向联合。我们公司珠宝饰品厂，已形成了一定的生产规模。为使它更好更快地发展，在市有关部门的大力支持配合下，与上海瑞祥金银饰品厂达成联营协议。这将使该厂的生产经营走上快车道。

1994年，将是我公司在改革和发展上取得初步成效的一年。我们的首饰工业刚刚起步，还面临着开拓市场的难题，还要不断研究消费者的消费需求，了解掌握新的加工工艺，最终达到自我研制，壮大企业在市场竞争中的实力和闯荡市场的能力。这项工作将是长期性的。只有不断吸收先进技术，品种不断推陈出新，加强包括服务质量、品种质量等在内的全面质量管理，才能赢得市场的垂青，不断扩大市场占有率。

由此，我公司将：

1. 1994年，将继续加大技改投资，加快对下属的汽修厂、五金厂的技术改造，珠宝饰品厂将迁建百官市区。

2. 继续深化改革，搞好股份改革，搞好股份合作制试点，使改革取得明显效益。

3. 适度扩大生产规模，加强运输能力。

国家的宏观调控，主要采取经济手段和法律手段，辅以行政手段，显示了市场在资源配置中的基础地位得到了加强。我国商品的市场调节面已达90%以上。运输的一大功能便是平抑物价，因而随着国家宏观调控逐步明确，将形成大流通的格局。国家在发展区域经济上的思路已形成共识，正在逐步实施。因而我国区域经济分工将向合理、高效方向发展。实现区域分工，作为联结的桥梁，因而运输业的前景是很好的。1993年农业是取得高产年，工业企业的产销率达到95%，同比往年，生产形势喜人。从各方面看，1994年仍将是我国经济保持较快增长速度、健康发展的一年。

从以上分析，搞好运输储备，扩大生产规模，适度超前是必要的。这样将能更好地服务社会，创造更好的经营业绩。

以上简单谈了几点，供同志商榷，谢谢！

一九九四年二月

股份制筹备工作报告

一九九四年五月二十八日

俞支援

各位代表：

上虞市珠宝饰品厂实施内部股份合作制改革的筹备工作，自1993年10月初股份制改革设想提出以来，到今天已基本结束。我受公司股份制筹备领导小组委托，向全体股东代表汇报筹备过程和筹备工作情况。

一．筹备过程：回顾半年多来的筹备工作，大体可分四个阶段

1.股份制设想的提出。上虞珠宝饰品厂实施股份合作制设想，是在1993年10月，在国家经济体制改革和企业经营结构发生重大转变的形势下，根据企业自身实际，经反复磋商后，作出的慎重决定。当时企业面临二个重大转变：一是：1993年初为珠宝饰品厂仅依赖于宝玉石饰品的单一生产加工、产品比较单调、市场销售率低、经营局面打不开、发展比较缓慢等多种情况下，企业领导解放思想、大胆开拓新的生产领域，利用加工宝石的优势，开辟金银饰品生产项目，闯出了一条新的路子。经多方努力和有关部门的支持，现已基本完成了与上海方的联营。企业经过超前投入超前培训，已基本具备了生产能力。这次转变不仅是珠宝厂跃上了新的台阶，而且是全公司继实施运输全面机械化转变后，在思想观念到实际行动上的一次重大转变。二是：在企业所处的大环境上，在邓小平同志南行讲话发表后，国家的总体机制开始转变，转换企业经营机制已列入政府工作的主要议事日程，特别是党的十四届三中全会提出建立社会主义市场经济体制后，企业面临着明确产权关系，依法自主经营的新的企业经营机制。

在此形势下，珠宝饰品厂为寻求企业的更大发展，我们竭力探求一种既与现行体制相衔接，又符合大环境和长远发展需要的经营体制。股份合作制机制给了我们很大启迪，同时经过对其他股份制企业的调查，充分分析了利弊关系，看到了实施股份制的重大意义，经公司党政联席会议决定，我们选择了走股份合作制之路。股份合作制，在本企业发展中的优势及目的、意义，已经在公司宣传资料和职代会上的动员报告中讲明，这里就不再重复。

2.前期准备阶段。股份制设想确定以后，我们立即开展了前期准备工作。首先根据风险的原则，为尽量减少入股股东的风险性，对珠宝厂开发黄金饰品项目后效益情况进行测算，预计出投资的收益率及主要风险因素。从发展的眼光看，我们认为，尽管有风险，但我们坚信收益要大于风险。同时我们是交通系统股份制实施的试点单位，为充分了解股份制企业的有关政策，我们多次向有关上级部门请教，得到了市体改办等部门的大力支持。其次是根据企业的实际发展需要和股份筹集可能，按保证筹集企业所需的发展资金，尽可能提高职工个人的入股分红比例的原则，明确了股本总额、股份组成及具体比例。在此基础上，在市体改办和市交通局的大力帮助下，于1993年11月底前完成了《上虞市珠宝饰品厂股份合作制实施方案》，明确了实施股份合作制的原则、形式、收益分配、股种设置、股份权利、管理体制等一系列框架。自此以后，股份制转入了实施阶段。在此同时，为使广大职工尽早了解股份制知识，了解公司实施股份制的意向，广泛地向全体职工宣传发动，取得大家的支持。

3. 清产核资和股本设置阶段。按有关政策规定，为确保全体股东的利益，在上级部门的支持的帮助下，于 1993 年 12 月中旬开始了清产核资工作。首先是委托市会计事务所，对经市交通局批准同意的市一运公司入股资产进行了清查核实，经核实投入了固定资产折价为 752432 元；其次是对珠宝厂截至评估基准日（1993 年 11 月 30 日）所拥有的全部资产进行了清查、盘点、核实和评估。至 1994 年 1 月 5 日，全面结束了清产核资工作。该项目企业评估资产和账面资产均为 2805153 元，其中，房屋建筑物为 538457 元，机器设备 213975 元，流动资产 1897553 元，递延资产 155167 元，减短期借款 125 万元，减应付款 555153 元，即至 1993 年 11 月 30 日，珠宝饰品厂自有资产 100 万元整（即一运公司投资入股部分），并由市交通局作了资产确认。

按股份制实施方案，在资产评估的同时，对各股种设置方案，进行了再次探讨和确定。本着有利于体现企业自主经营，有利于调动职工积极性，有利于企业加快发展的原则，共设置了法人股、优待股、职工个人股和外来投资股四个股种。法人股即是由市一运公司投入 100 万元总资产，划出优待股的剩余部分；优待股即是按个人现金股总额的 1 / 2，分配到个人的资产部分；职工个人股即是公司内部职工按入股配额，自愿投资入股的部分。考虑到企业发展离不开外来支持，因此对部分关系单位想购买公司股权证的，设立了外来投资股。

为体现公平、合理的精神，在确定职工个人入股配额分配工作中，首先向市体改办领导请教其他股份合作制企业，内部配额分配的一般原则，并借鉴上虞卧龙电机工业公司经验，根据职工工龄、职务和贡献等因素进行分解，并在职务、贡献项目分配上，采用筹备小组集体探讨，确定的原则，以维护其公平性。

4. 决定的实施阶段。至 1994 年 1 月中旬，股份制申报工作就绪。并于 1 月 23 日经市体改办批准，同意在珠宝饰品厂实施股份合作制。至此全部准备工作已基本结束。根据珠宝饰品厂原隶属于上虞市一运公司的实际，为尊重职工意愿，倾听职工意见，在 1 月 30 日公司职代会上，我们筹备小组把实施股份制的决定、股份合作制实施情况，全部递交职代会审议决定，取得了全体职工代表的一致同意。这表明我们在选择股份制的大方向及在股种设置、股份配置等具体细节上是符合职工意愿的。

经职代会通过后，我们立即着手实施工作。首先是开展宣传，一月底至二月初在公司五个场所，张贴了《招股通知书》和内部配股方案，并把开展入股登记的通知和入股登记表，分发到全公司的每一个职工手中，（包括退休工人）。针对部分职工概念模糊的实际，公司中层级领导经短期学习，驻点各地解答职工疑难。在 2 月 2 日至 2 月 8 日第一次集股期间，广大职工踊跃认购。考虑到外来投资股人员分散、组成关系复杂的实际，公司适当延长集股时间，至 4 月底，个人现金集资股工作已全面结束。

为加快股份制机制运行，根据企业实际需要和集股中出现的问题，本着实事求是的原则，对《章程》草案在股东代表推荐方面的部分条款，我们作了修改，使之更切合管理机制的实际需求，并于 5 月 27 日完成了股东代表推选工作。

二、筹备结果

1. 股本筹集结果：到月底前，公司共筹集股本金 210 万元，按股种分类，其中法人股 45 万元，占 21.43%；优待股 55 万元，占 26.19%；职工个人现金股 69 万元，占 33.7%；筹集外来资金 41 万元占 26%。

2. 股东代表产生结果：因职工个人股认购和外来投资股认筹的实际数额与计划相差，本着民主管理，集中方便，兼顾内外，有利发展的原则，按法人股推选四名代表，职工个人股每 288 股推选一名代表，外来投资股，每 1025 股推选一名代表的方法，共推选出股东代表 28

名。其中在职工个人股推选上，我们采取分片划组的方法，以小组认购现金股总额协商推选出股东代表。

各位代表：股份制筹备工作，在上级部门的大力支持下，在全体职工的关心拥护下，进展顺利，达到了预期目的。

最后祝我们股份制企业日益兴旺，各位股东多多进财。

上虞市珠宝饰品厂一九九四年工作报告

一九九四年五月二十八日

上虞市珠宝饰品厂董事长　俞支援

各位股东代表：

首先，我代表公司董事会，对在座各位代表的信任和支持表示衷心的感谢。今天，上虞市珠宝饰品厂首届股东代表大会的召开，标志着本厂股份制运行机制全面实施的新纪元的开始。各位代表经过全体股东的民主推荐，肩负着全体股东利益的重托，代表着他们的民主意志，履行着股份制公司的最高权力。现在根据公司《章程》的规定，我代表公司董事会，向股东代表大会汇报股份制工厂 1994 年工作安排和生产计划。

1994 年是我们珠宝饰品厂股份制机制实施的第一年，也是本厂黄金饰品正式开始生产经营的第一年。1994 年企业的生产经营业绩，将对股份制企业今后的发展起着至关重要的作用。自珠宝饰品厂从 1991 年 12 月创建以来，短短的两年半时间里，已积蓄了丰富的首饰品生产经验，培养了大量的金银珠宝饰品一体化生产加工的技术人员，找到了有益的合作伙伴，配备了必需的机械设备，初步形成了经营管理和安全保卫体系，具备了金银饰品一体化生产加工的独特优势。所有这一切，都为今天股份制企业的实施奠定了较厚实的基础。在 1994 年这经营机制、经营重点全面创新的关键性一年中，我们工作的总方针是：以加强技改培训为重点，以完善内部管理为基础，独立自主求发展，保证质量求信誉，拓展市场，稳步发展，努力提高企业效益和股东收益。

1994 年厂的发展目标：

1. 实现工业产值　　2400 万元
2. 完成销售收入　　2000 万元
3. 实现利润　　80 万元
4. 职工人均年收入　　5000~5500 万元
5. 公司资产增值　　80 万元
6. 个人投资收益率　　35~40%

工作的设想主要有以下几个方面：

一、加强技术培训，加强技改投入。

目前国内金银饰品消费市场，已逐步由保值型向装饰型发展，消费者越来越注重于饰品的款式和内在质量。随消费者观念的改变，精巧特色饰品逐渐成为饰品市场的主流，我厂因生产黄金饰品的时间较短，在职工的技术素质、花样翻新及机具设备诸方面，都还存在较大欠缺。与市场上一流的产品相比，在款式、制作等方面，尚存在一定差距。为提高产品的竞争力，计划首先在技术培训和技改上下大力气：一是继续抛本聘请外地师傅来厂传艺，直至完全掌握各道工序的整个工艺。二是尽早落实与上海瑞祥金银饰品厂的培训协议，安排台湾首饰行家，对本厂从事各道工序工艺的全体职工，进行技术辅导和培训，直至掌握一流的工艺和技术。三是注重市场信息，及时更新款式，购置必要的模具设备。四是购置黄金成色分析仪，以确保质量，提高信誉。五是今后厂发展需要，提前准备，投资 140 万元，在百官镇市区内新建一幢八间六层生产管理用房。目前该工程土征及配套费缴付已结束，即可动工兴建，预计今年年底可结顶。

二、努力做好金银饰品经营许可证申领工作，为厂自主独立发展打好基础。

目前厂仅凭一纸与上海瑞祥金银饰品生产经理部联营合同，开展金银饰品生产经营，此终非长久之计。对本厂长期发展将会造成极大威胁，企业也因此会丧失主动权，潜伏着很大危机。因而必须取得合法独立经营手续，因国家对金银制品的严格限控，金银饰品经营许可证申请手续较多。公司自今年二月开始申领工作后，已经上虞市、绍兴市二级人民银行同意，报中国人民银行浙江省分行待批。为加快申领进度，一是要发扬锲而不舍的精神，集中一定精力全力争取；二是积极争取市委、市府、银行等上级部门和上海联营方的有力支持，调动各方力量帮助争取；三是对在申领工作中起关键作用的有功人员给予重奖。

三、抓生产，力求稳步发展；促销售，拓宽市场领域。

黄金饰品生产行业所需的流动资金较大，而厂目前自有资金数额有限，加上初涉金银饰品行业经验上不足。为此要力求生产与销售环节的相对平衡，在生产发展上做到：一是力求稳步上升。根据目前金银饰品市场仍保持较好势头，宝玉石饰品市场有所回升的形势，适当增加生产计划，避免快速发展时，企业正常生产经营带来的冲击。二是努力保证现有原材料供应渠道的稳定。进一步密切与供应方的相互关系，增强双方了解和信任。三是进一步扩大流动资金的来源渠道。在取得上级主管部门和地方银行支持外，积极努力争取省交通厅专项贷款和上海人民银行的支持。四是在生产销售上争取广泛打开销售渠道，拓宽销售市场：一方面是扩大销售队伍，增强销售力量，打开全国其他城市特别是南方城市的销售门路，通过制订促进销售等优惠政策，提高销售人员积极性，并以比其他企业更优惠的条件，吸引其他地区（城市），其他企业的销售人才为我所用；另一方面是在原东关门市部的基础上，在百官镇闹市区选址新设销售服务部，既增加销售渠道，又扩大工厂的影响。

四、抓好基础管理及安全保卫工作

在开展内部股份制机制运行的同时，首先进一步抓好基础管理工作，建立起一套规范的内部管理制度和操作规程。要充分借鉴其他金银饰品生产企业的现金管理经验，加强对职工规章制度的宣传和教育，通过制度建设不仅在生产、管理等方面有章可依，而且还保持厂技术、销售队伍的稳定，避免人才流失。其次是加强安全保卫工作：一是加强公司经济民警队伍建设，提高人员素质，保证人员的精干、得力，配备必要的防范器械甚至枪支弹药。二是加强对职工的安全宣教，提高职工的安全意识，防止发生人为事故。同时制订厂的保密制度，禁止传播透露公司的重要信息，包括进原料、发送产品等信息。三是加强对重点部位的防范和贵重物、剧毒品的保管，禁止无关人员进入重要地区，尽量避免外单位部门到本厂参观等活动。

五、争取发展横向联营，努力向外向型经济发展。

目前公司在生产经营上还未成大气候，在销售渠道上局限较大。为此：一是积极探索与国内同类厂家的横向经营，争取他们的设备、资金、技术，促使企业加快发展。二是寻求在销售关系上的联营合作，拓展产品的市场销售。三是加快与国际、国内饰品市场的信息沟通，力争打入国际市场。四是重点寻求与国外带先进设备、先进工艺及有国外销售渠道的伙伴合资经营，吸引先进技术为我所用，借助对方渠道，帮助开拓国际市场。

各位股东代表：珠宝饰品厂股份合作制运行机制，自今天起正式拉开了帷幕，股份制把厂整体利益和全体股东的利益紧紧捆在了一起。作为厂董事会，我们将恪守《章程》，认真执行股东代表大会的决议，尽心尽力地履行自己的职责。同时我们也热忱希望全体股东代表发挥主人翁作用，积极参与厂的经营管理和生产建设。

我们坚信，在全体股东和衷共济，团结奋斗下，我们厂一定会兴旺发达，各位股东也会取得满意的收益。

试论运输企业增强活力的途径

长沙交通学院毕业设计

俞支援

（内容提要）

一、企业发展概况和交通运输业在经济建设中的地位

二、增强运输企业活力的途径

（一）抓领导班子建设

（二）抓经营方式改革

1. 加强调查研究

2. 转变生产经营模式

3. 确立六个观念

4. 强化生产指挥

5. 开展多种经营

（三）抓企业内部配套改革

1. 简政放权，划小核算单位

2. 改革分配制度，实行全面承包

3. 改革用工制度，调动生产积极性

（四）抓现代化管理

1. 全面质量管理

2. 计量工作、计划管理和财务管理

（五）实施股份制改革试点

1. 股份合作制改革的含义和目的

2. 实施股份合作制的有利条件

3. 实施股份合作制第一年的发展目标和今后发展渠道

（六）抓思想政治工作

1. 加强思想政治工作的重要含义

2. 思想政治工作要深化

3. 组织机构要一体化

4. 方法做到艺术化

三、增强企业活力的有力支柱——发挥党组织在企业中的战斗堡垒作用

一、企业的发展概况和交通运输业在经济建设中的地位

“兵马未动，粮草先行”，交通则是经济建设中先行者，地方经济的振兴与交通运输业的发展，更是密不可分的。“交通兴则百兴旺”。特别自党的十一届三中全会以来，为促进改革开放和经济建设，交通运输正以雷霆万钧之势急骤增长，快速地适应着运输市场不断增长的迫切要求。

上虞市第一运输公司从1950年的一张白纸，28根扁担靠装卸货物起家，发展到目前，已是拥有200多名职工的集体企业。客货运输车辆50多辆，计300多吨位和160个客座，码头装卸吊机7台，输送机27台。下辖一个货车队，一个小客车队，一家汽车大修厂，一家汽配综合经销部，饭店、旅馆以及近年兴办的珠宝饰品厂等10个部门，拥有固定资产530万元。

企业的经济建设和基础管理，从1984年起，由单一的固定经营方式，逐步走向正规的和多种经营形式，并逐步以现代科学管理代替传统管理，不断从自身的实际出发，依靠广大干部职工，由小到大开拓发展，并坚持改革，开拓新路，讲求实效。经过经营机制的改革和企业基础管理的加强，经济效益逐步提高。1993年总产值实现708.5万元，利税51.96万元。1994年将达到2400万元和总利润85万元的目标。

二、增强运输企业活力的途径。

企业之所以取得显著成效，主要是近几年来从改革入手，集中力量抓了下列几件事。

（一）抓好领导班子建设

1988 年经上级批准，公司实行经理负责制。经理上任后，首先进行领导体制的改革，把一些懂业务、会管理、敢创新的同志，先后提拔走上各级领导岗位。为了使经理负责制贯彻实施得到保证，党支部及时向经理移交生产经营指挥决策权和中层行政干部任免权。同时，公司制定了党支部、经理、职代会三个条例的实施细则，理顺了党、政关系和分工。新建立起来的领导班子围绕“建设有中国特色社会主义”理论的指导思想，紧随形势的发展，不断改革实践，坚持认准一项改一项，看准一条改一条。先后作出了改变运力结构、调整大吨位车辆、加强技改等方面的决策。

（二）抓经营方式改革

随着党的改革、开放，搞活政策的落实，运输市场出现了千家万户搞运输、四面八方争货源的激烈竞争局面。为了适应这个局面，运输企业把工作重点转移到改革经营方式，进行转轨变型上来。

1. 加强调查研究

加强调查研究，了解内外情况。在外部情况看，社会车辆猛增，争夺货源激烈。同时，由于运量大于运力，形成市场空白；从企业内部看，车型单一，缺少大吨位车辆，企业的经营方式墨守成规，很不适应；并局限于指令性计划；没有牢固树立“用户至上，信誉第一”的观念等等。通过调查，确定经营战略和发展方向，为改革提供了依据。

2. 转变生产经营模式

生产经营模式转变为开拓型经营。经营管理由过去等客上门，转向“面向社会，为用户服务”；车辆调配由过去的以车订货向以货订车发展。

3. 确立六个观念

（1）市场观念。搞好市场调查，及时采取对策，采取多种方式，承揽货源。

（2）质量观念。以质量求生存、求发展、求效益，把质量作为企业和每个职工必须遵循的服务宗旨。

（3）用户观念。关于分析用户心理，解决用户困难，信誉第一，用户至上。

（4）时间观念。按照用户需要，随时提供运力，强调准确及时。

（5）竞争观念。适时改变经营方式。发挥本企业优势，满足多变的市场需要。

（6）效益观念。围绕着经济效益这个中心，开展经营管理。

4. 强化生产指挥

建立以主管生产的经理（副经理）和调度为首的，对运输生产实行全权调度的指挥系统；建立从货源受理、计划编制、车辆调度、现场管理到运输结算的一整套科学管理程序。并制订了相应的标准，实施承揽上门，送货上门，计费上门的做法。信得过、热情周到的新型服务工作作风，赢得了客户信赖。

5. 开展多种经营

一业为主，多种经营，向更广阔的领域开拓。公司坚持以运输、搬运、装卸为主，向经营的深度和广度开拓。先后设立了汽车修理、汽配经销、五金加工、小车出租、饭店旅馆。近年又创办了金银珠宝饰品企业和为改善职工福利的工会企业——电动门制造厂等多种经营服务项目。实行一业为主，多种经营，不仅解决了富余人员和待业青年的就业问题，而且扩大了经营门路，给企业增加了活力，增加了经济效益，为持续、扩大、改善更新运输设备等，提供了资金周转的保证。

（三）抓企业内部配套改革

为了实现既经确立的企业经营战略和发展方向，公司在企业内部实行了一系列的配套改革，主要做了三项工作：

1. 简政放权，划小核算单位。

简政放权，划小核算单位，调动了下属部门搞活经济的积极性和主动性。公司先后调整行政领导班子，下放干部。按照划小核算单位的政策规定，对公司下属 5 个具备划小核算条件的部门，实行独立核算，自负盈亏，工商登记注册，银行单独立户，自主对外经营。对其余5个部门实行内部核算，自负盈亏。经过划小，实行分级放权管理，调动了各部门的积极性，各部门的经营活动得到了增强。其中有两个部门超计划完成生产指标任务。

2. 改革分配制度，实行全面承包。

公司取消过去统一分配的办法，根据各部门不同情况，实行不同的承包方式，对每种承包责任制的提奖形式，作了详细规定。并结合其他经济技术指标，提出了约束条件。对部门负责人年初出具“军令状”（交付一定的风险金），年终核算。对完成指标的，退还风险金，超产给予一定比例的奖金；完不成任务的，按比例扣除风险金，取消奖金。好多部门把工资、津贴、奖金捆在一起浮动，上不封顶，下不包底。对车队、小客车公司实行单车承包，逐步实行租赁承包，避免了拼设备等不良倾向。

3. 改革用工制度，调动生产积极性。

1988年起，经上级批准，对装卸工实行了农民轮换工或招聘的用工形式。这样，一方面使企业可以灵活合理地安排这部分劳动力，缓解了劳动力不足的困难；另一方面，对这部分农村劳动力与公司正式工一视同仁，实行无限计件工资制。这就有力地调动了他们的积极性，提高了运输生产的装卸效率。

（四）抓现代化管理

公司从1984年开始推行现代化管理方法。在应用中，注意传统的管理方法和实践经验相结合。1988年公司实行经理责任制后，改革的步伐迈得更大更扎实，经营机制日臻完善，经营管理更加深化，整个企业充满了生机活力。同时，也提高了企业的整体素质。

1. 全面质量管理。

抓全面质量管理，促进基层管理工作规范化。公司在原来管理基础上，推行全面质量管理，促进了科学技术的进步和生产力的发展。自1985年成立全面质量管理组织后，开始着手抓提高运输、装卸服务质量，巩固和扩大业务阵地等项工作，正确摆正生产与质量的关系。从而，在货运客户中树立了较高的信誉，稳定了车运生产和搬运装卸业务。为保证车辆设备的完好，又开展全面质量管理活动，成立TQC领导小组，并开展以车辆完好率为课题的攻关活动，在1987年绍兴首届TQC成果发表会上，我们发表的“处女作”，深受好评。

2. 计量工作、计划管理和财务管理。

计量工作是企业生产和经营的基础。对完善管理，促进技术进步，提高企业素质起到重要作用。1988年我们企业组织了计量工作班子，建立了8名人员的计量体系，制订了计量管理制度。对计量器具进行了鉴定和配套，相互配合，规划、草拟和绘制了各部门的计量器具，配备的分布和周检图及管理结构图等二十余幅，1988年底，通过县计量管理部门的验收，取得了合格证。

在计划管理中，实行确定的方针目标管理，在公司、部门、班组三级展开，使企业的各项管理工作，在公司总方针目标下统一协调起来，提高了企业管理的有效性。

在财务管理方面，一是采取各部门分别进行经济核算，每月公布的形式，及时把生产经营情况与广大职工见面，让大家心中有数。二是抓住成本这一综合性经济指标，运用目标成本管理的原理，实行成本控制，月底汇总，上报公司审核。

（五）实施股份合作改革试点。

1. 股份合作制改革的含义和目的。

进行股份制试点的目的在于转换经营机制，提高企业科学决策水平，使企业能够发展得快一些。其次是筹集资金。以发挥股份制的功能。公司经过近几年的不断改革，虽取得一定进展，但某些深层次的症结难于解脱。如企业产权模糊，职工和企业无法以其所有者身份，维护企业的长期利益；经营机制缺乏自主性和灵活性；分配制度摆脱不了平均主义；劳动制度僵化，缺乏约束力等等。为了突破上述改革难点，公司根据改革的最终目标和现实中各种可能条件而实施股份合作制，把按劳分配与股金分红相结合。

2. 实施股份合作制的有利条件。

企业为贯彻实施社会主义市场经济体制，尽快转换机制，参与市场竞争，努力提高经济效益，把下属珠宝饰品厂从原来单一为外地加工宝玉石界面，拓展经营为金银饰品的生产加工项目。并经公司党政领导班子反复商量、探讨、比较以后，提出珠宝饰品厂实施股份制的设想，并交职工代表大会审议通过。鉴于公司在几年前与几个小型运输单位，几乎处在同一起跑线上，经改制到目前，企业规模、经济效益、人均收入则已经远远超过了他们。这主要靠的是企业顺应形势，大胆改革。同时，企业在全系统中最早实施单车承包，逐步过渡到租赁承包。但目前面临的形势又有较大转变。企业要走向市场，在社会主义市场经济体制下自主竞争、生存和发展，企业完全要依靠自身；职工的利益完全要依靠企业发展。从这一考虑设想，确认必须理顺产权关系，逐步改变经营体制，明确实施股份制是企业今后长期发展的目标，是谋求企业的更快发展和职工收入更好改善的有效途径。

由于珠宝饰品厂创建以来，在短短的两年半时间里，已积蓄了丰富的首饰品生产经验，培养了大批的金银珠宝饰品一体化生产加工的技术人才，找到了有益的合作伙伴，配备了必需的机械设备，初步形成了经营、管理和安全保卫体系，具备了金银饰品一体化生产加工的独到优势。这一切，为股份制企业的实施，奠定了较雄厚的基础。

3. 实施股份合作制的第一年发展目标和今后发展渠道。

（1）实现工业产值 2400 万元；（2）完成销售收入 2000 万元；（3）实现利润 80 万元；（4）职工人均年收入 5000 ~ 5500 元；（5）公司资产增值 60 万元；（6）个人投资收益率 35% ~ 40%。

争取发展横向联营，努力向外向型经济发展。

由于企业在生产经营上还未成大气候；在销售渠道上局限较大。为此，一是积极探索与国内同类厂家的横向联营，争取他们的设备、资金、技术支持，促使企业加快发展。二是寻求销售关系上的联营合作，拓宽产品市场销售。三是加快与国际、国内饰品市场信息的沟通，力争打入国际市场。四是重点寻求与国外带先进设备、先进工艺及有国外销售渠道的伙伴合资经营，吸收先进技术为我所用，借助对方渠道助我开拓国际市场。

总的来说，企业是国民经济的细胞，是社会主义市场经济体制的微观基础，是改革、发展、稳定的主体。企业活，行业才能兴旺。同时，企业必须成为自主经营、自负盈亏、自我约束、自我发展的商品生产经营单位，能按客观经济规律，主动、积极地参与国内外市场竞争。当前要在社会主义市场经济大潮中，尽快转换机制，狠抓管理，苦练内功，全面提高素质，尽快增加效益。实践证明，观念不新，企业难活。有了新观念，才会有新思路。因此，在市场经济条件下，企业的生存和发展，观念创新才是永恒性主题。

（六）抓思想政治工作

1. 加强思想政治工作的重要含义。

近年来，随着改革的逐步深入，交通运输企业正发生着日新月异的变化。企业的产权关系在变，经营方式在变，分配制度在变。总之，企业的生产关系变得越来越适应生产力发展的需要，正常企业是昂首阔步走向前所未有的社会主义市场经济。在这一伟大的变革中，思想政治工作不但不能须臾离开，而且显得更为重要，更应重视，不能有所忽视；只能大大加强，不能有丝毫削弱；只能改进提高，不能止步不前。否则，没有强有力的思想工作，党的理论、路线、方针、政策和我们的奋斗目标，又如何能为群众理解和掌握？党和政府所推行的一系列改革措施，又如何能得以顺利实施？改革中出现的思想认识问题，又如何能及时加以疏导？伴随改革开放出现的一些消极倾向，又怎么能及时加以消除？所以加强思想政治工作，是建设有中国特色社会主义的重要保证！

2. 思想政治工作要深化。

思想工作要强化，首先认识要深化，交通

运输企业在改革中承受的风险，较之其他行业要更大一些。它流动分散，跨地区、跨行业，又使管理的难度成倍增加。每一种新的改革举措，均会涉及人们利益关系的新的调整，上下沉浮，都在情理之中。各种思想认识，各种矛盾纠葛，各种现实问题也会成倍涌现。所以，要充分认识思想工作在当前改革中的重要作用。没有认识的深化，就不可能把思想工作摆到应有的位置上。

3. 组织机构要一体化。

企业是生产单位，经济效益始终是它的中心课题。所以加强思想工作，从组织机构上要做到党政一体化。谁抓经济工作，谁就义不容辞地也要负责思想工作。企业的各级管理人员，都应把思想工作作为自己的一项工作职责，要积极主动地去做，并且逐级考核、逐级落实。凡是不做思想工作的企业管理人员，都应看作是一种失职行为，应毫不犹豫地追究其责任。

4. 方法做到艺术化。

思想工作应当融入各种生动活泼的形式中去，尤其要把“情”和“理”结合起来，在“理”中赋“情”，在“情”中寓“理”，使“情”与“理”巧妙结合，融为一体，使之产生巨大感染力、说服力和凝聚力。要达到这样的效果，思想工作者就必须注重学习理论，学习科学文化知识，努力提高自身的思想素质和艺术修养，做到严于律己，为人表率，这是做好思想工作的重要前提。

三、发挥党组织在经济建设中的战斗堡垒作用。

企业党组织和每一位共产党员，在各个部门中是“双文明”建设的排头兵和先行者。他们在党支部的领导下，在各自的岗位上做出显著的成绩，发挥了一定的战斗堡垒作用和先锋模范作用。在当前新的历史条件下，在发展社会主义市场经济的实践中，党员要不断加强党性锻炼，刻苦学习，深入领会邓小平同志建设有中国特色社会主义的理论，大力弘扬新时期的创业精神。公司党支部将一如既往带领全体职工，勇当“领头雁”，在改革大潮中提倡敢闯、敢试、敢冒的精神。党支部要始终坚持“三个有利于”的标准，在改革中无私无畏、大胆探索。在组织建设中，不断“吐故纳新”，增加新鲜血液。企业党组织和全体共产党员，要牢记党的全心全意为人民服务的宗旨，坚定不移地贯彻党的路线和各项方针政策，做解放思想、实事求是的模范，做反对各种消极腐败现象、廉洁奉公、发扬社会主义新风尚的模范，继续在各自的岗位上建功立业。这是我们事业成功的关键和增强企业活力、实现长期兴旺发达的可靠保证！

1994 年 11 月 10 日

悼念韩水夫同志

俞支援

今天我们怀着沉痛的心情，举行追悼大会，大家一起来悼念韩水夫同志。

原中共上虞市第一运输公司支部委员会委员、副总经理、工会主席韩水夫同志，因突发脑溢血，经全力抢救，医治无效，于1995年6月23日早晨6时50分，在居住地光明村不幸逝世，享年52岁。

韩水夫同志1944年1月出生，上虞市中塘乡光明村人。于1960年在上海南汇周浦中学毕业后，回光明村参加农业生产劳动。1964年至1970年间去部队服兵役，参加过抗美援越战争。1966年5月光荣加入中国共产党组织。他历年被部队评为“五好战士”，1968年荣立三等功，并多次受营部嘉奖。担任过班长，总后勤文工团教员。1970年至1976年11月，在中塘光明小学担任民办教师。1976年12月进公司工作至去世。他曾任机装队队长，机修组组长，1987年起历任工会主席、党支部委员、副总经理等职务。

韩水夫同志在公司的发展建设中，不遗余力，积极带领生产一线的职工，艰苦劳动，实干巧干，脚踏实地地做好各项工作，出色地完成了历年的生产任务。在企业整顿、加强管理、完善各项制度中，他积极参与制定企业的各项制度、章程，为企业的升级与提高经济效益献计献策。特别在改革开放的年代里，他为推行单车承包经济责任制，说服驾驶员和自己的亲属参与改革，做好组织落实等工作，在市场经济体制改革的大潮中，企业实施内部股份制试点，他又积极参与，为振兴企业经济是尽心尽职。

韩水夫同志在主管工会工作中，配合党支部认真做好团的组织发展和女工委工作。他关心职工，为改善职工的生活、福利，1992年起兴办工会企业——市电动门制造厂，发挥了应有的作用。公司工会多次被市总工会命名为“五星级”工会，他自己历年被评为先进生产工作者、优秀共产党员、优秀工会工作组织者等。

韩水夫同志拥护党的各项方针、政策，热爱企业，在思想上、政治上、行动上，与上级党组织始终保持一致。

韩水夫同志是第二、三、四届工会委员，副主席、主席及党支部委员，他服从组织、工作踏实，生活俭朴，廉洁奉公；他平易近人，关心职工，团结群众；他顾全大局，始终保持着共产党员的本色。

他的去世，给我公司带来很大损失。我们全体干部职工为失去这样一位好同志、好领导感到无比悲痛！

我们要化悲痛为力量，学习韩水夫同志一心为集体、爱国家爱人民的优良品德，为企业的经济发展作出不懈的努力！

韩水夫同志安息吧！

中共上虞市第一运输公司支部
上虞市第一运输公司
1995年6月24日

个人业务工作总结

俞支援

随着经济体制的改革与深化，让我深深懂得一个企业经营的成功与失败，取决于管理者的正确决策和专业技术素质水平的高低。积极变革，勇于开拓，具有讲求实效的经济头脑，适应市场经济体制的发展轨迹，是领导者要把握的至关重要的一个课题。

我于1972年10月步入上虞市第一运输公司的前身——仅28位老工人起家的东关搬运站。前后又通过20多年的变革，自己不断进取，从一张白纸发展到目前拥有540万元固定资产（原值）、货运汽车40多辆和小客车10余辆，具有一定规模的汽车大修厂和汽配经销部，以及饭店、旅馆、珠宝饰品厂、交通汽配厂等十个部门，近200个固定职工（不包括临时合同工等）的一家初具规模的运输企业。至于能发展到这样，靠的是党的十一届三中全会以来的路线、方针、政策和公司科学的经营管理；干部、职工等具有一定的专业技术素质和艰苦的创业精神，才使企业不断发扬壮大，迈上了新的台阶。

从一个刚由初中毕业，为了担负生活的重荷，过早跨入社会生活的我，在这家不起眼的搬运小站，开始人生起步，先是作为学徒被分配在机修车间劳动。由于得到大家的关心和帮助，自己主观上的努力、爱岗敬业，于1975年，我被提拔到车间主任的岗位。这是我走上企业管理，抓班组建设，从事运输企业经营管理工作的开端。

在老师傅的传帮带及边学习、边实践、边琢磨中，逐步掌握了汽修技术和汽驾技能。第一次亲手组装“浙江130型”轻型汽车，自制拼装“58-1”式柴油三卡多辆，为企业发展、检修机动车辆开创了新局面。期间，更激发了我的工作信心和钻劲。从书本知识中寻求管理小型运输企业的途径，立足基层，狠抓班组管理。从繁重的人力搬运装卸转入机械化生产的萌芽状态时，把原来的修理车间从传统的敲敲打打及做工无定额、质量没指标、好坏不奖惩，逐步走向适合小企业较为先进的现代化管理上来，并对自己定下了严格的要求：根据工作方针，提高业务基础技术，一专多能并探索运输企业经营新路子。我深信，经营管理得当，企业才能增效益、快发展。从此，我在汽修车间开始推行定额工时维修，奖金与工时挂钩，修理质量考核，原材料修旧利废奖励等一整套行之有效的制度和管理办法。不少办法还在当时的县交通系统中作了介绍和推广，为今后企业整顿、班组建设制订各项管理条例，孕育了雏形。

1984年，经主管局的审查考察和东关镇人民政府来单位民意测验，以及通过职代会的民主选举，我被推上了东关搬运站站长的领导岗位。随即，我根据国家形势发展和企业实际，坚持走改革之路，着手搞企业整顿，制订出各项管理制度，创“文明单位”，建“职工之家”，干部职工团结协作，通过几年的努力，终于使企业发生了可喜的变化，为集体争得了荣誉，取得了较为理想的经济效益。

技术进取无止境，成绩面前不停步，学习管理经验，增长管理才能，形势的快速变化，学习新知新技是时时迫在眉睫的事。尽管我已掌握了汽修、汽驾专业技能等，但远远不够，深感文化素质的重要。于是，我又找机会努力学习“汽运经营管理”，又先后参加了1985年5月，省交通学校“汽运经营管理”的专业学习，获得了交通运输财会、统计、计划和现代管理等知识。1987年9月至1988年10月，交通系统举办“汽运管理”函授班，我学习了“汽运企业管理基础知识”；绍兴市交通局举办的初级经济专业《政治经济学》的学习培训，我考试成绩优良，并获得了大专学历证书。我还参加了经济管理干部国家考试指导委员会的“国家厂长（经理）资格统考”，均取得了合格证书。后来还参加了1989年8月省质量管理协会“全面质量管理基本知识”考试，1989年11月深圳招商局蛇口工业区培训中心《现代企业管理》学习、考试等，均取得很好成绩，做到了无愧党和政府的厚望和栽培。

通过这一系列的不断学习、锻炼和在本企业的实际运作，我先后撰写出《深化企业内部分配形式，完善各部门的经济责任制》《挖掘企业内部潜力，深入开展“双增双节”，提高经济效益》等文章。在《全国汽运企业深化改革实例选编》（交通部公路局运务处编）一书中，还刊登了我单位1986年推行的《实行“超奖负赔”经济责任制》一文等，为企业今后管理经营决策奠定了基础。

在我单位正式批准升格为“上虞县第一运输公司”一年后的1989年，由于国家治理整顿和宏观控制，流通领域遭受萎缩，许多企业面临严峻考验。交通运输行业相应受到制约，运量锐减、成本增多、资金周转不畅等等。在此形势下，我作出了深化改革经济责任制，完善内部经营管理，并从试点单车承包到全面推行。本着“国家、集体、个人”三者利益紧密挂钩的原则，分别测定各车辆的承包基数（确定折旧基金、大修理提存、税金上交、利润、企业管理费及福利费等六项基数），并确定承包一定、三年不变。通过部门协助、亲友帮助等，多渠道开辟业务来源，人、车发挥出了前所未有的效益（单车承包当时在我县是首创先河）。1991年结束了第一轮单车承包后，修订某些条款，把重视安全生产提高到重要位置上来，又顺利地开展第二轮单车承包。

根据党的十四大文件精神，遵循“一个中心、两个基本点”的工作思路，回顾总结货车单车承包经营管理方案，实施四年多来的情况，本着既要“解放思想”，又要“实事求是”的原则，进一步深化单车承包经营的配套改革。我又率先在小客车出租公司，推行“车辆租赁经济责任制”。具体办法：根据不同的车型和成色测定租赁期限、月租金额度及一次性购车款数目；租赁期满以后，车辆所有权属于承包者。这种一步到位的承包方式，从根本上避免了“拼设备”现象的产生，又稳定了驾驶员队伍。最重要的是企业的资金效益和资金周转，实现了早几年就知道的目标，掌握了经营主动权，明确了企业发展方向。1993年下半年，对货车也全面铺开“车辆租赁”工作，促使货车第三轮承包责任制的落实，朝着正确的方向健康发展。

随着交通运输业的发展，汽修行业在各地正如雨后春笋般涌现，竞争十分激烈。公司所属汽修厂在当时资金不足、机械设备简陋、职工人数增加，严重影响维修业务之际，企业内部开展了“增产节支”、“创造发明”、“合理化建议”和“岗位练兵、技术比武”等活动。因组织发展到位，在厂内部引起了练兵高潮。同时，除开辟“汽修、汽配日夜营业”，并与北仑港车辆部门联系设立“北仑港系列特约维修站”等。在1991—1992年中，先后自行设计、制造“多功能电动减速自控举升吊机”等四台机械和多台零星设备，又发动电工，自己动手完成对一幢20套五层新宿舍和汽修厂、饭店等部门的水电安装。更有机械装卸队的职工，自掏腰包进行节约电力等的改革措施，一举为企业节省开支近五万元。

在市场经济大潮涌动下，企业为确保主业发展，更新客货车辆，企业又走出了跨行业发展的重要一步，创办了“上虞珠宝饰品厂”。进而与上海瑞祥金银饰品厂生产经理部展开联营，在上虞建立了分厂，成为上虞首家金银饰品生产厂家。1994年5月，对珠宝饰品厂实行“股份合作制”试点。这是我们在产权制度改革方面，大胆引进股份合作制的成功经验，结合企业实际，经过长期酝酿而迈出的重要一步。其他如把下属五金厂扩大变更为“交通汽车配件厂”，兴办“化工”行业，并为改善职工福利，支持工会资金，又创办工会企业电动门制造厂等。

综上业绩，既有上级领导的重视、关注、支持，也有通过多年的实践、改革和完善了各种经济责任制所获得的回报；既有干部、职工群众的同心协力的付出，也撷取了兄弟单位先进的经验，结合我企业的有机运用，取长补短，不断创新，使企业由此不断迈上新的台阶。

二十年来的学习、工作实践，更使我增长了许多科技知识，积累和吸取了不少成功的经验和失败的教训。当前改革开放的道路还很长、很远，也还十分艰巨，我们绝不掉以轻心，“雄关漫道真如铁，而今迈步从头越”，胸有成竹地沿着经济体制改革的战略决策，排除前进道路上的各种困扰，把企业改革持续、快速、健康地向前推进，我将继续作出不懈的努力、鞠躬尽瘁、与时俱进。

浙江省上虞市第一运输公司

一九九五年四月二十日

关于“八五”计划执行情况和制定“九五”计划纲要的报告

上虞市第一运输公司五届二次职代会的报告

总经理：俞支援

各位代表：

辞别了硕果累累的“八五”计划的最后一年——1995年，迎来了充满生机和希望的“九五”计划第一年——1996年。值此一元复始、万象更新之际，我就我们公司第八个五年计划的执行情况和第九个五年计划的制定纲要，向大会作报告，请予审议。

一、“八五”计划执行情况的回眸

公司自党的十一届三中全会坚持以经济建设为中心，坚持四项基本原则和改革开放以来，认真学习和理解邓小平同志倡导的建设有中国特色的社会主义理论，紧紧依靠上级党委和主管局的领导，全心全意依靠全体干部、职工的共同努力，进一步解放思想，加大改革力度，在牢牢把握住运输这块主业的同时，多业齐发，经济建设取得了显著的成就。不断完善单车承包及各部门的经济承包责任制，职工的收入及福利待遇有了明显的提高；企业的经营管理和基础管理在深化改革中，得到了进一步加强；精神文明和物质文明意识有了明显增强。当然，在改革的道路上，并不是一帆风顺的，也遇到了一些挫折和困难。但是这些困难，在上级领导、公司一班人、全体干部、职工的努力下，顺利地克服了。“忧能兴邦”，尽管“八五”期间是曲折五年，我们还是战胜和克服了经济工作中的重重困难，胜利地完成了我公司在“八五”期间所确定的各项主要任务。

经济建设成效显著

“八五”期间（1991～1995年），公司共完成总产值5674.17万元，比“七五”期间的915.77万元，增长619.6%。

实现利税216.14万元，比“七五”期间的140.77万元，增长153.5%。

完成货运量23.45万吨，比“七五”期间的30.5万吨，下降了23.11%。

装卸量96万吨，比“七五”期间的142万吨，下降了32.4%。

完成客运量13.68万人次。

“八五”期末，公司已有营运货车38辆，计278.5吨位，小客车14辆，大客车1辆，计200个座位。

五年来，公司已完成固定资产投资437万元，比前五年增长758.7%。到“八五”期末，总固定资产已达641万元，为企业振兴，打下了坚实的基础。

不断完善经济承包责任制

“八五”期间头一年，公司对各车辆进行技术改造和大修，新增大货车四辆，增添“夏利”轿车三辆，并与承包者签署了第二轮单车承包合同。1992年对小客车实行了单车承包，同时试行向社会公开招标承包。1993年起，针对下属的小客车出租公司经营不景气的情况，推行根据不同车型和新旧状况，制定租赁期限、月租金额度及一次性购车款数目。租赁期满后，车辆产权归租赁者所有的租赁责任制。较好地解决了扩大再生产的资金瓶颈问题，面貌得到了显著改观。从原来月营收只有五六千元，上升到七八千元。职工的收入由原来的五六百元，猛增到1200多元，使小客车出租部门扭亏为盈。同时也受到了驾驶员的普遍欢迎。公司还对下属九个部门实施经济承包责任制，核定利润基数，超利奖励，对承包经营者在完成指标的前提下，实行优惠重奖，进一步明确责、权、利之间的关系。同时，各部门根据公司下达的主要指标，再层层分解到各个车间、班组及个人。在分配上坚持向“脏、苦、累”和一线生产工人倾斜。对兼并后的“一揽胜饭店”（原系县商业综合公司下属的“大众”饭店）实行风险承包。采取包死基数，确保上缴利润，超利归承包者分配的方式。通过五年的一系列改革，使经济责任制得以更加完善，获得了较好的经济效益和社会效益。

职工的收入及福利有了明显的提高

“八五”期间，公司支持工会，拨款1.2万元和厂房及设备，创办了“上虞市电动门制造厂”，使职工的待遇进一步提高。为解决部分职工的住房困难，公司为职工集资兴建了一幢五层宿舍楼，出资2.4万元修缮和装饰了原来的一幢五层宿舍楼，部分已出让给职工。1995年底，在百官又集资建造了十六套职工住宅楼。到“八五”期末，职工的住房已达4600平方米，人均居住面积达20多平方米。职工食堂、餐厅也作了大量改造。增加了餐厅设备，改观了餐厅环境，增加了菜肴品种，注重饮食卫生，保证职工身体健康，使职工有了较舒适的就膳场所。公司医务室始终如一地对老、弱、病、残的职工和退休工人进行治疗和服务，坚持小病不外医，既节约了费用，又方便了职工，使职工能全身心地投入到企业的经济建设中去。公司还专门购置了客车，坚持每天接送百官、东关两地职工的上下班。按上级有关部门文件的精神，1994年，公司调整了企业退休职工的退休金和给在职职工进行了增资工作。仅33位退休工人补发工资就近万元，每月公司增加支出1085元，职工人均增资达61元。到“八五”期末，职工人均年收入已达5500元，比“八五”计划的预期目标，人均年收入2500元，增加了一倍以上。

企业的经营管理和基础管理得到了进一步加强

“八五”期间的第一年，公司工会召开了四届一次职代会，成立了由党、政、工、团、妇联组织产生的“企业管理委员会”。凡公司的重大决策出台，均须广泛听取职工群众的意见，重视职工群众的建议，并通过“企业管理委员会”讨论加以实施。充分发挥“企管会”的作用。公司在对各部门推行承包责任制的同时，对看不出“经济效益”的公司行政、后勤一线，采取了精简富余人员的做法，一职多兼，减少了不必要的行政费用支出，提高了办事效率。

档案管理是企业的一个重要组成部分，是维护企业经济效益和历史真实面貌的一项基础性管理工作。“八五”期间，公司各种门类的档案通过利用达94次，共113卷，查全率和查准率达到百分之百，得到了上虞市档案局、交通局等单位组成的“档案管理复验小组”的首肯，复验合格。汽修厂被绍兴市运管处评为“优良企业”，1994年经上级批准晋升为大修厂，公司多次被交通局命名为“明星企业”。公司工会被市总工会评为“五星级”工会。财务分析、计划统计、定额管理等也取得了较好的成效。“八五”期间，公司的领导管理者及职工的文化，有了进一步提高。企业的兴衰成败，与领导者的文化知识直接相关，为此，总经理率先在百忙的工作之中抽出时间，进湖南长沙交通学院杭州函授部学习、深造，至今，已获得大专学历和经济师职称。公司领导班子及中层以上干部经过进修培训，有的已晋升为技师、高级技工、高级驾驶员、助理会计师等。“八五”期间，已有25名职工领取了各类专业证书、技术证书。到目前为止，在我公司工作的大中专毕业生已达8名，大大提高了企业员工的整体素质。

精神文明与物质文明意识有了显著的增强

“八五”期间，为了实现《浙江省在公民中开展法制宣传教育的第二个五年计划》的目标，增强全体干部、职工的法制观念，公司根据上级部门的有关部署，制定了教育计划，成立了由骨干组成的“二五”普法教育小组，采取辅导学习、自学互学，参赛人员达到两个百分比。“职工之家”及文明单位均验收合格。利用“一运月讯”等宣传工具，宣传爱国主义，编写了《社会主义精神文明建设的基础性工程》《新的伟大的工程》等文章。为展现公司自改革开放以来的一系列变化，反映一运新风貌，我们特地邀请电视台拍摄了一部录像片。这既是展示一运服务项目、产品的广告片，亦是一部昔日一运艰苦创业的回忆片，更是一部激励一运人向更高境界迈进的奋斗片。为配合社会治安综合治理工作，公司专门发文并开展了“查禁赌博、集中整治”等活动。党员、干部带头做好表率，邻里之间、楼群之间各自做到“门前三包”，优美环境，团结友爱，互帮互助，敬老爱幼已蔚然成风。几年来没有发生重大的民事纠纷案件。

股份制企业在改革的大潮中崛起，在激烈的市场竞争中拼搏运行

1992年年底，“上虞市珠宝饰品厂”在我公司诞生。1993年在市体改办、市交通局的大力支持配合下，公司专门成立了珠宝饰品厂股份合作制改革筹备领导小组，筹集资金，制定公司章程和招股说明书、实施方案及资产评估等一系列工作。并于1994年1月正式按股份制机制运行。这是改革开放中涌现出来的新生事物。珠宝饰品厂是我公司的重中之重的部门，全体干部、职工尤其关心、注视企业的发展与变化。“八五”期间珠宝饰品厂创建三年来，从宝石外地加工，发展到现在的金银珠宝饰品生产、加工一条龙，其中遇到了很多的曲折和挫伤，然都被我们一一克服了。如宝石真伪鉴定、技术人员的培养、机械设备的添置等难题，公司从北京、上海、杭州聘请了教授、技师进行面授，已积蓄了一些制作经验，从而创造出了金银珠宝一体化生产加工的独特优势。经与上海瑞祥金银饰品公司联营销售的情况来看，效果较为显著。但由于受国家宏观控制，金银饰品不能保值的舆论宣传等诸多因素的影响，带来黄金首饰销售市场疲软，销售价格普遍下跌，这是不可抗拒的事实。

为此，经董事会反复权宜，作出转换经营思路的决策：一是在立足原来黄金、珠宝首饰生产加工的基础上，开辟适应市场形势的纯银制品。这样可以减少投入资金，又可加速资金周转。二是加强和扩大销售队伍，多方联系销售渠道。如工矿、企业单位的厂庆，周年纪念活动，及新大楼落成的各种银质纪念牌的制作，这是一个可开发的领域。三是向内挖潜，降低制作消耗和生产成本，杜绝不必要的开支。经过实践证明，上述的决策是明智的，思路是正确的。至今上海一块黄金首饰销售额已达2729万元，纪念牌已销出4200块，销售额已达40万元。并且增加了银餐具、出生纪念牌等花色品种，产品已销往嵊县国商及各大宾馆，还有温州、新昌、绍兴和上虞人民医院等地，销售形势比较乐观。并已为1996年及“九五”期间的销售市场，打下了扎实的基础，金银制品经营许可证的申领可望在1996年完成。

“双增双节”成效显著

“八五”期间，公司坚持深入持久地开展“双增双节”和“安全为了生产，生产必须安全”活动。“八五”期间安全工作大有进展，为企业节约了不少无形资产。全体干部、职工艰苦创业，充分发扬当家做主的企业主人翁精神，涌现了举不胜举的好人好事。据不完全统计，他们的实际行动，已为公司节约资金达8万余元，确是我们应该认真学习的榜样。公司为有这样的敬业奉献精神的好同志而骄傲！为此，我提议，全体代表及参加会议的同志们为他们鼓掌，以示鼓励。

“八五”期间，公司工会在企业经济建设和经营管理中，充分发挥了民主参与、民主监督的作用，在关心职工的福利待遇、解决职工生活的后顾之忧等方面，做了大量的工作。发挥“职工之家”作用，开展多种有益于文明、身心健康的业余文化娱乐活动；每月4号为退休工人按时报销医疗费用，从不间断；每年组织优秀生产（工作）者去外地疗养、参观、旅游活动；为认真贯彻《中华人民共和国劳动法》，根据“浙劳改〔1995〕”第103号《关于全面实行劳动合同制度若干问题处理意见的通知》和市人民政府〔1995〕第17号、市交通局〔1995〕第78号文件精神，为确保我单位全面实行劳动合同制度，我们利用黑板报等宣传舆论工具，广泛宣传劳动法。经过五届二次职代会讨论、审议、修改，通过了《公司劳动合同制工人管理暂行规定》；规定共分六章23条，公司的工作时间也已调整为每周40小时以内，保障职工实际生活水平，不因物价上涨而下降，并已付诸实施。全体职工的劳动合同，也已在“八五”期间签订完毕。工会还积极开展“送温暖”工程活动。95年内连续发生的几件车灾人祸事件，公司工会及干部职工都自发地竭尽全力，妥善处理，做好善后工作，显示了公司内社会主义大家庭的温暖，增强了企业的凝聚力。

共青团在做好党的得力助手的同时，密切配合公司行政，带领广大团员青年投入生产第一线，结合贯彻《爱国主义教育实施纲要》精神，激励团员、青年树壮志，爱中华，爱企业，将青春的年华献身于社会主义现代化建设事业。

充分发挥“女职工委员会”的作用，深入开展“双学双比”和“巾帼建功”活动，在第四次世界妇女大会在北京召开之际，大张旗鼓地向社会宣传妇女的作用、地位，依法维护女职工的特殊利益，认真抓好计划生育工作，号召晚婚晚育，做到无计划外生育。无计划生育我们历年达到100%，受到上级有关部门的表扬。

各位代表：公司在五年中所取得的各项成绩，是我们坚持以经济建设为中心，以邓小平同志建设有中国特色社会主义理论为指导，加大改革力度的结果；是上级主管部门正确领导和公司党政班子及各部门相互配合，齐心合力真抓实干的成果；也是公司全体职工同心同德、艰苦创业、敬业奉献结下的硕果。至今，企业的面貌已发生了巨大的变化，这来之不易的成绩是有目共睹的。在此，公司向全体干部及部门的管理人员和职工同志及职工家属，表示的敬意和感谢！

在总结回顾“八五”期间取得的成绩的同时，我们也必须看到许多不足之处和薄弱环节，有待于在今后工作中加以改进。诸如指导思想上急于求成和对创造性改革缺乏经验，拜金主义、享乐主义思想在极少数同志中时有产生，对制度的制约性力度不够，少数职工干私活起劲，对集体利益漠不关心，留职停薪及辞退职工有所增加。在推行承包责任制中，少数承包者认为既然由我承包了，我就是公司之外的一个自由体，出现了管理上的松懈。在应收款问题上，还需树立法律意识，健全经济协议等具有法律效力的规章管理，财务信用调查及业务员素质亟待提高，安全工作还需常抓不懈。

党在社会主义初级阶段关于“一个中心，两个基本点”的基本路线，是指引我们胜利前进的正确路线。五年来，公司按照这条正确路线昂首阔步前进，大刀阔斧改革，经济形势趋于明显变好，“八五”计划已顺利完成，这些已经为实践所证明。为使企业经济效益更上一个新台阶，我们要在对“八五”计划执行情况进行回顾的同时，认真总结经验，纠正不足，以避免今后工作中的失误。

二、“九五”期间企业经济发展计划和奋斗目标的制定

看“八五”，干“九五”，奔向新世纪。党的十四届五中全会通过的关于制定“九五”计划和2010年远景目标的建议，提出了跨世纪的宏伟蓝图。

公司为结合本企业的实际，提出“九五”期间经济发展的指导思想：牢牢把握住“抓住机遇，深化改革，扩大开放，促进发展，保持稳定”的大局，正确处理好改革、发展、稳定的关系，坚持把提高经济效益作为公司经济工作的中心，全面准确地理解只有发展才是硬道理，在增进效益上敢于争先，反对等、靠思想，树立寻、闯观念。

在实际工作中，我们要紧紧把握以下要点：

1. 所谓寻、闯观念，就是在激烈的社会主义市场竞争中，去寻找并占有适合我们企业有一席之地的市场。“九五”期间，我们仍然要把珠宝饰品厂的工作作为企业重中之重来抓，一定要办得大有起色，无愧于企业的一颗明星，无愧于交通系统乃至上虞市的“一枝独秀”行业。在尚未单独申领到人民银行金银饰品经营许可证之前，生产纯银制品，代加工黄金饰品；加强销售队伍，大胆开拓质优、品多、人无我有、经得起市场考验的银产品，并打入大市场。经济效益，说到底不是天上掉下来的“馅饼”，等不来，靠不住；只有抓住机遇，深化改革，不断探索新思路，灵活转换脑筋，敢闯，敢冒风险，才会得到实在的乃至可喜的效益。按部就班、歇歇脚、养养神的松懈情绪，最终要被改革大潮所淘汰。

2. 在巩固“八五”成绩的基础上，更加完善承包责任制。打破平均主义、吃大锅饭思想，真正体现多劳多得、少劳少得、不劳不得的社会主义分配原则，身在其位，必负其责。

“九五”期间，公司的奋斗目标为：总产值“九五”期末力争达到一个亿元，实现利税500万元以上；货运量“九五”期末累计达到25万吨，周转量“九五”期末达到350万吨公里，年均分别增长5%—8%；实现客运25万人次。“九五”的第一年在更新车辆的同时，要完成做好报废陈旧车辆的工作；固定资产“九五”期末要突破800万元。

“九五”第一年要扩建1775平方米的修车场，并调整车辆修理结构，发展小客车、轿车的维修业务，以适应汽修行业的市场竞争；在竞争中争效益，发展壮大集体经济。积极参与密切配合公司入股的上虞市汽车综合性能检测站的工作，使之配套我公司的汽修业。汽修厂工业产值要在1996年50万元的基础上，年均增长15%。“九五”期末达到87.5万元，利润要在1996年15万元的基础上，年均增长5%，“九五”期末达到18.3万元。

综合经销部商业销售额要在1996年100万元的基础上，平均增长12%，“九五”期末达到157.3万元，利润在1996年7万元的基础上，年均增长7%，期末达到9.2万元。

机装队：要广揽业务，争取在“九五”期末，累计完成装卸量100万吨，多创利润。

车队：“九五”期间累计实现货运量25万吨，周转量350余万吨公里；客运量25万人次，客运周转量110余万人公里，利润50万元。

水泥装卸一、二组：到“九五”期末，累计实现产值250万元以上，职工分配收入随着业务量同步增加，要在1996年65%的分配基础上略增。

电动门厂：“九五”期末必须按公司及工会每年下达的产值及利润上交数，按时足额地上缴，力争超额，以提高公司职工的福利待遇。

汽配厂、一揽胜、运发饭店：“九五”期末，必须按公司每年出台的工业产值、商业销售额及上交数，按时足额上缴，力争超额。

珠宝饰品厂：应摸清96年销售渠道，勤进快销，及时回收代销款，多出效益。领到金银制品经营许可证时，另下达指标。

在珠宝厂及公司办公楼迁移百官时，公司准备再投入必要的配套设施资金，用于珠宝厂扩大再生产。

“九五”期末，人均年收入争取达一万元及以上。

在抓好物质文明的同时，继续促进精神文明建设。积极争取创省、市级文明单位；继续办好《一运月讯》和《交通安全简报》，增加宣传内容，及时表彰各部门的好人好事；继续巩固汽车安全例检工作；巩固“职工之家”，成立图书室，开辟阅报栏，积极开展丰富多彩的文体活动，活跃文化娱乐生活，学习科学技术；积极开展企业的基本建设，技术改造和生产挖潜；努力转变经济增长方式，向结构优化要效益，向经济规模要效益，向科学管理要效益。

进一步加强和完善党的领导，加强基层党组织建设。“八五”期间，公司党支部已吸收了7名优秀职工加入了党组织，增加了新鲜血液。“九五”时期，我们要在生产第一线中，把那些为企业默默无闻敬业奉献的同志、为企业献计献策、忘我劳动的骨干分子，吸收到党内来。在他们中选拔干部，挑选接班人，进一步加强党组织的政治核心作用，推进企业经济建设不断开拓前进。

各位代表、同志们：摆在我们面前的公司的“九五”计划及奋斗目标是宏伟的，任务是既艰巨又光荣的。我们具备很多有利条件，面临着良好的发展机遇。只要我们在邓小平同志建设有中国特色社会主义理论和党的基本路线的指引下，公司上下团结一心，脚踏实地，开拓进取，艰苦创业，我们的目标一定会达到，也一定能实现。

一九九六年二月六日

公司五届四次职工代表大会暨一九九六年度先进表彰工作报告

上虞市第一运输公司一九九六年工作总结

总经理：俞支援

一九九六年公司紧紧围绕经济建设这个中心，以公司既定的“九五”宏伟规划为奋斗目标，在上级主管局的正确领导下，发扬“开拓创新业，务实求效益”的企业精神，全心全意依靠全体干部、职工的辛勤劳动，营造了精神文明建设与物质文明建设同步发展的良好氛围，为“九五”规划的开局之年，开了一个好头。具体工作体现在：

一、物质文明建设方面

（1）经济建设成效显著。1996年，公司共完成总产值1102万元，占指标的107.2%。其中运输营收342.9万元，占计划的102.7%；工业产值759.1万元，占计划的131.8%；创利税82.1万元，占计划的246%；完成货运量6.32万吨，占计划140%；周转量438万吨公里，装卸量12.5万吨，占计划104%；完成客运量4.9万人次，客运周转量145万人公里。

（2）牢牢抓住经济效益的中心，抓调整。随市场经济体制改革的深入，1996年中，企业自主竞争的格局进一步显现。在竞争的大环境中，企业走过了极不平凡的一年。特别是珠宝饰品厂这个公司的龙头单位，付出了极大的艰辛。因金银首饰饰品行业竞争激烈，市场饱和及我们企业自身与同行业比力量弱小，和不扎实、不完善的基础，1996年初，企业一度生产经营困难。

公司领导班子分析市场情况，调查摸底，大胆抛出实行企业产品结构调整的思路，实行了主导产品由金银首饰品向金银工艺纪念品方向的转移，并围绕这个转移开展了职工培训，设备结构调整等系列工作。自9月份起，生产经营有了根本性的好转，从调整后的生产经营和市场效应各方面来看，可以说这次调整取得了完满的成功。它比较好地克服了我们企业小、起步迟、基础差等竞争弱点，钻了市场的空档，创出了自己的市场，造就形成了自身的优势，成为继1992年企业产品结构由宝石向金银饰品调整后的第二次飞跃。为适应市场机制的需求，1996年继续在完善内部机制上下功夫，做文章。公司领导班子于年初进行了工作部署与分工。重点部门珠宝饰品厂，由主要领导亲自抓，改变了以往“大小事情请示制”的间接局面。开好“两个会”（即珠宝厂管理人员会议和定产促销会），调整“一个科”（即由公司直管的供销科）。经过“双棍”齐下，特别是下半年以来，理顺了产、供、销经营思路，应收账款回笼及时，部门之间工作更加协调，闯出了一条外联内攻的路子，至今已有3名大学教授被聘为我厂顾问，并与上海珍宝金银饰品厂签署了产销联营协议；落实了上海方正集邮珍藏公司的连年合作销售金银邮票5000套合同，同时正在开发金棺银椁专利产品，定点生产正在积极审批中。目前正处于抓紧落实配套设施，试制阶段，在外联条件具备的情况下，我们不忘“内功”。首先是落实了销售员的业务指标及奖励措施，让他们吃上“定心丸”，争夺销售第一的竞赛风气自然形成。其次是抓好厂内管理，厂主要管理人员在抓好生产的同时，注重产品质量，带头进入生产第一线。由此激发了职工的生产积极性，不论任务多重，均毫无怨言，不折不扣地自觉加班、加点，至今已和50余家医院及公司、商场建立了良好的销售伙伴关系，与客户签订销售合同执行率达98%以上。累计销售银质出生牌8200块，银质纪念章、牌4000余枚，银餐具150套，实现销售额100余万元。

电动门制造厂既是公司工会的企业，也是公司创造职工福利的部门，1996年在企业生产普遍面临萧条的情况下，注重抓内部管理，研制开拓新产品，加强落实责任制。一年来，生产自动伸缩电动门32扇，防盗门窗达150平方米，实现产值60万元，并按时足额上交公司承包款。

可喜的效益，源头来自管理。

（3）加大技改投入力度，夯基础。企业要发展，必须紧跟市场发展，不断提高自身基础实力，针对我公司尚属起步阶段的特点，重点加强基础设施的技改与投入。1996年4月底，我们已顺利完成公司办公楼及珠宝厂房的搬迁工作，投资200多万元的一运大厦，已巍然矗立在上虞城内。为加快珠宝厂生产步伐，适应新产品开发，投入技改资金10万元，购置了新型的电脑及软件一套，复印机一台，激光扫描仪一台，机械刨床等，奠定了珠宝厂兴旺发达之基础，提供了可靠的硬件设施。金银饰品经营许可证的申报材料工作已经完毕，并已逐级上报，力争早日如愿。当装卸运输主业面临业务量少，一批老旧车辆与机械设备已不能适应市场竞争的局面，特别是承包租赁经营车辆陆续到期，直接影响着企业的经济效益。为巩固主业阵地，公司先后为更换机装设备，为调整客货运车辆比例结构，投入资金添置中巴车5辆；为扩大汽修项目，开拓小车维修业务，征用土地0.16公顷，至今已砌好围墙，平整地面投入使用。一年来公司投入技改资金达70万元，企业年度固定资产净值增长率在20%以上。

（4）完善内部承包责任，制度化。搞好企业内部承包责任制，是公司深化改革的一大举措，抓管理是提高企业经济效益的方法之一，经过实践证明是行之有效的。年初，公司从下属各部门的实际出发，按珠宝首饰、人工、机械装卸、汽车客、货运输、汽车维修、汽配经销、饮食旅馆及公司科室的各自特点，分别签订了承包责任制和岗位责任制，实行制度上墙，责任到人。从而清晰了部门管理职、权、利关系，调动了承包经营者的工作积极性，社会主义的多劳多得，少劳少得，不劳不得的分配原则得以充分体现。一年来，多数部门已完成了公司的各项指标。尤其是小客车出租公司，自签订责任制以来，改变了往年对承包驾驶员的经营管理方法，由公司预先垫付养路费及其他规费转为由承包经营者提前介入，再由公司集中办理交费手续。凡需公司购置新年承包的驾驶员，须预先交纳70%的车款，余款公司补足，合同承包期满后，车辆归经营者所有的一整套管理模式。事实证明，有碍企业资金周转的状况已明显改观，达到了经营承包者与企业风险共担的目的，也进一步调动了部门管理人员的工作责任心，加快了资金回笼，应收账款比去年大幅度下降。汽配经营部门面对上三线开通、地段过境车辆明显减少，业务销售冷淡的情况，主动开辟夜间营业，获得了较好的效果。珠宝厂供销科自下达四季度销售指标以来，人人觉得有压力感与紧迫感，从而形成了业务兜销你争我夺、完成任务你追我赶的局面。从反馈的统计数据看，有些销售员已突破了指标，应该说，取得的成绩，是和销售员发扬蚂蟥精神的工作作风分不开的，也是推行岗位责任制后的结果。

（5）关心职工生活，提高职工收入，促稳定。企业好比一个家，办企业靠大家，办好企业为大家。1996年取得的工作成绩，是公司全体职工以兢兢业业的工作姿态，默默无闻的工作作风，带头忘我劳动的实干精神换来的，公司时刻把提高职工的收入，放在一切工作的首位。特别是奋战在企业第一线，坚守公司运输主业的人力装卸职工，在年初就下达了提高第一线职工分配收入的文件，比1995年增加了3个百分点。一年来，公司兑现承诺，也已满意地收到了职工们的工作答卷。珠宝厂全体职工，在业务应接不暇的情况下，自觉加班加点，公司及时调整夜餐补贴，为夜班职工提供可口的伙食。目前珠宝厂的职工月收入已达到600元以上，有些职工还连续月超千元关。为提高外勤人员的伙食补贴，公司还专门发文作了规定。刚来我公司还未上班的一名四川中专生，因患肝炎需花费一大笔医药费，公司及时为他借支9000元，解决了医疗上的后顾之忧。为方便东关、百官两地职工按时上下班，增添车辆一辆，长年正点接送。为欢度春节、国庆节，公司列支，分发每位职工水果及其他副食水产品。职工劳保用品、冷饮、防冻费等福利费均按时发放。职工工作时间已及时调整为每周40小时以内。解决了职工住房16套。至今，职工人均年收入已超过6000元，公司一如既往在每月四日，如期为退休工人发放退休工资，报销医药费，访问病退特困职工达6人次，慰问金达1086元。企业对职工的关心，职工同样以真心加以报答，当企业资金周转一时困难时，职工们都能自觉踊跃集资，为企业的发展起到了强大的后盾作用。为激励集资先进，公司专门列支，对集资额大的前三位职工给予奖励。

二、精神文明建设方面

（1）结合企业形势任务教育，实施“凝聚力工程”。年初，公司根据市委关于在企业中深入开展形势任务教育的通知精神，专门发文，成立了活动领导班子，组织宣读材料，先后举办了支委会、中层干部、党员职工的形势任务教育学习班三期，受训率在98%以上。以虚促实，使大家明白了开展企教的真正含意，只有大力发展企业集体经济，职工生活才能不断改善。公司有了经济实力，才能集中财力办大事；有了经济实力，才能为职工做好事，办实事；有了经济实力，才能为职工排忧解难，让广大职工更多地体会到社会主义制度的优越性。这本身就是凝聚力工程的内涵所在。公司工会在实施开展“少喝一斤酒，少吸一包烟，温暖特困户”的“凝聚力工程”活动以来，取得了实效。倡议得到了广大职工的响应，及时为两位特困户排忧解难。组织全体职工开展为企业“献良策”活动，由103位职工提出的各类合理化建议，公司及时据情加以采纳，共实施了22条。仅技改方面的一条建议，就创益达1.3万元。值此新大楼落成和“五四”青年节前夕，举办了象棋、围棋、扑克、卡拉OK演唱比赛等文艺娱乐晚会，设置了一、二、三等奖，使活动既生动活泼，激发了职工对企业经济发展的信心，又达到了凝聚人心的目的。

一年来，公司涌现出了“上虞市优秀十佳工人”和绍兴市交通系统精神文明建设先进个人一名。

在支持教育事业方面，公司先后分别为上虞中学校庆、下管中学校庆、上浦化工机械技校校庆各资助1万元。为精神文明建设做出了贡献。

共青团在创建“三轮”文明城镇活动中，作出了一定成绩，达到了实际效果，他们主动清除大楼周围的卫生垃圾，及时与环保部门联系安放垃圾箱。人人参与公共环境卫生，号召团员、青年学技术、学文化知识，举办岗位练兵等竞赛活动，积极配合部门与工会工作，做好党的助手。

女工委在计划生育工作方面，做到既踏实，又讲求实效。一年来，为女职工健康检查达2次，并耐心做女职工的思想工作。号召晚婚晚育，督查计划生育，配合医院及时做好结扎、放环工作，并落实节育待遇，确保无计划外生育，工作成果率100%。开展了“巾帼奉献”等活动，积极投入“三轮”创建，为企业经济发展，发挥了“半边天”作用。

（2）重视舆论工具，不断推进企业精神文明建设。舆论宣传是公司精神文明建设的重要窗口，党支部的喉舌。一年来，我们始终紧紧围绕党的十四届五中全会精神，配合上级的各项活动，结合企业自身的实际，以摆事实、明道理，出刊了《交通简报》10期；讲党性、促发展，出刊《一运月讯》11期；求新颖、明大事，登载了黑板报、宣传窗13期，共计采用稿件121篇。投稿者大部分为企业中层以上党员干部，他们在不放松生产管理的前提下，按时提供“精神食粮”，为企业精神文明建设园地，浇灌了辛勤的汗水。

（3）抓好综合治理，确保安全生产。公司结合开展的文明家庭建设，查禁赌博，抓好暂住人口管理等社会综合治理工作。倡导领导有班子，工作分步子，总结出果子的有效办法。一年来，住宅楼群公共卫生环境良好，家庭和谐，邻里互敬已成良好氛围，杜绝了旧社会遗留下来的赌博恶习，尽可能地提供好职工中午空余时间娱乐的良好环境。配合公安派出所，严格流动人口管理，1996年，无发生一起社会治安案件。

车辆例检工作常抓不懈。公司在年初专门成立安保科，具体督抓此项工作，建立了途中车辆自查，归点车辆协查，起程车辆督查的例检制度，时刻把住例检关。为确保珠宝饰品厂贵重财产的安全，经济民警队始终如一，坚守好24小时工作岗位，严把人员进出关。加固和增添重要地段的自动伸缩电动门及防盗门窗，更换了消防器具。一年来，无发生一起失窃与被盗事故。公司搬迁新大楼后，给有些尚在东关的部门，带来了日常安全检查的不便。为此，公司建立了以班组长为安全员，部门负责人为单位安全组长，公司总经理为主抓的三级安全网络体系。安全领导小组以定期与不定期结合进行检查、督促，使安全工作更加完善。1996年，由于安全工作警钟长鸣，取得了好于往年的成绩。

（4）加强组织建设，增加新鲜血液。党支部按照年初制订的“三会一课”工作计划，开展了党员学党章，学理论的活动，学习邓小平同志建设有中国特色社会主义理论，江泽民总书记关于讲政治等重要文献和《共产党员要树立正确的人生观》等文章，组织全体党员认真学习党的十四届五中、六中全会精神，加强党员队伍的政治素质建设。“七一”前，组织全体党员参观绍兴大禹陵，为过好组织生活，从有利于工作出发，重新调整了党小组，由原来四个划分为三个，健全了民主生活会制度，按时组织党员参加局党委举办的培训班。一年来，党员处处以先锋模范作用，带动全体职工投身于物质与精神文明建设之中，无发生党员贪污、受贿、嫖娼、赌博、利用职权搞权钱交易现象。

按党章要求，三位建党积极分子经过考察、政审，并经局党委批准已吸收为中共预备党员。及时为来我单位工作的四川籍中专生，办妥了预备期组织转移关系，编入党小组参加组织生活。党支部还与要求参加组织的两名职工结成“对子”，及时灌输党的知识，在工作中加强培养，教育，使他们能早日成为先锋队伍中的一员。

三、存在问题

（1）还需继续深入开展以关心人、为职工排忧解难等一系列的送温暖工作，真正把职工凝聚在企业周围，避免有技术的职工流失。

（2）随着机械及电器设备的增多，安全知识培训尚须加强，交通安全服务工作还须落实在一线，尽最大努力，将事故减少到最低限度。

（3）少数部门管理人员经营水平尚需提高，特别是在经营决策、成本核算、财务分析方面，需加强学习。

（4）少数部门班子存在思想隔阂，有待于加强教育加以引导。

四、一九九七年工作基本思路

1997年是实施“九五”规划的第二年。根据公司的发展规划和1996年企业经营实绩分析，1997年是公司发展的极为关键的一年。1996年中，公司主要是在较好的工业一块抓调整，巩固基础的发展工作，1997年将是出成果，见效益的一年。1997年企业发展的中心思想：就是抓住发展良机，全面启动，以珠宝饰品厂为主龙头带动企业跃上新台阶。总体思路是以提高企业经济效益为前提，以盘活资产存量为主动力，集中力量促成珠宝饰品厂再度快速发展，稳定巩固提高公司运输业的良性发展。奋斗目标为总产值达1200万元，利税100万元，职工收入和福利递增 10% 以上。

我们将采取以下措施：

（一）集中精力抓重点，力争珠宝饰品厂再上新台阶

在运输市场日渐饱和的情况下，珠宝饰品厂通过 1996 年的产品结构大调整，以其广阔的市场，良好的效益，再现而成为 1997 年度全公司必然的最主要的增长点。目前该厂生产经营和经济效益是同步快速增长，已有的意向合同，已足以保障 1997 年企业的稳步发展。可以说，发展的机遇已经努力而开创形成。在 1997 年珠宝饰品厂发展思路上，立足点是提高到抓住机遇与开拓发展上，计划集中力量，动用现有优势，壮大企业实力，实施重点突破性发展思路，围绕“抢、挖、创”，念好“三字经”。

（1）快速抢占市场。目前金银首饰品市场已基本饱和，金银饰品热从 1996 年下半年起已经过去，而金银工艺制品作为一个比较新的，在近几年突然升温的新型市场，大有发展潜力，人们生活改善后，对高档工艺品需求在增长。企业将实施名牌战略，增强广告意识，使我厂的产品格局更为符合当前市场发展需求。对此，我们一要有乐观积极的精神，二是要保持清醒的头脑，要充分意识到近几年市场需求产生后，大家一拥而上的习惯性思维。运用自身已有优势，积极抢市场，找机遇。围绕一个“抢”字，要做好三件实事：一是树立危机意识，认识机遇错过不再来，认识你不去占市场就必定会失去市场；二是保持领先意识，树立一鼓作气地创业精神，继续保持艰苦创业的传统作风；三是重整信心，冲入大市场，通过发展供销队伍，逐步进入全国市场，决不坐井观天，满足于取得一方市场后就沾沾自喜的局面。

（2）抓好挖掘潜力的文章。1996 年珠宝厂资本产出率、资本利润率都取得了可喜的增长，但挖掘工作仍大有可为，盘活资产存量工作仍是发展主重点。从金银制品行业分析，该行业中投入最主要方面是流动资金和固定资产中的房地产方面。目前，我公司自 1996 年搬迁后，房屋资产出现盈余，这为我们技改，特别是花小投入谋求大产出有了现实的基础。通过挖潜提高企业实力，提高生产效益，扩大生产品种，提高产品档次，进而提高企业档次，是 1997 年工作的重点。在现阶段，计划重点抓好金棺银椁新产品开发项目和配套工艺包装品项目的实施工作，进一步营造企业特色和优势，壮大企业实力。

（3）努力创出自身知名度，开创企业发展新局面。目前，我们企业的职工素质，产品质量都已可与国内厂家媲美，也生产了一些打得出，叫得响的产品。但因各方面原因，特别是基础工作的原因，企业知名度不高，为人作嫁衣情况较多，使企业发展受到严重抑制、约束。围绕一个“创”，1997 年重点抓好三项工作：一是重点突破金银制品许可证的难关，集中力量抓好申报工作；二是在发展、技改，产品结构布局上继续发挥自身优势，紧紧抓好金银工艺制品这篇重点文章；三是抓好总公司的筹建工作，提高珠宝饰品厂在公司中的地位和外界影响力。

（二）巩固发展运输主业，坚持多条腿走路的发展策略

在集中抓好珠宝饰品厂发展的同时，抓好运输业的稳定、巩固与发展工作，1996 年公司的运输主业因部分承包及租赁车辆陆续到期报废，业务量比以往有所下降。特别是在技改更新上力度不够，总体发展明显落后于兄弟企业。据此，1997 年面对运输市场的激烈竞争，计划重点在技改和发展上下足功夫，为维护、稳定公司主业的发展，主要要抓好以下四方面工作：

（1）抓好车辆报废更新工作，稳定现有承包者和驾驶员队伍。（2）适度增加客货车辆，重点放在发展开辟客运线路和出租行业上。（3）利用现有设备、设施、人员的优势，做好与上虞港的配套工作。（4）抓好上虞市一运汽车大修厂这目前我市唯一一家汽车大修厂的发展，提高现有资质、技术力量，提高设备、场地的利用率，增添设施，增设进口汽车、国产小轿车的维修项目。

（三）加强安全管理，为两个文明保驾护航

1996 年公司在安全工作方面，取得了一些成绩。1997 年将在此基础上再接再厉，继续巩固车辆例检工作，加强安全生产现场管理，查事故隐患，堵事故源头，抓隐患整改，坚持始终如一地出刊《交通简报》，主要部位将添置消防设置，做好安全工作常抓不懈。

（四）搞好精神文明建设，为企业增进效益提供足够的精神食粮

1997 年，是“三五”普法实施年，公司将把组织实施“三五”普法教育和依法治理工作放到重要的议事日程上，使全体干部、职工人人皆知，学法、懂法、守法，同时还会用法保护自己。按照局制定的文明单位创建规划，1997 年将扎实抓好各项基础，力争 1998 年达绍兴市级文明单位。注重先进典型教育，结合本企业交通系统“十佳优秀工人”的实例，以黑板报、宣传窗、《一运月讯》等宣传阵地，大力宣传先进典型的事迹，在全体干部、职工中树立正确的理想、信念、人生观、价值观，增强职工的艰苦奋斗创业意识。

（五）充分发挥工、青、团、妇作用，为企业经济腾飞建功立业

工会在企业经济建设和经营管理中，要继续充分发挥民主参与，民主监督作用，关心职工的福利待遇，切实为职工解决实际生活中的后顾之忧。关心退休工人，使他们安享晚年，开展丰富多彩的职工文娱活动、优秀职工疗养旅游活动，把工会企业——上虞市电动门厂办得更加红火；共青团在做好党的得力助手的同时，积极组织青年团员投身生产一线，为企业经济建设发挥生力军的作用；女工委要结合《浙江省计划生育条例》，组织女职工认真学习，号召女职工晚婚晚育，坚持孕前管理，切实把计划生育工作抓好，继续达到无计划外生育率为 100%。

1997 年，公司将以加大管理力度上入手，面对严峻的市场经济形势，我们决不等待机遇，坐以待毙；只有千方百计寻找市场，抓住有利条件，想方设法去占领市场乃是企业希望所在。要强化内部管理制度，做好财务分析，成本核算这篇文章，扩大人员素质高、应变能力强的销售员队伍，加速资金周转，增加必要的硬件投入，建设一支既熟内务，又懂外交的管理队伍。全心全意依靠全体职工，争取主管局的大力帮助、支持，共同为创造一运企业兴旺发达的明天而努力奋斗。

一九九七年二月二日

一九九六年度工会工作总结

俞支援

1996年，我公司工会在市总工会和公司党支部的领导下，以党的十四届五中全会精神为指针，坚持以经济建设为中心，以维护职工合法权益为重点，以加强工会自身建设为关键，充分发扬"务实开拓求发展，加强管理创效益"的企业精神，紧紧围绕公司提出的"九五"规划发展目标，全心全意依靠全体干部、职工团结拼搏，奋发进取，为企业的"九五"规划起好了步，达到了预期的目标。一年来，完成总产值1102万元，创利税82.1万元，取得了令人欣慰的成果。

回顾一年来我们的工会工作，主要有下列几方面。

一、加强干部学习，健全工会组织建设。

结合企业形势任务教育，我们组织工会干部学习培训，编写企业形势任务教育的宣讲材料，开展了远学"邯钢"，近学"绍丝印"的活动。结合企业现状，找准自己的薄弱环节，使企业形势任务教育有声有色，教育措施扎扎实实，受训率达到100%。根据1996年工会工作计划，为加强干部自身素质的提高，我们共召开了三次工会委员会会议，真正使工会工作达到"年初有计划，活动有安排，年终有考核有总结"的目标。今年，我们已发展新会员9名，为健全工会组织建设，组建了以行政班组为单位的工会小组13个。为认真贯彻实施《劳动法》，丰富工会干部业务知识，由主席参加的工会干部培训班达2次。为实施1997年"三五"普法教育，已成立了普法领导班子，制订了分期教育计划。

二、把企业经济建设作为工会的己任。

珠宝饰品厂是我们企业重中之重的部门。由于该行业的性质有它的特殊性，技术要求特别强，作为以肩挑，手拉出身的企业来说，要从管理及生产技术上适应它，确实有点风马牛不相及。但对一个有发展前景的企业，投资大、意味着回报率亦大，不言而喻，只能上，决不能后退。围绕如何搞好珠宝饰品厂，工会总是及时参与并且密切配合公司行政，出谋划策。于年初广泛发动和及时开展了由干部、职工参加的"我为企业共献良策"活动，收到的建议49条，参与提出建议的职工有109人，实际可行的有22条。这些建议，为珠宝饰品厂的工艺技改创造效益达1.3万元。针对技术上薄弱环节，我们不惜重金招人才，至今已有3名大学教授，被我厂聘为顾问。外联内攻出效益，目前，已和上海珍宝金银饰品厂签署联营合作协议，与上海方正集邮珍藏公司签署了连年制作金银邮票的销售合同。在外联乐观的形势下，为进一步练好"内功"，为此，工会及时会同行政，开好"两个会"：即饰品厂管理人员会议和定产促销会，调整了"一个科"即由公司直管供销科。经过强化管理，"双棍"齐下，9月份以来，该部门完成产值达100余万元，创利近10万元，应收款回笼及时，产、供、销思路明确，部门之间紧密配合，工作有条有理，尝到了管理出效益的甜头。

我们还在公司主业方面，调整了客货运比

例结构，新增了中巴车5辆，新开辟了市内外营运线路。其他下属部门，虽然面临市场经济滑坡的大气候，但广大干部、职工仍能以主人翁的姿态，积极投入生产，拼搏进取，均已完成公司年初下达的指标任务。

1996年已足额上交了工会经费。

三、情系职工温暖人，团结合作凝聚人。

1996年，我们于春节前后开展了以关心职工生活，提高职工福利，解决困难职工后顾之忧的“凝聚力工程”活动，发出了“少吸一包烟，少喝一斤酒，温暖特困户”的倡议书。在短短的一个月中，有143人主动捐资1086元，我们组织人员将1086元钱，在春节前及时送到职工程兴康、何华珍手中。当两职工从工会领导手中，接过凝聚着爱心的一千余元人民币时，感动得热泪盈眶，一个劲地表示；只有更发奋地工作，来报答“一运”对他们的关怀。同时，还探望伤病退休职工6人。通过这次活动，全公司中180名员工，也得到了一次心灵洗礼，深深感到公司就是他们的“家”。他们时时刻刻受到这个“大家庭”的关怀和重视，进而，把公司当成自己坚实的后盾和靠山。

情系职工，工会把为职工服务，贯穿于职工生活的每一个环节。通过家访、谈心，新大楼落成后，又举办职工文艺娱乐等多种形式的活动，及时把握职工的思想脉搏，梳理出职工最需解决的事，由党政工联席会议专题讨论解决，落实措施，付诸实施。如公司迁址，为了如期做好搬迁工作，在新大楼尚未建立食堂的情况下，经研究，由公司列支四千元，为职工解决就餐问题，使职工能安心工作，消除了生活上的后顾之忧。为使东关、百官两地职工按时上下班，增开了一辆接送车，正点接送。还安排了2名职工去外地疗养。今年公司工会还为职工解决了集资房16套。职工人均年收入达到5500元以上。

“问渠哪得清如许，为有源头活水来”，公司关心职工，努力为职工排忧解难，用真诚架起了公司与职工之间的桥梁，达到了凝聚了人心的目标。毫无疑问，职工同样以真心报答，当公司面临资金一时周转困难时，广大职工，特别是工会干部，都自觉地率先集资，为企业正常运行，起到了积极的保障与促进作用。

四、充分发挥青年的生力军作用，提高女职工生活保障地位。

共青团在开展争当“五有”职工，争做“九五”功臣的活动中，主动踊跃，开展了一系列的青工技术比武、岗位练兵活动。在创建“三轮”文明城镇中，广大团员、青年主动参与清除大楼边基的生活垃圾。利用宣传窗、黑板报大力宣传文明卫生观念，开展了有益青年身心健康的多种形式的文化娱乐活动。他们在企业经济建设中拣重担挑，重活、脏活抢着干，涌现出了上虞市“十佳优秀工人”1名，为公司经济建设散发着各自的光和热。

女工委在1996年度中，着重在关心女职工身体健康方面做了大量工作。至今已对49周岁以下的44名育龄妇女，进行了节育措施。按规定及时登记检查，落实独生子女证，发放独生子女费，不定期地进行妇女健康检查，落实妇女孕产期的各种待遇，至今无发生计划外生育现象，结扎、放环措施达100%。同时，扎实开展好“三八”节和“巾帼建功”活动。

五、巩固和提升工会企业，为职工增福利加后劲。

上虞市电动门厂是我公司工会唯一的一家企业。1996年，在企业普遍面临业务萧条的情况下，着手加强内部管理，开拓新产品，并在落实各项责任制上花了一番功夫。经实践证明，一年来，应收款大幅度下降，产值比去年翻番，生产新产品不锈钢门窗等款式，很受欢迎，已占总产值的80%，累计生产电动门32扇，防盗门窗150平方米，实现产值60万元。电动门厂按时足额上缴承包款。灵活改变经营思路，为提高企业知名度，不惜花费广告投入，今年共投入3万元左右，效果明显，产品销售呈现供不应求的态势。在此，厂自加压力，负重奋进，已提出了1997年的工作方针与目标，力争产值达到80万元，足额完成上缴款3.5万元。还准备赴国外考察、取经，研制开发新产品，以赢得更大的市场空间。

为提高企业职工的福利待遇，办好电动门制造厂显得尤为重要。公司工会将把此项工作，作为1997年度重点工作加以扶持，真正把厂办成上虞市工会系统的佼佼企业。

展望1997年，我们豪情满怀，党的十五大即将召开，香港回归祖国也指日可待。在新的一年里，我们将乘此东风，号召全体干部、职工以高昂的主人翁姿态，团结协作，敬业奉献，去迎接一运公司更美好的明天。

上虞市第一运输公司工会委员会
一九九七年元月

一九九七年公司党支部工作总结暨一九九八年公司党支部工作计划

俞支援

一九九七年公司党支部工作总结

刚刚过去的1997年，是我们党和国家具有重大历史意义的一年，香港顺利回归祖国，世纪之交在我党历史上具承前启后、继往开来历史意义的党的十五大胜利召开。回顾一年来的工作，党支部在上级党委的领导下，紧紧围绕经济建设中心，以两件大事为主题，展开了几方面工作，取得了良好成绩。

一、发挥战斗堡垒作用，参与好经济建设。

党组织是企业两个文明建设的火车头。人们常说，火车跑得快，全靠龙头带。如何发挥好党组织的政治核心作用，党支部是关键。1997年，经过整改，党支部将三个党小组，分别建立在生产第一线的班组、车间之中，把自身形象好、群众威信高、业务能力强的党员，推选担任党小组组长，并兼任生产经营管理行政职务。从而使党的思想政治工作，更加贴近生产经营和职工思想实际，充分发挥党在生产经营活动中的政治优势。党支部书记率先注重抓企业经济建设，突出重点参与管理，不辞劳苦为珠宝饰品厂的发展，兜揽业务，奔波销售，为扩大生产场地，争取上级部门的支持，通过几番努力，做好与兄弟单位的房产转让的协调工作，一幢占地面积达1802.5平方米的新型厂房，已经落籍到我公司。党支书记的身先士卒，带动着支委一班人，他们除各自抓好分管日常工作外，主动投身生产一线，参加义务劳动，参与企业内部承包责任制的落实和经营核算等工作。在党支部的参与和全体党员吃苦在前、享受在后先锋模范作用的带动下，感召了全体干部、职工的生产劳动热情，为企业创造了较好的经济效益。

二、树立党员形象，促进党风廉洁。

一年来，党支部坚持把树形象、正党风作为实施“凝聚力工程”的重要环节来抓，结合举世瞩目的香港回归和党的十五大召开的两件大事，深入开展爱党、爱祖国、爱企业的“三爱”教育和党员“学党章、学理论”的“双学”活动。认真组织全体党员，学习十五大文件，深刻领会十五大精神，把加强精神文明建设同党风廉政建设有机地结合在一起。先后增辟企教和普法教育黑板报专刊三期，企改专辑宣传窗二期，《一运月讯》总是跟随党支部工作，及时跟踪宣传报道。组织全体党员观看《长天惊雷》录像教育片，给党员干部上了一堂生动的法制教育课。从中认识到加强党风建设的重要性与必要性，党员的思想境界得到了进一步提高。共产党员不能混同于普通老百姓，必须严格遵守党纪，处处以党员的高标准、严要求约束自己，及时参加组织生活。否则，一旦放松世界观、人生观、价值观的改造，久而久之，就会导致思想涣散、私心杂念膨胀，就会干出与共产党员格格不入的蠢事，走上违法犯罪的道路。为使党员廉洁工作达到实效，党支部决定首先从节约费用开支方面入手。随着珠宝饰品厂的业务不断扩大，业务招待应酬相继增多，从既不影响正常的业务交往，又不铺张浪费的原则出发，在本公司食堂内建起客餐厅。据测算，光这一项举措，就给企业节约支出达4万元。原先由公家出资给党员干部安装的电话机，一律自己掏钱补交，并对手机及话费关行基数定额，超支自负的方法。同时改变了发放会议纪念品的习惯。一系列的廉洁措施，深受职工们的称赞。今年党支部以“关心人、了解人、凝聚人”为切入点，启动实施“凝聚力工程”，自公司发出（97）4号文件起，全体党员干部均自愿捐款献“三特”。参加这次活动的党员、干部、职工人数有73人，捐款额达1394元。为生活较为困难并又失去丈夫的女职工何华珍，发放500元救济金。还把照顾特困职工生活，作为一项长期的工作纳入档案，支部还配合行政及时为退休与在职职工，按规定增发了工资，保障了下岗职工的生活水平。可喜的是，通过党风建设，“凝聚力工程”日益显示出强大的魅力，职工的生产劳动热情更加高涨。在党员的示范下，职工要求入股已成自觉行动，党的感召力、向心力得到了进一步增强。

一年来，公司没有发生过一次因违法乱纪受处分的党员。

三、注重党建工作，过好民主生活。

按照党支部制订的《1996—2000年发展党员计划》，组织全体党员、建党积极分子和发展对象，认真学习邓小平同志建设有中国特色的社会主义理论和党的十五大精神，加强了对他们的理想、信念、世界观、人生观的教育；学习孔繁森、杨东海、梁焕木等英雄模范人物，把理解、教育、关心融于一体，培养了他们的事业心和责任感。1997年，已有4名预备党员按期转正，其中一位是女党员，给支部增添了活力与战斗力。通过党章的学习培训，24名党员取得了合格证书。如何加强班子自身建设，支部做到按季例会，参与行政的重大决策。3月底在一次党员民主生活会上，支委一班人首先各抒自己的述职情况，汇报各自分管工作以来的政治思想和工作作风情况，畅所欲言，并开展了批评与自我批评，从而促进了工作的开展。在组织关系问题上，本着慎重负责的态度加以处理，一位四川籍的职工，因预备党员的组织关系未随身携带，支部通过与上级组织部门联系，及时将关系办妥到本地。也为刚来工作不久，随后又调往他地就业的甘肃籍党员，善始善终地做好了组织关系的调入与转出工作。党支部内部档案健全。根据市委〔1994〕第21号文件精神，今年，我们按照党费交纳新标准收取，并按时上交局党委。兼职信息员为公司上报信息稿3篇、论文1篇。一年来，由于重视党建工作，企业党的思想建设和组织建设有了进一步加强，保证了党的路线、方针、政策在企业中自上而下地贯彻执行。

四、加强对工、青、妇组织的领导。

党支部在完善自身建设的同时，注重对工、青、妇组织的领导。确定二名支委分管此项工作。为了充分发挥工会的“两个维护”职能，做职工的贴心人，遵照国务院新工时制的文件规定，自7月1日起已经在企业中全面实施，确保职工工作时间每周不超过40小时，尽量避免额外超时劳动。加强对工会干部思想教育、规范集体合同培训，发展新会员，开好中层以上干部民主评议会，及时召开职工代表大会。加强工会资产管理，按时足额收缴工会经费，设法为下岗职工创造再就业条件，并注重对工会企业电动门制造厂的管理。职工福利待遇有了明显提高，工会被职工们称道为“娘家”组织。结合“安全生产周”和“百日安全劳动竞赛”，深入开展了一系列“创安”活动，使安全生产工作好于往年。

共青团是党的得力助手，调动好青年职工敢闯敢为的积极性，对促进企业两个文明建设具有很大作用。1997年，经过改选的团支部班子，自加工作压力，使他们在生产经营活动中得到了锻炼，一些骨干脱颖而出，逐步成为管理企业的后备军。

计划生育是国策，认真做好这项工作，光靠女工委的工作是不够的，还须思想教育这一环，为此，书记亲自挂帅主抓，把它纳入党支部的重要议事日程。一年来，由于重视查孕查环、登门思想工作、关心女职工生活等，使计划生育率达到100%，为公司争了光，他们正在为企业的发展，奉献着“半边天”作用。

1997年，党支部及时组织党员、干部、青年女职工前往千岛湖、瑶琳仙境、绍兴大禹陵、吼山风景区游览观光，陶冶了职工的情操，党群关系更加密切。

一九九八年党支部工作计划

1998年，党支部将以认真学习，全面贯彻党的十五大报告为工作重心。抓契机，形成企业党建工作新格局；抓重点，建设一支高素质企业经营者队伍。在上级党委的领导下，把握企业转制这个新机遇，进一步加强党的领导，充分发挥党支部战斗堡垒作用，推动企业经济工作更上新的台阶。

一、以十五大为指针，推进企业改制工作。

建设有中国特色的社会主义，必须一切从实际出发，中国现在处于并将长期处于社会主义初级阶段，这是邓小平理论的基石，是我们党制定路线、方针、政策的根本出发点。按照党在初级阶段的基本纲领和基本目标、基本政策，把开拓创新和脚踏实地、远大目标和实干精神更好地结合起来，多做艰苦扎实的工作，这是贯穿江总书记报告的一条主线。1998年是企业全面进入改制的关键性一年，党支部要按照两个根本性转变的要求，坚持发展是硬道理，坚持改革促进发展，切实解决好改革和发展中的重大问题，进一步转变观念，全面理解公有制的含义，加快结构调整步伐，以市场为导向，加快技术进步，加大技改投入力度，带动产品结构的优化升级，全面推进企业两个文明建设。

二、加强党性锻炼，造就“四有”职工队伍

继续深入开展以“三讲”为主要内容的党性党风教育，不断提高党员、干部的素质，继续切实加强精神文明建设。要在改制过程中，认真研究党的建设遇到的新情况、新问题，积极探索新的条件下，加强企业党的建设思想工作的新方法、新途径。继续深入持久地开展党风廉政教育，讲学习、讲政治、讲正气，党员干部要时刻做到自重、自省、自警、自励，要继续发挥好《一运月讯》的党支部喉舌作用，利用黑板报、宣传窗、安全简报等舆论工具，增强党性信念，树立良好的党员形象，带动职工加入“四有”队伍。

三、要继续加强对群众组织的领导。

通过改制，工会将按《公司法》、《工会法》、《劳动法》等有关法规，建立健全群众组织的工作制度和企业民主管理制度，加强民主管理、民主监督，依法保障和维护职工的合法权益，党支部要切实加强对群众组织的领导，建立党群联席会议制度，及时听取工会、共青团等群众组织的工作报告，讨论研究工作中重大问题，支持他们依法独立负责，创造性开展工作，以保证企业的生产经营得以顺利进行。

中共上虞市第一运输公司支部

一九九七年十二月三十日

附：

一九九八年公司党支部活动计划

表25

月份	活动内容	主持人	备注
1	1. 学习元旦社论及新年献辞 2. 做好党支部总结、评比、表彰工作	沈维康 俞支援	
2	1. 布置1998年党支部工作计划 2. 对照局党委的要求落实各项工作责任人	俞支援 章国强	
3	1. 落实企业改制计划，并加以部署实施 2. 组织开展“庆三八妇女节”活动	沈维康	
4	1，进一步学习十五大文件精神 2. 学党章、学党刊杂志 3. 考察入党积极分子的工作表现	章国强	
5	1. 搞好纪念“五一”“五四”节活动 2.　对发展对象做好政审工作	沈维康	
6	1. 结合转制，学习十五大报告 2. 贯彻局党委下达的文件精神 3. 组织党员、干部开展迎“七一”活动	章国强	
7	1. 开展纪念党的生日活动 2. 结合半年度工作，召开党支部会议	沈维康 俞支援	
8	1. 对照党章要求，开好民主生活会	章国强	
9	1. 安排布置“国庆”活动 2. 学习党刊杂志及有关文章	沈维康	
10	1. 学习“国庆”社论 2. 开展一次爱国主义教育	章国强	
11	1. 进行“三五”普法教育 2. 检查各党小组工作开展情况	沈维康	
12	1. 与工会一道访问退休工人 2. 认真总结党支部工作 3. 落实新年工作打算	沈维康 俞支援	

个人业务工作总结

俞支援

1972年10月，当我跨出学校大门，走上社会工作的那一天起，就怀着一种理想：凡认定的工作，定当竭尽全力，非干出成绩不可。整整二十五年过去了，这是我与企业共命运，为之拼搏奋斗的二十五年，使我从中学到了不少新鲜的社会实践知识，也给我提供了为企业赢得良好开端和健康发展的平台和机会。我的理想，通过奋斗终于变成了现实。

1984年1月，在党的培养下，加上职工群众的信任，我被任命为上虞县东关搬运站站长。从那时起，我就深感责任重大。一个仅以肩挑、手拉、人扛为主业的企业，已远远不能适应时代前进的步伐。为使企业的近100名职工，过上安适的生活，降低劳动强度，提高职工的福利待遇，赶上和超过同行经济发展速度、水平，我借鉴外地的管理经验，并刻苦钻研书本知识，从中悟出一套加强内部经营管理、深化机制改革、注重经营核算的思路。

几年来，我率先在交通系统行业中推出单车承包责任制方案，获得了成功，并被同行们推广，收到了非常实在的效果。在推出单车承包的同时，我又相继出台了下属各部门、科室和班组的岗位承包制度，彻底打破了以往的“大锅饭”框架，使社会主义的多劳多得、少劳少得、不劳不得的分配原则，在企业内部上下，得以真正的贯彻执行，并获得了大家的认同和赞许。

1984年，东关搬运站更名为上虞县东关运输公司，1988年又更名为上虞县第一运输公司。随着1992年上虞撤县建市，我们公司的名称又变更为上虞市第一运输公司，我又被大家推选为总经理，主管全面工作。经过长沙交通学院、深圳招商局蛇口工业区培训中心等学校的培训、学习、深造，特别是1995年9月被评定为经济师以来，我更感到学习好企业经营管理知识的重要性。技术进取无止境，成绩面前不停步，通过一系列的不断地学习、锻炼，及在本企业的实际运作，我先后撰写了《深化企业改革，完善承包责任制》、《挖掘企业内部潜力，深入开展“双增双节”，提高经济效益》等实践探索文章。在《全国汽运企业深化改革实例选编》（交通部公路局运务处编）中，又介绍了我单位1986年推行的《实行“超奖负赔”经济责任制》一文，为企业今后经营管理决策，奠定了坚实的基础。

在市场经济大潮推动下，企业为确保主业发展，及时更新客货车辆，并果断调整经营思路。面对汽车运输主业日见维艰，经营效益滑坡的局面，大胆开拓多种经营项目，发展副业补主业，以副促主，突破了交通系统行业一向以运输为主业的老框框，先后创办了上虞市珠宝饰品厂、上虞市电动门制造厂、上虞市交通汽配厂、汽车大修厂与汽配经销部等。1996年整个公司完成总产值1102万元。这当中，工业产值就达759.1万元，占完成上级下达指标的131.8%，创利税82.1万元，占上级指标的246%，我公司成为上虞交通系统兴办多种经营项目的创利税大户。

二十五年来，由于重视与加强企业经营管理，使我尝到了甜头。在今后的征程中，我将以被国家认定的经济师资格为依托，进一步大胆改革，开拓经营思路，学习外地先进管理经验，把企业经济效益再跃上一个台阶，为做一名不负众望的跨世纪企业经营管理人才而努力奋斗。

俞支援

一九九七年七月一日

上虞市珠宝饰品厂股东大会报告

俞支援

各位股东代表：

今天董事会研究决定召开临时股东大会，主要议程是商讨、决议因本股份合作企业发起人——上虞市第一运输公司改制后，本企业的变革和生存问题。

根据市委、市政府的统一部署，在今、明年两年内要实施并完成所有交通企业的改制工作。按照局党委的安排，上虞市第一运输公司将在今年年底前实施并完成全部资产和人员的“双置换”，进行彻底的改制。

目前，一运公司的清产核资和人员调查工作已全面开始并已接近尾声。改制后，该企业将会发生两大根本性变革：一是企业的所有制形式即资产所有权归属不再是集体所有制，而是以个人全额出资联合而成的规范的有限责任公司。二是公司的全部员工身份实施转换，按双向选择的形式重新选择岗位。从根本上说，原一运公司将不复存在，而为新的有限责任公司所取代。

一运公司作为本股份合作企业的发起人和主要出资人，它的改制是适应市场经济发展的必然选择，对此，我们应有充分的认识和理解。一运公司的改制也将使它出资于我企业的集体所有资产不复存在，人员将彻底调整，使我企业失去了存在的根基。厂董事会经反复研究商讨，权衡利弊，并征得市体改委等上级部门的支持同意，决定终止本股份合作企业的运营；并将本股份合作企业的所有资产、债务及相应权属全部划转给市第一运输公司。

现将本方案提交股东代表大会表决。

具体理由和计划如下：

一、本企业终止的理由，主要有三条：

1. 是在企业资产拥有上，因一运公司改制后集体资产将不再存在，本企业失去了发起人和主要股东。

2. 是在经营上，本企业主要经营人员将全部参加一运公司改制，变换身份，生产经营已难以维持。

3. 是一运公司改制前清产核资中对长期投资盘查的需要，对本企业全部资产债务进行了清算（委托市同济评估事务所）。因众所周知的前期受严重挫折损失和照顾股东利益的较多分红等原因，本企业至今尚未能弥补损失缺口，到目前仍存在着较大的利润亏损。在争得市体改委和财税及主管部门的同意后，计划把本企业的全部资产、债务等，划转给市第一运输公司，这样，能确保股东利益不受损失。

二、初步计划：

如本大会决议本企业终止，本企业全体个人股东全部按入股金额全额退股。股东退股后，剩余的全部资产及全部债务，由市一运公司承担；并由市一运公司负责办理本企业的清算、终止等具体事宜。

2000年11月28日

龙年新春酒会祝酒词

俞支援

尊敬的各位领导、来宾、同志们、朋友们：

在新年春节即将到来之际，我们运发实业公司在这里举行迎春酒会，荣幸地邀请各位来宾欢聚一堂，共叙往事今情，喜迎新春佳节。

各位领导、各位朋友，多年来关心帮助运发实业公司，通过各种方式支持我们企业的发展。在此，我代表公司全体员工，向各位领导、各位朋友表示衷心的感谢并致以节日的祝福！

一年来，在各位领导和各位朋友的支持、帮助下，运发实业公司获得了较快发展，经济效益取得了新的提高，后续发展势头良好。这些成绩的取得，是公司全体员工共同努力的结果，更凝结着在座各位领导、朋友们的智慧、关爱和悉心帮助。

在新的一年里，衷心希望各位领导、各位朋友一如既往地支持、帮助运发实业公司发展，希望公司全体同仁再接再厉，在新的年度里再创新的辉煌。

现在，我提议：

为我们的事业兴旺发达，为我们的友谊与日俱增；

为各位领导、各位朋友春节愉快、龙年吉祥、身体健康、阖家欢乐，干杯！

2012 年元月 18 日

敞开窗口　展示形象

——写在《运发报》第一期

俞支援

在公司各部门的努力和家人们的积极参与下，《运发报》终于与大家见面了，这于我们公司，是非常有意义的一件喜事。

我们创办这份报纸，是敞开一个窗口，更好地向社会各界、各方人士展示我们公司的形象，介绍我们公司的文化，反映创新发展所取得的各项成果，展现我们家人敬业爱岗、团队合作、奋发向上的精神风貌。同时通过这一交流平台，凝聚全体家人的智慧和力量，努力开创我们公司更加辉煌的明天，为实现中华民族的伟大复兴，贡献我们一份智慧和力量。

我们公司可是一个“老字号”的公司，是经历各种风雨和考验，而不断提升壮大的。公司发端于上世纪的1950年5月，在东关镇成立的“东关搬运工会”。成立时只有28位职工，靠着大家能吃苦、不怕脏和累，相互关心帮助，手扛肩抬，才一步步地由货物装卸，进而又搞货物运输，后又发展到旅客运输，并巩固壮大，成为当年在上虞是具有响当当业绩的一家集体所有制企业。让我们自豪的是，在一路的奋进中，在改革开放初期的1986年，我们公司车队所开展的“超奖负赔”经济责任制实施方法，还被国家交通部编入全国汽车运输企业深化改革实例。这在上虞交通系统是绝无仅有的，在全国也只几例。

而我们公司最具长远发展意义的一步，是1992年在上虞市交通局的大力支持下，找准发展的新亮点，大胆进入新领域，创办了“上虞市珠宝饰品厂”。这为后来运输公司的成功转型，提供了坚实的基础和条件。2001年4月，公司顺应企业发展的自然规律和管理提升的必然趋势，在上虞市体改办、市国资委、市交通局等的正确领导、悉心指导和全程监督下，顺利转制为股份制公司。自此后，公司业态，由客、货运输主业转为贵金属饰品的生产加工为主业。2006年，我们又受让了“上虞越窑陶业公司”，开始了对上虞青瓷的传承、复兴与推广工作。

我们由贵金属而涉足青瓷，是因为据历史文献记载和考古发现，都毫无雄辩地证明：上虞是我国青瓷的发源地，是青瓷的故乡。然而，囿于各种因素与原因，上虞青瓷早已失去当年的辉煌；如若再不努力挖掘传承，不仅国人会都不知道上虞青瓷的历史地位，且这块金字招牌，从此就会在我们手中丢失。面对有可能被“淹没”的异常宝贵的青瓷文化，前几年，我与上虞一部分热爱青瓷的有识之士，共同呼吁振兴上虞青瓷。呼吁得到上虞区委、区府的积极响应，2013年，区委区府把青瓷文化，列为上虞重点传承的“三大”地方特色文化之一，出台了专门的政策，采取了一系列弘扬上虞青瓷文化的行动。这亦说明，上虞的青瓷文化蕴含丰富，于我们上虞未来发展有重要意义。而我钟情于青瓷，看重的就是青瓷所蕴含的深厚文化内涵。

我在研究中还发现，贵金属饰品文化与青瓷文化可以完美结合，两者融合能更具文化内涵，相得益彰，锦上添花。这于我们公司发展，亦具有长远意义，由此，既为传承，承担起一位企业家的社会责任；又着眼发展，丰富我们公司的产品门类，我们公司涉足了青瓷领域。

我说这些是要表明，我们公司能一次次蜕变并华丽转身，在激烈的竞争中能勇立潮头，脱颖而出，一路走来，马上就70周年了，没被时代淘汰与淹没，反而是发展的越来越好，越来越兴旺，就是因为我们公司注重抓有文化内涵的东西，并拥有了自己的文化。

必须明白，世界万物，优胜劣汰中，有文化内涵就能独树一帜。在这几年中，我们的产值、利税都进入了上虞区百强。我们的秘诀就是：在做好产品中，同时做好文化，让文化涵含于产品之中；因为产品可以仿造、复制，然文化却是有自己的独特基因。故此，一个公司的真正成熟、强大并具有魅力，靠的不是产品，是文化；产品只是文化的外延、文化的物化。对大众具有强烈吸引力的，在市场竞争中能引起大家关注的，是产品中蕴含的“文化”；文化能让产品活力四射。

而公司重视文化内涵，这可追溯到上世纪八十年代，当我们上虞企业文明建设、文化建设初起时，我们在1984年就第一批参加了文明单位的创建。经努力，在年底，我们就得到上虞县委、县府的表彰命名。此后连续三年检查考核，都获得高分。同时，为推进运输文明，增强大家的安全意识，88年9月，我们创办起了《交通安全简报》。1989年7月，又创办《一运月讯》，把公司每月发生的主要事件、决策等告诉大家，并交流工作体会，表扬好人好事等。当年，这份《一运月讯》为推进公司的两个文明建设，凝聚职工人心，提高职工素质，是发挥了十分积极的作用，它助公司加快了公司不断提升的步伐。

现在，我们进入了一个传承弘扬青瓷文化、进一步丰富贵金属文化的新时期，做强做实文化更必要。据此，公司决定把这一历史传统传承下去，丰富活跃文化，以增进公司和家人间的文化凝聚。我想这也是全体家人和社会各界关心支持我们运发发展的人士，最想也最愿意看到的。

现在，《运发报》呱呱坠地了。可它还幼小、稚嫩，需要大家辛勤的浇灌和精心的呵护。众人拾柴火焰高，只有集聚我们全体家人的智慧，这份小报才能办的更有可读性，更精彩，更高端，成为我们公司的一个靓丽窗口。

文化是不分种族，超越国界的。曹丕曾云：“盖文章，经国之大业，不朽之盛事。年寿有时而尽，荣乐止乎其身，二者必至之长期，未若文章之无穷。”相信这一份我们家人共同的报纸，在大家的关心、支持和参与下，一定能把我们公司的文化血脉，延续的更具魅力，更有丰采，使公司的文化品位得到进一步提升，并不断走向新的辉煌。

2016年6月6日

我的运发之路

俞支援

时间的车轮永远在高速运转，滚滚的历史洪流不息地向前，“子在川上曰：逝者如斯夫”。弹指间，我们运发文化发展公司，在这奔腾向前的时间之河中，已经走过了66年的不平凡历程。时间虽能带走一切，但带不走我们留下的足迹和刻在历史上的印记。时间给前进着的人们带来了希望和美好，每天都给我们创造着一个新鲜的世界；使每一个生命，对明天与未来，都充满着期待和追求；时间也让我们每一个人变得成熟和智慧，把握今天，成就明天，就必须认真思考和总结昨天。因为每一种成功的背后，都是正确决断所创造的结果和全心奋斗的积累，是一个脚印接一个脚印不放弃不停息踩出来的。亦如荀子所说：“不积跬步，无以至千里；不积小流，无以成江海。”

我们运发文化发展公司，在历史的长河中，是从一叶小舟划向浩瀚海洋的，由于我们放开眼光，始终能把握住环境、风向、气候等因素，认准目标前进，不抄近路，不走捷径，不求虚荣，始终脚踏实地，以诚信去赢得市场，以负责让消费者满意，以创新紧跟住时代的潮流。由此，在发展的进程中，我们虽经历过风狂雨暴的天气，遭遇过暗流与险滩，但在大家的努力和积极的合作中，都有惊无险，顺利闯关。如今我们公司，已入上虞区百强企业的行列。欣慰之余，也加重了我们进行回顾总结的兴趣和热情。“以史为鉴，可以知兴替。”在走向百年强企的征程上，我们很由必要为自己留下一份较为详尽的、可供查考和回味的记忆。于此，也是我们决定编写《公司志》的初衷。因为公司每一代承先启后的创业者，其在前进并走向成功路上的思考和探索，亦是公司一份难得的历史资源与精神财富。

记得1984年初，我被上虞县交通局任命为东关搬运站站长，在欣喜自己得到了上级领导对我的能力和品行肯定的同时，就深感这并不是一个行使权力的岗位，而是肩负起了为全站一百十多位职工挣钱养家糊口的重任。在改革起步时间不长，极左还是社会的主基调，改革面临一个探索并需要得到上级认可、群众支持的情况下，我确实是压力很重，夜不成寐，时时进行着思考。当时的搬运、装卸，机械化程度很低，肩扛手推，大量的都是重体力活。一位一线职工，一场装卸活干下来，身上多是一身汗臭。可是工作辛苦，收入并不高，为此，我就思考着改革。思考开始时着重于三大方面：一是让职工们增加收入。因为当年搬运站所有的职工家庭，都比较贫困，大多经济紧张，家家都是掐着、算着去花口袋里的每一分钱。想让职工的收入多起来，生活好起来，就成了我天天绕不开要思考解决的问题。二是减轻职工劳动强度问题。提升机械化程度，降低大体力劳动的消耗。希望有一天职工的工作，也如在商业系统的营业员那样，比较轻松和干净。三是解决职工的住房问题。当时职工虽有集体宿舍，但非常简陋，这种在今天看来完全没有个人隐私的住所，夏天热似火炉，冬天又寒气迫人。部分职工家属在乡下，偶尔来了都没处住，很烦；而一些年轻职工想结婚没房子，更非常苦恼。我深感我应为解决职工的实际困难，担起应有的责任。

由此，经过筹划，上任半年后的1984年7月，我就在主管部门交通局的支持下，把当时的搬运站，正式更名为上虞县东关运输公司。如此一来，使我们的业务领域得以扩大、拓展与延伸。

接着，从提高收入入手，经过探索和酝酿，我就开始向打破大锅饭挑战，实施经济责任制改革，根据每位职工的岗位性质，定时、定量、计件，多劳多得。在计划经济还占主导地位的情况下，这些改革，初时确也遇到了抵触与阻力。然在大多数职工尝到甜头后，我的许多改革做法得到了大家赞同，上级部门也给予了有力的支持。同时，我通过调动有限的资金，添置机械装卸设备。并据发展的形势和调整后公司的走向，加大了对运输车辆的购置与投入运营的力度，以降低职工们的劳动强度。我又在上任的第二年1985年，经多方奔走，集资16万元，在东关镇上，建成了30套40多平方米总面积1279平方米的家属宿舍楼，第一批就解决了28户职工的宿舍问题。安居才能乐业；若居无定所，怎能让大家有旺盛的精力投身于工作和生产呢？同时千方百计改善工作条件，搞好食堂伙食等。

所有这些努力，从解决迫切需要解决的实际问题入手，凝聚人心，激发干劲，使公司上下对未来对发展，是充满了极大的信心。实践证明：这对公司后来的发展和提升，是创造了好前提，打实了强基础。

后经几年努力，我公司运用开辟多方业务的做法，所创下的实际利润，处在了交通局属下各企业的第一位。1988年，据不凡的良好业绩，我再次抓住有利机遇，对公司进行了更高的定位，自加压力，把公司更名为：上虞县第一运输公司。

定位第一，为使“第一”保持长期领先，在这之前和之后，包括转制后，我管理企业，就主要着重于抓好如下几方面：

一、重全面激发职工的劳动智慧和主人翁精神。一个企业无论大小，都必须集聚每一个人的力量，激发出每一个人的智慧；一个成功的企业，不在企业的经理多能干，而在经理能否把每一位职工的积极性调动起来。我当年打破大锅饭后，考虑的就是要让每位职工都成为经营者，成为老板。由此，通过群策群力，公司实施了一系列改革措施。除经销部搞承包，装卸、汽修等实施定额与比例分成外，出租车则实施租赁期满后的车辆强制更新的做法。着力于对货运这一主业，根据车型、车况的定额等入手，进而是“超奖负赔”，后来又是单车承包，花了极大的精力。这些改革，不仅彻底消除了那种不愿出车、不肯跑远路的情况。承包人是争着向调度要派车，并通过亲朋好友等，千方百计寻找并拓展业务。这一来，每位职工的智慧与热情被充分激发，大家都成了公司的主人翁，我们公司就创出了优良业绩。实力一强，名声就响，由此，后来我们又先后两次承担起救困扶弱的重任：1988年至1991年，我们成功帮助章镇运输公司走出困境；1991年9月又在政府部门的协调下，承接县综合商店所属的处于整体亏损状态的大众饭店。我们能做出被同行们称为“神奇”的业绩，没什么秘诀，就在于承包激发了大家的智慧，锤炼了大家的经营能力。“人自为战，个个争先”，人是靠用出来的，能力是从实践中得到的。记得1991年12月，大众饭店经我们整顿并更名“一揽胜饭店”重新开张时，当时有三位副县长亲临开业现场。领导们不为别的，就冲着对我们公司充满信心而来，相信经我公司管理，饭店一定能扭亏转盈。事实也证明，我们对饭店运用承包为主要管理手段的各项措施是成功的。而公司实施股份制后，我则把每一位职工都当自己的“家人”，为他们搭好平台，提供舞台，这样职工们在工作中就都有了追求与成就感。公司这些年成为上虞“百强企业”，就是我们每位职工，都有主人翁意识，都在运用智慧进行积极主动工作的结果。

二、重增加职工的收入并有效地改善福利条件。评价一个企业成功与否，最主要的是看职工对企业的信赖与依存度；而这些则来自于企业对职工的关爱、收入的提高与福利的不断改善等。因为每个人对物质都有一定追求，付出总有回报。辛勤劳动，若收入提不上去，必定会缺乏后劲。公司实施承包后，我想方设法在为使职工多得上动脑筋。如对装卸这一块，苦累，我就提出增大职工所得比例。这一来，装卸职工是天天一身汗臭，也毫无怨言。其他几个业务部门也都一样，公司让利使职工多收，使他们逐渐由贫而富，亦就真正享受到了改革开放的好政策。同时，为提升福利水平，我通过努力，由公司工会创办起电动门厂，其所有赢利全部用于职工福利。而1992年创办珠宝饰品厂，除看准发展将带给人们物质需求的提升，未来珠宝将成“新宠”外，当时的初衷：一是解决部分职工家属、子女等的就业问题，以使职工们能更专注地投入公司的工作；二是通过办厂增收来增加用于职工福利的资金。我们还通过在食堂加层，解决了部分职工的住宿困难。1985年后，又二次通过争取土地指标，于1990年、1996年先后共三次集资建房，解决职工最切身的住房问题。又对家在百官等地的职工实施专车接送。1995年，考虑到主要是珠宝饰品厂部分女职工的小孩子无人带、无人管的实际情况，公司经研究，安排出专门的教室，聘请幼儿教师，创办起了公司内部幼儿园，使她们在上班时间里，不再有对孩子的挂心和担忧，能安心、放心并全神贯注地做好工作。公司办幼儿园，在当时的上虞，可说极少。我们着重考虑安全事大，公司宁可减少利润，幼儿园必须办好。这个幼儿园直至公司转制后才停办。而据公司历年统计报表，我公司承包后职工的工资、奖金、福利等收入，是成倍地增长，远远高出同类企业的增幅，有不少年是高出国家公务员、事业单位职工的4或5倍。2001年改制后，我们公司职工的收入及日常享受的福利待遇等，通过了解，同样排在上虞经济开发区企业的最前面。我们还年年举行迎春酒会，职工在公司，总是“一种家的感觉”，这就保证我们公司发展基础的坚实和后劲的强大。

三、重人才发掘、引进、培养、使用以实现企业提升。企业的生存、发展，对人才的要求比任何单位都重要。任经理后，我第一感觉就是职工整体素质较低，与发展很不适应；从事装卸，主要靠体力，虽第一代的老职工大多退休了，但当时的那批职工，分配进来的少，大多是老职工子女顶职进来的，他们有的连小学都没毕业。后来，公司确定向运输主业发展，仅驾驶员就缺口大。在备感人才短缺时，我一是当好伯乐，眼睛向下内部发掘。对职工进行整体教育培训，请进来又送出去。利用晚上等，请老师到公司对职工进行文化补习，提高他们的知识素质；又通过师傅带徒弟的方式，提高大家的技能素质。我更在交通管理部门的支持与批准下，专门设立2辆教练车，每期安排16名学员进行驾驶技术的培训。公司的驾驶技术培训，在当年的上虞，我们是唯一的一家。同时，通过选拔，每年都选送几位职工去学习中高级驾驶和机修等技术。二是引进。寻求民政部门支持，引进军地两用人才，通过培养使用，以补充公司驾驶等人才不足的短板。实践证明，我的这些措施，收到非常积极的效果，公司不仅解决了专业技术人员的短缺问题，公司整体人员素质同时得到了改变和提升，而且还涌现了一些具有管理能力的人才。尤其是退伍军人韩水夫，工作负责，踏实肯干，后来还担任了公司副经理兼工会主席。而公司做好军地两用人才使用的工作，则又引起了上虞县、绍兴市、省民政厅等的重视和关注，公司1987年、1993年先后在上虞县、浙江省军地人才安置工作会议上，进行典型介绍。改制以来，我们对职工的培训，则已经是制度化、常态化；而对专业人才，我们引进更着重于使用，让专业人才有充分发挥与施展其才华的舞台，这使我们公司的产品设计、生产，总是得到市场认可与消费者青睐的源头。

四、重树立职工的文明意识并培育企业的特色文化。我1972年进搬运站后，有个感觉就是大家说话都很“直”，有时一言不合，还面红耳赤地争。由此，1984年任站长时，正好碰上上虞县宣传部首批搞“文明单位”创建，当时许多企业怕赔钱又添忙，不愿搞，我是积极响应。因为我感到：一家企业要提升并走向强大，必须把职工的文明素质提高上去。实践证明，当年公司通过文明单位创建，职工的待人接物、言谈举止、自尊自重意识、荣誉感及工作上的细致、负责等都有极大改变，由此也给公司的信誉带来全面提升，业务单位对我们的信任度增加。据此，更引发了我由文明而建立起公司特色文化的浓厚兴趣；特别是珠宝饰品厂实行股份制及后来转制后，我就更注重文化氛围的营造和文化基因的培育。因为我们是生产贵金属饰品与青瓷产品等高档消费品的，职工必须要有文化素养。现在我们公司的职工，看问题的视角，总是能站在时代与潮流的角度讨论、分析，更多能从市场和消费者一面去思考，对公司发展总是抱着一份信心，因为公司浓烈的文化氛围，使他们开阔了视野，活跃了思维，对未来多了积极与主动。

五、重创造企业的良好形象和诚信的社会声誉。这方面，已不用多说，公司历年获得上虞区（县、市）及交通局、工商局、技监局、镇（街道），直至绍兴市、浙江省的各种荣誉称号、奖励就是明证。我们获奖多的年份，有好几年在 12、13 项及以上。新闻媒体《绍兴日报》《绍兴晚报》《上虞日报》及上虞电视台、绍兴电视台直至中央电视台，都对公司的事迹进行过各种报道。2013 年，公司将 3222 件价值 100 万元的越窑青瓷产品，全部砸碎，这件事经媒体报道还轰动了绍兴市内外。我们这样做，是向职工们表明：我们追求品牌、信誉的决心和意志，一定要生产高质量、无瑕疵的产品！过去，我们在运输中出现损坏、短缺情况，都据责任赔偿；现在，质量有欠缺的产品，我们就坚决销毁，不存于世。对信誉的追求，我们绝不掩丑、护短，是零容忍。如今在我们公司，大家没有不把产品质量、信誉等，当成自己工作第一要旨的。

六、重强化各部门的统筹协调和团队的合作共享。党、政、工会、共青团、职代会在企业内，相当于人的“五脏六腑”，一个都不能少。我们绝不能以为企业仅仅是搞生产经营的，就把精神需求给忽略了。要明了，企业是由职工组成的，而职工作为独立的个人，有各方面的需求，企业只有把职工的各种需求“调配”好，职工才能全身心地投入工作。而满足职工的各种需求，就必须唱好党、政、工会、共青团等等的“协奏曲”，齐抓共管，相互协调、配合。转制前，我们建“职工之家”，开展篮球、乒乓球、棋类等比赛，运用各种措施帮助病、贫、残职工，我们经常受到上级工会、共青团的表彰。我们的党政工团工作，是交通局各所属企业的排头兵。转制后，职工成家人，公司党、工、团组织健全，定期开职代会外，我们常年组织职工开展旅游、登山、圣诞老人送祝福等活动，举行职工运动会，走进敬老院、幼儿园等。所有这些活动，即使职工辛勤工作后的紧张精神得到了释放，又增进了相互了解，多了相互关爱，团队的合作共享进一步加强；更使职工们在公司工作上协调一致，大家对公司的凝聚力、向心力更加增强。

七、重把握时代脉搏的创新和先进管理制度的建设。创新是企业发展壮大永远的主基调，没有创新的企业，最终会落伍于时代。百舸争流，在激烈的市场竞争中，谁创造亮色，谁就被关注。当年搞货运，我们的创新经验，得到了国家交通部的重视，这反映出我们创新不只有特色，更创在关键点上。而 1992 年珠宝饰品厂的创办，更是我们超越了当时运输人观念的大胆创新行动。运输企业做珠宝，无人才，无经验，无市场，成吗？我们成功了！但我们“上”也不是盲目地乱“闯”，是遵照邓小平同志所说的“看准了就上”。因为社会经济的快速发展与人们物质需求的提升，珠宝首饰市场将成“开发的新亮点”。同时，经这些年的发展，我们公司有一定的人才、人脉关系等等的积累，我们有跨行办“珠宝”企业的底气。而 1993 年 11 月 6 日，我们又迈出了勇“闯”的一大步，我们引进设备试产的黄金饰品，一举成功。这一步，就为珠宝饰品厂的生产领域拓宽打实了基础，赢得新契机。后来我们不断理念创新、技术创新，在众多的贵金属产品生产企业中，竟脱颖而出，为奥运会、亚运会等国际赛事生产加工金银奖牌；我们又进入青瓷领域并进行青瓷产品的仿古烧制，公司的产品多次在省旅游产品展览中获奖，都是我们敢于突破的收获。当然，创新，还包括管理制度的创新，建立适合现代企业的先进管理制度，都是我探索和实践的重点。因为一个企业的成败，管理是不可或缺的最重要因素之一。我们选了一些制度，编入发展史中，是要表明我们的制度具有时代性、合理性、规范性的。创新与先进管理制度的结合，使我们企业的发展保持了稳定、持续，能经受各种风浪的冲击考验。

八、重自律身正公正严肃对各种违纪违规行为说“不”。无规矩不成方圆。一家公司成功与否，都在经营管理，经营与管理是互为依存的重要关系。经营搞不好，公司何来赢利？公司不赢利，一切都是空话。业务上去了，若制度不严，管理松散，同样会把公司搞垮。作为公司的领导与管理者，我非常明了：我的一举一动及对公司各种事务的处理，事关整个公司的风气甚至于成败。由此，自任站长、经理直至董事长以来，我时时、事事把握三个方面：首先是做到自身正。特别是任集体企业运输公司经理期间，我严格遵守财务制度，绝不利用权力，多报、多占公司一分钱。上级管理部门每年对我公司进行财务审计，都表扬我执行财务纪律好，廉洁清白。身正不怕影斜，由此，也使我对公司内出现的各种违纪违规情况，腰板硬，敢抓敢管敢处理。其次是对职工的困难想方设法以帮助。职工工作上、生活上碰到困难，我能帮的、公司能照顾的，在不违反政策的前提下，尽可能给予各种帮助与照顾。公司依靠的是职工，职工有困难，公司怎么可袖手旁观？再次是坚决处理各种违纪违规行为。在利益诱惑前，人会变得自私，昏惑；只有严格制度并认真执行，才能保持公司的良好风气和运转。在此，我说两件事：一是有位司机欲多报销轮胎修补费，我发现有问题后，就要他把轮胎拆出来让我看看，花样揭穿后我就严肃处理。一是有位司机不愿接受任务，说车坏了。我马上赶去查看了车的情况，然后就驾着这辆车把货全部运好；同时让此司机停职“休息”。由于从实从严公正严格地搞管理，公司上下都十分尊重和信任我，公司内规范有序，由此也带来了大家工作热情高，业绩不断上升。

运筹帷幄，一路走来，66年的风雨历程，由搬运装卸发展成今天的运发文化发展公司，我们不仅立足稳固，且走向了发展壮大，因素涉及很多方面，在此，我就不再罗列了。

长江后浪超前浪，现在公司的经营管理已移交第三代，由更年轻一代的俞辉总经理接棒。在他的领导下，公司紧跟时代步伐，产品设计开发，强化了社会大众在物质消费上注重文化品位的理念，以传统的中华文化为根基，传承与创新并重，开拓并奋进相伴，以“運發”和“小仙壇”作为公司贵金属产品和青瓷制品的标识，生产经营正向规模化、高端化、精品化、品牌化方向发展，并在具有中国“金融中心”的上海，建立了销售服务中心。这让我们老一代创业人是既振奋、欣慰，又充满憧憬与期待。志在高远，让新一代的“千里马”跑得更快、更顺、更远，让运发产品更好地丰富人们的生活，给更多的消费者带去欢乐、快慰和荣耀，在市场竞争已经全球化、智能化、网络化、个性化等趋势下，我既满怀信心，也深感责任不轻。而一个成熟的企业，是全社会的共同财富，由此，我愿以“鞠躬尽瘁”与大家共勉。做百年强企，出千年精品，《运发之路——浙江运发文化发展有限公司志》的编写出版，也是我这位老“运发人”一份心愿的表达。

“潮平两岸阔，风正一帆悬。”回望过去，我思绪纷飞，感慨万千；立足今日，我们胸有成竹，信心百倍；展望未来，我们目标坚定，不忘初心。相信运发公司在区委、区府及各级各方领导、各界朋友、各位专家的关心和帮助下，在消费者的信任和厚爱下，在我们运发全体家人的共同努力下，公司一定会发展得更加强大！更加辉煌！我们大家的生活一定会变得更加丰富多彩！更加幸福！

写于2016年12月18日浙江运发文化发展有限公司

龙年迎春酒会上的讲话

俞　辉

各位领导、各位来宾、各位职工、朋友们：

吉兔伴月去，金龙腾云来。今天，在一年一度的新春佳节即将来临之际，我们运发实业有限公司全体员工和关心、支持我们公司的各位领导、各界朋友济济一堂，共同来送别即将过去的、对运发实业来说是非凡的兔年，迎接腾云驾雾的龙年。首先我代表运发实业的全体员工，对领导和朋友们的到来表示衷心的感谢！感谢你们一如既往地支持关爱运发实业，见证运发实业一步一个脚印地踏实前进并不断发展壮大；也感谢公司全体员工团结一心，勤奋工作，不断提升自我，超越自我，用辛勤的汗水和智慧，打造出了今年运发实业骄人的业绩。

刚刚过去的2011年，是我们运发实业承前启后，成就非凡的一年。公司的生产销售总额，从2010年的3573万元，一跃提升到2011年的9498万，比年初制定的生产销售总额目标，增长了38%。

在这一年里，我们在完善企业管理制度、打造优秀管理团队、提高生产技术能力、拓宽产品销售渠道、加强企业文化建设等方面，做出了很多努力，实现了年初制定的生产销售目标，并在诸多领域，取得了可喜的成绩。在高端、专业、贴心的企业核心理念指导下，公司在2011年度，圆满完成了第16届广州亚运会、第26届世界大学生运动会奖牌、建党90周年纪念币、辛亥革命100周年纪念币等大型国家项目的参与制作任务，研制并开发的以“国内最大的九龙至尊大银章”等为代表的盛世国金新产品，一投放市场即获得了广泛的认可，为消费者所青睐。作为国家级非物质文化遗产的传承单位，公司旗下的越瓷陶业有限公司，在本年度也取得了前所未有的成绩。我们建设了新展馆、改进新工艺，和学校联合开设了烧制技艺的传承基地，在销售和开发新产品上，不断创造新亮点。公司所制作的越窑青瓷产品，四次得到省文化厅的奖励。最近，又被上虞市委宣传部授予“谢晋文化贡献奖”。

岁月不居，天道酬勤。在过去的一年里，我们齐心协力，锐意进取，奋发图强，开拓创新；这一小段光辉的岁月，留下的是我们公司成长的坚实足迹，令我们感到无比的自豪与欣慰。

展望即将来临的新的一年，我们满怀憧憬，充满期待。更好的产品等着我们去开发，更大的市场等着我们去征服，更高的山峰等着我们去攀登，一项可以预见的壮观事业，等着我们去展示智慧和才能。

今天，我们欢聚一堂，共同回味充实的兔年，畅想美好的龙年，感慨万千。让我们在新的一年里，展开腾飞的翅膀，向着更高的目标飞翔。让我们携手并肩，志存高远，实现新跨越，再创新辉煌。

最后，祝领导们、朋友们、公司的全体职工，身体健康，新年吉祥，合家幸福！

2012年元月18日

生存、变革，决战2016

总经理 俞辉

我们的企业正面临着一个巨变的时代，唯一不变的就是变化。

面临迅速变化的环境，为适应客户、竞争或科技等方面的需要，任何企业都必须有能力比他人更迅速而有弹性地改变。

2016年，我们企业发展的主题是什么？

首先，是“生存”——在市场充满高度不确定性的今天，我们第一得生存；生存是每个企业发展之根本。

然后，是“变革”——作为传统的老牌企业，我们有太多的条框羁绊和束缚，唯有打破惯有的“常规”，才能真正和时代接轨。

企业变革的核心是什么？企业变革的核心，是让参与变革的所有员工有发自内心的深刻感受，有支持理解主动参与变革的心愿，并将变革行为固定下来，不断变成企业文化的一部分。

那么，为何变革？变革哪里？如何变革？希望每位运发人能够结合自己的实际，深深地思考，给出一份符合自己发展的答案。

——我们的变革正在路上，愿大家共勉。

唱响质量　勇立潮头

——写在申报区长质量奖之际

总经理 俞辉

一个企业，在市场上要有话语权，凭什么？质量！一流的质量，同行必然对你刮目相看，消费者也必然以购到你生产的产品为十分高兴之事。

在激烈的市场竞争中，在琳琅满目的商品中，在选择完全由个人意愿的决定的情况下，消费者凭什么来选择你企业生产的产品，那就是质量比较。不怕不识货，就怕货比货。什么牌子好，什么牌子差，消费者经过使用者传出的质量信息，一比较，心里明白着。

所以，质量是产品的根本；如若质量把不住，“皮之不存，毛将焉附”，即使通过广告等大造舆论搞个好声誉，最后仍然是难逃被“遗弃”或“淹没”的命运。质量是实干出来的！记得上世纪八九十年代，在中央电视台产生过一些被称为“标王”的酒类企业，可如今市场上已经多看不到他们的产品了。是的，市场是很残酷的，也是很现实的，消费者的检验是不留情面的；既不相信高调的狂吹，亦不相信希望赢得同情的眼泪，市场优胜劣汰，大浪淘沙，相信的是脚踏实地、货真价实的质量。好货不贱卖，一时的投机也永远成不了气候，市场永远相信：质量优先；人无我有，人有我优。这商品投放在市场中，也如刚刚在巴西里约举行过的奥运会一般，强手相遇勇者胜，货与货比质优赢，消费者永远需要的是质优的商品。这在贵金属饰品上是表现得更加显著。

故此，质量就是企业从生存到强盛的生命线！

质量从何而来？来自于精益求精、万无一失的管理和眼睛里容不得一粒沙子般的坚守。

我们运发文化发展公司，历经66年风雨，从搬运装卸而到搞运输，后又进入贵金属饰品和青瓷产品等高档消费品的生产制造领域，我们赢得生存发展并不断迈上新台阶，不靠神仙皇帝，靠的就是质量！奉行“顾客至上、服务第一”的理念与做法；我们的服务质量是让顾客满意，顾客自然在需要时就选择我们。

进入以贵金属饰品与青瓷制品为主业后，我们抓的是制造过程中产品的质量。2008年8月，我们为北京奥运会加工奖牌；2010年9月，我们又为第十六亚运会加工奖牌。这些奖牌的生产制作技术要求非常“苛刻”。然就是最“苛刻”，也引来许多贵金属一流生产企业，争做这能带来“名利双收”的业务。当年，先、后的两届运动会组委会，都是一家家实地考察入围企业，从管理水平、技术制造水平到职工素质等等综合评估后，才做出的决定。事关世界性的信誉，组委会岂敢武断！他们最终选中我们公司，我就明确告诉同行，我们不是靠公关赢得的成功，而是我们一直从严坚守质量得到的一种回报！

至于“第22届中国金鸡百花奖”颁奖礼品；2015年米兰世博会中国联合馆指定我公司生产青瓷品牌纪念盘等等，就不再一一论及了。

对质量的坚守，我还要说另外一件事，2013年7月12日，我们专门安排职工，把3222件青瓷制品砸烂。这批在外行人看不出瑕疵的青瓷产品，对我们公司来说，也是价值100万元的真金白银，损失绝不是一个小数目。我们则连送给职工都不做，因为以后时间一长，谁还能说清这是当年公司送给职工的“次品”。所以，下“全部砸烂”这个决心，追求的就是完美的质量。决不让由运发公司生产的不合格的产品留存于世上，就是我们矢志不渝的追求！当时，我就对职工说：“有缺陷的产品就是废品。在产品品质上，我们不能给自己有退路。作为越窑青瓷的传承者，我们只能出流传百年甚至千年的精品。”

质量，从管理理念到管理制度、措施、方法，从职工进公司到教育、培训、考核、晋级、晋升，从生产原料、辅料进公司到成品验收、入库、出厂，从第一道工序始到每一个操作细节，我们都以质量为核心进行，要求大家都睁着猎鹰一般的眼睛，万无一失地把关，绝不允许放过一个疑点。故在我们公司，我们对职工坚持待以“家人”一样的关爱，但我们却对出现有违质量的行为，以严厉的“亮剑”。由于我们严格的质量管理，我们的产品，早在2009年，就被中国质量诚信企业协会、中国品牌价值评估中心、《浙江日报》广告中心等联合评定为“重质量、守承诺、创品牌”的“三满意”单位。2014年“運發牌”贵金属工艺品又被浙江省质量技术监督局确定为“浙江名牌产品”。

如今，我们申报区长质量奖，这更是我们公司对质量自信的一种表达。有质量就有市场，有质量就有未来。过去搞运输，我们敢当排头兵；现在，已经拥有了“運發”与“小仙壇”品牌，并形成了自己企业文化的集研发、制造、销售于一体的公司，我们更愿立于潮头，接受消费者的考验！

我们愿努力为消费者“金”上添花，我们更愿消费者和我们共创“中国名牌”！

2016年08月21日

凝心聚力　同创共赢

——写于 2017 新年元旦

俞　辉

辞旧迎新，2017 年在爆竹声中踏着喜庆的脚步已经走来，随着新年钟声的敲响，我们迎来了金鸡报春的大吉年。

我首先代表公司向所有员工表示感谢！感谢你们为公司的辛勤付出，因为你们的努力，公司才平稳地完成了各项工作。同时，我也要向所有支持我们工作的合作伙伴、供应商朋友们表示感谢！因为有你们的大力支持，才保证了公司井然有序的运转。向所有关心我们公司发展的各级政府领导和新老朋友表示感谢！因为有你们的关心和支持，让我们在前进的道路上倍感温暖。

回顾这一年的工作。生产方面，虽然平稳地完成了各项任务，但在质量、技术、管理等还有不少不足。特别在年底批量生产过程中暴露出来的一些问题，在 2017 年里必须得到彻底、根本性的解决，绝不能让同样的错误再次出现。加强团队管理能力的培养和思想意识的提升，团队协作，责任到人，不换观念换“脑袋”；在未来的一年中，公司会下定决心从根本上改变生产部门的精神状态，提升管理水平。市场从不相信眼泪，更不同情弱者，我们唯有心存强烈的危机意识，并不断提升自我能力，才能在激烈的市场竞争中生存并发展下去。

在营销方面，公司下设三个销售部门：终端零售部、社会批发部、银行事业部，今年都完成了既定的工作目标，取得了不错的业绩。特别是银行事业部比去年有根本性的改变和提升，初步完成了市场、人力资源、设计、营销、财务和供应链等部门的框架搭建，为 2017 年新的发展，打下了稳固的基础。

公司其他部门，在 2016 年的工作中较往年也有一定进步， 当然对公司未来快速发展的需要来看，还须不断提升。逆水行舟，不进则退，我们没有退路。未来各公司间的竞争，就是人力资源的竞争，所以在运发公司的所有员工，必须有一个共识：“没有最好，只有更好。”我们每天都要主动地学习和进步，三人行必有我师，向身边的每一个人学习，向师者、向竞争对手学习，不断充实和强大自己，牢牢地把命运掌握在自己手中，做生活中的强者。要知道：人存在的价值，在于度过的每一天，都留下了努力的汗水和奋斗的脚印。

在公司规划的三驾马车：生产、营销和资本三个生态系统的建设和发展方面，公司有以下具体的安排：

生产环节求创新，要不断地提升技术水平；求效益，不断提高管理水平；坚持“一站式”服务，增黏性。打造一个开放式的生产服务平台，为客户提供整体的生产解决方案。

营销方面，终端和社批，要平稳有序地发展；银行事业部是新年的工作重点。进一步稳固和提升各部门的工作能力和效率，开拓、建设几个重点地区、区域的根据地，坚持向毛泽东同志学习，坚定不移地走“农村包围城市战略”之路，为今后“占领”大城市打下坚实的基础。

公司层面，要加强企业文化的塑造。首先，要把我们运发“家人”文化深入到每个员工心里，把运发打造成每位员工的第二个家。

其次要重塑运发“创业”文化。运发不属于一个或几个人，运发是我们创业者的平台，是有梦想、敢拼搏、肯努力员工的创业之家。在这里我们一起来创造奇迹，书写属于我们的人生篇章，创造我们人生的精彩。

展望新的一年，我们又将扬帆起航，短暂的休整，是为了我们在新的一年中更有信心、底气、力量地去战斗，凝心聚力，去抒写新的辉煌。

最后，我衷心祝愿我们运发全体家人，新年快乐、阖家幸福！祝愿一直来关心和支持运发的各界领导、朋友吉祥安康，万事如意！让我们一起开开心心过大年！

鹏程高瞻　启航逐梦

——公司2016年度工作回顾与2017年度工作部署

总经理　俞辉

桃红柳绿，沉舟侧畔千帆过，病树前头万木春，时间就如飞，灵猴闹春的鼓声未息，历史的车轮眨眼间就把我们带入到了金鸡报晓的2017年，且今天已是1月份了。

扬帆启航，为在2017年度创造更优业绩，今天我们公司召开年度培训会议，回顾2016年度工作，总结成果得失，借鉴完善，创新发展，巩固提高。并据此对2017年度工作进行展望和具体部署。

2016年度，我们在各级领导、各兄弟业务单位的大力支持、帮助和配合下，在公司全体职工的辛勤努力和苦干实干下，取得了十分喜人的业绩。

在此，我首先要代表公司，对各级领导、全体职工，对大家为公司的努力、付出和给予的各种支持、帮助，表示衷心的感谢！

过去的一年，承先启后，工作是扎实和稳健的。我们抓公司职工队伍素质提升、抓丰富企业文化内涵、抓产品开发系列多样化、抓质量品牌建设、抓网点的布局完善、抓公司形象和影响力扩张等等，赢得了各业务单位的积极支持，产品更受到了消费者的充分信赖和踊跃选购，公司去年全年实现生产销售总值达到22153万元，上交国家税收450万元，继续处于上虞区规上企业前列。名列上虞区工业综合实力百强企业，且比2015年的83位上升了3位，列第80位，受到了上虞区委区府的表彰。同时，各位员工的年收入继续保持稳定。我们工资一直保持足额按时发放，公司从无出现拖欠一分职工工资与奖金的情况。

下面我从三方面介绍过去一年我们的工作成果，指出我们存在的困难和问题，提出2017年工作方针目标和任务要求。

第一部分：2016年度工作回顾。

（一）重教育树榜样，提素质创共赢。

紧跟时代节拍，适应发展需要，抓职工综合素质的提高，是运发公司长期的坚持和传统做法。今年我们在抓职工素质提高上，所开展的教育，对职工都深有教育促动。

思想教育，除抓好日常教育外，6月21日，在纪念中国共产党成立95周年之际，我们还专门邀请自1989年始曾五次荣获全国劳动模范、后又相继被评为全国优秀工人代表和全国优秀共产党员等的原上海西部企业集团物业总监徐虎，就“学习党章党规、学习系列讲话、做合格党员”进行专题报告会。报告会后，大家结合徐虎的事迹，进行了认真讨论，学习徐虎，爱岗敬业，使每位接受教育者可能到现在还记忆如新吧。

同时，学习名闻全国的优秀榜样，我们更在公司树立供大家学习的看得见、摸得着、能参照的标杆职工，为大家提供学习借鉴。2016年年初，我们表彰的2015年度各类先进，有“优秀员工”营销部的王江丽，采购部的张澎锋，财务部的戴杨君，社批部的王珏，生产部的金丽丽、冯传斌、徐鸿波、陈桂娟；“优秀部门”财务部的“优秀部长”孙航；“优秀共产党员”库房部的韩安娜、生产部杨峰等；这既是公司对这些优秀职工、部长、党员，他们的付出表示感谢和褒奖，亦是为大家树立一个个可供学习借鉴的榜样。

现在，我们又表彰奖励的 2016 年度各类先进，优秀部门财务部，街道级优秀党员杨峰、公司优秀党员韩安娜，优秀部长陈钰萍，优秀员工陈焕祥、陈桂娟、陈叶琴、冯传斌、徐鸿波、张澎峰等，他们同样都是大家学习借鉴的榜样。并且，这些表彰的优秀党员、优秀员工中，有许多都是老先进了。这些职工情系公司，心怀壮志，认定目标，力创佳绩，他们就是我们公司的中坚力量，是正能量。如果我们公司的全体职工，都能如他们这样，力所能及，埋头苦干；或者比他们表现得更加优秀出众，那我们公司的发展，一定是充满希望，一片光明。

同时，在树立学习标杆、扬正气的同时，我们在紧张的生产之余，更有机进行各种提高职工综合素质的教育培训。专业培训，特别是安全教育更是警钟长鸣。在安全防控的培训上，更是决不走过场。工人进生产车间，规定的操作程序与规范，我们一直都是按规范操作，严格要求。为强化生产安全，去年 6 月 23 日，我们又在区消防大队和街道安监局的指导帮助下，进行了生产安全知识、消防器材的管理和使用、现场应急处置措施等的培训，并进行现场操作演练。

这样的培训，我们今年要照常进行。

令我们感到欣慰的是，2016 年全年，在我们公司的生产销售业绩取得良好成绩的情况下，全公司没有一起安全生产责任事故。这是我们公司上下，大家一起努力的结果。

提高职工素质，我们更关心职工生活，对所有职工包括短期用工，都一视同仁，让大家在公司工作，有依靠感、自豪感。故此，公司每逢重大节假日，都发放慰问品。而对职工在工作生活中碰到的困难，只要向公司反映，公司总是给予能力所及的关心和帮助。我们始终坚持，公司是一个大家庭，职工间相互就是兄弟姐妹。所以，公司是千方百计通过各种努力，让大家在公司，就有在家一样的感觉。我可以十分自信地告诉大家，我们公司的工作氛围、生活环境与待遇，职工寝室、食堂伙食等，在上虞境内的企业中，是属于一流的。

去年 9 月 9 日重阳吉日，我们公司董事长一行，还专程赶赴已经退休四十年的公司第一代老职工高阿鹏家中，为这位 99 岁今年已经是 100 岁的高龄老职工祝寿贺岁。礼轻情重，我们这样做，表达的就是对职工的关爱。职工为公司创造了生产和销售业绩，就是他退休了，他在公司洒下过的心血和汗水，我们都永远不会忘记。因为无论过去、现在，公司有今天，依靠就是每一位职工的劳动和付出。故此，公司与每一职工的关系，始终是共赢互利的关系，是命运共同体。公司兴旺，大家收入会增加；公司社会影响好，大家就会脸上有光，心有自豪感。由此，今后包括在座的各位，今后你退休了，公司将仍然是你的娘家，若遇上有需要，公司还是你们的依靠，公司一定会尽己所能，关心帮助大家。

（二）树形象建品牌，好信誉结成丰硕果。

内抓素质，外树形象，公司的品牌建设之路，2016 年，可以说是捷报频传，又进入了一个十分辉煌的时期。在这里，我非常欣慰地告诉大家十件大成果：

一、在 2016 年年初，公司就接到中国黄金协会的正式通知，被中国黄金协会确定为“理事单位”。这理事单位意味着什么？告诉大家，这理事单位，就是公司生产、制造的所有贵金属产品，今后都可以进入到黄金协会的所有成员单位进行陈列、展示和营销，这可以说是国内第一流的销售平台，使公司销售产品更具品牌地位和社会公信力，市场能更加拓展与广阔。

二，今年 2 月，公司的青瓷传承、开发、生产，被绍兴市非遗领导小组、绍兴市文广局审评为绍兴非遗文化遗产优秀传承基地。传承基地是什么？传承基地就是我们公司生产的青瓷，是正宗中国青瓷。

三、5 月 14 日，公司根据发展需要，向国家商标局申报的“戒指”图案商标与“运发文化（運發文化）”相连的新商标，正式获得批准。这为公司的产品拓展、延伸又提供了依托。因为大家都清楚，随着市场经济的进一步繁荣和竞争的激烈，取信于消费者最主要的影响力就是品牌。

四、今年9月，公司被绍兴市科技局正式授予“绍兴市科技示范企业”称号。

五、今年11月13日，中国工程院院士、天文仪器与方法专家、现任中国科学院上海天文台研究员、总工程师朱能鸿，在公司建立“院士专家工作站”的申请，获得了绍兴市人力资源和社会保障局、绍兴市科协的联合发文批准并授牌，朱能鸿院士在公司正式建工作站，这意味着什么？意味着公司的青瓷开发又将进入一片新的天地。朱院士将帮助我们进行青瓷与天文仪器组合的研究与开发，把青瓷应用推广到天文仪器等更广阔领域。

六、今年11月，根据经修改而更加严格规范的《上虞区政府质量奖评审管理办法》、《上虞区政府质量奖评审实施细则》等规定，公司经区政府质量奖评委会严格审查表决，并报区人民政府批准，公司荣获2016年上虞区“区长质量奖”。这个奖，我要说明一下：区政府每年只评选二至三家，评了10年，也不会超过30家。我们上虞，仅规上企业就有近200家。所以，公司能获得这个奖，不是简单一个奖的事，它充分表明，我们公司的质量管理与产品质量，已经进入了优质生产时期。

七、今年12月中旬，在浙江省文化厅公布的第二批“浙江省非物质文化遗产生产性保护基地”的公示名单中，公司名列其中。公司旗下的绍兴小仙坛越窑青瓷有限公司为传承“青瓷”文化，保护“非遗”所取得的成果，得到了省政府的肯定。据了解，这次全省共66家“非遗”传承保护单位入围，绍兴市共7家，上虞区就仅我们运发公司一家。这是对前面“优秀传承基地”的提升。

八、今年12月，公司设计制作的“金猴献瑞”生肖邮票银版画，荣获2016年首届绍兴市文化旅游创意产品设计大赛（产品组）——优秀奖。

九、今年12月，公司在2014年获得浙江省质量技术监督局确定的贵金属工艺品“浙江名牌产品”称号的基础上，今年在参加浙江省“时尚产业”品牌建设示范企业的基础上，公司的“運發”商标，被浙江省工商行政管理局正式确认为“浙江省著名商标”。使我们的品牌建设之路又跃上了新台阶。

十、前面已经提到，2016年，我们公司又一次进入上虞区企业综合实力一百强企业，列第80位，受到了区委、区府的表彰奖励。

同时，公司在去年初被中共上虞区委宣传部、上虞区文广新局评为2015年度上虞区十佳文化企业。被中共上虞经济开发区（曹娥街道）工委、上虞经济开发区管委会（曹娥街道办事处）评为2015年度工业优胜企业先进集体的成果上，今年初，公司党支部被中共上虞经济开发区（曹娥街道）工委授予2016年度“五好基层党组织”称号；被中共上虞经济开发区（曹娥街道）工委、上虞经济开发区管理委员会（曹娥街道办事处）评为2016年度“工业创新成长型企业”等。

其他方面的成绩还有不少，我就不一一述说了。

上下同欲者胜。这些成果的取得，是全公司员工团结协作、尽智竭力、努力奋斗的结果，更是我们得到各级政府部门、科技专家、各界朋友支持帮助的结果，也是消费者对我们公司产品信赖厚爱的结果。

这些成果，也证明着大家的辛勤付出是卓有成效的；同时，丰硕的成果，也将使我们公司的发展之路，变得更加宽广，让我们大家对公司未来更有信心。由此，我在对大家表示衷心感谢的同时，更要说一句，公司下一步发展的势头将更强劲，公司将为大家创造更加美好的明天。

（三）重宣传强文化，办《运发报》编《公司志》让公司更具内涵

由于公司连年成果不断，公司文化内涵日益丰富，酒好不怕巷子深，公司这些年来，更多得到了主流媒体的关注和重视。自年初以来，多次为相关媒体深度报道。

今年3月，由上虞区企业联合会、上虞区企业家协会主办《虞舜企业家》杂志，开年第一期并且是用封一、封二、封三、封底等最重要的版面，介绍我们公司的特色产品和厂区面貌，并以《传承与创新的完美结合——记浙江运发文化发展有限公司》一文，对公司在创新贵金属文化、传承青瓷文化所作出的努力和奉献，进行了高度的肯定和赞扬。

10月13日，《上虞日报·文化周刊》，又以整版的篇幅，刊载了《九秋风露越窑开 夺得千峰翠色来——记“做文化的企业家”俞支援》一文，客观而全面地介绍了董事长俞支援自进入新世纪以来，担起作为一个有责任企业家的社会责任，为重振并弘扬好上虞青瓷文化所作出的努力与奉献。

2016年11月11日，绍兴《浙江城市广播电视报》，也以《诚信服务、精品发展——记浙江运发文化发展有限公司总经理俞辉》为题，整版介绍了公司以“高端、专业、贴心”的经营理念和国际化视野，以工匠精神管理贵金属饰品、工艺品和青瓷制品的生产制造、走精品发展之路，使公司产品越来越受到消费者欢迎和喜爱，市场竞争力越来越强，经营领域全面拓展，生产总值和上缴国家税收大幅增长的情况。

不计一些小型的报道，这些大篇幅文章的宣传，是向社会各界传播公司良好的信誉和文化，提升了公司的知名度和影响力，其效果和影响力不只是非常积极的，且会在历史长河中，留下深深的印记。

公司重视文化建设，打造出一流的“運發”贵金属品牌和青瓷“小仙壇”品牌，也丰富了上虞经济发展的内涵。企业的发展需要地方政府的支持，同时，地方经济的提升需要企业的支撑。由此，公司的发展也引起并得到了绍兴市、上虞区各级领导的关注和重视。除各相关部门领导常来公司考察外，2016年10月25日，上虞区区委副书记、区长陶关锋，就专程前来公司考察，并对公司在贵金属和青瓷产品开发，着重于文化创意，目标创意发展的理念表示积极肯定，称赞我们：“运发公司不仅仅是文化企业，更是创意企业。”希望“运发公司在日后的发展中更上一层楼，利用国内外的资源，跳出上虞范围，走上属于公司的康庄大道。”区人大常委会主任徐尧峰及区委、区府其他领导，也来公司考察，倾注他们对公司发展的关心和关怀，为公司向更高层次发展，提供了有力的支持。这在让公司自豪的同时，也增强了我们对发展的底气。

由此，为进一步提升并增强公司的软实力，更好地敞开公司窗口，展示公司形象，增进公司与各部门、各位职工间的交流，凝聚全公司职工的智慧和力量，2016年，经研究，公司决定编发自己的报纸——《运发报》。同时，收集整理编写出版公司《公司志》。编印《公司志》，是为把公司从1950年创立以来，66年中，一路筚路蓝缕、艰苦创业、一步步从成功走向卓越的历史记录并反映出来，作为精神财富，一代代传承下去。让每一位公司员工都懂得“梅花香自苦寒来”和“创业难、守业更难”的道理。

如今，公司《运发报》创刊号已于2016年7月1日，正式出刊。且转瞬已出刊三期，第四也在筹划之中。这次《运发报》的创刊，也是对公司1988年9月创办《交通安全简报》，1989年7月创办《一运月讯》文化血脉的传承和延续。据了解，各方人士，对《运发报》评价很好，这也说明，我们公司员工中蕴藏着丰富的智慧和能量，大家在如何展示我们公司形象上，也用了很多的智慧，这也是我们公司不断走向成功的因素之一。

同时，《公司志》也在紧张地编写之中，预计年内即可与大家见面。

在此，我还要提及一事，为在世界最高端的盛会展示我们运发公司的产品文化，利用G 20峰会在杭州召开的千载难逢好机会，在广大职工的努力下，我们向G 20峰会选送的一批用于国家领导间交流的礼品样本。去年12月，公司收到了G 20峰会筹备艺术指导委员会颁发的“G 20礼品集纪念证书”，指导委员会对公司为G 20峰会提供礼品样本表示积极肯定。

所有这些,都表明,通过大家的努力和创造,公司如今已具有强劲的文化支撑。相信公司的文化底蕴,必定会是公司走向更加强盛的雄厚根基。习近平总书记一再强调文化自信,运发文化就是我们对公司发展的自信。

第二部分:当前面临的困难和存在的问题。

在肯定成绩的同时,我们必须清醒地看到,公司还存在着不少困难和不足。在这里,我要说明,正如我们在往前走的时候,看不到自己的影子一样,螳螂捕蝉,黄雀在后。我们怕的不是存在着问题,而是没有去发现问题或发现不了问题,以致导致不良后果。为此,前段时间,我们公司召开各部门负责人会议,肯定成绩以鼓劲外,我们主要还是分析面临的困难,查找存在的问题。也如医生通过各种仪器设备查找病人病因一样,了解了问题的所在,我们才能有针对性地去解决问题。根据公司这些年来的生产经营情况和对去年度工作的回顾,我们通过综合归类,认为主要存在下列一些情况和问题。

首先,公司层面:综合各部门的反映,结合我们的实际,归纳起来,主要是规划制度不全,反应不迅速,执行力不强。具体说有四方面问题:一是对未来公司整体发展规划和体系建设不明晰。我们公司未来十年、二十年、三十年的发展目标是什么,根据发展目标,我们今年要实现什么,面临哪些困难,着重要解决什么问题,缺乏整体的发展规划和具体的目标计划。百年强企,需要把每一位职工的智慧、激情都激发出来动力,如若内部缺乏有效的方向目标激励鼓劲机制,我们的发展将是随遇而安式的。所以,胸有目标,干有方向,我们大家都有自己的努力方向,有自己的规划、计划、目标,这样,我们就能咬定青山坚忍不拔地前行。二是公司缺乏系统的人员编制和人才规划。有些岗位人员调整较频繁,人员变动多。管理工作是需要持续连贯的,一旦脱节,必然影响理解力、执行力,使有效性大打折扣。三是缺乏一整套切合公司实际和现代管理需要的切实可行的管理、培训、考核、评估等制度体系。培训不足,制度不完整,导致了不职业化和一些职责不明、权职不清的情况,也让执行少了依托和凭借。这对公司的高速运转和工作的激励鼓劲,同样带来了一定的影响。四是公司在协调各部门的联系和沟通上尚不十分顺畅。我们公司面对的是随时变化着的市场,产、供、销的链条,必须是如心有灵犀一点通那样的行动迅速。如果有一环的反应跟不上,执行力就打折扣,就会导致到手的肥肉换成了骨头的情况。

其次,根据汇报反映,各部门需要解决的问题也很多。下面我就综合把主要的情况和问题点一点。

公司人事部门:缺乏对公司生产淡、旺季用工的总体把控,以致职工流动频繁,造成熟练工流失,出现淡季人员闲置,旺季招不到合适职工的情况;同时,在发掘、引进高端经营管理人才、技术人才、品控人才上,更存在极大不足。而对职工的工作业绩考核、晋升缺乏有效的考核管理机制,以致影响了职工的稳定与积极性、创造性的发挥。

公司生产部:在模具、塑封、质检等诸多方面,整体缺乏严格的管理和规范化操作,统一管理协调不足,生产成本核算欠缺,对新职工的培训指导不全面,生产操作规程不规范、不完善,人员分工不合理,相互配合欠协调、有脱节,导致产品没全检,成色抽色低,报废率较高,生产成本上升,甚至于要营销倒贴等等情况的产生。

公司采购供应部:在选择供应方、提高诸如塑封膜等生产辅料的供应质量上,要进一步扩大视野;同时,在原、辅料的库存与生产需要的对接上,也存在一定的不协调以致产生库存配比不合理等的情况。

公司销售部门:包括银行开发部、银行事业部、终端事业部、社会批发部等等,总体缺乏敢闯敢干、敢于负责、争当主人翁的精神,在寻找开发亮点、拓宽并深耕市场存在许多不足，基本满足于眼前成绩而小步进取。更在寻求新客户，主动上门联系；发现消费者的新需求，迅速跟进满足消费需要等方面，存在极大的不足。一定程度仍是守株待兔式的营销方式，依赖微信、短信、电话等搞销售，且多在老客户上转圈子。另一个问题是，由于固守老客户，导致客户订单生产性的不平衡，淡季时有时几乎要饿肚子，旺季时吃个撑死还不解决问题。而心急吃不了热豆腐，由此也导致旺季为赶交货时间，而对质量把关不及的情况。同时，还有在提高公司知名度、搞好产品在市场推广、让消费者如“老凤祥”般的认知上，缺乏积极有胆识的宣传推广行动。舍不了孩子打不了狼，古代军事家指挥打仗都有“杀敌一万、自损三千”战斗预案；我们搞营销，没有大张旗鼓地出击行动，没有大投入，是不可能得到超常规的销售业绩。我们可以这样比喻：质量、品牌是我们公司的一张脸，质优品高就是高颜值；生产是我们强劲后盾，有产品就能拿去销售；但质量有了，产品有了，堆在仓库，不仅不创造收益利润，还每天要消耗人、财、物力。所以，营销这一块，才是公司能生存发展的命脉，是最主要的部门之一。为了公司的兴旺强盛，我们再不能维持现状、温水养鳖了！

公司行政部：在合理分配人员、及时搞好后勤服务、节电节能等方面，在管理上有待进一步加强和挖潜。

公司财务部：工作涉及面过广，负荷过重，精力分散，导致财务专业不到位，造成对部分生产成本与薪酬核算延后或比较粗放，影响奖优罚劣与职工积极性、创造性的发挥。所以，有必要理清财务部的工作职责和工作内容，驳离与财务不密切相关的工作职责与内容，归口到相应部门，让财务更好地发挥其管家理财的作用。

小仙坛：近些年中与我们在越窑青瓷开发传承所取得的成果声誉极不相称，其生产销售量，可说已成为整个公司无足轻重的部分。按理说，墙里开花墙外红，作为省级非遗生产性保护基地和优秀传承单位，公司应当是门庭若市，产品应当是供不应求。可是如今的情况是盛名之下，其实难副。擦亮我们公司青瓷这块金字招牌，提高市场知晓度，丰富产品内涵与种类，扩大销售，青瓷营销不能再夜郎自大、坐井观天了。

总之，公司目前的状况是成绩很大，困难和问题也很多。当然从另一角度说，这就是我们下决心要进行调整的动力之一。

第三部分：2017 年的工作方针目标和任务要求。

成绩已成过去，前面所说的困难和问题都无法回避，在生存发展的路上，不进则退，我们是实体企业，从无有可歇脚的时候。长江后流推前浪，在激烈的市场竞争面前，联系公司现在的处境，我们必须努力再努力。因为：

一、天上决不会掉馅饼。物竞天择，适者生存，树长丛林，不努力向上就得不到阳光；狮巡草原，不快速飞奔就捕不到猎物。我们不主动出击，就是已有的市场也会被别人抢占。再说，就是天上掉馅饼，你也得起早呀，晚了就让别人先捡了。

二、市场从不相信眼泪。有说商场如战场，我要说商场比战场更加残酷无情，因为市场永远是优胜劣汰，消费者的选择都是无情的选择，他们只认质量与价格，从不带有同情；如若你在设计生产销售等等上，不能胜人一筹，你就会被淹没在滚滚的洪流中。

三、竞争永无优势可依。战场上难有常胜将军；我们的产品也一样，今天你的质量是一流的，明天或许可能是三流甚至末流了。许多上点年龄的职工应该会记得，当年的诺基亚、摩托罗拉等品牌手机，人人都以拥有为自豪，今天还能看到多少？如果陶醉于眼前的优势，那下一个出局的必然是你。

四、我们必须有强烈的危机意识。生于忧患死于安逸，公司要保持活力，要发展，就必须时刻保持危机感，我们每位职工都必须有危机意识。不想当将军的士兵不是好士兵，没有危机意识的职工绝不是好职工。你只有时时把危机当成动力，多想多思，尽心尽力做到最好，你的危机就变成别人的压力了；在公司，你把公司的产品做优了，你的危机就更多地成了机遇。所以，面对充满变数的 2017 年，我们必须保持非常清醒的头脑，每位职工，都必须撸起袖子加油干。

但干什么？怎么干？目标是什么？要达到的结果又是什么？我们仅有雄心壮志是不够的。随着市场竞争的更加激烈，盲目干、蛮干、注重于眼前利益的干，都不行，如今是知识经济、智慧经济，真正是需要志怀高远，拿出勇气，集聚智慧，咬定青山，脚踏实地，不言放弃，才能再攀高峰。亦即是“雄关漫道真如铁，而今迈步从头越”。

由此，公司确定未来发展方针是：以融合我国传统文化、吸纳现代文化和世界先进文化的运发文化为引领，以融创意研发、专业化生产、一站式营销于一体的三驾马车为架构，以抓质量为核心，工匠制造为要旨，力争在贵金属产品创意开发、专业化生产上成为全国行业领军企业，并使公司青瓷“小仙壇”品牌，成为传承弘扬上虞是中国青瓷诞生地的新亮点，以实现公司在市场中产品的系列丰富、文化内涵深厚、营销独领风骚的高端地位。

在此，我说明一句，我说抓质量为核心，是因为只有质量，才能在市场上不怕货比货而成为强者，才能有话语权，才能成为消费者的首选。必须明白：酒好才不怕巷子深，一流产品不仅消费者会找上门，更能得到一流的利润；而三流产品，就是四处求人，人家也不一定买账。

据前面的发展方针，本年度公司的总目标是：携手同行，以跨越式发展为全年度主基调，实施产供销组合大调整，通过内部结构重组，建立起核心管理团队和技术团队，以加强现场管理、品控管理为主抓，通过创新挖潜，降本增效，全力在新工艺新产品的开发上，有新亮点，新成果，全力提高制度计划执行力，拓展并深耕国内外市场，同时，通过建立完善金融管理机制，搞好资本运作市场，争取新三板上市，以努力实现产值利润比 2016 年度翻一番以上。

根据上述目标，在公司发展规划的三驾马车中：未来以生产、营销和资本运营为三个系统建设发展的方向，联系公司内部存在的情况和问题，我们将具体采取以下行动和措施。

生产环节求创新，要不断地提升技术水平；求效益，不断提高管理水平；实施“一站式”服务，打造一个开放式的生产销售服务平台，为客户提供整体的生产解决方案。

营销方面强拓展，要进一步稳固和提升各部门的工作能力和效率，开拓、建设几个重点地区、区域落地生根的根据地，为今后“占领”全国市场并向海外扩张打下坚实的基础。

据此，我们对各部门提出各自的规划和要求是：

第一、公司要编制好系统的发展规划并实现企业文化的全塑造。要做好制订涵盖各部门的培训管理考核制度，完善奖励激励机制，使公司成为能吸引并留住优秀人才的家园，成为有梦想的有为者的向往之地。要搞好部门设置、人员调配等等，要人尽其用，要实现公司上下的职业化、专业化、规范化的管理机制。年内要面向全国，引进招聘好高端企业现场管理、技术研发、品控管理等三类人才，为公司的全面提升、跨越式发展，提供好人才支持。要把我们运发“家人”文化深入到每个员工心里，努力把运发打造成每位员工的第二个家。要充分明了，运发不属于一个或几个人，运发是我们大家创业的平台，是有梦想、敢拼搏、肯努力员工的创业之家，是一个寻求共赢共享的利益共同体。

第二、人事部门要搞好全员培训并全面提高管理执行力。公司人事部门在协助公司搞好人员管理的基础上，要在稳定核心职工、培训员工的多技多能上多下功夫。要利用生产淡、旺季间隙，切实抓好对全公司员工的培训、考核，整体提高员工素质。以便需要时，能调剂使用，迅速适应新岗位。加强公司内部管理，健全完善部门间的沟通协调机制，全面提高管理执行力，消除各部门间尤其是生产与销售部门间的壁垒，使部门间的联系与沟通，如一个人那样般的反应敏捷。

第三、生产部门要用工匠精神做好每一只产品。营销要依靠产品的质量与品位说话，货优价实就是话语权。由此，生产必须为营销当好坚强后盾，生产一流的产品；产品强，营销就强了必胜的底气，消费者就多了满意的喜悦。要从抓设备维护保养、原辅料进厂初检等开始，严格每一道工序的规范化操作程序，不出一件次品、废品。对每一件将交付的成品，必须是质优量足无瑕疵。同时，完善全程生产管理措施，改进生产流程，分工要合理，配合要默契，控员增效，满负荷生产；操作上的不出次品、废品、节约易耗品也是提升效益，要努力把损耗降上来。

第四、各营销部门要全面拓展销售市场。搞营销，要眼观四路耳听八方，打破常规营销方式，目标全国乃至国外市场，敢于投入，全面出击，大胆闯，要通过攻城略地，与业务单位建立精诚合作的关系，实现同创共赢。我们的目标是一年扩张，二年拿下国内大城市，三年占领全国市场，并争取在三五年内，实现与100家县（市）级以上的银行，建立紧密的营销链接，力争实现十年后营销总值100亿及以上。搞营销，光有勤奋和热情是不够的，要寻求最佳突破点，攻坚克难，把合作做紧密。营销主管要有必胜信心，坚忍不拔的意志，且不只是要做好自己，更要带好团队，集思广益，相互学习，取长补短，运用团队智慧，成就营销事业。营销方式上，不抛弃传统方式，积极运用新思维、新媒体、新方法，借助于互联网的力量，寻找新领域，通过各种渠道，把公司产品的品牌信誉，转化成消费者购买的需求。要了解掌握整个国内外市场的购销情况，适时为消费者提供他们需要的各式产品。要早出击。占据领先位置，我们才能赢得主动。

第五、财务部门要为争取新三板上市发挥好主体作用。在做好公司基本账务管理、完善公司内部组建调整、档案资料整合完善的基础上，争取各方支持，通过公司上下努力，争取实现公司在年内新三板上市的目标。同时，公司财务部门要建立好完整的公司生产成本定价体系，完善各部门的独立核算，及时考核兑现职工的效益工资与奖励。要进一步紧密与银行等金融部门的联系和沟通，做好资金的调配和使用。要做好公司各类业务合同的存档管理，及时催收各类应收款，保障不出现漏收和呆账。同时，要努力搞好资本运作，运用各种融资理财方法技巧，实现公司资金运转的收益最大化。

小仙坛公司：今年一定要加强营销和开发力量，开发新产品、寻找销售新亮点，实现销售至少翻一番的目标。

公司行政部：要在挖潜节能、做好安全管理、抓好后勤服务上强保障措施。

各部门要在公司的领导和总协调下，紧密合作，无缝对接，各司其职，以保证公司目标任务的实现。

现在，蓝图已经展开，大家的目标任务已经明确。“器大者声必闳，志高者意必远。”大干2017年，任务艰巨，前景美好。鸡年钟声早已敲响，闻鸡起舞，让我们携起手来，满怀豪情，聚神聚力，砥砺前行，不管遇什么对手、碰上什么难关，只要不退缩而勇敢面对，爱拼一定会赢，实现中华民族伟大复兴的中国梦。相信经年复一年的奋斗积累，我们公司的“運發”和“小仙壇”品牌产品，一定能走向世界，实现享誉中外的强企梦。我相信，只要我们心往一处想，劲往一处使，拧成一股绳，努力于展示自己的人生精彩，我们的目标是一定能够达到。

2017年1月

后 记

自然界有一条基本的生存法则：物竞天择。这条法则是公平的，无论是一棵树、一株草、一个人，还是一个团体、一家企业，其起始、成长、发展、壮大乃至消亡，都无法摆脱这条法则的运行规律。而这条法则最核心的机理和最直观的结果，那就是优胜劣汰。当我们用这条法则来考量和观照我们运发文化发展公司的时候，所企求的不仅是关于企业成功的喜悦和赞美，更重要的是要提炼出公司在发展成长中积累和形成的优胜素质——企业内在精神和精华。

“子在川上曰：逝者如斯夫，不舍昼夜”。1984 年初，我被上虞县交通局任命为东关搬运站站长，就是这一纸任命，为我一生的事业铺就了一个平台。回首怅望，浙江运发文化发展公司从一家以提供搬运运输劳务为主的搬运站，逐步转型升级，发展壮大，成为今天上虞区规模以上百强企业，屈指算来，已经在坎坷曲折中走过了 66 个年头。

时间虽能带走一切，但带不走我们创业的足迹和历史的印记，更带不走我们宝贵的经验和深刻的感悟。在创业历程中，有着许多的经验和教训，也有许多感悟和体会。

一、立足一个“人”字。在经济学上有一个说法：企业的竞争就是人才的竞争。因此，在公司的发展历程中，我们在企业中挖掘人才，在职工中培养人才，向社会引进人才，使公司的员工队伍素质大大提高。而在实际经营中，我深刻地认识到，企业的竞争更是人心的竞争。“人才”和“人心”是企业竞争力的两个重要方面。一个成功的企业，不光取决于企业的经营者，更取决每一个企业成员的投入程度。一个企业无论大小，都必须集聚每个人的力量，激发每个员工的智慧，让每位员工都成为经营者，成为老板。因此，关爱职工、提高收入、改善福利，让全体员工共享创业成果，使企业成为员工命运的共同体，是企业经营者必须谨记和坚决执行的当务之要。

无论是公司改制之前，还是改制以后，公司都不断提高职工的工资、奖金、福利等收入，通过在食堂加层，解决部分职工的住宿困难。争取土地指标，于 1985 年、1990 年、1996 年先后三次组织集资建房，解决职工的住房问题。公司自办托儿所，解决部分职工孩子无人带、无人管之忧。建“职工之家”，举行篮球、乒乓球、棋类等比赛，举办职工运动会，开展旅游、登山、迎春酒会送祝福等等活动，强化公司在职工心中“家的感觉”，让公司不仅是员工工作的场所，更是事业的平台和精神的家园。

二、着眼一个“变”字。创新是企业发展永远的主基调，没有创新的企业，最终会落伍于时代。不断地调整经营策略，通过改革寻求发展之路，是企业得以生存和壮大的不二法门。我担任公司领导的时候，正好是改革开放的初期，公司实施了一系列改革措施，打破大锅饭，经销部实行承包经营；装卸、汽修等部门实施定额与比例分成；出租车则实施“先租赁，期满后车辆强制更新”的做法；对货运这一主业，根据车型、车况制订定额，继而实施“超奖负赔”，最后实行“单车承包”。

随着社会经济的不断发展，社会分工重新调整，传统的运输行业格局被打破，我们开始着眼开拓寻求新的经营空间。1992年，我们看准经济发展，人们的物质生活需求将不断提升，珠宝将成为大众消费的“新宠”，决定创办珠宝饰品厂，开启了一个全新的经济亮点，闯出了一片新的天地。技术创新，让我们在众多的贵金属产品生产企业中，脱颖而出，争取到了为奥运会、亚运会等国际赛事生产加工金银奖牌的殊荣。突破青瓷产品的仿古烧制的技术难关，公司的产品多次在全省旅游产品展览中获奖。制度创新和机制创新，为企业的发展提供了强有力的保障，

三、担当一个“责”字。一个有担当的企业不仅是为了赚钱，更多是要承担起一个时代的社会责任。1988年，还是改制以前的第一运输公司时，我们通过不懈努力，竭尽各种方法，成功帮助兄弟单位——章镇运输公司走出困境。1991年9月，根据政府部门的协调意见，我们承接了处于整体亏损状态的县综合商店所属大众饭店，经过全面整顿，重新开张，实现扭亏转盈。

保证产品质量，提升企业信誉，是企业担当社会责任的主要方面。2013年，公司将3222件价值100万元，略有瑕疵、质量未达到公司要求的越窑青瓷产品，全部砸碎销毁，以表明我们追求品牌、维护信誉的决心。经媒体报道后，在业界和社会上引起了轰动。

四、重视一个“文”字。企业文化是企业发展成长过程中长期积累起来的一种相对比较稳定的思维习惯和行为体系，是企业的内在精华和精神力量。一家企业稳健发展并走向强大，必须提高员工的文明素质。实践证明，公司通过实施规范管理、创建文明单位等一系列的举措，培养了全体员工自尊自重的意识，树立起强烈的责任心和荣誉感，言谈举止、待人接物等都显示出良好的素质，企业的精神面貌为之一振，公司的声望和信誉也因此而全面提升。

珠宝饰品厂实行股份制及后来转制后，企业所生产的贵金属饰品与青瓷等产品，本身就包含了十分丰富的文化内涵，无论是产品的设计、生产和销售，都对于员工的文化素质要求提出了更高的要求。营造企业的文化氛围、培育企业的文化基因、提高员工的文化素质，已经成为企业发展的主要推力。

长江后浪推前浪。现在公司的经营管理已移交给了年青的一代，由俞辉接棒。在他的领导下，公司在经营理念，产品开发，市场开拓，内部管理等方面都有了很大的突破和提升，正向规模化、高端化、精品化、品牌化、世界化的方向发展。企业又进入了一个全新的发展阶段。这让我们老一代创业人是既振奋、欣慰，又充满憧憬与期待。

如果把集体企业时期作为企业发展的第一阶段，把企业转制到新一代接班之前作为企业发展的第二阶段，把当下的企业作为第三阶段的开端，那么这本《运发之路》所记载的，主要是前二个阶段的发展历程。“以史为鉴，可以知兴替。”在走向百年强企的征程上，整理编写公司的发展历史，记录企业走向成功道路上的思考和探索，这本身就是企业文化的一次汇总和提炼，是公司一份难得的历史资源与精神财富。

运发公司一路走来，得到了上虞历届政府的关爱，得到交通局、东关镇、曹娥街道等部门、乡镇的培育和扶持。在《运发之路——浙江运发文化发展有限公司志》行将付梓之际，我谨代表全体运发人表示真诚的感谢。我们不会忘记朱月来、徐阿寿等前辈们为我们创下的基业；不会忘记曾经与我一起艰苦创业的广大职工；也不会忘记许许多多过去和现在一直关心、帮助运发公司发展的领导、专家和朋友们！有你们的一路同行和无私帮助，才有运发的今天，谢谢你们。

这里，也要向为本书的编撰出谋划策、提供资料、编写文稿的各位专家、各位老师、各位朋友表示衷心的感谢！

“潮平两岸阔，风正一帆悬。”回望过去，我们思绪纷飞，感慨万千；立足今日，我们胸有成竹，信心百倍；展望未来，我们目标坚定，不忘初心。相信运发公司在区委、区府及各级各方领导、各界朋友、各位专家的关心和帮助下，在消费者的信任和厚爱下，在全体运发人的共同努力下，公司一定会发展得更加强大！更加辉煌！

2016 年冬